Quyu Chengji Guidao Jiaotong Gongcheng

区域城际轨道交通工程

Shigong Jishu Zhinan

施工技术指南

（下册）

言建标　主编

人民交通出版社股份有限公司
China Communications Press Co.,Ltd.

内 容 提 要

本书在吸收杭海城际铁路及周边区域城际轨道交通工程实践经验的基础上，参照现有适用于区域城际轨道交通工程的施工技术指南编写而成，是一本完整的施工技术指南参考书。本书共分为7篇25章，内容涵盖路基、桥梁、隧道、深基坑、轨道、房建等专业的基本作业施工技术及安全管理知识。

本书可供从事区域城际轨道交通工程施工的技术人员和安全管理人员阅读参考，对类似区域城际轨道交通工程施工及工程管理也具有一定的指导和借鉴作用。

图书在版编目(CIP)数据

区域城际轨道交通工程施工技术指南 / 言建标主编. —北京：人民交通出版社股份有限公司，2019.11

ISBN 978-7-114-15840-7

Ⅰ. ①区… Ⅱ. ①言… Ⅲ. ①城市铁路—铁路施工—指南 Ⅳ. ①U239.5-62

中国版本图书馆CIP数据核字(2019)第200994号

书　　名：区域城际轨道交通工程施工技术指南(下册)
著 作 者：言建标
责任编辑：钟　伟
责任校对：孙国靖　张　贺
责任印制：张　凯
出版发行：人民交通出版社股份有限公司
地　　址：(100011)北京市朝阳区安定门外外馆斜街3号
网　　址：http://www.ccpress.com.cn
销售电话：(010)59757973
总 经 销：人民交通出版社股份有限公司发行部
经　　销：各地新华书店
印　　刷：北京虎彩文化传播有限公司
开　　本：880×1230　1/16
总 印 张：91
总 字 数：2581千
版　　次：2019年11月　第1版
印　　次：2019年11月　第1次印刷
书　　号：ISBN 978-7-114-15840-7
定　　价：365.00元(上、下册)

序

——这是一套浙江省与长三角地区第一部区域城际轨道交通工程施工技术指南。

——这是一部既与政策、标准、规范以及规程保持一致性，又汇聚杭海城际理论、技术、实践创新的专业技术工具书。

——这是一本为解决城际轨道交通建设工程施工技术和管理等实际问题，培养施工技术管理者不可多得的教材。

习近平总书记在党的十九大报告中提出要建设交通强国、质量强国，并指出，要加快城市交通低碳发展，加快运量大、速度快、能效高、排放低的城市轨道交通和城际铁路建设，使之逐步成为超大、特大城市内部和城市间的骨干客运方式。中共浙江省委、浙江省人民政府围绕国家重大战略部署，确定在《浙江省"十三五"综合交通发展规划》基础上，全面实施"大湾区、大花园、大通道、大都市区"建设，重点推进"四大建设"综合交通重大项目70项，总投资超1万亿元。其中轨道交通项目38项，总投资超6000亿元。同时，还将按照《浙江省都市圈城际铁路二期建设规划》，新建9条城际轨道交通，线路总长526.2公里，总投资近千亿元，努力构建省域、市域和城区"三个1小时交通圈"。

杭海城际铁路自2016年开工建设以来，浙江杭海城际铁路有限公司高度重视建设施工质量安全，不断创新施工技术和管理，把打造"安全、便捷、高效、绿色、经济"的区域轨道交通作为第一要务。经过多年努力，积累并形成了一系列施工技术、质量、安全等方面的先进理念、先进技术、先进工艺以及先进管理模式。为总结杭海城际铁路建设施工技术和管理经验，统一规范施工技术，提高施工质量安全的先进性和可靠性，在主编的倡导和组织带领下，遵循我国有关标准、规范、规程和规定，历经顶层设计、深入研究、资料搜集、专家论证，编制出版了《区域城际轨道交通工程施工技术指南》（以下简称《指南》）。"有志者、事竟成，破釜沉舟，百二秦关终属楚"。

本《指南》涵盖了路基、桥梁、隧道、深基坑、轨道、房建等专业的基本作业施工技术及安全管理方面的内容。也正是本《指南》的"导航"，使杭海城际铁路建设达到了预期的质量安全目标和工期进度目标，施工技术和管理创新能力迈上了新台阶。本《指南》

的出版，凝聚了浙江杭海城际铁路有限公司广大工程技术、管理人员的智慧和心血，向大家付出的辛勤劳动和作出的首创性贡献表示衷心的感谢！寄望本《指南》能够为规范现场施工以及提升建设标准化水平提供技术支撑和行业范例；能够为轨道交通工程参建单位起到指导、遵循、借鉴和咨询作用。同时，希望浙江杭海城际铁路有限公司坚持新发展理念，发扬“杭海铁军”精神，为浙江省轨道交通高质量发展、推进交通强国建设作出新贡献！

浙江省人民政府参事
浙江省轨道交通建设与管理协会会长 赵彦年

2019年9月26日

编写委员会

编 写 单 位

主编单位：浙江杭海城际铁路有限公司

参编单位：中铁(上海)投资集团有限公司

中铁四局集团有限公司

中铁十局集团有限公司

中铁三局集团有限公司

浙江交工集团股份有限公司

中铁隧道局集团有限公司

天津城建集团有限公司

中铁大桥局集团有限公司

中铁一局集团有限公司

中铁第四勘察设计院集团有限公司

浙江省交通规划设计研究院

中铁第五勘察设计院集团有限公司

中国铁路设计集团有限公司

山东广信工程试验检测集团有限公司

上海华铁工程咨询有限公司

上海地铁咨询监理科技有限公司

浙江江南工程管理股份有限公司

铁四院(湖北)工程监理咨询有限公司

广东铁路建设监理有限公司

西安铁一院工程咨询监理有限责任公司

目　　录

下　　册

第四篇　深基坑工程

第五篇　轨 道 工 程

第六篇　房建工程

第七篇　基本作业

第四篇

深基坑工程

第十七章　深基坑工程施工安全

引　　言

本章是针对杭海城际铁路的特点,参照《建筑深基坑工程施工安全技术规范》(JGJ 311—2013),在吸收杭海城际铁路及周边区域城际轨道交通工程实践经验的基础上编制而成。本章以深基坑工程施工安全为依据,重点对施工过程中的工艺、工法、质量保证措施作出了规定,反映了工程施工的新技术、新材料、新工艺、新设备,充分体现了区域城际轨道交通工程深基坑工程施工安全的技术特点和施工控制要求。本章适用于区域城际轨道交通工程深基坑工程施工的安全质量控制,凡在本章中未做规定的,均按国家、行业及地方现行的有关强制性标准执行。

本章主要内容包括:总则、术语、基本规定、施工环境调查、施工安全专项方案、支护结构施工、地下水与地表水控制、土石方开挖、特殊性土基坑工程、检查与监测、安全应急预案与响应、基坑安全风险评估与风险控制、基坑安全使用与维护等。

主编单位:浙江杭海城际铁路有限公司

参编单位:中铁四局集团有限公司、上海华铁工程咨询有限公司、上海地铁咨询监理科技有限公司、广东铁路建设监理有限公司、中铁第四勘察设计院集团有限公司、浙江省交通规划设计研究院

主要执笔人:李科、范润东、周强、刘嘉斌、孙承军、付威、李小平、田传海、李星星、张雄伟、杨佳乐

主要审查人:葛佳佳、何自平、牛要闯、李新发、陈剑伟、叶文军、孙波、陈丹锡

1　总　　则

1.0.1　为在建筑深基坑工程的施工、使用与维护中保障基坑工程安全,做到技术先进、保护环境,特编制本章。

1.0.2　本章适用于开挖深度大于或等于5m的建筑深基坑工程的施工、安全使用与维护管理。

1.0.3　建筑深基坑工程的施工、安全使用与维护,除参考本章外,尚应符合国家现行有关标准的规定。

2　术　　语

2.0.1　建筑深基坑。

为进行建(构)筑物地下部分施工及地下设施、设备埋设,由地面向下开挖,深度大于或等于5m的空间。

2.0.2　基坑工程施工安全等级。

根据工程地基基础设计等级,结合基坑本体安全、工程桩基与地基施工安全、基坑侧壁土层与荷载条件、环境安全等因素综合确定的基坑工程安全标准,是基坑施工安全技术与管理的基本依据。

2.0.3　动态设计法。

根据施工反馈的岩土条件和现场监测资料,对地质结论、设计参数及设计方案进行验证,并在设计条件有较大变化时,及时补充、修改原设计的设计方法。

2.0.4　信息施工法。

根据施工现场的地质情况和监测资料,对地质结论、设计参数进行验证,对施工安全性进行判断并及时调整施工方案的施工方法。

2.0.5　安全预警。

在基坑工程施工中,通过状态监测,对可能引发安全事故的征兆所采取的预先警示及事前控制,采取时机提示的技术措施。

2.0.6　应急预案。

对基坑工程施工过程中可能发生的事故或灾害,为迅速、有序、有效地开展应急与救援行动、降低事故损失而预先制订的全面、具体的措施方案。

2.0.7　风险评估。

对深基坑安全风险发生的可能性及其损害进行辨识、分析与评价的技术活动。

2.0.8　流土。

在渗流作用下,土体处于浮动或流动状态的现象。对黏土表现为较大土块的浮动,对无黏性土呈砂粒跳动和砂沸。

2.0.9　管涌。

在渗流作用下,土体中的细颗粒在粗颗粒形成的孔隙中流失的现象。

2.0.10　盆式开挖。

基坑侧壁内侧预留土,挖除基坑其余土体后形成类似盆状的基坑,待支撑形成后再开挖基坑侧壁内侧预留土方的基坑开挖方式。

2.0.11　岛式开挖。

先开挖基坑周边土方,最后挖去中心土墩的开挖方式。施工中可以利用中心土墩作为临时结构的支点。

2.0.12　膨胀岩土。

在地质作用下形成的一种主要由亲水性强的黏土矿物组成的多裂隙并具有显著膨胀性的地质体,又叫胀缩土,是一种特殊土。

2.0.13　施工检查。

基坑工程施工过程中,对原材料质量、施工机械、施工工艺、施工参数等进行的控制工作。

2.0.14　施工监测。

基坑工程施工过程中,对基坑及周边环境实施的量测、监视、巡查、预警等工作。

2.0.15　特殊性土基坑工程。

膨胀岩土中的基坑工程、受冻融影响的基坑工程及高灵敏度软土中的基坑工程等的统称。

3　基 本 规 定

3.0.1　建筑深基坑工程施工应根据深基坑工程地质条件、水文地质条件、周边环境保护要求、支护结构类型及使用年限、施工季节等因素,注重地区经验、因地制宜、精心组织,确保安全。

建筑深基坑工程施工安全等级划分应根据国家标准《建筑地基基础设计规范》(GB 50007—2011)规定的地基基础设计等级,结合基坑本体安全、工程桩基与地基施工安全、基坑侧壁土层与荷载条件、环境安全等因素按表17-1确定。

建筑深基坑工程施工安全等级　　表17-1

施工安全等级	划分条件
一级	1.复杂地质条件及软土地区的两层及两层以上地下室的基坑工程; 2.开挖深度大于15m的基坑工程; 3.基坑支护结构与主体结构相结合的基坑工程; 4.设计使用年限超过2年的基坑工程; 5.侧壁为填土或软土,场地因开挖施工可能引起工程桩基发生倾斜、地基隆起变形等改变桩基、地铁隧道运营性能的工程; 6.基坑侧壁受水浸透可能性大或基坑工程降水深度大于6m或降水对周边环境有较大影响的工程; 7.地基施工对基坑侧壁土体状态及地基产生挤土效应较严重的工程; 8.在基坑影响范围内存在较大交通荷载,或大于35kPa短期作用荷载的基坑工程; 9.基坑周边环境条件复杂、对支护结构变形控制要求严格的工程; 10.采用型钢水泥土墙支护方式、需要拔除型钢对基坑安全可能产生较大影响的基坑工程; 11.采用逆作法上下同步施工的基坑工程; 12.需要进行爆破施工的基坑工程
二级	除一级以外的其他基坑工程

3.0.2　基坑工程施工前应备齐下列资料:

(1)基坑环境调查报告。明确基坑周边市政管线现状及渗漏情况,邻近建(构)筑物基础形式、埋深、结构类型、使用状况。相邻区域内正在施工和使用的基坑工程情况;相邻建筑工程打桩振动及重载车辆通行情况等。

(2)基坑支护及降水设计施工图。对施工安全等级为一级的基坑工程,明确基坑变形控制设计指标,明确基坑变形、周围保护建筑、相关管线变形报警值。

(3)基坑工程施工组织设计。开挖影响范围内的塔吊荷载、临建荷载、临时边坡稳定性等纳入设计验算范围,施工安全等级为一级的基坑工程应编制施工安全专项方案。

(4)基坑安全监测方案。

3.0.3　基坑工程设计施工图必须按有关规定通过专家评审,基坑工程施工组织设计必须按有关规定通过专家论证;对施工安全等级为一级的基坑工程,应进行基坑安全监测方案的专家评审。

3.0.4　当基坑施工过程中发现地质情况或环境条件与原地质报告、环境调查报告不相符合,或环境条件发生变化时,应暂停施工,及时会同相关设计、勘察单位经过补充勘察、设计验算或设计修改后方可恢复施工。对涉及方案选型等重大设计修改的基坑工程,应重新组织评审和论证。

3.0.5　在支护结构未达到设计强度前进行基坑开挖时,严禁在设计预计的滑(破)裂面范围内堆载;临时土石方的堆放应进行包括自身稳定性、邻近建(构)筑物地基承载力、变形、稳定性和基坑稳定性验算。

3.0.6　膨胀土、冻胀土、高灵敏土等场地深基坑工程的施工安全应符合本章第9节的规定,湿陷性黄土基坑工程应符合行业标准《湿陷性黄土地区建筑基坑工程安全技术规程》(JGJ 167—2009)的规定。

3.0.7　基坑工程应实施信息施工法,并应符合下列规定:

(1)施工准备阶段应根据设计要求和相关规范要求建立基坑安全监测系统。

(2)土方开挖、降水施工前,监测设备与元器件应安装、调试完成。

(3)高压旋喷注浆帷幕、三轴搅拌帷幕、土钉、锚杆等注浆类施工时,应通过对孔隙水压力、深层土体位移等监测与分析,评估水下施工对基坑周边环境影响,必要时应调整施工速度、工艺或工法。

(4)对同时进行土方开挖、降水、支护结构、截水帷幕、工程桩等施工的基坑工程,应根据现场施工和运行的具体情况,通过试验与实测,区分不同危险源对基坑周边环境造成的影响,并应采取相应的控制措施。

(5)应对变形控制指标按实施阶段性和工况节点进行控制目标分解;当阶段性控制目标或工况节点控制目标超标时,应立即采取措施在下一阶段或工况节点时实现累加控制目标。

(6)应建立基坑安全巡查制度,及时反馈,并应有专业技术人员参与。

3.0.8 对特殊条件下的施工安全等级为一级、超过设计使用年限的基坑工程应进行基坑安全评估。基坑安全评估原则应能确保不影响周边建(构)筑物及设施等的正常使用、不破坏景观、不造成环境污染。

4 施工环境调查

4.1 一般规定

4.1.1 基坑工程现场勘查与环境调查应在已有工程勘察报告和基坑工程设计文件的基础上,根据工程条件及采用的施工方法、工艺,初步判定需补充查明的地下埋藏物及周边环境条件。

4.1.2 现场勘查与环境调查前应取得下列资料:

(1)工程勘察报告和基坑工程设计文件。

(2)附有坐标的基坑及周边既有建(构)筑物的总平面布置图。

(3)基坑及周边地下管线、人防工程及其他地下构筑物、障碍物分布图。

(4)拟建建(构)筑物室内地坪标高、场地自然地面标高、坑底设计标高及其变化情况;结构类型、荷载情况、基础埋深和地基基础形式、地下结构平面布置图及基坑平面尺寸。

(5)工程所在地常用的施工方法和同类工程的施工资料、监测资料等。

4.1.3 现场勘查与环境调查结果应及时反馈给设计和监理单位。

4.2 现场勘查及环境调查要求

4.2.1 基坑现场勘查和环境调查应符合下列规定:

(1)勘查与调查范围应超过基坑开挖边线之外,且不得小于基坑深度的2倍。

(2)应查明既有建(构)筑物的高度、结构类型、基础形式、尺寸、埋深、地基处理和建成时间、沉降变形、损坏和维修等情况。

(3)应查明各类地下管线的类型、材质、分布、重要性、使用情况、对施工振动和变形的承受能力,地面和地下储水、输水等用水设施的渗漏情况及其对基坑工程的影响程度。

(4)应查明存在的旧建(构)物基础、人防工程、其他洞穴、地裂缝、河流水渠、人工填土、边坡、不良工程地质等的空间分布特征及其对基坑工程的影响。

(5)应查明道路及运行车辆载重情况。

(6)应查明地表水的汇集和排泄情况。

(7)当邻近场地进行抽降地下水施工时,应查明降深、影响范围和可能的停抽时间,以及对基坑侧壁土性指标的影响。

(8)当邻近场地有振动荷载时,应查明其影响范围和程度。

(9)应查明邻近基坑与地下工程的支护方法、开挖和使用对本基坑工程安全的影响。

4.2.2 对施工安全等级为一级、分布有地下管网的基坑工程,宜采用物探为主、坑探为辅的勘查方法;对施工安全等级为二级的基坑工程,可采用坑探方法。

4.2.3 勘查孔和探井使用结束后,应及时回填,回填质量应满足相关规定。

4.2.4 基坑工程勘查与环境调查中的安全防护应按国家标准《岩土工程勘察安全规范》(GB

50585—2017）的有关规定执行。

4.3　现场勘查与环境调查报告

4.3.1　现场勘查与环境调查报告应包括下列主要内容：

(1)现场勘查与环境调查的目的和方法。

(2)基坑轮廓线与周围既有建(构)筑物荷载、基础类型、埋深、地基处理深度等。

(3)相关地下管线的分布现状、渗漏等情况。

(4)周边道路的分布及车辆通行情况。

(5)雨水汇流与排泄条件。

(6)实验方法、检测方法及结论和建议。

4.3.2　现场勘查与环境调查报告应包括下列文件：

(1)基坑周边环境条件图。

(2)勘查点平面位置图。

(3)拟采用的支护结构、降水方案设计相关文件。

(4)基坑平面尺寸及深度，主体结构基础类型及平面布置图。

(5)实验和检测文件。

4.3.3　现场勘查与环境调查报告应明确引用场地原有岩土工程勘察报告的内容、核查变化情况，对设计文件、施工组织设计的修改意见和建议，以及基坑工程施工和使用过程中的重要事项。

5　施工安全专项方案

5.1　一般规定

5.1.1　应根据施工、使用与维护过程的危险源分析结果编制基坑工程施工安全专项方案。

5.1.2　基坑工程施工安全专项方案应符合下列规定：

(1)应针对危险源及其特征制定具体安全技术措施。

(2)应按消除、隔离、减弱危险源的顺序选择基坑工程安全技术措施。

(3)对重大危险源应论证安全技术方案的可靠性和可行性。

(4)应根据工程施工特点，提出安全技术方案实施过程中的控制原则、明确重点监控部位和监控指标要求。

(5)应包括基坑安全使用与维护全过程。

(6)设计和施工发生变更或调整时，施工安全专项方案应进行相应的调整和补充。

5.1.3　应根据施工图设计文件、危险源识别结果、周边环境与地质条件、施工工艺设备、施工经验等进行安全分析，选择相应的安全控制、监测预警、应急处理技术，制定应急预案并确定应急响应措施。

5.1.4　施工安全专项方案应通过专家论证。

5.2　安全专项方案编制

5.2.1　基坑工程施工安全专项方案应与基坑工程施工组织设计同步编制。

5.2.2　基坑工程施工安全专项方案应包括下列主要内容：

(1)工程概况，包含基坑所处位置、基坑规模、基坑安全等级及现场勘查及环境调查结果、支护结构形式及相应附图。

(2)工程地质与水文地质条件,包含对基坑工程施工安全的不利因素分析。

(3)危险源分析,包含基坑工程本体安全、周边环境安全、施工设备及人员生命财产安全的危险源分析。

(4)各施工阶段与危险源控制相对应的安全技术措施,包含围护结构施工、支撑系统施工及拆除、土方开挖、降水等施工阶段危险源控制措施;各阶段施工用电、消防、防台风、防汛等安全技术措施。

(5)信息施工法实施细则,包含对施工监测成果信息的发布、分析,决策与指挥系统。

(6)安全控制技术措施、处理预案。

(7)安全管理措施,包含安全管理组织及人员教育培训等措施。

(8)对突发事件的应急响应机制,包含信息报告、先期处理、应急启动和应急终止。

5.3 危险源分析

5.3.1 危险源分析应根据基坑工程周边环境条件和控制要求、工程地质条件、支护设计与施工方案、地下水与地表水控制方案、施工能力与管理水平、工程经验等进行,并应根据危险程度和发生的频率,识别为重大危险源和一般危险源。

5.3.2 符合下列特征之一的必须列为重大危险源:

(1)开挖施工对邻近建(构)筑物、设施必然造成安全影响或有特殊保护要求的。

(2)达到设计使用年限拟继续使用的。

(3)改变现行设计方案,进行加深、扩大及改变使用条件的。

(4)邻近的工程建设,包括打桩、基坑开挖降水施工影响基坑支护安全的。

(5)邻水的基坑。

5.3.3 符合下列情况之一的应列为一般危险源:

(1)存在影响基坑工程安全性、适用性的材料低劣、质量缺陷、构件损伤或其他不利状态。

(2)支护结构、工程桩施工产生的振动、剪切等可能产生流土、土体液化、渗流破坏。

(3)截水帷幕可能发生严重渗漏。

(4)交通主干道位于基坑开挖影响范围内,或基坑周围建筑物管线、市政管线可能产生渗漏、管沟存水,或存在渗漏变形敏感性强的排水管等可能发生的水作用产生的危险源。

(5)雨期施工,土钉墙、浅层设置的预应力锚杆可能失效或承载力严重下降。

(6)侧壁为杂填土或特殊性岩土。

(7)基坑开挖可能产生过大隆起。

(8)基坑侧壁存在振动荷载。

(9)内支撑因各种原因失效或发生连续破坏。

(10)对支护结构可能产生横向冲击荷载。

(11)台风、暴雨或强降雨降水致使施工用电中断,基坑降排水系统失效。

(12)土钉、锚杆蠕变产生过大变形及地面裂缝。

5.3.4 危险源分析应采用动态分析方法,并应在施工安全专项方案中及时对危险源进行更新和补充。

5.4 应急预案

5.4.1 应通过组织演练检验和评价应急预案的适用性和可操作性。

5.4.2 基坑工程发生险情时,应采取下列应急措施:

(1)基坑变形超过报警值时,应调整分层、分段土方开挖等施工方案,并宜采取坑内回填反压后

增加临时支撑、锚杆等。

(2)周围地表或建筑物变形速率急剧加大,基坑有失稳趋势时,宜采取卸载、局部或全部回填反压,待稳定后再进行加固处理。

(3)坑底隆起变形过大时,应采取坑内加载反压、调整分区、分步开挖、及时浇筑快硬混凝土垫层等措施。

(4)坑外地下水位下降速率过快,引起周边建筑物与地下管线沉降速率超过警戒值时,应调整抽水速度减缓地下水位下降速度或采用回灌措施。

(5)围护结构渗水、流土,可采用坑内引流、封堵或坑外快速注浆的方式进行堵漏;情况严重时应立即回填,再进行处理。

(6)开挖底面出现流砂、管涌时,应立即停止挖土施工,根据情况采取回填、降水法降低水头差、设置反滤层封堵流土点等方式进行处理。

5.4.3　基坑工程施工引起邻近建筑物开裂及倾斜事故时,应根据具体情况采取下列处置措施:

(1)立即停止基坑开挖,回填反压。

(2)增设锚杆或支撑。

(3)采取回灌、降水等措施调整降深。

(4)在建筑物基础周围采用注浆加固土体。

(5)制订建筑物的纠偏方案并组织实施。

(6)情况紧急时应及时疏散人员。

5.4.4　基坑工程引起邻近地下管线破裂,应采取下列应急措施:

(1)立即关闭危险管道阀门,采取措施防止产生火灾、爆炸、冲刷、渗流破坏等安全事故。

(2)立即停止基坑开挖,回填反压、基坑侧壁卸载。

(3)及时加固、修复或更换破裂管线。

5.4.5　基坑工程变形监测数据超过报警值,或出现基坑、周边建(构)筑物、管线失稳破坏征兆时,应立即停止施工作业,撤离人员,待险情排除后方可恢复施工。

5.5　应急响应

5.5.1　应急响应应根据应急预案采取抢险准备、信息报告、应急启动和应急终止四个程序统一执行。

5.5.2　应急响应前的抢险准备,应包括下列内容:

(1)应急响应需要的人员、设备、物资准备。

(2)增加基坑变形监测手段与频次的措施。

(3)储备截水堵漏的必要器材。

(4)清理应急通道。

5.5.3　当基坑工程发生险情时,应立即启动应急响应,并向上级和有关部门报告以下信息:

(1)险情发生的时间、地点。

(2)险情的基本情况及抢救措施。

(3)险情的伤亡及抢救情况。

5.5.4　基坑工程施工与使用中,应针对下列情况启动安全应急响应:

(1)基坑支护结构水平位移或周围建(构)筑物、周边道路(地面)出现裂缝、沉降、地下管线不均匀沉降或支护结构构件内力等指标超过限值时。

(2)建筑物裂缝超过限值或土体分层竖向位移或地表裂缝宽度突然超过报警值时。

(3)施工过程出现大量涌水、涌砂时。

(4)基坑底部隆起变形超过报警值时。

(5)基坑施工过程遭遇大雨或暴雨天气,出现大量积水时。

(6)基坑降水设备发生突发性停电或设备损坏造成地下水位升高时。

(7)基坑施工过程因各种原因导致人身伤亡事故出现时。

(8)遭受自然灾害、事故或其他突发事件影响的基坑。

(9)其他有特殊情况可能影响安全的基坑。

5.5.5 应急终止应满足下列要求:

(1)引起事故的危险源已经消除或险情得到有效控制。

(2)应急救援行动已完全转化为社会公共救援。

(3)局面已无法控制和挽救,场内相关人员已全部撤离。

(4)应急总指挥根据事故的发展状态认为终止的。

(5)事故已经在上级主管部门结案。

5.5.6 应急终止后,应针对事故发生及抢险救援经过、事故原因分析、事故造成的后果、应急预案效果及评估情况提出书面报告,并应按有关程序上报。

5.6 安全技术交底

5.6.1 施工前应进行技术交底,并应做好交底记录。

5.6.2 施工过程中各工序开工前,施工技术管理人员必须向所有参加作业的人员进行施工组织与安全技术交底,如实告知危险源、防范措施、应急预案,形成文件并签署。

5.6.3 安全技术交底应包括下列内容:

(1)现场勘查与环境调查报告。

(2)施工组织设计。

(3)主要施工技术、关键部位施工工艺工法、参数。

(4)各阶段危险源分析结果与安全技术措施。

(5)应急预案及应急响应等。

6 支护结构施工

6.1 一般规定

6.1.1 基坑工程施工前应根据设计文件,结合现场条件和周边环境保护要求、气候等情况,编制支护结构施工方案。临水基坑施工方案应根据波浪、潮位等对施工的影响进行编制,并应符合防汛主管部门的相关规定。

6.1.2 基坑支护结构施工应与降水、开挖相互协调,各工况和工序应符合设计要求。

6.1.3 基坑支护结构施工与拆除不应影响主体结构、邻近地下设施与周围建(构)筑物等的正常使用,必要时应采取减少不利影响的措施。

6.1.4 支护结构施工前应进行试验性施工,并应评估施工工艺和各项参数对基坑及周边环境的影响程度;应根据试验结果调整参数、工法或反馈修改设计方案。

6.1.5 支护结构施工和开挖过程中,应对支护结构自身、已施工的主体结构和邻近道路、市政管线、地下设施、周围建(构)筑物等进行施工监测,施工单位应采用信息施工法配合设计单位采用动态设计法,及时调整施工方法及预防风险措施,并可通过采用设置隔离桩、加固既有建筑地基基础、反压与配合降水纠偏等技术措施,控制邻近建(构)筑物产生过大的不均匀沉降。

6.1.6　施工现场道路布置、材料堆放、车辆行走路线等应符合设计荷载控制要求；当设置施工栈桥时，应按设计文件编制施工栈桥的施工、使用及保护方案。

6.1.7　当遇有可能产生相互影响的邻近工程进行桩基施工、基坑开挖、边坡工程、盾构顶进、爆破等施工作业时，应确定相互间合理的施工顺序和方法，必要时应采取措施减少相互影响。

6.1.8　遇有雷雨、6 级以上大风等恶劣天气时，应暂停施工，并应对现场的人员、设备、材料等采取相应的保护措施。

6.2　土钉墙支护

6.2.1　土钉墙支护施工应配合挖土和降水等作业进行，并应符合下列要求：

(1)挖土分层厚度应与土钉竖向间距协调同步，逐层开挖并施工土钉，禁止超挖；挖土分段段长不得超过设计规定值；预留土墩尺寸不应小于设计值。

(2)开挖后应及时封闭临空面，应在 24h 内完成土钉安设和喷射混凝土面层；在淤泥质地层开挖时，应在 12h 内完成土钉安设和喷射混凝土面层；对可能产生流动的土，土钉上下排距较大时，宜将开挖分为两层并应严格控制开挖分层厚度，及时喷射混凝土底面层；

(3)上一层土钉完成注浆后，应满足设计要求或至少间隔 48h 方可允许开挖下一层土方；

(4)施工期间坡顶应严格按照设计要求控制施工荷载；

(5)土钉支护应设置排水沟、集水坑、坑内排水沟离边壁宜大于 1m；坡面应按设计要求分层设置水平向泄水管；

(6)周边环境变形控制指标要求高时，应严格控制土方开挖设备及其他振动源对土钉侧壁发生碰撞和产生振动；

(7)环境调查结果显示基坑侧壁地下管线存在渗漏可能，或存在地表水补给的工程，应反馈修改设计，适当提高土钉设计安全度，必要时调整支护结构方案。

6.2.2　土钉施工应符合下列要求：

(1)成孔孔径、角度、长度应符合设计要求。

(2)干作业法施工时，应先降低地下水位，严禁在地下水位以下成孔施工。

(3)当成孔过程中遇有障碍物或成孔困难需调整孔位及土钉长度时，应对土钉承载力及支护结构安全度进行复核计算，并应根据复核计算的结果调整土钉尺寸与杆体筋材。

(4)采用钻机钻孔时，钻机移位应调整好机架及钻臂，保持机体平衡。作业完毕后，应将钻机停放在安全地带，进行清洗和保养。

(5)对于灵敏度较高的粉土、粉质黏土及可能产生液化的土体，禁止采用振动法施工土钉。

(6)设有水泥土截水帷幕的土钉支护结构，土钉成孔过程中应采取措施防止流土、流砂。

(7)土钉应采用孔底注浆施工，严禁采用孔口重力式注浆。对空隙较大的土层，应采用较小的水灰比并应采取二次注浆方法保证土钉的设计承载力。

(8)膨胀土土钉注浆材料宜采用水泥砂浆，并应采用水泥浆二次注浆技术。

6.2.3　喷射混凝土作业应符合下列要求：

(1)作业人员应佩戴防尘口罩、防护眼镜等防护用具，并避免直接接触液体速凝剂，不慎接触后应立即用清水冲洗；非施工人员不得进入喷射混凝土的作业区，施工中喷嘴前严禁站人。

(2)喷射混凝土施工中应经常检查输料管、接头的使用情况，当有磨损、击穿或松脱时应及时处理。

(3)喷射混凝土作业中如发生输料管路堵塞或爆裂时，必须依次停止投料、送水和供风。

(4)冬季施工时应采取混凝土施工防冻措施，保证混凝土强度。

(5)面层绑扎钢筋不宜过短；加强筋宜采用矩形布置并应保证焊接质量和与土钉端部阻滑钢筋

可靠连接。

(6)施工过程中应对产生的地面裂缝进行观测和分析,对因各工况条件下由于“基底”承载力不足引起侧壁下沉反射至地表的裂缝宽度较大时,应反馈设计,采取增设微型桩等超前支护,形成复合土钉;对因土钉水平位移较大形成地表裂缝较大时,应调整土钉长度或增设微型桩、锚杆等。

6.3 重力式水泥土墙

6.3.1 应根据土层地质条件及加固深度、水泥土维护墙设计要求,选择二轴或三轴搅拌桩机进行施工,对有机质含量较大及不易搅拌均匀的土层,严禁采用单轴搅拌机施工水泥土桩墙。

6.3.2 水泥土重力式围护墙应通过试验性施工,调整空压机输出压力和注浆压力,减少对周边环境的影响。

6.3.3 水泥土搅拌桩机施工过程中,其下部严禁站人。桩机移动过程中机械设备及施工人员不得在其周围活动,移动路线上不应有障碍物。

6.3.4 水泥土重力式围护墙施工时若遇有明浜、洼地,应抽水和清淤,并应回填素土压实。

6.3.5 型材或钢筋插入围护墙体时应采取可靠的定位措施,并应在成桩后16h内施工完毕。

6.3.6 围护墙体应采用连续搭接的施工方法,且应控制桩位偏差和桩身垂直度,保证有足够的搭接长度满足设计要求。施工中因故停浆时,应将钻头下沉(抬高)至停浆点以下(以上)0.5m处,待恢复供浆时再喷浆搅拌提升(下沉)。水泥土搅拌桩搭接施工间隔时间不宜大于24h;当超过24h时,搭接施工时应放慢搅拌速度。若无法搭接或搭接不良,应做冷缝记录,在搭接处采取补救措施。

6.3.7 按成桩施工期、基坑开挖前和基坑开挖期三个阶段进行质量检测。

6.4 地下连续墙

6.4.1 地下连续墙成槽施工应符合下列规定:

(1)地下连续墙成槽前应设置钢筋混凝土导墙及施工道路。导墙养护期间,重型机械设备不应在导墙附近作业或停留。

(2)地下连续墙成槽前应进行槽壁稳定性验算。

(3)对位于暗河区、扰动土区、浅部砂性土中的槽段或邻近建筑物保护要求较高时,宜在连续墙施工前对槽壁进行加固。

(4)地下连续墙单元槽段成槽施工宜采用跳幅间隔的施工顺序。

(5)在保护设施不齐全、监管人不到位的情况下,严禁人员下槽、孔内清理障碍物。

6.4.2 地下连续墙成槽泥浆制备应符合下列规定:

(1)护壁泥浆使用前应根据材料和地质条件进行试配,并进行室内性能试验,泥浆配合比宜按现场试验确定。

(2)泥浆的供应及处理系统应满足泥浆使用量的要求,槽内泥浆面不应低于导墙面0.3m,同时槽内泥浆面应高于地下水位0.5m以上。

6.4.3 槽段接头施工应符合下列规定:

(1)成槽结束后应对相邻槽段的混凝土端面进行清刷,刷至底部,清除接头处的泥沙,确保单元槽段接头部位的抗渗性能。

(2)槽段接头应满足混凝土浇筑压力对其强度和刚度的要求,安放时,应紧贴槽段垂直缓慢沉放至槽底。遇到阻碍时,槽段接头应在清除障碍后入槽。

(3)周边环境保护要求高时,宜在地下连续墙接头处增加防水措施。

6.4.4 地下连续墙钢筋笼吊装应符合下列规定:

(1)吊装所选用的吊车应满足吊装高度及起重量的要求,主吊和副吊应根据计算确定。钢筋笼

吊点布置应根据吊装工艺通过计算确定，并应进行整体起吊安全验算，按计算结果配置吊具、吊点加固钢筋、吊筋等。

(2)吊装前必须对钢筋笼进行全面检查，防止有剩余的钢筋断头、焊接接头等遗留在钢筋笼上。

(3)采用双机抬吊作业时，应统一指挥，动作应配合协调，荷载应分配合理。

(4)起重机械起吊钢筋笼时应先稍离地面试吊，确认钢筋笼已挂牢，钢筋笼刚度、焊接强度等满足要求时，再继续起吊。

(5)起重机械在吊钢筋笼行走时，荷载不得超过允许起重量的70%，钢筋笼离地不得大于500mm，并应拴好拉绳，缓慢行驶。

6.4.5　预制墙段的堆放和运输应符合下列规定：

(1)预制墙段应达到设计强度100%后方可运输及吊放。

(2)堆放场地应平整、坚实、排水通畅。垫块宜放置在吊点处，底层垫块面积应满足墙段自重对地基荷载的有效扩散。预制墙段叠放层数不宜超过3层，上下层垫块应放置在同一直线上。

(3)运输叠放层数不宜超过2层。墙段装车后应采用紧绳器与车板固定，钢丝绳与墙段阳角接触处应有护角措施。异形截面墙段运输时应有可靠的支撑措施。

6.4.6　预制墙段的安放应符合下列规定：

(1)预制墙段应验收合格，待槽段完成并验槽合格后方可安放入槽段内。

(2)安放顺序为先转角槽段后直线槽段，安放闭合位置宜设置在直线槽段上。

(3)相邻槽段应连续成槽，幅间接头宜采用现浇接头。

(4)吊放时应在导墙上安装导向架；起吊吊点应按设计要求或经计算确定，起吊过程中所产生的内力应满足设计要求；起吊回直过程中应防止预制墙段根部拖行或着力过大。

6.4.7　起重机械及吊装机具进场前应进行检验，施工前应进行调试，施工中应定期检验和维护。

6.4.8　成槽机、履带吊应在平坦坚实的路面上作业、行走和停放。外露传动系统应有防护罩，转盘方向轴应设有安全警告牌。成槽机、起重机工作时，回转半径内不应有障碍物，吊臂下严禁站人。

6.5　灌注桩排桩围护墙

6.5.1　围护结构的灌注桩施工，当采用泥浆护壁的冲、钻、挖孔方法工艺时，应按有关规范要求控制桩底沉渣厚度与泥皮厚度。

6.5.2　钢筋保护层厚度应满足设计要求，并不应小于30mm。

6.5.3　灌注桩施工时应保证钻孔内泥浆液面高出地下水位以上0.5m，受水位涨落影响时，应高出高水位1.5m。

6.5.4　钻机施工应符合下列要求：

(1)作业前应对钻机进行检查，各部件验收合格后才能使用。

(2)钻头和钻杆连接螺纹应良好，钻头焊接牢固，不得有裂纹。

(3)钻机钻架基础应夯实、整平，并满足地基承载能力，作业范围内地下无管线等地下障碍物。作业现场与架空输电线路的安全距离符合规定。

(4)在作业过程中，应随时观察钻机的运转情况，当发生异响、吊索具破损、漏气、漏渣以及其他不正常情况时，应立即停机检查，排除故障后，方可继续开工。

(5)桩孔净间距过小或采用多台钻机同时施工时，相邻桩应间隔施工，完成浇筑混凝土的桩与邻桩间距不应小于4倍桩径，或间隔施工时间宜大于36h。

(6)泥浆护壁成孔时发生斜孔、塌孔或沿护筒周围冒浆以及地面沉陷等情况应停止钻进，采取措施后方可继续施工。

(7)采用气举反循环时，其喷浆口应遮拦，并应固定管端。

6.5.5 冲击成孔前以及过程中应经常检查钢丝绳、卡扣及转向装置,冲击时应控制钢丝绳放松量。

6.5.6 对非均匀配筋的钢筋笼吊放安装时,应保证钢筋笼的安放方向与设计方向一致。

6.5.7 混凝土浇注完毕后,应及时在桩孔位置回填土方或加盖盖板。

6.5.8 遇有湿陷性土层,地下水位较低,既有建筑物距离基坑较近时,应避免采用泥浆护壁的工艺进行灌注桩施工。

6.5.9 冠梁施工前应对所有灌注桩进行完整性检测,对不满足水平承载力的桩,应进行统计并反馈设计。

6.5.10 基坑土方开挖过程中,宜采用喷射混凝土等方法对灌注排桩的桩间土体进行加固,防止土体掉落对人员、机具造成损害。

6.6 板桩围护墙

6.6.1 钢板桩堆放场地应平整坚实,组合钢板桩堆高不宜超过3层。板桩施工作业区内应无高压线路,作业区应有明显标志或围栏。桩锤在施打过程中,监视距离不宜小于5m。

6.6.2 桩机设备组装时,应对各紧固件进行检查,在紧固件未拧紧前不得进行配重安装。组装完毕后,应对整机进行试运转,确认各传动机构、齿轮箱、防护罩等良好,各部件连接牢靠。

6.6.3 桩机作业应符合下列规定:

(1)严禁吊桩、吊锤、回转或行走等动作同时进行。

(2)当打桩机带锤行走时,应将桩锤放至最低位。打桩机在吊有桩和锤的情况下,操作人员不得离开岗位。

(3)当采用振动桩锤作业时,悬挂振动桩锤的起重机,其吊钩上必须有防松脱的保护装置,振动桩锤悬挂钢架的耳环上应加装保险钢丝绳。

(4)插桩过程中,应及时校正桩的垂直度。后续桩与先打桩间的钢板桩锁扣使用前应进行套锁检查。当桩入土3m以上时,严禁用打桩机行走或回转动作来纠正桩的垂直度。

(5)当停机时间较长时,应将桩锤落下垫好。

(6)检修时不得悬吊桩锤。

(7)作业后应将打桩机停放在坚实平整的地面上,将桩锤落下垫实,并应切断动力电源。

6.6.4 当板桩围护墙基坑有邻近建(构)筑物及地下管线时,应采用静力压桩法施工,并应根据环境状况控制压桩施工速率。当静力压桩作业时,应有统一指挥,压桩人员和吊装人员应密切联系,相互配合。

6.6.5 板桩围护施工过程中,应加强周边地下水位以及孔隙水压力的监测。

6.7 型钢水泥土搅拌墙

6.7.1 施工现场应先进行场地平整,清除搅拌桩施工区域的表层硬物和地下障碍物。现场道路的承载能力应满足桩机和起重机平稳行走的要求。

6.7.2 对于硬质土层成桩困难时,应调整施工速度或采取先行钻孔跳打方式。

6.7.3 对环境保护要求高的基坑工程,宜选择挤土量小的搅拌机头,并应通过试成桩及其监测结果调整施工参数。

6.7.4 型钢堆放场地应平整坚实、场地无积水,地基承载力应满足堆放要求。

6.7.5 型钢吊装过程中,型钢不得拖地;起重机械回转半径内不应有障碍物,吊臂下严禁站人。

6.7.6 型钢的插入应符合下列要求:

(1)必须采用牢固的定位导向架,在插入过程中应采取措施保证型钢垂直度,并与已插好的型钢可靠连接。

(2)型钢宜依靠自重插入,当型钢插入有困难时可采取辅助措施下沉。严禁采用多次重复起吊型钢并松钩下落的插入方法。

(3)当采用振动锤插入时,应通过监测以检验其对环境的影响。

(4)型钢的插入施工不应在6级及以上风力时进行。

6.7.7　型钢的拔除与回收应符合下列要求:

(1)型钢拔除前水泥土搅拌墙与主体结构地下室外墙之间的空隙必须回填密实,并宜采用液压千斤顶配以吊车进行。

(2)当基坑内外水头差不平衡时,不得拔除。

(3)周边环境条件复杂、环境保护要求高、拔除对其影响较大时,型钢不宜回收。

(4)回收型钢施工,应编制包括浆液配比、注浆工艺、拔除顺序等内容的施工安全方案。

6.7.8　采用渠式切割水泥土连续墙技术施工型钢水泥土搅拌墙应符合下列规定:

(1)成墙施工时,应保持不小于20m/h的搅拌推进速度。

(2)成墙施工结束时,切割箱应及时进入挖掘养护作业区或拔出。

(3)施工过程中,必须配置备用发电机组,保障连续作业区。

(4)应控制切割箱的拔出速度,拔出切割箱过程中,浆液注入量应与拔出切割箱的体积相等,混合泥浆液面不得下降。

(5)水泥土未达到设计强度前,沟槽两侧应设置防护栏杆及警示标志。

6.7.9　采用型钢水泥土搅拌墙作为基坑支护结构时,基坑开挖前应检验水泥土搅拌桩的桩身强度,强度指标未达到设计要求时,应采取相应措施。

6.8　沉井与沉箱

6.8.1　基坑周边存在既有建(构)筑物、管线或环境保护要求严格时,不宜采用沉井施工工法。

6.8.2　沉井的制作与施工应符合下列规定:

(1)搭设外排脚手架应与模板脱开。

(2)刃脚混凝土达到设计强度,方可进行后续施工。

(3)沉井挖土下沉应分层、均匀、对称进行,并应根据现场施工情况采取止沉或助沉措施,沉井下沉应平稳。下沉过程中应采取信息施工法及时纠偏。

(4)沉井不排水下沉时,井内水位不得低于井外水位;流动性土层开挖时,应保持井内水位高出井外水位不少于1m。

(5)沉井施工中挖出的土方宜外运。当现场条件许可在附近堆放时,堆放地距井壁边的距离不应小于沉井下沉深度的2倍,且不应影响现场的交通、排水及后续施工。

6.8.3　当作业人员从常压环境进入高压环境或从高压环境回到常压环境时,均应符合相关程序与规定。

6.9　内支撑

6.9.1　支撑系统的施工与拆除,应按先撑后挖、先托后拆的顺序,拆除顺序应与支护结构的设计工况相一致,并应结合现场支护结构内力与变形的监测结果进行。

6.9.2　支撑体系上不应堆放材料或运行施工机械;当需利用支撑结构兼做施工平台或栈桥时,应进行专门设计。

6.9.3　基坑开挖过程中应对基坑开挖形成的立柱进行监测,并应根据监测数据调整施工方案。

6.9.4　支撑底模应具有一定的强度、刚度和稳定性,混凝土垫层不得用作底模。

6.9.5　钢支撑吊装就位时,吊车及钢支撑下方严禁人员入内,现场应做好防下坠措施。钢支撑吊装过程中应缓慢移动,操作人员应监视周围环境,避免钢支撑刮碰坑壁、冠梁、上部钢支撑等。起吊钢支撑应先进行试吊,检查起重机的稳定性、制动的可靠性、钢支撑的平衡性、绑扎的牢固性,确认无误后,方可起吊。当起重机出现倾覆迹象时,应快速使钢支撑落回基座。

6.9.6 钢支撑预应力施加应符合下列规定:

(1)支撑安装完毕后,应及时检查各节点的连接状况,经确认符合要求后方可均匀、对称、分级施加预压力。

(2)预应力施加过程中应检查支撑连接节点,必要时应对支撑节点进行加固;预应力施加完毕、额定压力稳定后应锁定。

(3)钢支撑使用过程应定期进行预应力监测,必要时应对预应力损失进行补偿;在周边环境保护要求较高时,宜采用钢支撑预应力自动补偿系统。

6.9.7 立柱及立柱桩施工应符合下列规定:

(1)立柱桩施工前应对其单桩承载力进行验算,竖向荷载应按最不利工况取值,立柱在基坑开挖阶段应计入支撑与立柱的自重、支撑构件上的施工荷载等。

(2)立柱与支撑可采用铰接连接。在节点处应根据承受的荷载大小,通过计算设置抗剪钢筋或钢牛腿等抗剪措施。立柱穿过主体结构底板以及支撑结构穿越主体结构地下室外墙的部位应采取止水构造措施。

(3)钢立柱周边的桩孔应采用砂石均匀回填密实。

6.9.8 支撑拆除施工应符合下列规定:

(1)拆除支撑施工前,必须对施工作业人员进行安全技术交底,施工中应加强安全检查。

(2)拆撑作业施工范围严禁非操作人员入内,切割焊和吊运过程中工作区严禁入内,拆除的零部件严禁随意抛落。当钢筋混凝土支撑采用爆破拆除施工时,现场应划定危险区域,并应设置警戒线和相关的安全标志,警戒范围内不得有人员逗留,并应派专人监管。

(3)支撑拆除时应设置安全可靠的防护措施和作业空间,当需利用永久结构底板或楼板作为支撑拆除平台时,应采取有效的加固及保护措施,并应征得主体结构设计单位同意。

(4)换撑工况应满足设计工况要求,支撑应在梁板柱结构及换撑结构达到设计要求的强度后对称拆除。

(5)支撑拆除施工过程中应加强对支撑轴力和支护结构位移的监测,变化较大时,应加密监测,并应及时统计、分析上报,必要时应停止施工加强支撑。

(6)栈桥拆除施工过程中,栈桥上严禁堆载,并应限制施工机械超载,制订合理的拆除顺序,应根据支护结构变形情况调整拆除长度,确保栈桥剩余部分结构的稳定性。

(7)钢支撑可采用人工拆除和机械拆除。钢支撑拆除时应避免瞬间预加应力释放过大而导致支护结构局部变形、开裂,并应采用分步卸载钢支撑预应力的方法对其进行拆除。

6.9.9 爆破拆除施工应符合下列规定:

(1)钢筋混凝土支撑爆破应根据周围环境作业条件、爆破规模,应按现行国家标准《爆破安全规程》(GB 6722)分级,采取相应的安全技术措施。

(2)爆破拆除钢筋混凝土支撑应进行安全评估,并应经当地有关部门审核批准后实施。

(3)应根据支撑结构特点制订爆破拆除顺序,爆破孔宜在钢筋混凝土支撑施工时预留。

(4)支撑与围护结构或主体结构相连的区域应先行切断,在爆破支撑顶面和底部应加设防护层。

6.9.10 当采用人工拆除作业时,作业人员应站在稳定的结构或脚手架上操作,支撑构件应采取有效的防下坠控制措施,对切断两端的支撑拆除的构件应有安全的放置场所。

6.9.11 机械拆除施工应符合下列规定:

(1)应按施工组织设计选定的机械设备及吊装方案进行施工,严禁超载作业或任意扩大拆除范围。

(2)作业中机械不得同时回转、行走。

(3)对尺寸或自重较大的构件或材料,必须采用起重机具及时下放。

(4)拆卸下来的各种材料应及时清理,分类堆放在指定场所。

(5)供机械设备使用和堆放拆卸下来的各种材料的场地地基承载力应满足要求。

6.10　土层锚杆

6.10.1　当锚杆穿过的地层附近有地下管线或地下构筑物时,应查明其位置、尺寸、走向、类型、使用状况等情况后,方可进行锚杆施工。

6.10.2　锚杆施工前宜通过试验性施工,确定锚杆设计参数和施工工艺的合理性,并应评估对环境的影响。

6.10.3　锚孔钻进作业时,应保持钻机及作业平台稳定可靠,除钻机操作人员还应有不少于1人协助作业。高处作业时,作业平台应设置封闭防护设施,作业人员应佩戴防护用品。注浆施工时相关操作人员必须佩戴防护眼镜。

6.10.4　锚杆钻机应安设安全可靠的反力装置。在有地下承压水地层钻进时,孔口必须设置可靠的防喷装置,当发生漏水、涌砂时,应及时封闭孔口。

6.10.5　注浆管路连接应牢固可靠,保证畅通,防止塞泵、塞管。注浆施工过程中,应在现场加强巡视,对注浆管路应采取保护措施。

6.10.6　锚杆注浆时注浆罐内应保持一定数量的浆料防止罐体放空、伤人。处理管路堵塞前,应消除灌内压力。

6.10.7　锚杆预应力锚杆张拉施工应符合下列规定:

(1)预应力锚杆张拉作业前应检查高压油泵与千斤顶之间的连接件,连接件必须完好、紧固。张拉设备应可靠,作业前必须在张拉端设置有效的防护措施。

(2)锚杆钢筋或钢绞线应连接牢固,严禁在张拉时发生脱扣现象。

(3)张拉过程中,孔口前方严禁站人,操作人员应站在千斤顶侧面操作。

(4)张拉施工时,其下方严禁进行其他操作;严禁采用敲击方法调整施力装置,不得在锚杆端部悬挂重物或碰撞锚具。

6.10.8　锚杆试验时,计量仪表连接必须牢固可靠,前方和下方严禁站人。

6.10.9　锚杆锁定应控制相邻锚杆张拉锁定引起的预应力损失,当锚杆出现锚头松弛、脱落、锚具失效等情况时,应及时进行修复并对其进行再次张拉锁定。

6.10.10　当锚杆承载力检测结果不满足设计要求时,应将检测结果提交设计复核,并提出补救措施。

6.11　逆作法

6.11.1　逆作法施工应采取安全控制措施,应根据柱网轴线、环境及施工方案要求设置通风口及地下通风、换气、照明和用电设备。

6.11.2　逆作法通风排气应符合下列规定:

(1)在浇筑地下室各层楼板时,挖土行进路线应预先留设通风口,随地下挖土工作面的推进,通风口露出部位应及时安装通风及排气设施。地下室空气成分应符合国家有关安全卫生标准。

(2)在楼板结构水平构件上留设的临时施工洞口位置宜上下对齐,应满足施工及自然通风等要求。

(3)风机表面应保持清洁,进出风口不得有杂物,应定期清除风机及管道内的灰尘等杂物。

(4)风管应敷设牢固、平顺,接头应严密、不漏风,且不应妨碍运输、影响挖土及结构施工,并应配有专人负责检查、养护。

(5)地下室施工时应采用送风作业,采用鼓风法从地面向地下送风到工作面,鼓风功率不应小于 $1kW/1000m^3$。

6.11.3 逆作法照明及电力设施应符合下列规定:

(1)当逆作法施工中自然采光不满足施工要求时,应编制照明用电专项方案。

(2)地下室应根据施工方案及相关规范要求装置足够的照明设备及电力插座。

(3)逆作法地下室施工应设一般照明、局部照明和混合照明。在一个工作场所内,不得仅设局部照明。

6.11.4 逆作法施工应符合下列规定:

(1)闲置取土口、楼梯孔洞及交通要道应搭设防护措施,且宜采取有效的防雨措施。

(2)施工时应保护施工洞口结构的插筋、接驳器等预埋件。

(3)宜采用专门的大型自动提土设备垂直运输土石方,当运输轨道设置在主体结构上时,应对结构承载力进行验算,并应征得设计单位同意。

(4)当逆作梁板混凝土强度达到设计强度等级的90%及以上,并经设计单位许可后,方可进行下层土石方的开挖,必要时应加入早强剂或提高混凝土强度等级。

(5)主体结构施工未完成前,临时柱承载力应经计算确定。

(6)梁板下土方开挖应在混凝土的强度达到设计要求后进行,土方开挖过程中不得破坏主体结构及围护结构。挖出的土方应及时运走,严禁堆放在楼板上及基坑周边。

6.11.5 施工栈桥的设置应符合下列规定:

(1)施工栈桥及立柱桩应根据基坑周边环境条件、基坑形状、支撑布置、施工方法等进行专项设计,立柱桩的设计间距应满足坑内小型挖土机械的移动和操作的安全要求。

(2)专项设计应提交设计单位进行复核。

(3)使用中应按设计要求控制施工荷载。

6.11.6 地下水平结构施工模板、支架应符合下列规定:

(1)主体结构水平构件宜采用木模或钢模,模板支撑地基承载力与变形应满足设计要求。

(2)模板体系承载力、刚度和稳定性,应能可靠承受浇筑混凝土的质量、侧压力及施工荷载。

6.11.7 逆作法上下同步施工的工程必须采用信息施工法,并应对竖向支承桩、柱、转换梁等关键部位的内力和变形提出有针对性的施工监测方案、报警机制和应急预案。

6.12 坑内土体加固

6.12.1 当安全等级为一级的基坑工程进行坑内土体加固时,应先进行基坑围护施工,再进行坑内土体加固施工。

6.12.2 降水加固可适用于砂土、粉性土,降水加固不得对周边环境产生影响。降水期间应对坑内、坑外地下水位及邻近建筑物、地下管线进行监测。

6.12.3 当采用水泥土搅拌桩进行土体加固时,在加固深度范围以上的土层被扰动区应采用低掺量水泥回掺处理。

6.12.4 高压喷射注浆法进行坑内土体加固施工应符合下列规定:

(1)施工前应对现场环境和地下埋设物的位置情况进行调查,确定高压喷射注浆的施工工艺并选择合理的机具。

(2)可根据情况在水泥浆液中加入速凝剂、悬浮剂等,掺和料与外加剂的种类及掺量应通过试验确定。

(3)应采用分区、分段、间隔施工,相邻两桩施工间隔时间不应小于48h,先后施工的两桩间距应为4~6m。

(4)可采用复喷施工技术措施保障加固效果,复喷施工应先喷一遍清水再喷一遍或两遍水泥浆。

(5)当采用三重管或多重管施工工艺时,应对孔隙水压力进行监测,并应根据监测结果调整施工参数、施工位置和施工速度。

7　地下水与地表水控制

7.1　一般规定

7.1.1　地下水和地表水控制应根据设计文件、基坑开挖场地工程地质、水文地质条件及基坑周边环境条件编制施工组织设计或施工方案。

7.1.2　降排水施工方案应包含各种泵的扬程、功率，排水管路尺寸、材料、路线，水箱位置、尺寸，电力配置等。降排水系统应保证水流排入市政管网或排水渠道，应采取措施防止抽排出的水倒灌流入基坑。

7.1.3　当采用设计的降水方法不满足设计要求时，或基坑内坡道或通道等无法按降水设计方案实施时，应反馈设计单位调整设计，制订补救措施。

7.1.4　当基坑内出现临时局部深挖时，可采取集水明排、盲沟等技术措施，并应与整体降水系统有效结合。

7.1.5　抽水应采取措施控制出水含砂量。含砂量控制，应满足设计要求，并应满足有关规范要求。

7.1.6　当支护结构或地基处理施工时，应采取措施防止打桩、注浆等施工行为造成管井、点井的失效。

7.1.7　当坑底下部的承压水影响到基坑安全时，应采取坑底土体加固或降低承压水头等治理措施。

7.1.8　应进行中长期天气预报资料收集，编制晴雨表，根据天气预报实时调整施工进度。降雨前应对已开挖未进行支护的侧壁采用覆盖措施，并应配备设备及时排除基坑内积水。

7.1.9　当因地下水或地表水控制原因引起基坑周边建(构)筑物或地下管线产生超限沉降时，应查找原因并采取有效控制措施。

7.1.10　基坑降水期间应根据施工组织设计配备发电机组，并应进行相应的供电切换演练。

7.1.11　井点的拔除或封井方案应满足设计要求，并应在施工组织设计中体现。

7.1.12　在粉性土及砂土中施工水泥土截水帷幕，宜采用适合的添加剂，降低截水帷幕渗透系数，并应对帷幕渗透系数进行检验，当检验结果不满足设计要求时，应进行设计复核。

7.1.13　截水帷幕与灌注桩间不应存在间隙，当环境保护设计要求较高时，应在灌注桩与截水帷幕之间采取注浆加固等措施。

7.1.14　所有运行系统的电力电缆的拆接必须由专业人员负责，井管、水泵的安装应采用起重设备。

7.2　降水与隔水方法选择

7.2.1　降水方法应根据地质条件、降水目的、降水技术要求(降水范围、降水深度、降水时间等)、降水工程可能涉及的环境保护范围等进行确定，并符合下列规定：

(1)基础施工时地下水位应保持在基坑底面以下0.5m或满足设计施工要求。

(2)能防止土颗粒的流失。

(3)能防止深层承压水引起的流土、管涌和突涌，并可通过措施降低基坑下的承压水头。

(4)抽排地下水对地下水资源影响较小且能充分利用。

(5)抽排地下水对基坑周边现状的影响在可控范围之内。

7.2.2　当采用引渗井点作为降水方法时，应考虑上部含水层的水质是否存在污染和引渗井点的降水能力随时间不断衰减以及混合水位变化。

7.2.3　对承压含水层进行减压降水时，应根据工程环境条件、水文地质条件、隔水帷幕插入承压含水层的深度等选择采用基坑外降水、基坑内降水或坑内、外结合的降水方式。

7.2.4 当上部含水层水质较差,应评价多层地下水混合管井降水对下部含水层水环境的影响;当采用混合管井降水时,宜在降水停止后应采取有效措施确保管井不使上下含水层连通。

7.2.5 考虑土质情况与降水深度的降水方法可按表17-2选用。

工程降水方法及适用条件 表17-2

控制方法		适用条件		
		土质类别	渗透系数(m/d)	降水深度(m)
集水明排		填土、黏性土、粉土、砂土	<20	<5
降水井	真空井点	粉质黏土、粉土、砂土	0.1~20	单级<6; 多级<12
	喷射井点	粉土、砂土	0.1~20	<20
	管井	粉质黏土、粉土、砂土、碎石土、岩石	>1	不限
	渗井	粉质黏土、粉土、砂土、碎石土	>0.1	不限
	辐射井	黏性土、粉土、砂土、碎石土	>0.1	不限

7.2.6 同一工程可根据地层特点、支护形式、周边环境条件等不同要求,在不同的部位选用适合的隔水方法,并可采用多种隔水组合方式。隔水方法可按表17-3选用。

隔水方法及适用条件 表17-3

隔水方法		适用条件		
		土质类别	适用挖深(m)	施工及场地等其他条件
沉箱		各种地层条件	不限	地下水控制面积较小,如竖井等
地下连续墙		除岩溶外的各种地层条件	不限	基坑周围施工宽度狭小,邻近基坑边有建筑物或地下管线需要保护
连续排列的排桩墙	桩锚+搅拌桩帷幕	黏性土、粉土等地层条件,搅拌桩不适用砂、卵石等地层	不限	基坑较深、邻近有建筑物不允许放坡、不允许附近地基有较大下沉和位移等条件
	桩锚+旋喷桩帷幕	黏性土、粉土、砂土、砾石等各种地层条件不限	不限	基坑较深、邻近有建筑物不允许放坡、不允许附近地基有较大下沉和位移等条件
	钻孔咬合桩	黏性土、粉土、砂土、砾石等各种地层条件	不限	—
SMW工法		黏性土和粉土为主的软土地区	6~10	采用较大尺寸型钢和多排支点时深度可加大
组合隔水帷幕	旋喷或深层搅拌法水泥土重力式挡墙	淤泥、淤泥质土、黏性土、粉土	不宜超过7m	1.基坑周围具备水泥土墙的施工宽度; 2.对周围变形要求较严格时慎用
	袖阀管注浆法	各种地层条件	不宜大于12m	在支护结构外形成止水帷幕,与桩锚、土钉墙等支护结构组合使用
	土钉墙与止水帷幕结合式、土钉墙与止水帷幕分离式	填土、黏性土、粉土、砂土、卵砾石等土层	不宜大于12m	1.安全等级为二级的非软土场地; 2.基坑周围有放坡条件,邻近基坑无对位移控制严格的建筑物和管线等
	长螺旋旋喷搅拌水泥土桩	各种土层条件	不限	适用于在已施工护坡桩间做止水帷幕,能够克服砂卵石等硬地层条件
冻结法		黏性土、粉土、砂、卵石等各种地层,砾石层中效果不好	不限	大体积深基础开挖施工、含水率大地层,25~50m的大型和特大型基坑根据造价与工期优势
坑底水平封底隔水		黏性土、粉土、砂土、卵砾石等土层	不限	—

7.3　排水与降水

Ⅰ　集水明排

7.3.1　排水沟和集水坑宜布置于地下结构外边距坡脚不小于0.5m。

7.3.2　排水沟深度和宽度应根据基坑排水量确定，沟底宽不宜小于0.3m，坡度不宜小于0.1%；集水坑大小和数量应根据地下水量大小和积水面积确定，且直径（或宽度）不宜小于0.6m，其底面应比排水沟沟底深不宜小于0.5m，间距不宜大于30m。

7.3.3　水沟或集水井的排水量和基坑涌水量宜符合下列规定：

(1)水沟或集水井的排水量满足下式要求：

$$V \geqslant 1.5Q \tag{17-1}$$

式中：V——排水量，m^3/d；

Q——基坑涌水量，m^3/d。

(2)基坑涌水量可根据经验或参照邻近工程排水情况确定。

7.3.4　集水坑壁应有防护结构，并采用碎石滤水层、泵头包纱网等措施。

7.3.5　当基坑壁出现分层渗透水时，可针对性地设置导水管，将水引入排水沟。

7.3.6　当基坑开挖深度超过地下水位之后，排水沟与集水井的深度应随开挖深度不断加深，并及时将集水井中的水排出基坑。

7.3.7　排水设备宜采用潜水泵、离心泵或污水泵，水泵的泵量、扬程、水量可根据排水量大小及基坑深度确定。

Ⅱ　管井降水

7.3.8　降水井宜在基坑外缘环圈式布置；当基坑面积较大，且局部有深挖区域时，也可在基坑内布置。

7.3.9　降水井点可用冲孔法或钻孔法成孔，成孔施工应符合下列规定：

(1)施工前先查明有关地下构筑物及地下电源、水、煤气管道的情况，及时按国家有关规定采取防护措施。

(2)保持机械设备整齐完好，磨损程度控制在标准范围内，齿轮及齿轮啮合处润滑良好。

(3)钻机转动部分应有安全防护装置，开钻前应检查齿轮箱和其他机械传动部分是否灵敏、安全、可靠。

(4)施工现场的沟、坑等处应有防护装置或明显标志，护孔管埋好后应加盖或设置警戒线，泥浆池要设置防护栏杆。

(5)在架空输电线附近施工，应严格按安全操作规程的有关规定进行施工，高压线的正下方不得堆放吊车等设备，钻架与高压线之间应有可靠的安全距离。

(6)夜间施工要有足够的照明设备，钻机操作台、传动及转盘等危险部位，主要通道不能留有黑影。

7.3.10　轻型井点降水运行应符合下列规定：

(1)总管与真空泵接好后，开动真空泵开始试抽水，检查泵的工作状态是否正常，如发现问题应及时排除。

(2)检查支管、总管路的密封性，如密封性不好，必须采取措施，保证真空泵的真空度达到0.08MPa以上。

(3)试抽水一切正常后预抽水时间为15d后开始正式抽水运行。

(4)降水运行期间，现场实行24h值班制，保证真空泵24h连续工作，经常检查泵的工作状态是否正常及抽水管路的密封性,如发现问题要及时排除。

(5)及时做好降水记录。

7.3.11 管井降水抽水运行应符合下列规定:

(1)每成井施工完一口井即投入试运行一口,以便及时抽通水井,确保井的出水量。

(2)试运行之前,需测定各井口和地面高程、静止水位,然后开始试运行,以检查抽水设备、抽水与排水系统能否满足降水要求。

(3)安装前应对泵体和控制系统做一次全面细致的检查。

(4)试运行抽水时间控制在3d,即每口井成井结束后连续抽水3d,以检查出水质量和出水量。

(5)坑内疏干井需在基坑开挖前20d开始抽水,以满足预抽水时间,保证降水效果。

(6)抽出的地下水分别进入到集水箱后,由集水箱内水泵排到基坑边的排水沟。

(7)注意对降水井的保护,严禁挖土机破坏。

(8)井点降水时应减缓降水速度,均匀出水,减少土粒带出。

(9)当发生涌水、涌砂应及时封堵,必要时回填土体稳定险情。

(10)井点应连续运转,避免间歇和反复抽水,保证降水位缓慢下降、达到降深要求后,调整抽水井布局,保证动水位稳定,减小在降水期间引起的地面沉降量。

7.3.12 降水维护管理宜符合下列要求:

(1)定时巡视降排水系统的运行情况,及时发现和处理系统运行的故障和隐患。

(2)在更换水泵时应先量测井深,掌握水泵安全合理的下入深度。

(3)注意对井口的防护、检查,防止杂物掉入。

(4)当发生停电时,应及时更换电源,尽量缩短因断电而停止抽水的时间间隔,备用发电机保持良好,要随时处于准备发动状态。

(5)发现出水、涌砂,应立即查明原因,协同施工单位及时处理。

7.3.13 井点的拔除在基础及已施工部分的自重大于浮力的情况下进行,所留孔洞用砂或土填塞,对地基有隔水要求时,地面下2m可用黏土填塞密实。

7.4 截水、隔水与失效预防

Ⅰ 高压喷射注浆隔水

7.4.1 高压喷射注浆法隔水帷幕适用于淤泥、淤泥质土、流塑、软塑或可塑黏性土、粉土、砂土、黄土、素填土和碎石土等地层;当土含有较多大粒径块石、大量植物根茎或含有较高的有机质以及地下水流速过大或已涌水时,应通过现场试验确定其适用性。

7.4.2 当砂砾层地下水位较高、开挖出现部分渗水或涌水,或采用抽水方法可能导致基坑周围地面下沉以及建筑物密集地区严禁抽水时,可设置高压喷射注浆法形成隔水帷幕。

7.4.3 高压喷射注浆法隔水帷幕应伸入相对不透水层。

7.4.4 高压喷射注浆形成的隔水或加固体强度及范围,应现场试验确定;无现场试验资料时,也可参照类似土质条件的工程经验。

Ⅱ 压力注浆隔水

7.4.5 压力注浆法隔水帷幕适用于处理粉土、砂土、黄土、素填土和碎石土等地层。

7.4.6 当土层变化大需分段注浆时,可采用套管护壁注浆法或袖阀管注浆法,进行分段注浆。

7.4.7 当土层存在动水或土层较软弱时,可采用双液注浆法来控制浆液的作用范围,并应控制好两种浆液混合后的凝固时间。两种浆液混合后在管内的时间应小于浆液的凝固时间。

Ⅲ　三轴水泥土搅拌桩墙隔水

7.4.8　三轴水泥土搅拌桩适用于黏性土（硬塑及以下）、粉土、砂土（中密及以下）等土层，对于湿陷性土、冻土、膨胀土、盐渍土等特殊土地层，则应结合当地工程经验应用。

7.4.9　三轴水泥土搅拌桩作为隔水帷幕，应采用套接1孔法施工，其抗渗性能应满足墙体自防渗要求，渗透系数不宜大于 1×10^{-7} cm/s。

7.4.10　三轴水泥土搅拌桩内插型钢作为复合支护结构时，对于环境条件要求较高、桩身在砂土、粉土等透水性较强的土层中或对搅拌桩抗裂和抗渗要求较高时，宜增加型钢插入密度。

7.4.11　三轴水泥土搅拌桩作为单独布置的隔水帷幕，应符合以下规定：

（1）搅拌桩与挡土桩墙的净距不宜大于150mm。

（2）对于环境条件要求较高、桩身在砂土、粉土等透水性较强的土层中或对搅拌桩抗裂和抗渗要求较高时，宜增加搅拌桩宽度或排数，或在搅拌桩与挡土桩墙间设置注浆等加强隔水措施。

7.4.12　在局部场地空间不足、桩身在砂土、粉土等透水性较强的土层中也可采用多排三轴水泥土搅拌桩内套打挡土桩墙布置。

7.4.13　三轴水泥土搅拌桩应通过试成桩试验确定搅拌机械的注浆泵输送量、水泥浆从输送管到达搅拌机喷浆口的时间、下沉和提升速度、水泥浆液水灰比等工艺参数，以及成桩工艺与施工步骤。水泥土搅拌桩的成桩工艺应保证水泥土强度和型钢较易插入。

7.4.14　单桩搅拌次数或搅拌时间应能保证水泥土搅拌桩的成桩质量。搅拌机头在正常情况下为一上一下进行工作，对含砂量大的土层，宜增加次数。

7.4.15　三轴水泥土搅拌桩间搭接施工的间隔时间不宜大于24h，如超过24h，搭接施工时应放慢搅拌速度。若无法搭接或搭接不良，应作为冷缝记录处理，在搭接处采取补做搅拌桩或旋喷桩等技术措施。

7.4.16　三轴水泥土搅拌桩墙对于硬质土层，当成桩有困难时，可采用预先松动土层的先行钻孔套打方式施工。

7.4.17　采用三轴水泥土搅拌桩时，基坑开挖前应检验水泥土搅拌桩的桩身强度，强度指标应符合设计要求，钻孔取芯完成后的空隙应注浆填充。

7.4.18　三轴水泥土搅拌桩墙在基坑开挖期间应检查开挖面墙体的质量以及渗漏水情况。

7.4.19　三轴水泥土搅拌桩在整个施工过程中应进行周边环境全过程监测，实施信息化管理指导施工。

7.4.20　对环境保护要求高的基坑工程，宜选择挤土量小的搅拌机头，并应通过试成桩及其监测结果调整施工参数。当邻近保护对象时，搅拌下沉速度宜控制在0.5～0.8m/min，提升速度宜控制在1m/min内；喷浆压力不宜大于0.8MPa。

7.4.21　三轴水泥土搅拌桩内插型钢，型钢拔出前应将地下室外墙与搅拌桩间填密实，型钢采取跳拔，拔出时应对周边环境进行监测，并对型钢拔出后留下的空隙应及时进行注浆填充。

Ⅳ　钢板桩隔水

7.4.22　钢板桩作为隔水帷幕应为锁口式构造。选取钢板桩作为挡土结构及隔水帷幕时应考虑钢板桩的打入（拔除）的可行性，以及评估施工对周围环境的影响。

7.4.23　钢板桩打设可采用排桩打入（或称屏风法）施工方法。钢板桩在拔除前应先用振动锤振动钢板桩，拔除后的桩孔应采用注浆回填。打入与拔除时应对周边环境进行监测。

Ⅴ　钻孔咬合桩隔水

7.4.24　兼作隔水帷幕的钻孔咬合桩宜采用软切割全套管钻机施工。全套管钻孔咬合桩适用于黏性土、粉土、砂土、填土、碎石土及风化岩层。

7.4.25 全套管钻孔咬合桩施工,应针对产生砂土管涌的不同条件,采取不同的克服砂土管涌的技术措施,随时观察孔内地下水和穿越砂层的动态,按少取土多压进的原则操作,确保套管超前。

7.4.26 为防止第一序列桩的混凝土管涌,第二序列桩施工应符合下列要求:

(1)第一序列桩混凝土的坍落度不宜超过18cm。

(2)套管底口应始终保持超前于开挖面2.5m以上。

(3)如遇套管底无法超前时,可向套管内注入水来平衡第一序列桩混凝土的压力,阻止管涌的发生。

Ⅵ 袖阀管注浆法隔水

7.4.27 袖阀管注浆法适用于砂土、粉性土、黏性土和一般填土层。选择前应进行技术和经济论证,对于地下水流速较大的工程要慎重使用。

7.4.28 对重要工程,注浆设计前必须进行室内浆液配比试验和现场注浆试验。

7.4.29 现场注浆试验孔的布置应选取具代表性的地段,并在土层中宜采用钻孔取芯结合注水试验检验隔水防渗效果。

Ⅶ 冻结法隔水

7.4.30 冻结法隔水帷幕选择时应考虑经济合理性、冻结时间,冻胀融沉对周边环境的影响。

7.4.31 采用冻结法的工程勘察应探明包括含水层埋深、厚度、渗透系数、地下水位及变化幅度,以及含水层与地表水的水力联系等,当受冻层地下水活动频繁时,还应提供该含水层的地下水流向、流速等资料,并应增加土层的原始地温、结冰温度、导热系数、比热和冻胀率等和冻土的抗压强度、剪切强度、抗折强度、融沉率等物理力学特性指标。

7.4.32 冻结孔施工过程应采取措施减小成孔引起土层沉降,及时监测倾斜指标,并采取针对性的防偏措施确保质量。

7.4.33 冻结管应选用导热和低温性能好的材质,冻结管接头强度验算和加强应考虑拔管和冻结壁的变形影响;冻结管下入地层后应进行试压。

7.4.34 冰冻站安装应进行管路密封性试验,并应采取措施保证冻结站的冷却效率,正式运转后不得无故停止或减少供冷,必要时要采取应急预案。

7.4.35 应对冻结壁设置测温孔对冻结过程进行监控,测温孔的布置和测温精度、测温频率等要求应满足设计和有关规范标准要求。

7.4.36 开挖前应对冻结壁的形成进行检测分析,并对冻结运转参数进行评估;检验合格以及施工准备工作就绪后方可进行试开挖,试开挖判定具备开挖条件后可进行正式开挖。

7.4.37 开挖过程中,应维持地层的温度稳定,并对冻结壁进行位移和温度监测。

7.4.38 冻结壁解冻过程应继续对土层和周边环境进行监测,必要时尚应对地层进行补偿注浆等措施,冻结壁全部融化后应继续监测直到沉降达到控制要求。

7.4.39 冻结工作结束后,应对遗留在地层中的冻结管进行填充,以及进行封孔,并保留记录,冷冻站拆除时宜回收盐水,不得随意排放污染环境。

Ⅷ 渗流变形判定与预防

7.4.40 截水、隔水措施应用于各种支护形式中,以避免基坑开挖和降水造成周边地下水的流失,对周围环境造成影响。应采取措施防止以下几种情况引起止水措施失效。

(1)止水深度不够,地下水渗流越过帷幕底部产生管涌、流砂现象。

(2)止水帷幕桩身平面位置、垂直度偏差过大,帷幕渗漏严重。

(3)止水帷幕桩的水泥掺入量不够或施工工艺不合理问题造成桩体质量差,渗透系数过大,难以起到止水效果。

(4)帷幕施工完不经充分养护,帷幕桩体强度很低时就急于开挖土方,造成帷幕的破坏。

(5)由于支护结构变形造成止水帷幕的剪切破坏。

(6)人为破坏止水帷幕,如随意开挖出土通道破坏原本封闭的止水帷幕。

7.4.41 土的渗透变形判别应符合下列规定:

(1)土的渗透变形特征应根据土的颗粒组成、密度和结构状态等因素综合分析确定:

①土的渗透变形宜分为流土、管涌、接触冲刷和接触流失四种类型。

②黏性土的渗透变形主要是流土和接触流失两种类型。

③对于重要工程或不易判别渗透变形类型的土,应通过渗透变形试验确定。

(2)土的渗透变形判别应包括下列内容:

①判别土的渗透变型类型。

②确定流土、管涌的临界水力比降。

③确定土的允许水力比降。

(3)土的不均匀系数应采用下式计算:

$$C_u = \frac{d_{60}}{d_{10}} \tag{17-2}$$

式中:C_u——土的不均匀系数;

d_{60}——小于该粒径的含量占总土重60%的颗粒粒径,mm;

d_{10}——小于该粒径的含量占总土重10%的颗粒粒径,mm。

(4)细颗粒含量的确定应符合下列规定:

①级配不连续的土:颗粒大小分布曲线上至少有一个以上粒组的颗粒含量小于或等于3%的土,称为级配不连续的土。以上述粒组在颗粒大小分布曲线上形成的平缓段的大粒径和小粒径的平均值或小粒径作为粗、细颗粒的区分粒径 d,相应于该粒径的颗粒含量为细颗粒含量 P;

②级配连续的粗、细颗粒的区分粒径为:

$$d = \sqrt{d_{70} \cdot d_{10}} \tag{17-3}$$

式中:d_{70}——小于该粒径的含量占总土重70%的颗粒粒径,mm。

(5)无黏性土渗透变形类型的判别可采用以下方法:

①对于不均匀系数小于或等于5的土可判为流土。

②对于不均匀系数大于5的土可采用下列判别方法:

流土:$P \geqslant 35\%$。

过渡型取决于土的密度、粒级和形状:$25\% \leqslant P < 35\%$。

管涌:$P < 25\%$。

③接触冲刷宜采用下列方法判别:

对双层结构地基,当两层土的不均匀系数均小于或等于10,且符合下式规定的条件时,不应发生接触冲刷。

$$\frac{D_{10}}{d_{10}} \leqslant 10 \tag{17-4}$$

式中:D_{10}、d_{10}——较粗和较细一层土的颗粒粒径,mm;小于该粒径的土重占总土重的10%。

④接触流失宜采用下列方法判别:

对于渗流向上的情况,符合下列条件将不会发生接触流失。

a. 不均匀系数小于或等于5的土层:

$$\frac{D_{15}}{d_{85}} \leqslant 5 \quad (17\text{-}5)$$

式中:D_{15}——较粗一层土的颗粒粒径,mm;小于该粒径的土重占总土重的15%;

d_{85}——较细一层土的颗粒粒径,mm;小于该粒径的土重占总土重的85%。

b.不均匀系数小于或等于10的土层:

$$\frac{D_{20}}{d_{7}} \leqslant 7 \quad (17\text{-}6)$$

式中:D_{20}——较粗一层土的颗粒粒径,mm;小于该粒径的土重占总土重的20%;

d_{7}——较细一层土的颗粒粒径,mm;小于该粒径的土重占总土重的70%。

(6)流土与管涌的临界水力比降宜采用下列方法确定:

①流土型宜采用下式计算:

$$J_{cr} = (G_s - 1)(1 - n) \quad (17\text{-}7)$$

式中:J_{cr}——土的临界水力比降;

G_s——土粒相对密度;

n——土的孔隙率(以小数计)。

②管涌型或过渡型可采用下式计算:

$$J_{cr} = 2.2(G_s - 1)(1 - n)^2 \frac{d_5}{d_{20}} \quad (17\text{-}8)$$

式中:d_5、d_{20}——小于该粒径的含量占总土重的5%和20%的颗粒粒径,mm。

③管涌型也可采用下式计算:

$$J_{cr} = \frac{42 d_3}{\sqrt{\frac{K}{n^3}}} \quad (17\text{-}9)$$

式中:K——土的渗透系数,cm/s;

d_3——小于该粒径的含量占总土重3%的颗粒粒径,mm。

(7)无黏性土的允许比降宜采用下列方法确定:

①以土的临界水力比降除以1.5~2.0的安全系数,当渗透稳定对水工建筑物的危害较大时,安全系数取2.0;对于特别重要的工程也可取安全系数2.5。

②无试验资料时,可根据表17-4选用经验值。

无黏性土允许水力比降　　表17-4

渗透变形类型		允许水力比降
流土型	$C_u \leqslant 3$	0.25~0.35
	$3 < C_u \leqslant 5$	0.35~0.5
	$C_u \geqslant 5$	0.5~0.8
过渡型		0.25~0.4
管涌型	级配连续	0.15~0.25
	级配不连续	0.1~0.2

注:本表不适用于渗流出口有反滤层的情况。

7.4.42　截水、隔水措施失效的处理宜采用以下措施:

(1)设置导流水管,采用遇水膨胀材料或采用压密注浆、聚氨酯注浆等方法堵漏。

(2)快硬早强混凝土浇筑挡墙。

(3)在基坑内壁采用高压旋喷或水泥土搅拌桩增设止水帷幕。

(4)结合以上措施配合坑内井点降水。

7.5　回灌

7.5.1　当降水影响区域已有建(构)筑物、地下管线等对地面沉降有严格要求和降水对地下水资源有较大影响时,宜采用回灌法控制降水对环境的影响,可采用管井、砂井、砂沟、大口井和渗坑等方式。

7.5.2　回灌法适用于填土、粉性土、砂性土、碎石土等地基土,地下水回灌方法及适用条件可按表17-5选用。

地下水回灌方法及适用条件　　表17-5

回灌方法	适用条件		
	土质类别	渗透系数(m/d)	回灌方式
管井	填土、粉土、砂土、碎石土、裂隙基岩	0.1~20	异层回灌
砂井	砂土、碎石土	—	异层回灌
砂沟	砂土、碎石土	—	同层回灌
大口井	填土、粉土、砂土、碎石土	—	异层回灌
渗坑	砂土、碎石土	—	同层回灌

7.5.3　回灌井应布置在被保护建筑与井点之间,井口必须用黏土封口,以防止空气进入。

7.5.4　回灌方案确定后,应结合工程实际情况进行现场试验、试验性施工或根据工程经验确定施工参数及工艺。

7.5.5　回灌过程中应不断增加注水压力才能保持稳定的注水量,并在储水箱进出口处设置滤网,以减轻注水管堵塞的现象。

7.5.6　回灌砂井中的砂宜为不均匀系数在3~5的纯净中粗砂,回灌砂井的灌砂量应取井孔体积的9.5%,填料宜采用含泥量不大于3%。

7.5.7　回灌水的水头高度可根据回灌水量调整,严禁超灌引起湿陷事故。

7.5.8　回灌井点与降水井点同时使用,如因故一方停止,另一方必须立即停止工作。

7.5.9　回灌水水质要符合水质标准,不得低于原地下水水质,回灌后不会引起区域性地下水水质污染。

7.5.10　回灌运行时,发生以下一种或几种现象,可判断系统出现了堵塞现象:

(1)随着回灌时间的增长,回灌井的水位突然上升或连续上升,单位回灌量逐渐减少。

(2)当保持一定水头时,随着回灌时间的增长回灌量逐渐减少。

(3)当保持一定的回灌量时,随着回灌时间的延长,回灌水位逐渐上升,以致水从井口溢出。

(4)回灌井经过长时间运行后,单位回灌量或回扬时单位涌水量逐渐减少。

(5)过滤器两端的压力差持续增大。

7.5.11　预防回灌堵塞可采用下列方法:

(1)回灌井成井时,应加强洗井,充分清洗岩层裂隙通道。

(2)采用真空回灌或加压回灌时,经常检查回灌装置的密封效果,如发现漏气,及时处理。

(3)回扬洗井时,在回扬水管路安装单流阀或U形管,或把扬水管出口没入水中,形成水封。

(4)回灌运行过程中,应定期检测回灌水源水质,对未达标准的项目及时采取措施处理。

(5)掌握好回灌量和地下水位的动态变化,及时检查有无堵塞现象。

(6)回灌运行中,若发现物理、化学沉淀堵塞时,需立即停灌,深入分析堵塞原因,针对具体情况及时采取有效措施处理。

(7)在基岩对井系统中应在回灌管路上安装精度为50μm、缠绕棒式滤芯的粗过滤装置。

(8)在孔隙型对井回灌系统中,除必须安装粗过滤器外,还必须同时安装精度为3~5μm的精过滤器,不仅要对悬浮物进行过滤,而且通过启用精过滤器将孔隙水中滋生的部分细菌滤掉,有效防止回灌时井内的微生物堵塞。

7.5.12 根据回灌井产生的堵塞性质和原因,对于回灌管路的堵塞,可直接用连续反冲洗方法处理;对于回灌井本身产生的堵塞,可用间歇停泵反冲洗与压力灌水相结合的方法处理。

7.6 环境影响预测与预防

7.6.1 当降水工程区域以及降水影响范围内存在已有建筑物、构筑物、地下管线等时,应预测其对工程环境影响。预测项目应包括下列内容:

(1)地面沉降、塌陷、淘空、地裂等。

(2)建筑物、构筑物、地下管线开裂、位移、沉降变形等。

(3)基坑(槽)边坡失稳,产生流砂、流土、管渗、潜蚀等。

(4)水质变化。

7.6.2 对工程环境影响情况的预测可采用根据调查或实测资料进行判断、根据建筑物结构形式、荷载大小、地基条件进行预测计算以及采用分层总和法计算等方法。

7.6.3 当坑底以下有承压水时,必须采取坑底地基加固或降低承压水头等必要的治理措施。

7.6.4 降水水位的预测计算应符合下列要求:

(1)合理选择水位预测计算公式。

(2)预测计算降水区内的任意点地下水位,均能满足降水工程的要求。

(3)在降水水位预测计算过程中,应考虑井周三维流、紊流的附加水头影响。

(4)设计采用的渗透系数值应接近设计降水深度水位降深资料计算的值。

7.6.5 降水引起的地面沉降量可按下式计算:

$$s = \Psi_w \sum_{i=1}^{n} \frac{\Delta\sigma'_{zi} \cdot \Delta h_i}{E_{si}} \tag{17-10}$$

式中:s——降水引起的建筑物基础或地面的固结沉降量,m;

Ψ_w——沉降计算经验系数,应根据地区工程经验取值,无经验时宜取1;

$\Delta\sigma'_{zi}$——降水引起的地面下第i土层中点处的有效应力增量,kPa;对黏性土,应取降水结束时土的固结度下的有效应力增量;

Δh_i——第i层土的厚度,m;

E_{si}——第i层土的压缩模量,kPa;应取土的自重应力至自重应力与有效应力增量之和的压力段的压缩模量值,应考虑土的超固结比对压缩模量的影响;对黏性土、粉土取压缩模量,对砂土取弹性模量。

7.6.6 基坑外土中各点降水引起的有效应力增量宜采用地下水渗流分析方法按稳定渗流计算;当符合非稳定渗流条件时,可按地下水非稳定渗流计算。有效应力增量也可根据计算的地下水位降深,按下列公式计算。

(1)计算点位于初始地下水位以上时:

$$\Delta\sigma'_{zi} = 0 \tag{17-11}$$

(2)计算点位于降水水位与初始地下水位之间时:

$$\Delta\sigma'_{zi} = \gamma_w S_0 \tag{17-12}$$

(3)计算点位于降水水位以下时:

$$\Delta\sigma'_{zi} = \gamma_w S_i \tag{17-13}$$

式中：γ_w——水的重度，kN/m^3；

S_i——计算点对应的地下水位降深，m；

S_0——计算点至初始地下水位的垂直距离，m。

7.6.7　减少基坑降水对周边环境影响可采取下列措施：

(1)应优先采用挡水作用的支护结构，如深层搅拌桩、钢板桩、混凝土灌注桩或地下连续墙等，并尽可能把降水井点立管埋设在支护墙的内侧(基坑一侧)，井点立管的深度应浅于支护墙的深度。

(2)增加滤水管长度，减少进水流速，滤水管外填砾料保持透水层不与滤水管直接接触。

(3)滤水管外包两层60目井底布，使降水井抽水含砂量符合国家有关规范要求。

(4)根据被保护对象的情况可通过调整降水井数量、间距或深度，控制降水曲线。

(5)靠保护物一侧设止水帷幕，降水井布置在止水帷幕内。

(6)在保护建筑物附近设回灌井眼，降水开始后对其水位进行回灌，使保护建筑物周边地下水位保持不变或控制在自然变幅以内。

(7)限定单泵出水量，防止因出水量过大，地下水流速过急，带动细砂涌入井内，造成地基土破坏。

(8)在保证地下水位降达到要求时，减少抽水量。即用小的抽水量达到降水要求。

(9)降水运行开始抽降时要间隔逐一启动水泵，先启动远离保护建筑物的降水井，后启动保护建筑物近处降水井。

(10)降水结束时要间隔逐一关闭水泵，先关闭保护建筑物近处降水井，后关闭远离保护建筑物降水井。

7.7　降水工程验收

7.7.1　降水工程施工质量应按《建筑工程施工质量验收统一标准》(GB 50300—2013)、《建筑地基基础工程施工质量验收规范》(GB 50202—2018)等规范和设计文件进行验收。

7.7.2　井点降水工程验收应包括以下主要内容：

(1)井的施工记录是否齐全；所用材料的规格、型号是否和设计要求一致。

(2)井的深度、井径是否和设计一致；管井沉砂厚度是否符合要求；各个井点的水泵和井点管与排水总管已安装调试完毕；排水管道满足排水量的要求。

(3)井的出水量是否满足设计要求。

(4)全部降水运行时，抽排水的粗砂含量应小于1/50000，中砂含量应小于1/20000，细砂含量应小于1/10000。

(5)点井降水井的平面位置和数量是否和设计一致，如有变更是否经设计及有关人员确认。

(6)对降水运行的操作和管理人员是否已完成技术交底和安全交底；各种施工记录是否齐全、完整、准确，所有资料是否有相关人员签字。

(7)供电线路和电箱的布设满足降水要求，备用电源已准备完毕，已配备符合要求的备用水泵和有关设备及材料。

(8)在基坑中心、远边侧、井间分水岭处和基坑底任意部位，实际降水深度应等于或深于设计预测的降水深度，并应稳定24h。

7.7.3　降水成井施工验收后，在基坑开挖前应进行生产性抽水试验，检验基坑出水量和水位降深是否满足基坑开挖和设计要求。

7.7.4　井点降水工程应检查真空度、井点间距等；集水明排工程应检查排水沟的断面、坡度以及集水坑(井)数量等。

8 土石方开挖

8.1 一般规定

8.1.1 土石方开挖前应对围护结构和降水效果进行检查,满足设计要求后方可开挖,开挖中应对临时开挖侧壁的稳定性进行验算。

8.1.2 基坑开挖除应满足设计工况要求按分层、分段、限时、限高和均衡、对称开挖的方法进行外,尚应符合下列规定:

(1)当挖土机械、运输车辆等直接进入基坑进行施工作业时,应采取措施保证坡道稳定,坡道坡度不应大于1:7,坡道宽度应满足行车要求。

(2)基坑周边、放坡平台的施工荷载应按设计要求进行控制。

(3)基坑开挖的土方不应在邻近建筑及基坑周边影响范围内堆放,当需堆放时应进行承载力和相关稳定性验算。

(4)邻近基坑边的局部深坑宜在大面积垫层完成后开挖。

(5)挖土机械不得碰撞工程桩、围护墙、支撑、立柱和立柱桩、降水井管、监测点等。

(6)当基坑开挖深度范围内有地下水时,应采取有效的降水与排水措施,地下水宜在每层土方开挖面以下800~1000mm。

8.1.3 基坑开挖过程中,当基坑周边相邻工程进行桩基、基坑支护、土方开挖、爆破等施工作业时,应根据相互之间的施工影响,采取可靠的安全技术措施。

8.1.4 基坑开挖应采用信息施工法,根据基坑周边环境等监测数据,及时调整开挖的施工顺序和施工方法。

8.1.5 在土石方开挖施工过程中,当发现有毒有害液体、气体、固体时,应立即停止作业,进行现场保护,并应报有关部门处理后方可继续施工。

8.1.6 土石方爆破应符合现行行业标准《建筑施工土石方工程安全技术规范》(JGJ 180)的规定。

8.2 无内支撑的基坑开挖

8.2.1 放坡开挖的基坑,边坡表面护坡应符合下列规定:

(1)坡面可采用钢丝网水泥砂浆或现浇钢筋混凝土覆盖,现浇混凝土可采用钢板网喷射混凝土,护坡面层的厚度不应小于50mm、混凝土强度等级不宜低于C20,配筋应根据计算确定,混凝土面层应采用短土钉固定。

(2)护坡面层宜扩展至坡顶和坡脚一定的距离,坡顶可与施工道路相连,坡脚可与垫层相连。

(3)护坡坡面应设置泄水孔,间距应根据设计确定。当无设计要求时,可采用1.5~3.0m。

(4)当进行分级放坡开挖时,在上一级基坑坡面处理完成之前,严禁下一级基坑坡面土方开挖。

8.2.2 放坡开挖基坑的坡顶和坡脚应设置截水明沟、集水井。

8.2.3 采用土钉或复合土钉墙支护的基坑开挖施工应符合下列规定:

(1)截水帷幕、微型桩的强度和龄期应达到设计要求后方可进行土方开挖。

(2)基坑开挖应与土钉施工分层交替进行,并应缩短无支护暴露时间。

(3)面积较大的基坑可采用岛式开挖方式,应先挖除距基坑边8~10m的土方,再挖除基坑中部的土方。

(4)采用分层分段方法进行土方开挖,每层土方开挖的底高程应低于相应土钉位置,距离宜为200～500mm,每层分段长度不应大于30m。

(5)应在土钉承载力或龄期达到设计要求后开挖下一层土方。

8.2.4　采用锚杆支护的基坑开挖施工应符合下列规定:

(1)面层或排桩、微型桩、截水帷幕的强度和龄期应达到设计要求后方可进行土方开挖。

(2)基坑开挖应与锚杆施工分层交替进行,并应缩短无支护暴露时间。

(3)锚杆承载力、龄期达到设计要求后方可进行下一层土方开挖。

(4)预应力锚杆应经试验检测合格后方可进行下一层土方开挖,并应对预应力进行监测。

8.2.5　采用水泥土重力式围护墙的基坑开挖施工应符合下列规定:

(1)水泥土重力式围护墙的强度、龄期应达到设计要求后方可进行土方开挖。

(2)面积较大的基坑宜采用盆式开挖方式,盆边留土平台宽度不宜小于8m。

(3)土方开挖至坑底后应及时浇筑垫层,围护墙无垫层暴露长度不宜大于25m。

8.3　有内支撑的基坑开挖

8.3.1　有内支撑的基坑开挖施工应根据程地质与水文地质条件、环境保护要求、场地条件、基坑平面尺寸、开挖深度,选择以下几种支撑形式:

(1)灌注桩排桩围护墙采用钢筋混凝土支撑。

(2)型钢水泥土搅拌桩墙,宜采用钢筋混凝土支撑,狭长形的基坑采用型钢支撑。

(3)板桩围护墙的结构形式,宜采用型钢支撑。

(4)地下连续墙,宜采用钢筋混凝土支撑。

(5)除上述支撑形式外,也有采用型钢支撑与钢筋混凝土支撑的组合形式。

8.3.2　采用内支撑支护结构的深基坑土石方开挖形式,可以分为明挖法和暗挖法(盖挖法)。

8.3.3　对于基坑开挖深度超过6m或土质情况较差的基坑可以采用多道内支撑形式。

8.3.4　多道内支撑基坑开挖遵循“分层支撑、分层开挖、限时支撑、先撑后挖”的原则,且分层厚度须满足设计工况要求,支撑与挖土相配合,严禁超挖,在软土层及变形要求较为严格时,应采用“分层、分区、分块、分段、抽条开挖,留土护壁,快挖快撑,先形成中间支撑,限时对称平衡形成端头支撑,减少无支撑暴露时间”等方式开挖。

8.3.5　分层支撑和开挖的基坑上部可采用大型施工机械开挖,下部宜采用小型施工机械和人工挖土,在内支撑以下挖土时,每层开挖深度不得大于2m,施工机械不得损坏和挤压工程桩及降水井。

8.3.6　立柱桩周边300mm土层及塔吊基础下钢格构柱周边300mm土层须采用人工挖除,格构柱内土方由人工清除。

8.3.7　基坑开挖应按照先撑后挖、限时支撑、分层开挖、严禁超挖的方法确定开挖顺序,应减小基坑无支撑暴露开挖时间和空间。混凝土支撑应在达到设计要求的强度后进行下层土方开挖;钢支撑应在质量验收并施加预应力后进行下层土方开挖。

8.3.8　挖土机械和运输车辆不得直接在支撑上行走或作业;支撑系统未考虑施工机械作业荷载时,严禁在底部已经挖空的支撑上行走或作业。

8.3.9　土方开挖过程中应对临时边坡范围内的立柱与降水井管采取保护措施,应均匀挖去其周围土体。

8.3.10　面积较大或周边环境保护要求较高的基坑,应采用分块开挖的方法。分块大小和开挖顺序应根据基坑工程环境保护等级、支撑形式、场地条件等因素确定,应结合分块开挖方法和顺序及时形成支撑或水平结构。

8.3.11 施工栈桥及立柱桩的设置应综合考虑临时材料堆放及挖土机械、土方运输车辆、混凝土泵车、搅拌车等施工荷载。施工栈桥在满足临时材料堆放及交通运输等施工安全需要的前提下,尽可能地减小设置面积,以减少栈桥下坑内挖土的难度。立柱桩的设计间距须满足坑内小型挖土机械的移动和操作时的安全要求。

8.3.12 采用逆作法、盖挖法进行暗挖施工时,应符合下列要求:

(1)基坑土方开挖和结构工程施工的方法和顺序应满足设计工况要求。

(2)基坑土方分层、分段、分块开挖后按照施工方案的要求限时完成水平结构施工。

(3)狭长形基坑暗挖时,宜采用分层分段开挖方法,分段长度不宜大于25m。

(4)面积较大的基坑应采用盆式开挖方式,盆式开挖的取土口位置,与基坑边的距离不宜小于8m。

(5)基坑暗挖作业应根据结构预留洞口的位置、间距、大小增设强制通风设施。

(6)基坑暗挖作业应设置足够的照明设施,照明设施应根据挖土过程配置。

8.4 土石方开挖与爆破

8.4.1 岛式土方开挖应符合下列规定:

(1)边部土方的开挖范围应根据支撑布置形式、围护墙变形控制等因素确定。边部土方应采用分段开挖的方法,应减小围护墙无支撑或无垫层暴露时间。

(2)中部岛状土体的各级放坡和总放坡应验算稳定性。

(3)中部岛状土体的开挖应均衡对称进行。

8.4.2 盆式土方开挖应符合下列规定:

(1)中部土方的开挖范围应根据支撑形式、围护墙变形控制、坑边土体加固等因素确定;中部有支撑时应先完成中部支撑,再开挖盆边土方。

(2)盆边开挖形成的临时放坡应进行稳定性验算。

(3)盆边土体应分块对称开挖,分块大小应根据支撑平面布置确定,应限时完成支撑。

(4)软土地基盆式开挖的坡面可采取降水、支护、土体加固等措施。

8.4.3 狭长形基坑的土方开挖应符合下列规定:

(1)采用钢支撑的狭长形基坑可采用纵向斜面分层分段开挖的方法,斜面应设置多级放坡;各阶段形成的放坡和纵向总坡的稳定性应满足现行行业标准《建筑基坑支护技术规程》(JGJ 120)的规定。

(2)每层每段开挖和支撑形成的时间应符合设计要求。

(3)分层分段开挖至坑底时,应限时施工垫层。

8.4.4 冻胀土基坑采用爆破法开挖时应符合下列规定:

(1)当冻土爆破开挖深度大于1.0m时,应采取分层开挖,分层厚度可根据钻爆机具性能及人员操作难度确定。

(2)为缩短基坑暴露时间,对浅小基坑,应根据施工机械、人员、钻爆机具的配置情况,采取一次全断面开挖,并及时进行基础施工;对深大基坑,应采取分段开挖、分段进行基础施工。

8.4.5 土石方开挖爆破工程应由具有相应爆破资质和安全生产许可证的企业承担。爆破作业人员应取得有关部门颁发的资格证书,并应持证上岗。爆破工程作业现场应由具有相应资格的技术人员负责指导施工。

8.4.6 爆破参数应根据工程类比法或通过现场试炮确定。

8.4.7 当采用爆破法施工时,应采取合理的爆破施工工艺以减小对周边环境的影响。当坡体顶部边缘有建筑物或岩体抗拉强度较低时,坡体的上部宜采用锚杆支护控制岩体开挖后的卸荷裂隙。有锚杆支护的爆破开挖,应采取防止锚杆应力松弛措施。

9　特殊性土基坑工程

9.1　一般规定

9.1.1　特殊性土深基坑工程施工应根据气候条件、地基的胀缩等级、场地的工程地质及水文地质情况和支护结构类型,结合建筑经验和施工条件,因地制宜采取安全技术措施。

9.1.2　土方开挖前,完成地表水系导引措施,并按设计要求完成基坑四周坡顶防渗层、截流沟施工。

9.1.3　开挖应尽量避开雨天施工,并根据作业面周边的地形条件采取地表水截排措施,避免施工期间各类地表水进入工作面。

9.1.4　开挖施工过程中,应对设计开挖面进行保护,防止雨淋冲刷或坡面土体失水。

9.1.5　基坑周边必须进行有效防护,并设置明显的警示标志;基坑周边要设置堆放物料的限重牌,严禁堆放大量的物料。

9.1.6　对土石方开挖后不稳定或欠稳定的边坡,应根据边坡的地质特征和可能发生的破坏等情况,采取自上而下、分段跳槽、及时支护的逆作法或部分逆作法施工。严禁无序大开挖、大爆破作业。

9.1.7　在土石方施工过程中,当发现不能辨认的液体、气体及弃物时,应立即停止作业,做好现场保护,并报有关部门处理后方可继续施工。

9.1.8　边坡施工过程中现场发现危及人身安全和公共安全的隐患时,必须立即停止作业,排除隐患后方可恢复施工。

9.1.9　场地排水应符合下列要求:

(1)施工前及施工过程中应及时合理地布置好排水系统,应使场地及其附近无积水。

(2)排水困难场地或基坑有被水淹没可能时,应在场地外设置排水系统、护坡或挡土墙。

(3)在地下水位较高场地,除挡导表面水外,应在坑底设置集水井、排水沟,以降低场地的地下水位。

9.1.10　对基坑进行开挖和施工,应符合下列规定:

(1)基坑开挖时,应及时采取措施防止坑壁坍塌;基坑挖土接近基底设计高程时,宜在其上部预留150~300mm土层,待下一工序开始前继续挖除。

(2)当基坑挖至设计规定的深度或高程时,应进行验槽,验槽后,应及时浇混凝土垫层或采取封闭坑底措施,封闭方法可选用喷(抹)1:3水泥砂浆或土工塑料膜覆盖。

9.1.11　基坑工程完成使用寿命后,应及时回填。

9.1.12　地下工程施工超出设计地坪后,应进行回填,并宜将散水和室内地面施工完毕后,再进行地上工程的施工。

9.1.13　基坑使用单位必须对排水和防护措施进行有效的定期检查和记录,保证各种措施和发挥正常作用。

9.1.14　各种地面排水、防水设施的检查和维护应符合下列规定:

(1)每年雨季或山洪到来前,对山前防洪截水沟、缓洪调节池、排水沟、集水井等均应进行检查,清除淤积物,保证排水畅通。

(2)对建筑物防护范围内的防水地面、排水沟、散水的伸缩缝和散水与外墙的交接处,室内生产、生活用水多的室内地面及水池、水槽等均应定期检查,若有缝隙,应及时修补。

(3)建筑物的室外地面应经常保持原设计的排水坡度,若有积水,应及时疏导、填平。

(4)建筑物周围6m以内不得堆放阻碍排水的物品或垃圾,保持排水畅通。

(5)每年冻结前,均应对有可能冻裂的水管采取保温措施。

9.1.15 开挖过程中如出现特殊地段(包括软弱层、多岩隙层、涌水段、有管网段、附近有建筑物或构筑物段)应立即停止施工,根据现场实际情况会同建设单位、监理单位,设计单位进行专题研究,制定相应的施工措施,按制定的措施组织实施。

9.1.16 特殊性土深基坑工程应按信息反馈法要求进行监测和施工。

9.1.17 湿陷性黄土场地和具有湿陷性的盐渍土的基坑工程,除符合本章规定外,尚应符合《湿陷性黄土地区建筑基坑工程安全技术规程》(JGJ 167—2009)的相关规定。

9.2 膨胀岩土基坑工程

9.2.1 膨胀岩土基坑工程施工阶段应根据现场情况的变化进行稳定性验算。稳定验算应根据岩土含水率变化和膨胀岩土的胀缩力对土的抗剪强度指标进行折减;有软弱夹层及层状膨胀岩土,应按最不利的滑动面验算稳定性;存在胀缩裂缝和地裂缝时,应进行沿裂缝滑动的稳定性验算。

9.2.2 膨胀土中维护结构施工宜选择干作业方法,支护锚杆注浆材料宜先采用水泥砂浆,后采用水泥浆二次注浆技术。

9.2.3 当施工过程中发现实际揭露的膨胀土分布情况、土体膨胀特性与勘察结果存在较大差别,或遇雨淋、泡水、失水干裂等情况时,应及时反馈设计,并应采取处理措施。

9.2.4 膨胀土基坑开挖应符合下列规定:

(1)土方开挖应按从上到下分层分段依次进行,开挖应与坡面防护分级跟进作业,本级边坡开挖完成后,应及时进行边坡防护处理,在上一级边坡处理完成之前,严禁下一级边坡开挖。

(2)开挖过程中,必须采取有效防护措施减少大气环境对侧壁土体含水率的影响。

(3)应分层、分段开挖,分段长度不应大于30m。

(4)土方开挖应按设计开挖轮廓线预留保护层,保护层厚度应根据不同基坑段的地质条件确定,弱膨胀土预留保护层厚度不应小于300mm,中强膨胀土预留保护层厚度不应小于500mm;中强膨胀土基坑底部坡脚处宜预留土墩。

9.2.5 基坑侧壁和底面的防护应符合下列规定:

(1)完成保护层开挖后,应立即采取防雨淋、防土体蒸发失水的临时防护措施。

(2)侧壁临时防护可采用防雨布覆盖,坑底防护宜选择迅速施工垫层等方式。

9.2.6 开挖施工过程中的地质编录与施工记录应符合下列规定:

(1)开挖过程中,应对开挖揭露的地层情况、岩性、地下水、膨胀性等情况进行记录,发现与勘察报告差异较大时,应及时通知监理、勘察及设计人员,研究处置措施。

(2)按设计要求开挖到设计轮廓后,应对开挖面进行地质编录。

(3)当开挖过程中基坑发生局部变形超限或坍塌时,应对变形体或坍塌体进行专项记录。

9.2.7 膨胀土基坑工程地表水处理应符合下列规定:

(1)开挖前,应根据现场地形及汇水条件、基坑四周地面水系情况,按设计要求做好地表水导引及坡顶截排水方案。

(2)坡顶应设置硬化防渗层,保护范围应延伸到坡顶纵截水沟外侧,坡顶不得有积水。

(3)坡顶截水沟应进行铺砌及防渗漏处理,截水沟应结合地形条件分段布置向坑外排放的排水通道,排水通道之间应排水通畅。

(4)在分级开挖过程中,应采取措施减少地表水和地下水对开挖施工的影响。

9.3 受冻融影响的基坑工程

9.3.1 基坑工程冬季施工应以“快速开挖、快速施工”和“防坍塌、防冻、防滑”作为的重点工作,加强对基坑顶部和底部等重点部位和重点环节的监控,确保施工安全。

9.3.2 基坑施工现场应加强对临边、坡道等安全防护设施的设置。

9.3.3 对可能发生冻胀的基坑,没有保温防冻措施的,除正常设计计算外,应单独按冻胀力进行设计验算(按冻胀力计算时可不计土侧压力)。

9.3.4 对基坑侧壁为强冻胀土的基坑工程,宜采用保温措施和遮阳准备工作。

9.3.5 基坑工程施工应符合下列规定:

(1)对于设计深度位于多冰、少冰冻土或岩石中的基坑,寒季、暖季均可进行开挖施工。

(2)对于设计基础位于高含冰量冻土中的基坑,原则上在3、4、5、9、10、11月的寒季方可进行开挖施工,受工期影响及进度要求、必须在暖季施工时,基坑开挖前,做好工序衔接安排。

(3)对于基坑底部可能出现的高含冰量冻土开挖,提前做好爆破施工准备。

(4)对于底部设计有隔温层的基坑,还应做好材料准备,一旦基坑开挖到位、检验合格后,及时进行基础施工及基坑回填。

(5)基坑开挖后,对多年冻土天然上限、多年冻土类型进行判定。对地质条件与设计不符时,及时提出并采取相应的处理措施。

9.3.6 采用爆破法开挖基坑时应符合下列规定:

(1)当冻土爆破开挖深度大于1m时,采取分层开挖,分层高度依钻爆机具性能及人员操作难度而定。

(2)为缩短基坑暴露时间,对于长、大基坑,采取分段开挖、分段进行基础施工;对于短、小基坑,根据施工机械、人员、钻爆机具的配置情况,采取一次全断面开挖,并及时进行基础施工。

(3)在冻土中钻孔,使用旋转工作的煤电钻,钻杆采用螺旋形钻杆,钻头采用燕尾形钻头。

(4)冻土爆破所用炸药使用具有良好防水性能的岩石乳化炸药,孔内起爆雷管采用具有良好防水、抗静电性能的非电导爆管毫秒雷管,实现孔内微差爆破,孔外使用电雷管对汇集、绑扎成束的导爆管脚线进行起爆,以起爆孔内非电雷管。

(5)炮孔布置应基坑中央(方形基坑)或沿基坑轴线(长条形基坑)布置掏槽炮孔,掏槽孔的深度宜深于周边炮孔200mm左右。

(6)可将钻孔作业安排在白天、遮阳棚的保护下进行,将装药、联线、起爆及出渣作业安排在夜间进行,起爆前拆除遮阳棚及支架,并对爆破区采用橡胶炮被进行覆盖,防止冻土块飞溅,并做好相应的爆破安全警戒工作。

9.3.7 暖季施工应符合下列规定:

(1)对于高含冰量冻土基坑开挖,开挖作业安排在夜间12:00至次日清晨8:00进行。

(2)白天对基坑采取覆盖措施,搭设遮阳防雨棚,并严禁露天作业。

(3)对于基坑开挖暴露出的冻土坑壁,为防止其融化,使用聚氨酯保温板通过支撑附着在坑壁上保温。

9.3.8 对可能发生冻胀的基坑,宜采用逆作法或半逆作法施工。

9.3.9 对可能发生冻胀的基坑,使用锚拉支护时,应增大锚杆截面面积,提高杆材抗拉能力,防治锚杆出现断裂破坏。

9.3.10 对可能发生冻胀的基坑,应加强对基坑壁的支护,并设置观测点,随时观测边坡及毗邻建筑物、构筑物的变化,及时发现隐患,并采取有效措施。

9.3.11 对相邻建(构)筑物有保护要求,对支护结构变形要求严格的工程,在冻土融化阶段,应加强土体沉降、结构位移和锚杆拉力的监测,当锚杆产生应力松弛、拉力下降时,应重新张拉至设计要求。

9.3.12　渗漏水形成的大冰柱、冰溜应及时清除。

9.3.13　对可能发生冻胀的基坑,应尽早回填或对具备条件的部分回填。

9.4　盐渍土基坑工程

9.4.1　盐渍土场地基坑工程施工,应根据盐渍土的特性和设计要求,合理安排施工程序,防止施工用水和场地雨水流入基坑,应在施工组织设计中明确提出防止施工用水渗漏的要求。

9.4.2　盐渍土场地基坑施工前应先完成下列工作:

(1)收集并熟悉有关施工图、岩土工程勘察报告等资料。

(2)结合工地现场实际情况,了解本地区盐渍土经验,编制施工组织设计。

(3)平整施工场地,做好原地面临时排水设施,清除地表盐壳和不符合设计要求的表土,并碾压密实;对过湿或积水洼地以及软弱地基,应按设计要求做好排水、清淤换填工作。

9.4.3　施工的时间和程序安排应符合下列要求:

(1)施工时间选择应考虑当地盐渍土的水盐状态,力求在不发生冻结,也不积水的枯水季节施工,除采用不冻结的土或采取特殊措施外,不宜冬季施工。

(2)在冬季或雨季进行施工时,应采取防冻、防雨雪、排洪等措施,防止管道冻裂漏水以及突发性山洪侵入基坑等。

9.4.4　施工期间各种用水,必须引至排水系统,不得随意排放;各用水点,均应与基坑保持一定距离,其小净距应符合表17-6的规定,混凝土基础不宜采用浇淋养护。

施工用水点距离基坑的小净距　　表17-6

施工用水种类	距离基础边缘的最小净距(m)	施工用水种类	距离基础边缘的最小净距(m)
浇砖用水	10	浇料场、淋灰池、混凝土搅拌站	20
临时给水管道	10	水池	水池的直径或宽度,最小净距不小于20

9.4.5　盐渍土地基处理施工完成后,应检验处理效果,判定是否能满足设计要求。

9.4.6　盐渍土地区基坑工程在施工、使用和维护期间,均应考虑盐渍土的溶陷性、盐胀性和腐蚀性,并采取必要的措施确保建设工程的使用功能、安全性、稳定性和耐久性。

9.4.7　场地排水应符合下列要求:

(1)施工前及施工过程中应及时合理地布置好排水系统,应使场地及其附近无积水。

(2)排水困难场地或基坑有被水淹没可能时,应在场地外设置排水系统、护坡或挡土墙。

(3)在地下水位较高场地,除挡导表面水外,应在坑底设置集水井、排水沟,以降低场地的地下水位。

9.4.8　对基坑进行开挖和施工,应符合下列规定:

(1)基坑开挖时,应及时采取措施防止坑壁坍塌;基坑挖土接近基底设计高程时,宜在其上部预留150~300mm土层,采用人工挖除。

(2)当基坑挖至设计规定的深度或高程时,应进行验槽,验槽后,应及时浇混凝土垫层或采取封闭坑底措施,封闭方法可选用喷(抹)1:3水泥砂浆或土工塑料膜覆盖。

9.4.9　基坑工程完成使用寿命后,应及时回填。

9.4.10　地下工程施工超出设计地坪后,应进行回填,并宜将散水和室内地面施工完毕后,再进行地上工程的施工。

9.4.11　基坑使用单位必须对排水和防护措施进行有效的定期检查和记录,保证各种措施发挥正常作用。

9.4.12　各种地面排水、防水设施的检查和维护应符合下列规定：

(1)每年雨季或山洪到来前，对山前防洪截水沟、缓洪调节池、排水沟、集水井等均应进行检查，清除淤积物，保证排水畅通。

(2)对建筑物防护范围内的防水地面、排水沟、散水的伸缩缝和散水与外墙的交接处，室内生产、生活用水多的室内地面及水池、水槽等均应定期检查，若有缝隙，应及时修补。

(3)建筑物的室外地面应经常保持原设计的排水坡度，若有积水，应及时疏导、填平。

(4)建筑物周围6m以内不得堆放阻碍排水的物品或垃圾，保持排水畅通。

(5)每年冻结前，均应对有可能冻裂的水管采取保温措施。

9.5　软土基坑工程

9.5.1　围护结构应采用地下连续墙、加筋水泥土搅拌墙或钻孔灌注桩，按有关规程进行施工和验收。基坑在围护结构施工期间应进行施工监测，采取以优化施工参数为主的施工措施，控制由围护结构施工所引起的地层位移对周边环境产生的影响。

9.5.2　土体加固应符合下列规定：

(1)基坑开挖前应按设计要求和环境条件确定土体加固的项目、方法和要求。

(2)主要的加固项目应包括：地下连续墙墙底注浆加固、土坡稳定加固、被动区加固、基坑截水帷幕、基坑挡墙转角处外侧因斜撑作用而形成的大抗力被动区的土体加固以及在砂性地层中为确保成槽过程中的槽壁稳定而在槽壁两侧进行的土体加固等。

(3)土体加固方法可采用水泥搅拌桩、旋喷注浆、单液或双液分层注浆或超前降水等。

(4)在开挖前必须进行加固效果检测，达到设计要求后方可开挖。

9.5.3　开挖前必须备齐经检验合格的钢支撑、围檩、预应力设备、支撑配件以及支撑轴力量测组件等所需的器材和设备，对一级基坑，必须准备好复加预应力的装置。

9.5.4　必须按设计要求打设稳定支撑的立柱桩，立柱的垂直度偏差应小于1/300。

9.5.5　立柱与支撑的连接构造应对支撑有三维约束作用而又不影响施加支撑预应力。

9.5.6　对撑的长条形深基坑：必须按设计要求分段开挖和浇筑底板，每段开挖中又分层、分小段，并限时完成每小段的开挖和支撑，并符合下列规定：

(1)在有保护对象侧预留土堤，挖除中间部分无保护对象侧的土方，并及时安装其间支撑。

(2)当支撑一侧有保护对象时，应将预留土堤限时分段开挖并架设支撑；当支撑两侧有保护对象时，应依次将每根支撑两端的土堤限时、对称挖除并架设支撑。

(3)将该层剩余土方挖除。

9.5.7　采用斜向支撑结构时，首先撑好标准段内的2根对撑，再挖斜撑范围内的土方，后挖除坑内的其余土方。斜撑范围内的土方，应自基坑角点沿垂直于斜撑方向向基坑内分层、分段、限时地开挖并架设支撑。对长度大于20m的斜撑，应先挖中间再挖两端。

9.5.8　逆筑法施工的基坑在顶板和中楼板之间、中楼板和底板之间的土层开挖中，可将上道支撑随下面土层逐段开挖而拆下并安装于下道支撑位置，每段开挖和支撑施工必须按设计要求限时完成。

9.5.9　支撑安装必须确保支撑端头与地下连续墙或围檩均匀接触，并设防止钢支撑端部移动脱落的构造措施，支撑就位后应及时准确地施加预应力。

9.5.10　在开挖过程中，应按监测方案定时测量立柱的回弹，并及时调节立柱与支撑拉紧装置上的木楔，以释放桩回弹后作用于支撑的向上顶力。

9.5.11　钢筋混凝土支撑应按设计要求分段、限时施工，并可按《建筑基坑支护技术规程》

(JGJ 120—2012)执行。

9.5.12　开挖过程中应及时封堵地下连续墙接缝或墙体上的渗漏点。

9.5.13　采用地下连续墙作为支护结构的基坑,遇地下障碍物而改变支护结构形式施工时,应在该局部挡墙内侧限时施加密封钢板,以利在发生水土流失时能快速而可靠地进行封堵。

9.5.14　在底板、中楼板和顶板的施工过程中,应按设计规定的步骤和时间拆除各道支撑。

9.6　高灵敏度土与厚填土基坑工程

9.6.1　对灵敏度高的软土,基坑邻近交通繁忙的主干道或其他对土的扰动源时,计算采用的土强度指标应根据实际环境条件适当进行折减。基坑施工和使用过程中,应减少对土的扰动。

9.6.2　对软土应考虑其触变性和流动性,基坑宜采用封闭式支护结构(地下连续墙、型钢水泥土墙、排桩加旋喷桩等),当采用排桩支护时,必须加强桩间土的支护,严防软土侧向挤出。

9.6.3　具有溶陷性的盐渍土基坑工程,应严格防止浸水。当无法避免浸水时,应进行浸水试验,测其浸水后的特性参数,按浸水试验结果设计。

9.6.4　在基坑内进行工程桩施工应符合下列规定:

(1)桩施工前,要充分考虑施工对土扰动影响的深度和范围,合理地安排施工顺序,减少对土集中扰动的时间。

(2)严禁在邻近基坑底部形成空孔,必要时对被动区或坑脚土体进行预加固。

(3)严禁扰动基坑底部的土体,必要时采取隔震措施。

(4)采取措施加速邻近基坑工程桩混凝土的凝固。

(5)当工程桩施工已对基坑内侧底部土体产生不利影响时,应及时采取土体高压注浆和封闭裂缝等措施进行处理。

(6)在保证施工工期的前提下放慢施工速度,采取隔排隔桩施工,减少对土的集中扰动时间。

(7)要控制钻进和施工速度,防止剪切液化的发生。

(8)必要时在基坑设计深度底面上,桩顶应设置0.7~1m的保护桩长。

9.6.5　对松散、强度低、自稳性差的填土基坑,在设计、监测及施工中应符合下列要求:

(1)合理选取填土层物理力学参数以便保证基坑支护设计的成功。应进行土钉基本试验,以便合理调整填土层物理力学参数。

(2)因杂填土,其自立性差,开挖速度不宜过快,防止土体长期处于不稳定状态之下。

10　检查与监测

10.1　一般规定

10.1.1　围护结构施工过程,应对原材料质量、施工机械、施工工艺、施工参数等进行检验。

10.1.2　基坑土方开挖前,应复核设计条件,对已经施工的围护结构质量进行检验,检验合格后方可进行土方开挖。

10.1.3　基坑土方开挖及地下结构施工过程中,每个工序施工结束后,均应对该工序的施工质量进行检验;检验发现的质量问题应进行整改,整改合格后方可进入下道施工工序。

10.1.4　施工现场平面、竖向布置应与支护设计要求一致,布置的变更应经设计认可。

10.1.5　基坑施工过程除应按《建筑基坑工程监测技术规范》(GB 50497—2009)的规定进行第三方专业监测外,施工方应同时编制并实施施工监测,监测方案应包括以下内容:工程概况;监测依据和项目;监测人员配备;监测方法、精度和主要仪器设备;测点布置与保护;监测频率、监测报警值;

异常情况下的处理措施;数据处理和信息反馈。

10.1.6　根据环境调查结果,分析评估基坑周边环境的变形敏感度,结合第三方监测确定的变形报警值,由基坑支护设计单位提出各个施工阶段施工监测的变形报警值。必要时在基坑施工前对周边敏感的建筑物及管线设施预先采取加固措施。

10.1.7　施工过程中,根据专业监测和施工监测结果,及时分析评估基坑的安全状况,改进施工方案。

10.1.8　监测标志应稳固、明显,位置应避开障碍物,便于观测;对监测点应有专人负责保护,监测过程应有工作人员的安全保护措施。

10.1.9　遇到连续降雨等不利天气状况时,应加强基坑监测,监测工作不得中断;并应同时采取措施确保监测工作的安全。

10.2　检验

10.2.1　基坑检验应包括以下内容:原材料质量;围护结构施工质量;现场施工场地;土方开挖及地下结构施工工况;降排水质量;回填土质量;其他需要检验的内容。

10.2.2　原材料的质量检验按国家相关规范进行。

10.2.3　围护结构施工质量检验包括施工过程质量检验和施工完成后的质量检验两部分。

10.2.4　围护结构施工过程主要检验施工机械的性能、施工工艺及施工参数的合理性。

10.2.5　围护结构施工完成后的质量检验主要内容及方法见表17-7。

围护结构质量检验的内容及方法　　表17-7

<table>
<tr><th colspan="2">围护结构</th><th>检验内容</th><th>检验方法</th></tr>
<tr><td rowspan="6">支护结构</td><td>排桩</td><td>混凝土强度*、桩位偏差、桩身完整性</td><td rowspan="15">1. 混凝土或水泥土强度查取芯报告;
2. 几何参数,如桩径、桩距等用直尺量;
3. 高程由水准仪测量;
4. 其余根据具体情况确定</td></tr>
<tr><td>型钢水泥土搅拌墙</td><td>桩位偏差、桩长*、水泥土强度*、型钢长度及焊接质量</td></tr>
<tr><td>地下连续墙</td><td>混凝土强度*、接头渗水</td></tr>
<tr><td>锚杆</td><td>锚杆平面及竖向位置、锚杆与腰梁连接节点、腰梁与后靠结构之间的密合程度等</td></tr>
<tr><td>土钉墙</td><td>放坡坡度、土钉平面及竖向位置、土钉与喷射混凝土面层连接节点</td></tr>
<tr><td>自然放坡</td><td>坡度、中间平台宽度</td></tr>
<tr><td rowspan="3">止水帷幕</td><td>水泥搅拌桩</td><td rowspan="2">成桩状况、渗透性能</td></tr>
<tr><td>高压旋喷桩</td></tr>
<tr><td>咬合桩</td><td>桩径、桩间搭接量</td></tr>
<tr><td rowspan="2">地基加固</td><td>水泥土桩</td><td rowspan="2">水泥土强度</td></tr>
<tr><td>压密注浆</td></tr>
<tr><td rowspan="3">支撑</td><td>混凝土支撑</td><td>截面尺寸、平直度等</td></tr>
<tr><td>钢支撑</td><td>支撑与腰梁连接节点、围檩与后靠结构之间的密合程度等</td></tr>
<tr><td>竖向立柱</td><td>平面位置、顶高程、垂直度等</td></tr>
</table>

注:对于安全等级为二级的基坑,打*号的内容可不检验。

10.2.6　对于安全等级为一级的基坑工程,设置封闭的止水帷幕时,开挖前应通过坑内预降水措施检验帷幕止水效果。

10.2.7　施工现场平面、竖向布置检验的主要内容包括:

(1)出土坡道、出土口位置。

(2)堆场位置及堆载大小。

(3)重车行驶区域。

(4)大型施工机械停靠点。

(5)塔吊位置。

10.2.8 土方开挖及地下结构施工工况检验的主要内容包括:

(1)各工况的基坑开挖深度。

(2)坑内各部位土方高差及过渡坡率。

(3)内支撑、土钉、锚索等有无及时施工,养护时间。

(4)土方开挖的竖向分层及平面分块。

(5)拆撑之前的换撑措施是否完成。

10.2.9 混凝土内支撑施工时,在混凝土浇筑前,应对支架、模板等进行检验,确保支架系统稳定承载。

10.2.10 降排水质量检验的主要内容包括:

(1)地表排水沟、集水井、地面硬化。

(2)坑内外井点位置。

(3)降水系统运行状况。

(4)坑内临时排水措施。

(5)外排通道的可靠性。

10.2.11 基坑施工完成后检验回填土的种类及密实度。

10.2.12 检验的具体内容、方法及要求尚应满足设计要求及《建筑地基基础工程施工质量验收规范》(GB 50202—2018)、《混凝土结构工程施工质量验收规范》(GB 50204—2015)等相关规范的规定。

10.3 施工监测

10.3.1 施工监测应采用仪器监测与巡视检查相结合的方法。用于监测的仪器应按测量仪器有关要求定期标定。

10.3.2 基坑施工和使用中应采取多种方式进行安全监测,对有特殊要求或安全等级为一级的基坑工程,应根据基坑现场施工作业计划制定基坑施工安全监测应急预案。

10.3.3 施工监测应符合以下要求:

(1)施工监测应包括以下内容:

①基坑周边地面沉降。

②周边重要建筑沉降。

③周边建筑物、地面裂缝。

④支护结构裂缝。

⑤坑内外地下水位。

⑥地下管线渗漏情况。

(2)对于安全等级为一级的基坑工程,施工监测的内容尚应包括:

①围护墙(边坡)顶部水平位移。

②围护墙(边坡)顶部竖向位移。

③坑底隆起。

④支护结构与主体结构相结合时,主体结构的相关监测。

10.3.4 基坑工程施工过程每天应有专人进行巡视检查,巡视检查宜包括以下内容:

(1)支护结构：

①冠梁、围檩、支撑有无裂缝出现。

②围护墙、支撑、立柱有无明显变形。

③止水帷幕有无开裂、渗漏。

④墙后土体有无裂缝、沉陷和滑移。

⑤基坑有无涌土、流砂、管涌。

(2)施工工况：

①土质情况是否与勘察报告一致。

②基坑开挖分段长度、分层厚度、临时边坡、支锚设置是否与设计要求一致。

③场地地表水、地下水排放状况是否正常,基坑降水、回灌设施是否运转正常。

④四周超载是否满足设计要求。

(3)周边环境：

①周边管道有无破损、泄漏情况。

②周边建筑裂缝发展情况。

③周边道路开裂、沉陷情况。

④邻近基坑及建筑的施工状况。

⑤收集周边公众反映,为正常施工提前预警。

(4)监测设施：

①基准点、监测点完好状况。

②监测元件的完好和保护情况。

③有无影响观测工作的障碍物。

10.3.5　巡视检查宜以目视为主,可辅以锤、钎、量尺、放大镜等工器具以及摄像、摄影等手段进行,并应做好巡视记录,与仪器监测数据进行综合分析,如发现异常情况和危险情况,应及时通知有关各方。

11　安全应急预案与响应

11.1　应急预案

11.1.1　施工单位应根据施工现场安全管理、工程特点、环境特征和危险等级,制订建筑施工安全专项应急预案,并报监理审核,建设单位批准、备案。当出现基坑坍塌或人身伤亡事故时,应急响应必须由建设单位或工程总承包单位牵头组织实施。

11.1.2　应根据施工安全专项应急预案演练和实战的结果,对应急预案的适用性和可操作性组织评价,并进行修改和完善。

11.1.3　基坑工程安全应急预案编制应包括以下内容：

(1)编制目的和依据。

(2)施工项目危险源与风险分析,包括:围护结构变形过大或基坑失稳;围护结构渗漏水;坑底承压水突涌;相邻建筑物倾斜或沉降过大;地下管线爆裂。

(3)预测与控制技术及措施,应包括以下内容:事故特征分析、结果预测;报警及指挥系统设计;控制技术手段;安全技术措施的选择和采用。

(4)应急组织机构及人员组成与职责。

(5)应急响应,应包括以下内容:信息发布时间、范围与方式;应急人员来源及数量、联系方法,工种、班组的划分及班组长岗位的确定;队伍的集合、调度与指挥;应急物资、材料、设备的采购、存放、调度与使用;应急救援设备、物资、器材的维护和定期检测的要求;交通管制与保通、水平与垂直运输的保障;专家决策与支持系统。

(6)培训与演练的计划与实施。

11.1.4 基坑变形超过报警值时应调整分层、分段土方开挖施工方案,加大预留土墩,坑内堆砂袋、回填土、增设锚杆、支撑等。

11.1.5 围护结构刚度不足,变形过大时,增加临时支撑(斜撑、角撑);支撑加设预应力;调整支撑的竖向间距;基坑周边卸载或坑内压载。

11.1.6 围护结构、支撑、周围地表、坑底土体隆起变形速率急剧加大,基坑有失稳趋势时,进行局部或全部回填,待结构稳定后进行地基或支撑加固处理。

11.1.7 开挖土方不均衡、支撑延时导致围护墙和支撑变形速率过大,基坑回弹和周围土体变位过大,采取调整开挖及支护部位的施工工序及参数。

11.1.8 坑底隆起变形过大时,应在基坑外加设沉降监测点,并应采取以下方法处置:

(1)采取坑内加载反压或坑内沿周边插入板桩防止坑外土向坑内挤压,坑底被动区采取注浆加固。

(2)采取分区、分步开挖,并及时浇注快硬混凝土垫层。

(3)采取中心岛法开挖施工。

11.1.9 围护结构严重渗水、漏泥或开挖面以下冒水时的处置应符合下列规定:

(1)当渗漏点位于基坑开挖面以上时,可采用坑内引流、封堵或坑外快速注浆的方式进行堵漏。

(2)当渗漏点位于基坑开挖面以下时,应分析坑内观察井的水位情况,采用加大坑内降水、坑内、坑外快速封堵的方法进行处理。

11.1.10 边壁出现流砂时,应立即停止基坑开挖并回填土方反压流砂,再将板桩紧贴围护结构打入坑底,并在流砂层采取注浆加固处理。

11.1.11 坑底出现流砂时,应采取坑内降水补救措施,降低地下水位,或将板桩紧贴围护结构打入坑底,增大围护结构入土深度,减小动水压力。

11.1.12 暴雨来临前,降水施工用配电盘、箱应置于高处,并做防雨处理。防止暴雨淹没引发安全事故。

11.1.13 坑外地下水位下降速率过快引起周边建筑与地下管线沉降速率超过警戒值,应调整抽水速度减缓地下水位下降速度。有回灌条件时,应启动回灌井工作或施工回灌井进行回灌。

11.1.14 出现管涌时,可采取以下方式进行处理:

(1)坑周降水法降低水头差。

(2)设置反滤层封堵流土点。

11.1.15 坑底突涌时的处置应符合下列规定:

(1)查明突涌原因,对于因勘察孔、监测孔封孔不当引起的单点突涌,采用坑内围堵平衡水位后,施工降水井降低水位后进行快速注浆处理。

(2)对于不明原因的坑底突涌,应结合坑外水位孔的水位监测数据,判断是否属围护体系渗漏引起,对围护渗漏引起的坑底突涌应采用坑内回填平衡、坑底加固、坑外快速注浆或冰冻法的方法进行处理。

11.2 应急响应

11.2.1 基坑工程安全应急预案应当针对以下情况作出响应:

(1)基坑支护结构水平位移或周围建(构)筑物、地下管线不均匀沉降或支护结构构件内力超过

限值时。

(2)建筑物裂缝超过限值或土体分层竖向位移或地表裂缝宽度突然超过报警值时。

(3)施工过程出现大量涌水、涌砂时。

(4)基坑底部隆起变形超过报警值时。

(5)基坑施工过程遭遇大雨或暴雨天气,出现大量积水时。

(6)基坑施工过程因各种原因导致人身伤亡事故出现时。

11.2.2　应急响应应包括以下过程与反应:

(1)应急实施主体及应急响应的指挥网络系统,应急响应的决策、报告流程。

(2)应急响应的物质、设备、材料的就位。

(3)应急响应。

(4)根据工程危险源的发生情况,提出的对危险源的处理技术与方法。

11.2.3　运行维护过程出现险情,应根据预测和监测资料,判断危险程度,适时启动应急预案并采取防治措施。停电、降水设备损坏等造成地下水位升高,应及时启动应急预案,并明确应急生效时间。

11.3　基坑抢险与安全事故处置

11.3.1　基坑工程施工引起邻近建筑物开裂及倾斜事故,应采取下列措施:

(1)立即停止基坑开挖,回填反压、基坑侧壁卸载。

(2)增设锚杆或支撑。

(3)采取回灌、降水等措施调整降深。

(4)在建筑物基础周围采用注浆进行加固土体。

(5)邀请专家和设计单位制订建筑物的纠偏方案并组织实施。

(6)必要时应及时疏散人员。

11.3.2　邻近地下管线破裂,应采取以下应急措施:

(1)立即关闭危险管道阀门,防止产生火灾、爆炸等安全事故。

(2)停止基坑开挖,回填反压、基坑侧壁卸载。

(3)及时加固、修复或更换破裂管线。

12　基坑安全风险评估与风险控制

12.1　一般规定

12.1.1　基坑工程安全分析与风险评估应在施工组织设计完成后、施工开展前阶段完成,基坑工程安全技术分析应符合下列规定:

(1)作用效应分析,确定临时结构或构件的作用效应。

(2)结构抗力及其他性能分析,确定结构或构件的抗力及其他性能。

(3)材料及相关地基岩土材料的强度、弹性模量、变形模量等物理力学性能指标,应根据有关的试验方法标准经试验确定,对于多次周转使用的材料应考虑多次重复使用对其性能的影响。

(4)分析可采用计算、模型试验或原型试验等方法。

12.1.2　基坑工程在出现下列情况时,应进行基坑安全风险评估:

(1)存在影响基坑工程安全性的材料低劣、质量缺陷、构件损伤或其他不利状态。

(2)对邻近建(构)筑物或设施造成安全影响和破坏的基坑。

(3)达到设计使用年限拟继续使用的基坑。

(4)改变现行设计方案,进行加深、扩大及使用条件改变的基坑。

(5)遭受自然灾害、事故或其他突发事件影响的基坑。

(6)其他有特殊使用要求和规定的基坑。

12.1.3　基坑施工时和使用中应采取多种方式进行安全监测,有特殊要求的安全等级为一级的基坑工程宜结合监测数据建立基坑安全风险动态预警系统。

12.1.4　周边环境安全分析与评估应遵循不影响建(构)筑物及设施等的正常使用、不破坏景观、不造成环境污染的基本原则。安全分析应包括施工危险源辨识、施工安全风险评价和施工技术方案对基坑工程的安全分析。危险源辨识应包含所有和基坑工程施工相关的场所、环境、设备、车辆、施工工艺及人员及活动中存在的危险源,并应确定危险源可能产生的严重性及其后果。

12.1.5　基坑周边变形控制应符合下列要求:

(1)基坑周边地面沉降不得影响相邻建(构)筑物的正常使用,所产生的差异沉降不得大于建(构)筑物地基变形的允许值。

(2)基坑周边土体沉降和侧向变形不影响邻近各类管线的正常使用,不超过管线变形的允许值。

(3)基坑周边土体沉降不造成周边既有城市道路、地铁、隧道及储油、储气等重要设施发生结构破坏、渗漏或影响其正常运行。

12.1.6　基坑侧壁与地面变形控制应按设计要求进行,当设计无具体要求时,宜根据基坑安全等级和对应条件按表17-8、表17-9规定的限值控制。

基坑侧壁最大变形限值　　表17-8

基坑安全等级	基坑侧壁水平位移	基坑支护结构沉降	基坑安全等级	基坑侧壁水平位移	基坑支护结构沉降
一级	30mm 或 3‰H	10～20mm	二级	50mm 或 5‰H	20～50mm

基坑侧壁地面最大沉降限值　　表17-9

基坑安全等级	地面最大沉降量控制要求	基坑支护结构沉降
一级	1‰H	基坑周围H范围内设有地铁、共同沟、煤气管、大型压力总水管等重要建筑物及设施
二级	1.5‰H	距基坑周围H范围内设有重要干线水管,对沉降敏感的大型构筑物、建筑物

注:H为基坑开挖深度。

12.1.7　基坑开挖导致邻近建(构)筑物的允许变形应按设计要求控制,无具体指标时可按《建筑地基基础设计规范》(GB5 0007—2011)中要求进行控制。应综合建(构)筑物的修建年代、维修改造加固等因素,考虑已发生的沉降量初始值对控制指标进行修正,并应注意地基产生不均匀沉降对建筑结构造成的不利影响。

12.1.8　基坑邻近管线采用承插式接头的铸铁水管、钢筋混凝土水管两个接头之间的局部倾斜值不应大于2.5‰;采用焊接接头的水管两个接头之间的局部倾斜值不应大于6‰;采用焊接接头的煤气管两个接头之间的局部倾斜值不应大于2‰。

12.1.9　应根据基坑现场施工作业特点,对施工时和使用中可能存在的风险,制订风险控制措施和基坑事故应急救援专项预案。

12.2　安全分析与风险评估

12.2.1　基坑工程安全风险评估内容和程序应符合下列规定:

(1)初步调查与风险辨识:

①查阅基坑工程相关资料,包括基坑工程勘察、周边状况评估、设计图及变更、现场检测和监测、地基处理和加固、施工竣工等资料。

②调查基坑工程历史,包括施工、维护、用途和使用条件改变、加固处理及受灾等情况。

③现场踏勘,根据资料核对实物,调查基坑工程实际使用情况、查看已发现的问题,听取有关人员的意见等。

④进行风险界定与风险识别,确定风险清单。

(2)根据初步调查结果及风险评估要求,制订风险评估方案,包括:

①工程概况,包括工程等级、深度、周边环境,支护设计及基坑形成时间等。

②风险评估的目的、范围、内容和要求。

③风险评估依据和标准,主要包括风险评估所依据的标准及有关的技术资料等。

④检测项目和选用的检测方法以及抽样检测的数量。

⑤风险评估人员、仪器设备情况和工作进度计划及所需要的配合工作。

⑥现场施工安全措施和环保措施。

(3)现场调查与工程检测:

①详细研究相关资料,当基坑工程地质勘察资料不完整或检测过程中发现其他工程地质问题时,应按本章第4节的规定执行。

②对设计和施工、使用和维护、加固和处理等过程以及基坑的恒定荷载、活动荷载及偶然荷载作用和其他间接作用进行调查核实。

③对材料性能进行检测分析,当设计有要求且不怀疑材料性能有变化时,可采用设计值,当无资料或存在问题时,应按国家现行有关检测技术标准,进行现场取样或现场测试。

④对支护结构及构件进行检查,当有资料时,可进行现场抽样复核,当无资料或资料不完整时,应通过对支护结构的现场调查和分析,按国家现行有关检测技术标准,对重要和有代表性的支护结构和构件进行现场抽样检测,确有必要时,应全数检测。

⑤对附属工程进行检查和检测,重点检查基坑工程排水系统的设置和其使用功效,对其他影响安全的附属结构也应进行检查。

(4)当发现调查和检测资料不充分或不准确时,应及时补充。

(5)根据调查与检测数据,对各支护结构及构件的安全性进行分析验算,包括整体稳定性和局部稳定性分析,分析基坑风险发生原因,应对支护结构及构件的安全性、正常使用性进行分项风险评估。

12.2.2　基坑工程安全风险评估标准应考虑安全风险发生的可能性及其损失,安全风险等级标准应按表17-10划分。

基坑工程安全风险标准　　表17-10

可能性等级		损失等级				
		A	B	C	D	E
		灾难性的	非常严重的	严重的	需考虑的	可忽略的
1	频繁的	Ⅰ级	Ⅰ级	Ⅰ级	Ⅱ级	Ⅲ级
2	可能的	Ⅰ级	Ⅰ级	Ⅱ级	Ⅲ级	Ⅲ级
3	偶尔的	Ⅰ级	Ⅱ级	Ⅲ级	Ⅲ级	Ⅳ级
4	罕见的	Ⅱ级	Ⅲ级	Ⅲ级	Ⅳ级	Ⅳ级
5	不可能的	Ⅲ级	Ⅲ级	Ⅳ级	Ⅳ级	Ⅳ级

12.2.3　基坑安全风险评估宜采用层次分析法、事故法和事件树法等量化风险评估方法,风险评估中应综合基坑本身安全风险和对周边环境影响风险进行评估。

12.2.4 根据基坑工程安全风险评估等级,应提出风险控制措施。风险控制的基本对策包括风险消除、风险降低、风险转移和风险自留。

12.3 风险控制

12.3.1 基坑工程安全风险控制应在基坑施工和使用中全过程实施,并应根据基坑工程特点和要求,制定现场事故应急抢险预案。

12.3.2 基坑工程安全技术控制措施的实施应符合下列规定:

(1)应根据安全等级、制订安全规划和安全技术控制措施;

(2)安全技术控制措施应符合安全技术分析的要求;

(3)安全技术控制措施实施程序的更改应处于控制之中;

(4)安全技术控制措施应按施工流程及工序、施工工艺实施;

(5)应以数据分析、信息分析以及过程监测反馈设计为基础,控制安全技术措施实施的过程、过程之间的相互作用。

12.3.3 基坑工程施工现场应按应急预案做好下列抢险准备:

(1)增加基坑变形监测手段与频次的措施。

(2)储备截水堵漏的必要器材。

(3)抢险所需的钢材、水泥、草袋及堵漏材料等。

(4)应急通道畅通。

12.3.4 当出现下列情况之一时,应立即停止施工,并对基坑支护结构和周边环境保护对象采取风险处置措施:

(1)当现场监测数据达到基坑环境变形限值。

(2)基坑支护结构或周边土体的位移出现异常情况或基坑出现渗漏、流砂、管涌、隆起或陷落等。

(3)基坑支护结构的支撑或锚杆体系出现过大变形、压屈、断裂、松弛或拔出的迹象。

(4)周边建(构)筑物的结构部分、周边地面出现可能持续发展的不均匀沉降或较严重的开裂、塌陷等。

(5)根据当地工程经验判断,出现其他事故征兆必须应急处理的情况。

12.3.5 设置有截水帷幕的基坑出现漏水、流土、坑内降水使坑外地面或道路下沉、建筑物倾斜、管道断裂等风险时,应立即停止坑内降水,并及时采用黏土或水泥土阻塞夯实,并采取加混凝土封砌渗漏或用化学浆液、树脂等处理截水帷幕的渗漏,必要时重新补做隔水帷幕。

12.3.6 因土方开挖引起流砂、涌土或坑底隆起失稳时,应立即停止基坑挖土,进行堆料反压。如周围环境条件允许时,可配合进行坑外降水。

12.3.7 因支护结构桩墙嵌固深度不足导致支护桩墙内倾或踢脚失稳,应立即停止土方开挖,并在桩墙前堆土反压、增设支撑或基坑外侧挖土卸载,或对被动区采用打桩或其他加固措施。

12.3.8 当引起基坑变形超过允许值且变形速率持续增加、将要发生或已发生坍塌、失稳或变形较大的基坑,应立即进行基坑回填,增加临时内撑预应力或预应力锚杆的锚固力、坑底加设斜撑等措施,待基坑变形暂时稳定后进行加固处理。

13 基坑安全使用与维护

13.1 一般规定

13.1.1 基坑开挖完毕后,应组织验收,经验收合格并进行安全使用与维护技术交底后,方可使用。基坑使用与维护过程中应按施工安全专项方案要求落实安全措施。

13.1.2　基坑使用与维护中进行工序移交时,应办理移交签字手续。

13.1.3　应进行基坑安全使用与维护技术培训,定期开展应急处置演练。

13.1.4　基坑使用中应针对暴雨、冰雹、台风等灾害天气,及时对基坑安全进行现场检查。

13.1.5　主体结构施工过程中,不应损坏基坑支护结构。当需改变支护结构工作状态时,应经设计单位复核。

13.2　使用安全

13.2.1　基坑工程应按设计要求进行地面硬化,并在周边设置防水围挡和防护栏杆。对膨胀性土及冻土的坡面和坡顶3m以内应采取防水及防冻措施。

13.2.2　基坑周边使用荷载不应超过设计限值。

13.2.3　在基坑周边破裂面以内不宜建造临时设施;必须建造时应经设计复核,并应采取保护措施。

13.2.4　雨期施工时,应有防洪、防暴雨措施及排水备用材料和设备。

13.2.5　基坑临边、临空位置及周边危险部位,应设置明显的安全警示标识,并应安装可靠围挡和防护。

13.2.6　基坑内应设置作业人员上下坡道或爬梯,数量不应少于2个。作业位置的安全通道应畅通。

13.2.7　基坑使用过程中施工栈桥的设置应符合下列规定:

(1)施工栈桥及立柱桩应根据基坑周边环境条件、基坑形状、支撑布置、施工方法等进行专项设计,立柱桩的设计间距应满足坑内小型挖土机械的移动和操作时的安全要求。

(2)专项设计应提交设计单位进行复核。

(3)使用中应按设计要求控制施工荷载。

13.2.8　当基坑周边地面产生裂缝时,应采取灌浆措施封闭裂缝。对于膨胀土基坑工程,应分析裂缝产生原因,及时反馈设计处理。

13.2.9　基坑使用中支撑的拆除应满足本章第6节的规定。

13.3　维护安全

13.3.1　使用单位应有专人对基坑安全进行定期巡查,雨期应增加巡查次数,并应做好记录;发现异常情况应立即报告建设、设计、监理等单位。

13.3.2　基坑工程使用与维护期间,对基坑影响范围内可能出现的交通荷载或大于35kPa的振动荷载,应评估其对基坑工程安全的影响。

13.3.3　降水系统维护应符合下列规定:

(1)定时巡视降排水系统的运行情况,及时发现和处理系统运行的故障和隐患。

(2)应采取措施保护降水系统,严禁损害降水井。

(3)在更换水泵时应先量测井深,确定水泵埋置深度。

(4)备用发电机应处于准备发动状态,并宜安装自动切换系统,当发生停电时,应及时切换电源,缩短停止抽水时间。

(5)发现喷水、涌砂,应立即查明原因,采取措施及时处理。

(6)冬期降水应采取防冻措施。

13.3.4　降水井点的拔除或封井除应满足设计要求外,应在基础及已施工部分结构的自重大于水浮力、已进行基坑回填的条件下进行,所留孔洞应用砂或土填塞,并可根据要求采用填砂注浆或混凝土封填;对地基有隔水要求时,地面下 2m 可用黏土填塞密实。

13.3.5 基坑围护结构出现损伤时,应编制加固修复方案并及时组织实施。

13.3.6 基坑使用与维护期间,遇有相邻基坑开挖施工时,应做好协调工作,防止相邻基坑开挖造成的安全损害。

13.3.7 邻近建(构)筑物、市政管线出现渗漏损伤时,应立即采取措施,阻止渗漏并应进行加固修复,排除危险源。

13.3.8 对预计超过设计使用年限的基坑工程应提前进行安全评估和设计复核,当设计复核不满足安全指标要求时,应及时进行加固处理。

13.3.9 基坑应及时按设计要求进行回填,当回填质量可能影响坑外建筑物或管线沉降、裂缝等发展变化时,应采用砂、砂石料回填并注浆处理,必要时可采用低强度等级混凝土回填密实。

本章条文说明

1 总 则

1.0.1 随着城市化进程的逐步推进、城市建设快速发展，地下空间资源利用越来越受到重视，各类建筑物的地下部分所占空间越来越大，埋置深度越来越深，深度20m左右的基坑已属常见，国内基坑最大深度已超过40m。基坑工程向更大、更深、条件更加复杂的方向发展，带来了更多的基坑工程安全与周边环境保护问题。基坑工程的安全技术至关重要，急需安全技术指南。

位于中心城区的大部分深基坑工程，基坑周边地面建(构)筑物较多，常存在历史保护建筑或老式居民住宅，基坑周边地下市政设施、管线密布，有的基坑紧邻地铁、隧道。基坑周边环境安全与基坑工程安全具有同等重要性。为保证深基坑及周边环境安全，要求对涉及深基坑工程的现场勘查与环境调查、施工组织设计、现场施工、安全监测、周边保护环境、基坑的使用与维护等各个方面的安全技术作出规定，以适应当前建筑深基坑工程施工安全的需要。

1.0.2 根据目前的习惯划分，本章适用范围为基坑深度为大于或等于5m的基坑，对基坑深度虽不足5m但水文地质条件或周边环境复杂、可能发生安全事故的基坑工程可参照执行。

1.0.3 本章涵盖了膨胀土、可冻胀土、高灵敏度土等基坑工程，在执行中除应符合国家标准《建筑地基基础设计规范》(GB 50007—2011)、《建筑地基基础工程施工质量验收规范》(GB 50202—2018)、《建筑基坑工程监测技术规范》(GB 50497—2009)、行业标准《建筑基坑支护技术规程》(JGJ 120—2012)外，应与其他国家现行标准，如《湿陷性黄土地区建筑基坑工程安全技术规程》(JGJ 167—2009)等协调使用。

3 基本规定

我国幅员辽阔，建筑工程基坑涉及的地质、水文条件差别较大，在深基坑工程的现场勘查、施工、安全监测、周边环境保护时应根据深基坑工程的安全等级和环境保护等级，相似工程施工安全技术、地方经验等，选择合适的支护、地下水控制、土石方开挖施工工艺与安全技术，使用与维护等的安全技术措施，确保深基坑工程和周边环境安全。

深基坑工程是复杂、变化的系统工程，需要依赖信息化施工和工程经验，因此深基坑工程的现场勘查、施工组织设计、现场施工、安全监测、周边保护环境应当充分重视以往的经验，做到施工方案合理，技术措施周密，检测和监测手段齐全，切实保障深基坑工程安全。

3.0.1 建筑深基坑工程安全等级的划分涉及基坑变形控制指标要求、基坑监测方案评审要求、基坑工程安全风险分析与评估要求等，本章充分考虑了国家标准《建筑地基基础设计规范》(GB 50007—2011)、《建筑地基基础工程施工质量验收规范》(GB 50202—2018)，行业标准《建筑基坑支护技术规程》(JGJ 120—2012)等规范中有关"地基基础设计等级""支护结构安全等级""基坑变形控制等级"等划分原则和定义，考虑基坑施工安全的特点、重要性、安全技术要求等，将基坑安全等级划分为一级、二级两个等级。

3.0.2 本条理由如下：

(1)建设单位应组织或委托相关单位进行基坑环境调查，查明基坑工程涉及的市政管线现状、特别是渗漏情况，邻近建筑物基础形式、埋深、结构类型、使用后的沉降、裂缝等状况及相邻区域内正在施工和使用的基坑工程情况等，以便设计单位和施工单位在设计文件、施工组织设计中制订合理有效的安全措施。环境调查质量事关基坑工程设计和施工安全。

(2)明确了不同安全等级的基坑工程,在施工过程中对变形进行控制的指标要求。对基坑工程保证不出现正常使用极限状态、承载能力极限状态意义重大。需要强调的是,这一规定显然与基坑工程的设计相关联。施工安全等级为二级的基坑工程可按国家标准《建筑地基基础工程施工质量验收规范》(GB 50202—2018)相应的规定要求执行。

(3)施工安全专项方案是指在对施工过程及基坑工程使用与维护过程中可能出现的危险源进行分析、识别的基础上,制订相应的应急预案、应急响应、技术交底。施工安全专项方案的编制、演练等是确保基坑工程施工安全的主要文件。

(4)基坑工程安全监测对于基坑工程安全的重要性众所周知,是信息施工法的保证。

3.0.3 根据各地建设行政主管部门的有关规定或要求,组织专家评审或专家论证。充分发挥行业专家的作用,组织设计评审和施工方案审查在全国普遍得到落实以来,明显减少了基坑工程事故,应得到严格执行。

3.0.5 基坑开挖时,存在支护结构未达到设计强度进行开挖的现象,比如土钉、复合土钉支护结构,一般允许支护锚杆体强度达到80%以上可以进行下一步开挖,工程实践表明,此时进行堆载,对支护结构承载力增长及变形均不利。为确保支护结构承载力及控制支护结构变形,在支护结构达到设计强度前,严禁在设计预计的滑裂面范围内堆载。

上海莲花河畔倒楼事件的教训表明,除按设计要求控制基坑滑裂面范围内堆载外,对需要进行临时土石方堆放的工程,必须进行包括自身稳定性、邻近建筑物地基稳定性、基坑稳定性的整体验算,稳定安全系数满足相关规范要求后才能确保基坑工程的安全。

3.0.6 膨胀土、湿陷性黄土、盐渍土、可能发生冻胀的土、高灵敏度土等场地深基坑工程的施工各有特点并有其地域性和季节性,其施工安全与水作用条件密不可分,应根据本章第9节规定的要求进行。对湿陷性黄土、盐渍土基坑工程,国家现行标准有规定的从其规定,无规定的可以参照本章执行。

3.0.7 信息施工是保证基坑工程施工安全的重要技术手段,但在实际工程中,由于基坑工程的监理、监测、施工单位水平参差不齐,建立与设计单位的反馈机制较为困难,基坑工程施工过程中如果不能真正实现信息施工,基坑工程施工安全很难得到保证。

变形控制指标分解应根据基坑工程使用、运行时间、软土流变、地下管线渗漏、雨季、超载状况等条件进行。

本条给出了进行信息施工的一些基本要求,希望通过广大工程技术人员和科技工作者的积极实践,逐步形成基坑工程信息施工的技术和管理体制。

3.0.8 本条明确对特殊条件下的基坑安全等级为一级的基坑工程进行风险评估作出规定。这里的"特殊条件"指基坑环境有需保护的文物、与生命线工程密切相关、需保护的建筑物、构筑物,重要的交通枢纽设施、指挥系统所在建筑,涉及重大人民生命财产安全的建筑物、构筑物等。

4 施工环境调查

4.1 一般规定

4.1.1 本条规定了现场勘查和环境调查与原有工程勘察、设计文件的关系。基坑工程应进行专门勘察,但现状是,基坑工程勘察工作往往针对性不强,许多工程甚至没有进行专门勘察而直接参考建筑工程的勘察报告进行设计。对于地质及环境条件复杂的基坑很难满足设计与安全施工的需要,安全隐患也很大,环境调查和有针对性的施工勘察是对基坑工程勘察工作的补充完善。

此外,基坑工程设计阶段的工程勘察文件往往不重视浅部及建筑周边地质条件的岩土参数变化,特别是周边建(构)筑物及地下管网的荷载与分布,上部施工时的平面布置与动荷载等,而这些内容正是基坑工程施工前所需掌握的,特别是当场地存在挖、填方或地下水等水文地质条件及其发生变化时基坑岩土条件随之发生变化的情况。因此,在基坑工程施工前进行环境调查,发现已有勘察资料不能满足基坑工程设计和施工的要求时,应及时通知业主专门进行基坑工程的补充勘察。

4.1.2　本条规定了在进行基坑工程勘查与环境调查之前应取得或应搜集的一些与基坑有关的基本资料及工作内容。

4.2　现场勘查及环境调查要求

4.2.1　基坑周围环境调查的对象主要指会对基坑工程产生影响或受基坑工程影响的周围建(构)筑物、道路、地下管线、储输水设施及相关活动等,以及上部结构施工时的荷载堆放(建材和塔吊等)、运输车辆的道路,这涉及原有基坑设计时荷载计算的变化情况,这对基坑的安全运营至关重要。

4.2.2　本条规定了对于不同安全等级基坑的勘查手段。由于归属不同部门管理的地下管网(通信、电力、市政、军用等)造成各种地下管网分布的复杂性,业主单位也难以查清,近年来,由于基坑施工造成的各种管网损坏屡见不鲜,所以在此强调了勘查手段。

4.2.3　为防止地表水沿勘探孔下渗,规定勘探工作结束后,应及时回填夯实。

4.3　现场勘查与环境调查报告

4.3.1　本条规定了现场勘查和环境调查报告应包括的主要内容。

4.3.2　相对于一般岩土工程勘察报告所附图表而言,周边环境条件图应包括下列内容。

(1)勘查点(也可使用原勘察报告的勘探点)平面位置图。

(2)基坑周围已有建(构)筑物、管线、道路的分布情况。

(3)基础边线、基坑开挖线、用地红线。

(4)沿基坑开挖边线的地质剖面、必要时应绘制的垂直基坑边线的剖面图。

4.3.3　现场勘查与环境调查报告应在原勘察报告和设计文件的基础上,对设计方案和施工需要的岩土参数,周边条件给出明确的结论,还需说明岩土参数取值或变化的依据,施工过程中对周边建(构)筑物采取的安全措施建议。

5　施工安全专项方案

5.1　一般规定

5.1.4　根据各地建设行政主管部门的有关规定或要求组织专家论证;无规定的,由总承包单位技术负责人组织不少于3名以上的专家进行论证。

5.2　安全专项方案编制

5.2.2　施工各阶段安全技术措施还应包括基坑施工各阶段的大型施工机械的安全技术措施。

5.3　危险源分析

5.3.2　特殊保护要求指:对邻近地铁、历史保护建筑、危房、交通主干道、基坑边塔吊、给水管线、煤气管线等重要管线采取的安全保护要求。

5.4 应急预案

5.4.2 险情一般是指:变形较大,超过报警值且采取相关措施后情况没有大的改善;周边建(构)筑物变形持续发展或已影响正常使用。

开挖底面出现流砂、管涌时,应立即停止基坑挖土,当判断为承压水突涌时应立即回填并采取降压措施;判断为坑内外水位高差大引起时,可根据环境条件采取截断坑内外水力联系、坑周降水法降低水头差、设置反滤层封堵流土点等方式进行处理。

坑底突涌时应查明突涌原因,对因勘察孔、监测孔封孔不当引起的单点突涌,宜采用坑内围堵平衡水位后,施工降水井降低水位,再进行快速注浆处理;对于不明原因的坑底突涌,应结合坑外水位孔的水位监测数据分析;对围护结构或帷幕渗漏引起的坑底突涌,应采用坑内回填平衡、坑底加固、坑外快速注浆或冻结方法进行处理。

基坑变形超过报警值时应调整分层、分段土方开挖等施工方案,或采取加大预留土墩,坑内堆砂袋、回填土、增设锚杆、支撑、坑外卸载、注浆加固、托换等措施。

5.4.5 本条为强制性条文,基坑工程坍塌事故会产生重大生命财产损失,应避免人员伤亡。基坑工程坍塌事故一般具有明显征兆,如支护结构局部破坏产生的异常声响、位移的快速变化、水土的大量涌出等。当预测到基坑坍塌、建筑物倒塌事故的发生不可逆转时,应立即撤离现场施工人员及邻近建筑物内的所有人员。

5.6 安全技术交底

5.6.1 交底包括设计交底、施工各阶段安全交底。

6 支护结构施工

6.1 一般规定

6.1.1 基坑工程施工前应学习和研究设计文件,充分了解设计意图;并根据设计文件、现场条件、周边环境、气候条件等编制施工组织设计或施工方案,以达到保证基坑工程、地下结构安全施工和减少对基坑周边环境影响的目的。

由于基坑工程的施工具有一定的风险性和不可预见性,编制施工组织设计或施工方案中应有针对性的应急预案,并建立相应的应急响应机制,配置足够的应急材料、机械、人力等资源。

江、河、湖、海等堤坝附近基坑工程应加强对堤坝的保护。直接临水基坑工程一般需要修筑临时性围堰,创造干作业条件。筑岛施工时施工平台应注意潮汐影响,施工平台应高出最高潮水位或最高水位。

6.1.2 根据工程实践,基坑支护结构变形与施工工况有很大关系。应根据工程场地实际和设计要求,确定合理的施工方案,明确支护结构施工与土方开挖、降水、地下结构施工各工序间的合理作业时间与工序控制,关键是在实际施工中严格按照施工方案组织施工,这对于保证基坑工程安全、减小基坑支护结构变形和环境影响意义重大。

6.1.3 支护结构在施工和拆除阶段对已施工的桩基、邻近建筑物、道路管线、地下设施等有不同影响。支护结构施工时应根据环境条件要求,采取合理的措施,如采用挤土效应较小的三轴水泥土搅拌桩隔水、地下连续墙施工时加强槽壁稳定性监测或采取槽壁加固、调整槽段宽度、选用优质泥浆,不允许进行混凝土支撑爆破的区域可采用钢支撑等。

此外,在基坑工程与保护对象之间设置隔断屏障,对需保护的管线应采取架空保护,邻近建筑物预先进行基础加固、托换等措施也可以有效减少基坑工程对环境的不利影响。

6.1.4　支护结构施工与场地的地质条件密切相关，具有一定的不可预见性。应进行试验性施工，可及时发现施工中可能存在的危险源及问题，并能获得相关的施工参数，对之后的正式施工进行指导。避免支护结构正式施工时发生类似事故，确保工程顺利进行。根据工程情况，对于环境保护要求较高的工程或地质条件较复杂的情况下，不应在原位进行试成槽；对于要求较低的工程可进行原位试成槽。

6.1.5　基坑工程施工必须采取信息施工法，对支护结构自身、已经完成的桩基、地下结构以及基坑影响范围内的建(构)筑物、地下管线、道路的沉降、位移等进行监测，并根据监测信息及时调整施工方案、施工工序或工艺。

随着近年来基坑工程规模日益扩大，基坑工程对周边环境影响不容忽视。一般情况下，若基坑开挖深度超过相邻建(构)筑物的基础底标高，或在原有桩基、地下管线附近进行开挖，或邻近有地铁、高架及老建筑、保护建筑等的，除进行监测外，还应采取针对性的环境保护措施。

基坑监测测点不仅设置在基坑区域之外，往往在基坑内和支护结构上也设置了一些水位、变形等观测点。这些测点容易受到土方开挖、周边重车行走等因素的影响，必须制定切实可行的措施予以保护，这是基坑工程信息施工法的基础和前提。

6.1.6　紧邻围护墙的地面超载和施工荷载对支护结构影响很大，往往引起围护墙变形的增大，其荷载大小应严格按照设计文件的要求予以控制。重型设备行走区域应与设计协商先行采取加固处理或按实际荷载大小、位置进行相关区域支护结构设计。地面超载包括坑外的临时施工堆载如零星的建筑材料、小型施工器材等，设计中通常按不大于20kN/m^2 考虑。施工荷载指在基坑开挖期间，作用在坑边或围护墙附近荷载较大且时间较长或频繁出现的荷载，如挖土机、土方车等。

当基坑开挖深度深且设置多道支撑或基坑周边无施工场地和施工通道时，可考虑设置施工栈桥或施工平台供车辆行走与材料堆放。施工栈桥可与基坑支撑、立柱体系结合设置，也可独立设置。

6.1.7　基坑工程邻近正在进行桩基施工(主要指具有明显挤土效应的锤击式或压入式桩基施工)、基坑开挖、边坡开挖、盾构顶进时，相邻工程应通过调整施工流程、协调好各自的施工进度等，避免有害影响的产生。

6.2　土钉墙支护

6.2.1　土钉施工与其他工序，如降水、土方开挖相互交叉。各工序之间应密切协调、合理安排，不仅能提高施工效率，而且能确保工程安全。

土钉墙施工应按顺序分层开挖，在完成上层作业面的土钉与喷射混凝土以前，不得进行下一层的开挖。开挖深度和作业顺序应保证裸露边坡能在规定的时间内保持自立。当用机械进行土方作业时，严禁边壁超挖或造成边壁土体松动。基坑的边壁宜采用小型机具或人工铲锹进行切削清坡，以保证坡面平整。

6.2.2　土钉施工中，存在一定的不可预见性，如成孔过程中遇有障碍物或成孔困难，此时可以经过调整孔位及土钉长度等工艺参数确保顺利施工，但必须对土钉承载力以及整个支护结构进行重新验算复核，确保支护结构的施工安全。

在可塑性的黏性土、含水率适中的粉土和砂土中进行土钉施工可采用洛阳铲人工成孔；在砂层中，慎用洛阳铲人工成孔，防止土钉角度为0°或向上倾斜。

在灵敏度较高的粉土、粉质黏土及可能产生液化的土体中进行土钉施工时，若采用振动法施工土钉，基坑侧壁土体可能发生液化现象，对支护结构产生破坏。在砂性较重的土体中进行土钉支护施工时，可能发生流土、流砂现象，应做好应急预案，采取相应的有效措施。

采取二次注浆方法能更好地保证土钉的承载力。

6.2.3 喷射混凝土施工中易产生大量的水泥粉尘,除采用综合防尘措施外,应佩戴个体防护用品,减少粉尘对人体健康的影响。喷射作业中,喷头极易伤人,未经培训人员不得进入施工范围。

喷射混凝土施工中发生堵管,极易发生安全事故,应经常检查维护,做到事半功倍,消除潜在危险源。喷射作业中,处理堵管是一项涉及安全的大事,绝不能草率行事。在处理堵管时应采取敲击法疏通。

6.3 重力式水泥土墙

6.3.4 施工中,当遇有河塘、池塘及洼地需回填时,往往就近挖土回填。如果回填土土性较差,可以掺入8% ~10%水泥,并分层压实。

6.4 地下连续墙

6.4.1 地下连续墙成槽施工应符合下列要求:

(1)导墙是保证地下连续墙轴线位置及成槽质量的关键。导墙周边应限载,防止导墙位移或开裂。

(2)槽壁稳定性不满足要求时,宜采取槽壁土加固、降水、改善泥浆性能、限制周边荷载、选择合适的导墙等措施,确保槽壁稳定。

(3)在暗河区或松散杂填土层中,可事先加固导墙两侧土体,并将导墙底加深至原状土中。加固方法宜采用三轴水泥土搅拌桩。

(4)地下连续墙成槽阶段对周围土体扰动大,采取跳幅间隔施工不仅能减少对周边环境的影响,还能有效保证槽壁稳定性。

6.4.2 地下连续墙成槽泥浆制备应符合下列要求:

(1)护壁泥浆试配、室内性能试验、现场试验是为了保证护壁泥浆满足特定条件下的工程施工需要。

(2)泥浆质量和泥浆液面高低对槽壁稳定有很大的影响。泥浆液面愈高,所需的泥浆相对密度愈小。地下连续墙施工时保持槽壁的稳定性防止槽壁塌方是十分重要的问题。如发生塌方,不仅可能造成挖槽机倾覆,而且对邻近的建筑物和地下管线也会造成破坏。

6.4.3 由于地下连续墙采用泥浆护壁成槽,接头混凝土面上必然附着有一定厚度的泥皮,如不清除,浇筑混凝土时在槽段接头面上会形成一层夹泥带,基坑开挖后,在水压作用下可能从这些地方渗漏水及冒砂。为了消除这种隐患,保证地下连续墙的防渗性能,施工时必须采用有效的方法清刷混凝土壁面,接头处必须刷洗干净,不留泥砂和污物。

6.4.4 地下连续墙钢筋笼吊装应符合下列要求:

(1)吊具、吊点加固钢筋及确定钢筋笼吊放高程的吊筋,应进行起吊重量分析,通过乘以一定的安全系数进行强度验算以确定选用规格,确保钢筋笼起吊施工的安全性。成槽完成后吊放钢筋笼前,应实测当时导墙顶标高,计入卡住吊筋的搁置型钢横梁高度,根据设计高程换算出钢筋笼吊筋的长度,以保证结构和施工所需要的预埋件、插筋、保护铁块位置准确,方便后续施工。

(2)钢筋笼吊装前清除钢筋笼上剩余的钢筋断头、焊接接头等遗留物,防止起吊时发生高空坠物伤人的事故。

(3)起重机荷载越大,安全系数越小,越要认真对待。因此,当起吊荷载接近满负荷时,要经过试吊检查无误后再起吊,这是预防事故的必要措施。起吊荷载接近满负荷时,其安全系数相应降低,操作中稍有疏忽,就会发生超载,需要慢速操作,以保证安全。

6.4.6 本条是对预制墙段安放顺序的规定,并对预制墙段安放闭合位置进行了规定。

(1)由于墙缝接头桩混凝土施工可能造成预制墙段底端走动,除应采取措施防止走动外,对实际可能产生的走动和预制墙段位置变化,在闭合幅安放前进行实测,并做相应的调整,保证闭合幅顺畅安放。

(2)预制地下连续墙直线幅是施工采用一幅接一幅的连续成槽施工顺序。

(3)幅间接头采用现浇混凝土接头,易于保证工程质量。

(4)预制墙段一般处于平面外位置起吊,而平面外墙段相对比较长细,故应对起吊过程墙段跨中弯矩进行计算,并校核起吊产生的内力和挠度产生的裂缝是否满足设计要求,若不能满足,应对吊装采取相应的加强措施;预制墙段由水平状回直时,起重机提升时,其起重吊钩应沿其回直方向移动(或行走,或起拔杆),避免根部拖行或着力。

6.5　灌注桩排桩围护墙

6.5.4　保证钻孔机械各部件合格、运转正常以及钻孔机架水平稳定,这是保证钻机工作性能和钻孔质量的重要条件。钻架立起后及施工过程中,要随时检查并调整钻机垂直度。

为了防止在混凝土凝固前,邻桩施工对其造成扰动,故采用隔桩跳打的方法,若无法调整桩位时,应停顿36h以后方可在邻桩侧进行施工。

6.5.7　混凝土浇注完毕后,应及时在桩孔位置回填土方或加盖盖板,避免施工人员误掉入孔内的危险。

6.5.8　遇有湿陷性土层,地下水位较低,既有建筑物距离基坑较近时,可采用干作业成孔工艺进行灌注桩施工。

6.6　板桩围护墙

6.6.1　鉴于打桩作业中可能发生断桩、倒桩等事故,本条规定了操作人员和桩锤中心的安全距离。

6.6.2　打桩机械是依靠振动,以减少桩和土间摩擦阻力而进行沉拔桩的机械,为了保证安全作业,需执行本条规定。

6.6.3　如吊桩、吊锤、回转、行走四种动作同时进行,一方面起吊荷载增加,另一方面回转和行走使机械晃动,稳定性降低,容易发生事故。同时机械的动力性能也难以承受四种动作的负荷,而操作人员也难以正确无误操作四种动作。

为了防止钢丝绳受振后松脱造成伤害,故应采取加装保险钢丝的双重保险措施。当桩入土已有一定深度时,再用外力来纠正桩的倾斜度,不仅难以纠正,而且会使桩折断。

6.6.4　由于振动沉桩和锤击沉桩施工引起的振动和挤土,不利于周边环境的保护,因此,制订本条规定。

6.6.5　板桩围护的防渗水能力较弱,应加强对周边地下水位以及超孔隙水压力的监测,才能确保支护结构施工安全。

6.7　型钢水泥土搅拌墙

6.7.1　施工现场应先进行场地平整,清除搅拌桩施工区域的表层硬物和地下障碍物。现场道路的承载能力应满足桩机和起重机平稳行走的要求。

6.7.2　适用于N值30以上的硬质土层,在水泥土搅拌桩施工时,用装备有大功率减速机的钻孔机,先进行施工钻孔,局部松散硬土层;然后再用三轴搅拌机械施工完成水泥土搅拌桩,以减少对地层和环境的扰动。

6.7.3　螺旋式和螺旋叶片式搅拌桩机头在施工过程中能通过螺旋效应排土,因此挤土量较小。与双轴水泥土搅拌桩和高压旋喷桩相比,三轴水泥土搅拌桩施工过程中的挤土效应相对较小,对周边环境影响较小。

6.7.6 型钢的插入要求:

(1)如水灰比控制适当,依靠自重,型钢一般都能顺利插入。但在砂性较重的土层,搅拌桩底部易堆积较厚的砂土,宜采用在导向机械协助下将型钢插入到位。应避免自由落体式下插,这种方式不仅难以保证型钢的正确位置,还容易发生安全事故。

(2)定位型钢设置应牢固,搅拌桩位置和型钢插入位置应标志清楚。

(3)当采用振动锤下落工艺时,不应影响周边环境。

(4)型钢回收过程中,不论采取何种方式减少对周边环境的影响,影响还是存在的。因此,对周边环境保护要求高以及特殊地质条件等工程,应不拔型钢。

6.7.8 型钢水泥土搅拌墙还可采用等厚度水泥土搅拌墙施工工艺(TRD 工法)进行施工,其最大作业深度可达60m,可以适用于 N 值在 100 击以内的地层,还可以在粒径小于 100mm 的卵砾石层和极软基岩中施工。成墙品质好,水泥土搅拌均匀,强度提高,离散性小。等厚度水泥土搅拌墙的施工工艺包括:切割箱自行打入挖掘工序、水泥土搅拌墙建筑工序和切割箱拔除分解工序,应防止切割箱抱死事故的发生。

等厚度水泥土搅拌墙施工,基坑转角处或结束施工拔出切割箱时,应及时补充回灌固化液。在条件许可的情况下,宜配置大吨位吊车,优先在墙体外拔出切割箱。

6.8 沉井与沉箱

6.8.1 沉井施工会对周边的土质造成变形影响,当周边变形控制较严时,不宜采用沉井。

6.8.2 外排脚手架搭设时,不应使用沉井井壁制作时的模板,外排脚手架与模板应脱开,避免由于沉井下沉而引起脚手架倾斜,造成不必要的事故。

刃脚混凝土达到设计强度 100%,方可进行后续施工。为了沉井能在土中顺利下沉,可采用触变泥浆套、空气幕、高压射水、压重下沉、抽水下沉、井壁外侧挖土下沉等措施配合施工。

6.9 内支撑

6.9.1 应根据设计要求,制订支撑的施工与拆除顺序,基坑开挖过程中应按照先撑后挖的顺序施工。当情况允许,为土方开挖方便,局部可适当采用先挖后撑,但应编制相关的专项方案和应急预案。

6.9.2 当必须利用支撑构件兼做施工平台或栈桥时,需要进行专门的设计,应满足施工平台或栈桥结构的强度和变形要求,确保安全施工。未经专门设计的支撑上不允许堆放施工材料和运行施工机械。

6.9.3 基坑回弹是开挖土方以后发生的弹性变形,一部分是由于开挖后的卸载引起的回弹量;另一部分是基坑周围土体在自重作用下使坑底土向上隆起。基坑的回弹是不可避免的,但较大的回弹变形会引起立柱桩上浮,施工单位在土方开挖过程中应加强监测,合理安排土方开挖顺序,优化施工工艺,以减小基坑回弹的影响。

6.9.4 土方开挖时,应清除支撑底模,避免底模附着在支撑底部。若采用混凝土垫层作底模,为了方便清除,应在支撑与混凝土垫层底模之间设置隔离措施,必须在支撑以下土方开挖时及时清理干净,否则附着的底模在基坑后续施工过程中一旦脱落,可能造成人员伤亡事故。

6.9.5 吊装钢支撑时,施工人员应站立于吊车作业范围外,避免不必要的伤害。吊钩上必须有防松脱的保护装置。

6.9.6 钢支撑的预应力施加要求:

(1)应根据支撑平面布置、支撑安装精度、设计预应力值、土方开挖流程、周边环境保护要求等合理确定钢支撑预应力施加的流程。

(2)由于设计与现场施工可能存在偏差,在分级施加预应力时,应随时检查支撑节点和基坑监测数据,并通过与支撑轴力数据的分析比较,判断设计与现场工况的相符性,并应采取合理的加固措施。

(3)支撑杆件预应力施加后以及基坑开挖过程中,会产生一定的预应力损失,为保证预应力达到设计要求,当预应力损失达到一定程度后,应及时进行补充、复加预应力。

6.9.7　立柱桩桩孔直径应大于立柱截面尺寸,立柱周围与土体之间存在较大空隙,其悬臂高度(跨度)将大于设计计算跨度,为保证立柱在各种工况条件下的稳定,立柱周边空隙应采用砂石等材料均匀对称回填密实。

6.9.8　支撑拆除施工应符合下列规定:

(1)支撑拆除前应设置可靠的换撑,且换撑及永久结构应达到设计要求的强度。

(2)若基坑面积较大,混凝土支撑拆除除满足设计工况要求外,尚应根据地下结构分区施工的先后顺序确定分区拆除的顺序。在现场场地狭小条件下拆除基坑第一道支撑时,若地下室顶板尚未施工,该阶段的施工平面布置可能极为困难,故应结合实际情况,选择合理的分区拆除流程,以满足平面布置要求。

(3)支撑拆除过程是利用已衬砌结构换撑的过程,拆除时要特别注意保证轴力的安全卸载,避免应力突变对围护结构产生负面影响。钢支撑施工安装时由于施加了预应力,在拆除过程中,应采用千斤顶支顶并适当加力顶紧,然后切开活络头钢管、补焊板的焊缝,千斤顶逐步卸载,停置一段时间后继续卸载,直至结束,防止预应力释放过大,对支护结构造成不利影响。

(4)支撑拆除应信息化施工,根据监测数据指导施工,把对周边环境的影响减至最小。

6.9.9　钢筋混凝土支撑爆破拆除应满足设计工况要求,爆破孔可以采用钻孔的方式形成,但钻孔费时费工,且对环境保护不利。宜在混凝土支撑浇筑时预设爆破孔,用于后续爆破拆除施工。

为了对永久结构进行保护,减小对周边环境的影响,钢筋混凝土支撑爆破拆除时,应先切断支撑与围檩的连接,然后进行分区爆破拆除支撑和围檩,并应在支撑顶面和底部设置保护层,防止支撑爆破时混凝土碎块飞溅及坠落。

6.10　土层锚杆

6.10.2　当锚杆施工经验不足,或采用新型锚杆的情况下,在锚杆施工前应进行锚杆的基本试验。锚杆基本试验是锚杆性能的全面试验,目的是确定锚杆的极限承载力和锚杆参数的合理性,为锚杆设计、施工提供依据。

6.10.5　锚杆施工过程中应在现场加强巡视,及时发现安全隐患,例如注浆软管破裂、接头断开等现象,导致浆液飞溅和软管甩出伤人,做好前期预防工作,避免不必要的事故发生。

6.10.7、6.10.8　锚杆施工及检验过程中,严禁任何人员在锚杆的轴线方向上站立。

6.10.9　工程实测表明,锚杆张拉锁定后一般预应力损失较大,造成预应力损失的主要因素有土体蠕变、锚头及连接的变形、相邻锚杆的影响等。锚杆锁定时预应力损失为10%～15%。

6.11　逆作法

6.11.1　地下工程逆作法施工多在相对封闭的空间内作业,特别在大量机械进行土方开挖施工的情况下,地下空气污染相对严重,在自然通风难以满足要求的情况下,需要通过人工通风排气来保证作业环境满足施工要求。

逆作法工程废气的来源有施工机械排出的废气、施工人员的呼吸换气、有机土壤与淤泥质土壤释放的沼气、焊接或热切割作业产生不利人体健康的烟气,以及其他施工作业产生的粉尘、煤烟和废气等。

6.11.2 由于逆作法施工工艺,施工人员及机械设备必须在水平结构楼板下进行土方开挖,为保障施工人员的健康必须采用鼓风法,从地面向地下送风。

6.11.3 根据《施工现场临时用电安全技术规范》(JGJ 46—2005)要求,无自然采光的地下室大空间施工场所,应编制专项照明用电方案。

逆作法地下室自然采光条件差,结构复杂。尤其是节点构造部位,需加强局部照明设施,但在一个工作场地内,局部照明难以满足施工及安全要求,必须和一般照明混合配制。

6.11.4 由于结构水平构件是永久构件,为保证施工质量,结构水平构件底模不宜采用混凝土垫层作为底模的方式进行施工,宜采用木模、钢模等支模方式进行施工。采用木模或钢模进行施工一般需要设置支撑系统,不论采用何种支撑方式,支撑底部的地基均应满足承载力和变形要求。

6.11.7 逆作法上下同步施工过程中临时构件的施工误差和缺陷不可避免,而施工阶段出现的动静荷载变化、温度效应、支承桩沉降、基坑变形均在不同程度上存在不确定性,单纯的计算分析肯定是不够的。所以,上下同步施工过程中应有针对性的施工监测方案,以便设计和施工管理人员及时掌握施工情况,从而更好地指导施工。

6.12 坑内土体加固

6.12.1 若坑内土体加固紧贴围护墙,宜先进行围护墙施工,后进行坑内土体加固。采用这种施工顺序,有利于围护墙垂直度控制。若坑内土体与围护墙保持有一定的距离,则先后施工顺序可不受限制。但从周边环境保护的角度出发,先施工围护墙,后施工坑内土体加固,则对周边环境保护有利,故编制此规定。

6.12.3 当采用水泥土搅拌桩进行土体加固时,加固有效范围往往位于基坑坑底附近区域,而搅拌桩施工从地面开始搅拌至加固范围的底部,导致加固范围以上的土体因搅拌也被扰动,因此宜对加固范围以上部分土体进行低掺量加固(掺量为8% ~10%),这对控制基坑变形是有利的。

6.12.4 高压喷射注浆施工受孔位周边环境和地下障碍物的影响,孔位可根据现场实际情况进行确定。应根据实际需要,确定水泥浆液中掺和料和外加剂的种类和掺量。高压喷射注浆施工可以在地面进行,也可在基坑开挖一定深度后入坑进行施工。因此,需要考虑加固施工期间对基坑周边环境的影响。

7 地下水与地表水控制

7.1 一般规定

7.1.1 地下水和地表水控制与基坑支护结构设计文件、施工组织设计、地下结构设计和施工密切相关,地下水和地表水控制的施工组织设计应与开挖施工密切配合,并应在施工或运行过程中根据现场状态及时进行调整。

7.1.5 出水含砂量是降水引起环境变化的主要因素之一,在满足设计要求的前提下,应严格监控含砂量。

7.1.6 由于降水井邻近地基注浆将可能严重影响井管的出水效果,因此需控制注浆点位置以及与管井抽水的运行的交叉时间,避免注浆堵塞井管。

7.1.13 工程实践表明,截水帷幕与灌注桩间存在间隙时往往产生较大的环境变形,当环境保护设计要求较高时,在灌注桩与截水帷幕之间应采取注浆加固等措施,可以减少环境变形。

7.3　排水与降水

7.3.10　系统安装前应对泵体和控制系统做一次全面细致的检查；检查的内容包括检验电动机的旋转方向、各部位连接螺栓是否拧紧，润滑油是否充足、电缆接头的封口是否松动、电缆线有无破损等情况，然后试转1d左右，如无问题，方可投入使用。安装完毕应进行试抽水，满足要求后方可投入正常运行。

7.6　环境影响预测与预防

7.6.5　降水引起的建筑物或地面沉降量的计算方法较多，如数值方法等，最好能采取多种方法相互验证，并应按最不利情况编制对应预防措施。

8　土石方开挖

8.1　一般规定

8.1.2　大量工程实践证明，合理确定每个开挖空间的大小、开挖空间相对的位置关系、开挖空间的先后顺序，严格控制每个开挖步骤的时间，减少无支撑暴露时间，是控制基坑变形和保护周边环境的有效手段。深基坑土石方开挖在深度范围内进行合理分层，在平面上进行合理分块，并确定各分块开挖的先后顺序，可充分利用未开挖部分土体的抵抗能力，有效控制土体位移，以达到减缓基坑变形、保护周边环境的目的。基坑对称开挖一般指根据基坑挖土分块情况，采用对称、间隔开挖的一种方式；基坑限时开挖一般指根据基坑挖土分块情况，对无支撑暴露时间采取控制的一种方式；基坑平衡开挖是指根据开挖面积和开挖深度等情况，保持均衡开挖的一种方式。本条说明基坑开挖应符合的要求。

(1)当机械设备需直接进入基坑进行施工作业时，其入坑坡道除了考虑其本身的稳定性外，还应考虑机械设备的外形尺寸及爬坡能力。根据目前常用施工机械所具备的爬坡能力，坡道坡度一般不应大于1:7；对于特殊的机械，应根据机械爬坡性能选择合适的坡道坡度。

(2)基坑周边及放坡平台的施工荷载将直接关系到基坑施工安全，合理控制相应的施工荷载，是保证基坑施工安全的关键。若现场存在不可避免的超过设计规定的荷载，则应根据实际情况重新进行计算并根据计算结果采取加固措施。

(3)基坑开挖的土方应及时外运，若需在场地内进行部分堆土时，应经设计单位同意，并应采取相应的安全技术措施，合理确定堆土范围和高度，以免对基坑和周边环境产生不利影响。

(4)基坑内的局部深坑可综合考虑各种因素确定开挖方法。一般软土地基，深度超过1.5m、距离围护墙或边坡坡脚不超过3m的局部深坑宜采用大面积垫层施工完成后，再开挖的方式。开挖较浅且地质条件较好的局部深坑，可随大面积土方同步开挖。

(5)为避免机械挖土造成工程桩位移和损伤，在工程桩区域挖土应设专人进行监护，挖土机械应避让工程桩，工程桩周边土体应采用人工挖除的方法。

(6)为避免机械挖土造成工程桩位移和损伤，在工程桩区域挖土应设专人进行监护，挖土机械应避让工程桩，工程桩周边土体应采用人工挖除的方法对基坑开挖深度范围内的地下水进行降水与排水措施，这是为了保证基坑内土体疏干，提高土体的抗剪强度以及便于挖土施工。若基坑土方采用分层开挖施工时，需在每层土方开挖的深度范围内将地下水降至每层土方开挖面以下800～1000mm。

8.1.4　基坑开挖阶段的信息化施工，既是检验设计与施工合理性，也是动态指导设计与施工的有效方法。通过信息化施工技术的运用,及时了解基坑开挖期间的各种变化,及时比较勘察、设计所预期的状态与监测结果的差别,对设计成果和施工方案进行评价,预期可能出现的险情,对围护结构设计和施工方案进行针对性的调整,将险情抑制在萌芽状态,以确保基坑施工安全。

8.2 无内支撑的基坑开挖

8.2.1 对于土质条件较差,雨水较多,且放坡开挖的基坑边坡留置时间较长时,均应采取护坡的措施。护坡可根据工程实际,选用合适的方式。护坡在使用过程中若出现裂缝或破损现象,应及时加以修补,以防止雨水和地面渗水而影响基坑的稳定性。

8.2.3 土层锚杆支护、板式外拉锚支护的基坑开挖与复合土钉墙支护的基坑开挖方法相类似,其土石方开挖方法可参照执行。

(1)截水帷幕一般采用水泥土搅拌桩,由于受力和抗渗要求的特殊性,本款强调水泥土搅拌桩采用强度和龄期双控的原则。

(2)土钉或复合土钉墙支护的基坑土石方开挖应按照设计的要求进行,必须和土钉支护施工相协调,采用交替施工方法进行流水作业,缩短施工工期。每层每段开挖后应在规定的时间内完成支护。钻孔和注浆应根据不同土层确定不同的完成时间,一般情况下,应在土石方开挖后24h内完成土钉安设及注浆、面层混凝土喷射;若土质较差,宜在12h内完成土钉安设及注浆、面层混凝土喷射。

(3)土钉或复合土钉墙支护的基坑由于先行完成基坑周边部分土方,基坑中部即形成了中心岛状土体,可按照中心岛式开挖的要求进行施工;基坑周边土石方开挖宽度控制在8~10m,主要是考虑土钉横向施工作业面的要求。

(4)土钉或复合土钉墙支护的基坑开挖分层厚度应与土钉竖向间距一致,分层底高程应低于相应土钉位置一定距离,主要是考虑土钉竖向施工作业面的要求,对于淤泥质土要求分层底高程应低于相应土钉位置不大于200mm,对于土质较好的土层可放宽至500mm。分段长度的控制是为了保证基坑安全,一般情况下挖土的速度要比钻孔及注浆的速度快,若钻孔和注浆跟不上挖土的进度,则临空面暴露时间可能过长,不利于基坑的稳定。

(5)考虑到土钉支护结构应达到设计规定的强度,需要一定的养护时间,在土钉注浆完成后,应至少间隔48h后方可开挖下一层土方。

8.2.4 预应力锚杆的应力应进行试验,并对预应力进行长期监测。

8.3 有内支撑的基坑开挖

8.3.7 对一些软土地区基坑开挖及支撑施工过程中,选定科学合理的施工参数,对基坑的稳定和变形控制、周边环境保护均会产生重要的影响。施工参数主要是根据基坑规模、几何尺寸、支撑形式、开挖方式、地质条件和周边环境要求等确定,包括分层开挖层数、每层开挖深度、每层土体无支撑暴露的时间、每层土体无支撑暴露的平面尺寸及高度等。实践证明,每一个开挖步骤过程中,围护墙体暴露时间和空间越小,则控制基坑变形的效果越好,因此加快开挖和支撑速度的施工工艺,是提高软土地区基坑工程技术经济效果的重要环节。先撑后挖、限时支撑、分层开挖、严禁超挖就是基于上述理论经过长时间工程实践总结得出的。

8.3.8 挖土机械和运输车辆若直接在支撑上行走或作业,而支撑设计在未考虑相应的竖向荷载时,则支撑可能会下沉、变形,甚至断裂等情况,这种情况对基坑和周边环境的安全会造成严重后果。土方开挖过程中挖土机械和运输车辆应尽量避让支撑,若无法避让,一般情况下可采取在支撑上部覆土并铺设路基箱的方法,使荷载均匀传递至支撑下方土体。

8.3.12 逆作法是指利用先施工完成的地下连续墙等作为基坑施工时的围护体系,利用地下结构各层梁、板、柱等作为围护结构的支撑体系,地下结构由地面向下逐层施工,直至基础底板施工完成。盖挖法是先用地下连续墙、钻孔桩等形式作为围护结构，然后施工钢筋混凝土盖板或临时型钢盖板，在盖板、围护墙、立柱桩保护下进行土石方开挖和结构施工。

(1)由于逆作法和盖挖法的施工涉及永久水平和竖向结构与支护体系相结合，故施工期间的水平和垂直位移、受力情况等应满足主体结构和支护结构的设计要求。

(2)面积较大的基坑宜采用盆式开挖，盆式开挖由于在基坑周边形成盆边土体，对基坑及结构安全较为有利。盆边宽度应按照设计要求或通过计算确定。盆边土体除了其自身稳定外，还应考虑其上部水平结构施工产生的荷载。盆边区域土石方的开挖涉及基坑和结构安全，若周边环境复杂，宜采取对称、限时开挖的方式，必要时，可设置临时斜撑以保证围护结构的稳定。

(3)由于暗挖是在相对封闭的环境下进行挖土作业，暗挖区域受挖土机械尾气和地下有害气体影响，空气质量较差，一般情况下预留孔洞不能满足自然通风要求，故应设置专用的通风系统，采用强制通风的方式，以满足暗挖施工的安全要求。应按挖土行进路线预先留设通风口，随着地下挖土工作面的推进，当露出通风口后即应及时安装大功率涡流风机，并启动风机向地下施工操作面送风，送清新空气向各风口流入，经地下施工作业面再从取土孔中流出，形成空气流通循环，保证施工作业面的安全。通风管道可采用塑料波纹软管，软管固定在结构楼板和钢立柱上，并随挖土过程加设至各作业点，在作业点设风机进行送风，在出口处设风机进行抽风。

(4)暗挖封闭作业区域光线较差，及时设置照明系统对土石方开挖的安全施工非常重要，照明系统应随挖土过程及时设置。

(5)由于逆作法施工的梁板结构支撑在临时开挖面的土体上，因此对于梁板结构的模板须有可靠的支撑系统，应对地基土采用垫层处理，支撑系统下方的地基承载力应满足支撑强度要求。

8.4　土石方开挖与爆破

8.4.1　中心岛式开挖可在较短时间内完成基坑周边土方开挖及支撑施工，这种开挖方式对基坑变形控制较为有利。而基坑中部大面积无支撑空间的土石方开挖较为方便，可在支撑系统养护阶段进行开挖。

中心岛式开挖适用于支撑系统沿基坑周边布置且中部留有较大空间的基坑。边桁架与角撑相结合的支撑体系、圆环形桁架支撑体系、圆形围檩体系的基坑采用中心岛式土石方开挖较为典型。土钉支护、土层锚杆支护的基坑也可采用中心岛式土石方开挖方式。中心岛式开挖宜适用于明挖法施工工程。

(1)边部土方的开挖范围不应影响该区域整个支撑系统的形成，在满足该区域支撑系统施工的条件下，边部土方开挖宽度应尽可能减小，以加快挖土速度，使边坡支撑尽早形成，减小围护墙无支撑或无垫层暴露时间。

(2)若挖土机械需要在二级放坡的放坡平台上作业，坡体稳定性验算还应考虑机械作业时的附加荷载因素；土石方运输、挖土机械等在中部岛状土体顶部进行作业时，中部岛状土体稳定也应考虑施工机械的荷载影响。

8.4.2　盆式开挖由于保留基坑周边的土方，减小了基坑围护暴露的时间，对控制围护墙的变形和减小周边环境的影响较为利，而基坑中部的土方可在支撑系统养护阶段进行开挖。盆式开挖一般适用于基坑周边环境保护要求较高或支撑较为密集的大面积基坑。盆式土石方开挖适用于明挖法或暗挖法施工工程。

(1)对于传统顺作法施工且中部采用对撑的基坑，盆边土体的开挖应结合支撑系统的平面布置，先行开挖与对撑相对应的盆边分块土体，尽快形成对撑。对于逆作法施工的基坑，盆边土体应根据分区大小，可采用分小块先后开挖的方法，尽量减小围护墙暴露时间。对于利用中部主体结构作为竖向斜撑支点的基坑，应在竖向斜撑形成后再开挖盆边土体。

(2)若挖土机械需要在二级放坡的放坡平台上作业,坡体稳定性验算还应考虑机械作业时的附加荷载因素。

8.4.7 当坡体顶部的房屋位于卸荷裂隙范围内时,房屋会随之出现裂缝,将影响房屋的正常使用,对基坑安全不利,应采取预防或加固措施。

9 特殊性土基坑工程

9.1 一般规定

9.1.1~9.1.17 特殊性土基坑工程的关键是保证施工过程中基坑侧壁土体含水率不发生变化或少变化,降排水工程变得非常重要和关键。本章讨论的特殊性土包括膨胀土、冻胀土、高灵敏度软土等,其中湿陷性黄土场地上的基坑工程,除符合本章要求外,尚应符合行业标准《湿陷性黄土地区建筑基坑工程安全技术规程》(JGJ 167—2009)的相关规定。

9.2 膨胀岩土基坑工程

9.2.1 膨胀岩土基坑的稳定性不仅受到侧壁几何参数和土体土性指标的影响,更受到环境雨水入渗入量的影响,特别当存在胀缩裂缝和地裂缝时,可能产生沿裂缝的破坏。此外,雨水会优先沿已有裂缝渗入,增加了稳定性破坏的可能,因此需要验算沿裂缝破坏的稳定性。

9.2.2 工程经验表明,在膨胀土中开挖基坑时,膨胀土会因浸水或失水产生胀缩裂缝,对基坑稳定性产生严重影响。因此,基坑开挖支护施工的每一环节都必须采取有效防护措施减少大气环境或各种水源对膨胀土含水率的影响,严禁长期暴露开挖面,以减少场地土胀缩性质的工程危害。

9.2.3 可以采取的处理措施包括:

(1)当膨胀土分布区域界线发生变化时,应根据实际情况进行调整。

(2)当膨胀土等级发生变化时,应调整方案,并调整相应保护措施。

(3)当地层中存在连通性较好的缓倾坡角软弱结构面或裂隙面时,应分析开挖期间可能的失稳区域和滑坡规模,并根据分析结果研究处理方案。

(4)当开挖过程中揭露局部区域膨胀性发生变化时,应针对局部区域制订处理方案。

9.3 受冻融影响的基坑工程

9.3.1~9.3.13 对可能发生冻胀的基坑,宜采用保温措施和遮阳设施。当无保温防冻措施时,除正常设计计算外,应单独按冻胀力进行设计验算(按冻胀力计算时可不计土侧压力)。冻胀力的大小可根据土质、含水率、水位、水的补给、温度、冻结时间、约束条件等结合地区经验确定。

10 检查与监测

10.1 一般规定

10.1.1 大量基坑工程事故的发生均与围护结构的施工质量有直接的关系,围护结构施工过程中对原材料质量、施工机械、施工工艺、施工参数等进行检查,可以从源头上保证围护结构的质量与安全,意义重大。工程检查中常见的问题有:

(1)原材料质量不过关。如采用过期失效的水泥,SMW 工法中重复利用的型钢性能指标不满足设计要求,混凝土没有掺加规定的外加剂或掺外加剂不当等。

(2)施工机械不满足地质条件要求。如在厚度较大、强度较高的粉性土层施工三轴水泥土搅拌桩时,选用的机械动力及钻杆性能不足,致使施工困难、搅拌不均匀,截水效果难以保证。

(3)施工工艺不合理。如在粉土地基中施工大口径深井时,采用水冲法的简易成孔方法,导致孔壁坍塌、井径及成井质量不满足设计要求。

(4)施工参数控制不当。在环境条件比较恶劣的条件下,不注意控制围护体的施工顺序和速度,极易造成环境灾害。曾有工程因为地下连续墙成槽速度过快而致使周边浅基础建筑物严重下沉、开裂而成为危房的案例。

10.1.2　土方开挖前应复核的设计条件主要包括:

(1)土方开挖前必须完成的围护措施是否全部到位,包括围护桩、地基加固、基坑降水、支撑或锚杆以及土钉等。

(2)围护结构的强度及养护时间是否满足要求。

(3)监测点是否已经布置,基准点是否已经设立。

10.1.3　基坑土方开挖过程中,一些围护结构的质量问题逐步显现出来,如降水不到位,围护桩露筋、混凝土强度不足、桩位偏差等;对土钉墙支护结构而言,土钉抗拔力不满足要求、喷射混凝土面层与侧壁土体脱开等,对这些问题应制订整改方案,并经设计复核和认可后实施,验收合格后才能进入下一道工序。

10.1.4　基坑围护设计过程中,一般情况下施工单位尚未确定,因此,对基坑周边的平面、竖向布置设计和超载取值只能根据规范或工程经验。施工单位进场后,根据项目的场地及基坑特点,在下列方面需要设计单位进一步确认:

(1)基坑周边局部范围,如钢筋或其他材料堆场,其堆载超过设计要求。

(2)出土后坑边重车行驶区域,除超载外,还需施加长期、反复的动载作用。

(3)一些施工临时设施,如办公楼、宿舍楼等,紧邻基坑,其变形控制较原设计更为严格。

(4)施工塔机设置在基坑边,设计时应计入与围护结构的相互作用。

(5)场地紧张或地下室开挖较深时,第一道平面支撑系统常常兼作施工栈桥,应另进行计算分析。

10.1.5　第三方专业监测的内容及要求均应按设计图纸及相关规范执行。施工单位应对工程的重点及难点、整体施工部署、主要危险源等,开展一些更具有针对性和灵活性的施工监测。施工监测发现异常情况后,第三方专业监测单位进行进一步深入监测和分析,以供相关各方及时正确地掌控基坑及周边环境的安全状况。

10.1.6　对以变形控制为主的基坑工程,应合理控制基坑施工过程各工况的变形,提出阶段性的变形控制指标,使最终累计变形满足要求。不少工程因为忽视过程变形控制,在挖土至坑底之前就出现累计变形报警的情况,致使接下来的施工困难重重,甚至对周边环境产生严重影响。

对周边环境复杂、变形控制要求高的基坑,应采取预先加固措施以利于有效实现环境保护目标。如对基坑主动区及被动区的地基土体进行加固,减少基坑开挖时的土体变形;对保护对象本身进行加固,提高其变形适应能力,从而可以放宽变形控制指标;或通过对保护对象的地基进行加固,减少其因开挖而产生的沉降或倾斜。

10.1.7　及时结合基坑施工状况对监测数据进行分析,总结基坑施工中存在的问题,评估基坑围护的安全度,动态调整设计方案,信息化施工,保证基坑及周边环境的安全。不少工程由于不重视监测工作对基坑施工的指导意义,盲目凭经验施工,最终造成工程事故的发生。

10.1.8　监测工作应自始至终连续、稳定,数据不能中断;监测点如被破坏应及时修复。对内支撑(包括钢筋混凝土内支撑和钢支撑)的轴力进行监测时,自坑外地面或坑内上下通道进入监测点的通道应有防护措施,并在监测点位置应具有足够的操作空间。一些项目曾发生过人员在没有防护的支撑表面测试而坠落的情况。

10.1.9 连续降雨时,基坑主动区土体的含水率加大,坑内积水也会导致被动区土体的强度降低,基坑的安全度明显降低;因此,应加强监测工作,及时掌握基坑的安全状态,确保基坑安全。在降雨条件下,特别是雨量较大、强度较高时,监测人员的行走和工作范围应有安全防护措施,避免雨天路滑,人员坠落。

10.2 检查

10.2.1 原材料主要包括水泥、砂浆、混凝土、钢筋、钢绞线、型钢、混凝土外加剂等,各种材料的质量应满足相应的规范和设计要求。通过目测对原材料的表观质量进行检查,可以发现材料质量问题,如水泥受潮、型钢扭曲、钢筋锈蚀等,发现问题后,应采取必要的检测手段验证原材料质量是否满足要求。

10.2.3~10.2.5 施工过程的检查可在源头把握工程质量,避免事后救补的复杂性。对照设计条件,对已完成的围护体系施工质量进行检查,对发现的问题应及时整改,消除开挖过程由于围护结构质量问题而产生的安全隐患。在实际工程中,检查过程曾发现个别工程施工中存在偷工减料现象,围护桩长度或钢筋笼长度、钢筋数量严重不满足设计要求。通过预先提出的检查要求,也可以监督施工单位严格按照设计要求施工。

施工单位根据规范要求编制基坑安全施工专项方案,其中一项重要的内容是施工机具、施工工艺及施工参数的确定。在进行施工方案专家论证时,专家结合类似工程经验及当地的施工特点,根据基坑的规模、围护结构的深度、地质条件等因素,应对施工机具、施工工艺及施工参数的合理性进行论证,提出建议;对没有经验或重要的工程,应通过试验性施工确定施工机具、施工工艺及施工参数,这利于工程质量的控制。

我国地域辽阔,各地地质条件差异较大,表17-7包含了目前工程中常见的围护结构所涉及的内容及方法,具体应用时应根据工程特点、实际采用的围护形式,提出针对性的检查要点。

10.2.6 基坑截水帷幕如存在质量问题,开挖过程中容易出现渗水、流砂现象,进而影响周边环境的安全。特别是在坑内外水头差大、土体透水性能强的情况下,尽管积极采取坑内封堵、坑外处理等措施,仍可能导致较大的环境灾害,这方面的工程教训很多。

帷幕施工完成后,通过坑内预降水措施可以检查帷幕截水效果,如坑内外水头没有异常变化,说明帷幕起到隔渗作用;如坑外某范围水位异常下降,说明坑内外存在较大的水力联系,帷幕存在缺陷,应预先处理。

10.2.7 通过施工场地布置的检查,对现场施工条件是否符合设计要求进行判断,发现问题应及时整改,消除安全隐患。出土口及重车行驶区域的超载大、荷载动力效应强;塔机基础在工作状态和非工作状态均增加了围护体系的侧向作用,且围护结构的变形也影响到塔机的安全使用。这些问题均应由围护设计统一考虑,施工单位不能随便改变场地布置,确需改变应经设计复核、处理后实施。

10.2.8 土方开挖及地下结构施工过程主要检查实际进行的施工工况是否与设计要求一致,实际工程中由于超挖、支撑设置不及时、支撑或锚索未达到强度即进行下一阶段开挖等引发的工程事故屡见不鲜。每一工况违规施工引起的相应工况变形超标、安全度降低程度可能不十分严重,但所有工况的不良结果累计起来将可能导致基坑变形失控、安全度降低明显,最终在某个中间工况出现基坑坍塌、建筑物开裂等严重后果,因此应加强过程控制。

10.2.9 在软土地基上施工混凝土支撑时,如底模或侧面模板没有有效固定,则支撑梁的平直度较难保证。由于混凝土支撑一般为临时构件,一些施工单位重视不够,支撑梁容易出现施工缺陷,从而影响支撑体系的整体受力性能。因此,在浇筑混凝土之前应加强模板系统的检查。

10.2.10　地下水及地表水的正确处理是基坑工程成败的关键。坑外地坪硬化，使地表水流向排水沟及集水井，有组织排出，避免流入基坑和坑外土体内；轻型井点和真空深井的成孔孔径、滤层法、真空度等均是检查的容，其正确施工直接影响降水效率。地下水拍出后的外排通道应保持畅通，并经常检查，竻止堵塞。坑内应有有效的临时排水措施，减少坑内的积水时间，避免软化土体。

10.2.11　地下结构施工完成后，在支护结构与地下室外墙之间需要采取回填措施，对放坡或土钉支护结构而言，回填量比较大。不少工程在投入使用后，因为回填土的不密实而出现地面下陷、管道断裂事故。此外。基坑回填有时还影响到基坑周边环境的变形，因此回填土的质量控制非常重要，应加强回填过程的检查。检查的内容主要包括回填土的种类、密实度、分层厚度等。

10.3　施工监测

10.3.3　施工监测的内容充分考虑了施工单位可能提供的技术力量、监测对施工安全的指导意义等因素，施工监测为第三方专业监测的补充，其手段简单、易于操作、灵活性强。

围护墙顶部的侧向及竖向位移的监测除用经纬仪和水准仪外，对围护墙平面原始状态为直线段，也可通过在围护墙顶部相邻两角点之间弹直线的方法来反映开挖过程中各部位的相对变位情况。

围护墙、混凝土支撑或地面的裂缝可通过设置石膏饼的方法了解裂缝的发展状态。

当利用主体结构作为支护体系的一部分时，应加强主体结构关键部位的变形和裂缝观测。

10.3.4　巡查工作应具有连贯性，由专人负责。巡查任务应落实到人，开挖前应就本工程的环境特征、围护形式、重大危险源、施工工况等进行详细的交底，明确巡查的重点；开挖过程中，通过巡查了解基坑及周边环境的状况，重要部位持续跟踪，前后对比分析发展状况，应定期汇报巡查成果，有异常情况应及时通知有关各方，研究对策，及时处置。

13　基坑安全使用与维护

13.1　一般规定

基坑工程具有以下特征：

其一是临时性工程，安全储备相对较小，周边环境往往较为复杂，一旦出现事故，处理十分困难，造成的经济损失和社会影响十分严重。

其二是基坑工程施工及使用周期相对较长，从开挖到完成地面以下的全部隐蔽工程，常需经历多次降雨，周边堆载、振动、施工失当、监测与维护失控等许多不利条件，其安全度的随机性变化较为复杂，事故的发生往往具有突发性。

长期以来，人们对基坑工程施工质量较为重视，对施工方法、工艺不当引发的环境变形问题也愈加重视，但对使用阶段的安全问题重视不够，许多基坑工程事故出现在使用阶段。因此，应特别重视使用期间基坑工程的安全和维护工作。

13.1.1　在基坑工程投入使用前，应按规定程序对各个施工阶段进行分步验收，判断基坑工程安全质量合格后才能投入使用。应重视基坑工程的验收交接及基坑工程使用过程中的安全管理，明确工程责任主体和安全管理职责，避免发生事故后互相推诿扯皮的现象。

基坑工程分包单位对承建的项目进行检验时，总包单位应参加，检验合格后，分包单位应将工程的有关资料报总包单位，建设单位组织单位工程验收时，分包单位应参加验收。

13.1.2　基坑工程施工单位在将工程移交下一道作业工序的接收单位时，应同时将相关的水文地质、工程地质、基坑支护、环境状况分析等安全技术资料和相关评估报告同时移交，并应办理移交手续。移交文件应由建设单位、设计单位、监测单位、监理单位、移交和接收单位等共同签章。

13.1.3 基坑工程使用单位应明确负责人和岗位职责,联系基坑设计、施工、使用和监测等相关单位,进行基坑安全使用与维护技术安全交底和培训,制订基坑工程安全使用的应急处置等处理程序,检查现场作业安全交底情况,并定期组织应急处置演练。

13.1.4 暴雨、冰雹、台风等灾害天气后基坑工程易发生事故,因此,应对基坑工程进行现场检查,检查的重点是基坑本身安全及周边建(构)筑物的安全状况。

13.2 使用安全

13.2.1 为了保证基坑使用安全,宜对基坑周围地面采取硬化处理,并定期检查基坑周围原有的排水管、沟,确保不得有渗水漏水迹象。当地表水、雨水渗入土坡或挡土结构外侧土层时,应立即采取截、排等处置措施。

基坑内发生积水时,应及时排出。基坑土方开挖或使用中,基坑侧壁和地表如出现裂缝,应及时采用灌缝封闭处理。

基坑工程应在四周设置防水围挡和设置防护栏杆。防护栏杆埋设牢固,高度宜为1.0~1.2m,并增加两道间距均分的水平栏杆,应挂密目网封闭,栏杆柱距不得大于2.0m,距离坑边水平距离不得小于0.5m。

13.2.2 基坑工程的安全使用是基坑工程安全的重要环节,应确保使用过程中严格按照设计要求执行,基坑周边使用荷载不得超过设计值。同时,基坑周边1.5m范围内不宜堆载,3m以内限制堆载,坑边严禁重型车辆通行。当支护设计中已计入堆载和车辆运行的,基坑使用中也应严禁超载。

13.2.3 由于场地所限,在基坑周边破裂面范围内建造临时设施时,应符合基坑设计荷载规定要求,同时,对临时设施采用保护措施,应经施工负责人、工程项目总监批准后方可实施。

13.2.4 雨期施工时,基坑使用现场应备有防洪、防暴雨的排水措施及应急材料、设备,同时,设备的备用电源应处在良好的工作状态。

13.2.6 为了保证作业人员安全,应设置必要的紧急逃生通道,一般基坑单侧侧壁宜设置不少于1个人员上下坡道或爬梯,设置间隔不宜超过50m,且不得少于2个,不应在侧壁上掏坑攀登,设置的坡道或爬梯不应影响或破坏基坑支护系统安全。

13.2.8 对于膨胀土基坑工程,在使用中如发现基坑周边地面产生裂缝,应对裂缝产生的原因进行分析,判断可能产生的影响,并应及时反馈给设计单位共同商议处理方案。

13.2.9 基坑使用中支撑的拆除应满足基坑安全要求。

13.3 维护安全

基坑工程是大面积的挖土卸荷过程,易引起周边环境的变化,特别是使用过程中水的渗入及周边的随意堆载、保护措施的设置及降水方案的合理性、监测工作质量等,直接影响着施工使用中的基坑维护安全、周边建(构)筑物安全以及作业人员安全。所以,基坑工程的维护安全,包括基坑本体的安全,同时还包括周边建(构)筑物及环境保护安全,这不仅涉及勘察、设计、施工单位的责任,还涉及使用单位(下道工序的施工单位)、监测单位、监理单位、降排水施工、回填土施工等多家单位的施工质量及安全管理责任。

13.3.1 基坑验收合格移交给使用单位后,基坑使用单位应对基坑工程安全负责。基坑使用单位应保护基坑安全,避免造成各种损坏。使用单位应对后续施工中存在的影响基坑安全的行为及时采取措施,消除可能发生的安全隐患。

为确保基坑使用安全,基坑使用单位宜每天早晚各进行一次巡查,雨期及灾害性天气时,应增加巡查次数,并应做好记录。

13.3.2　基坑使用和维护期内，周边如发生较大的交通荷载或大于35kPa的振动荷载影响，应经设计单位评估其安全影响。

13.3.3　基坑使用中，降水期间应对抽水设备和运行状况进行维护检查，每天检查不应少于2次，并应观测记录水泵的工作压力、真空泵、电动机、水泵温度、电流、电压、出水等情况，发现问题及时处理，使抽水设备和备用电源及设备始终处在正常状态。

对现场所有的井点要有明显的安全保护标识，避免发生井点破坏，影响降水效果。同时，注意保护井口，防止杂物掉入井内，检查排水管、沟，防止渗漏。北方地区冬期降水应采取防冻措施。

13.3.5　基坑使用中一旦围护结构出现缺陷，将可能直接影响基坑安全，应由基坑使用单位组织建设单位、设计单位、施工单位和监测单位等共同编制修复方案，并经评审后实施。

13.3.6　基坑使用中除应符合自身的稳定性和承载力等安全要求之外，应符合基坑周边环境对变形控制要求，根据基坑周围环境的状况及保护要求，做好相互协调工作，采取相应的变形控制措施，避免发生相互影响。必要时可对邻近建(构)筑物及管线采取土体加固、结构托换、架空管线的防范措施。

13.3.7　坑外地下管线沉降变形的产生原因比较复杂，后果影响范围可能较大，应综合采取处理措施。基坑使用中应采用信息法施工，施工中以数据分析、信息分析以及过程监测反馈设计为基础，实施必要的安全控制技术措施，同时，可结合现场情况和进展，适时调整安全技术措施。如发现邻近建(构)筑物、管线出现受损时，可采取锚杆静压桩、树根桩、隔离桩及注浆加固保护等修复措施。在实施修复中，应注意加强对保护对象和基坑变形的安全监测。

13.3.8　基坑工程可能超过设计使用期限，基坑工程施工单位不可能全过程派员参加，因此，使用单位在后续使用中应严格按设计文件和本章规定的注意事项和规定等进行维护和使用。

基坑工程使用超过了设计使用年限后，基坑工程安全评估应组织建设单位、设计单位、基坑施工单位、监测单位等共同参加。对需要进行加固的，应由原支护设计单位、施工单位对加固方案进行复核，并由建设单位或总包单位组织专家进行论证。

13.3.9　基坑使用后期阶段，支护结构的应力发生松弛，侧壁的稳定性较差，在安全管理上容易发生麻痹，大量事故案例表明人身伤亡多在此时发生，同时，由于现场作业面狭窄，事故抢救工作难以施展。因此应对基槽按设计要求及时回填，回填材料和施工工序应按设计要求进行。

另一方面，符合设计要求的回填材料质量也将影响主体结构质量，同时，对主体结构起到防护作用，尤其对防止地下水对地基的侵入及地基土的侧向位移变形至关重要(此原因诱发的高层建筑倾斜事故近几年屡见不鲜)，这点也是与国家标准《建筑地基基础设计规范》(GB 50007—2011)和行业标准《建筑桩基技术规范》(JGJ 94—2008)等的规定是一致的。当回填质量可能影响坑外建筑物或管线沉降、裂缝等发展变化时，应采用砂、砂石料回填并注浆处理，必要时可采用低强度等级混凝土回填密实。

第十八章　基坑监控量测

引　　言

本章是针对杭海城际铁路的特点，参照《建筑基坑工程监测技术规范》(GB 50497—2009)，在吸收杭海城际铁路及周边区域城际轨道交通工程实践经验的基础上编制而成。本章适用于区域城际轨道交通工程深基坑的监控量测，凡在本章中未做规定的，均按国家、行业及地方现行的有关强制性标准执行。

本章主要内容包括：总则、术语、基本要求、监测项目、监测点布置、监测方法及精度要求、监测频率、监测报警、数据处理与信息反馈等。

主编单位：浙江杭海城际铁路有限公司

参编单位：中铁第五勘察设计院集团有限公司、中国铁路设计集团有限公司、上海华铁工程咨询有限公司、上海地铁咨询监理科技有限公司、广东铁路建设监理有限公司、中铁第四勘察设计院集团有限公司、浙江省交通规划设计研究院

主要执笔人：周强、李科、黄群勇、范润东、刘嘉斌、严剑锋、林兆周、孙辉

主要审查人：李新发、张卓军、叶文军、孙波、陈丹锡

1　总　　则

1.0.1　为指导建筑基坑工程监测工作，保证监测质量，为优化设计、指导施工提供可靠依据，确保基坑安全和保护基坑周边环境，做到安全适用、技术先进、经济合理，特编制本章。

1.0.2　本章适用于建(构)筑物的基坑及周边环境监测。对于冻土、膨胀土、湿陷性黄土、老黏土等其他特殊岩土和侵蚀性环境的基坑及周边环境监测，尚应结合当地工程经验应用。

1.0.3　基坑工程监测应综合考虑基坑工程设计方案、建设场地的工程地质和水文地质条件、周边环境条件、施工方案等因素，制订合理的监测方案，精心组织和实施监测。

1.0.4　基坑工程监测除应符合本章外，尚应符合国家现行有关标准的规定。

2　术　　语

2.0.1　建筑基坑。

为进行建(构)筑物基础、地下建(构)筑物的施工所开挖的地面以下空间。

2.0.2　基坑周边环境。

基坑开挖影响范围内既有建(构)筑物、道路、地下设施、地下管线、岩土体及地下水体等的统称。

2.0.3　建筑基坑工程监测。

在建筑基坑施工及使用期限内，对建筑基坑及周边环境实施的检查、监控工作。

2.0.4　围护墙。

承受坑侧水、土压力及一定范围内地面荷载的壁状结构。

2.0.5　支撑。

由钢、钢筋混凝土等材料组成，用以承受围护墙所传递的荷载而设置的基坑内支承构件。

2.0.6　锚杆。

一端与挡土墙连接，另一端锚固在土层或岩层中的承受挡土墙水、土压力的受拉杆件。

2.0.7　冠梁。

设置在围护墙顶部的连梁。

2.0.8　监测点。

直接或间接设置在被监测对象上能反映其变化特征的观测点。

2.0.9　监测频率。

单位时间内的监测次数。

2.0.10　监测报警值。

为确保基坑工程安全，对监测对象变化所设定的监控值。用以判断监测对象变化是否超出允许的范围、施工是否出现异常。

3　基本要求

3.1　一般规定

3.1.1　开挖深度超过 5m，或开挖深度未超过 5m 但现场地质情况和周围环境较复杂的基坑工程，均应实施基坑工程监测。

3.1.2　建筑基坑工程设计阶段应由设计方根据工程现场及基坑设计的具体情况，提出基坑工程监测的技术要求，主要包括监测项目、测点位置、监测频率和监测报警值等。

3.1.3　基坑工程施工前，应由建设方委托具备相应资质的第三方对基坑工程实施现场监测。监测单位应编制监测方案。监测方案应经建设、设计、监理等单位认可，必要时还需与市政道路、地下管线、人防等有关部门协商一致后方可实施。

3.1.4　编写监测方案前，委托方应向监测单位提供下列资料：

(1)岩土工程勘察成果文件。

(2)基坑工程设计说明书及图纸。

(3)基坑工程影响范围内的道路、地下管线、地下设施及周边建筑物的有关资料。

3.1.5　监测单位编写监测方案前，应了解委托方和相关单位对监测工作的要求，并进行现场踏勘，搜集、分析和利用已有资料，在基坑工程施工前制订合理的监测方案。

监测方案应包括工程概况、监测依据、监测目的、监测项目、测点布置、监测方法及精度、监测人员及主要仪器设备、监测频率、监测报警值、异常情况下的监测措施、监测数据的记录制度和处理方法、工序管理及信息反馈制度等。

3.1.6　监测单位在现场踏勘、资料收集阶段的工作应包括以下内容：

(1)进一步了解委托方和相关单位的具体要求。

(2)收集工程的岩土工程勘察及气象资料、地下结构和基坑工程的设计资料，了解施工组织设计(或项目管理规划)和相关施工情况。

(3)收集周围建筑物、道路及地下设施、地下管线的原始和使用现状等资料。必要时应采用拍照或录像等方法保存有关资料。

(4)通过现场踏勘,了解相关资料与现场状况的对应关系,确定拟监测项目现场实施的可行性。

3.1.7 下列基坑工程的监测方案应进行专门论证:

(1)地质和环境条件很复杂的基坑工程。

(2)邻近重要建(构)筑物和管线,以及历史文物、近代优秀建筑、地铁、隧道等破坏后果很严重的基坑工程。

(3)已发生严重事故,重新组织实施的基坑工程。

(4)采用新技术、新工艺、新材料的一、二级基坑工程。

(5)其他必须论证的基坑工程。

3.1.8 监测单位应严格实施监测方案,及时分析、处理监测数据,并将监测结果和评价及时向委托方及相关单位做信息反馈。当监测数据达到监测报警值时必须立即通报委托方及相关单位。

3.1.9 当基坑工程设计或施工有重大变更时,监测单位应及时调整监测方案。

3.1.10 基坑工程监测不应影响监测对象的结构安全、妨碍其正常使用。

3.1.11 监测结束阶段,监测单位应向委托方提供以下资料,并按档案管理规定,组卷归档。

(1)基坑工程监测方案。

(2)测点布设、验收记录。

(3)阶段性监测报告。

(4)监测总结报告。

3.1.12 监测工作的程序,应按下列步骤进行:

(1)接受委托。

(2)现场踏勘,收集资料。

(3)制订监测方案,并报委托方及相关单位认可。

(4)展开前期准备工作,设置监测点、校验设备、仪器。

(5)设备、仪器、元件和监测点验收。

(6)现场监测。

(7)监测数据的计算、整理、分析及信息反馈。

(8)提交阶段性监测结果和报告。

(9)现场监测工作结束后,提交完整的监测资料。

4 监测项目

4.1 一般规定

4.1.1 基坑工程的现场监测应采用仪器监测与巡视检查相结合的方法。

4.1.2 基坑工程现场监测的对象包括:

(1)支护结构。

(2)相关的自然环境。

(3)施工工况。

(4)地下水状况。

(5)基坑底部及周围土体。

(6)周围建(构)筑物。

(7)周围地下管线及地下设施。

(8)周围重要的道路。

(9)其他应监测的对象。

4.1.3　基坑工程的监测项目应抓住关键部位,做到重点观测、项目配套,形成有效的、完整的监测系统。监测项目尚应与基坑工程设计方案、施工工况相配套。

4.2　仪器监测

4.2.1　基坑工程仪器监测项目应根据表18-1进行选择。

建筑基坑工程仪器监测项目表　　表18-1

监测项目		基坑类别		
		一级	二级	三级
(坡)顶水平位移		应测	应测	应测
墙(坡)顶竖向位移		应测	应测	应测
围护墙深层水平位移		应测	应测	宜测
土体深层水平位移		应测	应测	宜测
墙(桩)体内力		宜测	可测	可测
支撑内力		应测	宜测	可测
立柱竖向位移		应测	宜测	可测
锚杆、土钉拉力		应测	宜测	可测
坑底隆起	软土地区	宜测	可测	可测
	其他地区	可测	可测	可测
土压力		宜测	可测	可测
孔隙水压力		宜测	可测	可测
地下水位		应测	应测	宜测
土层分层竖向位移		宜测	可测	可测
墙后地表竖向位移		应测	应测	宜测
周围建(构)筑物变形	竖向位移	应测	应测	应测
	倾斜	应测	宜测	可测
	水平位移	宜测	可测	可测
	裂缝	应测	应测	应测
周围地下管线变形		应测	应测	应测

注:基坑类别的划分按照国家标准《建筑地基基础工程施工质量验收标准》(GB 50202—2018)执行。

4.2.2　当基坑周围有地铁、隧道或其他对位移(沉降)有特殊要求的建(构)筑物及设施时,具体监测项目应与有关部门或单位协商确定。

4.3　巡视检查

4.3.1　基坑工程整个施工期内,每天均应有专人进行巡视检查。

4.3.2　基坑工程巡视检查应包括以下主要内容。

(1)支护结构。

①支护结构成型质量。

②冠梁、支撑、围檩有无裂缝出现。

③支撑、立柱有无较大变形。

④止水帷幕有无开裂、渗漏。

⑤墙后土体有无沉陷、裂缝及滑移。

⑥基坑有无涌土、流砂、管涌。

(2)施工工况。

①开挖后暴露的土质情况与岩土勘察报告有无差异。

②基坑开挖分段长度及分层厚度是否与设计要求一致,有无超长、超深开挖。

③场地地表水、地下水排放状况是否正常,基坑降水、回灌设施是否运转正常。

④基坑周围地面堆载情况,有无超堆荷载。

(3)基坑周边环境。

①地下管道有无破损、泄漏情况。

②周边建(构)筑物有无裂缝出现。

③周边道路(地面)有无裂缝、沉陷。

④邻近基坑及建(构)筑物的施工情况。

(4)监测设施。

①基准点、测点完好状况。

②有无影响观测工作的障碍物。

③监测元件的完好及保护情况。

(5)根据设计要求或当地经验确定的其他巡视检查内容。

4.3.3　巡视检查的检查方法以目测为主,可辅以锤、钎、量尺、放大镜等工器具以及摄像、摄影等设备进行。

4.3.4　巡视检查应对自然条件、支护结构、施工工况、周边环境、监测设施等的检查情况进行详细记录。如发现异常,应及时通知委托方及相关单。

4.3.5　巡视检查记录应及时整理,并与仪器监测数据综合分析。

5　监测点布置

5.1　一般规定

5.1.1　基坑工程监测点的布置应最大限度地反映监测对象的实际状态及其变化趋势,并应满足监控要求。

5.1.2　基坑工程监测点的布置应不妨碍监测对象的正常工作,并尽量减少对施工作业的不利影响。

5.1.3　监测标志应稳固、明显、结构合理,监测点的位置应避开障碍物,便于观测。

5.1.4　在监测对象内力和变形变化大的代表性部位及周边重点监护部位,监测点应适当加密。

5.1.5　应加强对监测点的保护,必要时应设置监测点的保护装置或保护设施。

5.2 基坑及支护结构

5.2.1 基坑边坡顶部的水平位移和竖向位移监测点应沿基坑周边布置,基坑周边中部、阳角处应布置监测点。监测点间距不宜大于 20m,每边监测点数目不应少于 3 个。监测点宜设置在基坑边坡坡顶上。

5.2.2 围护墙顶部的水平位移和竖向位移监测点应沿围护墙的周边布置,围护墙周边中部、阳角处应布置监测点。监测点间距不宜大于 20m,每边监测点数目不应少于 3 个。监测点宜设置在冠梁上。

5.2.3 深层水平位移监测孔宜布置在基坑边坡、围护墙周边的中心处及代表性的部位,数量和间距视具体情况而定,但每边至少应设 1 个监测孔。当用测斜仪观测深层水平位移时,设置在围护墙内的测斜管深度不宜小于围护墙的入土深度;设置在土体内的测斜管应保证有足够的入土深度,保证管端嵌入到稳定的土体中。

5.2.4 围护墙内力监测点应布置在受力、变形较大且有代表性的部位,监测点数量和横向间距视具体情况而定,但每边至少应设 1 处监测点。竖直方向监测点应布置在弯矩较大处,监测点间距宜为 3 ~ 5m。

5.2.5 支撑内力监测点的布置应符合下列要求:

(1)监测点宜设置在支撑内力较大或在整个支撑系统中起关键作用的杆件上。

(2)每道支撑的内力监测点不应少于 3 个,各道支撑的监测点位置宜在竖向保持一致。

(3)钢支撑的监测截面根据测试仪器宜布置在支撑长度的 1/3 部位或支撑的端头。钢筋混凝土支撑的监测截面宜布置在支撑长度的 1/3 部位。

(4)每个监测点截面内传感器的设置数量及布置应满足不同传感器测试要求。

5.2.6 立柱的竖向位移监测点宜布置在基坑中部、多根支撑交会处、施工栈桥下、地质条件复杂处的立柱上,监测点不宜少于立柱总根数的 10%,逆作法施工的基坑不宜少于 20%,且不应少于 5 根。

5.2.7 锚杆的拉力监测点应选择在受力较大且有代表性的位置,基坑每边跨中部位和地质条件复杂的区域宜布置监测点。每层锚杆的拉力监测点数量应为该层锚杆总数的 1% ~ 3%,并不应少于 3 根。每层监测点在竖向上的位置宜保持一致。每根杆体上的测试点应设置在锚头附近位置。

5.2.8 土钉的拉力监测点应沿基坑周边布置,基坑周边中部、阳角处宜布置监测点。监测点水平间距不宜大于 30m,每层监测点数目不应少于 3 个。各层监测点在竖向上的位置宜保持一致。每根杆体上的测试点应设置在受力、变形有代表性的位置。

5.2.9 基坑底部隆起监测点应符合下列要求:

(1)监测点宜按纵向或横向剖面布置,剖面应选择在基坑的中央、距坑底边约 1/4 坑底宽度处以及其他能反映变形特征的位置。数量不应少于 2 个。纵向或横向有多个监测剖面时,其间距宜为 20 ~ 50m。

(2)同一剖面上监测点横向间距宜为 10 ~ 20m,数量不宜少于 3 个。

5.2.10 围护墙侧向土压力监测点的布置应符合下列要求:

(1)监测点应布置在受力、土质条件变化较大或有代表性的部位。

(2)平面布置上基坑每边不宜少于 2 个测点。在竖向布置上,测点间距宜为 2 ~ 5m,测点下部宜密。

(3)当按土层分布情况布设时,每层应至少布设 1 个测点,且布置在各层土的中部。

(4)土压力盒应紧贴围护墙布置,宜预设在围护墙的迎土面一侧。

5.2.11　孔隙水压力监测点宜布置在基坑受力、变形较大或有代表性的部位。监测点竖向布置宜在水压力变化影响深度范围内按土层分布情况布设,监测点竖向间距一般为 2 ~ 5m,并不宜少于 3 个。

5.2.12　基坑内地下水位监测点的布置应符合下列要求:

(1)当采用深井降水时,水位监测点宜布置在基坑中央和两相邻降水井的中间部位;当采用轻型井点、喷射井点降水时,水位监测点宜布置在基坑中央和周边拐角处,监测点数量视具体情况确定。

(2)水位监测管的埋置深度(管底高程)应在最低设计水位之下 3 ~ 5m。对于需要降低承压水水位的基坑工程,水位监测管埋置深度应满足降水设计要求。

5.2.13　基坑外地下水位监测点的布置应符合下列要求:

(1)水位监测点应沿基坑周边、被保护对象(如建筑物、地下管线等)周边或在两者之间布置,监测点间距宜为 20 ~ 50m。相邻建(构)筑物、重要的地下管线或管线密集处应布置水位监测点;如有止水帷幕,宜布置在止水帷幕的外侧约 2m 处。

(2)水位监测管的埋置深度(管底高程)应在控制地下水位之下 3 ~ 5m。对于需要降低承压水水位的基坑工程,水位监测管埋置深度应满足设计要求。

(3)回灌井点观测井应设置在回灌井点与被保护对象之间。

5.3　周边环境

5.3.1　从基坑边缘以外 1 ~ 3 倍开挖深度范围内需要保护的建(构)筑物、地下管线等均应作为监控对象。必要时,尚应扩大监控范围。

5.3.2　位于重要保护对象(如地铁、上游引水、合流污水等)安全保护区范围内的监测点的布置,尚应满足相关部门的技术要求。

5.3.3　建(构)筑物的竖向位移监测点布置应符合下列要求:

(1)建(构)筑物四角、沿外墙每 10 ~ 15m 处或每隔 2 ~ 3 根柱基上,且每边不少于 3 个监测点。

(2)不同地基或基础的分界处。

(3)建(构)筑物不同结构的分界处。

(4)变形缝、抗震缝或严重开裂处的两侧。

(5)新、旧建筑物或高、低建筑物交接处的两侧。

(6)烟囱、水塔和大型储仓罐等高耸构筑物基础轴线的对称部位,每一构筑物不得少于 4 点。

5.3.4　建(构)筑物的水平位移监测点应布置在建筑物的墙角、柱基及裂缝的两端,每侧墙体的监测点不应少于 3 处。

5.3.5　建(构)筑物倾斜监测点应符合下列要求:

(1)监测点宜布置在建(构)筑物角点、变形缝或抗震缝两侧的承重柱或墙上。

(2)监测点应沿主体顶部、底部对应布设,上、下监测点应布置在同一竖直线上。

(3)当采用铅锤观测法、激光铅直仪观测法时,应保证上、下测点之间具有一定的通视条件。

5.3.6　建(构)筑物的裂缝监测点应选择有代表性的裂缝进行布置,在基坑施工期间当发现新裂缝或原有裂缝有增大趋势时,应及时增设监测点。每一条裂缝的测点至少设 2 组,裂缝的最宽处及裂缝末端宜设置测点。

5.3.7　地下管线监测点的布置应符合下列要求:

(1)应根据管线年份、类型、材料、尺寸及现状等情况,确定监测点设置。

(2)监测点宜布置在管线的节点、转角点和变形曲率较大的部位,监测点平面间距宜为 15 ~ 25m,并宜延伸至基坑以外 20m。

(3)上水、煤气、暖气等压力管线宜设置直接监测点。直接监测点应设置在管线上,也可以利用阀门开关、抽气孔以及检查井等管线设备作为监测点。

(4)在无法埋设直接监测点的部位,可利用埋设套管法设置监测点,也可采用模拟式测点将监测点设置在靠近管线埋深部位的土体中。

5.3.8　基坑周边地表竖向沉降监测点的布置范围宜为基坑深度的 1 ~3 倍,监测剖面宜设在坑边中部或其他有代表性的部位,并与坑边垂直,监测剖面数量视具体情况确定。每个监测剖面上的监测点数量不宜少于 5 个。

5.3.9　土体分层竖向位移监测孔应布置在有代表性的部位,数量视具体情况确定,并形成监测剖面。同一监测孔的测点宜沿竖向布置在各层土内,数量与深度应根据具体情况确定,在厚度较大的土层中应适当加密。

6　监测方法及精度要求

6.1　一般规定

6.1.1　监测方法的选择应根据基坑等级、精度要求、设计要求、场地条件、地区经验和方法适用性等因素综合确定,监测方法应合理易行。

6.1.2　变形测量点分为基准点、工作基点和变形监测点。其布设应符合下列要求:

(1)每个基坑工程至少应有 3 个稳固可靠的点作为基准点。

(2)工作基点应选在稳定的位置。在通视条件良好或观测项目较少的情况下,可不设工作基点,在基准点上直接测定变形监测点。

(3)施工期间,应采用有效措施,确保基准点和工作基点的正常使用。

(4)监测期间,应定期检查工作基点的稳定性。

6.1.3　监测仪器、设备和监测元件应符合下列要求:

(1)满足观测精度和量程的要求。

(2)具有良好的稳定性和可靠性。

(3)经过校准或标定,且校核记录和标定资料齐全,并在规定的校准有效期内。

6.1.4　对同一监测项目,监测时宜符合下列要求:

(1)采用相同的观测路线和观测方法。

(2)使用同一监测仪器和设备。

(3)固定观测人员。

(4)在基本相同的环境和条件下工作。

6.1.5　监测过程中应加强对监测仪器设备的维护保养、定期检测以及监测元件的检查;应加强对监测仪标的保护,防止损坏。

6.1.6　监测项目初始值应为事前至少连续观测 3 次的稳定值的平均值。

除使用本章规定的各种基坑工程监测方法外,亦可采用能达到本章规定精度要求的其他方法。

6.2　水平位移监测

6.2.1　测定特定方向上的水平位移时可采用视准线法、小角度法、投点法等;测定监测点任意方向的水平位移时可视监测点的分布情况,采用前方交会法、自由设站法、极坐标法等;当基准点距基坑较远时,可采用 GPS 测量法或三角、三边、边角测量与基准线法相结合的综合测量方法。

6.2.2 水平位移监测基准点应埋设在基坑开挖深度3倍范围以外不受施工影响的稳定区域，或利用已有稳定的施工控制点，不应埋设在低洼积水、湿陷、冻胀、胀缩等影响范围内；基准点的埋设应按有关测量规范、规程执行。宜设置有强制对中的观测墩；采用精密的光学对中装置，对中误差不宜大于0.5mm。

6.2.3 基坑围护墙(坡)顶水平位移监测精度应根据围护墙(坡)顶水平位移报警值按表18-2确定。

基坑围护墙(坡)顶水平位移监测精度要求(mm) 表18-2

设计控制值(mm)	≤30	30~60	>60
监测点坐标中误差	≤1.5	≤3.0	≤6.0

注：监测点坐标中误差，系指监测点相对测站点(如工作基点等)的坐标中误差。

6.2.4 地下管线的水平位移监测精度宜不低于1.5mm。

6.2.5 其他基坑周边环境(如地下设施、道路等)的水平位移监测精度应符合相关规范、规程等的规定。

6.3 竖向位移监测

6.3.1 竖向位移监测可采用几何水准或液体静力水准等方法。

坑底隆起(回弹)宜通过设置回弹监测标，采用几何水准并配合传递高程的辅助设备进行监测，传递高程的金属杆或钢尺等应进行温度、尺长和拉力等项修正。

6.3.2 基坑围护墙(坡)顶、墙后地表与立柱的竖向位移监测精度应根据竖向位移报警值按表18-3确定。

基坑围护墙(坡)顶、墙后地表及立柱的竖向位移监测精度(mm) 表18-3

竖向位移报警值	≤20(35)	20~40(35~60)	≥40(60)
监测点测站高差中误差	≤0.3	≤0.5	≤1.5

注：1. 监测点测站高差中误差系指相应精度与视距的几何水准测量单程一测站的高差中误差。
2. 括号内数值对应于墙后地表及立柱的竖向位移报警值。

6.3.3 地下管线的竖向位移监测精度宜不低于0.5mm。

6.3.4 其他基坑周边环境(如地下设施、道路等)的竖向位移监测精度应符合相关规范、规程的规定。

6.3.5 坑底隆起(回弹)监测精度不宜低于1mm。

6.3.6 各等级几何水准法观测时的技术要求应符合表18-4的要求。

几何水准观测的技术要求 表18-4

基坑类别	使用仪器、观测方法及要求
一级基坑	DS_{05}级别水准仪，因瓦合金标尺，按光学测微法观测，宜按国家二等水准测量的技术要求施测
二级基坑	DS_1级别及以上水准仪，因瓦合金标尺，按光学测微法观测，宜按国家二等水准测量的技术要求施测
三级基坑	DS_3或更高级别及以上的水准仪，宜按国家二等水准测量的技术要求施测

6.3.7 水准基准点宜均匀埋设，数量不应少于3点，埋设位置和方法要求与本章第6.2.2条相同。

6.3.8 各监测点与水准基准点或工作基点应组成闭合环路或附合水准路线。

6.4 深层水平位移监测

6.4.1 围护墙体或坑周土体的深层水平位移的监测宜采用在墙体或土体中预埋测斜管、通过测斜仪观测各深度处水平位移的方法。

6.4.2　测斜仪的精度要求不宜小于表 18-5 的规定。

测斜仪精度　表 18-5

基坑类别	一级	二级和三级	基坑类别	一级	二级和三级
系统精度(mm/m)	0.10	0.25	分辨率(mm/500mm)	0.02	0.02

6.4.3　测斜管宜采用 PVC 工程塑料管或铝合金管,直径宜为 45～90mm,管内应有两组相互垂直的纵向导槽。

6.4.4　测斜管应在基坑开挖 1 周前埋设,埋设时应符合下列要求:

(1)埋设前应检查测斜管质量,测斜管连接时应保证上、下管段的导槽相互对准顺畅,接头处应密封处理,并注意保证管口的封盖。

(2)测斜管长度应与围护墙深度一致或不小于所监测土层的深度;当以下部管端作为位移基准点时,应保证测斜管进入稳定土层 2～3m;测斜管与钻孔之间孔隙应填充密实。

(3)埋设时测斜管应保持竖直无扭转,其中一组导槽方向应与所需测量的方向一致。

6.4.5　测斜仪应下入测斜管底 5～10min,待探头接近管内温度后再量测,每个监测方向均应进行正、反两次量测。

6.4.6　当以上部管口作为深层水平位移相对基准点时,每次监测均应测定孔口坐标的变化。

6.5　倾斜监测

6.5.1　建筑物倾斜监测应测定监测对象顶部相对于底部的水平位移与高差,分别记录并计算监测对象的倾斜度、倾斜方向和倾斜速率。

6.5.2　应根据不同的现场观测条件和要求,选用投点法、水平角法、前方交会法、正垂线法、差异沉降法等。

6.5.3　建筑物倾斜监测精度应符合《工程测量规范》(GB 50026)及《建筑变形测量规程》(JGJ/T 8)的有关规定。

6.6　裂缝监测

6.6.1　裂缝监测应包括裂缝的位置、走向、长度、宽度及变化程度,需要时还包括深度。裂缝监测数量根据需要确定,主要或变化较大的裂缝应进行监测。

6.6.2　裂缝监测可采用以下方法:

(1)对裂缝宽度监测,可在裂缝两侧贴石膏饼、划平行线或贴埋金属标志等,采用千分尺或游标卡尺等直接量测的方法;也可采用裂缝计、粘贴安装千分表法、摄影量测等方法。

(2)对裂缝深度量测,当裂缝深度较小时宜采用凿出法和单面接触超声波法监测;深度较大裂缝宜采用超声波法监测。

6.6.3　应在基坑开挖前记录监测对象已有裂缝的分布位置和数量,测定其走向、长度、宽度和深度等情况,标志应具有可供量测的明晰端面或中心。

6.6.4　裂缝宽度监测精度不宜低于 0.1mm,长度和深度监测精度不宜低于 1mm。

6.7　支护结构内力监测

6.7.1　基坑开挖过程中支护结构内力变化可通过在结构内部或表面安装应变计或应力计进行量测。

6.7.2　对于钢筋混凝土支撑,宜采用钢筋应力计(钢筋计)或混凝土应变计进行量测;对于钢结构支撑,宜采用轴力计进行量测。

围护墙、桩及围檩等内力宜在围护墙、桩钢筋制作时,在主筋上焊接钢筋应力计的预埋方法进行量测。

6.7.3 支护结构内力监测值应考虑温度变化的影响,对钢筋混凝土支撑尚应考虑混凝土收缩、徐变以及裂缝开展的影响应力计或应变计的量程宜为最大设计值的 1.2 倍,分辨率不宜低于 0.2%F·S, 精度不宜低于 0.5%F·S。

6.7.4 围护墙、桩及围檩等的内力监测元件宜在相应工序施工时埋设并在开挖前取得稳定初始值。

6.8 土压力监测

6.8.1 土压力宜采用土压力计量测。

6.8.2 土压力计的量程应满足被测压力的要求,其上限可取最大设计压力的 1.2 倍,精度不宜低于 0.5%F·S,分辨率不宜低于 0.2%F·S。

土压力计埋设可采用埋入式或边界式(接触式)。埋设时应符合下列要求:

(1)受力面与所需监测的压力方向垂直并紧贴被监测对象。

(2)埋设过程中应有土压力膜保护措施。

(3)采用钻孔法埋设时,回填应均匀密实,且回填材料宜与周围岩土体一致。

(4)做好完整的埋设记录。

6.8.3 土压力计埋设以后应立即进行检查测试,基坑开挖前至少经过 1 周时间的监测并取得稳定初始值。

6.9 孔隙水压力监测

6.9.1 孔隙水压力宜通过埋设钢弦式、应变式等孔隙水压力计,采用频率计或应变计量测。

6.9.2 孔隙水压力计应满足以下要求:量程应满足被测压力范围的要求,可取静水压力与超孔隙水压力之和的 1.2 倍;精度不宜低于 0.5%F·S,分辨率不宜低于 0.2%F·S。

6.9.3 孔隙水压力计埋设可采用压入法、钻孔法等。

6.9.4 孔隙水压力计应在事前 2~3 周埋设,埋设前应符合下列要求:

(1)孔隙水压力计应浸泡饱和,排除透水石中的气泡;

(2)检查率定资料,记录探头编号,测读初始读数。

6.9.5 采用钻孔法埋设孔隙水压力计时,钻孔直径宜为 110~130mm,不宜使用泥浆护壁成孔,钻孔应圆直、干净;封口材料宜采用直径 10~20mm 的干燥膨润土球孔隙水压力计埋设后应测量初始值,且宜逐日量测 1 周以上并取得稳定初始值。

6.9.6 应在孔隙水压力监测的同时测量孔隙水压力计埋设位置附近的地下水位。

6.10 地下水位监测

6.10.1 地下水位监测宜采通过孔内设置水位管,采用水位计等方法进行测量。

6.10.2 地下水位监测精度不宜低于 10mm。

6.10.3 检验降水效果的水位观测井宜布置在降水区内,采用轻型井点管降水时可布置在总管的两侧,采用深井降水时应布置在两孔深井之间,水位孔深度宜在最低设计水位下2~3m。

6.10.4 潜水水位管应在基坑施工前埋设,滤管长度应满足测量要求;承压水位监测时被测含水层与其他含水层之间应采取有效的隔水措施。

6.10.5　水位管埋设后,应逐日连续观测水位并取得稳定初始值。

6.11　锚杆拉力监测

6.11.1　锚杆拉力量测宜采用专用的锚杆测力计,钢筋锚杆可采用钢筋应力计或应变计,当使用钢筋束时应分别监测每根钢筋的受力。

6.11.2　锚杆轴力计、钢筋应力计和应变计的量程宜为设计最大拉力值的 1.2 倍, 量测精度不宜低于 0.5%F・S,分辨率不宜低于 0.2%F・S。

6.11.3　应力计或应变计应在锚杆锁定前获得稳定初始值。

6.12　坑外土体分层竖向位移监测

6.12.1　坑外土体分层竖向位移可通过埋设分层沉降磁环或深层沉降标,采用分层沉降仪结合水准测量方法进行量测。

6.12.2　分层竖向位移标应在事前埋设。沉降磁环可通过钻孔和分层沉降管进行定位埋设。

6.12.3　土体分层竖向位移的初始值应在分层竖向位移标埋设稳定后进行,稳定时间不应少于 1 周并获得稳定的初始值;监测精度不宜低于 1mm。

6.12.4　每次测量应重复进行 2 次,2 次误差值不大于 1mm。

6.12.5　采用分层沉降仪法监测时,每次监测应测定管口高程,根据管口高程换算出测管内各监测点的高程。

7　监 测 频 率

7.0.1　基坑工程监测频率应以能系统反映监测对象所测项目的重要变化过程,而又不遗漏其变化时刻为原则。

7.0.2　基坑工程监测工作应贯穿于基坑工程和地下工程施工全过程。监测工作一般应从基坑工程施工前开始,直至地下工程完成为止。对有特殊要求的周边环境的监测,应根据需要延续至变形趋于稳定后才能结束。

7.0.3　监测项目的监测频率应考虑基坑工程等级、基坑及地下工程的不同施工阶段以及周边环境、自然条件的变化。当监测值相对稳定时,可适当降低监测频率。对于应测项目,在无数据异常和事故征兆的情况下,开挖后仪器监测频率的确定可参照表 18-6。

现场仪器监测的监测频率　　表 18-6

<table>
<tr><th rowspan="2">基坑类别</th><th rowspan="2" colspan="2">施工进程</th><th colspan="4">基坑设计开挖深度</th></tr>
<tr><th>≤5m</th><th>5 ~ 10m</th><th>10 ~ 15m</th><th>>15m</th></tr>
<tr><td rowspan="7">一级</td><td rowspan="3">开挖深(m)</td><td>≤5</td><td>1 次/1d</td><td>1 次/2d</td><td>1 次 2d</td><td>1 次/2d</td></tr>
<tr><td>5 ~ 10</td><td></td><td>1 次/1d</td><td>1 次/1d</td><td>1 次/1d</td></tr>
<tr><td>>10</td><td></td><td></td><td>2 次/1d</td><td>2 次/1d</td></tr>
<tr><td rowspan="4">底板浇筑后时间(d)</td><td>≤7</td><td>1 次/1d</td><td>1 次/1d</td><td>2 次/1d</td><td>2 次/1d</td></tr>
<tr><td>7 ~ 14</td><td>1 次/3d</td><td>1 次/2d</td><td>1 次/1d</td><td>1 次/1d</td></tr>
<tr><td>14 ~ 28</td><td>1 次/5d</td><td>1 次/3d</td><td>1 次/2d</td><td>1 次/1d</td></tr>
<tr><td>>28</td><td>1 次/7d</td><td>1 次/5d</td><td>1 次/3d</td><td>1 次/3d</td></tr>
</table>

续上表

基坑类别	施工进程		基坑设计开挖深度			
			≤5m	5~10m	10~15m	>15m
二级	开挖深(m)	≤5	1次/2d	1次/2d		
		5~10		1次/1d		
	底板浇筑后时间(d)	≤7	1次/2d	1次/2d		
		7~14	1次/3d	1次/3d		
		14~28	1次/7d	1次/5d		
		>28	1次/10d	1次/10d		

注:1. 当基坑工程等级为三级时,监测频率可视具体情况要求适当降低。
2. 基坑工程施工至开挖前的监测频率视具体情况确定。
3. 宜测、可测项目的仪器监测频率可视具体情况要求适当降低。
4. 有支撑的支护结构各道支撑开始拆除到拆除完成后3d内监测频率应为1次/d。

7.0.4 当出现下列情况之一时,应加强监测,提高监测频率,并及时向委托方及相关单位报告监测结果:

(1)监测数据达到报警值。

(2)监测数据变化量较大或者速率加快。

(3)存在勘察中未发现的不良地质条件。

(4)超深、超长开挖或未及时加撑等未按设计施工。

(5)基坑及周边大量积水、长时间连续降雨、市政管道出现泄漏。

(6)基坑附近地面荷载突然增大或超过设计限值。

(7)支护结构出现开裂。

(8)周边地面出现突然较大沉降或严重开裂。

(9)邻近的建(构)筑物出现突然较大沉降、不均匀沉降或严重开裂。

(10) 基坑底部、坡体或支护结构出现管涌、渗漏或流砂等现象。

(11)基坑工程发生事故后重新组织施工。

(12)出现其他影响基坑及周边环境安全的异常情况。

7.0.5 当有危险事故征兆时,应实时跟踪监测。

8 监 测 报 警

8.0.1 基坑工程监测报警值应符合基坑工程设计的限值、地下主体结构设计要求以及监测对象的控制要求。基坑工程监测报警值由基坑工程设计方确定。

8.0.2 基坑工程监测报警值应以监测项目的累计变化量和变化速率值两个值控制。

8.0.3 因围护墙施工、基坑开挖以及降水引起的基坑内外地层位移应按下列条件控制:

(1)不得导致基坑的失稳。

(2)不得影响地下结构的尺寸、形状和地下工程的正常施工。

(3)对周边已有建(构)筑物引起的变形不得超过相关技术规范的要求。

(4)不得影响周边道路、地下管线等正常使用。

(5)满足特殊环境的技术要求。

8.0.4 基坑及支护结构监测报警值应根据监测项目、支护结构的特点和基坑等级确定,可参考表18-7。

基坑及支护结构监测报警值

表 18-7

序号	监测项目	支护结构类型	一级 累计值(mm) 绝对值	一级 累计值(mm) 相对基坑深度 h 控制值	一级 变化速率(mm/d)	二级 累计值(mm) 绝对值	二级 累计值(mm) 相对基坑深度 h 控制值	二级 变化速率(mm/d)	三级 累计值(mm) 绝对值	三级 累计值(mm) 相对基坑深度 h 控制值	三级 变化速率(mm/d)
1	墙(坡)顶水平位移	放坡、土钉墙、喷锚支护、水泥土墙	30~35	0.3%~0.4%	5~10	50~60	0.6%~0.8%	10~15	70~80	0.8%~1.0%	15~20
		钢板桩、灌注桩、型钢水泥土墙、地下连续墙	25~30	0.2%~0.3%	2~3	40~50	0.5%~0.7%	4~6	60~70	0.6%~0.8%	8~10
2	墙(坡)顶竖向位移	放坡、土钉墙、喷锚支护、水泥土墙	20~40	0.3%~0.4%	3~5	50~60	0.6%~0.8%	5~8	70~80	0.8%~1.0%	8~10
		钢板桩、灌注桩、型钢水泥土墙、地下连续墙	10~20	0.1%~0.2%	2~3	25~30	0.3%~0.5%	3~4	35~40	0.5%~0.6%	4~5
3	围护墙深层水平位移	水泥土墙	30~35	0.3%~0.4%	5~10	50~60	0.6%~0.8%	10~15	70~80	0.8%~1.0%	15~20
		钢板桩	50~60	0.6%~0.7%	2~3	80~85	0.7%~0.8%	4~6	90~100	0.9%~1.0%	8~10
		灌注桩、型钢水泥土墙	45~55	0.5%~0.6%		75~80	0.7%~0.8%		80~90	0.9%~1.0%	
		地下连续墙	40~50	0.4%~0.5%		70~75	0.7%~0.8%		80~90	0.9%~1.0%	
4	立柱竖向位移		25~35		2~3	35~45		4~6	55~65		8~10
5	基坑周边地表竖向位移		25~35		2~3	50~60		4~6	60~80		8~10
6	坑底回弹		25~35		2~3	50~60		4~6	60~80		8~10
7	支撑内力		60%~70%f			70%~80%f			80%~90%f		
8	墙体内力										
9	锚杆拉力										
10	土压力										
11	孔隙水压力										

注:1. h 为基坑设计开挖深度;f 为设计极限值。

2. 累计值取绝对值和相对基坑深度 h 控制值两者的小值。

3. 当监测项目的变化速率连续 3d 超过报警值的 50%,应报警。

8.0.5 周边环境监测报警值的限值应根据主管部门的要求确定,如无具体规定,可参考表18-8确定。

建筑基坑工程周边环境监测报警值 表18-8

<table>
<tr><th colspan="4" rowspan="2">监测对象</th><th colspan="2">累计值</th><th rowspan="2">变化速率
(mm/d)</th><th rowspan="2">备注</th></tr>
<tr><th>绝对值(mm)</th><th>倾斜</th></tr>
<tr><td>1</td><td colspan="3">地下水位变化</td><td>1000</td><td>—</td><td>500</td><td>—</td></tr>
<tr><td rowspan="3">2</td><td rowspan="3">管线位移</td><td rowspan="2">刚性管道</td><td>压力</td><td>10~30</td><td>—</td><td>1~3</td><td rowspan="2">直接观察点数据</td></tr>
<tr><td>非压力</td><td>10~40</td><td>—</td><td>3~5</td></tr>
<tr><td colspan="2">柔性管线</td><td>10~40</td><td>—</td><td>3~5</td><td>—</td></tr>
<tr><td rowspan="2">3</td><td colspan="2" rowspan="2">邻近建(构)筑物</td><td>最大沉降</td><td>10~60</td><td>—</td><td>—</td><td>—</td></tr>
<tr><td>差异沉降</td><td>—</td><td>2/1000</td><td>0.1H/1000</td><td>—</td></tr>
</table>

注:1. H为建(构)筑物承重结构调度。
2. 第3项累计值取最大沉降和差异沉降两者的小值。

8.0.6 周边建(构)筑物报警值应结合建(构)筑物裂缝观测确定,并应考虑建(构)筑物原有变形与基坑开挖造成的附加变形的叠加。

8.0.7 当出现下列情况之一时,必须立即报警;若情况比较严重,应立即停止施工,并对基坑支护结构和周边的保护对象采取应急措施。

(1)当监测数据达到报警值。

(2)基坑支护结构或周边土体的位移出现异常情况或基坑出现渗漏、流砂、管涌、隆起或陷落等。

(3)基坑支护结构的支撑或锚杆体系出现过大变形、压屈、断裂、松弛或拔出的迹象。

(4)周边建(构)筑物的结构部分、周边地面出现可能发展的变形裂缝或较严重的突发裂缝。

(5)根据当地工程经验判断,出现其他必须报警的情况。

9 数据处理与信息反馈

9.1 一般规定

9.1.1 监测分析人员应具有岩土工程与结构工程的综合知识,具有设计、施工、测量等工程实践经验,具有较高的综合分析能力,做到正确判断、准确表达,及时提供高质量的综合分析报告。

9.1.2 现场测试人员应对监测数据的真实性负责,监测分析人员应对监测报告的可靠性负责,监测单位应对整个项目监测质量负责。监测记录、监测当日报表、阶段性报告和监测总结报告提供的数据、图表应客观、真实、准确、及时。

9.1.3 外业观测值和记事项目,必须在现场直接记录于观测记录表中。任何原始记录不得涂改、伪造和转抄,并有测试、记录人员签字。

9.1.4 现场的监测资料应符合下列要求:

(1)使用正式的监测记录表格。

(2)监测记录应有相应的工况描述。

(3)监测数据应及时整理。

(4)对监测数据的变化及发展情况应及时分析和评述。

9.1.5 观测数据出现异常,应及时分析原因,必要时进行重测。

9.1.6 进行监测项目数据分析时,应结合其他相关项目的监测数据和自然环境、施工工况等情况以及以往数据,考量其发展趋势,并作出预报。

9.1.7　监测成果应包括当日报表、阶段性报告、总结报告。报表应按时报送。报表中监测成果宜用表格和变化曲线或图形反映。

9.2　当日报表

9.2.1　当日报表应包括下列内容：

(1)当日的天气情况和施工现场的工况。

(2)仪器监测项目各监测点的本次测试值、单次变化值、变化速率以及累计值等，必要时绘制有关曲线图。

(3)巡视检查的记录。

(4)对监测项目应有正常或异常的判断性结论。

(5)对达到或超过监测报警值的监测点应有报警标示，并有原因分析及建议。

(6)对巡视检查发现的异常情况应有详细描述，危险情况应有报警标示，并有原因分析及建议。

(7)其他相关说明。

9.2.2　当日报表应标明工程名称、监测单位、监测项目、测试日期与时间、报表编号等。并应有监测单位监测专用章及测试人、计算人和项目负责人签字。

9.3　阶段性监测报告

9.3.1　阶段性监测报告应包括下列内容：

(1)该监测期相应的工程、气象及周边环境概况。

(2)该监测期的监测项目及测点的布置图。

(3)各项监测数据的整理、统计及监测成果的过程曲线。

(4)各监测项目监测值的变化分析、评价及发展预测。

(5)相关的设计和施工建议。

9.3.2　阶段性监测报告应标明工程名称、监测单位、该阶段的起止日期、报告编号，并应有监测单位章及项目负责人、审核人、审批人签字。

9.4　总结报告

9.4.1　基坑工程监测总结报告的内容应包括：

(1)工程概况。

(2)监测依据。

(3)监测项目。

(4)测点布置。

(5)监测设备和监测方法。

(6)监测频率。

(7)监测报警值。

(8)各监测项目全过程的发展变化分析及整体评述。

(9)监测工作结论与建议。

9.4.2　总结报告应标明工程名称、监测单位、整个监测工作的起止日期，并应有监测单位章及项目负责人、单位技术负责人、企业行政负责人签字。

第五篇

轨 道 工 程

第十九章 轨道工程施工

引 言

本章是针对杭海城际铁路的特点，参照《客货共线铁路轨道工程施工技术规程》(Q/CR 9654—2017)，在吸收杭海城际铁路及周边区域城际轨道交通工程实践经验的基础上编制而成。本章以施工质量验收标准为依据，重点对施工过程中的工艺、工法、质量保证措施作出了规定，反映了工程施工的新技术、新材料、新工艺、新设备，充分体现了区域城际轨道交通工程轨道工程的技术特点和施工控制要求。本章适用于区域城际轨道交通工程轨道工程施工的质量控制，凡在本章中未做规定的，均按国家、行业及地方现行的有关强制性标准执行。

本章主要内容包括：总则、术语、环境保护、施工准备、基地钢轨焊接、有砟轨道铺轨铺砟、工地钢轨焊接、应力放散及无缝线路锁定、正线道岔及钢轨伸缩调节器铺设、钢轨胶接绝缘接头、轨道整理及钢轨预打磨、轨道常备材料、工程竣工等。

主编单位：浙江杭海城际铁路有限公司

参编单位：中铁三局集团有限公司、西安铁一院工程咨询监理有限责任公司、中铁第四勘察设计院集团有限公司

主要执笔人：钟庆华、马锡海、林晓峰、史婷、陈泰振、李洋、牛鹏德

主要审查人：徐立明、张秀源、龚东时、明红青、陈仲华、刘志

1 总 则

1.0.1 为统一城际铁路轨道工程施工技术要求，加强施工管理，保证工程质量，特编制本章。

1.0.2 城际铁路轨道工程施工应积极采用技术先进、经济合理、安全可靠的装备、工艺、材料和施工方法。

1.0.3 各种轨道部件质量应符合与城际铁路设计行车速度相适应的国家或铁路行业现行有关标准。特定的轨道部件应按设计标准采购，并经鉴定合格后方可使用。

1.0.4 施工现场宜保持整洁，注重环保，防止污染环境，做到文明施工。

1.0.5 施工中应认真做好原始记录，积累资料，不断总结经验，提高轨道施工技术水平。

1.0.6 轨道工程施工除应符合本章的要求外，尚应符合国家现行有关强制性标准的规定。

2 术 语

2.0.1 长钢轨。

超过标准长度的钢轨(其中包括厂焊钢轨)。

2.0.2 单元轨节。

一次锁定的连续轨条。

2.0.3 设计锁定轨温。

根据气象资料和无缝线路允许温升幅度、允许温降幅度,计算确定的无缝线路锁定轨温。

2.0.4 实际锁定轨温。

无缝线路温度力为“零”时的钢轨温度。

2.0.5 钢轨胶接绝缘接头。

由胶粘剂胶合的钢轨绝缘接头。

3 环境保护

3.0.1 施工期间所产生的振动噪声、粉尘、烟雾、污水和废弃物等排放,应符合国家和地方相关环保的现行法规和设计相关规定。

3.0.2 在制定施工方案及选址时,大临工程宜利用荒地,少占农田。

3.0.3 铺轨基地应有良好的排水系统,生活污水排放和垃圾处理等应符合当地政府相关规定。

3.0.4 施工现场各种材料的存放必须规范、有序。

3.0.5 道砟装卸宜采取降尘措施。

3.0.6 应使用符合环保要求的机械设备和工艺。

3.0.7 合理安排施工时间,减少噪声扰民。

4 施工准备

4.1 设计文件核对及技术交底

4.1.1 轨道施工前,应熟悉批准的施工设计文件(包括变更设计文件),接收与轨道施工有关的已竣工工程及变更设计资料,并进行核对。

4.1.2 施工前应进行技术交底。

4.2 施工调查

4.2.1 调查沿线道砟来源、供砟方式、道砟运输条件及道砟储备场设置条件。

4.2.2 调查沿线水源、电源供应及使用当地电网的可能性等。

4.2.3 调查大型铺轨机械通过地段的限界情况。

4.2.4 收集沿线水文气象资料。

4.2.5 了解与轨道工程有关的工程进展情况、质量状况及对轨道工程的影响。

4.3 编制实施性施工组织设计

4.3.1 铺轨前应编制实施性施工组织设计,对施工过程的质量控制及进度计划提出明确的要求,并制定作业指导书。

4.3.2 实施性施工组织设计应包括以下主要内容:

(1)编制依据及原则。

(2)工程概况。

(3)机构设置及劳动力组织。

(4)主要施工方法及施工安排(包括施工顺序、施工进度),制订各季节焊接、铺设长钢轨的技术措施和铺轨进度计划的实施方案。

(5)轨道部件用料计划和供料方式。

(6)铺轨、焊轨基地设置,沿线临时工程,通信及行车方案。

(7)生产及生活用水、用电供应方案。

(8)施工机械及试验检测设备配置计划。

(9)工程运输组织(含长钢轨运输)及机车车辆配置计划。

(10)工期、安全、质量保证、文明施工及环境和劳动保护等措施。

4.4　轨道部件的质量检验及储存

4.4.1　城际铁路铁路有砟轨道部件包括:钢轨、轨枕、连接零件、道砟、道岔、钢轨伸缩调节器和线路附属设备等。

4.4.2　各类轨道部件生产厂家均应具有生产资质,并按照相关标准规定的批量,出具产品检验合格证,并提供质量保证书。采购方应提供质量复验证明书。

4.4.3　施工单位应对进场的轨道部件按《城际铁路铁路轨道工程施工质量验收暂行标准》规定进行抽样检查。

4.4.4　轨料存放场基底应平实,并有良好的排水系统。

4.4.5　钢轨应分类垛码,并符合以下规定:

(1)钢轨起吊应缓起、轻落、保持钢轨基本平直。

(2)钢轨应逐根丈量,并测量断面尺寸。不同长度和断面尺寸公差级别的钢轨应分类垛码,并予以标识。

(3)每垛钢轨应树立标牌,标识产地、类型、规格、数量。

(4)钢轨垛底应承垫架空,支垫应与钢轨垂直放置,间距5~7.5m。上下层同位,垛码层数应保证钢轨不伤损变形。

4.4.6　轨枕应分类垛码,并符合以下规定:

(1)垛码混凝土枕应上下同位,层间承轨槽处应垫以小方木或其他材料,其顶面应高出挡肩或预埋件顶面20mm。

(2)木枕存放场内应有消防设施。

4.4.7　道砟储存应符合以下规定:

(1)存砟场的设置和存砟数量应满足施工进度的要求。

(2)堆砟场地面应进行硬化。

(3)清洁的道砟堆应予覆盖或入库存放。

(4)不得使用履带式设备堆砟,当使用胶轮装载机进行堆砟和装车作业时,装载机不得在同一砟面上反复行走。砟堆高度不宜超过3m。

(5)被污染的道砟未经处理干净不得上道。

4.4.8　道岔、钢轨伸缩调节器及其配件应配套成组分类放置、垛码整齐。

4.4.9　其他轨道部件储存应符合相关规定。

4.4.10　铺轨前,应按铺轨进度计划,落实各种轨道部件来源,其供货进度应与施工进度相配合,并有一定数量的储备。

4.5　施工人员培训及机械准备

4.5.1　施工队伍作业人员应进行岗前培训,经考试合格后持证上岗。

4.5.2　轨道工程施工前应根据施工方法配备焊轨、道砟摊铺、长钢轨及轨枕运输、铺枕及铺轨、大型养路机械及补砟、应力放散及锁定、钢轨预打磨等设备。

4.6 检测机构设置及相应设备

4.6.1 施工前应根据质量控制需要设置经认证的检测机构,并配备相应的检测设备。

4.6.2 试验检测设备主要包括:钢轨焊接接头(以下简称钢轨焊头)质量检测设备、有砟道床状态参数指标检测设备、轨道几何尺寸检测设备、轨温计等。

4.6.3 各施工检测设备要在使用前预加校验,不合格者不得使用。

4.7 线路基桩设置

4.7.1 预铺道砟前应按设计设置好线路基桩。

4.7.2 线路基桩材质、标准、设置位置、数量和精度应符合设计要求。

4.7.3 线路基桩应在贯通测量后设置,测量误差应在限差内调整闭合,设置精度应符合相关技术标准规定。因路基沉降等致使基桩变位应及时修正测量资料。

4.7.4 线路基桩应设置牢固,标识清晰、齐全、便于观看,并绘制布设平面示意图和线路基桩表描述其位置、外移距离和高程。

4.8 铺轨前与线下施工单位交接

4.8.1 铺轨前,路基、桥、隧及过渡段应有检验合格资料,并提供沉降变形观测资料及评估报告。

4.8.2 铺轨施工单位应接收线下施工单位的线路测量资料及控制桩,核实中线贯通情况,并复测线路基桩和路面高程。中线桩、线路基桩、水准点应钉设齐全,缺损者应在铺轨前补齐。

4.8.3 铺轨施工单位与线下施工单位交接应在铺轨一个月前进行。

4.8.4 线路复测应符合城际铁路铁路测量相关规定。

4.9 铺轨基地

4.9.1 铺轨基地宜设置在既有车站附近,应根据工程规模,施工方法及进度要求按经济技术比选确定,并有富余生产能力。

4.9.2 铺轨基地的设施和布置应符合下列规定:

(1)基地设施宜永临结合,少占农田,注意环境保护,并充分利用现有水源、电源及运输通道。

(2)基地联络线的坡度和曲线半径,应根据地形、运量和作业方法确定,有长轨列车通过的线路曲线半径不宜小于300m,道岔不宜小于9号,最大坡度不宜大于正线的最大坡度,并按有关规定设置安全设施。

(3)铺轨基地应修建消防通道,相邻料堆间,应根据作业需要,留有不小于0.5m的距离,场内堆置物与轨道及龙门吊走行线间应留有安全距离。

(4)采用基地焊轨时,应设置焊轨生产线和标准轨、长钢轨存储场地,满足长钢轨生产需要。

(5)基地内应配备机械检修、钢轨焊接质量及轨道部件相关检测设施。

(6)基地内临时工程的设置,应尽量避免影响站后工程施工。

(7)基地内尽头线应设车挡。电气设备应加装安全保护装置。管线应采取防磨损、防撞击措施。起重设备使用前应通过安全检验。

(8)基地内轨道标准、股道布置、线路平纵断面和建筑限界,应满足大型机械和机车车辆的作业、停放、进出及检修要求。

5　基地钢轨焊接

5.1　基地钢轨焊接设备组成

基地钢轨焊接应配备轨端除锈、钢轨焊接、焊缝正火、冷却、钢轨校直、焊缝打磨、探伤等设备。

5.2　长钢轨焊接

5.2.1　待焊钢轨应符合城际铁路铁路钢轨相关技术条件的规定。

5.2.2　基地钢轨焊接应采用接触焊。

5.2.3　焊接设备操作人员必须经过专业培训，熟悉钢轨焊头质量标准，经有关部门考核合格，并获得操作合格证。

5.2.4　操作人员必须严格执行焊接设备的操作规程，并按型式检验确定的作业参数操作。

5.2.5　长钢轨焊接基本工艺流程如图19-1所示。

5.2.6　长钢轨焊接前应根据设计要求编制配轨计划表。

5.2.7　配轨时应选用断面不对称公差基本一致的钢轨相对焊接。长钢轨首尾断面的不对称偏差不得大于0.6mm。

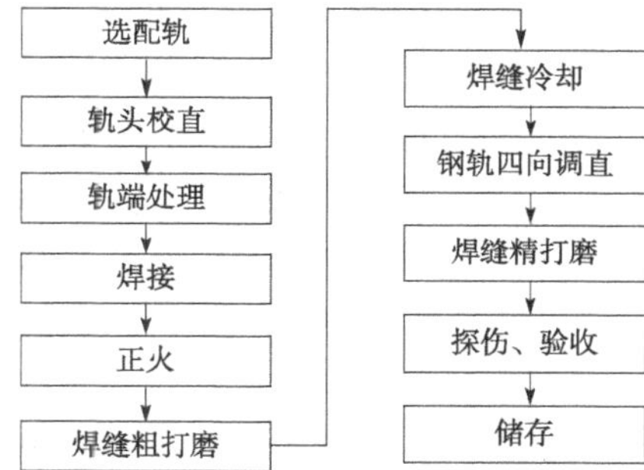

图19-1　长钢轨焊接基本工艺流程图

5.2.8　根据配轨要求及调直情况等对钢轨进行截锯。钢轨硬弯经矫直后，用1m直尺测量其矢度不应大于0.2mm。

5.2.9　清除轨端0.5m范围内的污垢，待焊轨端面及钢轨与电极接触部位应打磨除锈，使金属光泽露出达80%以上。

5.2.10　当环境温度低于10℃时，焊轨前两轨端加热温度应符合城际铁路铁路钢轨焊接的相关要求。

5.2.11　钢轨进入焊机前，应检查除锈作业质量，除锈质量不良时，应退回重新除锈。

5.2.12　钢轨进入焊机后，在对头过程中，应注意必须以工作面为基准。轨头工作面错位偏差不应大于0.2mm，轨底边缘错位偏差不应大于1mm。

5.2.13　焊机电极表面必须光洁、平整，发生灼伤后应及时处理，必要时应更换。

5.2.14　每焊完一个焊接接头应对电极进行清理，不得留有尘渣，每焊完一条长轨应清理一次电极及护板。

5.2.15　焊接结束后，应立即对焊接接头进行标识。接头标识应与钢轨标记、焊接记录或报表对应。标识在焊接接头前方3~5m处的轨腰部位，标识符号应清晰、端正。

5.2.16　焊接接头温度低于500℃时方可正火加热。轨头加热的表面温度应控制在900℃±20℃，轨底角表面温度为800~900℃。

5.2.17　焊后矫直应在焊接接头热处理后进行，热态或冷态下矫直均可。焊接接头热态矫直温度应低于400℃，并预留上拱量；冷态矫直温度应低于50℃，矫后1m长度宜有0.3~0.5mm的上拱量。不宜反复多次矫直。

5.2.18　精磨前，焊接接头及两端1m范围内温度应在50℃以下。

5.3　检验

5.3.1　钢轨焊接接头检验分型式检验和生产检验，应包括以下内容：

(1)型式检验。在下列情况下应进行型式检验：

①钢轨焊接接头试生产。

②采用新轨型、新钢种及调试工艺参数。

③更换焊轨设备。

④更换不同钢厂制造的钢轨,首次焊接时。

⑤生产检验结果不合格。

(2)生产检验。在下列情况下应进行生产检验:

①连续焊接500个接头以后。

②焊接工况变化,对某个焊接参数进行修正之后。

③焊机出现故障,记录曲线异常,故障排除之后。

④钢轨焊接生产中断1个月以上,重新开始焊接之前。

(3)型式检验和生产检验应符合城际铁路铁路钢轨焊接的相关要求。

5.3.2 出厂检验应符合以下规定:

(1)每个钢轨焊头均应进行超声波探伤检查。

①钢轨探伤前应将焊头轨温冷却到50℃以下。

②钢轨焊头不得有未焊透、过烧、裂纹、气孔、夹渣等有害缺陷。

③经探伤检查不合格者应锯切重焊。

(2)每个钢轨焊头均应进行外观检查,其结果应符合以下规定。

①钢轨焊头应纵向打磨平顺,不得有低接头。用1m直尺测量钢轨焊接接头平直度允许偏差应符合表19-1规定。

焊接接头平直度允许偏差(mm/m) 表19-1

序号	部 位	旅客列车设计行车速度 v(km/h)	
		200	200 < v≤250 及 300≤v≤350
1	轨顶面	+0.3,0	+0.2,0
2	轨头内侧工作面	+0.3,0	+0.2,0
3	轨底(焊筋)	+0.5,0	+0.5,0

注:1.轨顶面中,符号"+"表示高出钢轨母材规定基准面。

2.轨头内侧工作面中,符号"+"表示凹进。

3.轨底(焊筋)中,符号"+"表示凸出。

②钢轨焊头轨顶面及侧面应予打磨。轨头及轨底上圆角在1m范围内应圆顺。母材打磨深度不得超过0.5mm。

③钢轨焊头在轨底上表面焊缝两侧各150mm范围内及距两侧轨底角边缘各35mm的范围内应打磨平整。

④焊缝两侧各100mm范围不得有明显的压痕、碰痕、划伤等缺陷。焊头不得有电击伤。

5.4 长钢轨存放、装车及运输

5.4.1 长钢轨编号应符合以下要求:

(1)长钢轨应由焊轨厂按照配轨表的要求进行编号,并具有可追溯性。

(2)焊轨时应在每个焊头附近钢轨外侧轨腰上标明钢轨工作边位置(左股或右股)、长钢轨编号及焊头编号。

(3)配对装车时应编写单元轨节铺轨流水号,并做好相应记录。

(4)长钢轨编号应用油漆标记。编号应色泽鲜明,字体端正、清晰、大小统一。

5.4.2 长钢轨存放应符合以下要求：

(1)合格的长钢轨应分左右股钢轨整理堆码，并标明其长度。

(2)长钢轨存放台要平整、稳固，各层钢轨之间应采用钢轨支垫，支垫跨距7.5m，上下对齐，与各层钢轨垂直放置。

(3)长钢轨放置应整齐、平直、稳固。

5.4.3 长钢轨装车应符合以下要求：

(1)长钢轨装车前应核实待装长钢轨编号，左右股长度应符合配轨计划。

(2)吊装长钢轨时各龙门吊应同步作业，缓起，轻落，保持钢轨基本平直。

(3)长钢轨的装车按配轨表要求分左右股对称吊装，按卸车顺序依次排放。

(4)长钢轨装车后必须加固锁紧。

5.4.4 长钢轨运输应按超长货物组织运输，并制订安全措施。在运输中要建立运行监护、停车检查制度。

6 有砟轨道铺轨铺砟

6.1 一般规定

6.1.1 有砟轨道施工时，铺枕、铺轨作业区与铺砟整道作业区的距离不宜过长。

施工应采用一次铺设跨区间无缝线路的“流水作业法”。有砟轨道施工基本工艺流程如图19-2所示。

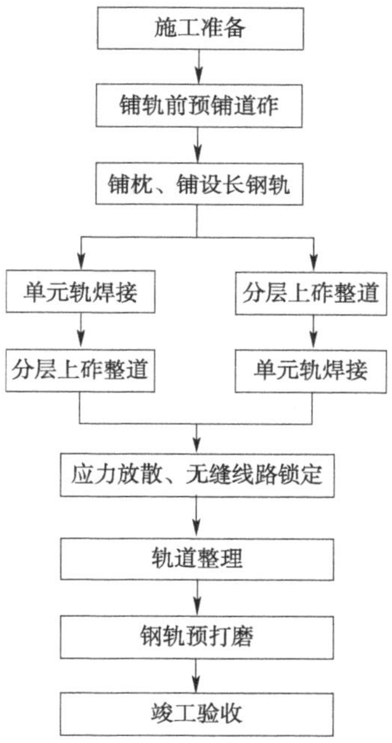

施工准备
铺轨前预铺道砟
铺枕、铺设长钢轨
单元轨焊接 → 分层上砟整道
分层上砟整道 → 单元轨焊接
应力放散、无缝线路锁定
轨道整理
钢轨预打磨
竣工验收

图19-2 有砟轨道施工基本工艺流程图

6.1.2 有砟轨道铺枕应符合以下技术标准：

(1)轨枕铺设间距600mm。轨枕间距均匀，允许偏差为±20mm；连续6根轨枕的距离为3m±30mm。

(2)轨枕应正位，并与轨道中心线垂直。

6.1.3 有砟轨道铺轨应符合以下技术标准：

(1)轨道中心线与线路设计中心线应一致，允许偏差为30mm。

(2)单元轨节起止点不应设置在不同轨道结构过渡段以及不同线下基础过渡段范围。

6.1.4 正线碎石道砟的等级、材质、粒径、级配、颗粒形状和清洁度等应符合设计要求和相关技术条件规定(附件14)。

6.1.5 无缝线路锁定前，线路应达到初期稳定状态，并应符合以下规定：

(1)初期稳定阶段轨道几何尺寸允许偏差应符合表19-2的要求。

初期稳定阶段轨道几何尺寸允许偏差(静态) 表19-2

项目	轨距	水平	轨向	高低	扭曲
幅值(mm)	±2	4	4	4	4
弦长(m)			10		基长6.25

(2)轨面高程及道床断面基本符合设计，道床厚度宜比设计厚度小40mm，道砟数量宜符合设计断面要求。

(3)道床状态参数指标：

道床横向阻力不应小于7.5kN/枕。

道床支承刚度不应小于 70kN/mm。

6.2 铺轨前铺砟

6.2.1 路基面(含桥梁、隧道)经检验合格后,方可预铺道砟。

6.2.2 作业机械应遵循以下规定:

(1)运砟车辆不宜长距离频繁行驶在基床表面上,不得破坏路基基床表层。

(2)道砟车辆在基床表面行驶时,应做到缓行缓停,禁止突然加速、紧急制动和急速转弯,载重运行速度宜控制在 15km/h 左右。

(3)雨天禁止车辆在基床表面上行驶。

6.2.3 铺轨前铺砟可采用道砟摊铺机一次摊铺压实成型,或采用其他布砟机配合碾压机进行铺设,整平压实过程中应避免破坏路基面。

6.2.4 铺轨前铺砟厚度宜为 150mm,单线宽度一般为 4.5m,砟面应平整,中间不应凸起。

6.2.5 桥梁两端各 30m 预铺道砟厚度应高出桥台挡砟墙顶面不小于 50mm,并做好砟面顺坡,桥上预铺道砟厚度应高出盖板,并与两端桥头砟面取平。

6.2.6 铺轨前铺砟主要设备由摊铺机或布砟机、压实机械、自卸车、装载机等组成。铺轨前铺砟施工基本工艺流程如图 19-3 所示。

整修放线区
摊铺作业区
检测验交区
整修基床表面
铺砟下胶垫
测量放线
试验确定参数
摊铺压实作业
检测
验交

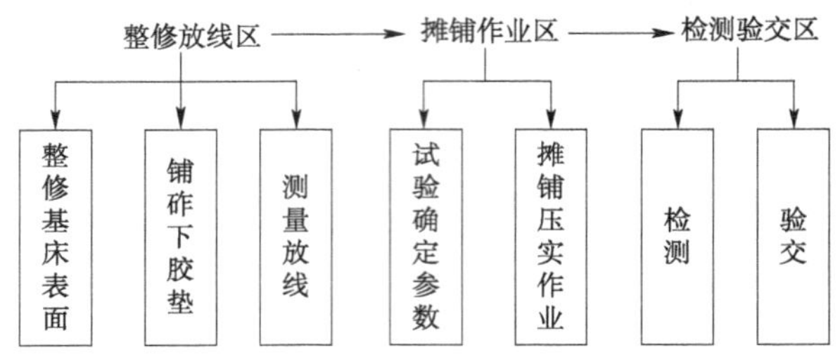

图 19-3 铺轨前铺砟施工基本工艺流程图

注:铺设砟下胶垫按设计执行。

6.2.7 正线道砟摊铺压实后,应符合以下规定:

(1)砟面外形:铺砟宽度、厚度等断面尺寸应符合设计规定。

(2)表面平整度:用 3m 直尺检查,各方向误差不应大于 20mm;轨枕中部的道床不得凸出。

(3)道砟摊铺压实后,密度不宜小于 1.6g/cm^3。

6.3 铺枕铺轨

6.3.1 正线轨道铺设宜采用单枕铺设法,主要设备由牵引车、铺轨机、枕轨运输列车、运枕龙门吊等组成。

6.3.2 单枕铺设法施工基本工艺流程如图 19-4 所示。

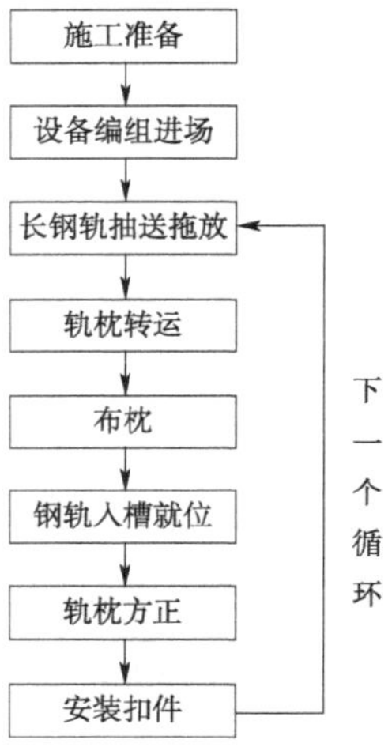

施工准备
设备编组进场
长钢轨抽送拖放
轨枕转运
布枕
钢轨入槽就位
轨枕方正
安装扣件
下一个循环

图 19-4 单枕铺设法施工基本工艺流程图

6.3.3 单枕铺设法施工作业应符合以下要求:

(1)铺轨作业前应按设计要求精确测量线路中心线,并按铺轨机作业要求用醒目颜色设置铺轨机走行标示线或设置导向边桩及钢弦。

(2)按枕轨运输列车技术要求装载长钢轨和轨枕。长钢轨装车完毕后要保证其锁定牢固,轨枕装车时严禁发生碰损、装偏、倾斜、漏垫支垫物等现象。

(3)机车推送铺轨列车进场时,运枕龙门吊应在铺轨机上锁定牢固。

(4)在底层道砟上按纵向10m、横向3~3.25m间距成对布放拖轨滚筒,牵引车或长钢轨拖放车在长钢轨推送装置的配合下,将长钢轨沿滚筒拖放到线路两侧。

(5)轨枕转运宜分层进行,避免各运输平车之间由于载重悬殊产生车面高差。

(6)铺轨机沿线路中心线匀速前行,轨枕布设装置按规定间距在平整的底层道砟上布设轨枕。应避免在布枕前扰动破坏砟面的平整性。

(7)轨枕布设时将橡胶垫板放至轨枕承轨槽中。

(8)收轨装置在铺轨机前进时自动将长钢轨收入至轨枕承轨槽中,长钢轨间用临时连接器连接,就位应准确,并避免碰伤轨枕预埋铁座和长钢轨。

(9)长钢轨就位后,安装部分扣件,保证铺轨机组安全通过。铺轨机组通过后要及时补充扣件,并对施工现场进行收尾作业。

6.3.4 每节长钢轨始端、终端落槽时的轨温平均值为长钢轨铺设轨温,铺轨时应及时记录铺设轨温。

6.4 分层上砟整道

6.4.1 铺轨后应使用大型机械化整道作业车组分层上砟、分层整道。

6.4.2 长钢轨铺设后应及时上砟整道或进行单元轨焊接,为确保线路稳定,第一次上砟整道应及时进行。

6.4.3 曲线外轨超高应按设计设置。

6.4.4 曲线外轨超高应在缓和曲线全长范围内均匀递减。

6.4.5 分层上砟整道施工主要设备包括风动卸砟车、机械化整道作业车组(简称MDZ车组,由起道、拨道、捣固车,配砟整形车,动力稳定车等设备组成)。分层上砟整道施工基本工艺流程如图19-5所示。

6.4.6 MDZ作业车组分层上砟整道应遵守以下规定:

(1)起道、拨道、捣固作业轨温,应在长钢轨铺设轨温-20~+15℃范围内进行。

(2)起道:第一、二次起道量不宜大于80mm,第三、四次起道量不宜大于50mm。每次起道作业后轨枕头外侧应有足够道砟,以保证长轨轨道的稳定性。

(3)拨道:一次拨道量不宜大于50mm。

(4)捣固:起道量50mm以上时,宜选择双捣作业;起道量50mm以下时,宜选择单捣作业。插镐深度,从枕下算起至镐尖不少于起道量。在有砟桥上,枕下道砟厚度不足150mm时,不能进行捣固作业。

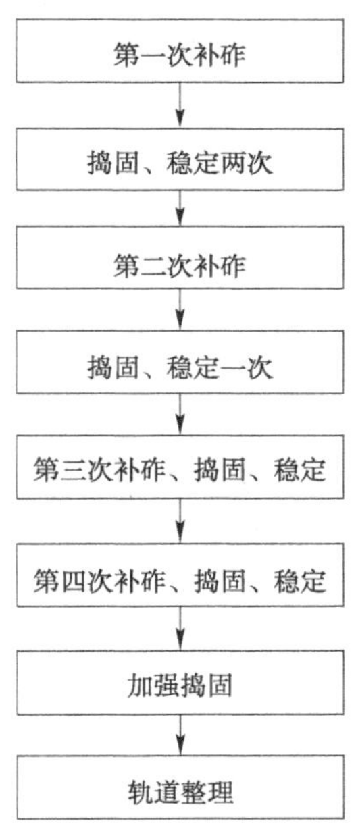

图19-5 分层上砟整道施工基本工艺流程图

(5)捣固作业结束前,应在作业终点划上标记,并以此开始按不大于2‰的坡度递减顺坡。一般不在圆曲线上顺坡,严禁在缓和曲线上顺坡结束作业。

(6)动力稳定:每层道床起道、捣固作业后,应进行1~2次动力稳定作业,稳定车在路基上工作速度一般为0.6~0.9km/h,由下层至上层速度逐层降低。从路基向桥上进行动力稳定时,应在上桥前30m范围内把加载值逐渐降低50%,并在下桥后30m范围内再把加载值逐渐提高到原来的数值。隧道中采用在桥上同样的方法处理。稳定车在桥上进行动力稳定应避开桥梁自振频率,工作速度不得低于1km/h,在桥上不得开始起振,也不宜结束动力稳定作业。

(7)捣固作业应同时夯拍道床边坡或砟肩。

7 工地钢轨焊接

7.1 一般规定

7.1.1 工地钢轨焊接宜优先采用接触焊,道岔内及两端与线路连接的钢轨锁定焊可采用铝热焊。

7.1.2 在正式焊接前必须按城际铁路铁路钢轨焊接的相关要求通过焊头型式检验,确定焊接参数,制定相应规程。

7.1.3 批量焊接生产过程中,应按城际铁路铁路钢轨焊接的相关要求进行周期性生产检验,检验合格后方可继续生产。

7.1.4 焊接设备操作人员应符合本章相关规定。

7.1.5 焊接设备操作应符合本章相关规定。

7.1.6 气温低于0℃不宜进行工地焊接。刮风、下雨天气焊接时,应采取防风、防雨措施。中雨、大雨和风力大于4级时不应进行焊接作业。

7.1.7 气温低于10℃时,焊前应用火焰预热轨端0.5m长度范围,预热温度应均匀,钢轨表面预热升温为35~50℃,焊后应采取保温措施。

7.1.8 承受拉力的焊缝,在其轨温高于400℃时应持力保压。

7.1.9 左右股单元轨节接头相错量不宜超过100mm。

7.1.10 工地钢轨焊接应符合长钢轨布置图,其加焊轨长度不得小于12m。

7.1.11 工地焊接完成后应做好以下工作:

(1)检查焊好的接头,并打上焊接标记,填写焊接记录报告。

(2)将轨道恢复到正常状态并清理焊接现场。

7.2 接触焊

7.2.1 工地钢轨焊接采用接触焊时,应采用工地钢轨接触焊作业车。

7.2.2 工地接触焊应有以下主要设备:工地钢轨接触焊作业车、拉轨、锯轨、打磨、正火、调直、探伤等。

7.2.3 工地接触焊施工基本工艺流程如图19-6所示。

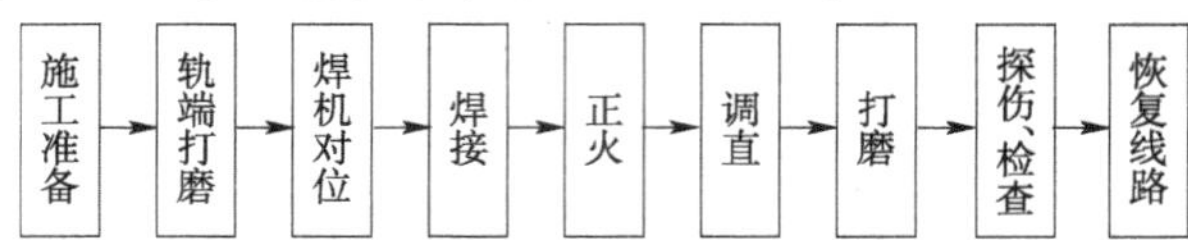

图19-6 工地接触焊施工基本工艺流程图

7.2.4 作业工艺应符合以下要求:

(1)通过型式检验确定工艺参数。

(2)拆除待焊轨头前方长钢轨全部及轨头后方10m范围内的扣件,并校直钢轨。

(3)根据轨枕和扣件类型适当垫高待焊轨头后方的钢轨,以确保焊头轨顶平直度。

(4)待焊轨头前方长钢轨下每隔12.5m安放一个滚筒,以便钢轨可以纵向移动焊接。

(5)打磨两焊接轨轨端和焊机电极钳口轨腰接触区,呈现光泽后方可施焊。

(6)根据轨枕和扣件类型,在钢轨下加楔子将两焊接轨端抬起一定高度,便于焊机对位夹轨。

(7)推进移动焊轨车初定位;由吊机的液压系统吊起焊机精确定位。

(8)焊机夹紧钢轨并自动对正。焊机自动焊接钢轨、顶锻并推除焊瘤。

(9)正火应在焊接接头不受拉力的条件下进行。

(10)焊缝区域冷却到400℃以下时,焊轨作业车方可通过钢轨焊头。

(11)焊头打磨应在焊缝温度低于200℃时进行,打磨过程中应保持轨头的外形轮廓,打磨长度不应超过焊缝两侧各450mm的限度。轨底上角、下角应打磨圆顺。

(12)焊缝及焊缝两侧1m长度范围内的轨顶面、轨头内侧面应使用仿型打磨机精细打磨,打磨温度不应大于50℃。

(13)手砂轮粗打磨时,应纵向打磨,使火花飞出方向与钢轨纵向平行。打磨过程中,不应使砂轮在钢轨上跳动、冲击钢轨母材。不应出现打磨灼伤。

(14)作业车焊完后,应用相应机具对钢轨焊缝进行正火、打磨、平直度检查和超声波探伤等。

7.3　铝热焊

7.3.1　工地铝热焊应有以下主要设备:砂模、坩埚、支架、焊前加热装置、焊后保温装置(低温条件下)、锯轨机、钢轨拉伸器、推瘤机、打磨机、对正设备和钢轨探伤仪器等。

7.3.2　铝热焊基本工艺流程如图19-7所示。

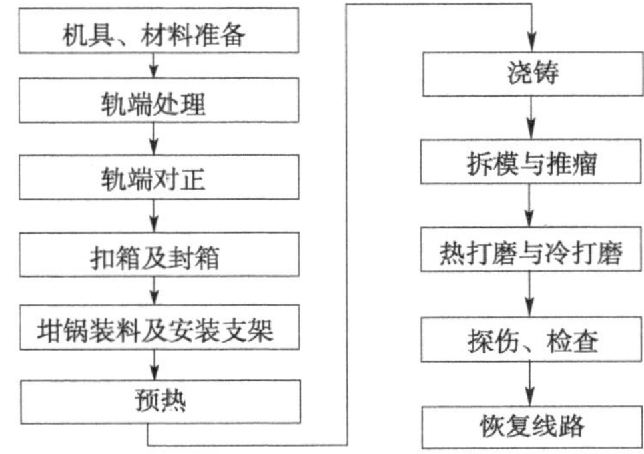

图19-7　铝热焊基本工艺流程图

7.3.3　进点前应根据设备材料清单检查并落实必备的工具、材料和设备,到达焊轨现场应对现场条件进行综合调查并采取必要的防护措施。

7.3.4　钢轨铝热焊焊缝距离轨枕边缘不应小于100mm。

7.3.5　钢轨端头应做外部处理:拆除焊头每侧三至四根轨枕的扣件和垫板,除去接头下方有碍作业的道砟,检查钢轨端头,并用钢丝刷清洁钢轨端头100~150mm,使其满足铝热焊要求。

7.3.6　调整轨缝使其满足焊接工艺要求。用对正设备从垂直和水平两方向对正两轨端。

7.3.7　装配砂模不得使用受潮的部件,应使钢轨端头间隙位于装有砂模底板的底托盘的正中央,严格按照操作工艺涂抹防漏泥。

7.3.8　预热前记录钢轨的温度,按焊接工艺及焊剂要求进行预热,并准确计时。

7.3.9　确认坩埚干燥、清洁、无裂纹,确认焊药包包装袋密封、干燥和无破损。

7.3.10　浇铸完毕后,按规定时间拆模。拆除砂模后应尽快推瘤。

7.3.11　热打磨应符合以下要求:

(1)打磨焊缝时,应在钢轨踏面上保留适量高出钢轨的焊头金属。

(2)在焊缝温度未降至350℃以下时,不得解除钢轨拉伸器和对正设备。

7.3.12　冷打磨应符合以下要求:

(1)在焊头温度降至50℃以下进行。

(2)打磨焊头使其平直度和轨头轮廓达到技术标准要求。

(3)不得在某一处过度打磨,避免损伤钢轨。

7.4　焊接质量检验

7.4.1　每个焊接接头都应在焊后(焊缝冷却到50℃以下)进行超声波探伤,发现不合格应切除重焊。

7.4.2　每个焊接接头焊好后应按规定进行外观检查,并做好记录,在接头附近做好标记。

7.4.3　工地钢轨焊接接头平直度允许偏差应符合表19-3的规定。

钢轨焊头平直度允许偏差(mm/m) 表19-3

序号	部　　位	旅客列车设计行车速度 v(km/h)	
		200	200 < v≤250 及 300≤v≤350
1	轨顶面	+0.3,0	+0.2,0
2	轨头内侧工作面	+0.3,0	+0.2,0
3	轨底(焊筋)	+0.5,0	+0.5,0

注:1. 轨顶面中,符号"+"表示高出钢轨母材规定基准面。
2. 轨头内侧工作面中,符号"+"表示凹进。
3. 轨底(焊筋)中,符号"+"表示凸出。

8　应力放散及无缝线路锁定

8.1　一般规定

8.1.1　无缝线路锁定应具备以下条件:

(1)道床达到初期稳定,轨道质量应符合本章第6.1.5条规定。

(2)按设计要求已设置钢轨位移观测桩。

(3)施工轨温应在设计锁定轨温范围以内或以下时施工。

8.1.2　无缝线路锁定应符合以下规定:

(1)无缝线路实际锁定轨温应控制在设计锁定轨温允许范围内。

(2)无缝线路锁定时必须准确确定并记录锁定轨温。相邻单元轨节间的锁定轨温差不应大于5℃,左右股钢轨的锁定轨温差不应大于3℃,同一区间内单元轨节的最高与最低锁定轨温差不应大于10℃。

(3)单元轨节长度应满足施工进度和铺设时应力放散最佳效果的要求,以1000~2000m为宜,最短不得小于200m。

(4) 胶垫应方正无缺损,扣件安装齐全,扣压力符合设计要求。

8.2　钢轨位移观测桩的设置

8.2.1　位移观测桩应按设计设置。单元轨节起终点的位移观测桩宜与单元轨节焊接接头对应,纵向相错量不得大于30m。位移观测桩应与电务设备错开。

8.2.2　位移观测桩应设置齐全、牢固可靠、易于观测和不易破坏。

8.2.3　跨区间无缝线路的位移观测桩按里程前进方向顺序编号,编号方法为"×—×",横线前数字为单元轨节的顺序号,横线后为单元轨条内的桩号,编号均以阿拉伯数字标注,并在桩号右上方标"#"号。

8.2.4　观测桩在区间埋设在路肩上,在站内站台侧可在站台墙上设置;观测桩距道砟坡脚和路肩边缘均应大于0.3m。当路肩宽度不足时,可埋于路肩中心,但应满足大型养路机械作业要求。

路基上位移观测桩埋设深度应符合设计要求。

8.2.5　位移观测桩也可利用线路两侧的接触网基础(杆)、线路基桩或在其他固定建筑物上设置。

8.2.6　桥上位移观测桩可设置于桥梁固定支座附近稳固的桥面挡砟墙(无砟轨道范围内为桥面边墙)上。标记必须稳固、耐久、可靠,便于观测。

8.2.7　位移观测桩位置,编号及观测记录应列入竣工资料。

8.3　线路锁定施工工艺

8.3.1　无缝线路应力放散及锁定应有以下主要设备：钢轨拉伸器、撞轨器、锯轨机、滚筒、轨温计、工地焊接设备等。

8.3.2　无缝线路施工工艺流程应根据施工作业时的轨温采用以下方法：

(1)滚筒法：当施工作业时的轨温在设计锁定轨温范围内时，采用此种方法。滚筒法施工基本工艺流程如图19-8所示。

(2)拉伸器滚筒法：当施工作业时的轨温低于设计锁定轨温时，采用此种方法。拉伸器滚筒法施工基本工艺流程如图19-9所示。

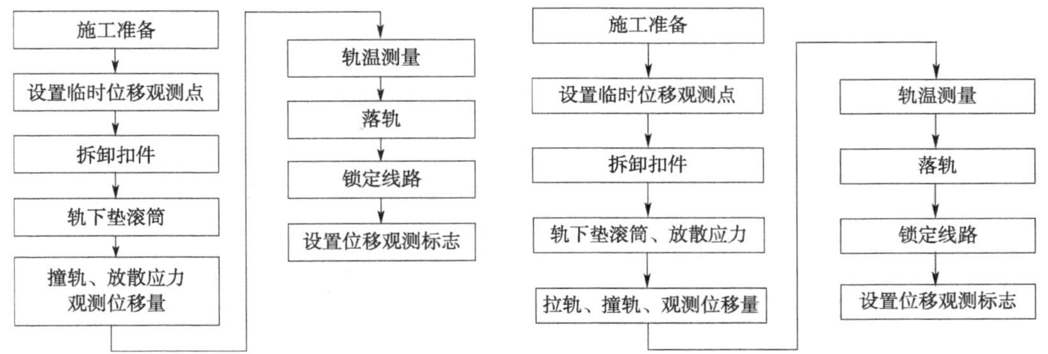

图19-8　滚筒法施工基本工艺流程图　　图19-9　拉伸器滚筒法施工基本工艺流程图

8.3.3　无缝线路施工工艺应符合以下基本要求：

(1)线路锁定前应掌握当地轨温变化规律，根据作业区段的时间间隔，选定锁定线路的最佳施工时间。

(2)测量轨温时，要对钢轨的不同位置进行多点测量，取其平均值。

(3)拆除待放散单元轨节的全部扣件，每隔一定距离垫入一个滚筒，每隔一定距离设置一台撞轨器。

(4)放散应力时，应每隔100m左右设一临时位移观测点观测钢轨的位移量，及时排除影响放散的障碍，达到应力放散均匀、彻底。

(5)在单元轨节的终端每股钢轨设置一台拉伸器，必要时撞轨，使拉伸量传递均匀。

(6)钢轨拉伸量由下式计算：

$$\Delta L = \alpha \cdot L \cdot \Delta t \tag{19-1}$$

式中：ΔL——单元轨节拉伸量，mm；

α——钢轨钢线膨胀系数，取0.0118；

L——单元轨长度，m；

Δt——设计锁定轨温与锁定作业轨温之差，℃。

(7)钢轨拉伸量达到计算值后，拉伸器保压，撤出滚筒，安装扣件，锁定线路。这时的锁定作业轨温加上钢轨拉伸换算轨温为实际锁定轨温。

(8)线路锁定后，应立即在钢轨上设置纵向位移观测的"零点"标记，按规定开始观测并记录钢轨位移情况。

(9)两股钢轨宜同步锁定，线路锁定后才能撤除拉伸器。

(10)拉伸器撤除后，已锁定单元轨节自由端会产生回缩量。下一单元轨节拉伸锁定时，应将该回缩量计入单元轨节拉伸量。

(11)锁定日期及实际锁定轨温应列入竣工资料。

8.3.4 无缝线路有下列情况之一者,应放散或调整应力后重新锁定线路,使其符合设计要求,并应按实际锁定轨温及时修改有关技术资料和位移观测标记。

(1)实际锁定轨温超出设计锁定轨温范围。

(2)不符合本章8.1.2条的规定。

8.3.5 无缝线路缓冲区设置应满足下列要求:

(1)缓冲区接头应方正,左右股轨端相错量不应大于40mm。

(2)缓冲区应与相邻单元轨节同时锁定,接头预留轨缝应符合设计规定,接头螺栓涂油,安装齐全,螺母扭矩应达到900N·m。

(3)缓冲区钢轨接头轨面及内侧工作边要求平齐,误差不超过0.5mm。

8.3.6 无缝线路完工后,应备齐下列资料:

(1)平面布置图及配轨图表。

(2)铺轨日期、时间与实际锁定轨温记录。

(3)无缝线路纵向位移观测记录表(附件11)。

(4)工地接触焊机焊接记录表、铝热焊接记录表及工地钢轨焊接接头超声波探伤记录(附件1、2、5)。

(5)铺轨编号与焊缝编号对照表(附件12)。

(6)无缝线路单元轨应力放散拉伸情况记录表(附件9)。

(7)无缝线路基本技术状况登记表(附件10)。

(8)其他技术资料。

9 正线道岔及钢轨伸缩调节器铺设

9.1 一般规定

9.1.1 道岔及钢轨伸缩调节器铺设位置应符合设计要求。道岔应在无缝线路固定区,岔内钢轨相对位置应符合设计要求。

9.1.2 订购道岔时,应根据设计图纸,确定岔内钢轨焊接与铰接接头的数量与位置,并明确焊接方法,对道岔钢轨长度预留量等做技术处理。

9.1.3 道岔应在工厂内预组装并验收,内容如下:

(1)道岔应在制造厂内进行预组装和调试,按厂内组装试铺验收技术条件的规定检验合格,并在各部分打上组合标记,经采购方确认后,按要求分解或部分分解发运。

(2)经制造厂检验合格的道岔出厂时,应提供铺设图,并由质检部门签发出厂合格证,其标识和包装应符合相关规定。

9.1.4 无缝道岔应按设计规定的锁定轨温范围进行锁定焊接。

9.1.5 焊连及锁定过程中应采取措施始终保持限位器子、母块位置居中,尖轨方正。

9.1.6 钢轨伸缩调节器应在工厂内试组装并由采购方验收,并应符合如下要求:

(1)各部件尺寸应符合设计,不得超过允许公差。

(2)钢轨伸缩调节器在厂内组装并由采购方验收,应进行伸缩量试验,伸缩量不应小于设计值。基本轨及尖轨伸缩阻力应符合城际铁路铁路钢轨伸缩调节器的相关技术要求,达不到要求应重新整治,直到合格。

(3)成组交货的钢轨伸缩调节器出厂时,制造厂技术检验部门应对产品零部件依据相关条件进行检验,并签发出厂合格证,提供铺设图和发货明细表。

9.1.7 正线道岔应采用专用机械铺设法或换铺法进行铺设。铺岔完成,经自检、电务互检合格后,电务应及时安装转辙及锁闭装置。安装转辙装置时,工务、电务应配合施工。转辙及锁闭装置未安装前,应用钩锁器固定尖轨,直向限速 15km/h 通过,侧向禁止通过工程列车。

9.2 道岔运输与铺设

9.2.1 道岔运输和铺设过程中,应注意对路基基床表层及预铺道床的保护。

9.2.2 道岔的装卸应符合以下规定:

(1)岔枕、道岔组件及箱装零配件,应按规定使用起重机械装卸。起吊时绳索吊点应布置在工件重心的两侧,禁止单点起吊长大组件,保证道岔部件不变形。

(2)卸下的岔枕、道岔主要部件堆放场地应平整,并防止岔枕预埋套管内进入杂物。

9.2.3 铺岔前预铺道砟应符合以下规定:

(1)道砟的等级、材质、粒径、级配、颗粒形状和清洁度等应符合设计要求和相关技术条件规定(附件 14)。

(2)应采用压强不小于 160kPa 的机械分层碾压,密度不宜小于 $1.7g/cm^3$,厚度宜比设计低 30mm,砟面平整度用 3m 直尺检查,各方向误差不应大于 10mm,道岔前后 30m 范围应做好顺坡并碾压。

9.2.4 道岔铺设可采用如下方法:

(1)专用机械铺设法主要设备为斜板运输车、专用铺岔设备和焊轨设备等。专用机械铺设法施工基本工艺流程如图 19-10 所示。

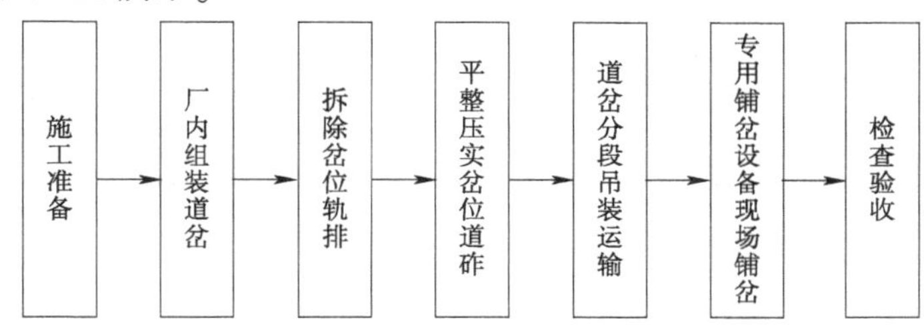

图 19-10 专用机械铺设法基本工艺流程图

(2)专用机械换铺法主要设备为轨道吊、龙门吊、门架单元组合式换铺设备和焊轨设备等。专用机械换铺法施工基本工艺流程如图 19-11 所示。

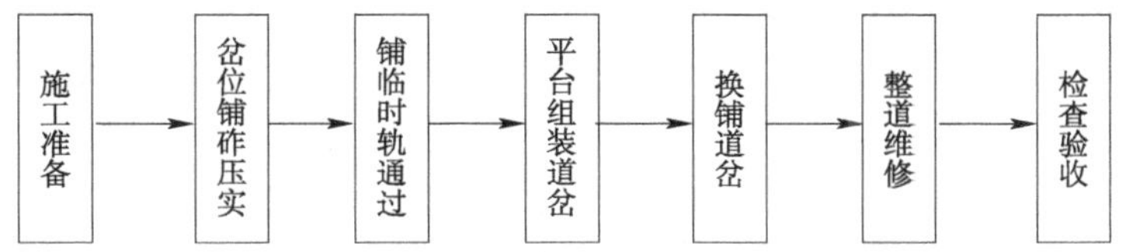

图 19-11 专用机械换铺法施工基本工艺流程图

9.2.5 道岔铺设标准及允许偏差应符合设计规定,并应满足下列要求:

(1)摆放岔枕应先确定左右方向,在组装平台上标记出各岔枕的位置,然后按岔枕编号及规定间距摆放岔枕。铺设钢轨应先直股后曲股,先转辙后辙叉。

(2)相邻两正线岔尾直接相连的道岔,铺设轨温宜相近,相差不得超过 10℃。

(3)安装拆卸Ⅲ型弹条时必须使用专用工具,不允许敲击装卸。

(4)按规定要求标记轨距、支距、查照间隔、道岔规格、岔位编号。

9.3 铺岔后上砟整道

9.3.1 铺岔后上砟整道的主要设备应包括道岔专用大型起道、拨道、捣固车,稳定设备及风动卸砟车等。

9.3.2 铺岔后上砟整道施工基本工艺流程如图 19-12 所示。

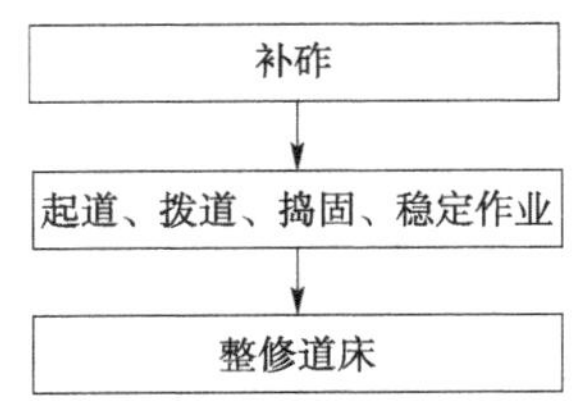

图 19-12 上砟整道施工基本工艺流程

9.3.3 道岔整道作业应满足以下要求:

(1)道岔不得使用小型机具进行起道、拨道、捣固作业。

(2)道床顶面应低于轨枕承轨面 40mm。

(3)轨面高程应符合设计并与正线轨面高程一致,允许偏差为 ±20mm。

(4)道床断面应符合设计要求,道床厚度不得小于设计厚度 20mm,道床一侧肩宽允许误差为 ±20mm,砟肩堆高不得有负偏差。

(5)道岔(直向)静态铺设允许偏差应符合表 19-4 的规定。

(6)道岔导曲线不得有反超高。

(7)道岔查照间隔、轨距等允许偏差应符合相关技术条件规定。

道岔(直向)静态铺设允许偏差(mm) 表 19-4

序号	项　目	旅客列车设计行车速度 v(km/h)		检 验 方 法
		200	200 < v ≤ 250 及 300 ≤ v ≤ 350	
1	轨距	±1	±1	轨检小车检测
2	高低	3	2	
3	轨向	3	2	
4	扭曲(基长 6.25m)	3	2	
5	水平	3	2	

9.4 道岔钢轨焊接

9.4.1 焊接接头应符合本章第 7 节工地钢轨焊接技术要求。

9.4.2 无缝道岔钢轨焊接及锁定应符合以下要求:

(1)道岔在焊接前要进行全面整修、捣固并补充道砟,使道岔道床满足本章第 9.3.3 条的要求。

(2)在焊接岔内钢轨接头时,应按设计顺序焊接。

(3)道岔内采用铝热焊时,应先调整好道岔全长及各焊缝,使道岔全长偏差不大于 ±20mm,各焊缝宽度的偏差不大于 ±2mm。

(4)道岔内钢轨锁定焊接前应进行应力放散,应力分布应均匀。

(5)道岔内锁定焊接及道岔与两端无缝线路锁定焊接应同日在设计锁定轨温范围内锁定和焊接。

(6)道岔锁定后应及时进行全面整修,并符合本章第 9.3.3 条规定。

9.4.3 道岔与无缝线路焊接应符合以下要求:

(1)道岔与两端无缝线路焊接应在道床基本达到稳定状态、轨面高程、轨向和水平已基本达到设计标准时,方可施焊。

(2)道岔两端与无缝线路长轨条的焊接,应在设计锁定轨温范围内进行,并准确记录实际锁定轨温。

(3)无缝道岔侧线应按设计要求焊接或锁定。

(4)无缝道岔与相邻轨条的锁定轨温差不应大于 5℃。

9.5　钢轨伸缩调节器铺设

9.5.1　钢轨伸缩调节器在工厂内试组装并验收合格后应整组发运。发运前应将伸缩调节器组装件固定为一整体。产品标识和包装应符合城际铁路铁路钢轨伸缩调节器的相关技术要求。装卸作业时严禁摔、砸、碰、撞。

9.5.2　在铺设钢轨伸缩调节器时,可先用钢轨代替钢轨伸缩调节器预铺轨排,经补砟、机养、稳定道床后,再换铺伸缩调节器。

9.5.3　铺设钢轨伸缩调节器应根据锁定时的轨温计算并准确预留伸缩量。

(1)在设计锁定轨温范围内铺设时,预留伸缩量为设计伸缩量的二分之一。

(2)在设计锁定轨温范围之外铺设时,预留伸缩量可按下式计算:

$$\Delta l = \frac{a}{2} + \alpha \times L \times (t - t_s) \tag{19-2}$$

式中:Δl——铺设钢轨伸缩调节器时,基本轨预留伸缩量,mm;

a——钢轨伸缩调节器设计伸缩量(600mm 或 1000mm);

α——钢轨钢线膨胀系数,取 0.0118;

L——无缝线路伸缩区长度,约 150m;

t——铺设钢轨伸缩调节器锁定时的轨温,℃;

t_s——无缝线路设计锁定轨温,℃。

(3)钢轨伸缩调节器铺设后应立即做好伸缩起点标志。

9.5.4　铺设钢轨伸缩调节器时,宜先铺单股并以线路上已有轨道作为基准控制方向,另一股以此为基准控制轨距。

9.5.5　钢轨伸缩调节器铺设就位,调整方向、轨距、水平达到规定要求后,再上紧全部螺栓。

9.5.6　尖轨、基本轨与两端长轨条焊接后,按规定打磨平整。

9.5.7　铺设后应及时进行全面整修。

9.5.8　钢轨伸缩调节器铺设允许偏差应符合城际铁路铁路钢轨伸缩调节器的相关技术要求。

10　钢轨胶接绝缘接头

10.1.1　钢轨胶接绝缘接头应符合下列规定:

(1)钢轨胶接绝缘接头的各项技术性能应符合城际铁路铁路胶接绝缘接头的相关技术要求,并具有型式检验合格证明书。

(2)胶接钢轨的钢厂、钢种、轨型应与线路钢轨相同。

(3)用于制作胶接绝缘接头的钢轨,必须经过探伤检查,并应采用同一根钢轨锯开胶接。道岔内胶接绝缘钢轨长度按设计配轨要求确定。胶接端的端面垂直度偏差及水平偏差均不大于 0.15mm。对轨后用 1m 直尺检查:轨顶允许偏差为 $^{0}_{+0.3}$mm,轨头侧边允许偏差为 ±0.3mm。胶接绝缘钢轨全长范围内不得有硬弯。

10.1.2　钢轨胶接绝缘接头铺设应符合以下规定:

(1)钢轨胶接绝缘接头铺设(焊接)前应按规定测定确认其电绝缘性能。

(2)搬运、铺设、焊连钢轨胶接绝缘接头时严禁摔、撞。

(3)铺设钢轨胶接绝缘接头应避免扣件与绝缘接头螺栓接触。

(4)两股钢轨的绝缘接头应相对铺设,相错量符合相关规定,绝缘轨缝绝缘端板宜设于轨枕盒中央,距轨枕边缘不应小于100mm。

11 轨道整理及钢轨预打磨

11.1 一般规定

11.1.1 铺设无缝线路之后至线路开通之前,道床应逐步进入稳定阶段。通过检测,对于不能满足第11.1.3条规定的线路,应用大型养路机械等对轨道及道岔进行轨道整理作业。

11.1.2 轨道整理达标基本工艺流程如图19-13所示。

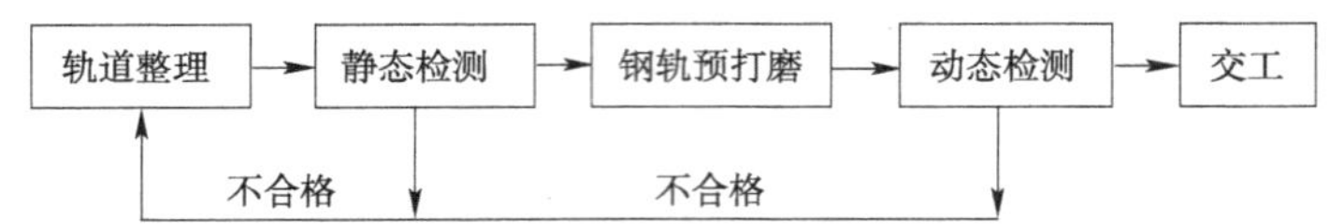

图19-13 轨道整理达标基本工艺流程图

11.1.3 有砟轨道经全面整道达到验收标准时,应符合以下规定:

(1)轨面高程符合设计要求,允许偏差:在路基上为±20mm;在建筑物上为±10mm;紧靠站台的轨道不得有负偏差。

(2)线间距允许偏差为:0~+20mm。车站线间距应与站台误差协调调整。

(3)有砟轨道静态铺设允许偏差见表19-5。

有砟轨道静态铺设允许偏差(mm) 表19-5

序号	项目	旅客列车设计行车速度 v(km/h)		检验方法
		200	$200<v\leq 250$ 及 $300\leq v\leq 350$	
1	轨距	±2	±2	轨检小车检测
2	高低	3	2	
3	水平	3	2	
4	扭曲(基长6.25m)	3	2	
5	轨向	3	2	

注:扭曲基长为6.25m,但在延长18m的距离内无超过表列的扭曲。

(4)道床达到稳定状态,其状态参数指标应符合表19-6规定。

道床状态参数指标(平均值) 表19-6

设计速度	项目			
	枕下道床密度(g/cm^3)	道床支承刚度(kN/mm)	道床横向阻力(kN/枕)	道床纵向阻力(kN/枕)
$v=200$km/h	≥1.70	≥100	≥10	≥12
$200<v\leq 250$km/h	≥1.75	≥110	≥10	≥12
$300<v\leq 350$km/h	≥1.75	≥120	≥12	≥14

(5)道床断面应符合设计要求,道床厚度不得小于设计厚度20mm,道床一侧肩宽允许偏差应为±20mm,砟肩堆高不得有负偏差,边坡整齐美观。

(6)扣件的轨距块顶严靠紧,离缝者不得大于6%;扣件紧固,扣压力小于规定者不得大于8%;胶垫无缺损,偏斜量大于5mm者不得大于8%。

道岔及钢轨伸缩调节器经整理作业后应符合本章第9节相关规定。

11.1.4 线路动态质量检测应符合轨道动态质量检测的相关规定。

11.1.5　对无缝线路长轨条位移情况每月观测一次,并填写记录。位移观测桩处相对位移换算轨温加上原锁定轨温超出设计锁定轨温允许范围时,应及时查明原因并进行处理。

11.2　无缝线路轨道整理

11.2.1　轨道整理应做好以下各项工作:

(1)根据设计要求,在规定的作业轨温范围内,应对线路进行至少两遍精细调整,使之达到验交标准。

(2)对不符合设计要求的道床断面,应进行整修,堆高砟肩,拍拢夯实。

(3)缓和曲线、竖曲线区段应调整圆顺。

(4)整修打磨不平顺焊缝,提高轨面平顺性。

(5)调整轨距,补齐扣、配件。

(6)测取钢轨爬行量,复核锁定轨温。

11.2.2　轨道整理主要施工设备应包括配砟整形车,起道、拨道、捣固车,动力稳定车;小型起道、拨道、捣固机;风动卸砟车等。

11.2.3　轨道整理基本工艺流程如图19-14所示。

11.2.4　大型养路机械作业轨温应符合以下条件:

(1)一次起道量小于或等于30mm,一次拨道量小于或等于10mm时,作业轨温不得超过实际锁定轨温±20℃。

(2)一次起道量在31~50mm,一次拨道量在11~20mm时,作业轨温不得超过实际锁定轨温$^{+15}_{-20}$℃。

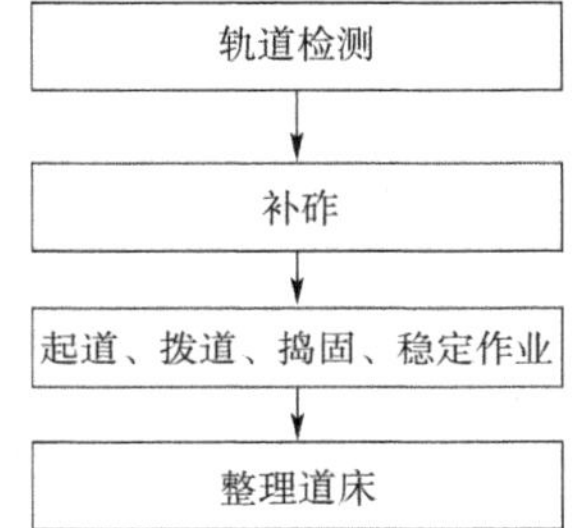

图19-14　轨道整理基本工艺流程图

11.2.5　无缝线路及道岔的整理作业应按以下要求进行:

(1)高温时不应安排影响线路稳定性的整理作业。高温时可安排矫直钢轨、整理扣件、整理道床外观、钢轨打磨等作业。

(2)进行无缝线路整理作业,必须掌握轨温,观测钢轨位移,分析锁定轨温变化,按实际锁定轨温,根据作业轨温条件进行作业,严格执行“作业前,作业中,作业后测量轨温”制度,并注意做好以下各项工作:

①在整理地段按需要备足道砟。

②起道前应先拨正线路方向。

③起道拨道机不得安放在铝热焊缝处。

④扒开的道床应及时回填、夯实。

(3)无缝线路整理作业,必须遵守下列作业轨温条件:

①当轨温在实际锁定轨温-30℃以下时,伸缩区和缓冲区禁止进行整理作业。

②在跨区间无缝线路上的无缝道岔尖轨及其前方25m范围内综合整理,允许在实际锁定轨温±10℃内进行作业。

(4)无缝线路应力放散和调整后,应按实际锁定轨温及时修改相关技术资料和位移观测标记。

(5)桥上无缝线路整理作业应注意做好以下各项工作:

①按照设计文件规定,保持扣件布置方式和拧紧程度。

②单根抽换桥面枕,在实际锁定轨温$^{+10}_{-20}$℃范围内进行。

③对桥上钢轨焊缝应加强检查,发现伤损应及时处理。

④对桥上伸缩调节器的伸缩量应定期观测,发现异常爬行,应及时分析原因并整治。

(6)扒道床、起道、拨道作业轨温条件如下:

①在实际锁定轨温±10℃范围内,可进行不影响行车的扒道床、起道和拨道作业;

②在实际锁定轨温$^{+15}_{-20}$℃范围内,连续扒开道床不得大于50m,起道高度不得大于40mm,拨道量不得大于20mm,禁止连续扒开枕头道床。

③在实际锁定轨温+20℃范围内,连续扒开道床不大于25m,起道高度不大于30mm,拨道量不大于10mm,禁止连续扒开枕头道床。

(7)无缝线路养护维修及故障处理参照铁路城际铁路维修相关规定执行。

11.2.6 轨道的质量检验有以下内容:

(1)轨道静态检验设备采用便携式轨道几何尺寸检测仪;动态检测采用轨道检查车。

(2)质量检验标准应符合《城际铁路铁路轨道工程施工质量验收暂行标准》的规定。

11.2.7 无缝线路整理作业应做好以下质量检验记录:

(1)无缝线路基本技术状况登记表(附件10)。

(2)无缝线路纵向位移观测记录表(附件11)。

11.3 钢轨预打磨

11.3.1 在线路验收前,应对全线钢轨进行预打磨作业。

11.3.2 钢轨全线预打磨应具备以下条件:

(1)无缝线路经整理作业后,道床进入稳定阶段。

(2)轨面高程及道床外观尺寸符合设计要求。

(3)钢轨扣件齐全紧固。

(4)钢轨焊接接头的平直度应达到表19-3规定。

11.3.3 打磨列车到达工地后,根据轨面状态,可采用列车运行打磨、成型打磨等方式进行作业。打磨列车的使用和管理按其操作手册及维修保养手册的相关规定执行。

11.3.4 钢轨全线预打磨施工基本工艺包括以下内容:

(1)主要设备:打磨列车、人工操作的钢轨波纹研磨机。

(2)打磨工艺应符合以下要求:

①打磨前,应调整好打磨头的偏转面和对钢轨的施压力。

②打磨前用安装在打磨列车上的测量设备对整个打磨段上的钢轨进行纵断面的零位测量。

③道岔尖轨及可动心轨、辙叉和钢轨伸缩调节器尖轨,应用人工操作的钢轨波纹研磨机进行打磨,严禁用普通打磨列车打磨。

11.3.5 钢轨预打磨后应符合以下规定:

(1)消除钢轨微小缺陷及锈蚀等。

(2)消除钢轨在轧制过程中形成的轨面斑点及微小不平顺。

(3)消除轨头表面的脱碳层。

(4)钢轨表面应光滑、平顺、无斑点,使其适应列车速度。钢轨顶面平直度1m范围内允许偏差为$^{+0.2}_{0}$mm。

(5)钢轨头部工作面实际横断面线型应符合理论横断面线型。

11.3.6 质量检验应符合以下要求:

(1)检验机具包括直尺、塞尺、钢轨平直度测量仪、波纹磨耗测量仪、钢轨头部横断面绘图仪和打磨列车上的测量仪器。

(2)在使用打磨列车时,必须用安装在打磨列车上的测量设备做打磨后测量。

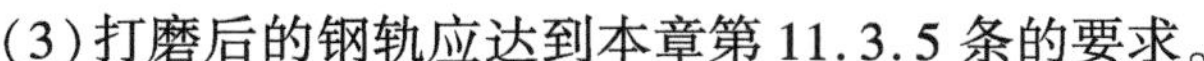

(3)打磨后的钢轨应达到本章第 11.3.5 条的要求。

12　轨道常备材料

12.1.1　轨道常备材料应按表 19-7 数量备存。交接地点与接收单位商定。

12.1.2　轨道常备材料的质量检验应按本章第 4.4 节轨道部件进场检验的规定进行。

轨道常备材料数量　　表 19-7

<table>
<tr><th colspan="2">材料名称</th><th>备料数量</th></tr>
<tr><td colspan="2">混凝土枕</td><td>每单线千米 2 根</td></tr>
<tr><td colspan="2">混凝土枕扣件及其垫板</td><td>每单线千米 5 套</td></tr>
<tr><td colspan="2">断轨急救器</td><td>每单线千米 1 套</td></tr>
<tr><td colspan="2">臌包夹板</td><td>每单线千米 1 套</td></tr>
<tr><td colspan="2">25m 无孔轨</td><td>每个综合工区 6 根</td></tr>
<tr><td colspan="2">6m 有孔短轨</td><td>每个综合工区 6 根</td></tr>
<tr><td colspan="2">6.25m 有孔胶接绝缘轨</td><td>每个综合工区 6 根</td></tr>
<tr><td colspan="2">25m 无孔胶接绝缘轨</td><td>每个综合工区 6 根</td></tr>
<tr><td colspan="2">接头螺栓及垫圈</td><td>每个综合工区 36 套</td></tr>
<tr><td colspan="2">接头夹板</td><td>每个综合工区 24 块</td></tr>
<tr><td rowspan="8">道岔</td><td>整组道岔</td><td>单开道岔每 1～100 组备 1 组</td></tr>
<tr><td>岔枕</td><td>每 1～100 组备 1 组</td></tr>
<tr><td rowspan="2">辙叉</td><td>新建车站每站新增道岔每种型号每 1～20 组备 1 个</td></tr>
<tr><td>改、扩建车站每站新增 30 组道岔备 1 个</td></tr>
<tr><td rowspan="2">尖轨</td><td>新建车站每站新增道岔每种型号每 1～20 组备 1 对</td></tr>
<tr><td>改、扩建车站每站新增 30 组道岔备 1 对</td></tr>
<tr><td rowspan="2">基本轨</td><td>新建车站每站新增道岔每种型号每 1～20 组备 1 对</td></tr>
<tr><td>改、扩建车站每站新增 30 组道岔备 1 对</td></tr>
<tr><td rowspan="4">钢轨伸缩调节器</td><td>整组钢轨伸缩调节器</td><td>轨道部件每 1～100 组备 1 组</td></tr>
<tr><td>轨枕</td><td>每 1～100 组备 1 组</td></tr>
<tr><td>尖轨</td><td>每种型号每 1～20 组备 1 对</td></tr>
<tr><td>基本轨</td><td>每种型号每 1～20 组备 1 对</td></tr>
</table>

13　工程竣工

编制工程竣工文件,并备齐下列主要竣工资料:

(1)工程竣工验收报告。

(2)竣工工程数量汇总表。

(3)单位工程质量验收资料。

(4)施工小结。

(5)变更设计资料。

(6)正线轨道铺设材料汇总表。

(7)站线轨道铺设材料汇总表。

(8)轨道部件出厂合格证。

(9)站线平面布置竣工图。

(10)工程日志。

(11)无缝线路总布置图[(比例1:10000)附线路锁定日期、时间、实际锁定轨温及缓冲区实留轨缝尺寸]。

(12)纵向位移观测桩位置图及观测记录。

(13)钢轨焊接记录和焊缝质量检查记录。

(14)铺轨编号与焊缝编号对照表。

(15)放散应力记录表。

(16)线路基桩表。

(17)其他有关技术资料。

本章条文说明

4.4.4、4.4.5　钢轨垛码层数视基底坚实程度决定，扣放一般不宜超过6层，如场地限制需高层堆码时，应加强支垫。要求基底平整、坚实，并在基底密铺枕木提高承载力，基底四周应有良好的排水设施，确保钢轨垛不会下沉造成钢轨变形受损。

4.4.5、5.2.7　标准轨质量检验规定：轨头宽度允许偏差为±0.5mm，轨底宽度允许偏差为±1.0mm，断面不对称允许偏差为±1.2mm。如将两根断面不对称偏差过大的钢轨相对焊接，其相错量超过1mm，会严重影响焊机对轨质量。如按轨头工作边对正，轨底会出现严重错牙，将影响轨距挡块安装，造成轨距超标和轨向不良。因此钢轨进货后，应逐根测量断面尺寸，尤其是断面不对称的钢轨，按0.3mm为一级分类。配轨时，选用同级钢轨或断面不对称偏差不大于0.3mm的钢轨相对焊接，满足本章第5.2.7条规定，确保焊头质量。

4.4.7　城际铁路对道砟颗粒形状、级配和清洁度的要求十分严格，道砟出场前清洗干净的道砟运到存砟场储存的全过程，应防止污染、离析和碾碎。堆砟场地面硬化以混凝土地面为主，防止铲装时将泥土铲入。砟堆覆盖或入库存放是防止杂物和粉尘渗入污染道砟。用胶轮装载机堆砟，并不得在同一砟面上来回行走，防止采用推土机履带在砟面上行走碾碎道砟。堆砟高度的限制是防止道砟从砟堆边坡滚下产生离析。如果道砟在存储过程中被污染，上路前应用水重新清洗。

4.7　线路基桩是指为控制、核查线路设计中心线和高程而设置在线路一侧供施工和养护维修使用的标桩。线路基桩在铺轨前是检查线下（路基、桥梁、隧道等）工程是否符合设计中心线和路面高程的依据，可用于准确确定设计中心线指导铺轨，不致因铺轨铺砟而淹埋，轨道整理时又可精确控制轨道中心线的位置及轨面高程，是施工和线路养护维修的重要依据。在施工中必须加强保护，严禁损坏。如因路基沉降等原因造成变位，应及时修正测量资料，确保基桩准确性，并列入竣工资料移交接管单位。

5.3.2　参照《钢轨焊接》（TB/T 1632—2014）制定。

表19-1、表19-3　钢轨焊接接头是轨面平直度的关键控制部位，随着行车速度的提高，对其平直度提出了更高的要求。

目前钢轨焊接质量较过去有很大提高，打磨钢轨焊头的机械水平已能达到现场和基地（工厂）一致。由于平直度是满足列车高速运行的基本条件，故本章对焊头平直度不分焊接方法均采用同一标准，并参照《铁路轨道工程施工质量验收标准》（TB 10413—2018）及《新建时速200公里客货共线铁路工程施工质量验收暂行标准》（铁建设〔2004〕08号）和《京沪高速铁路设计暂行规定》（铁建设〔2004〕157号）关于钢轨焊头平直度允许偏差制订。随着列车速度的提高，凡是不能满足标准要求的焊接方法和打磨设备都应禁止使用。

钢轨焊接接头参照《钢轨焊接接头技术条件》（TB/T 1632—2014）相关条文要求制订。

5.4.1　长钢轨工厂焊接时尚不能确定其铺设位置，只能进行长钢轨编号及焊头编号。长钢轨配对装车时应再编写铺轨流水号（铺轨编号），现场铺轨后再确定其铺轨起讫里程和联合接头编号。上述资料均应准确记录在《铺轨编号与焊缝编号对照表》（附录13）中，与每个焊头焊接记录、超声波探伤记录、质量检验记录应一致，确保每个焊头都具有可追溯性。

6.1.1　新铺设的长钢轨线路，已经具有无缝线路的特性，钢轨热胀冷缩，可能产生胀轨跑道或出现大轨缝等病害，危及行车安全和工程质量。因此，有砟轨道铺设跨区间无缝线路，应采用流水作业法，在铺设长钢轨线路后，及时上砟整道或进行单元轨节联合接头焊接，尽快完成单元轨节应力放散（含拉伸）、焊联锁定成无缝线路。

在设计锁定轨温范围内铺设长钢轨,可先进行单元轨焊接,再分层上砟整道,道床达到初期稳定状态后及时焊联锁定无缝线路。在高于或低于设计锁定轨温范围铺设长钢轨,则应先上砟整道,确保道床稳定后再焊接钢轨,按设计锁定轨温进行应力放散及无缝线路锁定。

钢轨预打磨是指新建无缝线路开通运营前为避免钢轨表面微小缺陷的发展扩大,对全线钢轨工作面进行的打磨。

6.1.3 为实现"左右股单元轨节接头相错量不宜超过100mm"的规定,长钢轨装车时左右股长度应符合配轨计划,铺轨时应控制长钢轨接头相错量,若左右股接头相错量超过100mm应及时锯轨。

6.1.5 道床进入初期稳定阶段即可铺设无缝线路,故对施工过程中轨道水平、轨向、高低、扭曲和道床断面允许偏差适当放宽,对道床密度和纵向阻力不做规定。无缝线路锁定后还需进行2~3次大机捣固、稳定作业,继续提高道床状态参数进入稳定阶段,再经过轨道整理作业达到验收标准。轨道质量逐渐提高、道床由松散、密实到稳定的变化规律,符合新线施工的具体情况。

6.2.2、6.2.3 因雨天路基表面潮湿,极易破坏路基表层,故禁止车辆行驶。

6.2.7 铺轨前摊铺道砟表面平整度直接影响长钢轨轨道铺设质量,故严格规定表面平整度"用3m直尺测量,各方向误差不应大于20mm"的检测方法,以确保底层道砟摊铺质量。道床密度在自然状态下即可达到$1.4g/cm^3$,要求底层道床应略为压实,故规定"密度不宜小于$1.6\ g/cm^3$"。

6.3.2 根据国内外有砟轨道铺设无缝线路的经验,新线铺设长钢轨轨道,可归纳为两类铺设方式:

(1)第一类是引进国外的技术装备和作业方法,用铺轨车铺枕、铺轨。此种铺轨方式在国外已有较成熟的技术和装备,其中可分为单根轨枕铺设法和长轨排铺设法。

(2)单根轨枕铺设法:将长钢轨和轨枕运至工地,先将长钢轨拖卸在线路两侧底层道床上,再将轨枕按设计间距布放在底层道床上,然后用收轨装置将长钢轨收入轨枕承轨台,铺枕铺轨车边布枕、边收轨,随即上扣件,构成浮放在道床上的长钢轨轨道。

(3)长轨排铺设法:将长钢轨和轨枕组装成长轨排,用专用的运输机械将长轨排运送到工地,再用多台龙门吊将长轨排吊放在底层道床上,构成浮放在道床上的长钢轨轨道。

第二类是充分利用我国铁路轨道工程现有的工程机械和技术,并加以合理组合进行无缝线路长钢轨铺设施工,此法称为"工具轨换铺法",即先用钢轨轨枕双层运输列车将临时轨排和长钢轨运至工地,再用常规铺轨机将轨排铺设在底层道床上,轨排铺完后铺轨机及钢轨轨枕双层运输列车退至临时轨排铺设起点,拆除工具轨,用长钢轨推送装置将长钢轨直接推送入轨枕承轨槽,上好扣件完成长钢轨铺设施工。随后回收工具轨,运回铺轨基地再用。

秦沈城际铁路采用的单枕铺设法有两种铺枕铺轨设备,一种是从美国坦帕公司引进的NTC型铺轨机组,另一种是从瑞士马蒂萨公司引进的TCM60型铺轨机组。NTC型铺轨机组由一台履带式拖拉机牵引走行,铺轨作业前在线路一侧作线路中心线的平行线,并钉设边桩,在边桩上拉导向钢弦,引导拖拉机沿线路中心线牵引铺轨机组走行。TCM60型铺轨机组前端为履带走行器,铺轨前沿线路中心线用醒目颜色设置铺轨机组走行标示线,引导铺轨机组走行器沿标示线走行。其他程序作业方法大致相同,故本章不再单独描述。

6.3.4 记录长钢轨铺设轨温的作用:

(1)与设计锁定轨温比较,以便选定锁定线路的最佳施工时间。

(2)与锁定作业轨温比较,测算应力放散量。锁定作业轨温是指单元轨节锁定作业时,始端、终端铺入承轨槽内,两次测量轨温的平均值。

6.4.1 新铺长钢轨道床施工,国外高速铁路修建经验表明:在铺枕铺轨之后,必须采用大型机械化整道作业车组进行分层上砟、起道、拨道、捣固、夯拍道床和动力稳定,使道床尽快进入初期稳定

阶段,道床状态参数指标达到设计要求,即可铺设无缝线路。

分层上砟整道次数及起道量由枕下道床厚度及起道作业后道床的回落量和设备能力决定。按枕下道床厚350mm计,铺轨前摊铺底层道砟厚150mm,剩余起道量200mm,分层上砟整道次数为3~4次,起道量由下至上逐层递减,第一、二层宜为80mm,第三、四层宜为50mm,最后一次达到设计高程,并考虑机养作业后的道床沉落量(约为起道量的20%)。秦沈城际铁路施工经验表明,经过3~4次分层上砟整道作业后,道床开始进入初期稳定状态,已初步具备了铺设无缝线路的条件,列车运行速度可以达到200km/h。但必须继续提高道床密度和横向阻力,有计划地分阶段强化作业,使列车速度逐渐提高到设计值。

6.4.5　根据秦沈城际铁路施工经验,铺轨后分层上砟整道至少分四次完成,个别地段尚需在形成无缝线路后再次进行加强整道作业,以达到验收标准。

6.4.6　根据秦沈城际铁路施工经验制订,并规定每次上砟后应在轨枕头外侧卸够再次起道的道砟,使每次起道作业后轨枕头外侧都有足够道砟稳定线路,禁止在道砟不足时进行起道、拨道、捣固作业。尤其在高于铺轨轨温的季节起道,更应在保证轨道横向稳定的前提下作业。

7.1.8　接触焊顶锻量要消耗一定长度(30~40mm)钢轨;在工地进行合龙锁定焊,以及在坡道上进行单元焊和锁定焊时,钢轨焊头都将承受很大拉力。接触焊顶锻后推除焊瘤时,焊头温度高约1200℃;焊头正火加热温度达900℃左右,均应使用保压推凸和保压正火确保焊缝不被拉裂。铁科院金化所经验表明,焊头温度冷却到400℃以下焊缝就不会被拉裂。

7.2.4　待焊轨头前方长钢轨需要进行应力放散、拉伸或窜动时,应拆除全部扣件。如长钢轨不需进行应力放散、拉伸或窜动,为了满足顶锻量(30mm左右),只需拆除约80m扣件即可。

8.3.6　在秦沈城际铁路跨区间无缝线路施工经验的基础上,增加了选定锁定线路的最佳施工时间和多点测量轨温取其平均值的规定;设位移观测点的间距定为100m左右,更符合现场施工实际;为确保左右股钢轨锁定轨温差不大于3℃,提出两股钢轨宜同步锁定的要求。

9.1.4　无缝道岔一旦焊接锁定,要放散应力重新锁定极为不易,不仅四股钢轨扣件要全部松开,而且要锯截或更换钢轨,故规定无缝道岔应按设计规定的锁定轨温范围进行锁定焊接。

9.1.5　道岔铺设时,为满足电务转换设备安装,必须保证两尖轨尖端方正,故要求限位器子、母块尽可能居中,位置符合设计要求。

9.2.3　为了在铺岔后能尽快使道岔道床达到稳定状态,故要求铺岔前应对岔位枕下道床整平、压实。为防止铺岔后落道,并给机养留下起道量,故规定岔位枕下道床“厚度宜比设计低30mm”。规定“道床密度不宜小于1.7g/cm³”,要求铺岔前岔位枕下道床经分层压实接近稳定状态的道床密度(1.75g/cm³),是因为预铺道砟厚度已超过大机养路插镐深度,道床密度依靠分层压实达到,以保证铺岔后经末次上砟整道和轨道整理即可达到验收标准。

9.3.3　按照上砟整道后道岔平顺性与有砟轨道相匹配的原则、参照《京沪高速铁路设计暂行规定》(铁建设〔2004〕157号)和《时速200~250公里新建城际铁路铁路设计暂行规定》有关规定制定本技术标准。

9.4.2　长轨条是指用厂焊长钢轨焊接而成,达到无缝线路设计所需长度的钢轨。

道岔钢轨焊接施工,宜按先焊转辙器及可动心辙叉前后焊缝,再焊边直边弯,最后在中直中弯进行焊接锁定的顺序进行。道岔内钢轨进行应力放散后,难以采用拉伸的办法提高锁定轨温,故规定“道岔内锁定焊接头应在设计锁定轨温范围内焊接和锁定”。道岔内其他接头的焊接可不受设计锁定轨温控制。

9.4.3　道岔应在锁定后再与两端已锁定的无缝线路(含长轨条或道岔,下同)焊接。道岔两端与无缝线路锁定焊接时应确保道岔及两端无缝线路的锁定轨温不会因锁定焊接而引起变化,故规定“道岔两端与无缝线路长轨条的焊接,应在设计锁定轨温范围内进行”。

11.1.4 轨道整理阶段用轨检车进行动态质量检查,找出不合格项,指导大型养路机械对不合格项进行轨道加强整理作业,使线路达到竣工验收标准。

轨道工程全线竣工后,正式开通前应按照计划开通速度进行动态性能试验,以评估列车和线路系统的性能。评估的内容有:

(1)车辆在线路上运行时的振动加速度和位移。

(2)轨道的变形和水平及垂直位移、轨道各部件的应力。

(3)轮轨作用力、未被平衡的加速度、倾覆临界值、舒适度指标等。

11.1.5 "对无缝线路长轨条位移情况每月观测一次"的规定是参照《铁路线路维修规则》(铁运〔2001〕23 号) 第 87 页第 7.1.1 条制定。

11.2.4 大机作业的轨温条件参照《铁路线路维修规则》(铁运〔2001〕23 号)第 58 页第 4.4.7 条制订。

11.2.5 参照《铁路线路维修规则》(铁运〔2001〕23 号)第 4.3.2、4.3.4、4.3.7、4.3.12、4.3.17 条有关条文及《秦沈城际铁路线路养护维修暂行规定》(运基线路〔2001〕274 号)第 4.5.7 条制订。

11.2.5~11.2.7 无缝线路养护维修过程中如出现线路故障可按下列方法进行防治处理:

(1)胀轨跑道的防治和处理。

①线路连续出现碎弯时,必须加强巡查或派专人监视,观测轨温和线路方向的变化情况,必要时设置减速或停车信号防护。

②养护维修作业中,发现轨向、高低不良,枕端道砟离缝,必须停止作业,及时采取防止胀轨跑道措施。

③无论作业中或作业后,发现线路轨向不良,用 10m 弦测量轨向偏差达到 10mm 时,必须设置慢行信号,并采取夯拍道床,填满枕盒道砟和堆高砟肩等措施。当轨向偏差达到 12mm 时,在轨温不变的情况下,过车后线路弯曲变形突然扩大,必须立即设置停车信号,及时通知车站,并采取钢轨降温措施,消除故障后方可放行列车。

④发生胀轨跑道,可采取浇水或喷洒液态二氧化碳的办法降低轨温。轨温降低后方可拨道,曲线地段拨道只能上挑,不宜下压。拨道后必须夯拍道床,限速放行列车,并派专人看守,待轨温降至接近锁定轨温时,再恢复线路和正常行车速度。

⑤无缝线路发生胀轨跑道时,应对胀轨跑道情况按规定内容做好登记。

(2)无缝线路钢轨重伤和折断的处理。

①检查发现钢轨或焊缝有重伤时,不待钢轨或焊缝断裂,即切除重伤部位,切除长度不超过 60mm 时,用钢轨拉伸器张拉钢轨,用铝热焊法焊成与切除长度等长的焊缝,实施原位焊复。原位焊复的无缝线路实际锁定轨温保持不变。

②钢轨折断的处理要求如下:

a. 紧急处理:当钢轨断缝小于 50mm 时,应立即进行紧急处理。在断缝上安装鼓包夹板,用急救器固定,在断缝前后各 50m 拧紧扣件,并派人看守,限速 5km/h 放行列车。如断缝小于 30mm 时,放行列车速度为 15~25km/h。有条件时,应在原位焊复,否则应在轨端钻孔,上好夹板或鼓包夹板,拧紧接头螺栓,然后可适当提高行车速度。

b. 临时处理:钢轨断损严重或断缝大于 50mm,以及紧急处理后不能立即焊接修复的,应封锁线路进行临时处理。沿断缝两侧对称切除伤损部分,两锯口间插入 6m 的同型钢轨,轨端钻孔,上接头夹板,用 10.9 级螺栓拧紧。在短轨前后各 50m 范围内拧紧扣件后,按正常速度放行列车。

c. 永久处理:钢轨断缝处紧急处理或临时处理后,在接近或低于实际锁定轨温时,插入短轨重新焊接修复。采用铝热焊时,插入短轨长度等于切除钢轨长度减去 2 倍预留焊缝值。先焊好一端,焊另一端时,先张拉钢轨,使断缝两侧标记的距离等于原丈量距离减去断缝值后再焊接。焊后长轨条

恢复原有状态,保持原锁定轨温不变。

11.3.1　参照国外经验,新建无缝线路在开通运营前,有必要打磨钢轨。预防性打磨钢轨的作用是:

(1)避免钢轨表面微小缺陷的发展扩大,推迟可能发生的波形磨耗,延长钢轨寿命。

(2)消除钢轨轧制过程中形成的长波不平顺和轨面的斑点,提高线路平顺性。

(3)使钢轨轨面粗糙度适应列车速度,减少轮轨相互作用产生的噪声。

本章附件

附件1　工地接触焊机焊接记录表

工地接触焊机焊接记录表见附表19-1。

工地接触焊机焊接记录表　　附表19-1

<table>
<tr><td>线名</td><td></td><td>区间</td><td></td><td>股别</td><td></td><td>日期</td><td colspan="3">年　月　日</td></tr>
<tr><td>轨型</td><td></td><td>熔炉号</td><td></td><td>天气</td><td></td><td>气温</td><td>℃</td><td>轨温</td><td>℃</td></tr>
<tr><td>长轨
编号</td><td></td><td>焊头
里程</td><td colspan="3"></td><td>焊头
编号</td><td colspan="3"></td></tr>
<tr><td rowspan="6">焊接操作</td><td>电压</td><td>V</td><td>高电压</td><td>V</td><td>低电压</td><td>V</td></tr>
<tr><td>开始烧化
送进速度</td><td>mm/s</td><td>终了烧化
速度</td><td>mm/s</td><td>焊接时间</td><td>s</td></tr>
<tr><td>高压烧化
时间</td><td>s</td><td>低压烧化
时间</td><td>s</td><td>末期高压
烧化时间</td><td>s</td></tr>
<tr><td>加速烧化
时间</td><td>s</td><td>带电顶锻
时间</td><td>s</td><td>无电顶锻
时间</td><td>s</td></tr>
<tr><td>高压不稳定
烧化时间</td><td>s</td><td>油压</td><td>MPa</td><td>顶锻量</td><td>mm</td></tr>
<tr><td>操作人员</td><td></td><td colspan="4">备注：或附计算机记录</td></tr>
<tr><td>外观
检查</td><td colspan="9">轨面：　mm/m；　内工作边：　mm/m；　底面：　mm</td></tr>
<tr><td colspan="5"></td><td colspan="5">检查与结论：</td></tr>
<tr><td colspan="10">焊接操作人员：　　质检员：　　技术主管：</td></tr>
</table>

附件 2　铝热焊接记录表

铝热焊接记录表见附表 19-2。

铝热焊接记录表　　　　附表 19-2

<table>
<tr><td>线名</td><td></td><td>区间</td><td></td><td>股别</td><td></td><td>日期</td><td colspan="3">年　月　日</td></tr>
<tr><td>轨型</td><td></td><td>熔炉号</td><td></td><td>天气</td><td></td><td>气温</td><td>℃</td><td>轨温</td><td>℃</td></tr>
<tr><td>长轨编号</td><td></td><td>焊头里程</td><td colspan="3"></td><td>焊头编号</td><td colspan="3"></td></tr>
<tr><td rowspan="4">焊接操作</td><td rowspan="2">执行人</td><td colspan="3" rowspan="2"></td><td rowspan="2">预热</td><td>时间</td><td colspan="3"></td></tr>
<tr><td>状况</td><td colspan="3"></td></tr>
<tr><td rowspan="2">轨缝</td><td>头</td><td>mm</td><td>反应时间</td><td>m　s</td><td>拆模时间</td><td colspan="3">m　s</td></tr>
<tr><td>底</td><td>mm</td><td>保温时间</td><td>m　s</td><td>整修结束</td><td colspan="3">h　m　s</td></tr>
<tr><td rowspan="4">焊药情况</td><td>型号</td><td colspan="3"></td><td rowspan="2">液化石油气</td><td>高压</td><td colspan="3">MPa</td></tr>
<tr><td>编号</td><td colspan="3"></td><td>低压</td><td colspan="3">MPa</td></tr>
<tr><td>物理状况</td><td colspan="3"></td><td rowspan="2">氧气</td><td>高压</td><td colspan="3">MPa</td></tr>
<tr><td>焊接反应</td><td colspan="3"></td><td>低压</td><td colspan="3">MPa</td></tr>
<tr><td>外观检查</td><td colspan="9">轨面：　mm/m；　内工作边：　mm/m；　底面：　mm</td></tr>
<tr><td colspan="5"></td><td colspan="5">检查与结论：</td></tr>
<tr><td colspan="10">焊接操作人员：　　质检员：　　技术主管：</td></tr>
</table>

附件 3 ______钢轨焊头落锤试验记录表

______钢轨焊头落锤试验记录表见附表 19-3。

______钢轨焊头落锤试验记录表　　附表 19-3

锤头质量 1000kg　　落锤高度　　m　　轨型　　炉罐号　　气温　　℃

编号 \ 挠度(mm) \ 撞击次数	1	2	3	断口情况

记录:　　检验:　　年　月　日

附件 4 ________钢轨焊头静弯破断荷载记录表

________钢轨焊头静弯破断荷载记录表见附表 19-4。

________钢轨焊头静弯破断荷载记录表　　附表 19-4

轨型　　静弯试验机型号

编　号	轨头受压(kN)	轨头受拉(kN)	挠度(mm)	断口情况

记录:　　检验:　　年　月　日

附件 5　工地钢轨焊接接头超声波探伤记录表

工地钢轨焊接接头超声波探伤记录表见附表 19-5。

工地钢轨焊接接头超声波探伤记录表　　附表 19-5

线别			区间		焊缝里程		上下行	
长轨号			股别		焊头编号		焊接方法	
检查部位		波形显示		伤损情况				
轨头	内侧							
	外侧							
轨腰								
三角区								
轨底		波形显示	横向移距	前后移距	伤损情况			
第　次焊接			备注					
检查		记录		日期		年　月　日		

附件 6 ________焊轨厂接触焊机焊接长轨记录表

________焊轨厂接触焊机焊接长轨记录表见附表 19-6。

附表 19-6

________焊轨厂接触焊机焊接长轨记录表

线名：　　　　焊机型号：　　　　轨型：　　　　日期：　　年　　月　　日

日期	钢轨编号	转换开关位置	电压(V)	高电压(V)	低电压(V)	开始烧化送进速度(mm/s)	终了烧化速度(mm/s)	焊接时间(s)	高压烧化时间(s)	低压烧化时间(s)	末期高压烧化时间(s)	加速烧化时间(s)	带电顶锻时间(s)	无电顶锻时间(s)	高压不稳定烧化时间(s)	油压(MPa)	顶锻量(mm)	操作人员签字	备注

注：或附计算机记录。　　　　质检员：　　　　技术主管：

附件 7 ________厂焊长钢轨质量检验合格证

________厂焊长钢轨质量检验合格证见附表 19-7。

________厂焊长钢轨质量检验合格证

附表 19-7

长钢轨编号： 轨型： 产品长度：

型式检验报告编号： 周期性生产检验报告编号：

焊头编号	1m 不平直度(mm)			焊缝两侧 100mm 范围内的外观				探伤结果	备　注
	轨顶面	内侧工作边	轨底	压痕	碰痕	划痕	电击伤		
检验结果：									

外观检验员： 探伤检验员： 质检工程师： 焊轨厂公章 年 月 日

注：1. 股别按里程前进方向区分左股或右股。

2. 一式二联，第一联由焊轨厂质检部门存档，第二联由铺轨单位列入竣工资料。

附件8　焊轨厂钢轨焊接接头超声波探伤记录表

焊轨厂钢轨焊接接头超声波探伤记录表见附表19-8。

焊轨厂钢轨焊接接头超声波探伤记录表

附表19-8

钢轨编号：　　　　轨型：　　　　产品长度：

焊头编号	轨头		轨腰		三角区		轨底		探伤结果
	波形显示	伤损情况	波形显示	伤损情况	波形显示	伤损情况	波形显示	伤损情况	

探伤：　　　　质检工程师：　　　　主管工程师：　　　　年　月　日

附件9　无缝线路单元轨应力放散拉伸情况记录表

无缝线路单元轨应力放散拉伸情况记录表见附表19-9。

无缝线路单元轨应力放散拉伸情况记录表　　附表19-9

<table>
<tr><td colspan="2">区间</td><td colspan="2"></td><td colspan="2">单元轨编号</td><td colspan="2"></td><td colspan="2">起止里程</td><td colspan="2"></td></tr>
<tr><td colspan="2">单元轨长度(m)</td><td colspan="2"></td><td colspan="2">放散日期</td><td colspan="2"></td><td colspan="2">天气</td><td colspan="2"></td></tr>
<tr><td colspan="2">应力放散方法</td><td colspan="10"></td></tr>
<tr><td colspan="2">始端锁定轨温</td><td colspan="2">左股：　℃
右股：　℃</td><td colspan="2">终端锁定轨温</td><td colspan="2">左股：　℃
右股：　℃</td><td colspan="2">锁定作业轨温</td><td colspan="2">左股：　℃
右股：　℃</td></tr>
<tr><td colspan="2">拉伸量</td><td colspan="2">左股：　mm
右股：　mm</td><td colspan="2">拉伸换算轨温</td><td colspan="2">左股：　℃
右股：　℃</td><td colspan="2">实际锁定轨温</td><td colspan="2">左股：　℃
右股：　℃</td></tr>
<tr><td colspan="2">测点编号</td><td>1</td><td>2</td><td>3</td><td>4</td><td>5</td><td>6</td><td>7</td><td>8</td><td>9</td><td>10</td></tr>
<tr><td colspan="2">测点间距(m)</td><td></td><td></td><td></td><td></td><td></td><td></td><td></td><td></td><td></td><td></td></tr>
<tr><td rowspan="2">左股</td><td>计划位移量</td><td></td><td></td><td></td><td></td><td></td><td></td><td></td><td></td><td></td><td></td></tr>
<tr><td>实际位移量</td><td></td><td></td><td></td><td></td><td></td><td></td><td></td><td></td><td></td><td></td></tr>
<tr><td rowspan="2">右股</td><td>计划位移量</td><td></td><td></td><td></td><td></td><td></td><td></td><td></td><td></td><td></td><td></td></tr>
<tr><td>实际位移量</td><td></td><td></td><td></td><td></td><td></td><td></td><td></td><td></td><td></td><td></td></tr>
<tr><td colspan="2">备注</td><td colspan="10"></td></tr>
</table>

制表：　　　　复核：　　　　年　　月　　日

附件10　无缝线路基本技术状况登记表

无缝线路基本技术状况登记表见附表19-10。

无缝线路基本技术状况登记表　　附表19-10

共　页第　页

<table>
<tr><td>序　号</td><td colspan="2">项　目</td><td colspan="4">技术状况</td></tr>
<tr><td>1</td><td colspan="2">单元轨节(道岔)编号</td><td colspan="4"></td></tr>
<tr><td>2</td><td colspan="2">铺设地段</td><td colspan="4">线　　区间(上、下行)</td></tr>
<tr><td>3</td><td colspan="2">单元轨节起讫里程</td><td colspan="4">DK　　至DK　　净长　　m</td></tr>
<tr><td rowspan="2">4</td><td rowspan="2">单元轨节长度</td><td>左股(m)</td><td colspan="4"></td></tr>
<tr><td>右股(m)</td><td colspan="4"></td></tr>
<tr><td>5</td><td colspan="2">铺设日期、时间</td><td colspan="4"></td></tr>
<tr><td rowspan="4">6</td><td rowspan="4">应力放散及锁定</td><td>锁定时始端轨温</td><td>左股：　℃
右股：　℃</td><td>锁定时终端锁定轨温</td><td colspan="2">左股：　℃
右股：　℃</td></tr>
<tr><td>拉伸前轨温</td><td>左股：　℃
右股：　℃</td><td colspan="3"></td></tr>
<tr><td>拉伸量</td><td>左股：
右股：</td><td>拉伸换算轨温</td><td colspan="2">左股：　℃
右股：　℃</td></tr>
<tr><td>锁定作业轨温</td><td>左股：　℃
右股：　℃</td><td>实际锁定轨温</td><td colspan="2">左股：　℃
右股：　℃</td></tr>
<tr><td>7</td><td colspan="2">焊接方法</td><td colspan="4">左股：
右股：</td></tr>
<tr><td>8</td><td colspan="2">工地焊接数量</td><td colspan="4">左股：
右股：</td></tr>
<tr><td>9</td><td colspan="2">绝缘接头类型、数量和里程</td><td colspan="4"></td></tr>
<tr><td>10</td><td colspan="2">平剖面简图</td><td colspan="4"></td></tr>
<tr><td>11</td><td colspan="2">附注</td><td colspan="4"></td></tr>
</table>

制表：　　　　复核：　　　　年　　月　　日

附件 11 无缝线路纵向位移观测记录表

无缝线路纵向位移观测记录表见附表 19-11。

无缝线路纵向位移观测记录表

附表 19-11

________线________至________区间,DK ________ + ________至 DK ________ + ________ 单元轨节编号________ 锁定日期________ 建桩日期________

日期	时间	气温	轨温	纵向位移量(mm)														实际锁定轨温(℃)	备注
				1		2		3		4		5		6		7			
				左	右	左	右	左	右	左	右	左	右	左	右	左	右		

观测单位： 观测人： 技术主管：

年 月 日 年 月 日

注：1. 左右股以顺行车方向划分。

2. 顺行车方向纵向位移为“+”、逆行车方向纵向位移为“–”。

附件 12　铺轨编号与焊缝编号对照表

铺轨编号与焊缝编号对照表见附表 19-12。

铺轨编号与焊缝编号对照表

附表 19-12

线名：　　　　线段：　　　　线别：

铺轨编号	长钢轨出厂编号		联合接头编号	厂焊接头起止编号	铺轨起讫里程	附注
	左股					
	右股					
	左股					
	右股					
	左股					
	右股					
	左股					
	右股					
	左股					
	右股					
	左股					
	右股					

施工单位：　　　　制表：　　　　复核：　　　　年　月　日

附件 13　线路基桩表

线路基桩表见附表 19-13。

线 路 基 桩 表　　附表 19-13

________线________至________段　　　线别：　　　编号：

桩　　号	里　　程	桩间距（m）	距设计中心线距离（m）	标　　高	设 置 位 置		附注
					左	右	

制表：　　　　　　复核：　　　　　　年　　月　　日

注：面向里程前进方向，“左”在线路左侧，“右”在线路右侧。

附件 14　铁路碎石道砟技术要求

(1)铁路碎石特级道砟应符合以下技术要求：

①道砟由开山块石破碎筛分而成，颗粒表面全部为破碎面。

②道砟材质性能参数指标应符合附表 19-14 的规定。

道砟材质性能参数指标　　附表 19-14

性　　能	参　　数	指　　标	评 估 方 法
抗磨耗、抗冲击性能	洛杉矶磨耗率 1AA(%)	≤18	至少有两项指标满足要求
	标准集料冲击韧度 IP	≥110	
	石料耐磨硬度系数 $K_{干磨}$	>18	
抗压碎性能	标准集料压碎度 CA(%)	<8	两项指标同时满足要求
	道砟集料压碎率 CB(%)	<17	
渗水性能	渗透系数 P_m(10^{-6}cm/s)	>4.5	至少有两项指标满足要求
	石粉试模件抗压强度 σ(MPa)	<0.4	
	石粉液限 11(%)	>20	
	石粉塑限 P1(%)	>11	
抗大气腐蚀性能	硫酸钠溶液浸泡损失率	<10	均应满足要求
稳定性能	密度(g/cm^3)	>2.55	
	重度(g/cm^3)	>2.50	
软弱颗粒	饱水单轴抗压强度(MPa)	≤20	(含量少于 10%)

③道砟粒径级配应符合附表 19-15 的规定,其粒径级配曲线如附图 19-1 所示。

道砟粒径级配 附表 19-15

粒径	筛分机底筛和面筛筛孔边长 31.5~50(mm)					
级配	方孔筛筛孔边长(mm)	22.4	31.5	40	50	63
	过筛质量百分率(%)	0~3	1~25	30~65	70~99	100
颗粒分布	方孔筛筛孔边长(mm)	31.5~50				
	颗粒质量百分率(%)	≥50				

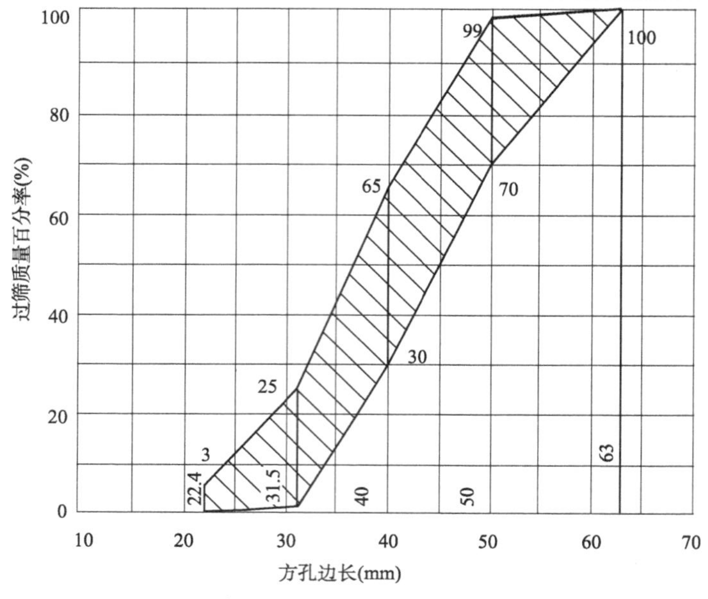

附图 19-1 道砟粒径级配曲线

④道砟颗粒形状和清洁度指标。

a. 针状指数不大于 20%,片状指数不大于 20%。

b. 粒径 0.063mm 以下的粉末含量的质量百分率不大于 0.5%,粒径 0.5mm 以下的颗粒含量的质量百分率不大于 0.6%。

c. 出厂道砟须经清洗,不得含黏土团及其他杂质。

(2)铁路碎石一级道砟应符合以下技术要求:

①道砟由开山块石破碎筛分而成。

②道砟材质性能参数指标应符合附表 19-16 的规定。

道砟材质性能参数指标 附表 19-16

性能	参数	指标	评估方法
抗磨耗、抗冲击性能	洛杉矶磨耗率 1AA(%)	<27	至少有两项指标满足要求
	标准集料冲击韧度 IP	>95	
	石料耐磨硬度系数 $K_{干磨}$	>18	
抗压碎性能	标准集料压碎度 CA(%)	<9	两项指标同时满足要求
	道砟集料压碎率 CB(%)	<18	
渗水性能	渗透系数 P_m(10^{-6}cm/s)	>4.5	至少有两项指标满足要求
	石粉试模件抗压强度 σ(MPa)	<0.4	
	石粉液限 11(%)	>20	
	石粉塑限 P1(%)	>11	

续上表

性　　能	参　　数	指　　标	评 估 方 法
抗大气腐蚀性能	硫酸钠溶液浸泡损失率	<10	均应满足要求
稳定性能	密度(g/cm^3)	>2.55	
	重度(g/cm^3)	>2.50	
软弱颗粒	饱水单轴抗压强度(MPa)	≤20	(含量少于10%)

③道砟粒径级配应符合附表19-17的规定，其粒径级配曲线如附图19-2所示。

道 砟 级 配　　附表19-17

方孔筛筛孔边长(mm)	16	25	35.5	45	56	63
过筛百分率(%)	0~5	5~15	25~40	55~75	92~97	97~100

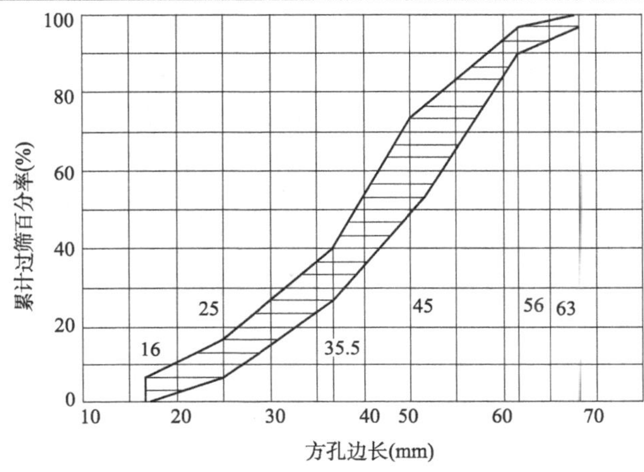

附图19-2　道砟级配曲线图

④道砟颗粒形状及清洁度指标。

a. 针状指数不大于50，片状指数不大于50%。

b. 黏土团及其他杂质含量的质量百分率不大于0.5%。

c. 粒径0.1mm以下的粉末含量的质量百分率不大于1%。

第二十章 轨道施工安全

引 言

本章是针对杭海城际铁路的特点,参照《铁路轨道工程施工安全技术规程》(TB 10305—2009),在吸收杭海城际铁路及周边区域城际轨道交通工程实践经验的基础上编制而成。本章体现了对施工现场安全管理的针对性和可操作性,突出了对区域城际轨道交通工程轨道工程施工安全的控制作用。本章适用于区域城际轨道交通工程中轨道工程施工的安全控制,凡在本章中未做规定的,均按国家、行业及地方现行的有关强制性标准执行。

本章主要内容包括:总则,基本规定,轨道材料的存放、装卸及搬运,轨道施工等。

主编单位:浙江杭海城际铁路有限公司

参编单位:中铁三局集团有限公司、西安铁一院工程咨询监理有限责任公司、中铁第四勘察设计院集团有限公司

主要执笔人:罗士瑾、马锡海、张秀源、刘嘉斌、严剑锋、陈泰振、李洋、牛鹏德

主要审查人:徐立明、林晓峰、史婷、明红青、陈仲华、刘志

1 总 则

1.0.1 为贯彻“安全第一,预防为主,综合治理”的安全生产方针,体现以人为本的理念,落实质量、安全、工期、投资效益、环境保护、技术创新“六位一体”的铁路建设管理要求,规范铁路工程施工安全管理和施工作业行为,保障人身、设备、设施及行车安全,预防事故发生,特编制本章。

1.0.2 本章适用于新建、改建城际铁路轨道工程施工。

1.0.3 城际铁路工程施工应建立健全质量、环境、职业健康安全管理体系,对施工安全管理、施工安全技术、施工安全作业进行全过程、全方位管理与控制。

1.0.4 城际铁路工程施工应严格按设计文件进行,全面贯彻设计意图,达到设计要求的安全使用功能,保障铁路运营安全。

1.0.5 建设、勘察设计、施工和监理单位等建设各方应坚持“管生产必须管安全”的原则,设置安全管理机构,配备安全管理人员,制订安全生产规章制度,落实安全生产责任制。

1.0.6 建设各方人员必须熟悉和遵守有关安全生产法律法规和本章的规定,经培训合格方准上岗。特种作业人员必须经专业培训并考核合格后持证上岗。

1.0.7 建设各方必须采用合格的机械设备、仪器仪表、材料和安全防护用品等。

1.0.8 施工组织设计应包含安全保障措施。危险性较大的工程应编制专项施工方案,并按有关规定经审批后实施。

1.0.9 建设各方应根据工程特点和施工环境进行危险源辨识,对重大危险源应编制应急预案,成立应急组织,配备应急物资,并按规定组织培训和演练。

1.0.10 安全生产费用应及时足额拨付并专项管理使用。

1.0.11 铁路工程施工必须遵守国家有关劳动保护的法规,积极改善施工条件,降低作业人员劳动强度,按规定配备劳动保护和安全防护等用品。

1.0.12 同一工点有多个单位同时施工或不同专业交叉作业时,应共同拟定现场安全技术管理办法,做好协调,共同执行。

1.0.13 施工过程中应及时掌握气象、水文和地质灾害等相关信息,做好防范和应急工作。

1.0.14 建设各方应按规定进行安全生产检查,对事故隐患必须及时采取整改措施。

1.0.15 城际铁路工程施工中采用新技术、新工艺、新设备、新材料时,必须制订相应的安全技术措施,并对有关施工人员进行安全生产教育培训。

1.0.16 联调联试应纳入施工组织设计,保证必要的人员、机具及测试仪器的配备,并必须严格做到试车不施工、施工不试车。

1.0.17 营业线施工及有可能影响营业线运行安全的施工,必须严格执行现行国家及铁路有关安全生产及施工安全的规定。

1.0.18 铁路工程基本作业施工安全除应符合本章规定外,尚应符合国家现行有关标准的规定。

2 基本规定

2.1 一般规定

2.1.1 建设各方必须按照现行有关安全生产法律法规的规定,结合工程实际和项目特点,明确施工安全责任,制订施工安全措施,加强施工安全管理,有效预防事故发生。

2.1.2 建设单位施工安全工作应符合下列规定:

(1)制订建设项目施工安全措施,对勘察设计、施工、监理等单位提出施工安全管理要求,并督促、检查实施情况,保证建设项目施工安全。

(2)及时调查核实施工中反馈的安全隐患信息,并制订和采取相应的防范措施。

(3)组织对重大风险、重大危险源或技术复杂工程的施工方案及营业线施工过渡方案进行会审。

(4)及时拨付相关的安全措施费用并监督使用。

(5)发生施工安全事故后,应按规定及时启动应急预案、上报事故情况、参与事故调查处理。

2.1.3 勘察设计单位施工安全工作应符合下列规定:

(1)对勘察设计质量负责,勘察设计要把消除安全隐患放在首位,从设计上规避安全风险,防止因勘察工作错误或设计不合理造成施工安全事故发生。

(2)对涉及施工安全的重点部位和环节应在设计文件中注明,并提出防范施工安全事故的指导意见。根据营业线施工情况,提出营业线施工过渡方案,提出保证营业线施工期间安全运营的措施和施工注意事项。对施工过程中发现影响结构安全和施工安全的设计内容应及时进行变更处理。

(3)依据勘察成果提供施工现场及毗邻区域内既有设备情况,提供地下管、线、电缆等隐蔽设施的准确位置以及气象、水文和地质灾害等资料。

(4)提出改善安全作业环境和保障施工安全的措施,并按规定将相关费用纳入工程概算。

2.1.4 施工单位施工安全工作应符合下列规定:

(1)按照设计施工,严格执行有关安全技术标准,将安全技术措施纳入施工组织设计和施工方案,并在施工前向作业人员进行安全技术交底。

(2)对施工现场安全生产进行监督检查,制止违章作业,排查、报告和清除现场安全隐患。

(3)保证安全生产费用的足额投入,合同约定或专门规定的安全作业环境和施工安全措施费用不得挪作他用。

(4)发现施工现场情况与设计文件不符并影响施工安全时，应立即向有关单位报告，并及时采取安全防范措施。

(5)发现重大安全隐患或发生安全事故后，立即启动应急预案，采取有效措施防止事故扩大，并按规定上报事故情况。

2.1.5　监理单位施工安全工作应符合下列规定：

(1)施工安全监理工作应与工程质量、工期和投资控制等同步实施，对施工安全承担监理责任。

(2)配备满足施工现场管理要求的安全监理人员和设备。

(3)将施工安全监理工作内容纳入监理规划并编入监理实施细则。

(4)按照监理实施细则对建设项目实施安全监理。发现施工安全事故隐患应要求施工单位限时整改；情况严重的或有重大事故隐患不及时整改的应立即要求停工整改，并向建设单位报告。

2.2　施工安全管理

2.2.1　建设各方应按图20-1的规定做好施工安全管理工作。

图20-1　施工安全管理工作框图

2.2.2　建设各方应制订计划，对施工安全管理工作进行检查，并符合下列规定：

(1)建设各方应根据各自安全职责定期进行自查。

(2)建设单位在开工前应组织检查，施工过程中应进行抽查。

2.2.3　施工安全管理工作检查应按表20-1如实填写检查记录。

施工安全管理检查表　　表20-1

项目(工程)名称				
建设单位			项目负责人	
勘察设计单位			项目负责人	
监理单位			总监理工程师	
施工单位			项目负责人	
序号	检查项目		检查情况	
1	安全管理组织机构			
2	安全资源配置			
3	安全管理制度			
4	安全管理目标			
5	安全教育培训			
6	专项施工方案			
7	安全技术交底			
8	应急预案			
检查单位：			被检查单位：	
负责人：(签名)			负责人：(签名)	
日期：　年　月　日			日期：　年　月　日	

2.2.4　对检查中发现的不符合规定的情况，应按表20-2签发安全检查整改通知单，限期整改，并跟踪验证。

安全检查整改通知单　　表20-2

项目(工程)名称	
存在问题及整改要求： 限　年　月　日前整改完成 检查方：　受检方： 检查人：(签名)　接收人：(签名) 日期：　日期：	
整改措施： 受检方负责人：(签名)　计划完成日期：　年　月　日	
验证结果： 验证人：(签名)　验证日期：　年　月　日	

2.3　施工安全技术

2.3.1　施工单位应结合危险源辨识，制订相应的安全技术措施，并纳入施工组织设计和专项施工方案。

2.3.2　施工单位应制订逐级安全技术交底制度并严格实施，如图20-2所示。安全技术交底应

图 20-2　安全技术交底

采用书面形式,并保存签认记录。

2.3.3　安全防护设施应实行验收制度,并按规定进行验收。

2.3.4　建设各方应加强对有关技术文件中安全技术措施执行情况的检查,督促有关单位、作业班组或作业人员落实安全技术措施。

2.3.5　建设各方应加强对有关单位基础性安全技术管理工作的检查,并按表 20-1 如实填写检查记录。

2.3.6　对检查中发现的不符合规定的情况,应按表 20-3 签发安全检查整改通知单,限期整改,并跟踪验证。

施工安全技术检查表　　表 20-3

项目(工程)名称			
施工单位		项目负责人	
序号	主要检查内容及要求		检查情况
1	设计文件	设计文件齐全	
		设计文件现场核对	
2	安全技术标准	安全标准齐全、有效	
3	实施性施工组织设计	包含相应的安全技术措施	
		编制、审批程序符合要求	
4	专项施工方案	高坡、陡坡土石方开挖工程,模板工程,起重吊装和钢结构安装工程,脚手架工程,拆除、爆破工程,高空作业,营业线施工,联调联试等编制专项施工方案	
		编制、审批程序符合要求	
5	作业指导书	包含相应的安全操作要求	
		编制、审批程序符合要求	
6	安全技术交底	编制各级施工安全技术交底文件并按规定交底	
		交底记录签认齐全	
7	施工日志	施工安全情况记载真实完整	
8	机械设备	制订操作规程和维修保养计划	
		设备检验、鉴定记录	
		建立管理台账	
9	施工安全协议	签订相关施工安全协议	
10	安全生产培训	按规定对管理人员和作业人员进行培训、考核并有记录	
		特种作业人员持证上岗	
11	安全检查	制订安全检查计划	
		检查、整改记录齐全	
12	大型临时工程	编制设计、施工方案	
		检查验收	
检查单位:		被检查单位:	
负责人:(签名)		负责人:(签名)	
日期:　　年　　月　　日		日期:　　年　　月　　日	

3　轨道材料的存放、装卸和搬运

3.1　一般规定

3.1.1　轨道材料的存放、装卸和搬运作业应考虑下列主要危险源、危害因素：

(1)轨料存放场地不平实，承载力不够。

(2)轨料存放重心偏移或倾斜、层数超限、支点间距不合理、侵入限界。

(3)钢轨卸车撬棍作业方法不当、滑轨安放不稳、下方站人。

(4)轨料吊装时轨料捆扎不牢、挂钩不稳、重心偏斜、下方站人。

(5)吊装钢丝绳搭接不符合要求、损伤超标，吊具、构架磨损、脱焊、锈蚀严重。

(6)群吊底座混凝土基础埋深不够、尺寸不合理。

(7)轨料搬运时超限、超载、偏载、捆扎不牢，运输道路不符合规定。

(8)客货混装，车未停稳上、下人。

3.1.2　对所储存的物资要分类、分规格、分厂家存放，对可能危害人身健康和环境安全的物资必须单独存放，明显标识。

3.1.3　轨料应按指定的场地堆码稳固，下重上轻、摆放整齐，避免重心偏移或倾斜，严禁侵入限界。

3.1.4　轨料的堆放、装卸和搬运应组织足够的劳力，选用适当的工具，由专人统一指挥进行，夜间装卸料应有照明。

3.1.5　轨料装车不得超限、超载和偏载，并应捆绑牢固。铁路运输时，要严格按照铁路装载加固方案规定装载加固。

3.1.6　运送散装轨料应按要求加固；运送跨装轨料必须按加固方案捆绑和支挡，跨装车辆间的提钩杆应绑牢，车钩钩头应加装防伸缩夹具，防止轨料窜动。

3.1.7　料车运行中发现装载不良，必须立即停车整理加固。未经整理加固，严禁继续运行。

3.1.8　轨料卸车时，施工人员在列车未停稳前，不应打开车门及做其他影响安全的准备工作。开车门时，车上人员应离开车门附近，车下人员不应站在车门下面。车辆如需移动，应事先与车上施工人员取得联系，并检查线路上有无障碍物。

3.1.9　不应客货混装，车未停稳前随车装卸人员严禁上下车。在装卸车的过程中，任何人不得钻车、扒车，不得在车下坐、卧和休息，如图20-3所示。装卸车时，料车应停稳并做好防溜措施。

图20-3　装卸车过程中不得钻车及在车下坐卧

3.1.10　轨料运输道路应符合下列规定：

(1)运输道路应平整、压实，满足轨料运输要求，上道出入口坡度不应太大，运输时避免轨料相互碰伤或滑落。

(2)运输车辆上、下过渡区域内应做好顺坡。

(3)对轨料运输的临时轨道线路应经常检查、维护，确保不发生移位和变形。

3.2　铺轨基地设置

3.2.1　铺轨基地的各项设施和布置应符合下列规定：

(1)基地联络线的坡度和曲线半径，应根据地形、运量和作业方法确定，并按有关规定设置安全设施。

(2)基地布置应根据地形和生产方式,使调车作业顺向,材料堆置合理,取送方便,并应使各种起重吊运机械移动距离最短。

(3)基地内应设置消防车通道,并保持畅通。

(4)相邻料堆间,应根据作业需要,留有不小于0.5m的距离。场内堆置物与轨道及走行线间应留有安全距离。

(5)基地内主要通道上的单开道岔不得小于9号。

(6)基地内线路平、纵断面应符合下列要求:

①采用轨排法施工时,轨排组装线应为直线。

②装卸线应设在直线上,坡度不得大于1.5‰,困难条件下,坡度不得大于2.5‰,作业时应有防止车辆溜逸措施。

③有长轨列车通过的线路曲线半径不得小于300m,设置反向曲线地段夹直线长度应符合相关技术要求,确保列车运行安全。

3.2.2 基地内轨道标准、股道布置、线路平纵断面和建筑限界,应满足大型机械和机车车辆的作业、停放、进出及检修要求。

3.2.3 在布置轨排场时应确保轨料卸车、储存,轨排钉联、装车、调车作业和列车编组等相互间不干扰,卸料不侵限,拼装作业不零乱,轨排钉联井然有序,行车组织方便安全。

3.2.4 基地基底处理应满足轨料、设备等荷载对地基承载力的要求。

3.2.5 轨排钉联生产线两旁及装卸线两侧的料具堆码整齐,不影响取送车作业和司机对位的视线。线路两侧轨料堆放不得侵限。

图20-4 起重设备和各种轨道车辆防溜设施

3.2.6 轨节场内的硫磺仓库和锚固车间距木枕堆放区不得小于50m,并应有防火措施。

3.2.7 易燃易爆品仓库的布置应符合防火、防爆安全距离要求,库区应设置围栏,使用中应配足消防设备,库内物品不得与其他物品混放,并建立严格的进出库制度,由专人管理。

3.2.8 起重设备和各种轨道车辆,应有防溜设施,走行线尽头应设车挡和警示标志,如图20-4所示。

3.2.9 铺轨基地设置应按表20-4进行检查,并认真填写检查记录表。对检查中发现的不符合规定的情况,应按表20-2签发安全检查整改通知单,限期整改,并跟踪验证。

铺轨基地设置安全检查表 表20-4

项目(工程)名称			
施工地点			
序号	检查项目	对应条文号	检查情况
1	铺轨基地各项设施和布置	3.2.1	
2	基地内轨道标准、限界等	3.2.2	
3	轨排生产场布置	3.2.3	
4	铺轨基地基底处理	3.2.4	
5	轨排钉联线两侧轨料堆放	3.2.5	
6	硫磺仓库和锚固间设置	3.2.6	
7	易燃易爆品仓库设置	3.2.7	

续上表

序号	检查项目	对应条文号	检查情况
8	防溜、车挡及警示标志设置	3.2.8	
9	基地防排水、环保及水保	3.2.9	
检查方： 检查人：(签名) 年　月　日		受检方： 接收人：(签名)： 年　月　日	

3.3 轨料存放

3.3.1　材料堆码基底应平实，承载力符合要求。轨料底层应架空，并有良好的排水系统。

3.3.2　钢轨整理后应分类垛码，并符合下列规定：

(1)钢轨起吊应缓起、轻落，并保持钢轨基本平直。

(2)支垫应采用硬杂木或钢轨，与各层钢轨垂直放置，间距5~7.5m，上下层同位。

(3)钢轨采用正放或扣放堆码时，应符合下列要求：

①基底及各层之间支垫平稳；

②向上每层收台尺寸不应小于一个轨底宽度；

③在行车线两侧堆码时，应有临时支挡和捆绑措施。

(4)钢轨存放台位应防止下沉。

3.3.3　钢轨连接件存放应符合下列规定：

(1)鱼尾板应分层交互码垛在垫木上，堆放整齐。

(2)鱼尾螺栓及弹簧垫圈存放时应就原包装堆垛，堆码整齐。

3.3.4　铁垫板存放时应就原捆堆垛，散块时可用分层反扣堆垛，堆码整齐，并以两排为一行互相靠近，以防倒塌。

3.3.5　道钉存放时应就原包装堆垛或装箱存放，堆码整齐。

3.3.6　轨距杆存放时可用分层交互压码堆垛，堆码整齐。

3.3.7　扣配件存放时应就原包装堆垛，堆码整齐。

3.3.8　橡胶或塑料垫板存放应符合下列规定：

(1)应存入库房内，避免阳光直射和雨雪浸淋，并远离热源，与易燃品、氧化剂、强酸溶剂的物品不能共储。

(2)堆码存放，应根据制品的形状和特点采取适当的堆码方法，但不应过高，防止压损。

3.3.9　轨道板存放应符合下列规定：

(1)Ⅰ型轨道板存放应符合下列规定：

①存放轨道板的地基应平整，并进行加固处理，防止发生不均匀沉降。

②轨道板的存放，原则上应采用横向竖立状态放置，并采取防倾倒措施，相邻轨道板间用木块或橡胶垫块隔离，并用连接装置连接起吊螺母处。

③临时(不大于7d)平放时，堆放层数不超过4层，层间用2根垫木分开放置，垫木应上、下对齐，支点位置在起吊螺母处。垫木可用50mm×50mm方木。

(2)Ⅱ型轨道板及道岔板现场存放符合下列规定：

①集中存放时，存放场地要平整并进行硬化处理，硬化地面混凝土强度不小于7.5MPa，并不应有下沉变形。

②存放时轨道板面朝上并保持水平。轨道板与地面及每层间可用20cm×20cm方木在指定部位支垫。存放层数不得超过10层。

③沿线存放时，地基应平整密实，下面用方木在指定部位支垫。存放层数不得超过 4 层。

3.3.10 轨枕存放应符合下列规定：

预应力混凝土枕堆码应符合下列规定：

(1)存放地面应找平压实，支垫稳固，必要时可铺设木枕或用浆砌片石、混凝土等砌筑支垫平台。

(2)堆码高度不得超过 14 层，上下保持同位，如图 20-5 所示。

(3)每层间在承轨槽处用小方木等支垫，支垫物顶面高出挡肩或螺旋道钉顶面 20mm。

图 20-5 轨枕存放

3.3.11 道砟材料存放场地应处理，堆砟不应过高，避免装卸设备在砟堆上作业发生倾覆。

3.3.12 道岔存放应符合下列规定：

(1)长大轨件应存放在坚实、平整且排水良好的地面上，轨件和地面间应铺垫木，木垫的高度、数量视轨件重量而定，支垫间距应为 5～7.5m，高度不小于 140mm。

(2)存放尖轨与基本轨组件、可动心轨组件、长轨件的码垛层数不得多于 4 层，每层用木质垫块垫实垫平，垫块应按高度方向垂直设置。

(3)存放装箱零件，箱体码放不得超过 2 层。

3.4 钢轨装卸、搬运

3.4.1 要分规格、品种装卸，每捆要考虑吊装上限，要平衡吊装，防止倾斜、跌落，搬运时要加固牢靠，不能窜动、挤伤。

3.4.2 使用一台起重设备装卸钢轨时，应配专用吊轨扁担。

3.4.3 人力装卸钢轨时，应使用钢轨夹抬装抬卸或沿溜杠用绳拉装卸作业。装入车内的钢轨保证一端对齐，以便加固捆绑。

3.4.4 钢轨装卸、搬运应由专人统一指挥，动作一致，作业人员必须使用轨钳、拉轨钩绳、翻轨器等工具，严禁直接用手搬运或放在肩上扛运，在装卸、搬运过程中不应抛掷，避免危及作业人员安全。

3.4.5 钢轨在起吊过程中应步调一致，钢轨下严禁站人、穿行，如图 20-6 所示。

3.5 轨枕及扣配件装卸、搬运

3.5.1 轨枕公路运输应使用带有固定架的车辆，运输车应与轨枕尺寸相适应，装车层数不多于 6 层，装车后应绑扎牢固，严防运输途中发生位移。

3.5.2 轨枕铁路运输应按铁路部门批准的装车方案进行装车。

3.5.3 装车时，每摞轨枕之间塞两块三角楔木，防止轨枕运输过程中碰撞、损坏。

图 20-6 起吊钢轨下严禁站人或穿行

3.6 轨道板装卸、运输

3.6.1 轨道板吊装前应仔细检查钢丝绳及吊架有无损伤。

3.6.2 采用龙门吊装卸轨道板，应利用轨道板上的起吊装置水平起吊，轻起轻落，严禁碰、撞、摔，避免轨道板跌落伤人。

3.6.3 轨道板装车应采用方木垫块衬垫，在轨道板设计支撑点处提前支垫，轨道板下落时严禁将手脚伸入轨道板底下。

3.6.4　轨道板装车层数应根据设备能力确定，但不得超过 4 层。

3.6.5　轨道板运输平车四周应加设轨道板固定装置，吊装完成后，上紧加固螺栓及加固装置。

3.6.6　轨道板运输前应确认装车平稳，捆绑牢固，严禁三点支撑，严防冲击。

3.6.7　运输时应避免轨道板相互碰伤或窜动，跌落车下发生事故。

3.7　道砟装卸、运输

3.7.1　道砟装卸作业时，施工负责人应用音响信号进行指挥。

3.7.2　分段卸砟时，车上道砟应左右侧匀称下卸，防止卸料后车辆偏载脱线。

3.7.3　装卸道砟时，施工人员不得站、坐于车帮上和两头端板上，严禁站、坐在两车之间，如图 20-7 所示。

图 20-7　装卸道砟严禁站、坐在两车之间

3.7.4　装卸完道砟的列车应将车门关牢，插好插销，清理好轨面和轮缘槽。经施工负责人检查确认符合要求后，可将列车拉出装卸道砟地点停车，确认无脱线后，方可开车。

3.8　道岔装卸、运输

3.8.1　道岔装卸应符合下列规定：

(1)道岔装卸应使用专用吊具，使用前应进行检查，保证钢轨件吊运过程中不形成塑性变形或扭转变形。

(2)岔枕、道岔组件及箱装零配件起吊时绳索的吊点应布置在工件重心的两侧，禁止单点起吊长大组件，防止道岔部件变形。

(3)道岔尖轨与基本轨组装件、可动心轨辙叉组装件、长度大于 15m 的配轨，严禁人工直接从车辆上推下卸货；严禁人工用撬棍起撬移动长大钢轨件。

(4)道岔尖轨与基本轨组装件，可动心轨辙叉组装件，长度大于 15m、小于 25m 的钢轨件，装卸作业时应采用起重机械和专用吊具，吊点间距允许最大值为 6m。

(5)尖轨与基本轨组装件、可动心轨辙叉组装件必须整体装卸车。

(6)岔枕装卸、运输时严禁碰、撞、摔、掷。严禁用撬棍插入岔枕预埋套管内撬拨岔枕。混凝土岔枕应使用起重机械装卸，并采取措施防止岔枕互相碰撞。

(7)长度大于 30m 的单件，起吊时应使用吊装扁担梁和柔性吊带，绳索的吊点布置须根据工件重心和长度计算确定，吊装扁担梁吊点布置间距不大于 5m。

(8)普速道岔使用大型起重机械装卸有困难时，可采用人工滑杠卸车，但必须控制好工件下滑的速度，不应过快。滑杠下端必须放置缓冲垫物，避免道岔部件弹跳伤人。操作人员应听从统一指挥，动作一致，避免撬棍飞出伤人。

3.8.2　道岔运输应符合下列规定：

(1)采用轨排方式运输道岔时，长度超过 30m 的轨排应设置专用的运输架。

(2)道岔运输前应预先确定行驶路线、速度、限界等控制要求。汽车运输路线需提前考察、测算，对小半径曲线地段进行拓宽，对路基软弱地段进行加固。

(3)尖轨与基本轨组装件、可动心轨辙叉组装件、配轨、轨排应采用不致使其产生塑性变形的运输方式，并采用专用夹具将其固定在运输车上。

(4)转辙器部分尖轨、基本轨、铁垫板组件,发运前,须采用夹具将尖轨固定于基本轨上。装卡夹具或捆扎固定点不得少于8处:尖轨牵引点附近、尖轨断面35~50mm、尖轨70 mm断面处必须装卡夹具,其余可垫胶垫采用铁丝捆扎,然后整体发运。

(5)可动心轨辙叉在发运前,须将可动心轨拨至直股开通方向,用楔形木块楔紧可动心轨,并用铁丝捆扎,保证心轨在运输过程中不发生移动,然后整体发运。

(6)转辙器尖轨和基本轨组件、可动心轨辙叉组件,工件悬出车辆长度不得大于1.8m;装车时,工件应摆放平整,工件之间应坚实平整。

(7)尖轨与基本轨组件、可动心轨组件、长轨件,装车多层码垛,码垛层数不得多于4层,每层用木质垫块垫实垫平,垫块应按高度方向垂直设置。

(8)岔枕采用平板车或专用车辆运输,多层码垛时,每层应用木质垫块垫实垫平,组装有铁垫板的岔枕,层间垫块的高度应高于铁垫板,避免岔枕滑落。

(9)装车横垫木支距大于8m时,应有防止变形的措施。

(10)道岔装车时防止偏载,岔枕不得超限,各种配件箱要放置平稳,并按有关规定进行捆扎加固,保证运输途中不发生任何意外。

4 轨道施工

4.1 人工铺轨

4.1.1 作业程序必须严格按照《人工铺轨作业指导书》进行施工。

4.1.2 安装夹板时用扳手或小撬棍捣孔,禁止用手指对准螺栓孔。

4.1.3 拨道时,须将撬棍放在轨底,与钢轨轴向的角度不得小于45°,插入深度不小于20cm,以免滑撬摔倒。

4.1.4 起道时,起道机平稳地放在道砟上,不得歪斜俯仰,防止倾斜;放落时作业人员不得将手脚或工具放在钢轨上,以免压伤。

4.1.5 用撬棍将钢轨拨到轨枕上时,作业人员应听从号子一起拨动,并随时注意,以防钢轨锤击撬棍伤人。邻近既有线地段施工时,必须做好施工防护,防护人员必须认真执行"三确认"制度,即确认对方姓名,确认对方听清,确认机具上道、下道完毕等。

4.2 机械铺轨

4.2.1 轨节应堆码整齐,不得影响调车作业及司机对位的视线。

4.2.2 起重吊装作业应符合下列规定:

(1)起重指挥应由技术培训合格人员担任。作业前,应对起重机械设备、现场环境、行驶道路及其他建筑物和吊重物情况进行了解,确定吊装方法。

(2)有下列情况之一者不得起吊:

①起重臂和吊起的重物下面有人停留或行走时。

②吊索和附件捆绑不牢时。

③吊件上站人或放有活动物时。

④重量不明、无指挥或信号不清时。

(3)起重机的变幅指示器、力矩限制以及各种行程限位开关等安全保护装置,应齐全。

(4)起重机灵敏可靠,不得用限位装置代替操纵机构进行停机。

(5)不得使用起重机进行斜拉、斜吊。起吊重物时,不得在重物上堆放或悬挂零星物件。

(6)起重吊装物件时,不得忽快忽慢和突然制动。非重力下降式起重机,不得带荷自由下落。

4.2.3　轨节场内的硫磺仓库和锚固场所应有防火措施。

4.2.4　轨节运输应使用专列车组,并配置防溜器材。

4.2.5　轨节装车不得超重。钢轨为50kg/m、长度25m的混凝土枕轨节不应超过7层,60kg/m、长度25m的混凝土枕轨节不应超过6层。既有线长途运输时宜为6层。

4.2.6　轨节列车运行速度应符合下列规定:

(1)在铺轨工地不得大于5km/h。

(2)换装地点至铺轨工地不得大于15km/h。

(3)轨节场至换装地点根据新线线路质量决定,不得大于60km/h。

4.2.7　轨节换装地点应避开曲线、桥头、高压线、通信线交叉处、道口、跨线桥以级线间距小于4.5m的区段等有施工干扰的地段。

4.2.8　换装地点线路应予重点整道,路基松软地段应做加固处理。

4.2.9　换装时,人员不得站在轨节上、轨节车两旁或穿越换装龙门架。

4.2.10　铺轨机作业前端应有放风制动装置。铺轨机前轮不得超过已铺轨节前端的第三根轨枕,并应安放止轮器。

4.2.11　轨节挂钩起钩前,应先将钩挂稳,待挂钩人员撤到安全地点后方可起吊。

4.2.12　使用龙门架或铺轨机铺轨应符合下列规定:

(1)起吊或走行前,应先发出音响信号。

(2)铺轨机的走行速度不宜大于5km/h,对位时不得大于1km/h。

(3)操作前进时,机前施工人员应撤离轨道,站在安全处。

(4)龙门架走行轨必须支垫平稳。

(5)当穿过高压线时,应清理机顶物品,机顶严禁站人,与高压线间的距离应符合表20-5的要求。

铺轨机顶物品与高压线的安全距离(m)　　表20-5

输电线路电压	1kV以下	1~15kV	20~40kV	60~110kV	200kV
允许最小距离(沿垂直方向)	1.5	3.0	4.0	5.0	6.0
允许最小距离(沿水平方向)	1.0	1.5	2.0	4.0	6.0

4.2.13　当拨正就位轨节时,人员不得站在轨枕盒内。

4.2.14　轨节连接时,每侧接头的每根钢轨上拧紧的接头螺栓不得少于2个,并应使接头处轨面的错牙不大于2mm。

4.2.15　连接轨节的施工人员未撤离轨道前,下一轨节不得伸出铺轨机。

4.2.16　成品道岔宜采用在平板车上加三角托架侧立装车,长岔枕应散装,捆绑牢固。

4.2.17　岔区有高压线、通信线、跨越线等障碍物时,不宜使用吊机直接铺设道岔。

4.2.18　轨行吊机吊铺成品道岔时,轨行吊机所在的新铺线路应经过重点整道。

4.2.19　站线铺轨不得在道岔导曲线或道岔连接曲线上拖拉轨节。

4.2.20　站内轨道施工,当邻线来车时,必须停止作业,人员和机具一律撤出限界。

4.2.21　长大坡道的轨节铺设应符合下列规定:

(1)铺轨作业前应检查铺轨机,应确保制动系统良好,风压达到规定。

(2)铺轨机对位铺轨时,应在下坡方向塞入2组4个铁鞋,备足防滑砂。

(3)铺轨机铺轨端应设专人掌握放风阀,当铺轨机到位或遇紧急情况时立即放风制动。

(4)换装后轨排拖拉应有专人防护,并备木楔和止轮器。

4.3 铺轨机运输

4.3.1 铺轨龙门吊在使用前,必须进行试吊并细心检查制动、钢丝绳、滑轮组及各部件,发现问题及时处理,确认良好后才能使用。

4.3.2 换装龙门架必须支垫平稳,左右侧应水平。

4.3.3 铺轨机在每班使用前,必须进行检查和试吊,确认升降走行制动等良好后方可正常铺轨。

4.3.4 走行司机应思想集中,经常检查制动部位,并随时注意指挥信号。铺轨机在下坡道上作业应另加防滑措施。

4.3.5 挂钩人员不应提前上铺轨机,应等拖拉到位后,方可上去挂钩。

4.3.6 挂钩人员选好吊点,挂钩挂稳后应及时离开轨排。

4.3.7 吊车司机待挂好钩,人员站入梯子上后再开始起吊,起吊前应先发出音响信号。

4.3.8 移动过程中密切监视轨排情况,防止碰撞龙门框架。

4.3.9 在轨排下落时,监视钢丝绳状态,防止跳槽。

4.3.10 机前人员未全部离开前,禁止出轨排。轨排悬空时,下面禁止站人或有人员通过。

4.3.11 待轨排下落到离地面0.3m时,工作人员方准靠近作业。在轨排落地时要防止压脚。

4.3.12 轨排起吊和走行时要平稳,下落时不要左右倾斜。

4.3.13 铺轨龙门吊走行前先发出声响信号清除障碍,先鸣笛后启动。

4.3.14 铺轨龙门吊作业结束后,前后两侧轨道对称加放铁靴,下坡端铁靴应使铺轨龙门吊略动压紧。

4.3.15 轨排连接时,每侧接头的每根钢轨上拧紧的接头螺栓不得少于2个,并应使接头处轨面的错牙不大于2mm。

4.3.16 铺轨机行进前作业人员要迅速离开股道。

4.3.17 铺轨机后面补上螺栓,要随时注意轨排车和铺轨机的动向,发现来车作业人员要迅速离开道心。禁止人员站在铺轨机和车辆底下作业。

4.3.18 长大坡道的轨排铺设应符合下列规定:

(1)铺轨作业前应检查铺轨机,制动系统应确保良好。

(2)铺轨机对位铺轨时,应在下坡方向塞入2组4个铁鞋。

4.3.19 切实监督落实各项运输管理,确保铺轨运输安全。

4.3.20 电工必须持证上岗作业,操作证必须有效,严禁无证操作上岗。

4.3.21 在施工中一定要按用电安全操作规程施工,线路必须采用三相五线制,经过漏电保护器后,方可按要求接用电设备。

4.3.22 上班时,坚守本职工作岗位,认真操作,不准离岗串岗,非电工人员不许操作电器,严禁带电作业。

4.3.23 机械设备及配电箱外壳要与专用保护零线连接。

4.3.24 动力配电箱与照明配电箱宜分开设置,如合置在同一配电箱内,动力和照明线路应分路设置。

4.3.25 当发生电气火灾时即切断电源,用干砂灭火,或用干粉灭火器灭火,严禁使用导电的灭火剂灭火。

4.3.26 在施工过程中遇坡度地段时应注意铺轨机车防滑事项的安全隐患,尤其是在大坡度地段应重点注意;领工员时刻留意隧道两侧大坡度提醒标识,提前用对讲机提醒铺轨机司机减速行驶并通知现场作业面施工人员先撤至安全位置,等轨道车停稳后再进行施工。

4.4 硫磺锚固

4.4.1 硫磺砂浆用温水加热,经常拌和以防燃烧。万一燃烧时立即用水泥、砂子进行覆盖。

4.4.2 盛有硫磺浆的容器,如浆桶、硫磺锅内不准有水、雨雪等进入。操作人员要戴齐防毒口罩、眼镜、手套等,饭前要洗手。

4.4.3 硫磺库及水泥库要通风、防雨、防潮、防火、防自燃。

4.4.4 拌和或搅拌硫磺浆时,应使用长把工具,禁止站在锅台上作业。拌浆的路段要清理干净,防止人员绊倒。锚固人员站在轨排上脚步要稳,要对准螺栓孔倒浆。倒浆要带好防护手套,防止烫伤。

4.4.5 锚固浆温度不得大于180℃。

4.4.6 使用绝缘防锈涂料,应力求均匀,涂抹后必须将承轨槽上黏附的杂物清除,使垫片下平整干净。

4.4.7 各种材料内不得混有杂物。

4.5 散放扣件

4.5.1 散布的扣件应按轨节表规定的钢轨类型、轨距及使用的扣件类型有次序地进行散布。

4.5.2 扣件要按类型、号码分别堆码整齐,便于取用。

4.5.3 配件卸车时,高边车打开门要站在车门一侧,使用长把手锤打门。卸车时车下禁止站人,并注意防止铁丝挂衣服。车门掀起要用铁丝捆牢或车上挂钩挂牢,不准用石头塞门缝代替捆扎,卸完车后应及时清道。

4.5.4 人工粗方枕时,两端要同时用力,防止伤人。

4.6 上钢轨

4.6.1 先将第一层钢轨逐根进行检尺,将钢轨尺寸标注于钢轨右侧轨腰上(循环使用时,可省去此道工序)。然后根据轨节表的进行配轨,配轨误差不得大于3 mm,并做好配轨记录。

4.6.2 吊放钢轨时,先吊上股钢轨,后吊下股钢轨。钢轨两端要用撬棍插入轨头螺栓孔内,护着钢轨吊运。

4.6.3 钢轨接头方正在铺轨前进方向一端。方接头时,曲线接头相错量以下股为准,下股长为“+”号,下股短为“-”号。两股钢轨接头相对偏差直线不应大于40mm,曲线不应大于40mm加缩短量的1/2。

4.6.4 曲线缩短轨的散布,应首先认准轨节表内注明的铺轨前进方向,然后定出左右向曲线。右向曲线以面向铺轨方向,左手侧为上股,右手侧为下股;左向曲线,右手侧为上股,左手侧为下股。

4.6.5 画轨枕间距印时,要按轨节表规定的间距尺寸划分。先用石笔划分下股钢轨,再用方尺画出轨枕间距印。

4.6.6 吊点要集中,不准在一端高、一端低的情况下吊运。

4.6.7 吊运钢轨走行时,除两端用撬棍护轨者外,其他作业人员均应离开,站在工段两端的安全位置上。

4.7 上扣件

4.7.1 钢轨接头处的混凝土枕配件使用人工加力杆上紧。

4.7.2 用小撬棍拨正扣件时,脚要站稳。上扣件人员要两边分开,使用撬棍要注意防止碰撞邻近作业人员。

4.8 紧固

4.8.1 扣件应密贴,无歪斜,轨距应在 +4mm、-2 mm 规定之内。

4.8.2 应经常调整电动扳手力矩,使其扭力达标。弹条式扣件应使弹条中部前端的下颚与轨距挡板接触作为控制力矩。

4.8.3 由于振动当轨枕间距偏移超过规定 20mm 时,应及时停止进行调整。

4.8.4 经常清理拼装台周围杂物、废料,以防滑倒。

4.8.5 紧固中,工作人员应站稳,逐根紧固。紧固完毕,应及时将电动扳手搬至安全固定位置。

4.8.6 电动扳手应用专用电缆,电缆应专人把持或挂在安全位置。应保证一机一闸,安装漏电保护器,并有良好的接地接零保护。吊点不对中,产生偏斜不平时,不准起吊。

4.9 站场改造

4.9.1 封锁施工准备阶段。

4.9.2 预铺道岔和轨排。

(1)由物资人员按计划组织所需轨料和岔料到指定车站。

(2)对不影响既有车站行车的站场改造地段可按设计位置提前铺设道岔和轨排,一次到位。所需轨料和岔料用汽车运输到指定位置,靠近既有股道的也可以向车站申请封闭要点利用行车间隙用火车运输所需轨料和岔料到指定位置。

(3)对影响既有车站行车的站场改造地段,依现场场地实际情况可分以下三种情况进行道岔和轨排预铺场地布置:

①线路旁有位置,则对该场地进行平整作为道岔和轨排预铺场地;或者在道岔外侧提前搭设拼装台位,利用拼装台位作为道岔和轨排预铺场地。搭设台位所用的材料应提前用汽车拉运到位,人工进行搭设。

②线路旁无位置,但其前、后有可用场地,则对该场地或既有线路进行整理作为道岔和轨排预铺场地。占用既有线路前应提前向车站申请登记,拼装前做好既有线路的绝缘措施,防止短路。

③线路旁无位置,其前、后无可用场地,站场条件困难,则可利用场外适当场地分段预铺道岔和轨排,在封锁施工阶段利用适当的机械设备及人工滑移铺设位置进行铺设。

(4)预铺道岔和轨排所需的岔料和轨料用汽车或火车运输到预铺位置。靠近既有股道的可以向车站申请封闭要点利用行车间隙用火车运输所需轨料和岔料到预铺位置,并卸在预铺位置旁安全地带,绝不允许路料侵线及影响既有线行车。

按照施工顺序预拼装道岔和轨排到插入位置线路一侧,并做好插入前的一切准备工作。

(5)现场配轨尺寸及预铺道岔拼装尺寸必须精确,特别是对预拼装的道岔的几何尺寸要认真进行复测。龙口轨长度必须有专人负责核算,防止出现误差。

(6)要与相关配合部门密切联系,做好衔接工作。特别是电务部门要做好预铺道岔的预调、预试工作。

(7)堆放在既有线旁的材料、机具要派专人看守,且距既有线钢轨外侧的水平距离不少于 810mm,垂直距离不高于既有轨面 300mm,堆放稳固。

(8)搭设的预铺道岔拼装台位必须牢固、可靠,便于人工作业,便于道岔滑移,且不影响既有线行车。

4.10 施工质量检查

4.10.1 检查道岔状态应满足有关要求,尖轨与基本轨密贴,各部尺寸达标。

4.10.2　道岔和轨排配件齐全,扣件拧紧达到规定力矩。

4.10.3　由施工技术人员检查道岔几何状态是否符合施工规范要求,配合安全员检查旧轨料是否侵限。

4.10.4　道岔各部满足电务开通的要求。

4.11　安全管理

4.11.1　封锁线路进行拆除道岔、插入道岔、拆铺线路等相关营业线设备的施工,必须提前做好施工前的一切准备工作。按照铁道部的《关于印发〈铁路营业线施工及安全管理办法〉的通知》(铁办〔2007〕186号)的规定,在车站《行车设备施工登记簿》上进行登记。通过所在车站值班员向行车调度员取得调度命令。并按《铁路技术管理规程》《铁路工务安全规则》与站改项目相适应的条款规定防护办法设置好防护后,方可进行封锁施工作业。

4.11.2　封锁施工,当车站下达慢行或封锁施工的命令后,由驻站联络员向施工负责人传达调度命令后,施工负责人应对命令内容进行复诵,确认无误后方可下达施工命令。在未下达施工命令前,严禁提前施工。

4.11.3　驻站联络员、施工防护员施工作业时,必须按规定着装(统一为黄色工作服),并佩戴上岗证。在防护期间,必须坚持3~5min通话一次,复诵和记录通话内容。防护员必须服从工地负责人的统一指挥。

4.11.4　站改施工中要严格遵守"三不动,三不离"的安全制度。即三不动:未联系登记好不动;对设备的性能、状况不清楚不动;正在使用中的设备不动。三不离:设备有异状、未查清原因不离;影响设备正常使用未修复不离;未使用好不离。

4.11.5　搭设滑道及滑移插入道岔施工时,对咽喉区的各种行车设备要进行有效的防护,保证在施工过程中一切行车设备不受到损坏。

4.11.6　封锁施工期间,在站内线路及道岔上施工,必须严格按照《铁路技术管理规程》《铁路工务安全规则》相适应的条款规定设置防护,未设置好防护禁止施工。

4.11.7　拆除线路、道岔或其他设备时,必须在电务及其他有关单位人员配合的情况下进行作业。

4.11.8　在封锁施工时间内,施工完毕开通线路前,施工负责人和专业技术人员必须仔细检查线路质量,各种机具、材料是否侵限,确认达到开通条件后,必须经设备管理单位确认,施工负责人方可通知驻站联络员登记消点。

4.11.9　在封锁时间内,如不能按时完成计划施工任务,需要延长作业时间,施工负责人必须提前向车站申请延时作业请求。

4.11.10　在道岔尖轨上进行线路养护作业时,应与工区电务联系,待电务配合人员到达工地后方可施工。施工时,严禁把单轨车、撬棍等导电工具、设备横放在钢轨上;严禁使用无绝缘的道尺、起钉撬棍等工具,以免造成轨道电路短路,错误恢复信号。在上述地段进行线路养护捣固或调整轨缝时,应注意不得损坏轨道电路连接线和绝缘片等设备,避免造成轨道电路故障。

4.11.11　养护完道岔,要把道岔清扫干净,严防道砟影响道岔尖轨滑动。

4.11.12　线路开通养道期间须使用液压拨道器,严禁使用齿条式压机在行车线上作业。起道作业时,必须使用带绝缘的道尺。

4.12　站内收料作业

4.12.1　占用车站股道收料时,收料负责人由副队长及以上领导担任。

4.12.2　利用轨道吊(或汽车吊)在营业线上(或邻近)进行收料时,要加强检查和监视,吊运物料时,支撑要稳,物品要捆牢,禁止超载现象。

4.12.3　若必须利用单轨车在既有线路上进行倒运笨重的物料时,必须派驻站联络员在车站登记要点、单轨车前后各50m处设防护、跟随足够的作业人员后,方可使用。

4.12.4　跨越股道抬运短轨、轨枕时,应有专人指挥,尽量在平整的地面行走。

4.12.5　利用单轨车倒运钢轨、轨枕等笨重物体时,严禁在信号设备、道岔区、线路两侧有大量堆积物的地段卸车,卸下的物料距钢轨外侧的水平距离不少于810mm,距钢轨顶面的垂直距离不大于300mm。

4.12.6　利用平板车装轨时,层间垫木应选用垛码轨枕用的垫木,尽可能使用硬杂木。垫放位置应与平板车面上的转向架及钢支撑相对应,长度应超出钢轨面,不足或超长时可插入接茬或锯掉。

4.12.7　转向架的4个钢支撑与转向架高度相差40mm,可在钢支撑面上加放相应厚度的垫木并用铁丝捆紧,使钢支撑和转向架均匀受力。

4.12.8　钢轨装好后,用直径15mm的钢丝绳在钢轨两端1m以上位置全部兜住所装钢轨,并用撬棍绞紧钢丝绳,安装卡头用扳手拧紧。

4.12.9　装运零散配件时,应把零散配件装箱后,堆放在平板车中部。

4.12.10　收轨车收轨结束后,发电司机盘好电源连线,拨轨人员回收“安全护桩”,操作司机将电动葫芦居中,盘好按钮电缆,收轨负责人检查捆绑及其他确认无误后通知发车返回。

4.12.11　收轨列车司机应加强瞭望,平稳操作,一般情况禁止紧急制动,防止钢轨窜动,并应经常观察钢轨车的运行状态。

4.12.12　如在既有线上进行收料作业,必须向车站进行要点。收料作业完毕后,经施工负责人检查确认,各种机具、材料不侵限,确认施工列车已返回指定位置,已达到放行列车的条件,通知两端及各工点防护员撤除防护后,通知驻站联络员开通线路。

本章条文说明

(1)本章是为适应铁路建设安全生产管理需要,体现近年来新的工程结构、系统设备及其相应工艺方法、工序过程等的特点,控制工程施工中的不安全行为和状态,预防事故发生而编制。本章贯彻落实了现行安全生产法律法规的规定,与有关管理规章进行了全面对接,与相关技术标准进行了充分协调,对铁路轨道工程施工中的安全管理和施工作业行为提出了明确的要求。

(2)依据现行法律法规的规定,建设、勘察设计、施工、监理及其他参与铁路工程建设的单位都应依法承担安全生产责任,必须建立安全生产保障体系,健全安全生产责任制,并积极采用先进的技术和方法,加强和改进安全生产管理,保证铁路工程施工安全。

(3)相关人员的安全教育培训应符合规定,培训及考核情况应保持记录,必要时,应由上级部门或建设、监理单位检查其执行情况。特种作业是指容易发生人员伤亡事故,对操作者本人、他人及周围设施的安全可能造成重大危害的作业。直接从事特种作业的人员称为特种作业人员。特种作业人员在现行国家标准《特种作业人员安全技术考核管理规则》(GB 5306)中有明确的规定。

(4)钢轨焊接设备操作人员应经过专业培训,并应持有国家铁路主管部门认可的技术机构颁发的"钢轨焊接工操作许可证";驾驶机车、重型轨道车、大型养路机械设备的人员,必须持有铁路主管部门颁发的有效驾驶证;从事铁路行车工作的有关人员,必须经职业技能鉴定、岗位任职资格考试合格,取得相关岗位任职资格后方可任职。

(5)专项施工方案是以技术复杂或危险性较大的单项施工项目或其中的某一个分部、分项工程为对象进行编制,用以指导其施工全过程并重点考虑施工方法、机械设备利用、劳动力和材料安排、安全生产保证措施的具体文件。根据《铁路建设工程安全生产管理办法》(铁建设〔2006〕179 号)第三十八条规定。

(6)施工单位应对达到一定规模的危险性较大工程编制专项施工方案,进行安全检算,经单位技术负责人、总监理工程师审核后实施,必要时应组织专家论证,并由施工单位专职安全生产管理人员进行现场监督。对铁路轨道工程中需要编制专项施工方案的,本章均有明确规定。没有明确规定的,应视工程的危险程度确定是否需要编制专项施工方案。

(7)为了加强建设工程安全生产费用管理,建立建筑施工企业安全生产投入长效机制,根据《建设工程安全生产管理条例》及铁路部门《高危行业企业安全生产费用财务管理暂行办法》(铁建设〔2007〕139 号)要求,以建筑安装工程造价为计取依据,铁路工程安全生产费用提取的比例为不得少于建筑安装工程造价的 1.5%。

(8)施工单位对列入建设工程概算的安全作业环境及安全施工措施所需费用,应当用于施工安全防护用具及设施的采购和更新、安全施工措施的落实、安全生产条件的改善,不应挪作他用。

(9)施工安全工作流程可参照说明图 20-1 进行。

(10)轨道材料简称轨料,狭义指钢轨、道岔、轨枕(预应力混凝土枕、双块式轨枕、木枕)、轨道板、扣配件、轨道连接配件等,广义尚包括道砟等在内。

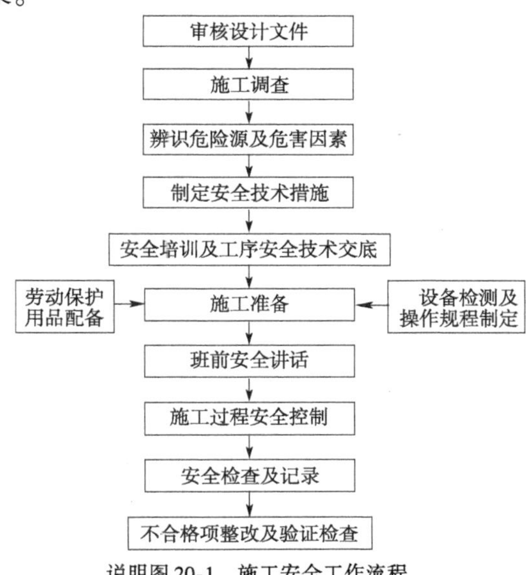

说明图 20-1　施工安全工作流程

第六篇

房 建 工 程

第二十一章　房建工程施工

引　言

本章是针对杭海城际铁路的特点，参照《房屋建筑工程施工技术指南》(赵资钦编著，中国建筑工业出版社出版)，在吸收杭海城际铁路及周边区域城际轨道交通工程实践经验的基础上编制而成。本章以施工质量验收标准为依据，重点对施工过程中的工艺、工法、质量保证措施作出了规定，反映了工程施工的新技术、新材料、新工艺、新设备，充分体现了区域城际轨道交通工程房建工程的技术特点和施工控制要求。本章适用于区域城际轨道交通工程房建工程施工的质量控制，凡在本章中未做规定的，均按国家、行业及地方现行的有关强制性标准执行。

本章主要内容包括：选用原则、技术特点和注意事项、地基处理、基础施工、主体结构施工、装饰装修工程施工、机电工程施工等。

主编单位：浙江杭海城际铁路有限公司

参编单位：中铁一局集团有限公司、西安铁一院工程咨询监理有限责任公司、中铁第四勘察设计院集团有限公司、浙江省交通规划设计研究院

主要执笔人：罗士瑾、宋技、余传波、王宇、李绍斐、张治国、张盼、刘长江、聂大祥、翟科

主要审查人：马锡海、葛海航、明红青、叶志雄、胡立翔、姜林波、赵丁、张赐、刘勇

1　地基处理技术

1.1　主要内容

地基处理技术主要包括换填垫层、强夯和强夯置换、排水固结、真空预压法、碎石桩和砂桩、夯实水泥土桩、水泥土搅拌桩、高压旋喷桩。

1.2　选用原则

1.2.1　换填垫层法适用于淤泥、淤泥质土、素填土、杂填土地基及暗沟、暗塘等的浅层处理，常用于低层房屋地坪处理、堆料场地及道路工程等，处理深度通常控制在3m以内较为经济合理。

1.2.2　强夯法适用于处理碎石土、砂土、低饱和度的粉土与黏性土、杂填土和素填土等地基，强夯置换法适用于高饱和度的粉土与黏性土地基。

1.2.3　排水固结法适用于处理淤泥、淤泥质土和冲填土等饱和黏性土地基。砂井法特别适用于存在连续薄砂层的地基，有机质土一般采用砂井联合超载预压的方法。真空预压法适用于均质黏性土及含薄粉砂夹层黏性土等地基的加固，尤其适用于新吹填土地基的加固。对于砂性土地基，加固效果不甚理想。一般认为有效加固深度在10m以内。对于在加固范围内有足够水源补给的透水层而又没有采取隔断水源补给的措施时、不宜采用真空预压法。对渗水系数小的软黏土地基，真空

预压法和砂井或塑料排水板法等竖向排水方法相结合方能取得良好的加固效果。

1.2.4 碎石桩适用于砂性土、非饱和黏性土,以炉渣、建筑垃圾为主的杂填土及松散的素填土,砂桩用于加固松散砂土、人工填土,对于在饱和黏性土地基上变形控制要求不严的工程也可采用碎石桩。

1.2.5 水泥土搅拌桩适用于处理淤泥、淤泥质土、粉土和含水率较高且地基承载力标准值不大于 120kPa 的黏性土地基,当地下水具有侵蚀性时,宜通过试验确定其适用性。

1.2.6 高压旋喷桩适用于淤泥、淤泥质土、黏性土、粉土、砂土、人工填土等地基,不宜用于含有较多的大粒径块石、坚硬黏性土、大量植物根茎或有过多有机质的地基,不能用于地下水流速过大和已涌水的工程。

1.2.7 水泥粉煤灰碎石桩(CFG 桩)。

水泥粉煤灰碎石桩适用于淤泥、淤泥质土、黏性土、粉土、砂性土、杂填土及湿陷性黄土地基中以提高地基承载力和减少地基变形为主要目的的地基加固,对于松散的砂性土或粉土,应考虑采用非排土成桩工艺施工,若以挤密或消除液化为目的时,采用 CFG 桩不太经济。

1.2.8 夯实水泥土桩。

夯实水泥土桩适用于粉土、黏土、素填土、杂填土、淤泥质土等地基,通常复合地基承载力可达 180~300kPa,根据目前施工机具水平,多用于地下水位埋藏较深的地基上。当有地下水时,适用于渗透系数小于 10^{-5}cm/s 的黏性土及桩端以上 50~100cm 有水的地质条件。当天然地基承载力标准值 $f_k<60$kPa 时可考虑挤土成孔以利于桩间土承载力的提高和发挥。

1.3 注意事项

1.3.1 换填垫层:

(1)换填垫层施工应合理选用垫层材料并根据不同的换填材料选择施工机械,其分层铺堆厚度、每层压实遍数等宜通过试验确定,对于存在软弱下卧层的垫层,应针对不同施工机械设备的质量、碾压强度、振动力等因素确定垫层底层的铺填厚度。

(2)为获得最佳夯压效果,宜采用垫层材料的最佳含水率作为施工控制含水率。

(3)对垫层底部的下卧层中存在的软硬不均点,应根据其对垫层稳定及建筑物安全的影响确定处理方法。

(4)严禁扰动垫层下卧层的软弱土层。

1.3.2 强夯和强夯置换法。

(1)夯锤大小决定于要求处理的深度和起重设备起吊高度。夯锤底面形状一般为圆形,夯锤中设若干个与其顶面贯通的排气孔。

(2)强夯施工宜采用带有自动脱钩装置的履带式起重机,要采取安全措施防止落锤时机架倾覆。

(3)强夯施工前应查明场地范围内的地下管线的位置,并采取措施避免损坏。应在现场有代表性的场地选取试验区进行试夯或试验性施工,以确定相应的施工参数。

(4)应评估强夯施工所产生的振动对周围建筑物的影响,必要时应采取防振或隔振措施。

(5)强夯施工应做好监测工作,包括锤重、落距、夯点放线、每个夯点的夯击次数和每击的夯沉值。

1.3.3 排水固结法。

排水固结法施工包括排水系统施工和预压施工。排水系统包括砂垫层和竖向排水体两部分。

(1)砂井成孔方法有:沉管法和水冲法两种。砂井的灌砂量应按井孔的体积和砂在干密时的干密度计算,其实际灌砂量不得小于计算值的 95%;袋装砂井施工所用钢管内径略大于砂井直径,所选用的砂宜用干砂,并应灌制密实。

(2)塑料排水板应有良好的透水性,有足够的湿润抗拉强度和抗弯曲能力。

(3)真空预压的总面积不得小于建筑物基础外缘所包围的面积,且应超出建筑物基础外缘2~3m。每块薄膜覆盖的面积应尽可能大,如需分块预压时,每块间距不宜超过2~4m,且每块预压区应至少设置两台真空泵。

(4)真空预压的抽气设备采用射流真空泵。真空管路的连接点应严格进行密封,管路中设置止回阀门和截门。水平向分布滤水管一般设在排水砂垫层中,密封膜一般铺设3层。

(5)真空预压的密封膜应采用抗老化性能好、韧性好、抗穿刺能力强的不透水材料,一般采用密封性聚乙烯薄膜或线性聚乙烯专用薄膜。密封膜热合时宜用两条热合缝的平搭接,搭接长度应大于15mm。

(6)加载预压工程应分级逐渐加载,在加载过程中应每天进行竖向变形、边桩位移及孔隙水压力等项目的观测。

1.3.4 碎石桩和砂桩。

(1)施工前需进行成桩挤密试验,以确定桩间距、填砂石量等有关参数。

(2)施工顺序应间隔进行,孔内实际填砂石量不少于设计值的95%。

(3)振动法施工时应采取有效措施保证挤密均匀和桩身的连续性。锤击法挤密根据锤击的能量,控制分段的填砂石量和成桩的长度。

1.3.5 水泥土搅拌桩。

(1)施工前通过成桩试验确定搅拌桩的材料配比和施工工艺。

(2)所使用的固化剂浆液严格按预定的配合比拌制,泵送时需连续。

(3)当遇到较硬土层下沉太慢时,可适量冲水,但需考虑冲水成桩对桩身强度的影响。

(4)搅拌机喷浆提升的速度和次数要符合工艺的要求。

1.3.6 高压旋喷桩。

(1)高压旋喷桩依据喷射流的不同,分为单管法、二重管法和三重管法。

(2)可根据需要在水泥浆中加入适量的外加剂(由试验确定),以改善水泥浆液的性能。

(3)水泥浆液的水灰比越小,其处理地基的强度越高,但常用的水灰比取1.0。

(4)通常在底部和顶部进行复喷,其次数根据工程要求决定。

(5)高压旋喷注浆过程中出现压力骤然下降、起升或大量冒浆等异常情况时,需查明原因并及时采取措施。

1.3.7 水泥粉煤灰碎石桩(CFG桩)。

(1)单桩承载力应通过现场载荷试验确定,试验桩数一般为总桩数的1%并不少于3根。

(2)施打顺序一般有连续施打和间隔跳打两种。在软土中,桩距较小时,连续施打可能造成缩颈,宜采用隔桩跳打;施打新桩时与已打桩间距时间不应少于7d。在饱和的松散粉土中,因松散粉土的振密效果较好,先打桩施工完后,土体的密度会明显增加,当桩距较小时,补打新桩沉管十分困难,并非常容易造成已打桩断桩,因而宜采用连续施打的工序。

(3)拔管速率过快会造成桩径偏小或缩颈甚至断桩;太慢可能造成浮浆,使桩端石子与水泥浆离析,导致桩身强度低。一般拔管速率宜控制在1.2~1.5m/min,密实电流控制在50~55A为宜。如遇淤泥土或淤泥质土,拔管速率可适当放慢。

1.3.8 夯实水泥土桩。

(1)可采用人工或机械夯实法夯实成桩时,夯实压实系数应大于0.93,保证桩体设计强度。

(2)对于没有振密和挤密效应的地基宜采用排土法成孔,一般用长旋钻和洛阳铲成孔。对于有挤密和振密效应的地基,当需要提高桩间土承载力时,可用挤土法成孔,一般采用锤击式打桩机或振动打桩机成孔。

(3)夯实水泥土桩复合地基中褥垫层是不可缺少的一部分,它具有保证桩土共同承担荷载,减少基础底面应力集中,调整桩上垂直和水平荷载分担的作用。

1.3.9　术语。

地基处理技术涉及的相关术语主要有:

(1)地基处理:用各种换料、掺合料、化学剂、电热等方法或机械手段来提高地基土强度,改善土的变形特征或渗透性的处理技术。

(2)淤泥:在静水或缓慢流水环境中沉积、经生物化学作用形成的土。

(3)黏性土:颗粒间具有黏聚力的土。

(4)软弱夹层:岩体中夹有的强度较低或被泥化、软化、破碎的薄层。

(5)强夯法:用重量达数十吨的重锤自数米高处自由下落,给地基以冲击力和振动,从而提高一定深度内地基土的密度、强度并降低其压缩性的方法。

(6)排水砂井:在软土地基中成孔,填以砂砾石,形成排水通道,以加速软土排水固结的地基处理方法。

(7)塑料排水板法:将塑料板芯材外包排水良好的土工织物排水带,用插带机插入软土地基中代替砂井,以加速软土排水固结的地基处理方法。

(8)预压法:在软黏土上堆载或利用抽真空时形成的土内外压力差加载,使土中水排出,以实现预先固结,减小建筑物地基后期沉降的一种地基处理方法。

(9)真空预压法:在软黏土中设置竖向塑料排水带或砂井,上铺砂层,再覆盖薄膜封闭,抽气使膜内排水带、砂层等处于部分真空,利用膜内外压力差作为预压荷载,排除土中多余水量,使土预先固结,以减少地基后期沉降的一种地基处理方法。

(10)夯实水泥土桩:是用人工或机械成孔,选用相对单一的土质材料,与水泥按一定配比,在孔外充分拌和均匀制成水泥土,分层向孔内回填并强力夯实,制成均匀的水泥土桩。桩、桩间土和褥垫层一起形成复合地基。

(11)水泥土搅拌桩:利用水泥、石灰或其他材料作为固化剂,通过特别的深层搅拌机械,将其与地基深层土体强制搅拌,经物理-化学作用、硬化形成加固体。水泥土搅拌桩分为深层搅拌桩和粉喷搅拌桩。

(12)高压喷射注浆法:采用注浆管和喷嘴,用相当高的压力将气、水和水泥浆从喷嘴射出,直接破坏地基土体,并与之混合硬凝后形成固结体,以加固土体和降低其渗透性的方法。旋转喷射的称为旋喷法,定向喷射的称为定喷法,摆设一定角度喷射的称为摆喷法。

2　基础工程施工技术

2.1　主要内容

基础分为浅基础和深基础。

浅基础根据它的受力条件和大小可以分为:刚性基础、扩展基础、筏板基础、箱形基础等。深基础主要指各种桩基础。

2.2　选用原则

2.2.1　刚性基础:又称为无筋扩展基础,适用于地基坚实、均匀、上部荷载较小,6层和6层以下的一般民用建筑和墙承重的轻型厂房。

2.2.2　扩展基础:多为钢筋混凝土锥形基础,适用于6层和6层以下的一般民用建筑和整体式

结构厂房承重的柱基和墙基,地基承载力一般不低于80kPa。

2.2.3　筏板基础:又称为满堂红基础。钢筋混凝土片筏、格构式基础,适用于地基土质软弱又不均匀、有地下室或当柱子或承重墙传来的荷载很大的情况,或建造6层或6层以下横墙较密集的民用建筑。一般在荷载不很大、柱网较均匀,且间距较小的情况下采用平板式,荷载较大的情况采用梁板式。

2.2.4　箱形基础:适用于作软弱地基上的面积较大、平面形状简单、荷载较大或上部结构分布不均匀的高层建筑物的基础和对建筑物沉降有严格要求的设备基础或特种构筑物基础。

2.2.5　桩基础:

(1)钻(冲)孔桩:冲孔桩适用于黄土、黏性土或粉质黏土和人工杂填土,特别适用于有孤石的砂砾石层、漂石层、坚硬土层、岩层,对流砂层亦可克服,但对淤泥质土则须十分慎重,对地下水大的土层不宜采用。钻孔桩适用于地下水位较高的软、硬土层,如淤泥、黏性土、砂土、软质岩层。

(2)人工挖孔桩:适用于桩直径1200mm以上,持力层较浅、地下水位低、土质好、单桩承载力要求较高的工程。

(3)预制柱:主要有钢桩、钢筋混凝土方形桩和预应力混凝土管桩等,其中最常用的沉桩方法有锤击法和静压法。预制桩宜以较厚较均匀的强风化或全风化岩、坚硬黏性土层、密实碎石土、砂土、粉土层作桩端持力层。在下列情况下不宜采用:施工场地地面的地耐力较低、土层中含有较多较难清除障碍物。

(4)沉管灌注桩:主要有锤击沉管和振动沉管混凝土灌注桩,适用于不存在特殊硬夹层的各类软弱地基,可进入黏性土、密实砂土或碎石土等,但不宜用于标准贯入击数N大于12的砂土、N大于15的黏性土和碎石土。

(5)灌注桩后注浆技术:适用性较大,几乎可用于各种土层,并适用于各种机械成孔灌注桩,只要成桩前预留注浆通道即可。

2.3　技术特点和注意事项

2.3.1　刚性基础:这种基础的特点是抗压性能好,而整体性,抗拉、抗弯、抗剪性能差。施工时基槽应进行验槽,局部软弱土层应挖去。

2.3.2　扩展基础:验槽同刚性基础;垫层混凝土在基坑验槽后应立即浇筑,以免地基土被扰动。基础混凝土宜分层连续浇筑完成。

2.3.3　筏板基础:基础的整体性好,抗弯刚度大,可调整和避免结构物局部发生显著的不均匀沉降。施工时应注意:

(1)地基开挖时,地下水位应降至基坑底50cm以下,还要注意保持坑底土的原状结构。

(2)筏板基础很长(40m以上)时,应留设贯通后浇缝带;对超厚的筏板基础,应考虑采取降低水泥水化热和浇筑入模温度措施。

2.3.4　箱形基础:具有整体性好,刚度大,调整不均匀沉降能力及抗展能力强,可消除因地基变形使建筑物开裂的可能性,减小基底处原有地基自重应力,降低总沉降量等特点。应注意:

(1)基坑开挖时,地下水位应降至基坑底50cm以下,还要注意保持坑底土的原状结构。

(2)基坑开挖时,应验算边坡稳定性。

(3)基坑开挖到设计基底标高经验收后,应随即浇筑垫层和箱形底板,防止地基土被破坏。

(4)基础很长(40m以上)时,应留设贯通后浇缝带;对超厚的筏板基础,应考虑采取降低水泥水化热和浇筑入模温度措施。

2.3.5　桩基础:

(1)钻(冲)孔桩:钻(冲)孔桩设备构造简单,适用范围广,操作方便,能制成较大直径和各种长度,能满足不同承载力的要求,穿透旧基础、大孤石等障碍物的能力强。基本不受施工场地限制,防污染环境。但成孔质量和水下灌注混凝土质量需严格控制,应加强泥浆处理措施。

(2)人工挖孔桩:具有施工设备简单、质量容易控制、无噪声、单桩承载力高、造价低等优点,但工人作业环境差、伤亡事故多。应注意防止塌孔,保证混凝土坍落度和配比,注意地下水及流砂的处理。该桩型属于限制使用技术。

(3)预制桩:具有施工速度快、造价低的特点,但穿透力较低,施工时应通过工程试桩确定收锤或施压标准。

(4)沉管灌注桩:设备简单、操作方便、施工速度快、造价低,但桩径不大、单桩承载力较小、振动大、噪声高、质量不易保证,应防止产生缩径、断桩等问题。

(5)灌注桩后注浆技术:具有单桩承载力大,可消除钻孔桩桩底沉渣与桩侧泥皮的缺陷,成桩质量好,节约工程造价等优点。缺点是压力注浆必须在桩身混凝土强度达到一定值后方可进行,故施工周期较长。

2.3.6 术语。

基础工程施工技术涉及的相关术语主要有:

(1)刚性基础:又称无筋扩展基础,是指由砖、毛石、混凝土或毛石混凝土、灰土和三合土等材料组成,具有较高整体刚性的墙下条形基础或柱下独立基础。

(2)扩展基础:是指柱下钢筋混凝土独立基础和墙下钢筋混凝土条形基础。

(3)筏板基础:通常就是一块支承着许多柱子或整个结构的大的钢筋混凝土板。

(4)箱形基础:是由顶板、侧墙、底板和一定数量的内隔墙构成的整体刚度较好的单层或多层钢筋混凝土基础,空间部分可结合建筑使用功能设计成地下室,是多层和高层建筑中广泛采用的一种基础形式。

(5)桩基础:是指深入土层的柱形构件即桩与连接桩顶的承台组成的桩基础。

(6)灌注桩后注浆技术:是指钻孔、冲孔或挖孔等灌注桩在成桩后,将高压水泥送进预埋的压浆管,使浆液对桩端土层及桩端附近的桩周土层起到渗透、填充、压密和固结的作用。

3 基坑支护技术

3.1 主要内容

基坑支护技术的主要内容包括支护体系技术、地下水控制技术和土石方开挖技术。支护体系按其工作机理和材料特性,可分为水泥土挡墙体系、排桩和板墙式支护体系以及边坡稳定式三类。

3.2 选用原则

3.2.1 水泥土挡墙式支护技术。

(1)深层搅拌水泥土桩一般适用于基坑开挖深度小于7m,基坑红线位置和周围环境允许的情况下,适合在素填土、淤泥质土、流塑及软塑状的黏土、粉土及粉砂性土等软土地区采用;不适用于厚度较大的可塑及硬塑以上的软土、中密以上的砂土和地下有块石、碎砖等障碍物的地层中。

(2)高压旋喷桩一般适用于软弱土层,基坑开挖深度不深的地区,一般运用在排桩之间,作为桩间止水桩,与排桩一起共同起止水作用,不单独用作支护结构形式。

3.2.2 桩(板)墙支护技术。

(1)钢板桩用于开挖深度较浅、地下水位较深、工程量较小的工程中。

(2)钢筋混凝土板桩是一种传统的支护结构围护墙,截面带有企口,有一定挡水能力,用后不再拔出,永久留在地基土中。在建筑施工中目前运用较少,只用于施工后钢板桩难以拔除的地段和一些特殊情况的工程中。

(3)型钢横挡板围护墙多用于土质较好、地下水位较深的地区。

(4)钻孔灌注桩可用于各类土质条件的地区,但其止水效果较差,一般在桩间用搅拌桩或旋喷桩进行止水。

(5)人工挖孔桩一般适用于地下水量较少、土质好且稳定的地层中,属于限制使用技术。

3.2.3　土钉喷锚支护技术。

一般适用于可塑、硬塑或坚硬的黏性土,胶结或弱胶结的粉土、砂土和角砾,填土,风化岩层,允许土体有一定量的变形移位;开挖深度一般不宜大于12m的基坑。

3.2.4　锚杆施工技术。

适用范围较广,通常与排桩或墙板结构联合用于深基坑支护中,一般锚固在土质条件较好的地层或岩层中,施加预应力后有助于限制支护结构变形移位。

3.2.5　组合式支护结构技术。

一般适用于基坑范围大、开挖深度深(或超大、超深)的基坑;环境要求严格,用常规的单排桩(墙)或重力式挡墙不能满足强度和变形控制要求;加内支撑或锚杆难以实施或周围环境不允许;施工工期有明确的限制,坑内不允许有障碍;常规围护结构方案经济效益欠佳时采用的一些特殊的围护结构形式。

3.2.6　地下连续墙施工技术。

适用于基坑开挖深度大,止水要求严格,土层复杂,周围环境复杂,并对四周变形要求严格的工程中。

3.2.7　型钢水泥土复合搅拌桩支护结构技术。

适用于基坑开挖深度较大,止水要求较高的软土地层中。

3.2.8　土石方施工技术。

包括放坡开挖、直立壁无支撑开挖、直壁内支撑开挖和直壁拉锚开挖技术,根据基坑开挖的深度和所处工程地质情况,选用不同的开挖形式。放坡开挖技术一般适用于基坑周边开阔,满足放坡条件的较浅基坑;不宜用于淤泥、流塑土层及地下水位高于开挖面且未经降水处理的基坑。

3.2.9　地下水控制技术。

包括采用集水明排、井点降水和基坑周边止水防渗等技术。

3.3　技术特点和注意事项

3.3.1　水泥土挡墙式支护技术。

(1)深层搅拌水泥土桩的技术特点:一般坑内无支撑,便于机械化快速挖土;具有挡土、止水的双重功能;一般情况下较为经济。其缺点是位移相对较大,围护结构厚度较大,而且在施工时要注意防止影响周围环境。

注意事项:保证设计规定的水泥掺和量;要严格控制桩位和桩身垂直度;水泥浆的水灰比要控制;关键是要搅拌均匀,成桩应采用二次搅拌工艺,喷浆搅拌时控制好钻头的提升或下降的速度;要限制相邻桩的施工间歇时间,以保证搭接成整体。

(2)高压旋喷桩的技术特点:具有挡土和止水的双重功能,但桩身强度较低,桩径难以控制;在流塑状的淤泥中易产生缩颈现象;在有机质含量过高的土中,有机质可能会对水泥土强度的增长造成不良影响;在腐殖土和块石过多、直径过大时,会影响成桩效果。另外,由于造价高,施工速度慢,噪声较大,有泥浆污染问题等,限制了其在工程中的大量运用。

3.3.2　桩(板)墙支护技术。

(1)钢板桩的技术特点:钢板桩的优点是材料质量可靠,在软土中施工方便,施工速度快而且简便;可多次重复使用,其缺点是:一般钢板桩的刚度不够大,用于较深的基坑支护时,支撑(或拉锚)的工程量大;止水效果较差,拔除时易带土,如处理不当会引起土层移动,可能危害周围的环境。

(2)钢筋混凝土板桩的技术特点:施工简便,但施工时有噪声;止水效果较差,需要辅以止水措施;自重大,受起吊设备限制,不适合大深度基坑。现已较少运用在工程中。

(3)灌注桩的技术特点:施工时无振动、无噪声、无挤土,对周围环境影响小;墙身强度高、刚度大,支护稳定性好,变形小;灌注咬合桩也能起到止水效果。其缺点是:桩间可能会造成水土流失,桩与桩之间主要通过桩顶冠梁和围檩连成整体,因而相对整体性较差。

3.3.3 土钉喷锚施工技术特点:施工设备少,操作方便,工艺简单,用电和用水量少,环境无污染,噪声较低,施工速度快,造价低廉。

注意事项:喷锚支护应该在充分降、排水的前提下采用;不得用于没有自稳能力的淤泥和饱和软土中,应慎重考虑喷锚支护的变形对环境的影响,并应加强对喷锚支护的基坑监测。

3.3.4 锚杆施工技术特点;施工噪声和振动很小,适用性强;可以灵活地与其他支护措施结合使用,明显减小支护结构尺寸,节约工程材料,可以有针对性地施加预应力,有效控制基坑支护结构及邻近建筑物的变形量,为地下工程施工提供开阔的工作面,改善施工条件。加快工程进度,经济效益显著。

注意事项:

(1)应注意对锚杆伸出建筑红线以外的限制要求及其对周边地下管线和地下埋设物或地下结构的影响。

(2)采用密集锚杆时,应当采取防止群锚效应相互影响的措施。

3.3.5 组合式支护结构具有特殊的围护结构形式。技术特点:能充分发挥各类建筑材料的力学性能,使其“各在其位,各尽其能”。使围护结构具有尽可能大的效能。作为一个围护结构,其效能主要表现在有足够的强度和刚度。大多数组合支撑围护结构都采用了各种构造措施,使它们连接成整体,系统内部各构件能协同工作,共同发挥作用,使构件具有较好的整体性,其空间效应非常明显,从而保证了围护结构应具有的稳定性。

3.3.6 地下连续墙的施工技术特点:施工时振动少,噪声低,可减少对周围环境的影响,能紧邻建筑物和地下管线施工。地下连续墙刚度大、整体性好、变形相对较小,可用于深基坑的支护中。缺点是其单独用作围护结构墙则成本较高,施工时需泥浆护壁,泥浆要妥善处理,否则会影响环境。

3.3.7 型钢水泥土复合搅拌桩支护结构技术特点:不仅能大大提高墙体的抗弯与抗剪能力,而且连续性好,抗渗能力强,对周围环境挤土作用较小。型钢水泥土复合搅拌桩支护结构与拱形水泥土搅拌桩围护结构相比,挡墙较薄,节约空间;与地下连续墙围护结构相比,无需泥浆处理,造价较低,仅为壁式地下连续墙的60%,如果钢材能回收,造价还可降低一半。与柱列式连续墙加搅拌桩围护结构相比,全过程只有一种施工工艺,工艺简单,操作方便,总工期短,而且无需泥浆处理;与钢板桩或预制板桩相比,对环境挤土作用较小,且抗渗漏能力较强。

注意事项:

(1)水泥浆中掺加剂除掺入一定量的缓凝剂外,宜掺入一定量膨润土,利用膨润土的保水性增加水泥土的变形能力,防止墙体变形后过早开裂影响其抗渗性。

(2)对于不同工程、不同的水泥浆配合比,在施工前应做型钢抗拔试验,再采取涂减摩剂等一系列措施保证型钢顺利回收利用。

4 钻孔灌注桩施工

4.1 适用范围

本部分内容适用于回旋钻成孔、冲击钻成孔、旋挖钻成孔等灌注桩的施工。

4.2 作业准备

4.2.1 技术准备。

(1)会同设计、监理完成现场交接桩和施工技术交底工作。组织测量部门进行轴线定位和各控制点的闭合复核,对施工人员进行专项培训等。

(2)熟悉和分析施工现场的水文、地质等资料,熟悉设计图纸并编制钻孔桩单项施工组织设计,向作业队施工人员进行技术、安全、质量、环保交底,确保施工过程中的工程质量和人身安全。

(3)熟悉施工现场环境,摸清施工范围内的地下管线、地下构筑物、危险建筑等分布情况。

(4)按照混凝土的强度设计要求,做水下混凝土配合比、施工配合比试验,满足钻孔桩灌注混凝土的要求。

4.2.2 机具准备。

做好机具设备、场地的规划布置。钻孔钻机大致分为三类:一是冲击式钻机,配有钻架和起吊、冲击等全套设备;二是回旋钻机;三是旋挖钻机。施工单位可根据钻孔直径、深度、土层情况、供应条件选择适当的钻机。

4.2.3 场地准备。

钻孔场地的平面尺寸应按桩基设计的平面尺寸、桩基数量和钻机底座平面尺寸、钻机移位要求以及其他配合施工机具设施布置等情况而定。施工场地或工作平台的高度应考虑施工期间可能出现的高水位或潮水位,并高出其上0.5~1.0m。

4.2.4 桩位测定。

根据设计资料,复核桩位轴线控制网和标高基准点。确定桩位中心,以中心为圆心,以大于桩身半径在四周十字护桩,做好标记并固定好。经驻地监理工程师核查、批准后开钻。

4.3 技术要求

4.3.1 安装钻机时机座底部应垫平,保持稳定,并打入木楔防滑,不得产生位移和沉陷。钻尖、钢丝绳在同一垂线上,与护筒中心偏差不得大于5cm,钻机就位测量护筒顶标高,用于钻孔过程中进行孔深测量的参考。

4.3.2 钻进过程中,应始终保持孔内水位应高于护筒底口500mm以上,掏取钻渣和停钻时应及时向孔内补水,保持水头高度。

4.3.3 测量钻进深度,用测绳系重锤从孔底量至护筒顶部,应经常对钻孔泥浆及钻机对位进行检测,不符合要求时,应及时改正。

4.4 施工程序与工艺流程

4.4.1 施工程序。

施工程序主要是场地平整或钻孔平台搭设、设备安装、泥浆调制、钻进施工、泥浆循环处理及清孔、钢筋笼加工及安装、混凝土灌注。

4.4.2 施工工艺流程。

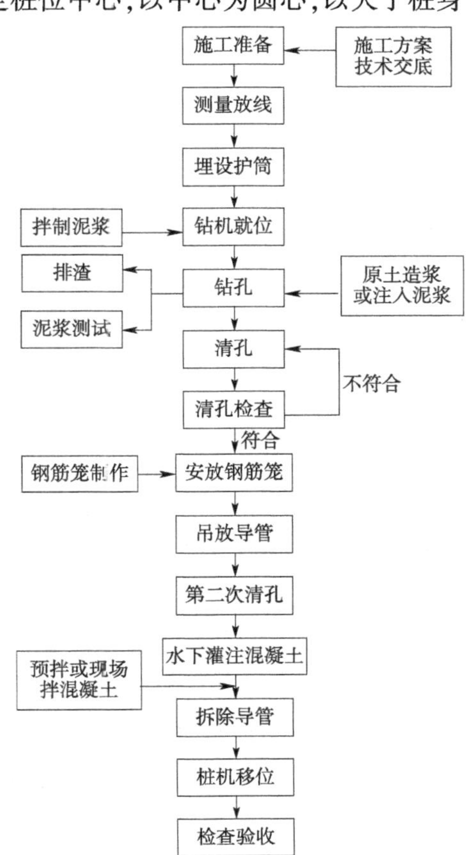

图21-1 泥浆护壁钻孔灌注桩施工工艺流程图

泥浆护壁钻孔灌注桩施工工艺流程如图21-1所示;干钻成

孔灌注桩施工工艺流程如图 21-2 所示。

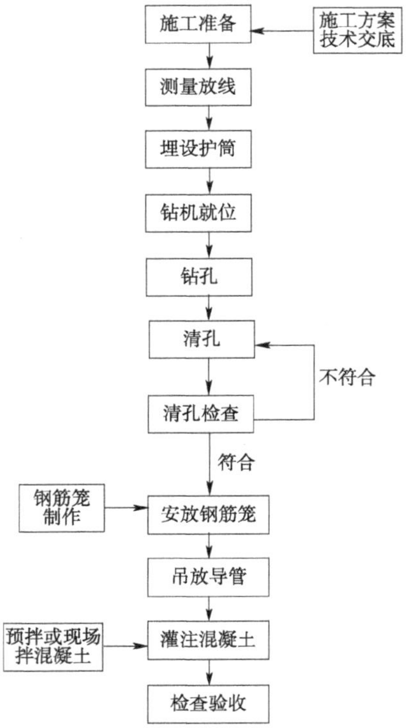

施工方案技术交底 → 施工准备 → 测量放线 → 埋设护筒 → 钻机就位 → 钻孔 → 清孔 → 清孔检查（不符合：返回清孔；符合：继续）→ 安放钢筋笼（钢筋笼制作）→ 吊放导管 → 灌注混凝土（预拌或现场拌混凝土）→ 检查验收

图 21-2　干钻成孔灌注桩施工工艺流程图

4.5　施工要求

4.5.1　桩位放样。

钻孔桩定位使用十字定位法标出钻孔桩位置并编号,桩位测量利用主体结构的轴线,采用全站仪测量定位,保证孔位准确无误,同时考虑各种施工误差。

4.5.2　埋设护筒。

钢护筒用厚 3 ~ 5mm 钢板制成,内径比钻头直径大 10cm,护筒制作长度 2m 左右,护筒顶端留有高 0.4m、宽 0.2m 的出浆口,护筒下端设刃脚。钢护筒埋设时先放出桩位点,过桩位中心点拉十字线在护筒外 80 ~ 100cm 设控制桩,在桩位处挖出圆坑,然后在坑底填筑 30 ~ 50cm 厚的黏土,分层夯实,安设护筒,周围用黏土填筑,护筒中心与桩位中心偏差不得大于 50mm,其埋置深度:在黏性土中不宜小于 1.0m,在砂性土中不宜小于 1.5m。

4.5.3　钻机就位。

(1)钻机就位时,必须保持钻机平稳、不倾斜和位移,并采取一定的固定措施。为控制钻孔深度,应对每桩位地面测设标高,以便施工控制和记录。

(2)钻机就位时,应采取措施保证钻具中心和护筒中心重合,其偏差不应大于 20mm。钻机就位后应平整稳定,保证在钻进过程中不产生位移和摇晃,否则应及时处理。

4.5.4　钻孔施工。

(1)钻孔一般要求:钻孔前应根据工程地质资料和设计资料,使用适当的钻机种类、型号,并配备适用的钻头,调配合适的泥浆。开钻时在护筒下一定范围内应慢速钻进,待导向部位或钻头全部进入土层后,方可加速钻进。

(2)回旋钻机反循环成孔:

①在反循环钻孔前,首先启动砂石泵,待形成正常循环,才能开动钻机慢速下放钻头至孔底。

②钻进中应认真观察进尺情况和砂石泵排水出渣情况,排量减少或出水中含钻渣较多时,应控制钻进速度。

③在砂砾、砂卵石地层钻进时,为防止钻渣过多,卵砾石堵塞管路,可采用间断钻进、间断回转的方法控制钻速。

④加接钻杆时,应先停止钻进,将钻头提离孔底 80 ~ 100mm,维持泥浆循环 1 ~ 3min,待钻渣携出排净后停泵加接钻杆。

⑤钻杆连接应拧紧上牢,防止螺栓、螺母、拧卸工具等掉入孔内。

⑥钻进出现坍孔、漏砂等异常情况,应立即提升钻头,并控制泵量,保持循环,同时向孔内输送性能符合要求的泥浆,并保持水头压力。

(3)回旋钻机正循环成孔:

①钻头下孔后,钻头应距孔底 50 ~ 100mm,并开动泥浆泵,使泥浆循环 2 ~ 3min。然后开动钻机钻进,增加钻速和钻压并适当控制钻进速度。

②正常钻进时,应调整合理的参数钻进。

③在砂砾层钻进时,易引起钻头跳动、蹩车蹩泵、钻孔偏斜等现象,故操作时注意控制给进,加大

泵量，降低转速。

④在易坍孔地层钻进时，应调大泥浆相对密度和黏度。

⑤加接钻杆时先将钻头提高，泥浆循环3~5min后加接钻杆。

⑥钻进过程中，应防止扳手、管钳、垫叉等工具掉入孔内。

(4)冲击钻成孔：

①冲击成孔时应使用相对密度大、黏度高的泥浆护壁。

②冲击时应控制钢丝绳放松量，严禁"打空锤"，损坏冲击机具。

③用卷扬机施工时，应在绳上标识控制冲程。冲击钻头到底后要及时收绳提起冲击钻头以防钢丝绳缠卷钻头或反缠卷筒。

④在黏土层中，冲击宜采用较低冲程，以防黏泥包钻头。

⑤在淤泥中冲击钻进时，应增加碎石和黏土投放量，并用0.75~1.5m的较小冲程，边投边冲，增加孔壁稳定性。

⑥在卵砾层冲击钻进时，应多投放黏土少投放碎石，冲程可增加到2~2.5m。

⑦在漂石层冲击钻进时，可回填硬度和漂石相近的碎石，用高冲程冲击或高低冲程交替冲击。

⑧在基岩中，宜采用高冲程和高频率，应不断转动钻头，改变钻头冲击位置，防止出现梅花形孔底或发生斜孔。

⑨冲孔时随时测定和控制泥浆密度，每冲击1~2m深应排渣一次，并定时补浆，直至设计深度。

(5)旋挖钻成孔：

①当遇到坍塌夹层土时，可输入制备泥浆，也可采取提高水头高度或投放粉状泥浆材料，钻机孔内旋转拌和。

②水位下成孔提钻时，要先停置1~3min后慢提，以防负压增大吸垮孔壁或造成缩孔。

③每次提升取土后，要及时注水或输入泥浆。

4.5.5　护壁用泥浆制作。

(1)护壁泥浆一般由水、黏土(或膨润土)和添加剂按一定比例配制而成，可通过机械在泥浆池、钻孔中搅拌均匀。

(2)施工前施作泥浆池。泥浆池一般分循环池、沉淀池、废浆池三部分，从钻孔中排出的泥浆首先经过沉淀池沉淀，再通过循环池进入钻孔，沉淀池中的超标废浆液通过泥浆泵排至废浆池后集中排放。泥浆池的总容量宜按一台成孔设备计算，不宜小于桩体积的3倍。

(3)施工过程中试验员控制泥浆参数，循环浆不能满足参数要求时，倒入废浆池静置外运处理；新浆配制完成静置24h后倒入循环池使用。

(4)泥浆稠度一般大于18~22s，泥浆相对密度在1.15~1.25g/mm^{3}之间，泥浆含砂率小于8%；胶体含量大于90%。

4.5.6　清孔。

(1)清孔分两次进行，钻孔桩钻到设计深度后，对孔深、孔径、垂直度进行测检，符合要求后进行第一次清孔。钢筋骨架、导管安放完毕，混凝土灌注之前，应进行第二次清孔。

(2)第一次清孔根据设计要求，施工机械采用换浆、抽浆、掏渣等方法进行，第二次清孔根据孔径、孔深、设计要求采用正循环、泵吸反循环等方法进行。

(3)第二次清孔后的沉渣厚度和泥浆性能指标应满足设计要求。

(4)不论采用何种清孔方法，在清孔排渣时，必须注意保持孔内水头，防止塌孔。不得采取加深桩孔深度的方法代替清孔。

4.5.7　钢筋笼制作、吊装。

(1)桩主筋采用双面搭接焊或对焊，双面搭接焊焊接长度≥5d；定位加筋位于主筋内侧，并与主筋焊接;箍筋与钢筋笼整体焊接;外侧焊接钢筋笼定位筋,确保桩的保护层,并且一次整体吊装就位,焊接及加工钢筋笼偏差按规范要求执行。

(2)钢筋笼加工过程中加强检查,选用与钢筋笼加工相匹配E500焊条,调节点焊机的电流参数,确保加工质量。主筋焊接焊缝质量,螺旋箍筋的节点焊接数量及质量。

(3)钢筋笼运输采用小车倒运和吊车倒运相结合的方式。如图21-3所示。小车负责长范围内钢筋笼的水平运输,吊车负责有障碍情况下和近距离的钢筋笼倒运工作。当工程桩钢筋笼长度在25~40m之间,钢筋笼采用上下段分开,孔口单面电弧焊接方案。

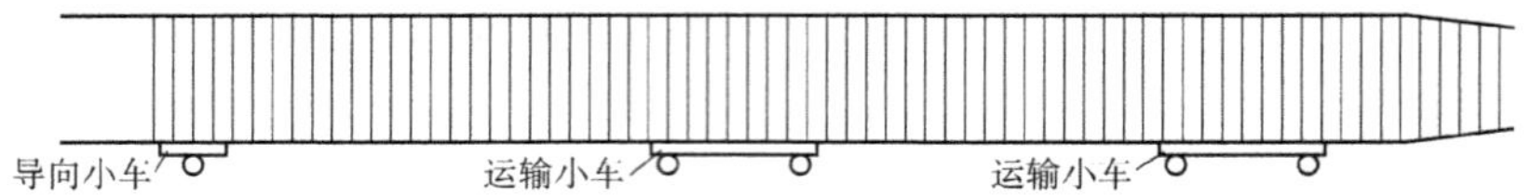

图21-3　运输小车运输长钢筋笼

(4)钻孔至设计标高后,检查孔深、孔径、垂直度符合要求后,进行清孔换浆,达到要求后立即用吊车一次整体吊装就位,钢筋笼在起吊、运输及安装过程中采取措施防止变形,起吊点设在加强箍筋部位。钢筋笼吊入后固定牢靠,防止混凝土浇筑过程中上浮。

4.5.8　灌注水下混凝土

(1)混凝土灌注是确保成桩的关键工序,混凝土灌注前应做好一切准备工作,保障混凝土灌注连续、紧凑地进行。灌注混凝土采用导管法,导管使用前均调直、试拼装、试压编号,检查接口连接是否严密牢固,同时检查拼装后的垂直情况。使用前要进行过球、水密及承压试验。导管使用后及时清除管壁内外黏附的混凝土残浆。

(2)混凝土的配制要具有良好的和易性,细集料采用中、粗砂,粗集料采用粒径不大于40mm的卵石或碎石;坍落度为18~22cm。正式拌制混凝土前,根据试配结果,选择合适的配比。采用集中拌制混凝土,罐车运输,吊车配合施工。

(3)在混凝土开灌前,导管居中安放入孔,导管底距孔底高度控制在30~50cm,且第一节导管长度不小于4m,导管上端连接混凝土漏斗,且漏斗顶面离地面距离不大于2000mm。开始灌注时,在漏斗下端设隔水塞。待初灌混凝土足够后,截断隔水塞的系接铁丝,使混凝土猝然落下,迅速落至孔底并把导管裹住,封底混凝土最小厚度250mm,使导管埋入混凝土的深度保持2.0~3.0m。

(4)每根桩的水下混凝土灌注工作紧凑、连续地进行,并应分层振捣,分层高度为500~1000mm,严禁中途停工。混凝土灌注过程中导管应始终埋在混凝土中1~2m,严禁将导管提出混凝土面。钻孔桩灌注顶标高应高出桩顶设计标高一定标高,以便清除浮浆,保证钻孔桩质量。

4.5.9　凿桩头。

桩头混凝土强度达到设计值的25%时,立即拔除地面上钢套管并凿除桩头多余混凝土,其截除的高度满足截桩以上的新浇混凝土不小于50cm,凿除桩头混凝土采用人力风镐凿除。

4.6　劳动力组织

劳动力组织见表21-1。

劳动力安排表(100m桩长)　　表21-1

工　种	人员数量(人)	工　种	人员数量(人)
普工	10	钢筋工	8
机械操作工	10	试验工	2
电工	2	起重工	2

4.7　材料要求

4.7.1　根据工程设计要求及地质状况,孔内填料可用素土、灰土、水泥土、粉煤灰等。

4.7.2　素土：土料有机物含量≤5%，土的含水率达到最佳含水率；砂、石灰粒径≤5mm；水泥：实验室复验合格；粉煤灰：质量检验合格。

4.7.3　钢护筒用厚3~5mm钢板制成，内径比钻头直径大10cm，护筒制作长度2m左右，护筒顶端留有高0.4m、宽0.2m的出浆口，护筒下端设刃脚。

4.7.4　商品混凝土生产供应单位，应具有企业资质等级证书，并应符合其资质等级营业范围。混凝土质量应符合现行规范、规程和《混凝土质量控制标准》(GB 50164—2011)的要求。

4.7.5　雨季施工时，应准备塑料布等防雨材料。

4.8　机具设备配置

4.8.1　钻机：

(1)冲击钻机(主要由钻架、卷扬机、钻头、泥浆泵组成)；

(2)回旋钻机；

(3)旋挖钻机。

4.8.2　泥浆循环和净化处理：泥浆循环系统主要由泥浆池、高压泥浆泵、出浆管和进浆管4大部分组成。泥浆机械净化设备为泥浆分离器。

4.8.3　清孔设备：清孔设备主要有捞渣筒、泥石泵、泥浆泵、空气吸泥机等。

4.8.4　混凝土机械：混凝土搅拌站、混凝土搅拌运输车、混凝土泵车、导管、漏斗、溜槽、储料斗等。

4.8.5　起重设备：汽车吊。

4.8.6　测量设备：水准仪、全站仪等。

4.8.7　试验设备：混凝土试模、台秤、万能材料试验机、压力机等。

4.8.8　电力设施：内燃发电机、变压器。

4.9　质量控制及检验

4.9.1　根据不同地层，控制使用好泥浆指标。在回填土、松软层及流砂层钻进时，严格控制速度。地下水位过高，应升高护筒，加大水头。地下障碍物处理时，一定要将残留的混凝土块清除。孔壁坍塌严重时，应探明坍塌位置，用砂和黏土混合回填至坍塌孔段以上1~2m处，捣实后重新钻进。

4.9.2　钻头直径应满足成孔直径要求，并应经常检查，及时修复。易缩径孔段钻进时，可适当提高泥浆的黏度。对易缩径部位也可采用上下反复扫孔的方法来扩大孔径。

4.9.3　保证施工场地平整，钻机安装平稳，机架垂直，并注意在成孔过程中定时检查和校正。钻头、钻杆接头逐个检查调正，不能用弯曲的钻具。在坚硬土层中不强行加压，应吊住钻杆，控制钻进速度，用低速度进尺。对地下障碍物预先处理干净。对已偏斜的钻孔，控制钻速，慢速提升，下降往复扫孔纠偏。

4.9.4　严格控制混凝土质量和坍落度，混凝土和易性要好。混凝土进入钢筋笼后，混凝土上升不宜过快，导管在混凝土内埋深不宜过大，严格控制在一定范围，提升导管时，不宜过快，防止导管钩钢筋笼。

4.9.5　成孔时严格控制泥浆密度及孔底沉渣，第一次清孔必须彻底清除泥块，混凝土灌注过程中导管提升要缓慢，特别到桩顶时，严禁大幅度提升导管。严格控制导管埋深，单桩混凝土灌注时，严禁中途断料。拔导管时，必须进行精确计算，控制拔导管后混凝土的埋深，严禁凭经验拔管。

4.10　安全及环保要求

4.10.1　安全要求：

(1)冲击钻成孔机械要安放平稳，防止冲孔时突然倾倒或冲锤下落。起落钻头速度应均匀，不得突然加速,避免碰撞护筒和孔壁。一般不宜多用高冲程,以免扰动孔壁而引起坍孔、扩孔、卡钻事故。用卷扬机施工时,应在钢丝绳上做记号控制冲程。冲击钻头到底后要及时收绳提起冲击钻头,防止钢丝绳缠卷冲击钻具或反缠卷筒。

(2)采用泥浆护壁成孔,控制好泥浆密度、孔内水头高度、护筒埋设深度、钻机垂直度、钻进和提钻速度,以防塌孔,造成机具塌陷。

(3)钢丝绳要勤检查,勤保养,断丝超过规定值的要及时更换,钢丝绳的卡子要经常检查,松动的卡子要及时补拧。机械设备发生故障后及时检修,禁止带故障运行,不违规操作,杜绝机械和车辆事故。

(4)护筒埋设完毕、灌注混凝土完毕后的桩坑应加以保护,或填埋或覆盖。钢筋骨架起吊要平稳,严禁猛起猛落,并拉好尾绳。

(5)必须保证泥浆补给,保持孔内泥浆面稳定。

(6)钻孔应一次成孔,不得中途停顿。如因故障停顿时,钻头应提出孔外,孔口加盖防护。每次淘渣后或因其他原因停钻后再次开钻时,应由低冲程逐渐加大到正常冲程,以免卡钻。

(7)施工中要注意:风、水、电安全可靠,井孔周围清洁整齐,有足够的照明,交通道路的脚手板、防滑栏杆等平顺牢固。

(8)高空作业工作人员要戴安全帽,穿防滑鞋、系安全带。对工人应进行安全教育、操作规程教育,严防发生工程质量和人身事故。

4.10.2　环保要求:

(1)采用低噪声设备或工具,合理安排作业时间。

(2)施工废水、废浆、施工机械设备废油应排入沉淀池集中处理,不得直接排放,钻出的泥土及时运走。

(3)桩基施工泥浆不得随意排放,必须经过沉淀池沉淀,经检查合格后才能排放,否则应在指定地点处理。

5　静压法施工预应力管桩

5.1　适用范围

本部分内容适用于高压缩性黏土层或砂性较轻的软黏土地基($\omega > \omega_p$, $\gamma_0 < 1.75$, $\varphi < 20°$, $\alpha_{1-2} > 0.03$, $I_P > 10$, $N < 10$)等相同地质条件、相同加固机理的静压管桩施工。

5.2　作业准备

5.2.1　施工前应做场地查勘工作,对妨碍施工或对安全操作有影响的设施,应先做清除、移位或妥善处理后方能开工。

5.2.2　施工前应做好场地平整工作,对不利于施工机械运行的松软场地,必须采取有效的措施进行处理。

5.2.3　测量放线,定出桩位基准线、水准基点,并妥加保护,施工前已复核桩位。

5.2.4　选择和确定桩机的进出路线施工顺序,做好技术交底。

5.2.5　根据施工图纸,为确定桩承载力是否满足设计要求及确定压桩的各种技术参数进行试桩,试桩数量定为3根,试桩位置由建设单位、监理单位及设计单位现场确定。

5.2.6　在具体施工时应选择合理的压桩施工顺序,能减少桩的侧向位移,工程施工时按整体施工安排分区段施工,每个区段施工遵循“先里后外、对称施工”的原则,以确保地基土挤压应力的平衡。

5.2.7　在正式压桩前,应按顺序规划出桩机行走路线、管桩运输道路和堆场。管桩的进场堆放应根据压桩顺序,按不同的规格分类堆放。

5.3　技术要求

5.3.1　静压法沉桩即借助桩机自重和配重,通过压梁将整个桩机自重和配重以电动油泵液压方式施加在桩身上,当施加给桩的静压力与桩的入土阻力达到动态平衡时,桩在自重和静压力作用下逐渐压入地基土中。

5.3.2　静力压桩与锤击相比具有无噪声、无振动、无污染、安全等优点,但在饱和软黏土地区压桩与打桩一样,都可能产生超静孔隙水压力。压桩期间,应由建设单位委托有资质的监测单位对已有建筑物和管线进行跟踪动态监测。

5.3.3　要做好施工现场的排水工作,以保证在沉桩过程中场地无积水,施工用水、用电已接入到施工现场规定之处。

5.3.4　检查打桩机械设备、起重机具、压力表等。

5.3.5　压桩机安装必须按设备说明书和有关规定程序进行。

5.3.6　启动门架支撑油缸,使门架微倾15°,以便插预制桩。

5.3.7　当桩尖插入桩位后,微微启动压桩机油缸,待桩入土至50cm时,再次校正桩的垂直度和平台的水平,然后再启动压桩机油缸,把桩徐徐压下,施工速度一般控制在2m/min以内即可。

5.3.8　当压桩力已达到2倍设计荷载或桩端已达到持力层时,应随时进行稳压。

5.3.9　压桩施工时,应派专人或开启自动记录设备,做好沉桩施工记录。

5.3.10　沉桩施工前,应先试桩。试桩数量不少于2根,以确定贯入度及桩长,并校验压桩设备和沉桩施工工艺及技术措施是否符合实际要求。

5.4　施工程序与工艺流程

5.4.1　施工程序。

压桩程序示意图如图21-4所示。

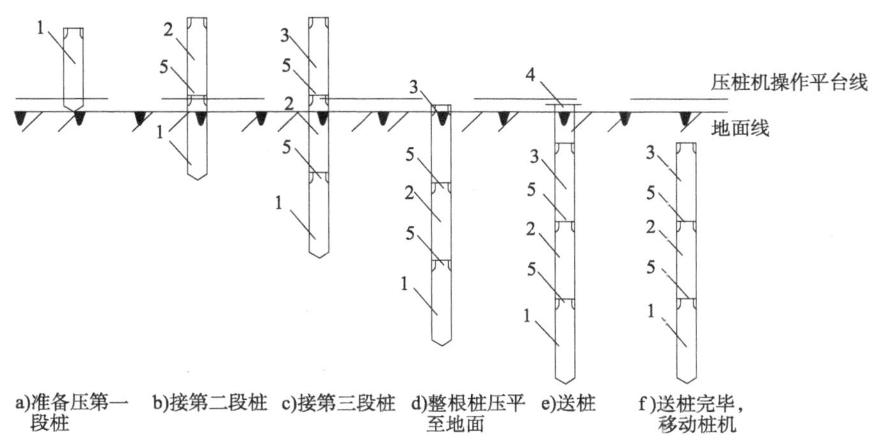

图21-4　压桩程序示意图

1-第一段桩;2-第二段桩;3-第三段桩;4-送桩;5-接桩处

5.4.2　施工工艺流程。

桩机到位⟶吊桩⟶竖立插入桩机夹实器内⟶桩尖对准桩位⟶仪器校正⟶夹实器夹紧⟶压桩(记录油压值)⟶对上下段桩(压至焊接位置)⟶接桩⟶压桩⟶压至送桩位置⟶插入送桩位置⟶插送桩器⟶压送桩⟶达设计标高、记录泊压值。

5.5 施工要求

5.5.1 桩位放线。

场地平整后放线定桩位,定位后要在每个桩位中心点打入一根竹签作桩位标记。桩位放线后会同有关人员对轴线和桩位进行复核。轴线和桩位经复核无误后才可施工。

5.5.2 桩位测设。

根据平面方格控制网按设计要求进行桩定位放线,确定桩位,每根桩中心钉一小木桩,并设置油漆标志。同时测出每个桩位的实际标高,场地外设水准点,以便随时检查之用。

5.5.3 管桩的进场质量检验。

桩身完整性采用进场前按设计要求进行质量检测。

管桩进场时,应有出厂合格证,其规格、批号、制作日期应符合所属的验收批号内容,混凝土强度应达到设计强度等级标准值以上,故要求现场要堆放一定量的桩,按“先进场桩先打”的原则,满足管桩的强度要求。同时,还应对管桩的规格尺寸和外观质量进行检查,严禁使用质量不合格及在吊运过程中产生裂缝的管桩。

5.5.4 堆放吊运。

考虑到场地的不平度,管桩堆放时一般需设计两个支点(桩端0.271处)。两端的管桩应用木楔枕紧,以防止滚动。管桩起吊运输中应免受振动、冲撞,其吊点设在桩端0.271处。

5.5.5 试压桩。

根据施工图纸,为确定桩承载力是否满足设计要求及确定压桩的各种技术参数进行试桩,每个施工区试桩数量暂定为3根,其位置由建设单位、监理单位及设计单位现场确定。

在具体施工时应选择合理的压桩施工顺序,能减少桩的侧向位移,本工程施工时分区段施工,每个区段施工遵循“先里后外、对称施工”的原则,以确保地基土内挤压应力的平衡。

在正式压桩前,应按顺序规划出桩机行走路线、管桩运输道路和堆场。管桩的进场堆放应根据压桩顺序,按不同的规格分类堆放。

5.5.6 插桩。

桩打入过程中修正桩的角度较困难,因此就位时应正确安放。第一节管桩插入地下时,要尽量保持位置方向正确,认真检查,若有偏差应及时纠正,必要时要拔出重压。校核桩的垂直角,即用两个方向(互成90°)经纬仪使导架保持垂直。通过桩机导架进行调整。经纬仪应设置在不受桩影响处,并经常加以调平,使之保持垂直。

5.5.7 接桩。

接桩时要注意新接桩节与原桩节的轴线一致,两施焊面上的泥土、油污、铁锈等要预先清刷干净。上节桩找正方向后,对称点焊4~6点加以固定,管桩焊接施工应由有经验的焊工按照技术规程的要求认真进行;焊接时,为减少焊接变形,两焊工同时相向对焊;采用多层焊,施焊第一层时,应适当加大电流,加大熔深。采用手工焊接,第一层用$\phi3.2$或$\phi4.0$的E4320型焊条,第二层以后用$\phi4.0 \sim \phi5.0$的E4320型焊条,要保证焊接质量。

在桩帽基坑土方开挖时,对桩长度低于桩顶标高的工程桩,必须将桩长接至桩顶标高,接桩前在接桩位置处的桩帽土方应挖至桩顶下50cm处,在桩基周围留有800mm宽的操作空间,以便于工人在接桩时操作,同时应将桩径周围的地下水和污泥进行处理,并将桩头施焊处的油污、铁锈等预先清理干净后再进行接桩,其接桩要求按压桩时的接桩要求进行操作。

5.5.8 送桩。

为将管桩打到设计标高,需要采用送桩器,送桩器用钢板制作,设计送桩器的原则是压入阻力不能太大,容易拔出,能将冲击力有效地传到桩上,并能重复使用,同时在送桩时应掌握好送桩的长度要求，原则上送桩的长度应控制在基础标高下 1m 的范围内，不宜送桩过深。

5.5.9　现场施工人员应如实、及时、准确地做好管桩施工原始记录。

5.5.10　检测单桩承载力。

根据规范及设计要求，单桩竖向承载力验桩数量不少于桩总数的 0.2%，且不少于 3 根。单桩竖向承载力采用现场载荷试验方法检测，按各区块单体设计要求，验桩位置由设计、质检、监理和建设等有关单位现场确定，由专业检测单位进行检测。

5.6　劳动力组织

劳动力组织见表 21-2。

劳动力安排表(100m 桩长)　　表 21-2

工　　种	人员数量(人)	工　　种	人员数量(人)
机械操作工	6	普工	6
起重工	4		

5.7　材料要求

材料要求见表 21-3。

管桩外观质量要求　　表 21-3

项　　目		产 品 等 级		
		优等品	一等品	合格品
黏皮和麻面		不允许	局部黏皮和麻面累计面积不大于桩总外表面积的 0.2%；每处黏皮麻面的深度不大于 5mm，且应修补	局部黏皮和麻面累计面积不大于桩总外表面积的 0.5%，每处黏皮和麻面的深度不大于 10mm，且应修补
桩身合缝漏浆		不允许	漏浆深度不大于 5mm，每处漏浆长度不大于 100mm，累计长度不大于管桩长度的 5%，且应修补	漏浆深度不大于主筋保护层厚度，每处漏浆长度不大于 300mm，累计长度不大于管桩长度的 10%，或对称漏浆的搭接长度不大于 100mm，且应修补
局部磕损		不允许	磕损深度不大于 5mm，每处面积不大于 20cm²，且应修补	磕损深度不大于 10mm，每处面积不大于 50cm²，且应修补
内外表面露筋		不允许		
表面裂缝		不得出现环向和纵向裂缝，但龟裂、水纹和内壁浮浆层中的收缩裂纹不在此限		
桩端面平整度		管桩端面混凝土和预应力钢筋镦头不得高出端板平面		
断筋、脱头		不允许		
桩套箍凹陷		不允许	凹陷深度不大于 5mm	凹陷深度不大于 10mm
内表面混凝土脱落		不允许		
接头和桩套箍与桩身结合面	漏浆	不允许	漏浆深度不大于 5mm，漏浆深度不大于周长的 1/8，且应修补	漏浆深度不大于主筋保护层厚度，漏浆长度不大于周长的 1/4，且应修补
	空洞和蜂窝	不允许		

5.8 机具设备配置

5.8.1 压桩机:采用全液压步履式静力压桩机。

5.8.2 运输及垂直运输设备:平板车、汽车吊。

5.8.3 测量设备:水准仪、全站仪等。

5.8.4 电力设施:内燃发电机、变压器。

5.9 质量控制及检验

5.9.1 静力压桩单桩竖向承载力,可通过桩的终止压力值大致判断,但因土质的不同而异。桩的终止压力不等于单桩的极限承载力,要通过静载对比试验来确定一个系数 K,然后再利用系数和终止压力 σ_s,求出单桩竖向承载力的标准值 σ_k,即 $\sigma_k = K\sigma_s$。如判断的终止压力值不能满足设计要求,应立即采取送压加深处理或补桩,以保证桩基的施工质量。压桩应控制好终止条件。压桩到设计桩长时,压力表的压力达到单桩承载力2倍时,即可停止压桩,否则应会同设计和监理单位确定是否增加桩长。

5.9.2 压桩应连续进行,接桩均采用钢端板焊接法焊接,接桩面应保持干净;上下段中心线应对齐,偏差不大于10mm;节点矢高不得大于1%桩长。

5.9.3 垂直度控制,调校桩的垂直度是沉桩质量的关键,须高度重视。插桩在一般情况下入土30~50cm为宜,然后进行调校。桩机操作人员在施工长的组织、指挥下,掌握好双方角度尺两个方向上都归零点,使桩机纵横方向保持水平,调校垂直在规范允许值以内才能沉桩。在沉桩过程中施工员随时观察桩的进尺变化,如遇地质层有障碍物、桩杆偏移时,应分1~2个行程逐渐调直。

5.9.4 适当限制压桩速度,沉桩速度一般控制在1m/min左右为宜,使各层土体能正确反映其抗剪能力。当地基表层中存在大块石头等障碍物时,要避免压偏。

5.9.5 采用焊接法接桩,要分层均匀地将套箍对焊的焊缝填满,为加快施工速度,减少接桩时间,可设2~3名焊工同时施焊,焊毕自然冷却后即可进行沉桩。

5.9.6 确保管桩桩身不受损坏;桩帽、桩身和送桩的中心线应重合;压同一根桩应缩短停歇时间。

5.9.7 记录入桩行程深度及相应压力值,以判别入桩情况正常与否及桩的承载能力。

5.10 安全及环保要求

5.10.1 安全要求:

(1)各岗位的操作人员必须经过技术培训,并取得有审批资格部门颁发的合格证后,方可上岗操作。严禁无证操作。

(2)进入施工现场的人员,必须正确佩戴安全帽。

(3)桩机操作员必须按规定穿着工作鞋。严禁采用拖鞋、凉鞋、硬底鞋为工作鞋。

(4)高空作业和下桩管作业的操作人员,必须正确佩戴经检验合格的安全带。

(5)各种动力设备均应设置安全保护罩。

(6)压桩压力过大引起抬机是正常现象,但不能抬得过高、倾斜。

(7)吊运桩前,必须认真检查所有机具及索夹具是否可靠,并进行一次试吊,符合安全使用要求后才能投入使用。

(8)严格按起重"十不吊"规程作业,应注意现场的协调配合,吊机在运吊回转过程中,应注意周围人员动向。

(9)管桩堆放应按要求不宜超过两层,底层两端的桩应采用木楔枕紧,以防桩体滚动伤人。

(10)压桩时要认真检查使用机具,关键部位重点检查,经试运转,符合安全施工要求才能正式投

入生产,施工中每一星期对设备进行一次检查,避免事故发生。

(11)桩架照明要用低压(24V),严禁使用220V。

(12)起吊重物前,班长、指挥员、卷扬机司机必须检查施工现场人员所在位置是否安全,方可操作。现场没有指挥人员时,严禁进行起重吊装工作。

(13)起吊桩管时,负责吊装的操作人员必须集中精力,吊装范围内严禁站人和放置设备。

(14)预防火灾措施及其他安全措施:

①现场备有灭火器和砂箱等灭火工具,不得移作他用。

②油料及易燃物品必须远离火种,妥善存放,油料着火时,应用灭火器和砂扑灭,严禁用水扑救。

5.10.2　环保要求:

(1)施工现场机械设备加油要防止洒漏,严禁污染。

(2)每一区域打桩完成后,要及时清理施工现场,做到工完场地清。

(3)施工区内材料堆放要整齐,车辆停放要有规则,保持道路通畅,施工区内道路不得随意挖断、堆放器材、乱停放车辆。

(4)随时做好施工区域排水工作,排水沟要保持通畅,场地不应有积水。

6　独立基础施工

6.1　适用范围

本部分内容适用于6层和6层以下的一般民用建筑和整体式结构厂房柱基施工。

6.2　作业准备

6.2.1　内业准备:

(1)熟悉设计施工图纸,编制详细的施工技术方案。

(2)做好技术交底工作和班前交底工作。

6.2.2　外业准备:

(1)对建设单位移交的平面控制点、水准控制点等进行引测、复核及办理相关移交手续。

(2)施工临水、临电已接至施工场地;施工机具设备及人员已准备好。

(3)浇筑混凝土前完成钢筋隐蔽验收手续。

(4)基础模板支撑牢固、稳定,轴线、标高等经检查符合设计及施工验收规范要求,并办完验收和工序交接手续。

6.3　技术要求

当建筑物上部结构采用框架结构或单层排架结构承重时,基础常采用方形、圆柱形和多边形等形式的独立式基础,这类基础称为独立式基础也称单独基础,是整个或局部结构物下的无筋或配筋基础。独立基础一般设在柱下,常用断面形式有踏步形、锥形、杯形。材料通常采用钢筋混凝土、素混凝土等。当柱为现浇时,独立基础与柱子是整浇在一起的;当柱子为预制时,通常将基础做成杯口形,然后将柱子插入,并用细石混凝土嵌固,此时称为杯口基础。混凝土独立基础是工业与民用建筑中常见的一种浅基础形式,为柔性基础。

6.4　施工程序与工艺流程

6.4.1　施工程序。

建筑物的混凝土独立基础形式有阶形独立基础、杯形独立基础,常用的基础模板有木模板、定型组合钢模板、胶合板模板。

(1)阶形独立基础模板支设在基坑底垫层上弹出基础中线,把截好尺寸的木板加钉木挡拼成侧板,在侧板内表面弹出中线,再将各阶的四块侧板组拼成方框,并校正尺寸及角部方正。安装时先把下阶模板放在基坑底,两者中线互相对准,用水平尺校正标高。在模板周围钉上木桩,用平撑与斜撑支撑顶牢,然后把上台阶模板放到下台阶模板上,两者中线互相对准,并用斜撑与平撑加以钉牢。

(2)杯形独立基础模板支设在上阶模板,安装好并校正标高后,将杯芯模板的轿杠搁置在上阶模板上,对准中线,加设木挡予以固定。

6.4.2 工艺流程,见图21-5、图21-6。

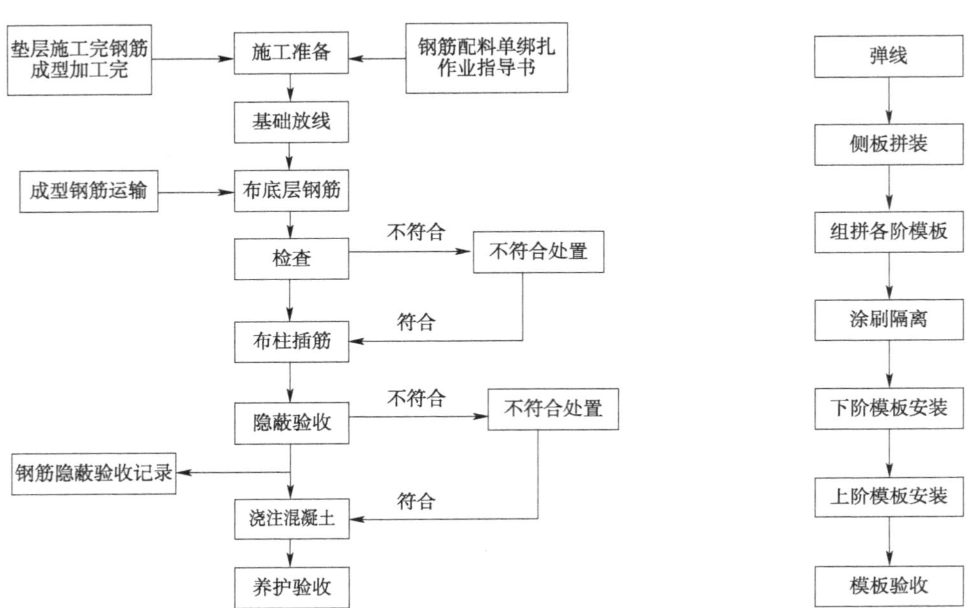

图21-5 独立基础钢筋绑扎混凝土浇筑施工工艺流程图

图21-6 独立基础模板支设施工工艺流程图

6.5 施工要求

6.5.1 钢筋绑扎:

(1)核对钢筋半成品,按顺序绑扎。一般情况下先长轴后短轴,由一端向另一端依次进行。操作时按图纸要求划线、钢筋布置、穿箍、绑扎,最后成型。

(2)预埋管线及铁件安装牢固,位置正确。

(3)受力钢筋搭接接头位置正确,接头相互错开。所有受力钢筋和箍筋交接处全绑扎,不得跳扣。

6.5.2 安装模板:首先确定组装钢模板方案,后安装组合钢模板。其纵横肋拼接用的U形卡、插销等零件,要求齐全牢固,不松动、不遗漏。

6.5.3 混凝土浇筑:混凝土振捣采用斜向振捣法,振捣棒与水平面倾角约30°左右,插棒间距以50cm为宜,防止漏振。振捣时间以混凝土表面翻浆出气泡为准。混凝土表面应随振随按标高线用木抹子搓平。

6.5.4 在常温条件下12h内应覆盖浇水养护,浇水次数以保持混凝土湿润为宜,养护时间不少于7d。

6.6　劳动力组织

劳动力组织见表21-4。

劳动力安排表（1000m²/10d）　　表21-4

序　号	工　种	人员数量(人)	序　号	工　种	人员数量(人)
1	普工	8	5	钢筋工	15
2	混凝土工	10	6	电工	2
3	模板工	20	7	测量工	2
4	操作司机	2	8	试验工	2

6.7　材料要求

6.7.1　模板使用前应用砂纸、钢丝球等除去模板表面锈迹，清理干净并涂刷脱模剂。

6.7.2　钢筋应符合国家标准《钢筋混凝土用热轧带肋钢筋》（GB 1499—2018）和《钢筋混凝土用余热处理钢筋》（GB 13014—2013）的要求，有原材质出厂合格证及现场复试报告。

6.7.3　商品混凝土生产供应单位，应具有企业资质等级证书，并应符合其资质等级营业范围。混凝土质量应符合现行规范、规程和《混凝土质量控制标准》（GB 50164—2011）。

6.8　设备机具配置

6.8.1　施工机械：汽车吊、混凝土泵车、混凝土输送车、插入式振捣器、平板式振捣器、交流电焊机、钢筋弯曲机、钢筋切断机、钢筋调直机。

6.8.2　工具用具：大小平锹、串筒、溜槽、胶皮管、混凝土卸料槽、吊斗、手推胶轮车、抹子。

6.9　质量控制

6.9.1　在已浇完垫层上弹出各十字相交轴线，供安模及钢筋安装使用。钢筋安装按设计图示及规范要求逐格绑扎。基础模板应具有足够的强度和稳定性，接缝宽度符合规定，模板与混凝土接触面应清理干净并刷隔离剂。

6.9.2　钢筋的品种质量、焊条的型号应符合设计要求，混凝土的配合比、原材料计量、搅拌、养护和施工缝的处理符合施工规范要求。混凝土应分层浇筑，振捣密实。

6.9.3　浇筑时每台泵配备6～8台插入式振动棒振捣，振捣时间控制在20～30s，以混凝土开始泛浆和不冒气泡为宜，并应避免漏振、欠振和过振，振动棒应快插慢拔，振捣时插入下层混凝土表面10cm以上，间距控制在30～40cm，确保两斜面层间紧密结合。

6.9.4　混凝土表面处理：用铁制滚筒在混凝土初凝前反复碾压表面，用木抹子进行表面提浆找平处理，以闭合水裂缝，初步标高用长刮杆刮平，再用木抹子收压两遍，这样既能排除混凝土因泌水在粗集料、水平钢筋下部生成的分水和空隙，提高混凝土与钢筋的握裹力，又能防止因混凝土沉落而出现裂缝，减少内部微裂，增加混凝土密实度，提高混凝土抗裂性能。在混凝土二次收面时立即覆盖一层草袋，并浇水养护。

6.10　安全及环保要求

6.10.1　安全要求：

（1）基础施工时，应先检查基坑、槽梆土质、边坡坡度，发现裂缝、滑移及时加固，堆放材料离开坑边1m以上，深基坑上下应设梯子或坡道，不得踩踏模板或支撑上下。

(2)基础浇筑应搭设牢固的脚手平台,脚手板铺设严密。用串筒下料或泵送混凝土浇筑要采取措施,防堵塞和爆管。

(3)现场作业人员,必须穿胶鞋。接电要安全可靠,设专门保护性接地导线,避免触电。如出现故障,立即切断电源,电线如有磨损,及时更换。

(4)雨雪、冰冻天施工架子应有防滑措施,五级以上大风应停止作业,夜间施工应装设足够的照明设施。

6.10.2 环保要求:

(1)施工现场应定期清理、回收拆下或剩下的模板、支撑、钢筋、焊接等材料,分类集中堆放。不同的废料集中堆放处理,保持基础范围内环境整洁。

(2)搬运钢筋要轻搬轻放,严禁随意抛掷钢筋,控制噪声污染。

(3)基础周边基坑回填前,应将坑内积水排除、淤泥、建筑垃圾杂物清理干净。

7 筏板基础施工

7.1 适用范围

本部分内容适用于地基土质软弱又不均匀,有地下室、柱子或承重墙荷载的大建筑物中。

7.2 作业准备

7.2.1 内业准备。

(1)熟悉设计施工图纸,编制详细的施工技术方案。

(2)做好技术交底工作和班前交底工作。

7.2.2 外业准备。

(1)浇筑混凝土前完成钢筋隐蔽验收手续。

(2)梁模板支撑牢固、稳定,轴线、标高等经检查符合设计及施工验收规范要求,并办完验收和工序交接手续。

7.3 技术要求

当地质条件差、上部荷载大时,可将部分或整个建筑范围的基础连在一起,其形式犹如倒置的楼板,又似筏子,故称为筏板基础,又称满堂基础。它在外形和构造上像倒置的钢筋混凝土平面无梁楼盖或肋形楼盖,分为平板式和梁板式两类。筏板基础由整块式钢筋混凝土平板或板与梁等组成,共同承受上部荷载,加强基础整体性。

7.4 施工程序与工艺流程

7.4.1 施工程序。

筏板基础施工可根据结构和施工条件,采用以下两种方法:

(1)先在垫层上绑扎底板、梁的钢筋和上部柱插筋,先浇筑底板混凝土,待强度达到25%以上后,再在底板上支梁侧模板,浇筑完部分混凝土。

(2)采取底板和梁钢筋、模板一次同时支好,梁侧模板用混凝土支墩或钢支脚支承,固定牢固,混凝土一次连续浇筑完成。

7.4.2 工艺流程。

垫层施工⟶防水施工⟶细石混凝土防水保护层⟶边模施工 ⟶钢筋施工梁侧模

安装──→浇筑混凝土。

7.5　施工要求

7.5.1　基础施工,一般均采取底板和梁混凝土一次连续浇筑完成。当梁为倒置式时,梁两侧用砖砌胎模施工。

7.5.2　基础长度较长时,按照设计要求留设后浇带。对超厚(厚度大于1m)的筏板基础,应按大体积混凝土施工的要求,采取降低水泥水化热、控制入模温度以及保温养护等措施。

7.5.3　混凝土浇筑,应先清除地基或垫层上淤泥和垃圾,基坑内不得有积水。木模应浇水湿润,板缝和孔洞应予堵严。

7.5.4　浇筑高度超过2m时,应使用串筒、溜槽,以防离析,混凝土应分层连续进行,每层浇筑厚度为250~300mm。浇筑时应经常注意观察模板、钢筋、预埋铁件、预留孔洞和管道有无走动情况,发现变形或位移时,应停止浇筑,在混凝土初凝前处理完后,再继续浇筑。

7.5.5　混凝土浇筑振捣密实后,混凝土表面应采用木抹子搓平或用铁抹子压光。

7.5.6　基础浇筑完毕,表面应覆盖和洒水养护,时间不少于7d,对大体积混凝土及有防水要求的混凝土,应采取保温养护措施,时间不少于14d。

7.6　劳动力组织

劳动力组织见表21-5。

劳动力安排表(1000m²/15d)　　表21-5

序　号	工　种	人员数量(人)	序　号	工　种	人员数量(人)
1	普工	5	5	钢筋工	15
2	混凝土工	5~8	6	电工	2
3	模板工	10	7	测量工	2
4	操作司机	4	8	试验工	2

7.7　材料要求

7.7.1　模板使用前应用砂纸、钢丝球等除去模板表面锈迹,清理干净并涂刷脱模剂。

7.7.2　钢筋应符合国家标准《钢筋混凝土用热轧带肋钢筋》(GB 1499—2018)和《钢筋混凝土用余热处理钢筋》(GB 13014—2013)的要求,有原材质出厂合格证及现场复试报告。

7.7.3　商品混凝土生产供应单位,应具有企业资质等级证书,并应符合其资质等级营业范围。混凝土质量应符合现行规范、规程和《混凝土质量控制标准》(GB 50164—2011)。

7.8　设备机具配置

7.8.1　施工机械:塔式起重机、混凝土泵车、混凝土输送车、钢筋加工机械布料机、插入式振捣器、平板式振捣器、交流电焊机、钢筋弯曲机、钢筋切断机、钢筋调直机。

7.8.2　工具用具:大小平锹、串筒、溜槽、胶皮管、混凝土卸料槽、吊斗、手推胶轮车、抹子。

7.9　质量控制

7.9.1　基础模板应具有足够的强度和稳定性,接缝宽度符合规定,模板与混凝土接触面应清理干净并刷隔离剂。

7.9.2　钢筋的品种质量、焊条的型号应符合设计要求,混凝土的配合比、原材料计量、搅拌、养护和施工缝的处理符合施工规范要求。混凝土应分层浇筑,振捣密实。

7.9.3 浇筑时每台泵配备6~8台插入式振动棒振捣,振捣时间控制在20~30s,以混凝土开始泛浆和不冒气泡为宜,并应避免漏振、欠振和过振,振动棒应快插慢拔,振捣时插入下层混凝土表面10cm以上,间距控制在30~40cm,确保两斜面层间紧密结合。

7.9.4 混凝土表面处理:用铁制滚筒在混凝土初凝前反复碾压表面,用木抹子进行表面提浆找平处理,以闭合水裂缝,初步标高用长刮杆刮平,再用木抹子收压两遍,这样既能排除混凝土因泌水在粗集料、水平钢筋下部生成的分水和空隙,提高混凝土与钢筋的握裹力,又能防止因混凝土沉落而出现裂缝,减少内部微裂,增加混凝土密实度,提高混凝土抗裂性能。在混凝土二次收面时立即覆盖一层草袋,并浇水养护。

7.10 安全及环保要求

7.10.1 安全要求:

(1)基础施工时,应先检查基坑、槽梆土质、边坡坡度,发现裂缝、滑移及时加固,堆放材料离开坑边1m以上,深基坑上下应设梯子或坡道,不得踩踏模板或支撑上下。

(2)基础浇筑应搭设牢固的脚手平台,脚手板铺设严密。用串筒下料或泵送混凝土浇筑要采取措施,防堵塞和爆管。

(3)现场作业人员,必须穿胶鞋。接电要安全可靠,设专门保护性接地导线,避免触电。如出现故障,立即切断电源,电线如有磨损,及时更换。

(4)雨雪、冰冻天施工架子应有防滑措施,5级以上大风应停止吊装作业,夜间施工应装设足够的照明设施。

7.10.2 环保要求:

(1)施工现场应定期清理、回收拆下或剩下的模板、支撑、钢筋、焊接等材料,分类集中堆放。不同的废料集中堆放处理,保持基础范围内环境整洁。

(2)搬运钢筋要轻搬轻放,严禁随意抛掷钢筋,控制噪声污染。

8 钢筋工程施工

8.1 适用范围

本部分内容主要适用于工业与民用建筑的钢筋工程。

8.2 作业准备

8.2.1 进场钢材进行检查验收。

8.2.2 技术人员根据设计图纸和标准图集,编制钢筋下料单。

8.2.3 钢筋工在钢筋棚内进行现场加工制作,进行预验收。

8.2.4 验收合格后,运至作业面上实施安装作业。

8.3 技术要求

8.3.1 钢筋网的绑扎。四周两行钢筋交叉点应每点扎牢,中间部分交叉点可相隔交错扎牢,但必须保证受力钢筋不位移;双向主筋的钢筋网,则须将全部钢筋相交点扎牢;绑扎时应注意相邻绑扎点的钢丝扣要成八字形,以免网片歪斜变形。

8.3.2 基础底板采用双层钢筋网时,在上层钢筋网下面应设置钢筋撑脚,以保证钢筋位置正确。

8.3.3　钢筋的弯钩应朝上，不要倒向一边；但双层钢筋网的上层钢筋弯钩应朝下。

8.3.4　独立柱基础为双向钢筋时，其底面短边的钢筋应放在长边钢筋的上面。

8.3.5　现浇柱与基础连接用的插筋，一定要固定牢靠，位置准确，以免造成柱轴线偏移。

8.3.6　基础中纵向受力钢筋的混凝土保护层厚度应按设计要求，且不应小于40mm；当无垫层时，不应小于70mm。

8.3.7　钢筋的连接：

(1)受力钢筋的接头宜设置在受力较小处。在同一根纵向受力钢筋上不宜设置两个或两个以上接头。接头末端至钢筋弯起点的距离不应小于钢筋直径的10倍。

(2)绑扎搭接接头，则相邻纵向受力钢筋的绑扎接头宜相互错开。钢筋绑扎接头连接区段的长度为1.3倍搭接长度。凡搭接接头中点位于该区段的搭接接头均属于同一连接区段。位于同一区段内的受拉钢筋搭接接头面积百分率不宜大于25%。

(3)当受拉钢筋的直径 $d>28$mm 及受压钢筋的直径 $d>32$mm 时，不宜采用绑扎接头，宜采用焊接或机械连接接头。

8.4　施工程序与工艺流程

8.4.1　施工程序。

熟悉施工图纸、设计文件──→编制钢筋下料单──→钢筋下料加工、钢筋半成品制作──→验收合格──→钢筋安装──→隐蔽验收。

8.4.2　工艺流程，如图21-7所示。

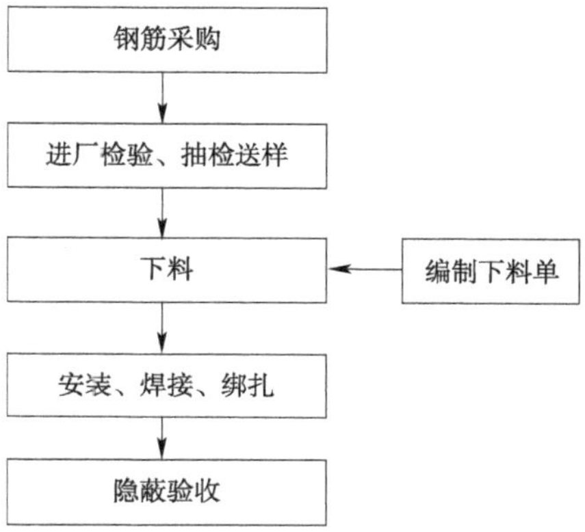

钢筋采购 → 进厂检验、抽检送样 → 下料（← 编制下料单） → 安装、焊接、绑扎 → 隐蔽验收

图21-7　钢筋工程施工工艺流程图

8.5　施工要求

8.5.1　施工准备。

(1)核对成品钢筋的钢号、直径、形状、尺寸和数量等是否与料单料牌相符。如有错漏，应纠正增补。

(2)准备绑扎用的铁丝、绑扎工具(如钢筋钩、带扳口的小撬棍)、绑扎架等。

钢筋绑扎用的铁丝，可采用20~22号铁丝，其中22号铁丝只用于绑扎直径12mm以下的钢筋。铁丝长度可参考表21-6的数值采用；因铁丝是成盘供应的，故习惯上是按每盘铁丝周长的几分之一来切断。见表21-6。

钢筋绑扎铁丝所需长度　　表21-6

钢筋直径(mm)	3~5	6~8	10~12	14~16	18~20	22	25	28	32
3~5	120	130	150	170	190				
6~8		150	170	190	220	250	270	290	320
10~12			190	220	250	270	290	310	340
14~16				250	270	290	310	330	360
18~20					290	310	330	350	380
22						330	350	370	400

(3)准备控制混凝土保护层用的水泥砂浆垫块或塑料卡。

水泥砂浆垫块的厚度，应等于保护层厚度。垫块的平面尺寸：当保护层厚度等于或小于20mm时为30mm×30mm，大于20mm时为50mm×50mm。当在垂直方向使用垫块时，可在垫块中埋入20号铁丝。

塑料卡的形状有塑料垫块和塑料环圈两种。塑料垫块用于水平构件(如梁、板),在两个方向均有凹槽,以便适应两种保护层厚度。塑料环圈用于垂直构件(如柱、墙),使用时钢筋从卡嘴进入卡腔;由于塑料环圈有弹性,可使卡腔的大小能适应钢筋直径的变化。

(4)划出钢筋位置线。平板或墙板的钢筋,在模板上划线;柱的箍筋,在两根对角线主筋上划点;梁的箍筋,则在架立筋上划点;基础的钢筋,在两向各取一根钢筋划点或在垫层上划线。

钢筋接头的位置,应根据来料规格,结合相关规定对有关接头位置、数量的规定,使其错开,在模板上划线。

(5)绑扎形式复杂的结构部位时,应先研究逐根钢筋穿插就位的顺序,并与模板工联系讨论支模和绑扎钢筋的先后次序,以减少绑扎困难。

8.5.2 施工工艺。

(1)钢筋下料:

①直钢筋下料长度计算。

直钢筋下料长度 = 直段长度 - 保护层厚度 + 弯钩增加长度(表21-7)

钢筋弯曲调整值 表21-7

钢筋弯曲角度	30°	45°	60°	90°	135°
钢筋弯曲调整值	$0.35d$	$0.5d$	$0.85d$	$2d$	$2.5d$

注:HPB235级钢筋末端应作180°弯钩,弯钩的弯后平直部分长度不应小于钢筋直径的3倍;其他级别钢筋弯后平直部分的长度应符合设计要求。

②弯起钢筋下料长度。

弯起钢筋下料长度 = 直段长度 + 斜段长度(表21-8) - 弯曲调整值(表21-7) + 弯钩增加长度(表21-9)。

弯起钢筋斜长系数 表21-8

弯起角度	30°	45°	60°
斜边长度 s	$2h$	$1.41h$	$1.15h$
底边长度 1	$1.732h$	h	$0.575h$
增加长度 $s-1$	$0.268h$	$0.41h$	$0.575h$

注:h 为弯起高度。

半圆弯钩增加长度参考表(用机械弯)(单位:mm) 表21-9

钢筋直径	≤6	8~10	12~18	20~28	32~36
一个弯钩长度	40	$6.0d$	$5.5d$	$5.0d$	$4.5d$

③箍筋下料长度。

箍筋下料长度 = 箍筋周长 + 箍筋调整值(表21-10)。

箍筋调整值 表21-10

箍筋量度方法	箍筋直径(mm)			
	4~5	6	8	10~12
量外包尺寸	40	50	60	70
量内皮尺寸	80	100	120	150~170

(2)钢筋加工制作:

①钢筋调直。

采用钢筋调直机调直冷拔钢丝和细钢筋时,要根据钢筋的直径选用调直模和传送压辊,并要正确掌握调直模的偏移量和压辊的压紧程度。

调直模的偏移量，根据其磨耗程度及钢筋品种通过试验确定；调直筒两端的调直模一定要在调直前后导孔的轴心线上，这是钢筋能否调直的一个关键。如果发现钢筋调得不直就要从以上两个方面检查原因，并及时调直调直模的偏移量。

压辊的槽宽，一般在钢筋穿入压辊之后，在上下压辊间宜有3mm之内的间隙。压辊的压紧程度要做到既保证钢筋能顺利地被牵引前进，看不出钢筋有明显的转动，而在被切断的瞬时钢筋和压辊间又不能允许发生打滑。

②钢筋切断。

现场钢筋切断通常使用钢筋切断机，少量小直径钢筋也有使用剪钳剪断。钢筋切断时，应根据型号、规格、直径、长度和数量，长短搭配，先切断长料，后断短料，尽量减少和缩短钢筋短头，以节约钢材。

③钢筋焊接连接。

钢筋的连接方式包括绑扎连接、焊接连接和机械连接三种方式，对于钢筋焊接的一般规定如下：

a. 电渣压力焊应用于柱、墙、烟囱等现浇混凝土结构中竖向受力钢筋的连接；不得用于梁、板等构件中水平钢筋的连接。

b. 在工程开工或每批钢筋正式焊接前，应进行现场条件下的焊接性能试验。合格后方可正式生产。

c. 钢筋焊接施工前，应清除钢筋或钢板焊接部位和与电极接触的钢筋表面上的锈斑油污、杂物等；钢筋端部若有弯折、扭曲时，应予以矫直或切除。

d. 进行电阻点焊、闪光对焊、电渣压力焊或埋弧压力焊时，应随时观察电源电压的波动情况。对于电阻点焊或闪光对焊，当电源电压下降大于5%、小于8%时，应采取提高焊接变压器基数的措施；当大于或等于8%时，不得进行焊接。对于电渣压力焊或埋弧压力焊，当电源电压下降大于5%时，不宜进行焊接。

e. 对从事钢筋焊接施工的班组及有关人员应经常进行安全生产教育，并制订和实施安全技术措施，加强焊工的劳动防护，防止发生烧伤、触电、火灾、爆炸以及烧坏焊接设备等事故。

f. 焊机应经常维护保养和定期检修，保证正常使用。

④钢筋冷弯成型。

钢筋下料（或对焊后）后即可以开始冷弯，对大直径钢筋使用机械弯曲成型，小直径钢筋还可以使用手工弯曲成型。

手工弯曲前应对钢筋各段长度进行划线，一般划线的方法是：将不同角度弯曲下料长度调整值在弯曲操作方向相反的一侧长度内扣除，划上分段尺寸线（弯曲点线），然后按规定方法进行弯曲。成批钢筋冷弯前，应对各种钢筋均试弯一根。

钢筋使用弯曲机成型时，心轴直径应符合《混凝土结构工程施工质量验收规范》（GB 50204—2015）的规范中规定，成型轴必须加偏心套，以适应不同直径钢筋的弯曲；钢筋弯曲机操作时，应先进行试弯。

（3）钢筋安装：

①钢筋绑扎接头。

a. 钢筋绑扎接头宜设置在受力较小处。同一纵向受力钢筋不宜设置两个或两个以上接头。接头末端至钢筋弯起点的距离不应小于钢筋直径的10倍。

b. 同一构件中相邻纵向受力钢筋的绑扎搭接接头宜相互错开。同一连接区段内，纵向受拉钢筋绑扎搭接接头面积百分率及箍筋配置要求，应符合规范要求。

绑扎搭接接头中钢筋的横向间距不应小于钢筋直径，且不应小于25mm。

c. 当纵向受拉钢筋的绑扎搭接接头面积百分率不大于25%时，其最小搭接长度应符合表21-11的规定。

纵向受拉钢筋的最小搭接长度 表 21-11

钢筋种类	混凝土强度等级			
	C15	C20 ~ C25	C30 ~ C35	≥C40
HPB235 级光圆钢筋	45*d*	35*d*	30*d*	25*d*
HRB335 级带肋钢筋	55*d*	45*d*	35*d*	30*d*
HRB400 级带肋钢筋	—	55*d*	40*d*	35*d*

注:受压钢筋绑扎接头的搭接长度应为表中数值的 0.7 倍。

在任何情况下,纵向受拉钢筋的搭接长度不应小于 300mm,受压钢筋搭接长度不应小于 200mm。

d. 两根直径不同钢筋的搭接长度,以较细钢筋直径计算。

e. 当纵向受拉钢筋搭接接头面积百分率大于 25% 时,表 21-11 中数值应增大,并满足规范规定。

f. 当出现下列情况,如钢筋直径大于 25mm,混凝土凝固过程中受力钢筋易受扰动、涂环氧的钢筋、带肋钢筋末端采取机械锚固措施、混凝土保护层厚度大于钢筋直径的 3 倍、抗震结构构件等,纵向受拉钢筋的最小搭接长度应满足规范规定。

g. 在绑扎接头的搭接长度范围内,应采用铁丝绑扎三点。

②基础钢筋绑扎。

a. 钢筋网的绑扎。四周两行钢筋交叉点应每点扎牢,中间部分交叉点可相隔交错扎牢,但必须保证受力钢筋不移位。双向主筋的钢筋网,则需将全部钢筋相交点扎牢。绑扎时应注意梁绑扎点的铁丝扣要成八字形,以免网片歪斜变形。

b. 基础底板采用双层钢筋网时,在上层钢筋网下面应设置钢筋撑脚或混凝土撑脚,以保证钢筋位置正确。

钢筋撑脚应每隔 1m 放置一个。其直径选用:当板厚 $h \leqslant 3$cm 时,8 ~ 10mm;当板厚 $h = 30 \sim 50$cm 时,12 ~ 14mm;当板厚 $h > 50$cm 时,16 ~ 18mm。

c. 钢筋的弯钩应朝上,不要倒向一边;但双层钢筋网的上层钢筋弯钩应朝下。

d. 独立柱基础为双向弯曲,其底面短边的钢筋应放在长边钢筋的上面。

e. 先浇筑与基础连接用的插筋,其箍筋应比柱的箍筋缩小一个柱筋直径,以便连接。插筋位置一定要固定牢靠,以免造成柱轴线偏移。

f. 对厚片筏上部钢筋网片,可采用钢管临时支撑体系。在上部钢筋网片绑扎完毕后,需置换出水平钢管;为此,另取一些垂直钢管通过直角扣件与上部钢筋网片的下层钢筋连接起来(该处需另用短钢筋段加强),替换了原支撑体系。在混凝土浇筑过程中,逐步抽出垂直钢管,此时,上部荷载可由附近的钢管及上下端均与钢筋网焊接的多个拉结筋来承受。由于混凝土不断浇筑与凝固,拉结筋细长比减少,提高了承载力。

③柱钢筋绑扎。

a. 柱中的竖向钢筋搭接时,角部钢筋的弯钩应与模板成 45°(多边形柱为模板内角的平分角,圆形柱应与模板切线垂直),中间钢筋弯钩应与模板成 90°。如果用插入式振捣器浇筑小型截面柱时,弯钩与模板的角度不得小于 15°。

b. 箍筋的接头(弯钩叠合处)应交错布置在四角纵向钢筋上;箍筋转角与纵向钢筋交叉点均应扎牢(箍筋平直部分与纵向钢筋交叉点可间隔扎牢),绑扎箍筋时绑扣相互间应成八字形。

c. 下层柱的钢筋露出露面部分,宜用工具式柱箍将其收进一个柱筋直径,以利上层柱的钢筋搭接。当柱截面有变化时,其下层柱钢筋的露出部分,必须在绑扎梁的钢筋之前,先行收缩准确。

d. 框架梁、牛腿及柱帽等钢筋,应放在柱的纵向钢筋内侧。

e. 柱钢筋的绑扎,应在模板安装前进行。

④墙钢筋绑扎。

a. 墙的垂直钢筋每段长度不宜超过 4m(钢筋直径≤12mm)或 6m(钢筋直径 > 12mm),水平钢筋每段长度不宜超过 8m,以利绑扎。

b. 墙的钢筋网绑扎同基础,钢筋的弯钩应朝向混凝土内。

c. 采用双层钢筋网时,在两层钢筋间应设置撑铁,以固定钢筋间距。撑铁可用直径 6 ~ 10mm 的钢筋制成,长度等于两层网片的净距,间距约为 1m,相互错开排列。

d. 墙的钢筋,可在基础钢筋绑扎之后浇筑混凝土之前插入基础内。

⑤梁板钢筋绑扎。

a. 纵向受力钢筋采用双层排列时,两排钢筋之间应垫以直径≥25mm 的短钢筋,以保持其设计距离。

b. 箍筋的接头应交错布置在两根架立钢筋上,其余同柱。

c. 板的钢筋网绑扎与基础相同,但应注意板上部的负筋,要防止被踩下;特别是雨篷、挑檐、阳台等悬臂板,要严格控制负筋位置,以免拆模后断裂。

d. 板、次梁与主梁交叉处,板的钢筋在上,次梁的钢筋居中,主梁的钢筋在下;当有圈梁或垫梁时,主梁的钢筋在上。

e. 框架节点处钢筋穿插十分稠密时,应特别注意梁顶面主筋间的净距要有 30mm,以利浇筑混凝土。

f. 梁钢筋的绑扎与模板安装之间的配合关系:梁的高度较小时,梁的钢筋架空在梁顶上绑扎,然后再落位;梁的高度较大(≥1.0m)时,梁的钢筋宜在梁底模上绑扎,其两侧模或一侧模后装。

g. 梁板钢筋绑扎时应防止水电管线将钢筋抬起或压下。

8.6 材料要求

8.6.1 进场钢材应有出厂证明书、质量检验报告、合格证。

8.6.2 钢材尺寸、规格、表面质量符合设计要求。

8.6.3 制作半成品应验收合格后,才能安装。

8.7 设备机具配置

8.7.1 施工机械。

垂直运输机械、钢筋调直机、钢筋弯曲机、钢筋切断机、套丝机、对焊机、电焊机等。

8.7.2 施工工具。

切割机、钢筋扳子、钢卷尺、大剪子、手摇扳子、粉笔等。

8.8 质量控制及检验

8.8.1 质量控制:

(1)框架柱、剪力墙纵向钢筋位移。

(2)框架梁、柱节点核心区箍筋绑扎存在箍筋漏放、数量不足,间距不均,绑扎缺扣少扣等现象。

(3)同一连接区段内接头过多。

(4)箍筋存在质量问题:箍筋弯钩不足 135°,平直段长度不满足规范规定;框架柱箍筋加密区范围不满足要求;框架梁端箍筋加密区范围不足,间距过大;主次梁交接处未设置附加箍筋;箍筋与梁主、角筋绑扎时,角部不到位,未垂直于主筋布置。

(5)纵向受拉钢筋锚固长度不满足要求。

(6)现浇板负弯矩钢筋严重变形或倒伏。

8.8.2 质量控制措施:

(1)在满足连接区段要求的前提下,尽量缩短纵向钢筋长度,并将定位箍筋点焊固定;严格按照设计文件制作箍筋,与墙柱纵筋必须绑扎牢固,箍筋开口区必须与柱纵筋转圈布置,不得漏绑花绑;将剪力墙竖向钢筋在伸出板顶100mm处用水平定位钢筋点焊固定,严格采用八字扣进行绑扎,扎丝采用两股或两股以上,绑扎牢固。同时采用定位钢筋控制剪力墙厚度,以保证钢筋骨架不变形;钢筋绑扎完毕后,严禁施工人员踩踏、施工机械碰撞钢筋骨架,加强成品保护;浇筑混凝土期间应设专人旁站监督,严禁施工人员摇动竖向钢筋,用振动棒激振钢筋以达到下料目的;在墙柱纵筋外侧必须将垫块与纵筋绑扎牢固,厚度必须满足设计要求。

(2)熟悉设计图纸及标准图集构造要求,并结合工程实际情况合理确定框架节点钢筋绑扎顺序;框架纵横梁底模支撑完成后,即可放置梁下部钢筋,然后根据梁高计算出核心区内需加柱箍筋数量,将所需箍筋(未绑扎)套到柱主筋上,然后在箍筋四角分别用一根钢筋(长度取最高框架梁高)作导筋,按加密区箍筋间距要求绑扎固定箍筋形成一个钢筋笼。再穿梁的上部钢筋使钢筋笼与梁筋同时绑扎,绑扎完毕后,将梁筋骨架与柱箍筋钢筋笼一起落入梁、柱模板内,将柱主筋与钢筋笼连接绑扎牢固;当梁柱节点处梁的高度较高或实际操作中个别部位确实存在绑扎节点和新区柱箍筋困难时,可将此部分柱箍筋做成两个相同的两端带135°弯钩的1形箍从柱子侧向插入,钩住四角柱筋,或采用两个相同的开口半箍,套入后用电焊焊牢箍筋的接头。

(3)合理考虑,统筹安排,把加工好的钢筋分门别类堆放,并贴标签标注使用部位及连接方式,严格按技术交底选择正确的连接方式;凡接头中点位于连接区段长度内的连接接头均属于同一连接区段。同一连接区段内,接头面积百分率为该区段内有接头的纵向受力钢筋截面面积与全部纵向受力钢筋截面面积的比值,接头面积百分率对梁板及墙类构件,不宜大于25%,柱类构件,不宜大于50%,对有特殊要求时,梁类构件可放宽至50%;机械连接和焊接连接为$35d$且不小于500mm接头面积百分率不应大于50%;钢筋的接头宜设置在受力较小处,钢筋连接对框架柱来讲应避开箍筋加密区,框架梁上部纵筋应在跨中1/3范围内进行连接,下部纵筋应在制作处1/4范围内进行连接,另外接头末端至钢筋弯起点的距离不应小于钢筋直径的10倍。

(4)技术交底时一定要明确框架柱、剪力墙上柱、梁上柱的箍筋加密区为:底层柱加密区长度为柱根以上1/3柱净高范围,中间层箍筋加密区长度应取柱截面长边尺寸,柱净高的1/6和500mm中的最大值。框架梁箍筋加密区长度为:一级抗震等级加密区长度为两倍的梁截面高度和500mm中取大值,二级至四级抗震等级加密区长度为1.5倍的梁高和500mm中取大值,且从距柱边50mm处开始布置第一道箍筋;在主次梁交接处,按设计要求,在主梁上从距次梁边缘50mm处开始布置第一道附加箍筋,在交接处次梁宽度范围内主梁箍筋正常设置;加强箍筋成型制作,角度要微弯至135°,弯弧内直径不小于钢筋直径的4倍,平直段长度不应小于$10d$和75mm的较大值,绑扎要紧贴箍筋角部,用双段铅丝绑扎牢固,尽量减少踩踏,避免骨架变形。

(5)当框架柱宽度较小时,水平段长度小于$0.4l_{aE}$时,在满足强度要求的前提下可与设计单位协商,减小钢筋的直径,使弯折前的水平段满足大于$0.4l_{aE}$长度的要求;钢筋下料计算时,应从端柱外侧向内侧计算,先考虑柱纵筋保护层再计算梁的第一排上部纵筋,第二排上部纵筋,然后再计算梁的下部纵筋,最后,保证最内层的下部纵筋直锚长度不小于$0.4l_{aE}$;当柱的截面宽度足够时,两纵筋伸至柱内长度不小于l_{aE}且不小于时$0.5h_0+5d$时,可直锚,不必再弯锚。

(6)负弯矩钢筋与分布筋交叉点处要全部绑扎牢固,不得花绑,这样才能使钢筋网形成牢固稳定的整体;每平方米钢筋马凳放置不能少于一个,可采用配置钢筋马凳的方式,来保证负弯矩钢筋处于现浇板中的准确位置;加强对施工人员的质量意识教育,尽量避免在绑扎好的负弯矩钢筋上踩踏行走,并安排专人看护钢筋,发现钢筋绑扎松或位移变形时,技术进行修复。在高层建筑结构施工过程中,必须认真熟悉施工设计文件及标准构造图集和相关规范要求,增强质量意识,加强质量管理力度,提高施工人员的业务水平,做到精心施工,管理到位。

8.8.3　质量检验。

(1)钢筋绑扎接头应符合:受拉区内的Ⅰ级光圆钢筋末端应作成彼此相对的弯钩,Ⅱ级钢筋应作成彼此相对的直角弯钩。绑扎接头的搭接长度应符合表21-12的规定。在钢筋搭接部分的中心及两端共绑扎3处铁丝。

钢筋绑扎接头的最小搭接长度　　表21-12

序　号	钢筋级别	受拉区	受压区	序　号	钢筋级别	受拉区	受压区
1	Ⅰ	30d	20d	2	Ⅱ	35d	25d

注:1. d为钢筋直径(mm);

2. 位于受拉区的搭接长度同时不应小于25cm,位于受压区的搭接长度同时不应小20cm。

(2)电弧焊接接头的焊缝表面应平顺,无缺口、裂纹和较大的金属焊瘤。

其缺陷及尺寸允许偏差不应超过表21-13的规定。

电弧焊接钢筋接头的缺陷和尺寸允许偏差　　表21-13

序　号	偏差名称	单　位	允许偏差值
1	绑条对焊接头中心的纵向偏移	d	0.5
2	接头处钢筋轴线的弯折	°	4
3	接头处钢筋轴线的偏移	d	0.1
		mm	3
4	焊缝高度	d	+0.1~0
5	焊缝宽度	d	+0.1~0
6	焊缝长度	d	-0.5
7	咬肉深度	mm	0.05
		d	0.5
8	在长2d的焊缝表面上,焊缝气孔及夹渣的数量和大小	个	2
9		mm^2	6

注:1. 当表中的允许偏差在同一项目内有两个值时,应按其中较严的数值控制;

2. d为钢筋直径(mm)。

(3)加工钢筋安装的允许偏差见表21-14。

加工钢筋允许偏差　　表21-14

序　号	偏差名称	单　位	允许偏差值
1	受力钢筋顺长度方向的全长	mm	±10
2	弯起钢筋弯起位置	mm	±20

8.8.4　钢筋安装的允许偏差当专业施工规范无规定时,应符合表21-15的规定。

安装钢筋允许偏差　　表21-15

序　号	偏差名称		单　位	允许偏差
1	更换钢筋规格后钢筋总截面面积偏差			-2%
2	双排钢筋排与排间距的局部偏差		mm	±5
3	同一排中受力钢筋间距的局部偏差	板、墙、大体积混凝土	mm	±20
		柱、梁	mm	±10
4	分布钢筋间距		mm	±20

续上表

序　号	偏差名称		单　位	允许偏差
5	箍筋间距	绑扎骨架	mm	±20
		焊接骨架	mm	±10
6	弯起点的偏差(加工偏差 20 mm 包括在内)		mm	±30
7	最外层钢筋的位置偏差(C)	$C>35$mm	mm	+10，-5
		25mm $<C<$ 35 mm	mm	+5，-2
		$C\leqslant25$ mm	mm	+3，-1

8.8.5　焊接钢筋骨(网)架的偏差不得超过表 21-16 的规定。

安装钢筋允许偏差　　表 21-16

序　号	偏差名称	单　位	允许偏差
1	网的长宽		±10
2	网眼尺寸	mm	±10
3	骨架的高宽	mm	±5
4	骨架长	mm	±10
5	箍筋间距	mm	点焊 ±10，绑扎 ±20

8.8.6　钢筋焊接接头的焊接工艺、焊接型号、参数、质量及焊工的要求，应符合行业标准《钢筋焊接及验收规程》(JGJ 18—2012)的有关规定。

8.9　安全及环保要求

8.9.1　安全要求：

(1)避免机械伤害的保证措施：

①作业前必须检查工作环境、照明设施等，并试运行符合安全要求后方可作业。上岗作业人员须经过安全培训考试合格，特殊工种必须持有效证件上岗。

②手工切断钢筋时，夹具必须牢固。

③切断长料时，应设专人扶稳钢筋，操作时动作应一致。钢筋短头应使用钢管套夹具夹住。钢筋短于 30cm 时，应使用钢管套夹具，严禁手扶。

④作业人员长发不得外露。

(2)避免起重伤害的保证措施：

①利用机械吊装钢筋骨架时，应有专人指挥，骨架下严禁站人。骨架降落到作业面上 1m 以内时，方向扶正就位，检查无误后方可摘钩。

②高空安装钢筋骨架，必须搭好脚手架，不允许以墙或降运输车斗代替脚平架。现场操作人员不得穿硬底和打钉易滑的鞋，工具放在工具袋内，传递物品禁止抛掷，以防滑落伤人。

③在吊装钢筋骨架时，不要碰撞脚手架，电线等物品。

④机械吊运钢筋应捆绑牢固，吊点的数目和位置符合要求，严格控制吊装重量，不准超吊。

⑤机械吊运钢筋，应设专人指挥，在吊运及安装钢筋时，防止碰人撞物。高空吊运时，要注意不要碰撞脚手架，模板支撑及其他临时施工结构物，不要触碰电线，确保安全作业。

⑥利用机械吊装钢筋时，应设专人指挥，吊点合理，上下呼应，就位人员必须待钢筋降落到 1m 以内，方向靠近扶正就位。

(3)防止触电的保证措施：

①钢筋所有设备必须有地线连接，设备电源必须有漏电保护装置，设备维修必须专职人员进行，

不得私自进行维修。

②所有操作及相关设备必须符合相应安全规范、规程、标准。

8.9.2 环保措施：

先根据构件配筋图，填写钢筋配料表，使钢筋满足设计要求的形状和尺寸，下料时的钢筋剪切下料长度要仔细计算，防止出现废料情况。

9 钢筋直螺纹连接施工

9.1 适用范围

钢筋等强螺纹接头（滚轧）适用于一切抗震设防和非抗震设防的混凝土结构工程，尤其适用于要求充分发挥钢筋强度和延性的重要结构。

9.2 作业准备

9.2.1 内业准备：

(1)熟悉图纸，明确质量和技术要求，提供接头型式检验报告。

(2)编制施工方案并做好技术交底。

(3)参与接头施工的操作工人应经技术规程培训，并经考核合格后持证上岗。

9.2.2 外业准备：

(1)切割机、钢筋滚轧直螺纹机安装就位，且正常运行。

(2)钢筋连接用的套筒已检查合格，进入现场挂牌整齐码放。

(3)上道工序已经检查，验收合格，已具备现场钢筋连接条件。

9.3 技术要求

将钢筋连接端头采用专用滚轧设备和工艺，通过滚丝轮直接将端头滚轧成直螺纹，并用相应的连接套筒将两根待接钢筋连接在一起的钢筋接头。

9.4 施工程序与工艺流程

9.4.1 施工程序。

用切割机将钢筋端部切齐，同时将钢筋的端部压圆，在压圆的同时滚轧螺纹，用塔吊调至施工现场后，用直螺纹套筒对接钢筋，利用力矩扳手按规定的力矩拧紧套筒。

9.4.2 工艺流程。

钢筋原材料检验──→钢筋下料──→钢筋接头丝头加工──→直螺纹丝扣质量检验──→安装丝扣保护套──→套筒连接──→隐蔽验收──→混凝土浇筑。

9.5 施工要求

9.5.1 钢筋下料应采用无齿锯切断，不得用气焊切割，端头截面应与钢筋轴线垂直，不得有马蹄形或翘曲。

9.5.2 加工钢筋螺纹的丝头、牙形、螺纹等，必须与连接套的牙形、螺距一致，且经配套的量规检验合格。

9.5.3 加工钢筋螺纹时，应采用水溶性切削润滑液，不得使用机油做润滑液或不加润滑液套丝。

9.5.4 液压系统出现异常冲击、振动、爬行、窜动、噪声和超温超压，是由多方面原因造成的，检查的方法:一是平稳操纵换向阀使变速缓慢;二是检查液压系统中是否混入空气;三是检查液压油黏度是否适宜;四是检查液压系统原件配置是否合理,安装是否正确,参数调整是否适当。确认故障后应及时排除。

9.5.5 操作工人应逐个检查钢筋丝头的外观质量,出现不合格的丝头应切除重新加工,并及时加以保护。钢筋一端根据不同规格戴上不同颜色的塑料保护帽,并按规格分类堆放整齐待用。

9.5.6 连接钢筋时,钢筋规格和连接套的规格应一致,钢筋螺纹的形式、螺距、螺纹外径应与连接套匹配。并确保钢筋和连接套的丝扣干净、完好无损。

9.5.7 安装时首先把连接套的一端安装在基本钢筋的端头上用管钳扳手将其拧紧到位,然后导向对中夹紧连接套,将待接钢筋通过导向夹钳中孔对中,拧入接套内拧紧到位,完成连接。卸下工具随时检验,不合格的立即纠正,合格的在接套上涂上已检的符号。

9.6 劳动力组织

按照 1000m^2 的建筑面积考虑钢筋工程的劳动力配置情况,见表 21-17。

劳动力数量参照表 表 21-17

序号	工种名称	单位	数量	备注
1	钢筋端头切割工	人	2	
2	直螺纹套丝工	人	4~6	
3	套筒安装工	人	6~8	
4	电工	人	1	持有效证件

9.7 材料要求

9.7.1 套筒的规格和型号以及钢筋的品种、规格必须符合设计要求。

9.7.2 钢筋应符合国家标准《钢筋混凝土用钢 第 2 部分:热轧带肋钢筋》(GB/T 1499.2—2018)和《钢筋混凝土用余热处理钢筋》(GB 13014—2013)的要求,有原材质出厂合格证及现场复试报告。

9.7.3 套筒与锁母材料应采用优质碳素结构钢或合金结构钢,材质符合 GB/T 699 的规定。

9.7.4 提供螺纹连接套筒应有产品合格证,两端螺纹孔应有保护盖,套筒表面应有规格标记。

9.8 设备机具配置

无齿锯、扭力扳手或管钳、力矩扳手、钢筋直螺纹成型机等。

9.9 质量控制

9.9.1 钢筋端头套丝结束,验收合格后,必须在钢筋端头加盖塑料帽,进行保护。带连接套筒的钢筋应固定牢靠,连接套筒的外露端应有保护盖。钢筋套丝前后应采取上苫下垫的措施,防止生锈和污染。

9.9.2 需要进行套丝的钢筋端头,必须采用无齿锯切割,严禁采用切断机或气焊切割;钢筋端头套丝的螺纹圈数、螺距、齿高等派专人用游标卡尺检查,满足规范要求后,方可投入使用。

9.10 安全及环保要求

9.10.1 安全要求。

(1)操作人员上岗前必须进行安全教育,操作过程中正确使用劳动保护用品;遵守操作规程,非操作人员严禁乱动机械及电器机具,防止出现工伤事故。

(2)套丝现场严禁私接乱拉电线电缆;机械设备外壳必须有可靠有效的接地装置;套丝设备接线必须由专业电工进行操作。

9.10.2　环保要求。

套丝用的润滑油不能随便堆放和抛洒。对于废品油,必须及时收集,集中处理。

10　模板工程施工

10.1　适用范围

10.1.1　木(竹)胶合板模板一般适用于现浇钢筋混凝土浇筑中的平板、地下室墙体及层数较少并且结构复杂的框架及剪力墙结构;单层框架结构车库中的梁、顶板及柱。另外,也适用于各层变化较多的工程。

10.1.2　整体钢大模板主要适用于高层建筑中标准层变化较少时的墙体模板;其他造型变化较少且需多次循环利用模板可采用小型普通钢模板。

10.2　作业准备

10.2.1　内业准备。

(1)根据工程结构的形式及特点进行模板设计。

(2)熟悉设计施工图纸和大模板施工说明书,编制施工技术方案。

(3)对施工人员进行技术交底。

10.2.2　外业准备。

(1)轴线、模板线放线完毕。水平控制标高引测到预留插筋或其他过渡引测点,并经过预检。

(2)柱子、墙、梁模板钢筋绑扎完毕,水电管线、预留洞、预埋件已安装完毕,绑好钢筋保护层垫块,并办完预检手续。

10.3　技术要求

模板工程由模板、支承件和紧固件组成,模板和支撑应经过计算确定,使其具有足够的承载力、刚度和稳定性,能可靠地承受浇筑混凝土的重量、侧压力及施工荷载。

10.4　施工程序与工艺流程

10.4.1　施工程序。

整体钢大模应选择专业加工厂家提前进行加工制作,施工时现场按整吊整拆方式进行,一般采用流水作业,高层建筑钢大模施工过程中应在楼层内进行周转,一般不下到地面。

钢大模安装前应对墙柱钢筋隐蔽验收,合格后直接就位、连接、加固及调校即可;对于梁板模板(多采用胶合板)一般先安装支撑系统,而后进行模板安装、加固、调校等;竖向构件先进行底板配板,然后立板就位,最后加固、调校。

10.4.2　工艺流程:

(1)整体钢大模板施工工艺流程:

施工准备──→挂外架子──→钢筋隐蔽检查──→安内横墙模板──→安内纵墙模板──→安堵头模板──→安外墙内侧模板──→安外墙外侧模板──→预检──→混凝土浇筑及养护──→模板拆除及清理。

(2)柱模施工工艺流程:

施工准备──→放线──→安装就位──→检查对角线、位移并纠正──→群体柱模固定──→安装斜撑──→预检──→混凝土浇筑养护──→拆除模板──→模板及配件维修保养。

(3)梁模支设施工工艺流程:

弹线──→支立杆──→调整标高──→搭设梁模支架──→安装加固梁底模──→钢筋安装──→安装加固梁侧模──→检查验收。

(4)楼梯模板支设施工工艺流程:

支立杆──→校正标高──→安装纵横背楞──→铺木模板──→预检。

(5)楼板、梁模板拆除施工工艺流程:

拆除支架部分水平拉杆和剪刀撑──→拆除梁连接件及侧模板──→下调楼板模板支柱顶丝,使模板稍稍下降──→分段分片拆除楼板模板、龙骨及支柱──→拆除梁底模板及支撑系统。

10.5 施工要求

10.5.1 整体钢大模板。

(1)施工流水段划分的原则。

流水段的划分,要根据建筑物的平面、工程量、工期要求和机具设备条件综合考虑。一般应注意以下几点:

①尽量使各流水段的工程量大致相等,模板的型号、数量基本一致,劳动力配备相对稳定,以利于组织均衡施工。

②要使各流水段的吊装次数大致相等,以便充分发挥垂直起重设备的能力。

③采取有效的技术组织措施,做到每天完成一个流水段的支、拆模工序,使大模板得到充分的利用。即配备一套大模板,按日夜两班制施工,每24h完成一个施工流水段,其流水段的范围是几条轴线(指内横轴线)。另外,根据流水段的范围,计算全部工程量和所需的吊装次数,以确定起重设备(一般采用塔式起重机)的台数。

(2)内墙大模板安装和拆除:

①大模板运到现场后,要清点数量,核对型号。清除表面锈蚀和焊渣,板面拼缝处要用环氧树脂腻子嵌缝。背面涂刷防锈漆,并用醒目字体注明编号,以便安装时对号入座。

大模板的三角挂架、平台、护身栏以及背面的工具箱,必须经全部检查合格后,方可组装就位。对模板的自稳角要进行调试,检测地脚螺栓是否灵便。

②大模板安装前,应将安装处的楼面清理干净。为防止模板缝隙偏大出现漏浆,一般可采取在模板下部抹找平层砂浆,待砂浆凝固后再安装模板;或在墙体部位用专用模具,先浇筑高5~10cm的混凝土导墙,然后再安装模板。

③安装模板时,应按顺序吊装就位。先安装横墙一侧的模板,靠吊垂直后,放入穿墙螺栓和塑料套管,然后安装另一侧的模板,并经靠吊垂直后才能旋紧穿墙螺栓。横墙模板安装完毕后,再安装纵墙模板。墙体的厚度主要靠塑料套管和导墙来控制。因此塑料套管的长度和墙体厚度一致。

④靠吊模板的垂直度,可采用2m长双“十”字靠尺检查。如板面不垂直或横向不水平时,必须通过支撑架地脚螺栓或模板下部地脚螺栓进行调整。

⑤大模板安装后,如底部仍有空隙,应用水泥纸袋或木条塞紧,以防漏浆。但不可将其塞入墙体内,以免影响墙体的断面尺寸。

(3)外墙大模板安装和拆除。

①施工时要弹好模板的安装位置线,保证模板就位准确。安装外墙大模板时,要注意上下楼层和相邻模板的平整度和垂直度。要利用外墙大模板的硬塑料条压紧下层外墙,防止漏浆。并用倒链和钢丝绳将外墙大模板与内墙拉接固定,严防振捣混凝土时模板发生位移。

②为了保证外墙上、下层平整一致,还可以采用“导墙”的做法。即将外墙大模板加高(视现浇

楼板厚度而定),使下层的墙体作为上层大模板的导墙,在导墙与大模板之间,用泡沫条填塞,防止漏浆,可以做到上下层墙体平整一致。

③外墙后施工时,在内横墙端部要留好连接钢筋,做好堵头模板的连接固定。

10.5.2 柱模。

(1)保证柱模的长度符合模数,不符合部分放到节点部位处理;或以梁底标高为准,由上往下配模,不符合模数部分放到柱根部位处理;高度在4m和4m以上时,一般应四面支撑。当柱高超过6m时,不宜单根柱支撑,宜几根柱同时支撑连成构架。

(2)柱模根部要用水泥砂浆堵严,防止跑浆;柱模的浇筑口和清扫口,在配模时应一并考虑留出。

(3)梁、柱模板分两次支设时,在柱子混凝土达到拆模强度时,最上一段柱模先保留不拆,以便于与梁模板连接。

(4)柱模的清渣口应留置在柱角一侧,如果柱子断面较大,为了便于清理,亦可两面留设。清理完毕,立即封闭。

(5)柱模安装就位后,立即用四根支撑或有张紧器花篮螺栓的缆风绳与柱顶四角拉结,并校正其中心线和偏斜,全面检查合格后,再群体固定。

10.5.3 梁模。

(1)安装梁模支架之前,首层为土壤地面时应平整夯实,地基承载力满足设计要求。立杆间距、横杆间距应经计算确定,以满足支撑系统的刚度、强度和稳定性的要求。

(2)在支撑上调整梁底短钢管,预留梁底模板的厚度,拉线安装梁底模板并找直。梁底板应起拱,当梁跨度等于或大于4m时,梁底板按设计或规范要求起拱。

(3)在底模上绑扎钢筋,安装梁侧模板,安装外竖楞、斜撑,其间距一般为750mm。当梁高超过600mm时,需加腰楞,并穿对拉螺栓拉结;侧梁模上口要拉线找直,安装牢固,以防跑模。

(4)复核检查梁模尺寸,与相邻梁柱模板连接固定。

10.5.4 楼板模板。

(1)安装板模支撑系统前的要求同梁模。

(2)支架搭设完毕后,要认真检查板下龙骨与支撑的连接及支架安装的牢固与稳定;根据给定的水平标高线,认真调节顶托的高度,将龙骨找平,注意起拱高度参考梁模,并留出楼板模板的厚度。

(3)铺设竹胶板:应先铺设整块的木模板,对于不够整数的模板,再用小块模板补齐,但拼缝要严密;将木模板与下面的方木龙骨钉牢。

(4) 铺设完毕后,用靠尺、塞尺和水平仪检查模板的平整度与底标高,并进行必要的校正。

10.5.5 楼板、梁模板拆除:

(1)侧模拆除在混凝土强度能保证其表面及棱角不因拆除模板而受损,方可拆除。

(2)底模及冬季施工模板的拆除,必须待同条件养护试块抗压强度达到规范允许的拆模强度。

(3)已拆除模板及支架的结构,在混凝土达到设计强度等级后方可承受全部使用荷载;当施工荷载所产生的效应比使用荷载的效应更不利时,必须经核算,加设临时支撑。

(4)拆除时,应遵循先支后拆,后支先拆,先拆不承重的模板,后拆承重部分的模板;自上而下进行的顺序。

(5)拆除跨度较大的梁支架及其模板时,应从跨中开始向两端进行。

10.6 材料要求

模板进场后,应向加工制作单位或租赁单位索取检验合格证明、使用说明书、材质证明、相关的计算书等必备资料,并实地核对大模板及配件的型号、数量、标识等,并按不同类型分区堆放。使用前应用砂纸、钢丝球等除去大模板表面锈迹,清理干净并涂刷脱模剂。

10.7 设备机具配置

10.7.1 施工机械:塔吊、电锯、电刨等。

10.7.2 施工工具:榔头、手工锯、钢卷尺、线坠、撬杠、倒链、扳手、钳子等。

10.8 质量控制及检验

10.8.1 严格按照图纸设计文件要求对梁板模板进行起拱,设计无明确要求时,跨度大于4m的板或梁要按1‰~3‰的坡度起拱,以防跨中挠度过大引起梁板质量问题。

10.8.2 轴线控制网必须逐层闭合检查,控制好各层墙体及柱模板垂直度,模板斜撑稳固牢靠;混凝土浇筑前,用线坠检查模板垂直度是否在误差范围内,偏差较大的应及时纠正。

10.8.3 施工前涂刷隔离剂应均匀适量,使模板表面生成一层均匀的隔离层,且使隔离剂不致流淌;模板拼缝处应将两块模板分别钉在同一根方木上,翘曲的模板不得使用;模板拼缝处贴胶带使拼缝处高低差平缓过渡且防止漏浆。

10.8.4 模板工程施工前,应编制专项施工方案,验算模板支撑系统的刚度、强度和稳定性,达到专家论证条件的还应组织专家论证。支撑系统的基础承载力必须满足设计要求。

10.9 安全及环保要求

10.9.1 安全要求:

(1)在现场安装模板时,所用工具应装入工具袋内,防止高处作业时工具掉下伤人;拆除模板必须经施工负责人同意,方可拆除;装钉楼面模板,在下班时对已铺好而来不及钉牢的定型模板或散板、钢模板等,应拿起堆放稳妥,以防事故发生;操作时应按顺序分段进行,超过4m以上高度,不允许让模板材料自由落下,严禁猛撬、硬砸或大面积撬落和拉倒;完工后,不得留下松动和悬挂的模板材料等,拆下的模板材料应及时运送到指定地点集中堆放稳妥。

(2)模板安装前应先搭设脚手架或挂好安全网;高空作业时应规范佩戴劳保用品;安装模板应按工序进行,当模板没有固定前,不得进行下一道工序作业。禁止利用拉杆、支撑攀登上楼;安装楼面模板遇有预留洞口的地方,应做临时封闭,以防误踏和坠物伤人。

(3)模板工程施工用机械设备的电线电缆使用前应全面检查;焊工等操作人员需穿绝缘鞋带绝缘手套,非电工严禁私拉乱接电线电缆。

(4)塔吊调运模板必须严格执行塔吊操作规程的“十不吊”原则,防止坠物伤人。

(5)木工制作模板使用机具时,严格按照操作规程施工,木工锯应设挡板进行防护。

(6)模板支撑不得使用腐朽、扭裂、劈裂的材料。顶撑要垂直、底部平整坚实,并加垫木。木楔要钉牢,并用横向拉杆和剪撑拉结牢固。

10.9.2 环保要求:

(1)选用木模后,尽量合理配模,增加模板的周转次数;暂时不用的模板应按规格尺寸堆放整齐,堆放地点应干燥无暴晒。

(2)废旧木质模板及方木不得随意烧毁处理,可用其配置小构件模板。若过于破旧不可再次利用的,可卖与家具生产等相关厂家。

11 大体积混凝土工程施工

11.1 适用范围

适用于工业与民用建筑中的筏板基础或箱形基础、人防及地下建筑、大型公共建筑的基础底板,桩基础的承台、高层建筑转换层结构等大体积混凝土的施工。

11.2　作业准备

11.2.1　内业准备：

(1)施工前应编制施工技术方案、进行配合比设计和施工技术交底。

(2)要求商品混凝土供应方应编制混凝土供应方案，对混凝土搅拌、运输人员进行技术交底。

(3)标养室各项设备配备齐全并经过检定。

11.2.2　外业准备。

对标高点、轴线点按照施工方案的规定进行测量放线，测出浇筑部位结构标高点和轴线控制点，并予以标识，用以控制浇筑高度和钢筋位置。

11.3　技术要求

以优化混凝土配合比为前提、提高模板设计及安装工艺水平的基础上，通过混凝土的预拌、运输、浇筑、测温、养护，严格执行混凝土施工过程质量标准、严密组织施工、通过各分项工程的工艺组合，防止混凝土表面有害裂缝产生，保证了结构的美观、稳定性和整体性。

11.4　施工程序与工艺流程

11.4.1　施工程序。

通过对混凝土配合比和外加剂的优选，在满足设计指标的前提下，降低水泥用量，采取综合温控措施，在计算混凝土内部温度和应力的前提下，对混凝土搅拌、运输、入模、浇筑、测温、养护等全过程进行控制，防止混凝土结构裂缝的产生。

11.4.2　工艺流程，如图21-8所示。

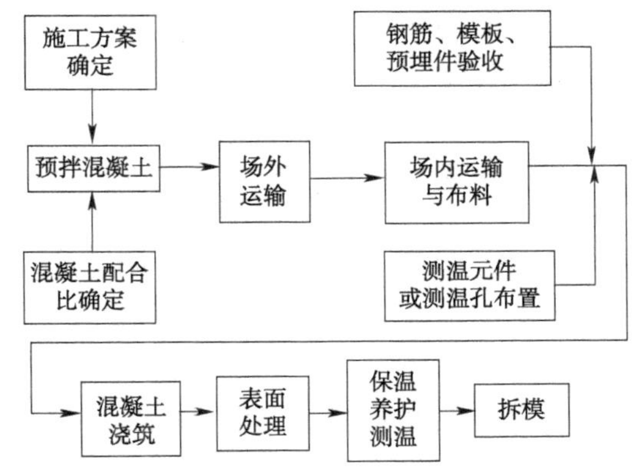

图21-8　施工工艺流程

11.5　施工要求

11.5.1　混凝土配合比设计的基本要求：

(1)混凝土配合比按设计抗渗水压加0.2MPa控制，储备不可过高。

(2)在保证混凝土强度和抗渗性能的前提下，应尽可能添加掺和料，粉煤灰应不低于二级，其掺量不宜大于20%，硅粉掺量不应大于3%，当有充分根据时掺和料的掺量可适当调高。

(3)送达现场混凝土的坍落度：泵送宜为80～140mm，其他方式输送宜为60～120mm，坍落度允许偏差±15mm，到达现场前坍落度损失不应大于30mm/h，总损失不应大于60mm。

(4)混凝土最小水泥量不低于300kg/ m^3，掺活性粉料或用于补偿收缩混凝土的水泥用量不少于280kg/ m^3。

(5)水灰比宜控制在0.45～0.5之间，最高不超过0.55；用水量宜在170kg/ m^3左右；用于补偿收缩混凝土用水量在180kg/m^3左右。

(6)粗集料适宜含量：

强度 ≤C30时：1150～1200 kg/m^3；当强度>C35时：1050～1150 kg/m^3。

(7)砂率宜控制在35%～45%，灰砂比宜为1:2～1:2.5。

(8)混凝土中总含碱量，当使用碱性活性集料时限制在3 kg/ m^3以下，混凝土中氯离子总含量不得大于水泥用量的0.3%，当结构使用年限为100年时为0.06%。

(9)混凝土的初凝应控制在6~8h之间,混凝土终凝时间应在初凝后2~3h。

(10)根据水泥品种,施工条件和结构使用条件选择化学外加剂,缓凝剂用量不可过高,尤其是在补偿收缩混凝土中应严格限量以防减少膨胀率,膨胀剂取代水泥量应按结构设计和施工设计要求的限制膨胀率及产品说明书并经试验确定;其取代水泥量必须充足以满足膨胀率的要求。

11.5.2 混凝土搅拌:

(1)根据施工方案的规定对原材料进行温度调节。

(2)搅拌采用二次投料工艺,加料顺序为,先将水和水泥、掺合料、外加剂搅拌约1min成水泥浆,然后投入粗、细集料拌匀。

(3)计量精度每班至少检查两次,计量控制在:外加剂±0.5%,水泥、掺合料、膨胀剂、水±1%,砂石±2%以内。其中加水量应扣除集料含水率及冰屑重量。

(4)搅拌应符合所用机械说明中所规定的时间,一般不少于90s,加膨胀剂的混凝土搅拌时间延长30s,以搅拌均匀为准,时间不宜过长。

(5)出罐混凝土应随时测定坍落度。

11.5.3 混凝土运输:

(1)混凝土运输宜采用搅拌运输车运送。

当混凝土泵连续作业时,每台混凝土泵所需配备的混凝土搅拌运输车台数应满足要求。

(2)混凝土搅拌运输车的现场行驶道路,应符合下列规定:

宜设置循环行车道,并应满足重车行驶要求;车辆出入口处,宜设置交通安全指挥人员;夜间施工时,在交通出入口和运输道路上,应有良好照明。危险区域,应设警戒标志。

(3)混凝土搅拌运输车装料前,必须将筒内积水倒净。严禁随意往筒内加水,拌筒应保持3~6r/min的慢速运转。

(4)泵送混凝土运送延续时间:未掺外加剂的混凝土,可按表21-18的规定执行;采用其他外加剂时,可按实际配合比和气温条件测定混凝土的初凝时间,其运输延续时间,不宜超过所测得的混凝土初凝时间的1/2,亦可按国家标准《预拌混凝土》(GB/T 14902—2012)的有关规定执行。

泵送混凝土运输延续时间 表21-18

混凝土出机温度(℃)	运输延续时间(min)	混凝土出机温度(℃)	运输延续时间(min)
25~35	50~60	5~25	60~90

在运输过程中,要防止混凝土离析、水泥浆流失、坍落度变化以及产生初凝等现象。

混凝土搅拌运输车喂料完毕后,应及时清洗拌筒并排尽积水。

11.5.4 混凝土的浇筑:

(1)大体积混凝土的浇筑方法:全面分层法、分段分层法、斜面分层法,如图21-9所示。

①全面分层法。整体分层连续浇筑或推移式连续浇筑,应缩短间歇时间,并在前层混凝土初凝之前将次层混凝土浇筑完毕。层间最长的间歇时间不应大于混凝土的初凝时间。混凝土的初凝时间应通过试验确定。当层间间隔时间超过混凝土的初凝时间时,层面应按施工缝处理。混凝土浇筑宜从低处开始,沿长边方向自一端向另一端进行。当混凝土供应量有保证时,亦可多点同时浇筑。

②分段分层法。混凝土浇筑时采用分层分段进行时,每段浇筑高度应根据结构特点,钢筋疏密程度决定,一般分层高度为振捣器作用半径的1.25倍,最大不得超过500mm。混凝土浇筑时,严格掌握控制下灰厚度、混凝土振捣时间,浇筑分为若干单元,每个浇筑单元间隔时间不超过3h。

③斜面分层法。混凝土浇筑采用“分段定点,循序推进、一个坡度、一次到顶”的方法——自然流淌形成斜坡混凝土的浇筑方法,能较好地适应泵送工艺,提高泵送效率,简化混凝土的泌水处理,保

证了上下层混凝土不超过初凝时间，一次连续完成。当混凝土大坡面的坡角接近端部模板时，改变混凝土的浇筑方向，即从顶端往回浇筑。

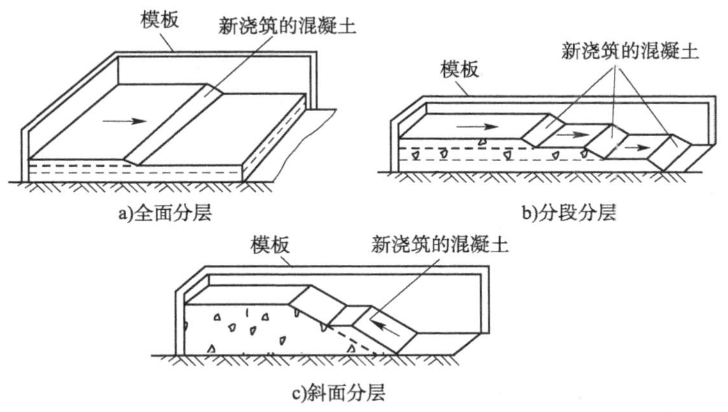

图 21-9　大体积混凝土浇筑方案

(2)大体积混凝土振捣：每浇筑一层混凝土都应及时均匀振捣，保证混凝土的密实性。混凝土振捣采用赶浆法，以保证上下层混凝土接茬部位结合良好，防止漏振，确保混凝土密实。振捣上一层时应插入下层约 50mm，以消除两层之间的接茬。平板振动器移动的间距，应能保证振动器的平板覆盖范围，以振实振动部位的周边。

在混凝土初凝之前，适当的时间内给予两次振捣，可以排除混凝土因泌水在粗集料、水平钢筋下部生成的水分和空隙，提高混凝土与钢筋握裹力。两次振捣时间间隔宜控制在 2h 左右。

混凝土应连续浇筑，特殊情况下如需间歇，其间歇时间应尽量缩短，并应在前一层混凝土凝固以前将下一层混凝土浇筑完毕。间歇的最长时间，按水泥的品种及混凝土的凝固条件而定，一般超过 2h 就应按"施工缝"处理。

(3)大体积混凝土泌水处理：斜面分层法浇筑混凝土采用泵送时，在浇筑、振捣过程中，上涌的泌水和浮浆将顺坡向集中在坡面下，应在侧模适宜部位留设排水孔，使大量泌水顺利排出。采取全面分层法时，每层浇筑，都须将泌水逐渐往前赶，在模板处开设排水孔使泌水排出或将泌水排至施工缝处，设水泵将水抽走，至整个层次浇筑完。

(4)大体积混凝土施工缝处理：混凝土的强度不小于 1.2MPa，才能浇筑下层混凝土；在继续浇混凝土之前，应将界面处的混凝土表面凿毛，剔除浮动石子，并用清水冲洗干净后，再浇一遍高强度等级水泥砂浆，然后继续浇筑混凝土且振捣密实，使新老混凝土紧密结合。

(5)大体积混凝土养护和温控：

①混凝土侧面钢木模板在任何季节施工均应设保温层，使用砖侧模在混凝土浇筑前宜回填完毕。

②蓄水养护混凝土：混凝土表面在初凝后覆盖塑料薄膜，终凝后注水，蓄水深度不少于 8mm。

当混凝土表面温度与养护水的温差超过 20℃时即应注入热水令温差降到 10℃左右。非高温雨季施工事先采取防暴雨降低养护水温的挡雨措施。

③蓄热法养护混凝土：盛夏采用降温搅拌混凝土施工时，混凝土终凝后立即覆盖塑料膜和保温层。

常温施工时混凝土终凝后立即覆盖塑料膜和浇水养护，当混凝土实测内部温差或内外温差超过 20℃再覆盖保温层。

当气温低于混凝土成型温度时，混凝土终凝后应立即覆盖塑料膜和保温层，在有可能降雨雪时为保持保温层的干燥状态，保温层上表面应覆有不透水的遮盖。

④混凝土养护期间需进行其他作业时，应掀开保温层尽快完成随即恢复保温层。

⑤当设计无特殊要求时，混凝土硬化期的实测温度应符合下列规定。

a. 混凝土内部温差(中心与表面下 100mm 或 50mm 处)不大于 20℃。

b. 混凝土表面温度(表面以下100mm或50mm)与混凝土表面外50mm处的温度差不大于25℃。

c. 混凝土降温速度不大于1.5℃/d。

d. 撤除保温层时混凝土表面与大气温差不大于20℃。

当实测温度不符合上述规定时,则应及时调整保温层或采取其他措施使其满足温度及温差的规定。

⑥混凝土的养护期限:除满足上条规定外,混凝土的养护时间自混凝土浇筑开始计算,使用普通硅酸盐水泥不少于14d,使用其他水泥不少于21d,炎热天气适当延长。

⑦养护期内(含拆除保温层后)混凝土表面应始终保持温热潮湿状态(塑料膜内应有凝结水),对有膨胀剂的混凝土尤应富水养护;但气温低于5℃时,不得浇水养护。

(6)大体积混凝土冬期施工:冬期浇筑的混凝土掺负温复合外加剂时,应根据温度情况的不同,使用不同的负温外加剂。且在使用前必须经专门试验及有关单位技术鉴定。冬期施工前应制定冬期施工方案,对原材料的加热、搅拌、运输、浇筑和养护等进行热工计算,并应据此施工。

混凝土在浇筑前,应清除模板和钢筋上的冰雪、污垢。运输和浇筑混凝土用的容器应有保温措施。运输浇筑过程中,温度应符合热工计算所确定的数据、如不符时,应采取措施进行调整。整体式结构加热养护时,浇筑程序和施工缝位置,应能防止发生较大的温度应力,如加热温度超过40℃时,应征求设计单位意见后确定。混凝土升、降温度速率不得超过规范规定。

混凝土试块除正常规定组数制作外,还应增设二组与结构同条件养护,一组用以检验混凝土受冻前的强度,另一组用以检验转入常温养护28d的强度。

11.6 材料要求

11.6.1 按照物资供应计划储备足够的保温材料,确保浇筑混凝土及时保温和应急保温措施所需要的物资。

11.6.2 大体积混凝土有连续施工的要求,现场应配置备用电源或发电设备。

11.6.3 商品混凝土生产供应单位,应具有企业资质等级证书,并应符合其资质等级营业范围。混凝土质量应符合现行规范、规程和《混凝土质量控制标准》(GB 50164—2011)。

11.7 设备机具配置

11.7.1 施工机械:混凝土泵车、混凝土运输车、液压布料机或手动布料杆等。

11.7.2 施工工具:流动电箱、插入式振捣棒、平板式振捣器、抹平机、刮杠、胶管、抹子、铁锹、溜槽等。

11.8 质量控制

11.8.1 大体积混凝土浇筑完后及时覆盖养护,减少混凝土出现由表及里的干燥收缩裂缝。根据结构尺寸增加抗裂钢筋及混凝土接近终凝时用木模第二次收面;降低混凝土的入模温度,控制混凝土的内外温差;及时对混凝土进行覆盖保温保湿材料,来减少或防止裂缝的产生。

11.8.2 大体积混凝土施工前,做好各种施工准备,组织好充足劳动力和避免发生停电、停水及其他恶劣气候条件等因素的影响,防止出现施工冷缝。

11.9 安全及环保要求

11.9.1 安全要求:

(1)严格执行《施工现场临时用电安全技术规范》(JGJ 46—2005)规定的建筑施工现场安全用电标准,混凝土振捣器使用前必须经电工检验确认合格后方可使用;开关箱内必须装设合格有效漏电保护器;插座、插头应完好无损,不得使用破皮老化的电源线,电线应地支空架设,严禁随地拖拉;振捣器作业应两人配合作业,不得用电源线拖拉振捣器;操作人员必须穿绝缘鞋(胶鞋),戴绝缘手套;

电机出现故障,非专业人员严禁随意拆装电机开关,严防触电事故发生。

(2)所有机械设备必须做到定期检查,机械操作人员不得带病工作,非专业人员不得开启机械。大型机械的吊装必须符合规定要求,并办理验收手续,经验收合格后方可使用。

11.9.2　环保要求:

(1)混凝土施工过程中,选用噪声和振动符合城市环境噪声标准的施工机械,同时合理安排施工作业时间,尽量避免夜间施工,减少噪声对周边居民的影响。

(2)混凝土施工现场设置沉淀池,沉淀的清水用于场地洒水降尘;严格合理控制混凝土用量,减少落地灰的产生,产生的固体废弃物集中统一处理,防止污染环境。

12　后张法预应力混凝土梁板张拉和压浆

12.1　适用范围

本部分内容适用于预应力混凝土梁板张拉和压浆施工。

12.2　作业准备

12.2.1　内业准备。

作业指导书编制后,应在开工前组织技术人员认真学习实施性施工组织设计,阅读、审核施工图纸,澄清有关技术问题,熟悉规范和技术标准。制订安全保证措施,提出应急预案。对施工人员进行技术交底,对参加施工人员进行上岗前技术培训,考核合格后持证上岗。

12.2.2　外业技术准备。

施工作业层所涉及的各种外部技术数据收集。修建生活房屋,配备生活,办公设施,满足主要管理、技术人员进场生活、办公需要。

12.3　技术要求

12.3.1　张拉设备校验。

(1)施加预应力所用的机具设备及仪表应由专人使用和管理,并应定期维护和校验。千斤顶和压力表应配套校验,以确定张拉力与压力表读数之间的关系曲线。油表表盘直径不宜小于15cm,油表刻度分格不大于1MPa,读数精确在2%以内。压力表的精度不宜低于1.5级,校验张拉设备用的试验机或测力计精度不得低于±2%。检验千斤顶活塞的运行方向,应与实际张拉工作状态一致。

(2)张拉设备的校验期限,不宜超过半年或超过200次。如在使用过程中,张拉设备出现反常现象或在千斤顶检修以后,应重新校验。

12.3.2　张拉设备安装。

安装张拉设备时,直线预应力筋,应使张拉力的作用线与孔道中心线重合;曲线预应力筋,应使张拉力的作用线与孔道中心线一末端的切线重合。

12.3.3　管道成孔。

(1)预留孔道的尺寸与位置应正确,孔道应平顺,端部的预埋钢板应垂直于孔道中心线。

(2)孔道可采用预埋波纹管、钢管抽芯、胶管抽芯等方法成型。钢筋应平直光滑,胶管宜充压力水或其他措施以增强刚度,波纹管应密封良好并有一定的轴向刚度,接头应严密,不得漏浆。

固定各种成孔管道用的钢筋井字架间距:钢管不宜大于1m;波纹管不宜大于0.8m;胶管不宜大于0.5m;曲线孔道宜加密。整个孔道应顺畅圆顺,不得有折角。

灌浆孔间距:预埋波纹管不宜大于30m;抽芯成型孔道不宜大于12m;曲线孔道的曲线波峰部

位,宜设置泌水管、排气管。

(3)当铺设已穿有预应力筋的波纹管或其他金属管道时,严禁电火花损伤管道内的钢丝或钢绞线。

(4)孔道成形后,应立即用通孔器或压气、压水等方法逐孔检查,发现堵塞,应时疏通。

12.3.4　预应力张拉。

(1)预应力钢材的张拉方法和控制应力应符合设计要求。张拉时如需要超张拉或计入锚圈口预应力损失时,可比设计要求提高5%,但在任何情况下不得超过设计规定的张拉控制应力。

(2)预应力筋张拉锚固后实际预应力值与工程设计规定应力值的相对允许偏差为±5%。

(3)预应力筋张拉时,结构的混凝土强度应符合设计要求,当设计无具体要求时,不应低于设计强度标准值的75%。

(4)预应力筋的张拉顺序应符合设计要求,当设计无具体要求时,可采用分批、分阶段对称张拉。

12.3.5　伸长量控制。

(1)当采用应力控制方法张拉时,应校核预应力筋的伸长值。如实际伸长值比计算伸长超过±6%,应暂停张拉,在采取措施予以调整后,方可继续张拉。

(2)预应力筋的实际伸长值,宜在初应力为张拉控制应力10%~15%左右时开始量测,但必须加上初应力以下的推算伸长值。

(3)张拉过程中预应力钢材(钢丝、钢绞线或钢筋)断裂或滑移的数量,对后张法构件,严禁超过结构同一截面预应力钢材总钢丝数的1%,且一束钢丝只允许一根;对先张法构件,严禁超过结构同一截面预应力钢材总钢丝数的1%,且严禁相邻两根断裂或滑移。

12.3.6　锚固。

锚固阶段张拉端预应力筋的内缩量,不宜大于表21-19的规定。

锚固阶段张拉端预应力筋的内缩量允许值　　表21-19

锚具类别	内缩量允许值(mm)
支承式锚具(如镦头锚、带有螺丝端杆的锚具等)	1
锥塞式锚具	6
夹片式锚具	6
每块后加的锚具垫板	1

注:1.内缩量值系指预应力锚固过程中,由于锚具零件之间和锚具与预应力筋之间的相对移动和局部塑性变形造成的回缩量。
2.当设计对锚具内缩量允许值有专门规定时,可按设计规定确定。

12.3.7　压浆。

(1)压浆前,应采用密封罩或水泥浆等对锚具夹片空隙和其他可能漏浆处 封堵,待封堵料达到一定强度后方可压浆。

(2)压浆顺序先下后上,曲线孔道和竖向孔道宜从最低点的压浆孔压入,由最高点的排气孔排气或泌水。

(3)同一孔道压浆应连续进行,一次完成。

(4)压浆后应从压浆孔和出浆孔检查压浆的密实情况,如有不实,应及时补灌,以保证孔道完全密实。

12.4　施工程序与工艺流程

12.4.1　施工程序。

预应力张拉为特殊工序,一般派专人进行全程监控,由试验室提供混凝土的强度、弹性模量给工程部,由张拉技术负责人编制张拉通知单,张拉前监控人员仔细核对抗压强度、弹性模量值及龄期符合要求,并对张拉设备、工艺参数,以及张拉人员进行确认,张拉过程中对张拉应力、实测伸长值及持荷时间进行监控。

12.4.2 工艺流程。

预应力施工工艺流程如图21-10所示。

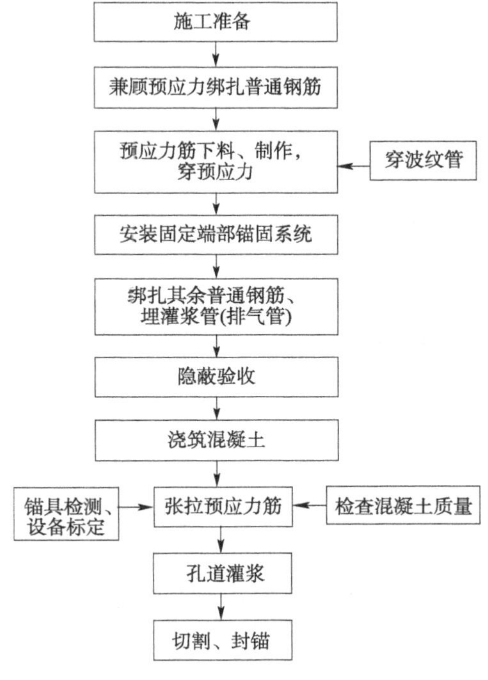

图21-10 预应力施工工艺流程图

12.5 施工要求

12.5.1 施工准备：

(1)千斤顶的标定：

①张拉前要标定千斤顶，标定期根据设备状态和使用的频繁程度及气温来决定，到期必须进行标定。每周必须进行自校，每次标定均须建立台账备查。

②千斤顶经过大修，或漏油严重，经拆修以后，必须重新进行标定。

③千斤顶须与已校正过的油表配套编号标定。

④标定前先试压千斤顶，试压3次，确认不漏油能正常工作时方进行标定。试压时使油缸伸出长度等于张拉时常用部位，试压吨位达到最大使用张拉力的110%，维持5min，压力降低不超过3%，即认为千斤顶可正常工作。千斤顶校验要反复进行3次(0°、120°、240°3个不同方向)，取其平均值，算出油压表与对应压力(顶力)的线性回归方程，当代表回归方程与试验数据真实函数间的近似程度的回归系数$\gamma \geqslant 0.9999$时即认为标定合格，否则查明原因，重新标定。

⑤校正系数可按下式进行计算：

校正系数=[油表压力(MPa)×张拉千斤顶活塞面积(mm)]÷压力环计算压力(N)

按上述方法完成标定工作，用上式计算得出张拉控制应力或接近控制应力时的千斤顶校正系数。千斤顶校正系数不得大于1.05，如校正系数大于1.05，则本次标定不合格，查明原因，重新标定。

(2)油表的标定。油表每月须送到有资质的计量部门进行标定。

油表在下列情况下必须重新进行标定：

①油表校正有效期达到一个月。

②油表使用时超出允许偏差或发生故障。

油表在使用时受到剧烈振动、冲击、指针不归零及指针失稳者。

(3)预应力筋下料、装配及运输。预应力筋的下料长度应考虑设计曲线长度、张拉端外伸预留长度、弹性回缩值、张拉设备、钢材品种和施工方法等因素，对采用夹片式锚具与穿心式千斤顶进行张拉的构件上的钢绞线，其下料长度L按下式计算：

①一端张拉时

$$L = L_0 + L_1 + L_2 + L_3 + L_4$$

②两端张拉时

$$L = L_0 + 2(L_1 + L_2 + L_3)$$

式中：L_0——构件的孔道长度；

L_1——张拉端锚垫板厚度；

L_2——夹片式工作锚具厚度；

L_3——张拉端外露预留长度；

L_4——锚固端长度。

预应力筋的下料应在平整的场地上直线定出下料长度，并在下料场地两端设置固定标志，每端有专人负责;切断前应将预应力筋拉直;用砂轮切割机切断,不得用电弧切割。在预应力筋下料同时制作装配固定端,当固定端采用P型挤压锚时应采用专用设备对挤压套与锚垫板进行二次挤压以保证挤压套紧固在锚垫板上。对所下的预应力筋做好分区及类型编号,必要时在其两端做出同颜色的标志并标明长度,以便布束张拉时识别,再用放线盘分别盘成直径约为2.0m的圆盘。

预应力筋运至施工现场后要分区、分类堆放。露天堆放时,需覆盖防雨布,并用垫木垫起,不与地面接触,防止锈蚀、死弯。在堆放期间严禁碰撞踩压。

(4)预留管道埋设。绑扎构件的普通钢筋时,可同时进行预应力筋管道埋设。采用金属波纹管时,可将金属波纹管按设计的曲线定位在非预应力钢筋笼中。具体的做法是根据矢高沿构件方向每隔约0.8m设置相应的马凳钢筋(根据具体工程情况马凳钢筋间隔可适当调整,保证设计曲线为宜),马凳钢筋宜采用$\phi10\sim\phi12$钢筋,在马凳处用铁丝把波纹管与马凳钢筋绑紧,使波纹管形成曲线。金属波纹管连接采用比主管大一号的金属波纹管作为连接管,连接管长200~300mm。在连接管的两端缠上塑料胶带以防漏浆,预埋管道要求曲线流畅,水平顺直。

框架梁中预留孔道在竖直方向的净间距不应小于孔道外径;水平方向的净间距不应小于1.5倍孔道外径;从孔壁算起的混凝土保护层厚度,梁底不宜小于50mm,梁侧不宜小于40mm。

(5)预应力筋穿束:

①根据工程的具体情况,可采用逐根穿束或集束穿束。逐根穿束是将预埋管道内的预应力筋逐根穿入;集束穿束是将管道内所需的预应力筋先绑扎成束后一次性穿入预埋管道内。集束穿束前宜将预应力筋端部用胶布包扎以减小摩擦力并防止穿破波纹管。

②人工穿束确有困难,可采用牵引机协助穿束。

(6)端部预埋安装:

①固定端端部预埋安装。

固定端采用P型挤压锚时,在保证固定端锚垫板、挤压套筒不外露的前提下,按设计要求的高度固定好预埋件并焊好网片筋或螺旋筋;当采用H型压花锚时也应保证其不外露,同时按设计要求固定好压花端位置。焊接前应做好预应力束的保护。

②张拉端部预埋安装。

张拉端部有外凸和内凹两种形式。张拉端部预埋位置应符合设计要求,预应力筋应与锚垫板保持垂直。采用外凸式张拉端部时,将锚垫板紧靠构件端部固定;采用内凹式张拉端部时,将锚垫板固定在离端部约90mm处,调整锚垫板周围的钢筋以保证张拉时千斤顶有足够的张拉空间,然后在承压板外安装穴模,按设计要求焊接好网片筋或螺旋筋。采用分段搭接张拉时,张拉端部的预埋安装在锚垫板等预埋件满足设计要求的情况下,预应力筋与锚垫板应保持垂直,保证张拉千斤顶有足够的张拉空间及张拉完后锚具不露出构件表面。

③灌浆管埋设。

有黏结预应力的灌浆孔与排气孔(泌水孔)是可通用的。在预应力筋铺设完后进行灌浆管埋设,一般在预埋孔道曲线的高点处留设灌浆管,若是竖向构件,应由孔道底部开始沿高度方向分段埋设。灌浆管间距一般不宜大于12m,在一些较大跨度的构件中,可适当放宽,但管距应能保证灌浆顺畅。灌浆管的压板与金属波纹管应连接牢固,并用塑料胶带缠紧密封以防漏浆。灌浆管高出构件混凝土表面200~300mm处弯折。为防止灌浆管在浇捣混凝土时脱落,可在灌浆管中插入钢筋,将灌浆管与构件的面筋绑紧,同时避免将灌浆管留在构件模板内。

④混凝土浇捣。

为确保工程质量,混凝土浇捣前,应由建设单位会同监理单位、施工单位及设计单位等对预应力工程进行隐蔽工程验收,主要内容包括:

a. 原材料是否验收合格。

b. 有黏结预应力筋的数量、规格、控制尺寸是否按照图纸要求。

c. 波纹管有无破损，接头是否牢固可靠。

d. 灌浆管及端部的预埋处理是否恰当等。

验收合格后，方可浇筑混凝土。混凝土浇筑时应避免踏压撞碰波纹管、预应力筋、马凳、灌浆管以及端部预埋件，混凝土浇捣完毕后，构件侧模宜在预应力张拉前拆除，底模支撑拆除应符合设计要求；当设计无具体要求时张拉前不可拆除底模；侧模拆除后，若发现张拉端或固定端部混凝土有外观质量缺陷，应在张拉前进行处理，待处理后的混凝土达到要求的强度后方可进行张拉。

(7)锚具：

①锚环、夹片均要做硬度试验。

②工具锚的夹片只能使用2次，即转入工作锚内使用(倒顶张拉即夹片已使用2次)。

③夹片要保持清洁。

12.5.2 施工工艺。

(1)钢绞线的下料、编束及穿束。钢绞线如采用低松弛钢绞线，应不再预拉。

(2)钢绞线存放：

①应存放在干燥、清洁之处。

②露天存放应架空并由油布(或油毡)遮盖。

③存放的要求包括已下料的钢绞线。

(3)下料：

①下料可用切割机或氧割，但严禁用电焊弧切割。

②下料应用钢尺丈量，下料长度为孔道长度 +2 × 施工作业长度80cm。

(4)编束：

①编束时，应用梳板理顺，用22号～24号铁丝，每隔1.5～2.0m绑扎一道(两端加密)，绑扎铁丝宽度1～2cm。

②钢绞线束的穿入端的端头应做成锥形，并用氧焊熔成整体，控制其直径。

③运输时各支点距离 <3m，端部 <1.5m，要注意不出现死弯，最小弯曲半径不得小于1m。

④已编成束的钢绞线应挂牌编号，标明长度，存放时应确保顺直，不要沾染泥等杂物。

(5)穿束：

①穿束前应核对孔道与钢绞线束的编号。

②较短束用人力穿束，较长束用卷扬机进行穿束。穿束应缓慢进行，严防用力过猛，以免损坏波纹管接头处。

(6)预应力张拉：

①张拉一般要求：

a. 混凝土强度达到设计要求后可进行张拉。张拉控制应力按设计文件要求，且不应大于钢绞线强度标准值的75%。

b. 预应力构件的张拉顺序，应根据结构受力特点、施工方便、操作安全等因素确定，一般分层、分部位、分段张拉。在现浇连续梁施工中，预应力施工顺序为先纵向、后竖向、再横向。

c. 预应力筋的张拉方法应根据设计和施工计算要求，确定采取一端张拉或两端张拉。采用两端张拉时，宜两端同时张拉，也可一端先张拉，另一端补张拉。

d. 同一束预应力筋，应采用相应吨位的千斤顶整束张拉，直线形或扁管内平行排放的预应力筋，当各根预应力筋不受叠压时可采用小型千斤顶逐根张拉。

e. 特殊预应力构件或预应力筋，应根据要求采取专门的张拉工艺。如分段张拉、分批张拉、分级张拉、分期张拉、变角张拉等。

②张拉工艺：

工作锚具安装⟶千斤顶安装⟶千斤顶进油张拉⟶伸长值校核⟶持荷预压⟶卸荷锚固⟶记录。

普通低松弛预应力筋张拉程序：

0 ⟶初应力⟶100% σ_k $\xrightarrow{2\text{min}}$持荷 σ_k(锚固)。

③两端同时张拉步骤：

a. 两端千斤顶主缸同时张拉初始应力 σ，读表读数、测量主缸活塞伸出长度作为 L_0(并测量工具锚夹片外露长度 λ)并记录。

b. 两端同时张拉，两端千斤顶其升压差不宜大于 1～2MPa 的表读数，张拉至 σ_k，然后超张拉 100% σ_k，持荷 2min，测量主缸活塞伸出长作为 L(并测量工具锚夹片外露 λ)算出钢绞线伸长值：

$$l\sigma_k = (L - L_0) - (\lambda - \lambda_0)$$

其中：L_0，λ_0 为初应力时值。

c. 计算两端伸长值之和，比较实测值与计算值，误差≤ ±6% 认为合格。

d. 预应力筋必须在张拉控制应力达到稳定后方可锚固。

e. 回复到 σ_k，一端先锚固。

f. 回油至零，量测两端工作锚夹片 δ_k，求得回缩量 $\delta = \delta_k - \delta_0$。

g. 24h 后，再测工作锚夹片深度，是否有滑丝现象(并需填写记录)。

h. 两端张拉时，应用对讲机互相联系，做到开、降压、划线、测伸长值工作一致同时。

④张拉质量要求，见表 21-20。

张拉质量要求 表 21-20

检查项目	规定值或允许偏差	检查方法
张拉应力值	±5%	压力表
张拉伸长率	±6%	用尺量
同一构件内断丝根数不超过钢丝总数的百分数	1%	

注：《公路桥涵施工技术规范》(JTJ 041—2000)。

a. 钢绞线断丝，每束断丝、滑丝 1 根。

b. 夹片式锚具回缩及锚具变形≤6mm。

c. 实际伸长值与理论伸长值差应控制在 6% 以内。

⑤滑丝、断丝处理：

a. 预防滑丝、断丝措施。

Ⅰ. 顶锚操作时要稳。

Ⅱ. 严格挑选锚具，锚具倒角不圆顺者不用。

Ⅲ. 预拉至 20MPa，重新安装工具锚，使钢绞线受力均匀。

Ⅳ. 二夹片工作锚夹片宜将二片夹片的接面线垂直放置。

Ⅴ. 工具锚夹片超过使用次数者易产生滑丝，不能再用。

b. 断丝、滑丝处理。

Ⅰ. 超过允许断丝、滑丝数量，应更换。

Ⅱ. 用卸锚器卸锚。

⑥填写张拉记录，应按规定格式填写。

⑦宜用切割机切割。如用氧炔割束时，须用棉丝包住钢绞线，冲水降温。

(7)孔道压浆：

①预应力钢材张拉后，孔道应尽早压浆(一般不宜超过 14h)。

②水泥浆自调制至灌入孔道的延续时间，视气温情况而定，一般不宜超过30～45min。水泥浆在使用前和压注过程中应经常搅动。

③压浆前，须将孔道冲洗洁净、湿润，如有积水应用吹风机排除。压浆时对曲线孔道和竖向孔道应由最低点的压浆孔压入，由最高点的排气孔排气和泌水。

④压浆应缓慢、均匀地进行。比较集中和邻近的孔道，宜尽先连续压浆完成，以免窜到邻孔的水泥浆凝固、堵塞孔道，不能连续压浆时，后压浆的孔道应在压浆前用压力水冲洗通畅。

⑤采用纯水泥浆时，一般每一孔道宜于两端先后各压浆一次，两次的间隔时间以达到先压注的水泥浆既充分泌水又未初凝为度，一般宜为30～45min。对泌水率较小的水泥浆，通过试验证明可达到孔道饱满时，可采用一次压浆的方法。

⑥普通压浆。灌浆前先打通灌浆孔，用清水清洗孔道，直到张拉端部出水较大，各处均畅通时，方可安排灌浆。灌浆用水泥浆的水泥宜用不低于32.5等级的普通硅酸盐水泥，水泥浆水灰比不应大于0.45，拌制后3h泌水率不宜大于2%，且不应大于3%。泌水应能在24h内全部重新被水泥浆吸收。水泥浆宜掺入外加剂，外加剂应不含氯盐且对预应力筋无腐蚀作用。水泥浆要严格按配合比配料，搅拌时间应保证水泥浆混合均匀，一般需2～3min。灌浆过程中，水泥浆搅拌应不间断，水泥浆用筛网过滤，以免灌浆时堵管。灌浆时将灌浆机出浆口与灌浆管相接，并确认连接处紧密后，开动灌浆泵加压灌入水泥浆，从近至远逐个检查出浆孔，各出浆孔出浓浆后逐一封闭，待最后一个出浆孔出浓浆后，封闭该出浆孔，继续加压至0.5～0.7MPa，保持1～2min，封闭进浆阀门，待水泥浆凝固后，再拆卸连接接头，并及时清理现场浮浆及杂物，如发现管内有空隙应仔细补浆。

构件的底模支撑在无具体设计要求时，应在预应力筋张拉及灌浆浆体强度达到15MPa后拆除。

⑦真空压浆：

a.压浆过程中，每孔梁制作3组标准养护试件，并做1组同条件养护试件，作为吊装或入库备用；取样方法为：将拌好的压浆料倒入试模内，静置至浆体初凝后，将其表面多余的浆体刮掉。24h拆模后放入标准养护室于水中养护至7d、28d，分别进行7d、28d抗压强度和抗折强度试验。试模尺寸40mm×40mm×160mm。

b.压入管道内的浆料终凝时间小于24h，压浆时浆体温度不超过35℃，压浆时及压浆后3d内，梁体及环境温度不得低于5℃。抗压强度7d不小于35MPa，抗折强度不小于6.5MPa；28d不小于50MPa，抗折强度不小于10MPa，24h内最大自由收缩率不大于1.5%，标准养护条件下28d浆体自由膨胀率为0～0.1%。浆体对钢绞线无腐蚀作用。其技术要求符合高性能无收缩防腐蚀灌浆剂的规定，有结块不得使用，经检验合格后方可使用。

c.启动真空泵抽真空，使真空度达到-0.06～-0.08MPa并保持稳定。

d.启动灰浆泵，当输出的浆体达到要求的稠度时，将输送管阀门打开，开始灌浆。

e.压浆次序自下而上，同一管道压浆须连续进行，一次压完。以免孔道漏浆将临近孔道堵塞。灌浆过程中，真空泵要保持连续工作。压浆过程中经常检查压浆管道是否堵塞和漏浆。

f.待真空泵端的空气滤清器中有浆体经过时，关闭空气滤清器前端的阀门，稍后打开排气阀，当水泥浆从排气阀顺畅流出，且稠度与灌入的浆体相当时关闭抽真空端所有的阀门。

g.灌浆泵继续工作，压力达到0.5～0.6MPa，持压3min。

h.关闭灰浆泵及灌浆端所有阀门，完成灌浆。

i.拆卸外接管路、附件，清洗空气滤清器及阀等。完成当日灌浆后，必须将所有粘有水泥浆的设备清洗干净。安装在压浆端及出浆端的球阀，在灌浆后1h内拆除、清洗。

⑧预应力端部封锚。张拉、灌浆后，用砂轮切割机切掉张拉端多余的预应力筋，预应力筋的外露长度不宜小于其直径的1.5倍，且不宜小于30mm，用环氧树脂涂封锚具及外露预应力筋，封闭前应将锚具周围的混凝土凿毛、冲洗干净，凸出式的锚头宜配置钢筋网片，用微膨胀细石混凝土进行封闭。

12.6 材料要求

12.6.1 孔道压浆一般采用水泥浆,水泥浆的标号不应低于设计规定。

水泥宜采用硅酸盐水泥或普通水泥;水泥的强度等级不宜低于 P·O 32.5(425 号)。

12.6.2 水灰比一般宜采用0.4~0.45,掺入适量减水剂,水灰比可减小到0.35,水及减水剂须对预应力钢材无腐蚀作用。

12.6.3 水泥浆的泌水率最大不超过4%,拌和后3h泌水率宜控制在2%,24h后泌水应全部被浆吸回。

12.6.4 水泥浆稠度宜控制在14~18s之间,通过试验后,水泥浆中可掺入适量膨胀剂,但其自由膨胀率应小于10%。

12.6.5 波纹管、锚具、钢绞线的材料质量应满足设计及相关规范要求,具体要求由编制作业指导书时详细列出。

12.7 主要机具设备

预应力施工机具设备主要包括张拉设备与压浆设备,主要机具设备见表21-21。

预应力施工机具设备 表21-21

序 号	种类(名称)	数 量	单 位	备 注
1	真空压浆机	1	台	
2	穿心千斤顶	6	台	
3	顶压器	2	台	
4	高压油泵		台	根据现场选用
5	油压表	4	个	
6	压浆泵	1	台	
7	砂轮锯	1	台	
8	手动葫芦	2	个	
9	手提式切割机	1	台	
10	对讲机	4	台	

12.8 质量控制及检验

12.8.1 质量控制:

(1)预应力施工过程中主要质量问题有张拉时出现钢绞线断丝或滑脱、张拉端部出现裂缝;张拉时因混凝土浇捣时出现张拉异常、灌浆阻塞等。预应力筋张拉过程中出现断裂或滑脱,其数量应不超过同一截面上预应力筋总根数的3%,且每束钢丝不超过一根,对多跨连续双向板和密肋梁,同一截面应按开间计算,同时应及时进行处理,先退锚,然后根据断丝或滑脱的预应力筋情况,换上可靠锚具,断丝的预应力筋可加假丝协助工具锚夹持,相应降低张拉力,重新张拉。

(2)张拉过程中出现塌孔或张拉后发现构件张拉端部出现有害裂缝,应及时退锚,对塌孔或开裂的混凝土进行补强处理,待处理后的混凝土强度达到要求时,重新张拉。

(3)张拉过程中,因混凝土浇捣时孔道漏浆造成张拉异常时,应及时凿开构件清除漏浆部分,修补完整后,重新张拉。

(4)灌浆过程中,发生孔道阻塞、串孔或中断灌浆时,应及时冲洗孔道或采取其他措施重新灌浆。

12.8.2 质量检验。

在特殊要求情况下,预应力施工质量检验可采用无损检测设备进行质量检验。

12.9　安全及环保要求

12.9.1　安全要求：

(1)张拉区应有明显标志，非工作人员禁止入内，梁的张拉两端要设置挡板，在千斤顶后部不得站人。

(2)操作千斤顶和测量伸长值的人员，应站在千斤顶侧面操作，严格遵守操作规程。

(3)张拉时，千斤顶行程不得超过额定行程。

(4)千斤顶张拉缸进油时，回程缸及液压顶压器必须处在回油状态。

(5)千斤顶的回程缸进油时，张拉油缸必须处于回油状态。

(6)千斤顶油压不得超过最大张拉油压。

(7)顶压过程中必须密切注意张拉油路的升压情况，不得超过1～2MPa。

12.9.2　环保要求：

(1)建立环境保护管理小组，由项目经理主管，成员由专业骨干组成，做好日常环境管理，并建立环保管理资料。

(2)建立健全环境工作管理条例，施工组织设计中应有相应环保内容。

(3)压浆过程中，多余浆液应做专门处理，不能随意排放，以防造成环境污染。对已经污染地方应立即清理。

13　钢结构工程

13.1　适用范围

适用于工棚、工业轻型厂房、工厂仓库等的轻型钢结构的制作与安装工程。

13.2　作业准备

13.2.1　内业准备：

(1)熟悉施工图纸，认真审阅图纸确定施工方法。

(2)编制施工组织设计及优化方案。

(3)编制材料计划及加工计划。

13.2.2　外业准备：

(1)根据土建结构提供的测量控制网，对基础轴线、标高进行技术复核。对超出规范要求的，必须采取相应的纠偏措施。

(2)规划现场拼装、组装场地。

(3)检查地脚螺栓外露部分的情况，若有弯曲变形、螺牙损坏的螺栓，必须对其修正。

(4)将柱子就位轴线、标高控制线弹测在柱基表面，并对柱基标高进行找平。

(5)混凝土柱基标高浇筑一般预留50～60mm(与钢柱底设计标高相比)，在安装时用钢垫板或是提前采用坐浆承板找平。

(6)采用钢垫板时，应检查垫板与基础面和柱底面的接触是否平整、紧密。

(7)采用坐浆承板时，应检查砂浆垫块的强度是否高于基础混凝土强度一个等级，及砂浆垫块面积的承载力是否满足要求。

13.3　技术要求

13.3.1　钢结构工程施工单位应具备相应的钢结构工程施工资质。施工现场质量管理应有相应的施工技术标准、质量管理体系、质量控制及检验制度。

13.3.2　钢结构施工必须采用经过计量检定、校验合格的计量器具。

13.3.3　钢结构工程质量验收应在施工单位自检的基础上,按照检验批、分项工程、分部(子分部)工程的程序进行。钢结构分部(子分部)工程中的分项工程划分应按照国家标准《建筑工程施工质量验收统一标准》(GB 50300—2013)的规定执行。每项钢结构分项工程可按一个或分成若干个检验批进行验收。

13.3.4　单层钢结构安装除执行施工工艺标准外,须符合国家及行业有关现行标准要求。

13.4　施工程序与工艺流程

13.4.1　施工程序:

(1)钢结构制作程序:

原材料矫直⟶放样、号料⟶下料(剪切、气割)⟶零件加工(如钻孔、零件煨弯、小装配件焊接等)⟶焊定位架(档)⟶总装配(如装屋架杆件、檩托、支撑连接板、下弦有关零件以及柱和底座、柱头等)⟶定位点焊⟶焊接⟶成品检验。

(2)钢结构安装程序:

柱⟶柱间墙梁、拉结条⟶屋架(或组合屋面梁)⟶屋架间水平支撑、垂直支撑⟶檩条、拉结条。

(3)钢结构涂装程序:

钢结构制作⟶防腐底漆一道⟶钢结构安装⟶清理构件表面⟶防腐中间漆一道⟶防腐面漆两道⟶防火涂料两道。

13.4.2　工艺流程,如图21-11所示。

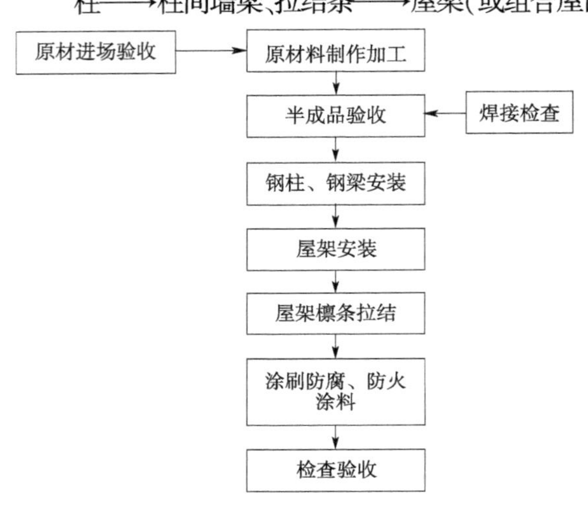

图21-11　工艺流程

13.5　施工要求

13.5.1　施工准备:

①根据设计单位提供的设计文件、资料绘制钢结构施工详图。编制作业工艺卡,组织学习图纸和有关技术规程,向工人小组进行技术交底。

②对所供应的原材料按设计要求逐一进行物理力学性能和化学成分的检验;检查原材料、焊条质量证明书;原材料运进工厂或现场按规格和数量进行清点,并分类整齐堆放,以备使用。

③根据制作安装工艺要求。备齐制作机具设备、吊装起重设备、绳索、吊具及安装工具,以及焊接设备,并保持完好状态;对焊工进行考试,经考试合格取得相应施焊条件的合格证者才准操作,并按其技术水平定人、定点并编号。

④运到现场的钢结构构件,必须有出场合格证;各类拼装连接件、垫板及螺栓、铝铆钉的规格和数量应符合安装要求。

⑤柱基础施工完毕,强度达到要求,回填土完,并办理交接验收手续。

⑥在柱基上用砂浆找平标高,弹好安装十字轴线,检查螺栓平面位置和外露长度,应符合要求。在钢柱、屋架等钢构件上弹好安装中心线及连接构件的位置线。

⑦按安装单元构件明细表核对进场构件,要求准备齐全,以保证结构安装的稳定性和连续性。

⑧准备好连接件,并将各有关钢构件的连接件事先焊在某一钢构件的设计位置上,以减少高空作业。

13.5.2　施工工艺。

(1)钢结构制作操作要点:

①原材料矫直。

型钢构件和圆钢，在运输、堆放过程中易产生弯曲或翘曲变形，下料前应予矫直、整平，一般多用杠杆压力机或顶床等，并加模垫，进行冷矫正平直、整平，使达到合格的要求。

②放样、号料。

a. 放样应在平整的平台或水泥地面上进行，以1∶1的尺寸放出构件详图。屋架应使杆件重心线在节点处交汇一点，避免偏心；上下弦应同时起拱（15m跨以内屋架起拱值10mm左右），并使竖腹杆尺寸不变。

b. 根据放样实际外形尺寸，用0.5～0.75mm厚铁皮（或油毡纸）制作样板，用铁皮（或扁铁）制作样杆，作为下料加工的依据。

c. 号料要根据材料长度留出1～4mm的切割余量。号料允许偏差为：长度1mm，孔距0.5mm。

③下料成型。

a. 切割一般用冲剪机、无齿锯或砂轮锯切割；特殊形状可用氧乙炔焰切割，用小口径割嘴，端头用砂轮或风铲整修，清除毛刺、熔渣等，打磨平整，并打坡口（或刨边），每根杆件先下一根料，经试装配检查无误，方可成批下料。

b. 杆件钻孔应用钻模制孔，用电钻或在钻床上进行，不得用氧乙炔焰气割成孔，以免损伤母材。

c. 圆钢煨弯多用加热弯曲法，即用氧气乙炔焰焊炬加热弯曲半径处，边加热边弯曲，小直径钢筋可用冷弯加工。蛇形腹杆通常以两节以上为一个加工单元，以保证平整和减少节点焊缝。

④构件装配。

a. 屋架（桁架，下同）组装方法。有平装和立装两种。跨度15m以内的轻型屋架宜用平装法，在平整坚实的拼装台上进行。

b. 在平台上先弹出整榀屋架几何轴线及节点位置，校对无误后，用钢冲做好标记，然后划线，在屋架外形尺寸的两侧焊定位钢板或型钢，使弦杆与檩条、支撑连接板处的位置正确，但每一固定点应避开节点位置。焊接时，再用卡具将屋架和定位钢板卡紧，以防止焊接变形。

c. 装配宜用装配胎膜，按胎膜形状装配，以保证几何尺寸的准确。屋架组装顺序是：先将上、下弦杆摆放就位，再放连接板（点焊），再后由跨中向两侧左右对称装上下弦连接腹杆，最后组装两端支座。组装时，构件的中心线应力要求在同一水平面上，其误差不得大于3mm，连接孔中心的误差不得大于2mm。整个屋架组装完毕，要通盘检查几何尺寸、跨度、起拱及杆件焊缝长度是否满足设计要求。

d. 简单双角钢桁架多采用复制法，先按放样将一面组装定位焊好，然后翻身组装并定位焊另一面。翻身时须用杉木杆或其他材料横向进行加固，使屋架各点受力均匀，防止侧向变形。

e. 杆件截面由三根杆件组成的“▽”形空间结构，如棱形桁架，可先装成单片平面桁架，然后再点焊另一角零件，组合成三角形截面，装配腹杆间距要均匀，无论弦杆或腹杆均应先单肢拼配焊接矫正后，然后再进行拼装。

f. 工字柱组装前，腹板应修边，须将柱中心线标注在腹板、翼板上（标三个面，两个小面，一个大面）。组装时要垫平，中心线对齐，用拉通线法进行检查。腹板与翼板之间要顶紧，以减小缝隙，上下翼板的错位要求不大于1mm，接头缝隙宽度的偏差不大于1mm，缝隙处的坡口角偏差不得大于±5°，然后将拼装板装上，用夹具与母材夹紧后进行点焊。

⑤焊接。

a. 焊接宜用小直径（2.5～3.2mm）焊条，采用较小的电流焊接，防止发生咬肉、烧穿、夹渣等缺陷。当有多种焊缝时，相同电流强度焊接的焊缝宜同时焊完，然后调整电流强度焊另一种焊缝，焊条使用前要烘干。

b. 焊接顺序：由中间向两端对称施焊，相同高度焊缝尽量一地焊完，避免多次调电流，影响焊接质量。焊接斜梁的圆钢腹杆与弦杆连接焊缝时，应尽量采取围焊，以增加焊缝长度，避免或减少节点偏心。

c. 圆钢与圆钢、圆钢与钢板之间的贴角焊缝的有效厚度不小于0.2d(d为圆钢直径)或3mm,且不大于1.2倍钢板厚度,焊缝计算长度不小于20mm。

d. 工字形柱的腹板对接头,要求坡口等强焊接,焊透全截面,并且引弧板施焊,腹板及翼缘板接头应错开200mm。焊口必须平直,工字形柱的四条焊缝应按工艺顺序一次焊完,焊缝高度一次焊满成型,避免焊缝超高。单个对接口处的焊接顺序为:先焊横缝,后焊纵缝,要严格控制焊接电流,尽可能避免仰焊,可用自制船形翻转焊胎进行,以保证焊接质量。

e. 对于檩条等小型构件,可使用一种辅助固定夹具,或辅助定位板,以保证结构的几何尺寸正确。

⑥钢结构构件的进场验收。

a. 钢材的质量合格证明文件、中文标识及复试报告齐全有效。

b. 钢材的厚度及尺寸与设计要求符合。

c. 钢材表面刷漆符合要求。

d. 焊接无裂纹、焊瘤等缺陷。

(2)钢结构吊装操作要点:

①构件吊装就位,应根据场地和构件质量选择吊装设备。为防止构件变形,应根据情况采用辅助吊架、多点绑扎等措施。

②柱、屋架构件应随安装随吊线坠校正。校正后,构件间隙用螺栓固定。檩条和墙梁间的拉杆应先预张紧,以增加屋面和墙面刚度,并传递屋面、墙面荷载,但避免过紧,而使檩条、墙梁侧向变形。屋架上弦水平支撑,应在屋架与檩条安装完后拉紧,以增加屋盖的刚度。

③钢桁架必须采用四点起吊,钢丝绳为两根,左右对称布置,桁架吊装要有防构件变形措施。当起重机的起重高度和起重量能满足要求时,亦可采用组合安装法,可每两榀屋架一组预组装,将檩条、支承系统、屋面压型板安上,螺栓拧紧,作为吊装单元;用起重机吊起,采取一节间隔一节整体吊装到柱头就位,以减少高空作业,发挥起重设备的效率,加快安装进度。两组整体屋盖间,另组装半榀屋盖,在跨外两侧吊装。每安完两组柱子,将其间上下两根钢梁用滑车挂在柱头吊起安上,以保证两组柱间纵向的稳定。

(3)高强度螺栓连接操作要点:

①高强度螺栓的储存。

a. 高强度螺栓连接副由制造厂按批号、一定数量、同一规格配套后装为一箱(桶),从出厂至安装前严禁随意开包。在运输过程中应轻装、轻卸,防止损坏,防雨、防潮。

b. 工地储存高强度螺栓时,应放在干燥、通风、防雨、防潮的仓库内,并不得损伤丝扣和沾染脏物。连接副入库应按包装箱上注明的规格、批号分类存放。安装时,要按使用部位,领取相应规格、数量、批号的连接副。

c. 使用前应进行外观检查,表面油膜正常无污物的方可使用。

d. 使用开包时应核对螺栓的直径、长度。

②高强度螺栓的紧固方法。

a. 大六角头高强度螺栓一般用两种方法拧紧,即扭矩法和转角法。扭矩法分初拧和终拧两次拧紧。初拧扭矩用终拧扭矩的0~50%,再用终拧扭矩把螺栓拧紧。如板层较厚,板叠较多,初拧的板层达不到充分密贴,还要在初拧和终拧之间增加复拧,复拧扭矩和初拧扭矩相同或略大。转角法分初拧和终拧两次进行。初拧用定扭矩扳手以终拧扭矩的30%~50%进行。使接头各层钢板达到充分密贴,再在螺母和螺栓杆上面通过圆心画一条直线,然后用扭矩扳手转动螺母一个角度,使螺栓达到终拧要求。转动角度的大小在施工前由试验统计确定。

b. 扭剪型高强度螺栓紧固分初拧和终拧两次进行。初拧用定扭矩扳手,以终拧扭矩的30%~50%进行,使接头各层钢板达到充分密贴,再用电动扭剪型扳手把梅花头拧掉,使螺栓杆达到设计要

求的轴力。对于板层较厚，板叠较多，安装时发现连接部位有轻微翘曲的连接接头等原因使初拧的板层达不到充分密贴时应增加复拧，复拧扭矩和初拧扭矩相同或略大。

③高强度螺栓的安装顺序。

一个接头上的高强度螺栓，应从螺栓群中部开始安装，逐个拧紧。初拧、复拧、终拧都应从螺栓群中部开始向四周扩展逐个拧紧，每拧一遍均应用不同颜色的油漆做上标记，防止漏拧。接头如有高强度螺栓连接又有电焊连接时，是先紧固还是先焊接应按设计要求规定的顺序进行，设计无规定时，按先紧固后焊接(即先栓后焊)的施工工艺顺序进行，先终拧完高强度螺栓再焊接焊缝。高强度螺栓的紧固顺序从刚度大的部位向不受约束的自由端进行，同一节点内从中间向四周，以使板间密贴。

(4)地脚螺栓施工操作要点：

①定位夹具制作。

根据设计图纸按各种类型基础的螺栓组、群绘制订位夹具详图，夹具宜安排到专业车间或机修厂进行加工制作，制作时应严格控制。

②基础混凝土垫层浇筑时预留钢筋头。

在混凝土基础垫层浇筑时，用废短钢筋头沿预埋螺栓方向两侧呈梅花交错布置插入混凝土垫层中，作为固定预埋螺栓斜拉筋的支撑点。预埋钢筋头间距应根据设备基础预埋螺栓的间距而定，一般不大于600mm。露出垫层长度100mm左右。

③搭设专用夹具支架。

夹具应设置独立支架，与支模架、浇捣架等其他各种支架完全脱离，并保证其有足够的稳定性。

④夹具就位、调整。

夹具就位前将螺栓定位夹具按实际尺寸绘制到各基础平面位置。在已搭设的可调独立支架，且基础底板钢筋绑扎已经完毕后，可以进行螺栓定位夹具的初步就位工作。

⑤地脚螺栓就位：

a. 地脚螺栓就位应由两人操作，插入夹具定位孔时应注意，不宜碰撞夹具，地脚螺栓下脚先临时垫块固定，并使地脚螺栓与定位孔的间隙均匀一致，不得有地脚螺栓一边紧贴定位孔的情况。

b. 地脚螺栓初步固定后，目测地脚螺栓与定位孔之间间隙均匀，并且基本垂直后，螺栓上口旋入螺帽。将螺帽旋至定位夹具的槽钢平面，目测螺帽与槽钢面应无间隙。

⑥地脚螺栓顶标高调整、垂直度调整：

a. 调整螺栓的次序应先调整四角上的螺栓上口标高，然后调整中间间隔1.5m的螺栓上口标高。

b. 螺栓垂直度的调整。调整方法是用钢丝线将螺栓下口一一缠绕。用钢丝线基础上部钢筋下100mm的螺栓中上部(距上部基础上部钢筋下100mm左右处)与混凝土垫层预留钢筋头子绑孔缠绕。在钢丝线缠绕过程中进行螺栓垂直度的调整。

⑦地脚螺栓固定。

地脚螺栓标高和垂直度调整完毕检查无误后，由专业焊工用钢筋将预埋螺栓底脚一一点焊连接，用钢筋将螺栓中部与垫层预埋的钢筋点焊连接，每个螺栓中部与垫层预埋钢筋头不少于两处连接。保证预埋螺栓与水平钢筋及斜钢筋成为空间不变体。连接钢筋根据螺栓规格的不同选择10～20mm。焊接完成后，将细钢丝解开。再次进行标高和水平位移复核。

(5)钢结构防腐涂料涂装操作要点：

①基面清理。

油漆涂刷前，应采取适当的方法将需要涂装部位的铁锈、焊缝药皮、焊接飞溅物、油污、尘土等杂物清理干净。油污的清除方法根据工件的材质、油污的种类等因素来决定，通常采用溶剂清洗或碱液清洗。

②涂料涂装方法。

a. 刷涂法操作工艺要求。

使用油漆刷子,应采用直握方法,用腕力进行操作。涂刷时,应蘸少量涂料,刷毛浸入油漆的部分应为毛长的1/3~1/2。涂刷顺序,一般应按自上而下、从左向右、先里后外、先斜后直、先难后易的原则,使漆膜均匀、致密、光滑和平整。

b.滚涂法操作工艺要求。

涂料应倒入装有滚涂板的容器内,将滚子的一半浸入涂料,然后提起在滚涂板上来回滚涂几次。滚动时,初始用力要轻,随后逐渐用力,使涂层均匀。

c.浸涂法操作工艺要求。

浸涂法就是将被涂物放入油漆槽中浸渍,经一定时间后取出后吊起,让多余的涂料尽量滴净,再晾干或烘干的涂漆方法。适用于形状复杂的骨架状被涂物,及烘烤型涂料。

d.空气喷涂法操作工艺要求。

空气喷涂法是利用压缩空气的气流将涂料带入喷枪,经喷嘴吹散成雾状,并喷涂到被涂物表面上的一种涂装方法。进行喷涂时,必须将空气压力、喷出量和喷雾幅度等参数调整到适当程度,以保证喷涂质量。

e.无气喷涂法操作工艺要求。

无气喷涂法是利用特殊形式的气动或其他动力驱动的液压泵,将涂料增至高压,当涂料经由管路通过喷枪的喷嘴喷出后,使喷出的涂料体积骤然膨胀而雾化,高速地分散在被涂物表面上,形成漆膜。

(6)钢结构防火涂料涂装操作要点:

①厚涂型钢结构防火涂料涂装工艺及要求。

喷涂应分若干层完成,第一层喷涂以基本盖住钢材表面即可,以后每层喷涂厚度为5~10mm一般为7mm左右为宜。在每层涂层基本干燥或固化后,方可继续喷涂下一层涂料,通常每天喷涂一层。喷涂保护方式、喷涂层数和涂层厚度应根据防火设计要求确定。

②薄涂型钢结构防火涂料涂装工艺及要求。

底涂层一般应喷涂2~3遍,待前一遍涂层基本干燥后再喷涂后一遍。第一遍喷涂以盖住钢材基面70%即可,二、三遍喷涂每层厚度不超过2.5mm。喷涂保护方式、喷涂层数和涂层厚度应根据防火设计要求确定。

13.6 材料要求

13.6.1 钢材的规格、品种、性能应符合设计要求及国家标准。

13.6.2 钢材的质量保证书应与钢上打印的证号相符,每批钢材应必须有厂家提供的材质证书、合格证。

13.6.3 钢材表面不应有质量缺陷。如结疤、折叠、裂纹、分层。

13.6.4 钢结构连接用高强度大六角头螺栓连接副、扭剪型高强度螺栓连接副、钢网架用高强度螺栓、普通螺栓、铆钉、自攻钉、拉铆钉、射钉、铆栓(机械型和化学式剂型)、地脚铆栓等紧固标准件及螺母、垫圈等标准配件,其品种、规格、性能等应符合现行国家产品标准和设计要求。高强度大六角头螺栓连接副和扭剪型高强度螺栓连接副出厂时应分别随箱带有扭矩系数和紧固轴力(预拉力)的检验报告。高强螺栓等辅助材料合格证、复检检验报告齐全。

13.7 设备机具配置

13.7.1 施工机械:

起重吊装设备、载重汽车、电气焊设备等。

13.7.2 施工工具:

卡具、夹具、楔铁、滑轮、导链、钢丝绳、棕绳、铁扁担、千斤顶、线坠、钢卷尺、塞尺等。

13.8 质量控制及检验

13.8.1 质量控制：

(1)预埋件位置偏差较大控制。

(2)焊缝质量不合格控制。

(3)除锈不彻底控制。

13.8.2 质量控制措施：

(1)混凝土浇筑前,必须对定位轴线间距、柱基面标高和地脚螺栓预埋位置进行检查,确保每根柱的地脚螺栓必须用预埋钢架固定牢固可靠,合格后方可浇筑混凝土。

(2)焊缝质量控制措施：

①不得使用药皮剥落、开裂、变质、偏心和焊芯锈蚀的焊条,对焊条和焊剂要进行烘烤。

②认真处理坡口。

③控制焊接电流和电弧长度。

④提高操作技术,改善焊接环境。

(3)表面处理的质量优劣,将直接影响着涂层质量,当采用不同的表面处理方法和所得到的除锈等级,会使最终出现的钢材涂装保护效果差异很大。除锈后必须进行隐蔽验收,不合格的严禁涂刷防锈漆。

13.8.3 质量检验：

(1)钢材。

钢材、钢铸件的品种、规格、性能等应符合现行国家产品标准和设计要求。进口钢材产品的质量应符合设计和合同规定标准的要求。

检查数量:全数检查。

检验方法:检查质量合格证明文件、中文标志及检验报告等。

对属于下列情况之一的钢材,应进行抽样复验,其复验结果应符合现行国家产品标准和设计要求。

①国外进口钢材。

②钢材混批。

③板厚等于或大于40mm,且设计有Z向性能要求的厚板。

④建筑结构安全等级为一级,大跨度钢结构中主要受力构件所采用的钢材。

⑤设计有复验要求的钢材。

⑥对质量有疑义的钢材。

检查数量:全数检查。

检验方法:检查复验报告。

(2)焊接材料。

焊接材料的品种、规格、性能等,应符合现行国家产品标准和设计要求。

检查数量:全数检查。

检验方法:检查焊接材料的质量合格证明文件、中文标志及检验报告等。

重要钢结构采用的焊接材料应进行抽样复验,复验结果应符合现行国家产品标准和设计要求。

检查数量:全数检查。

检验方法:检查复验报告。

(3)连接用紧固标准件。

钢结构连接用高强度大六角头螺栓连接副、扭剪型高强度螺栓连接副、钢网架用高强度螺栓、普通螺栓、铆钉、自攻钉、拉铆钉、射钉、锚栓(机械型和化学试剂型)、地脚锚栓等紧固标准件及螺母、垫圈等标准配件,其品种、规格、性能应符合现行国家产品标准和设计要求。高强度大六角头螺栓连接副和扭剪型高强度螺栓连接副出厂时应分别随箱带有扭矩系数和紧固轴力(预拉力)的检验报告。

检查数量:全数检查。

检验方法:检查产品的质量合格证明文件、中文标志及检验报告等。

高强度大六角头螺栓连接副应按《紧固件连接工程检验项目》的规定检验其扭矩系数,其检验结果应符合规定的相应标准。

检查数量:参见《紧固件连接工程检验项目》。

检验方法:检查复验报告。

扭剪型高强度螺栓连接副应按《紧固件连接工程检验项目》的规定检验预拉力,其检验结果应符合《紧固件机械性能螺栓、螺钉和螺柱》(GB 3098.1—2010)的规定。

检查数量:参见《紧固件连接工程检验项目》。

检验方法:检查复验报告。

(4)焊接球。

焊接球及制造焊接球所采用的原材料,其品种、规格、性能等应符合现行国家产品标准和设计要求。

检查数量:全数检查。

检验方法:检查产品的质量合格证明文件、中文标志及检验报告等。

焊接球焊缝应进行无损检验,其质量应符合设计要求,当设计无要求时应符合《钢结构工程施工质量验收规范》(GB 50205—2001)中规定的二级质量标准。

检查数量:每一规格按数量抽查5%,且不应少于3个。

检验方法:超声波探伤或检查检验报告。

(5)螺栓球。

螺栓球及制造螺栓球节点所采用的原料,其品种、规格、性能等应符合现行国家产品标准和设计要求。

检查数量:全数检查。

检验方法:检查产品的质量合格证明文件、中文标志及检验报告等。

螺栓球不得有过烧、裂纹及褶皱。

检查数量:每种规格抽查5%,且不应少于5只。

检查方法:用10倍放大镜观察和表面探伤。

(6)封板、锥头和套筒。

封板、锥头和套筒及制造封板、锥头和套筒所采用的原材料,其品种、规格、性能等应符合现行国家产品和设计要求。

检查数量:全数检查。

检验方法:检查产品的质量合格证明文件、中文标志及检验报告等。

封板、锥头、套筒外观不得有裂纹、过烧及氧化皮。

检查数量:每种抽查5%,且于应少于10只。

检验方法:用放大镜观察检查和表面探伤。

(7)单层钢结构、地下钢结构:

①单层钢结构安装工程可按变形缝或空间刚度单元等划分成一个或若干个检验批,地下钢结构

要按不同地下层划分检验批。

②钢结构安装检验批应在进场验收和焊接连接、紧固件连接、制作等分项工程验收合格的基础上进行验收。

③安装的测量校正,高强度螺栓安装、负温度下施工及焊接工艺等,应在安装前进行工艺试验或评定,并应在此基础上制定相应的施工工艺或方案。

④安装偏差的检测,应在结构形成空间刚度单元并连接固定后进行。

a. 检验项目。

基础和支承面。

主控项目:

建筑物的定位辅线、基础轴线和标高、地脚螺栓的规格及其紧固应符合设计要求。

检查数量:按柱基数抽查10%,且不应少于3个。

检验方法:用经纬仪、水准仪、全站仪和钢尺现场实测。

基础顶面直接作为柱的支承面和基础顶面预埋钢板或支座作为柱的支承面时,其支承面、地脚螺栓(锚栓)位置的允许偏差应符合表21-22的规定。

检查数量:按柱基数抽查10%,且不应少于3个。

检验方法:用经纬仪、水准仪、全站仪、水平尺和钢尺实测。

支承面、地脚螺栓(锚栓)位置的允许偏差(mm) 表21-22

项　　目		允许偏差
支承面	标高	±3.0
	水平度	1/1000
地脚螺栓(锚栓)	螺栓中心偏移	5.0
预留孔心偏移		10.0

采用座浆垫板时,座浆垫板的允许偏差应符合表21-23的规定。

检查数量:按基数抽查10%,且不应少于3个。

检验方法:用水准仪、全站仪、水平尺和钢尺现场实测。

座浆垫板的允许偏差(mm) 表21-23

项　　目	允许偏差	项　　目	允许偏差
顶面标高	0.0~-3.0	位置	20.0
水平度	1/100		

采用杯口基础时,杯口尺寸的允许偏差应符合表21-24的规定。

检查数量:按基础数抽查10%,且不应少于4处。

检验方法:观察及尺量检查。

杯口尺寸的允许偏差(mm) 表21-24

项　　目	允许偏差	项　　目	允许偏差
底面标高	0.0~-5.0	杯口垂直度	H/100,且不应大于10.0
杯口深度	±5.0	位置	10.0

一般项目:

地脚螺栓(锚栓)尺寸的偏差应符合表21-25的规定。地脚螺栓(锚栓)的螺纹应受到保护。

检查数量:按柱基数抽查10%,且不应少于3个。

检验方法:用钢尺现场实测。

地脚螺栓(锚栓)尺寸的允许偏差(mm)　　表 21-25

项　目	允许偏差	项　目	允许偏差
螺栓(锚栓)露出长度	+30.0~0.0	螺纹长度	+30.0~0.0

b. 安装和校正。

主控项目:

钢构件应符合设计要求和《钢结构工程施工质量验收规范》(GB 50205—2001)的规定。运输、堆放和吊装等造成的钢构件变形及涂层脱落,应进行矫正和修补。

检查数量:按柱构件数抽查 10%,且不应少于 3 个。

检验方法:用拉线、钢尺现场实测或观察。

设计要求顶紧的节点,接触面不应少于 70% 紧贴,且边缘最大间隙不应大于 0.8mm。

检查数量:按柱构件数抽查 10%,且不应少于 3 个。

检验方法:用吊线、拉线、经纬仪和钢尺现场实测。

钢屋(托)架、桁架、梁及受压杆件的垂直度和侧向弯曲矢高的允许偏差应符合表 21-26 的规定。

检查数量:按同类构件数抽查 10%,且不应少于 3 个。

检验方法:用吊线、拉线、经纬仪和钢尺现场实测。

钢屋(托)架、桁架、梁及受压杆件垂直度和侧向弯曲矢高的允许偏差(mm)　　表 21-26

项　目	允许偏差	
跨中的垂直度	h/250,且不应大于 15.0	
侧向弯曲矢高	1≤30m	1/1000,且不应大于 10.0
	30m<1≤60m	1/1000,且不应大于 30.0
	1>60m	1/1000,且不应大于 50.0

单层钢结构主体结构的整体垂直度和整体平面弯曲的允许偏差符合表 21-27 的规定。

检查数量:对主要构件全部检查,对每个所检查的立面、除两列角柱外,尚应至少选取一列中间柱。

检验方法:采用经纬仪、全站仪等测量。

整体垂直度和整体平面弯曲的允许偏差(mm)　　表 21-27

项　目	允许偏差	项　目	允许偏差
主体结构的整体垂直度	H/1000,且不应大于 25.0	主体结构的整体平面弯曲	1/1500,且不应大于 25.0

一般项目:

钢柱等主要构件的中心线及标高基准点等标记应齐全。

检查数量:按同类构件数抽查 10%,且不应少于 3 件。

检验方法:观察检查。

当钢桁架(或梁)安装混凝土柱上时,其支座中心对定位轴线的偏差不应大于 10mm,当采用大型混凝土屋面板时,钢桁架(或梁)间距的偏差不应大于 10mm。

检查数量:按同类构件数抽查 10%,且不应少于 3 榀。

检验方法:用拉线和钢尺现场实测。

钢柱安装的允许偏差应符合表 21-28 的规定。

检查数量:按钢柱数抽查 10%,且不应少于 3 件。

检验方法:见表 21-28。

钢柱安装允许偏差和检验方法　　表 21-28

<table>
<tr><th colspan="3">项　目</th><th>允许偏差</th><th>检验方法</th></tr>
<tr><td colspan="3">柱脚底座中心线
对定位轴线的偏移</td><td>5.0</td><td>用吊钱
和钢尺检查</td></tr>
<tr><td rowspan="2">柱基准点标高</td><td colspan="2">有吊车梁的柱</td><td>+3.0　-5.0</td><td>用水准仪检查</td></tr>
<tr><td colspan="2">无吊车梁的柱</td><td>+5.0　-8.0</td><td>用水准仪检查</td></tr>
<tr><td colspan="3">弯曲矢高</td><td>H/1200 且不应大于 15.0</td><td>用经纬仪或拉线
和钢尺检查</td></tr>
<tr><td rowspan="4">柱轴线
垂直度</td><td rowspan="2">单层柱</td><td>H≤10m</td><td>H/1000</td><td rowspan="4">用经纬仪或吊线
和钢尺检查</td></tr>
<tr><td>H>10m</td><td>H/1000,且不应大于 25.0</td></tr>
<tr><td rowspan="2">多节柱</td><td>单节柱</td><td>H/1000,且不应大于 10.0</td></tr>
<tr><td>柱全高</td><td>35.0</td></tr>
</table>

檩条、墙架等次要构件安装的允许偏差应符合表 21-29 的规定。

检查数量:按同类构件数抽查 10%,且不应少于 3 件。

检验方法:见表 21-29。

檩条、墙架等次要构件安装的允许偏差和检验方法　　表 21-29

<table>
<tr><th colspan="2">项　目</th><th>允许偏差</th><th>检验方法</th></tr>
<tr><td rowspan="3">墙架立柱</td><td>中心线对定位轴线的偏移</td><td>10.0</td><td>用钢尺检查</td></tr>
<tr><td>垂直度</td><td>H /1000 且不应大于 10.0</td><td>用经纬仪或吊线和钢尺检查墙架立柱</td></tr>
<tr><td>弯曲矢高</td><td>H /1000 且不应大于 15.0</td><td>用经纬仪或吊线和钢尺检查墙架立柱</td></tr>
<tr><td colspan="2">抗风桁架的垂直度</td><td>h/ 250 且不应大于 15.0</td><td>用吊线和钢尺检查</td></tr>
<tr><td colspan="2">檩条墙梁的间距</td><td>±5.0</td><td>用钢尺检查</td></tr>
<tr><td colspan="2">檩条的弯曲矢高</td><td>L/ 750 且不应大于 12.0</td><td>用拉线和钢尺检查</td></tr>
<tr><td colspan="2">墙架的弯曲矢高</td><td>L/ 750 且不应大于 10.0</td><td>用拉线和钢尺检查</td></tr>
</table>

注:1. H 为墙架立柱的高度;
2. h 为抗风桁架的高度;
3. L 为檩条或墙梁的长度。

钢平台、钢梯、栏杆安装应符合国家标准《固定式钢直梯》(GB 4053.1—2009)《固定式工业防护栏杆》(GB 4053.3—2009)和《固定式钢平台》(GB 4053.4—2009)的规定,钢平台、钢梯和防护栏杆安装的允许偏差应符合表 21-30 的规定。

检查数量:按钢平台总数抽查 10%,栏杆、钢梯按总长度各抽查 10%,但钢平台不应少于 1 个,栏杆不应少于 5m,钢梯不应少于 1 梯段。

检验方法:见表 21-30。

钢平台、钢梯和防护栏杆安装的允许偏差和检验方法　　表 21-30

项　目	允许偏差	检验方法
平台高度	±15.0	用水准仪检查
平台梁水平度	l/ 1000 且不应大于 20.0	用水准仪检查
平台支柱垂直度	H/ 1000 且不应大于 15.0	用经纬仪或吊线和钢尺检查
承重平台梁侧向弯曲	l/ 1000 且不应大于 10.0	用拉线和钢尺检查
承重平台梁垂直度	h/ 250 且不应大于 15.0	用吊线和钢尺检查

续上表

项　目	允许偏差	检验方法
直梯垂直度	l/1000 且不应大于 15.0	用吊线和钢尺检查
栏杆高度	±15.0	用钢尺检查
栏杆立柱间距	±15.0	用钢尺检查

现场焊缝组对间隙的允许偏差应符合表 21-31 的规定。

检查数量:按同类构件数抽查 10%,且不应少于 3 个。

检验方法:用尺量检查。

现场焊缝组对间隙的允许偏差(mm)　表 21-31

项　目	允许偏差	项　目	允许偏差
无垫板间隙	+3.0 ~ 0.0	有垫板间隙	+3.0 ~ -2.0

钢结构表面应干净,结构主要表面不应有疤痕、泥沙等污垢。

检查数量:按同类构件数抽查 10%,且不应少于 3 个。

检验方法:观察检查。

c. 涂装。

主控项目:

涂装前钢材表面除锈应符合设计要求和国家现行有关标准的规定。处理后的钢材表面不应有焊渣、焊疤、灰尘、油污、水和毛刺等。当设计无要求时,钢材表面除锈等级符合表 21-32 的规定。

检查数量:按桅件数抽查 10%,且同类构件不应少于 3 件。

检验方法:用铲刀检查和用国家标准《涂装前钢材表面锈蚀等级和除锈等级》(GB 8923—2011)规定的图片对照观察检查。

各种底漆或防锈漆要求最低的除锈等级　表 21-32

涂料品种	除锈等级	涂料品种	除锈等级
油性酚醛、醇酸等底漆或防锈漆	Sa2	无机富锌、有机硅、过氯乙烯等底漆	Sa2　2/1
高氯化聚乙烯、氯化橡胶、氯磺化聚乙烯、环氧树脂、聚氨酯等	Sa2		

涂料、涂装遍数、涂层厚度均应符合设计要求。当设计对涂层厚度无要求时,涂层干漆膜总厚度:室外应为 150μm,室内应为 125μm,其允许偏差为 -25μm。每遍涂层干漆膜厚度的允许偏差为 -5μm。

检查数量:按构件数抽查 10%,且同类构件不应少于 3 件。

检验方法:用干漆膜测厚仪检查。每个构件检测 5 处,每处的数值为 3 个相距 50mm 测点涂层干漆膜厚度的平均值。

一般项目:

构件表面不应误涂、漏涂,涂层不应脱皮和返锈等。涂层应均匀、无明显皱皮、流坠、针眼和气泡等。

检查数量:全数检查。

检验方法:观察检查。

当钢结构处在有腐蚀介质环境或外露且设计有要求时,应进行涂层附着力测试,在检测处范围内,当涂层完整程度达到 70% 以上时,涂层附着力达到合格质量标准的要求。

检查数量:按涂层附着力达到合格质量标准的要求。

检验方法：按照国家标准《漆膜附着力测定法》（GB 1720—1979）或《色漆和清漆、漆膜的划格试验》（GB 9286—1998）执行。

涂装完成后，构件的标志、标记和编号应清晰完整。

检查数量：全数检查。

检验方法：观察检查。

防火涂料。

主控项目：

防火涂料涂装前钢材表面除锈及防锈底漆涂装应符合设计要求和国家现行有关标准的规定。

检查数量：按构件数抽查10%，且同类构件不应少于3件。

检验方法：表面用除锈铲刀检查和用GB/T 8923.1—2011规定的图片对照观察检查。底漆涂装用干漆膜测厚仪检查，每个构件检测5处，每处的数值为3个相距50mm测点涂层干漆膜厚度的平均值。

钢结构防火涂料的黏结强度应符合国家标准《钢结构防火涂料应用技术规范》CECS 24:90的规定。检验方法应符合国家标准《建筑构件防火喷涂材料性能试验方法》（GB 9978）的规定。

检查数量：每使用100t或不足100t薄涂型防火涂料应抽检一次黏结强度；每使用500t或不足500t厚涂型防火涂料应抽检一次黏结强度和抗压强度。

检验方法：检查复检报告。

薄涂型防火涂料的涂层厚度应符合有关耐火极限的设计要求。厚涂型防火涂料涂层的厚度，80%以上面积应符合有关耐火极限的设计要求，且最薄处厚度不应低于设计的85%。

检查数量：按同类构件数抽查10%，且均不应少于3件。

检验方法：用涂层厚度测量仪、测针和金刚尺检查。测量方法应符合国家标准《金刚结构防火涂料应用技术规范》CECS 24:90的规定及《钢结构工程施工质量验收规范》（GB 50205—2001）。

薄涂型防火涂料涂层表面裂纹宽度不应大于0.5mm；厚涂型防火涂料涂层表面裂纹宽度不应大于1mm。

检查数量：全数检查。

检验方法：观察检查。

一般项目：

防火涂料装基层不应有油污、灰尘和泥砂等污垢。

检查数量：全数检查。

检验方法：观察检查。

防火涂料不应有误涂、漏涂、涂层应闭合，无脱层、空鼓、明显凹陷、粉化松散和浮浆等外观缺陷，乳突已剔除。

检查数量：全数检查。

检验方法：观察检查。

13.9　安全及环保要求

13.9.1　安全要求：

（1）防止发生起重伤害事故的要求：

①构件翻身起吊绑扎必须牢固，起吊点应通过构件的重心位置，吊升时应平稳，避免震动或摆动。在构件就位并临时固定前，不得揭开索具或拆除临时固定用具，以防脱落伤人。

②起重设备行走路线应坚实、平整，停放地点应平坦；严禁超负荷吊装，操作时避免斜吊，同时不得起吊重量不明的钢柱。

③钢柱安装就位后应随即校正固定，并将柱间支撑系统装好，如不能很快固定，刮风天气应设缆

风绳,防止造成失稳。钢柱制作安装完毕,应清理现场,保持环境整洁。

(2)防止发生高空坠落事故的要求:

①屋面檩条、水平支撑及压型板安装下部应挂安全网,四周设安全栏杆;墙面构件和压型板安装时,工人应系安全带。

②高处作业使用的撬杠和其他工具应防止坠落;高空用的梯子、吊篮、临时操作台应绑扎牢靠;跳板应铺平绑扎,严禁出现挑头板。

(3)防止发生触电事故的要求:

①操作各种加工机械及电动工具的人员,应经专门培训,考试合格后方准上岗,操作时应遵守各种机械及电动工具的操作规程。

②钢结构制作场地用电应有专人负责安装、维护和管理用电设备和用电线路。架设的低压线路不得用裸导线,电线铺设要防砸、防碰撞、防挤压,以防触电。电焊机的电源线的长度不宜超过5m,并应架高。电焊线和电线要远离起重钢丝绳2m以上;电焊线在地面上与钢丝绳和钢构件相接触时,应有绝缘隔离措施。

③各种用电加工机械设备,必须有良好的接地和接零,接地线应用截面不限于$25mm^2$的多股软裸铜线和专用线夹;不得用缠绕的方法进行接地和接零。同一供电网不得有的接地,有的接零。对手动电动工具必须装设漏电保护器。

④在雨期或潮湿地点加工钢结构,铆工、电焊工应戴绝缘手套和穿绝缘胶鞋,以防止操作时漏电伤人。塔式起重机或长臂杆的起重设备,应有避雷设施。

13.9.2 环保要求:

(1)涂装涂料施工中使用擦过溶剂和涂料的棉纱、棉布等物品应存放在带盖的铁桶内,并定期处理掉,严禁随意丢弃。

(2)涂装施工前,做好对周围环境和其他半成品的遮蔽保护工作,防止污染环境。

14 砌体结构工程施工

14.1 施工准备

14.1.1 砌体结构工程施工前,应根据施工现场实际情况和设计要求编制砌体结构工程施工方案。

14.1.2 砌体结构的标高、轴线,应引自基准控制点,并在不容易磨损、显眼的部位引出建筑500mm控制线。

14.1.3 砌筑基础前,应校核放线尺寸,允许偏差应符合表21-33的规定。

放线尺寸的允许偏差 表21-33

长度L、宽度B(m)	允许偏差(mm)	长度L、宽度B(m)	允许偏差(mm)
L(或B)≤30	±5	60<L(或B)≤90	±15
30<L(或B)≤60	±10	L(或B)>90	±20

14.1.4 伸缩缝、沉降缝、防震缝中的模板应拆除干净,不得夹有砂浆、块体及碎渣等杂物。

14.2 砌体施工基本规定

14.2.1 砌筑顺序应符合下列规定:

(1)基底标高不同时,应从低处砌起,并应由高处向低处搭砌。当设计无要求时,搭接长度L不

应小于基础底的高差 H,搭接长度范围内下层基础应扩大砌筑。

(2)砌体的转角处和交接处应同时砌筑。当不能同时砌筑时,应按规定留搓、接搓。

14.2.2　砌筑墙体应设置皮数杆。

14.2.3　在墙上留置临时施工洞口,其侧边离交接处墙面不应小于 500mm ,洞口净宽度不应超过 1m。抗震设防烈度为 9 度的地区建筑物的临时施工洞口位置,应会同设计单位确定。临时施工洞口应做好补砌。

14.2.4　不得在下列墙体或部位设置脚手眼:

(1)120mm 厚墙、清水墙、料石墙、独立柱和附墙柱。

(2) 过梁上与过梁成 60°角的三角形范围及过梁净跨度 1/2 的高度范围内。

(3)宽度小于 1m 的窗间墙。

(4)门窗洞口两侧石砌体 300mm,其他砌体 200mm 范围内;转角处石砌体 600mm,其他砌体 450mm 范围内。

(5)梁或梁垫下及其左右 500mm 范围内。

(6)设计不允许设置脚手眼的部位。

(7)轻质墙体。

(8)夹心复合墙外叶墙。

14.2.5　脚手眼补砌时,应清除脚手眼内掉落的砂浆、灰尘;脚手眼处砖及填塞用砖应湿润,并应填实砂浆。

14.2.6　设计要求的洞口、管道、沟槽应于砌筑时正确留出或预埋,未经设计同意,不得打凿墙体和在墙体上开凿水平沟槽。宽度超过 300mm 的洞口上部,应设置钢筋混凝土过梁。不应在截面长边小于 500mm 的承重墙体、独立柱内埋设管线。

14.2.7　砌完基础或每一楼层后,应校核砌体轴线和标高。在允许范围内,轴线偏差可在基础顶面或楼面上校正,标高偏差宜通过调整上部砌体灰缝厚度校正。

14.2.8　搁置预制梁、板的砌体顶面应平整,标高应一致。

14.2.9　砌体结构中钢筋(包括夹心复合墙内外叶墙间的拉结件或钢筋)的防腐,应符合设计要求。

14.2.10　雨天不宜在露天砌筑墙体,对下雨当日砌筑的墙体应进行遮盖。继续施工时,应复核墙体的垂直度,如果垂直度超过允许偏差,应拆除重新砌筑。

14.2.11　砌体施工时,楼面和屋面堆载不得超过楼板的允许荷载值。当施工层进料口处施工荷载较大时,楼板下宜采取临时支撑措施。

14.2.12　正常施工条件下,砖砌体、小砌块砌体每日砌筑高度宜控制在 1.5m 或一步脚手架高度内;石砌体不宜超过 1.2m。

14.2.13　砌体结构工程检验批的划分应同时符合下列规定:

(1)所用材料类型及同类型材料的强度等级相同。

(2)不超过 250m^{3}砌体。

(3)主体结构砌体一个楼层(基础砌体可按一个楼层计),填充墙砌体量少时可多个楼层合并。

14.2.14　砌体结构工程检验批验收时,其主控项目应全部符合《砌体结构工程施工质量验收规范》(GB 50203—2011)的规定;一般项目应有 80% 及以上的抽检处符合《砌体结构工程施工质量验收规范》(GB 50203—2011)的规定;有允许偏差的项目,最大超差值为允许偏差值的 1.5 倍。

14.2.15　砌体结构分项工程中检验批抽检时,各抽检项目的样本最小容量除有特殊要求外,按不小于 500m^3 确定。

14.2.16　在墙体砌筑过程中,当砌筑砂浆初凝后,块体被撞动或需移动时,应将砂浆清除后再铺浆砌筑。

14.3 砖砌体工程

14.3.1 砖砌体用于烧结普通砖、烧结多孔砖、混凝土多孔砖、混凝土实心砖、蒸压灰砂砖、蒸压粉煤灰砖等砌体工程。

14.3.2 砖砌体用于清水墙、柱表面的砖,应边角整齐,色泽均匀。

14.3.3 砌体砌筑时,混凝土多孔砖、混凝土实心砖、蒸压灰砂砖、蒸压粉煤灰砖等块体的产品龄期不应小于28d。

14.3.4 有冻胀环境和条件的地区,地面以下或防潮层以下的砌体,不应采用多孔砖。

14.3.5 不同品种的砖不得在同一楼层混砌。

14.3.6 砌筑烧结普通砖、烧结多孔砖、蒸压灰砂砖、蒸压粉煤灰砖砌体时,砖应提前1~2d适度湿润,严禁采用干砖或处于吸水饱和状态的砖砌筑,块体湿润程度宜符合下列规定:

(1)烧结类块体的相对含水率60%~70%。

(2)混凝土多孔砖及混凝土实心砖不需要浇水湿润,但在气候干燥炎热的情况下,宜在砌筑前对其喷水湿润。其他非烧结类块体的相对含水率40%~50%。

14.3.7 采用铺浆法砌筑砌体,铺浆长度不得超过750mm;当施工期间气温超过30℃时,铺浆长度不得超过500mm。

14.3.8 240mm厚承重墙的每层墙的最上一皮砖,砖砌体的阶台水平面上及挑出层的外皮砖,应整砖丁砌。

14.3.9 弧拱式及平拱式过梁的灰缝应砌成楔形缝,拱底灰缝宽度不宜小于5mm;拱顶灰缝宽度不应大于15mm,拱体的纵向及横向灰缝应填实砂浆;平拱式过梁拱脚下面应伸入墙内不小于20mm;砖砌平拱过梁底应有1%的起拱。

14.3.10 砖过梁底部的模板及其支架拆除时,灰缝砂浆强度不应低于设计强度的75%。

14.3.11 多孔砖的孔洞应垂直于受压面砌筑。半盲孔多孔砖的封底面应朝上砌筑。

14.3.12 竖向灰缝不应出现透明缝、瞎缝和假缝。

14.3.13 砖砌体施工临时间断处补砌时,必须将接搓处表面清理干净,洒水湿润,并填实砂浆,保持灰缝平直。

14.3.14 夹心复合墙的砌筑应符合下列规定:

(1)墙体砌筑时,应采取措施防止空腔内掉落砂浆和杂物。

(2)拉结件设置应符合设计要求,拉结件在叶墙上的搁置长度不应小于叶墙厚度的2/3,并不应小于60mm。

(3)保温材料品种及性能应符合设计要求。保温材料的浇注压力不应对砌体强度、变形及外观质量产生不良影响。

14.3.15 砌体灰缝砂浆应密实饱满,砖墙水平灰缝的砂浆饱满度不得低于80%;砖柱水平灰缝和竖向灰缝饱满度不得低于90%。

14.3.16 砖砌体的转角处和交接处应同时砌筑,严禁无可靠措施的内外墙分砌施工。在抗震设防烈度为8度及8度以上的地区,对不能同时砌筑而又必须留置的临时间断处应砌成斜搓,普通砖砌体斜搓水平投影长度不应小于高度的2/3。多孔砖砌体的斜搓长高比不应小于1/2。斜搓高度不得超过一步脚手架的高度。

14.3.17 非抗震设防及抗震设防烈度为6度、7度地区的临时间断处,当不能留斜搓时,除转角处外,可留直搓,但直搓必须做成凸搓,且应加设拉结钢筋,拉结钢筋应符合下列规定:

(1)每120mm墙厚放置1ϕ6拉结钢筋(120mm厚墙应放置2ϕ6拉结钢筋)。

(2)间距沿墙高不应超过500mm;且竖向间距偏差不应超过100mm。

(3)埋入长度从留搓处算起每边均不应小于500mm,对抗震设防烈度为6度、7度的地区,不应小于1000mm。

(4)末端应有90°弯钩。

14.3.18 砖砌体组砌方法应正确,内外搭砌,上、下错缝。清水墙、窗间墙无通缝;混水墙中不得有长度大于300mm的通缝,长度200~300mm的通缝每间不超过3处,且不得位于同一面墙体上。砖柱不得采用包心砌法。

14.3.19 砖砌体的灰缝应横平竖直,厚薄均匀。水平灰缝厚度及竖向灰缝宽度宜为10mm ,但不应小于8mm,也不应大于12mm。

14.3.20 砖砌体尺寸、位置的允许偏差及检验方法见表21-34。

砖砌体尺寸、位置的允许偏差及检验 表21-34

<table>
<tr><th colspan="3">项 目</th><th>允许偏差(mm)</th><th>检 验 方 法</th><th>抽 检 数 量</th></tr>
<tr><td colspan="3">轴线位移</td><td>10</td><td>用经纬仪和尺或用其他测量仪器检查</td><td>承重墙、柱全数检查</td></tr>
<tr><td colspan="3">基础、墙、柱顶面标高</td><td>±15</td><td>用水准仪和尺检查</td><td>不应小于5处</td></tr>
<tr><td rowspan="3">墙面垂直度</td><td colspan="2">每层</td><td>5</td><td>用2m托线板检查</td><td>不应小于5处</td></tr>
<tr><td rowspan="2">全高</td><td>10m</td><td>10</td><td rowspan="2">用经纬仪、吊线和尺
或其他测量仪器检查</td><td rowspan="2">外墙全部阳角</td></tr>
<tr><td>10m</td><td>20</td></tr>
<tr><td rowspan="2">表面平整度</td><td colspan="2">清水墙、柱</td><td>5</td><td rowspan="2">用2m靠尺和楔形塞尺检查</td><td rowspan="2">不应小于5处</td></tr>
<tr><td colspan="2">混水墙、柱</td><td>8</td></tr>
<tr><td rowspan="2">水平灰缝平直度</td><td colspan="2">清水墙</td><td>7</td><td rowspan="2">拉5m线和尺检查</td><td rowspan="2">不应小于5处</td></tr>
<tr><td colspan="2">混水墙</td><td>10</td></tr>
<tr><td colspan="3">门窗洞口高、宽(后塞口)</td><td>±10</td><td>用尺检查</td><td>不应小于5处</td></tr>
<tr><td colspan="3">外墙上下窗口偏移</td><td>20</td><td>以底层窗口为准,用经纬仪或吊线检查</td><td>不应小于5处</td></tr>
<tr><td colspan="3">清水墙游丁走缝</td><td>20</td><td>以每层第一皮砖为准,用吊线和尺检查</td><td>不应小于5处</td></tr>
</table>

14.4 混凝土小型空心砌块砌体工程

14.4.1 混凝土小型空心砌块砌体工程用于普通混凝土小型空心砌块和轻骨料混凝土小型空心砌块。

14.4.2 在混凝土小型空心砌块砌体工程施工前,应按房屋设计图编绘小砌块平,立面排列图,施工中应按排列图施工。

14.4.3 施工采用的小砌块的产品龄期不应小于28d。

14.4.4 砌筑小砌块时,应清除表面污物、剔除外观质量不合格的小砌块。

14.4.5 砌筑小砌块砌体,宜选用专用小砌块砌筑砂浆。

14.4.6 底层室内地面以下或防潮层以下的砌体,应采用强度等级不低于C20(或Cb20)的混凝土灌实小砌块的孔洞。

14.4.7 砌筑普通混凝土小型空心砌块砌体时,不需要对小砌块浇水湿润,如遇天气干燥炎热,宜在砌筑前对其喷水湿润;对轻骨料混凝土小砌块,应提前浇水湿润,块体的相对含水率宜为40%~50%。雨天及小砌块表面有浮水时,不得施工。

14.4.8 承重墙体使用的小砌块应完整、无缺损、无裂缝。

14.4.9 小砌块墙体应对孔、肋有错缝搭砌。单排孔小砌块的搭接长度应为块体长度的1/2;多排孔小砌块的搭接长度可适当调整,但不宜小于砌块长度的1/3,且不应小于90mm。墙体的个别部位不能满足上述要求时,应在灰缝中设置拉结钢筋或钢筋网片,但竖向通缝仍不得超过两皮小砌块。

14.4.10　小砌块在施工时应将生产时的底面朝上反砌于墙上。

14.4.11　小砌块墙体宜逐块坐(铺)浆砌筑。

14.4.12　在散热器、厨房、卫生间等设备的卡具安装处砌筑的小砌块,宜在施工前用强度等级不低于C20(或Cb20)的混凝土将其孔洞灌实。

14.4.13　每步架墙(柱)砌筑完后,应随即刮平墙体灰缝。

14.4.14　芯柱处水上砌块墙体砌筑应符合下列规定:

(1)每一楼层芯柱处第一皮砌体应采用开口水上砌块。

(2)砌筑时应随砌随清除小砌块孔内的毛边,并将灰缝中挤出的砂浆刮净。

14.4.15　芯柱混凝土宜选用专用小砌块灌孔混凝土。浇筑芯柱混凝土应符合下列规定:

(1)每次连续浇筑的高度宜为半个楼层,但不应大于1.8m。

(2)浇筑芯柱混凝土时,砌筑砂浆强度应大于1MPa。

(3)清除孔内掉落的砂浆等杂物,并用水冲淋孔壁。

(4)浇筑芯柱混凝土前,应先注入适量与芯柱混凝土相同的去石砂浆。

(5)每浇筑400~500mm高度捣实一次,或边浇筑边捣实。

14.4.16　小砌块复合夹心墙的砌筑应符合《砌体结构工程施工质量验收规范》(GB 50203—2011)第5.1.14条的规定。

14.4.17　砌体水平灰缝和竖向灰缝的砂浆饱满度,按净面积计算不得低于90%。

14.4.18　墙体转角处和纵横墙交接处应同时砌筑。临时间断处应砌成斜搓,斜搓水平投影长度不应小于斜搓高度。施工洞口可预留直搓,但在洞口砌筑和补砌时,应在直搓上下搭砌的小砌块孔洞内用强度等级不低于C20(或Cb20)的混凝土灌实。

14.4.19　小砌块砌体的芯柱在楼盖处应贯通,不得削弱芯柱截面尺寸;芯柱混凝土不得漏灌。

14.4.20　砌体的水平灰缝厚度和竖向灰缝宽度宜为10mm,但不应大于12mm,也不应小于8mm。

14.5　配筋砌体工程

14.5.1　配筋砌体工程除应满足本节施工要求和规定外,同样应符合《砌体结构工程施工质量验收规范》(GB 50203—2011)的要求和规定。

14.5.2　施工配筋小砌块砌体剪力墙,应采用专用的小砌块砌筑砂浆砌筑,专用小砌块灌孔混凝土浇筑芯柱。

14.5.3　设置在灰缝内的钢筋,应居中置于灰缝内,水平灰缝厚度应大于钢筋直径4mm以上。

14.5.4　构造柱、芯柱、组合砌体构件、配筋砌体剪力墙构件的混凝土及砂浆的强度等级应符合设计要求。

14.5.5　构造柱与墙体的连接处应符合下列规定:

(1)墙体应砌成马牙搓,马牙搓凹凸尺寸不宜小于60mm,高度不应超过300mm,马牙搓应先退后进,对称砌筑;马牙搓尺寸偏差每一构造柱不应超过2处。

(2)预留拉结钢筋的规格、尺寸、数量及位置应正确,拉结钢筋应沿墙高每隔500mm设2ϕ6,伸入墙内不宜小于600mm,钢筋的竖向移位不应超过100mm,且竖向移位每一构造柱不得超过2处。

(3)施工中不得任意弯折拉结钢筋。

14.5.6　配筋砌体中受力钢筋的连接方式及锚固长度、搭接长度应符合设计要求。

14.5.7　构造柱一般尺寸允许偏差及检验方法见表21-35。

构造柱一般尺寸允许偏差及检验方法　　表21-35

<table>
<tr><th>序号</th><th colspan="3">项　目</th><th>允许偏差(mm)</th><th>检 验 方 法</th></tr>
<tr><td>1</td><td colspan="3">中心线位置</td><td>10</td><td>用经纬仪和尺检查或用其他测量仪器检查</td></tr>
<tr><td>2</td><td colspan="3">层间错位</td><td>8</td><td>用经纬仪和尺检查,或用其他测量仪器检查</td></tr>
<tr><td rowspan="3">3</td><td rowspan="3">垂直度</td><td colspan="2">每层</td><td>10</td><td>用2m托线板检查</td></tr>
<tr><td rowspan="2">全高</td><td>≤10m</td><td>15</td><td rowspan="2">用经纬仪、吊线和尺检查,或用其他测量仪器检查</td></tr>
<tr><td>>10m</td><td>20</td></tr>
</table>

14.5.8　钢筋安装位置的允许偏差及检验方法见表21-36。

钢筋安装位置的允许偏差及检验方法　　表21-36

<table>
<tr><th colspan="2">项　目</th><th>允许偏差(mm)</th><th>检 验 方 法</th></tr>
<tr><td rowspan="3">受力钢筋保护层厚度</td><td>网状配筋砌体</td><td>±10</td><td>检查钢筋网成品,钢筋网放置位置局部剔缝观察,或用探针刺入灰缝内检查、或用钢筋位置测定仪测定</td></tr>
<tr><td>组合砖砌体</td><td>±5</td><td>支模前观察与尺量检查</td></tr>
<tr><td>配筋小砌块砌体</td><td>±10</td><td>浇筑灌孔混凝土前观察检查与尺量检查</td></tr>
<tr><td colspan="2">配筋小砌块砌体墙凹槽中水平钢筋间距</td><td>±10</td><td>钢尺量连续3次,取最大值</td></tr>
</table>

14.6　填充墙砌体工程

14.6.1　填充墙砌体用于烧结空心砖、蒸压加气混凝土砌块、轻集料混凝土小型空心砌块等填充墙砌体工程。

14.6.2　砌筑填充墙时,轻集料混凝土小型空心砌块和蒸压加气混凝土砌块的产品龄期不应小于28d,蒸压加气混凝土砌块的含水率宜小于30%。

14.6.3　烧结空心砖、蒸压加气混凝土砌块、轻集料混凝土小型空心砌块等的运输、装卸过程中,严禁抛掷和倾倒;进场后应按品种、规格堆放整齐,堆置高度不宜超过2m。蒸压加气混凝土砌块在运输与堆放中应防止雨淋。

14.6.4　吸水率较小的轻集料混凝土小型空心砌块及采用薄灰砌筑法施工的蒸压加气混凝土砌块,砌筑前不应对其浇(喷)水浸润;在气候干燥炎热的情况下,对吸水率较小的轻集料混凝土小型空心砌块宜在砌筑前喷水湿润。

14.6.5　采用普通砌筑砂浆砌筑填充墙时,烧结空心砖、吸水率较大的轻集料混凝土小型空心砌块应提前1~2d浇(喷)水湿润。蒸压加气混凝土砌块采用蒸压加气混凝土砌块砌筑砂浆或普通砌筑砂浆砌筑时,应在砌筑当天对砌块砌筑面喷水湿润。块体湿润程度宜符合下列规定:

(1)烧结空心砖的相对含水率在60%~70%。

(2)吸水率较大的轻集料混凝土小型砌块、蒸压加气混凝土砌块的相对含水率为40%~50%。

14.6.6　在厨房、卫生间、浴室等处采用轻集料混凝土小型空心砌块、蒸压加气混凝土砌块砌筑墙体时,墙底部宜现浇混凝土坎台等,其高度宜为150mm。

14.6.7　填充墙拉结筋处的下皮小砌块宜采用半盲孔小砌块或用混凝土灌实孔洞的小砌块;薄灰砌筑法施工的蒸压加气混凝土砌块砌体,拉结筋应放置在砌块上表面设置的沟槽内。

14.6.8　蒸压加气混凝土砌块、轻集料混凝土小型空心砌块不应与其他块体混砌,不同强度等级的同类砌块也不得混砌。

14.6.9　填充墙砌体砌筑,应待承重主体结构检验批验收合格后进行。填充墙与承重主体结构间的空(缝)隙部位施工,应在填充墙砌筑14d后进行。

14.6.10　填充墙砌体应与主体结构可靠连接,其连接构造应符合设计要求,未经设计同意,不得随意改变连接构造方法。每一填充墙与柱的拉结筋的位置超过一皮块体高度的数量不得多于一处。

14.6.11 填充墙砌体尺寸、位置的允许偏差及检验方法见表21-37。

填充墙砌体尺寸、位置的允许偏差及检验方法 表21-37

序号	项目		允许偏差(mm)	检验方法
1	轴线位移		10	用尺检查
2	垂直度(每层)	≤3m	5	用2m托线板或吊线、尺检查
		>3m	10	
3	表面平整度		8	用2m靠尺和楔形尺检查
4	门窗洞口高、宽(后塞口)		±10	用尺检查
5	外墙上、下窗口偏移		20	用经纬仪或吊线检查

14.6.12 填充墙砌体的砂浆饱满度及检验方法见表21-38。

填充墙砌体的砂浆饱满度及检验方法 表21-38

砌体分类	灰缝	饱满度及要求	检验方法
空心砖砌体	水平	≥80%	采用百格网检查块体底面或侧面砂浆的黏结痕迹面积
	垂直	填满砂浆、不得有透明缝、瞎缝、假缝	
蒸压加气混凝土砌块、轻骨料混凝土小型空心砌块砌体	水平	≥80%	
	垂直	≥80%	

14.6.13 填充墙留置的拉结钢筋或网片的位置应与块体皮数相符合。拉结钢筋或网片应置于灰缝中,埋置长度应符合设计要求,竖向位置偏差不应超过一皮高度。

14.6.14 砌筑填充墙时应错缝搭砌,蒸压加气混凝土砌块搭砌长度不应小于砌块长度的1/3;轻集料混凝土小型空心砌块搭砌长度不应小于90mm;竖向通缝不应大于2皮。

14.6.15 填充墙的水平灰缝厚度和竖向灰缝宽度应正确。烧结空心砖、轻集料混凝土小型空心砌块砌体的灰缝应为8~12mm。蒸压加气混凝土砌块砌体当采用水泥砂浆、水泥混合砂浆或蒸压加气混凝土砌块砌筑砂浆时,水平灰缝厚度及竖向灰缝宽度不应超过15mm;当蒸压加气混凝土砌块砌体采用蒸压加气混凝土砌块黏结砂浆时,水平灰缝厚度和竖向灰缝宽度宜为3~4mm。

15 装饰装修工程施工

15.1 地砖面层施工

(1)基层处理:

①施工前应认真清理基层,基层应无明水,无油渍、浮浆层等残留物。

②对于旧的平整度不理想的基层应采用局部打磨或整体打磨的方法进行彻底打磨。

③对于基层表面有油渍,应使用清洗剂处理,然后用清水冲洗,使基层表面清洁干净,并充分干燥。

④基层的标高与地砖完成面的标高差超过30mm时,应先在基层面铺装强度等级C20的细石混凝土,用平锹将细石混凝土摊平,用刮杠刮平,木抹子拍实、抹平整,同时检查其标高和泛水坡度是否正确。

(2)排砖试铺:

①按照排砖图和地砖的留缝大小,在基层地面弹出十字控制线和分格线。

②排砖时,垂直于门口方向的地砖为主轴线,然后根据主轴线两边对称排列,当试排最后出现非整砖时,应将非整砖与一块整砖尺寸之和平分切割成各大半块砖。排砖的总体原则,使四周收口

砖按排序方向边长大于200mm。密缝铺贴时,缝的宽度不能大于1mm。根据施工大样图进行试铺,试铺无误后,进行正式铺贴。

(3)铺砖:

①干铺法:先在两侧铺两行控制砖,依此拉线,再大面积铺贴。铺贴采用干硬性砂浆,其配比一般为1:2.5~1:3.0(水泥:砂),根据砖的大小,一般先铺一层砂浆,并找平拍实,将砖放在干硬性水泥砂浆上,用橡皮锤将砖敲平后揭起,在干性水泥砂浆上面浇适量素水泥浆,同时在砖背面刮聚合物水泥膏,厚度不少于10mm,再将砖重新铺放在干硬性水泥砂浆上,用橡皮锤按标高控制线、十字控制线和分格线敲压平整,然后向四周铺设,并随时用2m靠尺和水平尺检查,确保砖面平整,缝格顺直。

②湿铺法:铺砌前将砖放在水桶中浸水湿润,晾干后方可使用。找平层上洒水湿润,均匀涂刷素水泥浆(水灰比为0.4~0.5),涂刷面积不要过大,铺多少刷多少。结合层如采用纯水泥膏、水泥细沙砂浆铺贴时应为4~5mm;如采用沥青胶结料铺贴时,应为3~5mm;如采用胶粘剂铺设时应为2~3mm。铺贴时,砖面略高出水平标高线,找正、找直、找方后,砖上垫木板,用橡皮锤敲压平整,顺序从内向外铺砌,做到面砖砂浆饱满,相接紧密、坚实。阳台、厨房、卫生间地面多用湿铺法施工。

(4)养护:

砖面层铺贴完24h内应进行洒水养护,夏季气温较高时,应在铺贴完12h后浇水养护并覆盖,养护时间不少于7天。

(5)填缝:

当铺砖面层的砂浆强度达到1.2MPa时,用专用填缝料进行填缝,填缝料的使用参考产品使用说明,填缝应清晰、顺直、平整光滑、深浅一致,填缝的深度应比地砖的完成面低0.5~1mm。

15.2 水泥砂浆抹灰施工

(1)基层清理:

①砖砌体:应清除表面杂质,残留灰浆、舌头灰、尘土等。②混凝土基体:表面凿毛或在表面洒水润湿,应在湿润后涂刷1:1水泥砂浆(加适量胶粘剂或界面剂)。③加气混凝土基体:应在湿润后边涂刷界面剂,边抹强度不大于M5的水泥砂浆。

(2)浇水湿润。

一般在抹灰前一天,用软管或胶皮管或喷壶顺墙自上而下浇水湿润,宜浇两次。

(3)吊垂直、套方、找规矩、做灰饼。

根据设计图纸要求的抹灰质量,根据基层表面平整垂直情况,用一面墙做基准,吊垂直、套方、找规矩,确定抹灰厚度,抹灰厚度不应少于7mm。当墙面凹度较大时应分层衬平。每层厚度不大于7~9mm。操作时应先抹上灰饼,再抹下灰饼。抹灰饼时应根据室内抹灰要求,确定灰饼的正确位置,再用靠尺板找好垂直与平整。灰饼宜用1:3水泥砂浆抹成5cm建方形状。房间面积较大时应先在地上弹出十字中心线,然后按基层面平整度弹出墙角线,随后在距墙阴角100mm处吊垂线(或用激光水平仪)并弹出铅垂线,再按地上弹出的墙角线运用激光水平仪往墙上翻引弹出阴角两面墙上的墙面抹灰层 厚度控制线,以此做灰饼,然后根据灰饼充筋。

(4)抹水泥踢脚。

根据已抹好的灰饼充筋(此筋可以冲得宽一些,8~10cm为宜,因此筋即为抹踢脚或墙裙的依据同时也作为墙面抹灰的依据),底层抹灰1:3水泥砂浆,抹好后用木杠刮平,木抹子搓毛,常温第二天用1:2.5水泥砂浆浆抹面层并压光,抹踢脚或墙裙厚度应符合设计要求,无设计要求时凸出墙面5~7mm为宜。凡凸出抹灰墙面的踢脚或墙裙上口必须保证光洁顺直,踢脚或墙面抹好将靠尺贴在大面与上口平,然后用小抹子将上口抹平压光,凸出墙面的棱角要做成钝角,不得出现毛茬和飞棱。

(5)做护角。

墙、柱间的阳角应在墙、柱面抹灰前用1:2水泥砂浆做护角,其高度自地面以上2m,然后将墙、柱的阳角处浇水湿润,第一步在阳角正面立上八字靠尺,靠尺突出阳角侧面,依靠尺抹水泥砂浆,并用铁抹子将其抹平,按护角宽度(不小于5cm)将多余的水泥砂浆铲除。第二步待水泥砂浆稍干后,将八字靠尺移至抹好的护角面上(八字坡向外)。在阳角的正面,依靠尺抹水泥砂浆,并用铁抹子将其抹平,按护角宽度将多余的水泥砂浆铲除。抹完后去掉八字靠尺,用素水泥浆涂刷捋角尖角处,并用角器自上而下捋一遍,使形成钝角。

(6)抹水泥窗台。

先将窗台基层清理干净,松动的砖要重新砌好。砖缝划深,用水湿透,然后用1:2:3豆石混凝土铺实,厚度宜大于2.5cm,次日刷胶黏性素水泥一遍,随后抹1:2.5水泥砂浆面层,待水泥达到初凝后,浇水养护2~3d,窗台板下口抹灰要平直,没有毛刺。

(7)墙面充筋。

当灰饼、砂浆达到七八成干时,即可用抹灰层相同的砂浆充筋,充筋根数应根据房间的宽度和高度确定,一般标筋宽度为5cm,两筋间距不大于1.5m。当墙面高度不大于3.5m时宜做立筋。大于3.5m时宜做横筋,做横向充筋时做灰饼的间距不宜大于2m。

(8)抹底灰。

一般情况下充筋完成2h左右开始抹底灰为宜,抹前应先抹一层薄灰,要求将基体抹严,抹时用力压实使砂浆挤入细小缝隙内,接着分层装档、抹至与充筋平,用木杠刮找平整,用木抹子搓毛,然后全面检查底子灰是否平整,阴阳角是否方直、整洁,管道后与阴角交接处、墙顶板交接处是否光滑平整、顺直,并用托线板或激光水平仪检查墙面垂直与平整情况。散热器后面的墙面抹灰,应在散热器安装前进行,抹灰面接搓要平顺,地面踢脚板或墙裙,管道背后应及时清理干净,做到活完底清。

(9)修抹预留孔洞、配电箱、槽盒。

当底灰抹平后,要随即由专人把预留空洞、配电箱、槽、盒周边5cm宽的砂浆刮掉,并清除干净,用大毛刷蘸水沿周边刷水湿润,然后用1:3水泥砂浆,把洞口、箱、槽、盒周边压抹 平整、光滑。

(10)抹罩面灰。

应在底灰六七成干时开始抹罩面灰(抹时如底灰过干应浇水湿润),罩面灰两遍成活,厚度约2mm,操作时最好两人同时配合进行,一人先刮一遍薄灰,另一人随即抹平。依先上后下的顺序进行,然后赶实压光,压时应掌握火候,既不要出现水纹,也不可压活,压好后随即用毛刷水将罩面灰污染处清理干净。施工时整面墙不宜出现水纹,也不可以压活,如遇到有预留施工洞时,可甩下整面墙待抹为宜。

15.3 铝合金门窗施工

(1)用激光找水平垂直点标记,再用重锤粉包或墨线弹出安装位置,量出尺寸、位置、标高,依据门窗中线向窗两边量出门窗边线,若多层或高层建筑,以顶层门窗边线为准,用线坠或经纬仪将门窗边线下引,在各层分别标记。

(2)门窗的水平位置应于楼层室内+50cm的水平线为准向上反量出窗下边框标高,弹线找直,每层窗下边框标高一致。

(3)窗洞口偏差,结构边缘平面误差±10mm,垂直偏差控制±15mm,超出部分要修整。

(4)防腐处理,门窗框靠墙体与水泥砂浆接触部位在预抹浆前须用防腐沥青防腐油漆,涂刷防止电化学腐蚀,安装铁码片采用热镀锌件,铁件与铝窗连接处需做防腐处理。

(5)铝合金门窗体框搬至安装位置,螺栓松动需拧紧,检查贴保护胶纸,脱落需补贴,门窗上墙扶正调水平、垂直,控制与中心线距离,用木楔固定。

(6)组合窗框,分段拼装组合安装,门窗面积较小可在上墙前拼接好,上墙安装逐一固定调整水平垂直，拼窗需要通线检查平整，当设计门窗预埋铁件安装时，可直接将铁码件连在框体上再与墙体固定，有预埋件用框体码件直接电焊焊牢，除渣，上防锈漆处理，砖墙采用钻孔塑料膨胀螺栓将铁码件固定，混凝土结构采用射钉固定铁码件，或钻孔用膨胀螺栓固定。

(7)水平、垂直、对角检查：门窗框安装完成后做水平、垂直、对角线检查，有偏差做调整，直至符合要求。

(8)门窗框与墙体间的缝隙填塞处理：在门窗框体安装完毕，先经过隐蔽工程验收，合格后及时按设计要求进行填塞缝隙，填塞材料应按设计要求，非台风地区和干旱地区如设计未提出要求时，可采用弹性保温材料(即发泡填缝剂)或纱棉毡条分层填塞缝隙，外表面留 5 ~ 8mm 深槽口填嵌嵌缝油膏或防渗漏密封胶，如采用防水水泥砂浆填塞，水泥、砂、防水剂按 10:30:1 调配，外侧窗边框预留 5 ×6槽口填防水密封胶，对小于 50mm 的缝隙要求先洒水湿润，再进行填塞，填塞完成后，待水泥砂浆终凝后去掉木模作修浆刮平，涂防水涂料边框贴保护纸防污染。

(9)门窗扇及固定玻璃安装：门窗扇及固定玻璃在洞口及墙体表面装饰工程项目完工验收后安装，窗扇安装前撕去保护胶纸，清理干净框体，去掉孔位木塞条，进行扇体安装，固定玻璃槽位垫厚不少于 3mm 垫胶；玻璃安装，控制玻璃两侧尺寸要符合《铝合金门窗》(GB/T 8478—2008)标准要求，擦干净打胶部位嵌入密封胶条，控制注入胶深度，用打胶枪封注，平整、光滑、连续，无气泡。

(10)五金配件安装后，开启闭灵活，无噪声，密封性良好。双扇高低均匀一致，间隙缝均匀、对称。五金配件及门窗连接要采用不锈钢螺钉，安装应结实牢固，螺钉头要完整，不得损坏，可拆卸更换，不允许外露的需隐藏或安装装饰套。

15.4　吊顶施工

(1)弹线。

弹线包括：吊顶水平标高线、顶棚造型位置十字定位线、吊挂点布置定位线、大中型灯位线等。用红外线水平仪在房间内每个墙(柱)角上根据原结构水平线抄出水平点，如墙体较长，中间应适当多抄几个点，弹出水准线、天花十字线。主龙骨应从十字线吊顶中心向两边分，最大间距为 1000mm，并标出吊杆的十字分格固定点，吊杆的固定点间距 900 ~ 1000mm。

(2)安装吊杆。

吊杆规格按设计要求配置，一般宜采用 MS 全牙热镀铮丝杆，上人吊顶应采用 MIO 吊杆，吊杆上端与内膨胀螺栓(顶爆)连接固定在结构楼板上，冲击钻头宜比吊杆直径大 2mm，吊杆下端与主龙骨 J 型挂件连接，套垫片并通过螺帽固定。如吊杆长度超出 1500mm，须设置反向支撑进行加固或通过增加钢结构转换层作过渡。吊杆与吊杆之间必须平直，如遇管道设备等阻隔物，导致吊杆间距大于设计和规程要求，应采用型钢过渡转换。

(3)安装主龙骨。

一般情况下，主龙骨宜平行于房间的短向安装，把主龙骨依序穿进各 J 型吊挂件中，并在挂件开口处用螺栓固定。主龙骨的悬臂(端部)段不应大于 300mm，否则应增加吊杆。主龙骨的接长应采用对接，并用连接件锚固。相邻主龙骨的对接头要相互错开。主龙骨安装后应全面校正其标高及平整度，并校正吊杆、挂件使其能够垂直吊挂主龙骨。同时，应校正主龙骨的起拱高度，一般为房间跨度的 1‰ ~ 3‰，全面校正后把各部位的螺母拧紧。如有较大造型的吊顶，造型部分应用角钢或扁钢焊接成框架，采用膨胀螺栓与楼板连接固定。吊顶如设置检修走道，应用型钢另设置吊挂系统，可直接吊挂在结构顶板或梁上与吊顶工程分开。一般允许集中荷载一侧宜设有栏杆，吊挂系统满足荷载 80kg，宽度不宜小于 500mm，走道一侧宜设有栏杆，吊挂系统需经相应结构专业计算并进行检测后确定。

(4)安装边龙骨。

边龙骨的安装应按设计要求进行弹线，用自攻螺钉及膨胀管把边龙骨固定在墙上。边龙骨固定点间距应不大于吊顶次龙骨的间距,一般为300~400mm。

(5)安装次龙骨。

在次龙骨与承载主龙骨的交叉布置点,使用配套的龙骨挂件(或称吊挂件、挂搭)将二者上下连接固定,龙骨挂件的下部勾挂住次龙骨,上端搭在承载主龙骨上。吊挂次龙骨:按设计规定的次龙骨间距,设计无要求时,一般间距为300~400mm。当次龙骨长度需多根延续接长时,用次龙骨连接件,在吊挂次龙骨的同时相接,调直固定。

(6)安装罩面板。

①安装纸面石膏板:纸面石膏板密布微小气孔,容易吸收湿气,对于长时间或连续受潮的(湿度为70%以上)石膏板,其强度会降低,出现弯曲下沉现象,但在空气干燥状态下,石膏板的伸缩率只有0.015%,不易引起接缝开裂。较为适宜于雨水小,湿度低的北方地区使用。纸面石膏板在吊顶面的平面排布,板与板之间的接缝缝隙,其宽度一般为3~5mm。罩面板应在自由状态下固定,防止出现弯棱、凸鼓的现象;还应在顶棚四周封闭的情况下安装固定,防止板面受潮变形。自攻螺丝钉与纸面石膏板边的距离,有面纸包封的板边以10~15mm为宜,切割的板边以15~20mm为宜。钉距以150~170mm为宜,螺丝钉头宜略埋入板面0.5mm左右,但不得损坏纸面,钉头应做防锈处理并用石膏腻子抹平。板材与龙骨固定时,应从一块板的中间向板的四边循序固定,不得采用在多点上同时作业的做法。纸面石膏板的拼接缝处,必须是安装在宽度不小于50mm的C型龙骨上,其短边必须采用错缝安装,错开距离应不小于300mm,一般是以一个次龙骨的间距为基数,逐块铺排,余量置于最后。安装双层石膏板一根龙骨上接缝时,面层板与基层板的接缝也应错开,并不得在同一根龙骨上接缝。②安装纤维水泥加压板:纤维水泥加压板是以优质高强度等级水泥为基体材料,配以天然纤维增强,经高温蒸压养护而成,具有良好的防潮能力,在半露天或长期潮湿的环境仍能保持稳定,较为适宜于雨水多,湿度高的南方或沿海地区使用。骨架同样为金属轻钢龙骨,一般用墙板钉固定纤维水泥加压板。或按产品说明书的规定安装。若纤维水泥加压板采用复合粘贴,安装时,胶黏剂必须符合环保要求,在未完全固化前,不得受到强烈振动。用墙板钉安装纤维水泥加压板时,纤维水泥加压板接缝处的龙骨宽度应不小于50mm。若设计要求有吸音填充物,在安装前,应先安装吸音材料,并按设计要求进行固定,设计无要求时,可用金属或尼龙网固定,其固定点间距宜不大于次龙骨间距。罩面板上的各种灯具、烟感探头、喷淋头、风口等的布置应合理、美观,与纤维水泥加压板交接处应吻合、严密。③安装复合板:承载复合板骨架,同样是UC型轻钢龙骨骨架,安装复合板应先安装基层后安装饰面层。基层板安装必须在无应力状态下进行,禁止强制就位。安装用木支撑临时支承,使板与骨架紧贴,待螺钉固定后可撤出木支撑,安装固定时应从板中间向四周固定,不得多点同时作业,防止出现弯棱、凸鼓的现象。面层板安装:先检查面层板的规格、图案、色泽应符合设计图纸要求,然后清除基层板的浮尘,弹出十字控制线,备好环保专用胶,从中间开始将面层板逐一依序进行粘贴,并用水平尺校正。复合板安装前必须做好设备管线及吊顶龙骨的隐检,并检查顶板的品种规格是否符合设计要求及完好无缺损。吊顶板安装顺序先中间后四边,先大面后收边。吊顶板应边安装边调平,板缝调直,接缝宽度调均匀。④安装金属板:异型或大面积的金属饰面板安装前应预排编号以防止连接安装时造成不必要的返工或累积误差。直接卡口式是在两片金属饰面板的对口处,事先安装一个不锈钢卡口槽,用螺钉固定于墙(柱)体龙骨架的凹部安装金属饰面板时,只需将板边弯曲部分勾入卡口槽内;再用力推板的另一边,利用金属饰面板自身的弹性,使其卡入另一个卡口槽内。嵌槽压口式是先将金属饰面板在对口处的凹部用钉件固定,再把一条宽度小于凹槽的木条固定在凹槽中间,两边各空出1mm左右的间隙;在木条上涂刷胶黏剂,涂刷后胶面不粘手时,即向木条上嵌入不锈钢槽条。不锈钢槽条在嵌入前,需用酒精或汽油擦拭洁净并预涂一层胶液。应注意木条的高度一般大于金属饰面板对口缝深度0.5mm。金属薄板常用做法为镶贴于装饰造型体胶合板基面上。粘贴用的胶黏剂,一般为环氧树脂多用途建筑胶黏剂,如建筑结构胶黏剂、耐高温建筑结构胶黏

剂、室温快速固化环氧胶黏剂等，均有优良的黏结性能，这些黏结料多为双组分，施工时根据使用说明在现场进行调配，有的按需要加入适量填料，如石英砂、铸石粉、细黄砂或水泥等。在室内小型的金属饰面板镶贴或薄板包柱工程中，与木质基层的粘贴也可采用成品万能胶。

15.5　门窗施工

(1)弹线。

按图纸的门窗尺寸及门窗套木线的宽度，在墙、地上弹出门窗套、木线的外边缘控制线及标高控制线。按节点构造图弹出龙骨安装中心线和门窗及合页安装位置线，合页处应有龙骨，确保合页安装在龙骨上。

(2)制作、安装木龙骨。

在龙骨中心线上用电锤钻孔，孔距500mm左右，在孔内注胶浆，然后将经防腐的木模钉入孔内，黏结牢固后安装木龙骨。根据门、窗洞口的深度，用木龙骨做骨架，间距一般为200mm，骨架的表面必须平整，组装必须牢固，龙骨的靠墙面必须做防腐处理，其他几个龙骨做防火处理。安装骨架时，应边安装边用靠尺进行调平，骨架与墙面的间隙，用经防腐处理过的模形方木块垫实，木块间隔应不大于200mm，安装完的骨架表面应平整，其偏差在2m范围内应小于1mm。钉帽要冲入木龙骨表面3mm以上。

(3)安装底板。

门、窗套筒子板的底板通常用细木工板预制成左、右、上三块。若筒子板上带门框，必须按设计断面，留出贴面板尺寸后做出裁口。安装前，应先在底板背面弹出骨架的位置线，并在底板背面骨架的空间处刷防火涂料，骨架与底板的结合处涂刷乳胶，然后用木螺钉或气钉将底板钉粘到木龙骨上。一般钉间距为150mm，钉帽要钉入底板表面1mm以上。若采用成品门窗套可不加龙骨、底板，直接与墙体固定。底板与墙体之间的空隙，如有防火要求的应灌注水泥砂浆；有的门窗套安装是没有底板的，应用连接件固定。

(4)安装面板。

在底板上和面板背面满刷乳胶，乳胶必须涂刷均匀。然后将面板粘贴在底板上。在面板上铺垫50mm宽5mm厚板条，用气钉临时压紧固定，待结合面乳胶干透约48h后取下。面板也可采用钉直接铺钉，钉间距一般为100mm。

(5)安装门、窗套木线。

安装时，一般先钉横向后钉竖向。先量出横向木线所需的长度，两端锯成45°斜角，紧贴在框的上坎上，其两端深处长度应一致。将钉帽砸扁，顺木纹冲入板面1～3mm，钉长宜为板的两倍，钉距不大于500mm，然后量出竖向木线长度，钉在边框上。横竖木线的线条要对正，割角应准确平整，对缝严密，安装牢固。

16　通风道安装

16.1　施工准备

16.1.1　技术准备：

(1)组织施工技术人员在施工前认真学习技术规范、标准、施工图集，熟悉图纸。

(2)技术部对各部门进行方案交底，明确各部位的做法。

(3)工长对施工队组进行技术交底及安全和技术培训，加强对班组的技术素质。

(4)通风道安装前，应按施工进度提供通风道进场数量计划，保证材料按时按量进场。

16.1.2 人员准备见表21-39。

人员准备 表21-39

序号	工种	人数	备注
1	测量	2	
2	安装工	10	每栋楼
3	壮工	5	每栋楼
4	预留洞口处理人员	2	每栋楼

16.1.3 主要工器具准备：

铁抹子、阴角抹子、线坠、卷尺、手推车、扫帚、灰桶等。

16.1.4 材料准备：

(1)预制通风道：应有出场合格证和检验报告。

(2)玻璃纤维网格布：10×10 耐碱玻璃纤维网格布。

(3)建筑108水泥胶。

16.1.5 作业条件：

(1)检查通风道预留洞口尺寸是否正确、上下烟道预留洞口长宽方向是否一致。

(2)每层的通风道需用施工电梯倒运到指定位置并有配套材料堆放的周转场地。

(3)对预留孔洞进行吊线检查(吊中心线)，对存在偏差的预留洞口进行及时处理。

(4)运输通道通畅，各类机具准备就绪。

16.2 通风道安装

16.2.1 工艺流程：

吊预留洞口中心线——→不规则洞口的处理——→通风道进场——→倒运到安装位置——→通风道安装——→通风道接缝处理——→层托安装——→预留洞口周边空隙封堵——→通风道与墙面及楼板相交的阴角处处理——→通风道顶部遮盖。

16.2.2 操作工艺：

(1)现场由工长、质检员及烟道安装厂家施工管理人员对现场结构预留洞口进行吊线检查，是否能够安装通风道。

(2)当检查出预留孔洞位置及大小存在偏差时，配专业剔凿人员按要求进行剔凿处理，保证通风道能够正常安装。

(3)当现场具备通风道安装的条件后，由现场专业工长通知厂家进场安装。

(4)通风道进场通过项目质检员和监理单位验收合格后，利用施工电梯运至楼层内，要求轻搬轻放，防止损坏。

(5)通风道的安装：通风道基座施工前，先采用1:2水泥砂浆做好找平层，厚度为20mm。然后由下至上进行逐层安装，安装前应划出烟道中心线，然后将排风道就位，对准中心线，周边用木楔固定，挂线校直。以每6层为一安装单元层，从六层顶往下进行中心线吊线，把第一节先进行定位安装，第二节根据中心线与第一节进行对接，对接缝用1:2细砂水泥砂浆进行密封，如接缝处缝隙较大，需在其中加玻纤网布进行1:2水泥砂浆密封。

(6)层托安装：

①由于层数较多，每一单元层要进行层托安装固定，用2ϕ10的钢筋在墙体和板之间进行层托安装。每侧应宽出通风道50mm。

②钢筋固定时，在墙上钻孔锚固50mm，用C20混凝土填实。

③钢筋固定后,将通风道接缝处清理干净,水泥砂浆密封嵌填。

(7)预留洞口周边空隙封堵:

①按每六层为一安装单元层。每一单元层安装完毕后,要及时进行预留洞口空隙处吊模补洞施工,补洞时要隔层施工,以防通风道松动移位。

②对预留洞口剩余的空隙封堵采用托底模用C20细石混凝土加膨胀剂分两次将孔隙捣密并捣成高出地面30mm的防水反泛水台,浇筑之前应进行洞口凿毛处理。

③厨房及屋面防水施工过程中,应着重对通风道预留洞口处进行加强处理。阳台预留洞处也进行防水处理,采用同厨房同样的防水材料对预留洞口处进行局部防水施工。

(8)通风道与墙面及天棚相交的阴角处处理。

先在阴角处贴通长150mm宽,10×10耐碱玻璃纤维网格布,然后用1:2水泥砂浆沿通风道周边粉10mm厚,最后再统一进行室内装修。

(9)每根烟道的进气口均要安装止回阀:打开烟道预留的进气口,然后用108水泥胶及水泥砂浆进行粘贴,要求密封牢固。

(10)通风道顶部遮盖。

通风道安装施工过程中及一个单元层完毕后,为防止杂物掉入管道内损坏通风道,管口均应采取多层板进行封盖。同时在烟道口砌筑200mm高的防水挡墙,防止水流入烟道内。

(11)出顶层屋面烟道安装。

采用自力式风帽出屋面做法。通风道安装高出屋面500mm,宽60mm,C30混凝土浇筑。排风道与四周缝隙采用C20细石混凝土吊模填实,底部用防水密封胶嵌实。

16.3　质量标准

16.3.1　烟道质量标准:

(1)通风道的规格尺寸、垂直度、壁厚等应符合要求,应有出厂合格证及检验报告。

(2)通风道表面应平整,无孔洞,不得有凹凸不平、麻面、裂缝等现象,内拐角为圆角,两端部位平整无飞边。

(3)通风道强度:管体承载力设计值≥25kN,管体垂直破坏荷载≥38kN。

(4)通风道耐火极限≥1h,耐火极限测定方法按GB 9978规定的方法进行。

16.3.2　安装质量要求:

(1)通风道安装完毕后中心线必须在同一条直线上。

(2)通风道安装完毕后接缝处不得有漏缝和通缝。

(3)通风道洞口剩余缝隙的回补应符合要求,保证封堵密实。

(4)层托及抱箍的安装应严格按要求施工,保证数量及质量。

(5)出屋面的施工做法应严格按图集进行施工,保证排风效率。

(6)缝隙封堵处的防水处理应做好,保证不漏水。

(7)安装允许误差见表21-40。

允许误差　　表21-40

项　目	允许偏差(mm)	检验方法	项　目	允许偏差(mm)	检验方法
立面垂直度	3	2m垂直检测尺	阴阳角方正	3	直角检测尺
表面平整度	3	2m靠尺加塞尺检查			

16.4　成品保护

16.4.1　翻拆施工架子要小心,防止破坏已安装好的通风道。

16.4.2 成品堆放在平整场地上,堆放高度不得超过2m。再搬运和安装时应轻抬轻放,不得冲击碰撞,并不得在管道上堆放其他物体或行走。

16.4.3 通风道安装完毕后,在墙面抹灰时注意对通风道的保护。

16.4.4 注意保护好楼地面,不得直接在楼地面上拌和砂浆及堆放砂浆。

16.4.5 通风道上不得固定、吊挂任何管线及物品。

16.4.6 通风道安装施工过程中及一个单元层完毕后,为防止杂物掉入管道内损坏通风道,管口均应采取多层板进行封盖。同时在烟道口砌筑200mm高的防水挡墙,防止水流入烟道内。

16.5 安全文明施工措施

16.5.1 在室内推小车运砂浆时,特别是在过道中拐弯时要注意小车挤手及损坏二次结构砖墙,在推小车时不准倒退。

16.5.2 严禁从烟道口向下随意扔东西。

16.5.3 施工现场,在通风道安装完毕剩余空隙未封堵前,应采取遮盖措施,严防坠落跌伤。

16.5.4 现场用电必须有专业电工进行接线拆线,照明用电电线应挂起,高度不应低于2.5m,使用电压不得超过36V。

16.5.5 通风道安装前,将操作周围环境清理干净,便于操作,保证安全;安装完后,及时清理落地灰及垃圾。做到活完料净场地清。

16.5.6 进场的材料应按规格码放整齐,做好文明施工。进入现场的操作人员必须佩戴安全帽,严格遵守各项管理制度。

17 玻璃幕墙施工

17.1 适用范围

本章适用于非抗震性设计和抗震性设防裂度为6~8度抗震性设计的民用建筑玻璃幕墙工程施工。

17.2 玻璃幕墙施工要点

17.2.1 施工工序:

各楼层安装紧固铁件──→横竖龙骨装配──→安装竖向主龙骨──→安装横向次龙骨──→安装镀锌钢板──→安装保温、防火矿棉──→安双层玻璃──→安盖板及装饰压条──→安装楼层封闭镀锌钢板──→清洗玻璃。

17.2.2 施工准备:

(1)了解施工现场,检查预埋件位置、质量。

(2)认真审阅施工图纸,编制施工组织方案。

(3)编制材料计划及采购计划。

(4)向班组进行详细的技术交底和安全交底。

(5)材料准备:

①空腹式铝合金竖向主龙骨及水平次龙骨均按设计要求的规格、型号、尺寸加工成型后运至现场。必须有出厂合格证及必要的试验记录,加工精度及表面镀层均要符合设计规定,要求平直规方、无翘曲、无刮痕。

②玻璃一般均为带色(茶色、黑色、蓝色)的采光中空玻璃及单层非采光玻璃,进场时要进行检查

验收。要有出厂合格证和必要的试验记录，表面镀膜（单层或双层玻璃的一侧均镀有金属膜）不允许有划痕和脱落，进场后存放在铁制箱内或专用棚架上。

③橡胶条、橡胶垫须有老化试验的出厂证明，尺寸正确，符合设计规定，无断裂现象。

④铝合金装饰压条必须颜色一致、无扭曲、损伤。

⑤连接主龙骨的紧固铁件、主龙骨与次龙骨之间的连接件、主龙骨与主龙骨、主龙骨与次龙骨接头的内外套管（或连接件）等均要进行镀锌处理，材质及规格尺寸要符合设计要求。到场后分类存放。

⑥螺栓、螺帽、钢钉全部为不锈钢钢材，进场时要有出厂证明，并拆箱抽检。

⑦密封胶应有出厂合格证，黏结及防水性能应符合设计要求。

⑧防火、保温材（矿棉或岩棉）的导热系数及厚度要符合设计要求。

以上所有材料进场后，均要分规格存放妥当，不得雨淋暴晒。

（6）主要机具准备。

塔式起重机、外用电梯、电动吊篮、电动真空吸盘（吸玻璃专用设备）、三爪手动吸盘（抬运玻璃的工具）、焊钉枪、电动改锥、手枪钻、梅花扳手、活动扳手、经纬仪（或激光经纬仪）、水准仪、钢卷尺、铁水平尺、钢板尺、钢角尺、电焊机。

（7）作业条件：

①混凝土主体结构已完工并办完质量验收手续。

②预先进行完测量放线。

a. 选任意层为基准层放出纵、横轴线，用经纬仪（或激光经纬仪）依次定出各层的轴线。在楼板边缘弹出竖向主龙骨的中心线，同时核对预埋件中心线与主龙骨中心线是否相符。测量主龙骨之间尺寸与幕墙之间尺寸是否一致。

b. 根据横向轴线找出主龙骨与各层埋件连接的紧固铁件外边线，便于紧固铁件的安装。

c. 核实主体结构实际总标高是否与设计总标高相符，并把各层的楼层标高标于楼板边，以便安装时核对。

③连接主龙骨的预埋铁件预先剔凿，使其露出混凝土面，弹线后如标高和位置超出允许偏差值时，必须按设计洽商进行处理。

④安装好电动吊篮（或外架子），供操作人员安玻璃和安装饰压条时使用，吊篮安装完后要进行各项安全保护装置的运转试验。

⑤吸盘设备、手电钻、焊钉枪等电动机具须做绝缘电压试验。电动吸盘机及手持玻璃吸盘须进行检查吸附玻璃的重量和吸附持续时间是否符合说明书规定。

⑥主龙骨、次龙骨及所需的各种连接件、装饰压条、螺栓、橡胶条等部件，预先清点分类码放到指定地点，设专人看管存放。

17.2.3　安装施工：

（1）构件加工制作：

①一般规定：

a. 严格按设计施工图进行构件的加工制作，必要时应对已建建筑物主体进行复测，及时调整幕墙的设计并及时修改设计施工图，合理安排组织幕墙构件的加工组装。

b. 使用的所有材料和附件，都必须有产品合格证，特别是主要部件，同安全有关的材料和附件，更要严格检查其质量，检查出厂时间、存放有效期，严禁使用不合格和过期材料。

c. 构件加工环境要求清洁、干燥、通风良好，室内温度控制在5～30℃之间。

d. 结构装配组合件应在生产车间制作，不得在现场进行。硅酮结构密封胶应打注饱满。

e. 不得使用过期的硅酮结构密封胶和耐候硅酮密封胶。

②玻璃加工：

a. 钢化、半钢化玻璃不允许在现场切割，按设计尺寸在工厂进行加工；热处理必须在玻璃切割、钻孔、挖槽等加工完毕后进行。

b. 玻璃切割后，边缘不应有明显的缺陷，经倒棱、倒角、磨边处理，以防止应力集中而发生破裂。

c. 玻璃加工应在专用的工作台上进行，工作台表面应平整，并有保护装置；在加工过程中注意保护，防止玻璃损伤和割伤操作者；加工后的玻璃要合理堆放，并做好标记，注明所用名称、尺寸、数量等。

③注胶：

a. 应设置专门的注胶间，要求清洁无尘、无火种、通风，并备置必要的设备，使室内温度控制在5～30℃之间，相对湿度控制在35%～75%之间。

b. 注胶处基材的清洁：

Ⅰ. 清洁是保证隐框玻璃幕墙玻璃与铝型材黏结力的关键工序，也是隐框玻璃幕墙安全性、可靠性的主要技术措施之一；所有与注胶处有关的施工表面都必须清洗，保持清洁、无灰、无污、无油、干燥。

Ⅱ. 注胶处基材的清洁，对于非油性污染物，通常采用异丙醇溶剂；对于油性污染物，通常采用二甲苯溶剂。

Ⅲ. 清洁用布应采用干净、柔软、不脱毛的白色或原色棉布；清洁时，必须将清洁剂倒在清洁布上，不得将布蘸入盛放清洁剂的容器中，以免造成整个溶剂污染。

Ⅳ. 清洁时，采用"两次擦"工艺进行清洁，即用带溶剂的布顺一方向擦拭后，用另一块干净的干布在溶剂挥发前擦去未挥发的溶剂、尘埃、油渍等，第二块布脏后应立即更换。

Ⅴ. 清洁后，已清洁的部分决不允许再与手或其他污染源接触，否则要重新清洁，特别是在搬运、移动和粘贴双面胶条时一定注意；同时，清洁后的基材要求必须在15～30min内进行注胶，否则要进行第二次清洁。

c. 双面胶条的粘贴：

Ⅰ. 双面胶条的粘贴施工环境应保持清洁、无灰、无污，粘贴前应按设计要求核对双面胶条的规格、厚度，双面胶条厚度一般比注胶胶缝厚度大1mm，因玻璃放上后，双面胶条要被压缩10%。

Ⅱ. 按设计图纸确认铝框的尺寸形状无误后，按图纸要求在铝框上正确位置粘贴双面胶条。

Ⅲ. 粘贴双面胶条时，应使胶条保持直线，用力下按使胶条紧贴铝框，但手不可触及铝型材的粘胶面；在放上玻璃之前，不要撕掉胶条的隔离纸，以防止胶条另一粘胶面被污染。

Ⅳ. 按设计图纸确认铝框的尺寸形状与玻璃的尺寸无误后，将玻璃放到胶条上一次成功定位，不得来回移动玻璃，否则胶条上的不干胶粘在玻璃上，将难以保证注胶后结构硅酮密封胶的黏结牢固性，若不干胶粘到已清洁的玻璃面上，应重新清洁。

Ⅴ. 放玻璃时，注意玻璃镀膜面的位置是否按设计要求正确放置。

Ⅵ. 玻璃固定好后，及时将铝框——玻璃组件移至注胶间，并对其形状尺寸进行最后的校正；摆放时应保证玻璃面的平整，不得有玻璃弯曲现象。

d. 注胶：

Ⅰ. 注胶前应认真检查、核对密封胶是否过期，所用密封胶牌号是否与设计图纸要求相符，玻璃、铝框是否与设计图纸一致，铝料、玻璃、双面胶条等是否通过相容性试验，注胶施工环境是否符合规定。

Ⅱ. 注胶要按顺序进行，以排走注胶空隙内的空气；注胶枪枪嘴应插入适当深度，使密封胶连续、均匀、饱满地注入到注胶空隙内，不允许出现气泡；在接合处应调整压力保证该处有足够的密封胶。

Ⅲ. 注胶后要用刮刀压平、刮去多余的密封胶，并修整其外露表面，使表面平整光滑，缝内无气

泡;压平和修整的工作必须在所允许的施工时间内进行,一般约 10～20min 内。

Ⅳ.对注胶和刮胶过程中可能导致玻璃或铝框污染的部位,应贴纸基粘胶带进行保护;刮胶完成后应立即将纸基粘胶带除去。

Ⅴ.对于需要补填密封胶的部位,应清洁干净并在允许的施工时间内及时补填,补填后仍要刮平、修整。

Ⅵ.进行注胶时应及时做好注胶记录,记录应包括:注胶日期;结构胶型号;双面胶带规格;清洁剂规格、产地、领用时间;注胶班组负责人、注胶人、清洗人姓名;工程名称、组件图号、规格、数量。

e.静置与养护:

Ⅰ.注完胶的玻璃组件应及时移至静置场地养护,静置养护场地要求:温度为 5～30℃、相对湿度为 35%～75%、无油污、无大量灰尘,否则会影响结构密封胶的固化效果。

Ⅱ.单组分结构密封胶静置 7d 后才能运输,故要准备足够面积的静置场地。

Ⅲ.玻璃组件的静置可采用架子或地面叠放,当大批量制作时以叠放为多,叠放时一般应符合:玻璃面积≤$2m^2$ 每垛堆放不得超过 12 块;玻璃面积≥$2m^2$ 每垛堆放不得超过 6 块。

Ⅳ.叠放时每块之间必须均匀放置四个等边立方体垫块,垫块可采用泡沫塑料或其他弹性材料,其尺寸偏差不得大于 0.5mm,以免使玻璃不平而压碎。

Ⅴ.未完全固化的玻璃组件不能搬运,以免黏结力下降;完全固化后,玻璃组件可装箱运至安装现场,但还需要在安装现场继续放置 10d 左右,使总的养护期达到 14～21d,达到结构密封胶的黏结强度后方可安装施工。

Ⅵ.注胶后的成品玻璃组件应抽样做切胶检验,以进行检验黏结牢固性的剥离试验和判断固化程度的切开试验;切胶检验应在养护 4d 后至耐候密封胶打胶前进行。

f.切开试验:

切开试验可与剥离试验同时进行,切开密封胶的同时注意观察切口胶体表面,表面如果闪闪发光,非常平滑,说明尚未固化,反之,表面平整、颜色发暗,则说明已完全固化,可以搬运安装施工。

(2)安装施工:

①一般规定:

a.安装幕墙的钢结构、钢筋混凝土结构及砖混结构的主体工程,应符合有关建筑结构施工及验收规范的要求;特别是主体结构的垂直度和外表面平整度及结构的尺寸偏差,必须达到要求,否则,应采取适当处理措施后方可进行幕墙的安装施工。

b.幕墙构件及零附件的材料品种、规格、色泽和性能,应符合设计和质量要求。玻璃幕墙安装时应对进场的构件、附件、玻璃、密封材料和垫片等,按质量要求进行检查和验收,不合格和过期的材料不能使用。

c.合理安排幕墙的安装施工顺序,并采取可靠的安全保护措施。对幕墙施工环境和分项工程施工顺序应进行认真研究,对幕墙安装会造成严重干扰或污染的分项工程应安排在幕墙安装前施工,否则应采取可靠的保护措施,才能进行幕墙安装施工。

②安装准备:

a.对现场管理人员和安装人员进行全面的技术和质量交底以及安全规范教育,备齐防火和安全器材与设施。

b.构件进场搬运、吊装时需加强保护不得碰撞和损坏;构件应放在通风、干燥、不与酸碱类物质接触的地方,并要严防雨水渗入。

c.构件应按品种、规格、种类和编号堆放在专用架子或垫木上;玻璃构件应稍稍倾斜直立摆放,在室外堆放时,应采取防护措施。

d.构件安装前均应进行检验与校正:构件应符合设计图纸及相关质量标准的要求,不得有变形、损伤和污染,不合格构件不得上墙安装。玻璃幕墙构件在运输、堆放、吊装过程中有可能会人为地使构件产生变形、损坏等,在安装前一定要提前对构件进行检验,发现不合格的应及时更换,对易损坏和丢失的构件、配件、玻璃、密封材料、胶垫等,应有一定的更换储备数量。

e. 构件在现场的辅助加工:钻孔、攻丝、构件偏差的现场修改等,其加工位置、精度、尺寸应符合设计要求。

f. 玻璃幕墙与主体结构连接的预埋件,应在主体结构施工时按设计要求埋设。在放置预埋件之前,应按幕墙安装基线校核预埋件的准确位置;预埋件应牢固固定在预定位置上,并将锚固钢筋与主体构件主钢筋用铁丝绑扎牢固或点焊固定,防止预埋件在浇注混凝土时位置变动;施工时预埋件锚固钢筋周围的混凝土必须密实振捣;混凝土拆模后,应及时将预埋件钢板表面上的砂浆清除干净。

③测量放线:

a. 根据幕墙分格大样图和土建单位给出的标高点、进出位线及轴线位置,采用重锤、钢丝线、测量器具及水平仪等测量工具在主体上定出幕墙平面、立柱、分格及转角等基准线,并用经纬仪进行调校、复测。

b. 幕墙分格轴线的测量放线应与主体结构测量放线相配合,水平标高要逐层从地面引上,以免误差累积,误差大于规定的允许偏差值,包括垂直偏差值,应在设计、监理人员同意后,适当调整幕墙的轴线,使其符合幕墙的构造需要。

c. 对高层建筑的测量应在风力不大于三级情况下进行,测量应在每天定时进行。

d. 质量检验人员应及时对测量放线情况进行检验,并将查验情况填入记录表。

e. 在测量放线的同时,应对预埋件的偏差进行检验,其上、下、左、右偏差值不应超过 ±45mm,超差的预埋件必须进行适当的处理后方可进行安装施工,并把处理意见报监理、业主和公司相关部门。

④预埋件偏差处理:

a. 预埋件偏差在 45 ~ 150mm 时,允许加接与预埋件等厚度、同材料的钢板,一端与预埋件焊接,焊缝高度≥7mm,焊缝为连续角边焊;另一端采用 2 支 M12 × 110 的建筑锚栓固定,建筑锚栓施工后需做力学测试,测试结果应符合设计要求。

b. 预埋件偏差超过 300mm 或由于其他原因无法现场处理时,应经设计部门、建设单位、监理等有关方面共同协商提出可行性处理方案并签审后,施工部门按方案施工。

c. 预埋件表面沿垂直方向倾斜误差较大时,应采用厚度合适的钢板垫平后焊牢,严禁用钢筋头等不规则金属件做垫焊或搭接焊。

d. 预埋件表面沿水平方向倾斜误差较大,影响正常安装时,可采用上述①的方法修正,钢板的尺寸及建筑锚栓的数量、位置可根据现场实际情况由设计确定。

e. 预埋件防腐措施必须按国家标准要求执行,必须经手工打磨,外露金属光泽后,方可涂防锈漆;如有特别要求,须按要求处理。

f. 因楼层向内偏移引起支座长度不够,无法正常安装时,可采用加长支座的办法解决:

(a) 当加长幅度 < 100mm 时,可采用角钢制作支座,令其端部与预埋件表面焊接,焊缝高度≥7mm,焊缝为连续周边焊。

(b) 当加长幅度≥100mm 时,在采用角钢做支座的同时,应在支座下部加焊三角支撑;支撑的材料可采用不小于∠50 × 50 × 5mm 的角钢,一端与支座焊接,焊缝长度≥80mm,焊缝高度≥5mm;另一端与主体结构采用建筑锚栓连接,加强支撑的位置以牢固和不妨碍正常安装为原则。

⑤立柱安装:

a. 立柱一般根据施工及运输条件,可以是一层楼高为一整根,长度可达到 7.5m,接头应有一定空隙。采用套筒连接,可适应和消除建筑挠度变形和温度变形的影响;连接件与预埋件的连接,可采

用间隔的铰接和刚接构造，铰接仅抗水平力，而刚接除抗水平力外，还应承担垂直力并传给主体结构。

b. 立柱安装前认真核对立柱的规格、尺寸、数量、编号是否与施工图纸相一致；施工人员必须进行有关高空作业的培训并取得上岗证方可进入施工现场施工；施工时严格执行国家有关劳动、卫生法规和行业标准《建筑施工高处作业安全技术规范》（JGJ 80—2016）的有关规定，特别要注意在风力超过5级时，不允许进行高空作业。

c. 将立柱先与连接件连接，然后连接件再与主体预埋件连接，并进行调整和固定；立柱安装标高偏差不应大于3mm，轴线前后偏差不应大于2mm，左右偏差不应大于3mm；同时注意误差不得积累，且开启窗处为正公差。

d. 相邻立柱安装标高偏差不应大于3mm，同层立柱的最大标高偏差不应大于5mm，相邻立柱的距离偏差不应大于2mm。

e. 立柱与连接件（支座）接触面之间一定要加防腐隔离垫片。

f. 立柱按偏差要求初步定位后，应进行自检，对不合格的应进行调校修正。合格后将连接件（支座）正式焊接牢固，焊接好的连接件和预埋件必须采取可靠的防腐措施。

g. 玻璃幕墙立柱安装就位、调整后应及时紧固；玻璃幕墙安装的临时螺栓等在构件安装、就位、调整、紧固后应及时拆除。

h. 焊工为特殊工种，需经专业安全技术学习和训练，考试合格，获得特殊工种操作证后，方可独立工作。

i. 焊接场地必须采取防火防爆安全措施后，方可进行操作；焊件下方应设置火斗，操作者操作时必须戴好防护眼镜和面罩；电焊机接地零线及电焊工作回线必须符合有关安全规定。

j. 立柱安装牢固后，必须取掉上下两立柱之间用于定位伸缩缝的标准块，并在伸缩缝处打密封胶。

⑥避雷装置：

a. 在安装立柱的同时应按设计要求进行防雷体系的可靠连接；均压环应与主体结构避雷系统相连接，预埋件与均压环通过截面积不小于48mm^2的圆钢或扁钢连接。

b. 圆钢或扁钢与预埋件、均压层进行搭接焊接，焊缝长度不小于75mm；位于均压层的每个立柱与支座之间应用宽度不小于24mm，厚度不小于2mm的铝带条连接，保证其导通电阻小于10Ω。

c. 在各均压层上连接导通部位需进行必要的电阻检测，接地电阻值应小于10Ω；对幕墙的防雷体系与主体的防雷体系之间的连接情况也要进行电阻检测，接地电阻值小于10Ω。

d. 所有避雷材料均应热镀锌；避雷体系安装完后应及时提交验收，并将检验结果及时做记录。

⑦横梁安装：

a. 横梁分段在立柱中嵌入连接，两端与立柱连接处应加弹性橡胶垫，以适应和消除横向温度变形的要求。

b. 横梁安装必须在土建泥水作业完及立柱安装后进行，大楼从上至下安装，同层从下至上安装；当安装完一层高度时，应进行检查、调整、校正、固定，使其符合质量要求。

c. 应按设计要求牢固安装横梁，横梁与立柱接缝处应打与立柱、横梁颜色相近的密封胶。

d. 安装横梁时，应注意若设计中有排水系统，冷凝水排除管及附件应与横梁预留孔连接严密，与内衬板出水孔连接处应设橡胶密封条；其他通气留槽孔及雨水排除口等应按设计施工，不得遗漏。

⑧隐蔽验收：

a. 隐蔽工程检查必须在工序施工中随时进行。

b. 隐蔽验收项目有：构件与主体结构的连接点的安装；幕墙四周、幕墙内表面与主体结构之间间隙节点的安装；幕墙伸缩缝、沉降缝及墙面转角的安装；幕墙防雷接地节点的安装；装饰板块与主受力构件之间采用螺钉连接的结构,在上螺钉后未封胶前的验收。

c.对需进行隐蔽验收的项目施工完成后,应及时提请监理等有关部门或人员进行验收,合格后方可进行下道工序的施工,不合格的必须及时整改并重新提交验收,直至合格为止。

d.质检人员和现场管理人员应严格把关,未经验收或验收不合格的隐蔽工程项目,决不能封蔽起来,决不允许进行后序施工。

⑨组件安装:

玻璃框在安装前应对玻璃及四周的铝框进行必要的清洁,保证嵌缝耐候胶能可靠黏结;安装前玻璃的镀膜面应粘贴保护膜加以保护,交工前再全部揭去。

a.玻璃的品种、规格与色彩应与设计要求相符,整幅幕墙玻璃的色泽应均匀,玻璃的镀膜面应朝向室内。

b.玻璃框在安装时应注意保护,避免碰撞、损伤或跌落。

c.用于固定玻璃框的压块,严禁少装或不装紧固螺钉。

d.分格玻璃拼缝应竖直横平,缝宽均匀;每块玻璃框初步定位后,应与相邻玻璃框进行协调,保证拼缝符合要求。

⑩玻璃安装:

玻璃安装分为单层和双层两种玻璃安装,且单、双层玻璃均由上向下,并从一个方向起连续安装。预先将单、双玻璃由外用电梯运至各楼层的指定地点立放,并派专人看管。

单层玻璃安装:

a.先将铝合金龙骨框内清理干净,安装镶嵌卡条及单层玻璃密封条。

b.人站在外电动吊篮内,用三爪手动吸盘器吸住玻璃并抬入龙骨内(注意先把玻璃表面尘土、污物擦拭干净,防止吸盘漏气)同时要观察玻璃的反光镀膜,不要安反。

c.玻璃四边入框深度要一致,并要有空隙,要平整,然后固定玻璃。

d.注胶及贴内侧橡胶密封条,要镶嵌平整,按设计要求位置断开。

双层玻璃安装:

a.清理框内污物,将内侧橡胶条嵌入龙骨框格槽内并封闭不留缺口,注意橡胶条型号要相符,镶嵌要平整,四角应呈直角。

b.为避免玻璃与龙骨直接接触,在龙骨框格中的底框及两侧各嵌两个橡胶垫片。

c.安装时用电动吸盘机操作,该机放置在室内楼板上,机器附有真空泵及液压装置,有 8 个吸盘,与机械配合可吸起玻璃,做回转、伸缩、升降、倾斜等动作。

d.先将玻璃表面灰尘、污物擦干净,注意要正确判断内、外面。

e.操作电动吸盘机吸起玻璃斜撑出窗外,再往回拉对正后压落在龙骨框槽内,上、下、左、右嵌入深度要一致。

f.将两侧橡胶垫片塞于竖向龙骨的孔内,然后固定玻璃,安密封条并镶嵌平整、密实。

⑪防火保温:

a.有热工要求的幕墙,保温部分宜从内向外安装;当采用内衬板时,四周应套装弹性橡胶密封条,内衬板与构件接缝应严密,内衬板就位后应进行密封处理。

b.防火保温材料的安装应严格按设计要求施工,防火保温材料宜采用整块岩棉,固定防火保温材料的防火封板应锚固牢靠。

c.玻璃幕墙四周与主体结构之间的缝隙,均应采用防火保温材料填塞,填装防火保温材料时一定要填实填平,不允许留有空隙;并采用铝箔包扎,防止防火保温材料受潮失效。

d.在填装防火保温材料的过程中,质检人员应不定时地进行抽检,发现不合格及时返工,杜绝隐患。

⑫密封：

a. 玻璃或玻璃组件安装完毕后，必须及时用耐候密封胶嵌缝，予以密封，保证玻璃幕墙的气密性和水密性。

b. 耐候硅酮密封胶施工前应对施工区域进行清洁，应保证缝内无水、油渍、铁锈、水泥砂浆、灰尘等杂物；可采用甲苯或甲基二乙酮做清洁剂。

c. 耐候硅酮密封胶在缝内应形成相对两面黏结，不得三面黏结，较深的密封槽口底部应采用聚乙烯发泡材料填塞。

d. 为保护玻璃和铝框不被污染，应在可能导致污染的部位贴纸基胶带，填完胶刮平后立即将基纸胶带除去。

⑬保护和清洁：

a. 铝合金框料及各种附件，进场后分规格，分类码放在防雨的专用棚内，不得在上压放重物，运料时轻拿轻放防止碰坏划伤。玻璃要分规格立于木方上，设专人看管发放和运输，防止碰坏和划伤表面镀膜。

b. 安龙骨时外吊篮升降要设专人负责，停留在楼层上时要临时固定在楼层，防止吊篮碰撞龙骨。安玻璃时，吊篮的钢管端头加垫泡沫垫，收工前将吊篮降到还没安玻璃的楼层上拉牢，防止撞破玻璃。

c. 玻璃幕安装完后，为防止人员靠近，在楼层上距幕墙的一定距离处，挂安全网，并派专人巡视。

d. 靠近玻璃幕的各道工序，在施工操作前对玻璃做好临时保护，可用纤维板遮挡。

e. 施工中的幕墙应采用适当的措施加以保护，防止发生碰撞、变形、变色、污染及排水管堵塞等现象。

f. 施工中给幕墙及幕墙构件等表面装饰造成影响的黏附物等要及时清除，恢复其原状。

g. 玻璃幕墙工程安装完成后，应制订清扫方案（清扫工具、吊篮以及清扫方法、时间、程序等），防止幕墙表面污染和发生异常。

h. 幕墙安装完后，应从上到下用中性清洁剂对幕墙表面及外露构件进行清洗。清洗玻璃和铝合金的中性清洁剂，清洗前应进行腐蚀性检验，证明对铝合金和玻璃无腐蚀作用后方能使用；清洁剂有玻璃清洁剂和铝合金清洁剂之分，互有影响，不能错用；清洁剂清洗后应及时用清水冲洗干净。

⑭应注意的质量问题：

a. 玻璃安装不上：安装竖向、横向龙骨时未认真核对中心线和垂直度，也未核对玻璃尺寸，因此在安装竖、横龙骨时必须严格控制垂直度及中心线位置。

b. 装饰压条不垂直不水平：安装装饰压条时应吊线和拉水平线进行控制，安完后应横平、竖直。

c. 玻璃出现严重"影象畸变"现象：造成原因是：玻璃本身翘曲、橡胶条安装不平、玻璃镀膜层的一侧沾染胶泥等。因此玻璃进场时要进行开箱抽查，安装前发现有翘曲现象应剔出不用。安装过程中各道工序严格操作，密封条镶嵌平整，打胶后将表面擦干净。

d. 铝合金构件表面污染严重：主要是在运输安装过程中，过早撤掉表面保护膜，或打胶时污染面层。

e. 玻璃幕渗水：由于玻璃四周的橡胶条嵌塞不严或接口有缝隙而造成雨水渗入，到冬季积水可能结冰后膨胀造成整块玻璃被挤压碎，因此安橡胶条时胶条规格要匹配，尺寸不得过大或过小，嵌塞要平整密实，接口处一定要用密封胶充填实，达到不漏水为准。

⑮总检：

a. 幕墙安装完毕，质量检验人员应进行总检，指出不合格的部位并督促及时整改，出现较大不合格项或无法整改时，应及时向有关部门反映，待设计等部门出具解决方案。

b. 对幕墙进行总检的同时应及时记录检验结果，所有检验记录、评定表等资料都应归档保存。

c. 总检合格后方可提交监理、业主验收。

⑯维修:

维修过程除严格遵循以上安装施工的有关要求外,还应执行以下要求。

a. 更换隐框幕墙玻璃时一定要在玻璃四周加装压块,要求每一边框加装3块,并在底部加垫块;压块与玻璃之间应加弹性材料,待结构胶干后及时去掉压块和垫块,并补上密封胶。

b. 在更换楼层较高的玻璃时,应采用有可靠固定的吊篮或清洗机,必须有管理人员现场指挥;高空作业时必须要两人以上进行操作,并设置防止玻璃及工具掉下的防护设施。

c. 不得在4级以上的风力及大雨天更换楼层较高的玻璃,并且不得对幕墙表面及外部构件进行维修。

d. 更换的玻璃、铝型材及其他构件应与原来状态保持一致或相近,修复后的功能及性能不能低于原状态。

18 防水工程施工

18.1 混凝土结构自防水工程施工工艺

18.1.1 质量标准及验收规范。

(1)主控项目:

①防水混凝土的原材料、配合比及坍落度必须符合设计要求。

②防水混凝土的抗压强度和抗渗压力必须符合设计要求。

③防水混凝土的变形缝、施工缝、后浇带、穿墙管道、埋件等设置和构造,均须符合设计要求,严禁有渗漏。

(2)一般项目:

①防水混凝土结构表面应坚实、平整、不得有露筋、蜂窝等缺陷,埋件位置应正确。

②防水混凝土结构表面的裂缝宽度不应大于0.2mm,并不得贯通。

③防水混凝土结构厚度不得小于250mm,其允许偏差为+15mm。-10mm;迎水面钢筋保护层厚度不应小于50mm,其允许偏差为±10mm。

18.1.2 混凝土结构自防水工程施工工艺。

(1)施工前的准备工作:

①熟悉施工图纸,进行图纸会审,充分了解和掌握防水设计要求,做好技术交底以及执行“三检”等准备工作。

②检查工各种材料的出厂合格证书和性能检测报告,是否符合设计要求及国家规定的相应标准。

③做好防水混凝土的配合比工作,各项技术参数应符合现行规范要求,并应按设计抗渗等级提高0.2MPa选定施工配合比。

④做好施工现场消防、环保、文明施工等准备工作。

(2)施工工艺流程:

模板验收⟶钢筋验收⟶混凝土搅拌⟶混凝土运输⟶混凝土浇筑⟶混凝土振捣⟶混凝土养护。

(3)具体操作工艺:

①模板验收:

a. 模板应平整,且拼缝严密不漏浆,并有足够的刚度、强度,吸水性要小。

b. 模板支撑体系应牢固稳定，可承受混凝土拌和物的侧压力和施工荷载，且应装拆方便。

c. 固定模板用的螺栓要穿过混凝土结构时，必须采取防水措施。

②钢筋验收：

a. 做好钢筋绑扎的除污、除锈工作。

b. 钢筋应绑扎牢固，避免因碰撞、振动使绑扣松散、钢筋移位，造成露筋。

c. 钢筋及绑扎钢丝均不得接触模板，采用铁马凳架设钢筋时，在不便取掉铁马凳的情况下，应在铁马凳上加焊止水环。

③混凝土搅拌：

a. 混凝土搅拌前，应安排专业技术人员监督材料的计取、材料的投放顺序以及搅拌的工艺，现场抽取材料进行检验。

b. 严格按照经试配选定额施工配合比计算原材料用量。准确称量每种材料用量，按石子——→水泥——→砂的顺序投入搅拌机。

c. 防水混凝土采用机械搅拌，搅拌时间不得小于 120s。掺外加剂时，应根据外加剂的技术要求确定搅拌时间。

④混凝土运输：

a. 运输过程中应采取措施防止混凝土拌和物离析，以及坍落度和含气量的损失，同时要防止漏浆。

b. 当气温较高或运送距离较远时，可掺入缓凝型减水剂，缓凝时间宜为 6～8h。

c. 防水混凝土拌和物在运输中如出现离析，则必须进行二次搅拌。当坍落度损失后不能满足施工要求时，应加入原水灰比的水泥浆或二次掺加减水剂进行搅拌，严禁直接加水搅拌。

⑤混凝土浇筑：

a. 浇筑前，应清除模板内的积水、木屑、铁钉等杂物，并以水湿润模板。

b. 浇筑混凝土的自落高度不得超过 1.5m，否则应使用串筒、溜槽等工具进行浇筑。

c. 混凝土浇筑应分层，每层厚度不应超过 30～40cm，相邻两层浇筑时间不应超过 2h，夏季可适当缩短。

d. 混凝土在浇筑前必须检查坍落度，每工作班至少检查两次。防水混凝土坍落度与要求坍落度之间的偏差应符合表 21-41。

混凝土坍落度允许偏差　　表 21-41

要求坍落度(mm)	允许偏差(mm)	要求坍落度(mm)	允许偏差(mm)
≤40	±10	50～90	±15
≥100	±20		

e. 泵送防水混凝土施工要求：

Ⅰ. 采取有效措施充分向混凝土泵车供料，保持泵车工作的连续性。施工时应防止管内混入空气，形成堵管。

Ⅱ. 输送混凝土之前，应先压水洗管，再押送水泥砂浆，为顺利泵送创造条件。

Ⅲ. 加强坍落度的控制，入泵坍落度宜控制在(120±20)mm；浇筑时应在搅拌站及现场设专人管理，测定坍落度，每工作班至少测 2 次，以解决坍落度过大或过小的问题。

Ⅳ. 泵送间歇时间可能超过 45min 或混凝土产生离析时，应立即以压力水或其他方法将管道内残存的混凝土清除干净。

Ⅴ. 应注意泵车、管道等机械设备的清洁、保养、维修和存放，以备方便使用。

⑥混凝土振捣：

应用机械振捣，以保证混凝土密实，振捣时间一般 10s 为宜，不应漏振或过振，振捣延续时间应使混凝土表面浮浆,无气泡,不下沉为止。铺灰和振捣应选择对称位置开始,防止模板走动,结构断面较小,钢筋密集的部位严格按分层浇筑、分层振捣的要求操作,浇筑到最上层表面,必须用木抹找平,使表面密实平整。

⑦混凝土养护:

防水混凝土的养护对其抗渗性能影响极大,特别是早期湿润养护更为重要,一般在混凝土进入终凝(浇筑后4~6h)即应覆盖,浇水湿润养护不少于14d。

对于大体积防水混凝土应采取保温保湿养护、并控制内外温差,混凝土中心温度与表面温度的差值不应大于25℃,混凝土表面的温度与大气温度的差值不应大于25℃。

(4)部分节点要求:

①穿墙管。

穿墙管埋设方式有两种:一是直埋式;二是加套管(图21-12)。如果管径小于5cm,可以直埋;如果管径大于5cm,应做套管。

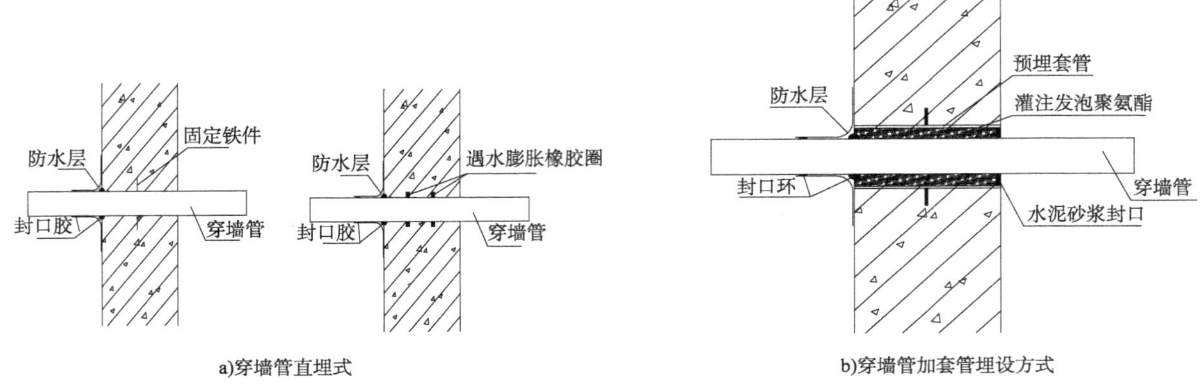

图21-12　穿墙管埋设方式

当数根穿墙管集中时,应设穿墙盒,且管与管之间的间距大于30cm。

②当防水混凝土使用穿墙螺栓时,应在螺栓的中部设置止水环,如图21-13所示。

③水平施工缝处的处理,应在防水混凝土墙的中部留置一条遇水膨胀止水条。处理示意图如图21-14所示。

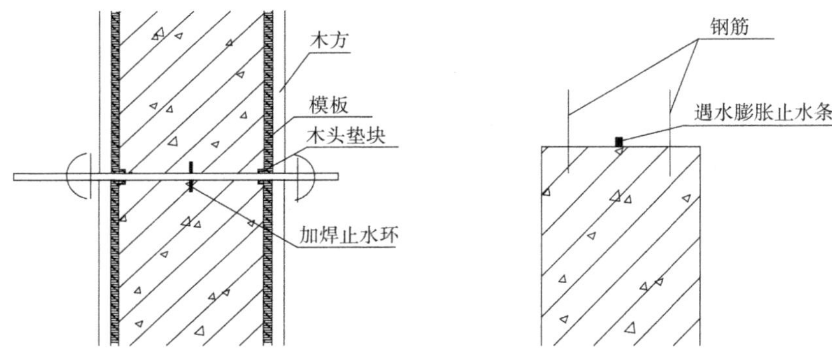

图21-13　在螺栓中部设置止水环　　图21-14　在混凝土墙中部设置膨胀止水条

④后浇带的处理,采取如下措施:

a.后浇带防水保护层加厚,即由设计的40mm厚的细石混凝土保护层变成150mm厚C20混凝土,增强了保护层的抗击能力。

b.后浇带处混凝土垫层做配筋处理,即将后浇带处混凝土垫层加配钢筋网,具体为ϕ12@150,避免垫层裂缝的产生。

c. 在后浇带处预留垃圾坑，在混凝土中部设置遇水膨胀止水条。

具体施工示意图如图21-15所示。

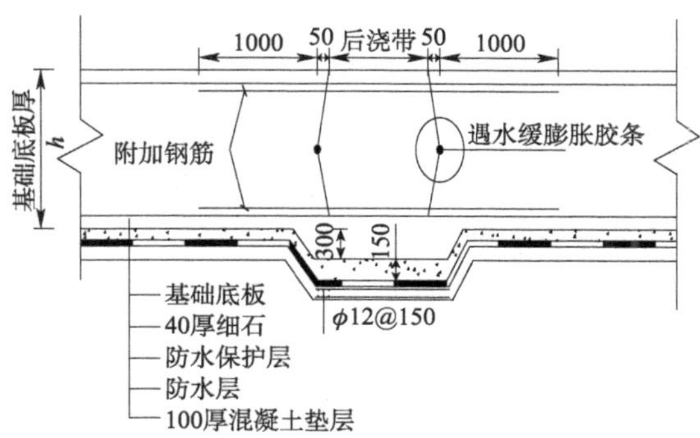

图21-15 在混凝土中部设置膨胀止水条(单位:mm)

(5)质量要求：

①主控项目：

a. 防水混凝土的原材料、外加剂及预埋件必须符合设计要求和施工规范有关标准的规定，检查出厂合格证、试验报告。

b. 防水混凝土的抗渗等级和强度必须符合设计要求，检查配合比及试块试验报告。抗渗试块$500m^3$以下留两组，一组标养，一组同条件养护，养护期28d，每增$250 \sim 500m^3$增留两组。

c. 施工缝、变形缝、止水片、穿墙管、支模铁件设置与构造须符合设计要求和施工规范的规定，严禁有渗漏。

②基本项目：

a. 混凝土表面平整，无露筋、蜂窝等缺陷，预埋件位置正确。

b. 防水混凝土结构表面的裂缝宽度不应大于0.2mm，并不应贯通。

c. 防水混凝结构厚度不应小于250mm，其允许偏差为+15mm，-10mm；迎水面钢筋保护层厚度不应小于50mm，其允许偏差为±10mm。

(6)纠偏措施：

①后浇带地下结构中留设后浇带时，渗漏常出现在后浇带两侧混凝土的接缝处。

渗漏的原因：

a. 后浇带部位混凝土施工过早且浇筑混凝土的落差较大，使得后浇带接缝处产生过大的拉应力。

b. 浇筑前对后浇带混凝土接缝截面局部遗留的混凝土残渣未能清除干净，或后浇带底板位置的接缝处长时间暴露沾了泥污未处理干净，这些都会影响新老混凝土的紧密结合。

质量控制措施：

a. 后浇带的施工时间宜在两侧混凝土的收缩变形基本完成后再进行。对于有利于沉降功能的后浇带，应观测两侧沉降基本一致时，结合上部结构荷载增加情况以及下部结构混凝土浇筑后的延续时间，来确定后浇带的施工。

b. 施工前，应将接缝面用钢丝刷认真清理，最好用錾子凿去表面砂浆层，使其完全露出新鲜混凝土后再浇筑。施工时可根据混凝土浇筑速度在接缝面上再涂刷一遍素水泥浆，但每次涂刷量不宜过于超前，以免失去结合层的作用。后浇带混凝土中还可掺入适量的混凝土膨胀剂，在混凝土硬化时起收缩补偿作用。混凝土的浇筑应采用二次振捣法，以提高密实性和与界面的结合力。

②钢筋绑扎。自防水混凝土结构钢筋绑扎的主要问题是露筋或保护层厚度不够。

质量控制措施：

施工中必须注意将撑环、撑角设置在双排钢筋之间，对应的位置也应加设保护层垫块；撑环或撑角的每一端应有不少于2道的绑扎,宜采取焊接的方法固定在钢筋上;为防止混凝土结构板渗漏水,不宜使用穿板钢筋支撑上层钢筋,否则应在穿板钢筋中间满焊止水片。

③预埋件与套管的留置。

常见问题:

a. 穿墙管道由于没有使用防水套管或没有焊接止水环或焊接质量不好。

b. 预埋的金属件及穿墙螺栓、预埋的穿墙地脚螺栓、穿墙套管以及为安装模板设置的穿墙螺栓等,在施工中存在局部漏焊和严重夹渣现象。

c. 较大的方形套管底部常因无法振捣而出现空洞蜂窝现象。

质量控制措施:

a. 自防水混凝土结构中的穿墙管道应使用防水套管,并认真焊接止水环。

b. 加强对止水环焊缝的检查,在满焊的条件下应逐个敲击焊缝检验,对不合格的要补焊后方可用到工程中。

c. 对较大的方形套管可采取在止水环两侧分别开出直径不小于振捣棒直径的洞口,便于将振捣棒插入套管下部混凝土中振捣,同时排出气体,从而保证这部分混凝土的密实性。

(7)安全技术措施:

①施工现场必须佩戴安全帽。

②做好各临边、洞口等的防护工作,夜间施工需有足够照明;

③用输送泵输送混凝土,管道接头、安全阀必须完好,管道的架子必须牢固,输送前必须试送,检修必须卸压。

④使用振动棒应穿胶鞋,湿手不得接触开关,电源线不得有破皮漏电。

⑤用塔吊、料斗浇捣混凝土时,指挥料斗人员与塔吊驾驶员应密切配合,当塔吊放下料斗时,操作人员应主动避让,应随时注意料斗碰头,并应站立稳当,防止料斗碰人坠落。

⑥使用振动机前应先检查电源电压,输电必须安装漏电开关,保护电源线路应良好。

⑦电源线不得有接头,机械运转应正常。振动机移动时不能硬拉电线,更不能在钢筋和其他锐利物上拖拉,防止割破、拉断电线而造成触电伤亡事故。

⑧施工用架必须搭设规范,经检查合格后方可使用。

(8)文明施工技术措施:

①施工中产生的垃圾要在指定地点堆放,并统一外运。

②施工中做到工完场地清,不准乱堆乱放杂物。

③严格控制浇筑混凝土时的噪音,尽量避免夜间浇筑。

18.2 卷材防水施工工艺(适用于地下室及屋面)

18.2.1 质量标准及验收规范。

(1)卷材防水层的施工质量检验数量应按铺贴面积每100 m^2抽查一处,每处10m^2且不得少于3处。

(2)主控项目:

①卷材防水层所用卷材及其配套材料,必须符合设计要求。

检验方法:检查出厂合格证,质量检验报告,现场抽样复验报告。

②卷材防水层在收头处、抹角处、变形缝、穿墙管道等细部构造必须符合设计构造要求。

检验方法:观察检查获检查隐蔽工程验收记录。

(3)一般项目:

①卷材防水层的基层应坚实,表面应洁净、平整,不得有空鼓、松动、起砂或脱皮现象。基层阴阳角应做成圆弧形。

检验方法:观察检查和检查隐蔽记录。

②卷材防水层的搭接缝应粘(焊)结牢固,密封严密,不得有皱褶、翘边和鼓泡等缺陷;防水层的收头应与基层黏结并固定牢固,缝口封严,不得翘边。

检验方法:观察检查。

③侧墙卷材防水层的保护层应与防水层黏结牢固。结合紧密,厚度均匀一致。

检验方法:观察检查。

④卷材的铺贴方法应正确,卷材搭接宽度的允许偏差为 -10mm。

检验方法:观察和尺量检查。

(4)允许偏差项目(表21-42)。

沥青防水卷材屋面允许偏差 表21-42

项次	项目	允许偏差	检查方法
1	卷材搭接宽度	-10mm	尺量检查
2	玛碲脂软化点	±5℃	检查铺贴时测温记录
3	沥青胶结材料使用温度	-10℃	

18.2.2 卷材防水施工工艺。

(1)施工前准备工作:

①技术准备:

a.卷材防水层施工之前,应组织图纸会审,掌握工程主体及细部构造的防水技术要求,编制卷材防水工程施工方案或作业指导书。

b.卷材防水层必须由具有相应资质的防水队伍施工,主要施工人员应持有建设行政主管部门或其指定单位颁发的执业资格证书。

c.对分项作业人员进行技术交底、安全教育。

d.原材料、半成品通过定样、检查(试验)、验收。

②主要机具。

卷材防水施工的主要机具为垂直运输机具和作业面水平运输机具以及铺贴施工中的压辊、喷灯及热熔所需的小型工具。

③作业条件。

卷材防水施工前应具备的基本条件:

a.上道工序防水基层已经完工,并通过验收。

b.地下结构基层表面应平整、牢固、不得有起砂、空鼓等缺陷。

c.基层表面应洁净干燥,含水率不应大于9%。

(2)施工工艺流程:

清理基层——→涂刷底子油——→特殊部位增强处理——→铺贴防水卷材——→搭接边缝密封——→进行自检。

(3)具体操作工艺:

①清理基层。

基层为水泥砂浆找平层,基层必须坚实平整,不能有松动、起鼓、面层凸起或粗糙不平等现象,否则必须进行处理。基层必须干燥,含水率要求在9%以内,测试时在基层表面放一块卷材,经3~5h后如其下表面基本无水珠时即可施工。

②涂刷底子油。

在施工前要认真清扫基层表面上残留的水泥砂浆残渣、灰尘及杂物,然后涂刷底油,要求涂刷均匀一致,一次涂好,干燥8h以上(以气温而定,不粘脚为宜)。

③特殊部位增强处理。

阴阳角部位均应做成八字形,对女儿墙、管根、烟筒、排气孔及落水口、伸缩缝等拐角部位均应做附加层,一般宽为30cm,搭接为6~8cm。

④铺贴防水卷材。

铺贴卷材前,要量好要施工的防水面积,然后根据材料尺寸合理使用材料,从最低处开始铺贴,先将卷材按位置放正,长边留出8cm接茬、短边留出10cm接茬。然后点燃喷灯对准卷材底面及基层表面同时均匀加热(喷灯嘴距卷材表面约30cm为宜),待卷材表面熔化后,随即向前滚铺卷材,并把卷材压实压平,接茬部分以压出熔化沥青为宜,滚压时不要卷入空气和异物,并防止偏斜、起鼓和折皱。

⑤搭接边缝密封。

在大面积防水卷材铺贴完毕后,再用喷灯和压子均匀细致地把接缝封好,防止翘边。

⑥进行自检。

施工完毕后,派专人对施工完毕的卷材进行自检,对密封不严、翘边、空鼓等出现质量问题的部位进行整改,以确保工程质量。

18.2.3 质量要求。

(1)保证项目:

①防水卷材规格、性能必须按设计和有关标准采用,具备产品合格证。

②卷材防水层特殊部位的细部做法,必须符合设计要求和施工及验收规范的规定。

③防水层严禁有破损和渗漏现象。

(2)基本项目:

①卷材防水铺附加层的宽度应符合规范要求;分层的接头搭接宽度应符合规范规定,收头应嵌牢固。

②卷材黏结应牢固,无空鼓、损伤、滑移翘边、起泡、皱褶等缺陷。

③底子油涂刷均匀,不得有漏刷和麻点等缺陷。

(3)允许偏差项目。

卷材搭接宽度允许偏差-10mm。

18.2.4 纠偏措施。

(1)卷材防水出现直径不大于300mm的鼓泡(空鼓)。

处理办法:割破鼓泡,排出气体,使卷材复平,在鼓泡面层卷材上部增铺一层卷材,热熔封严其周边。

(2)卷材防水出现直径大于300mm的鼓泡(空鼓)。

处理方法:按斜一字形将鼓泡切开,翻开部分的防水卷材重新分片粘贴,并在面上增贴一层卷材,其周边长应比之后开口范围大100mm,之后粘牢封边。

18.2.5 安全及成品保护。

(1)施工用的材料和辅助材料多属易燃物质,在存放材料的仓库以及施工现场必须通风良好和严禁烟火,同时要备有消防器材。

(2)在进行立体交叉作业施工时,施工人员必须佩戴安全帽。

(3)每次用完的施工机具,必须及时用有机溶剂(如二甲苯等)清洗干净,以便于重复应用。

(4)在浇筑细石混凝土保护层以前的整个施工过程中,不允许穿带钉子鞋的人员进入施工现场,以免损坏防水层。

(5)在浇筑细石混凝土保护层时,运送混凝土小车的铁腿根部必须用橡胶卷材垫好,并要捆绑牢固，避免小车铁腿损坏卷材防水层。如发现防水层被损坏，必须修复后，才能浇筑细石混凝土刚性保护层。

18.2.6　文明施工技术措施。

(1)由于卷材中某些组成材料和胶粘剂具有一定的毒性和易燃性。因此，在材料保管、运输、施工过程中，要注意防火和预防中毒、烫伤事故发生。

(2)施工过程中做好基坑和地下结构的临边防护，防止出现坠落事故。

(3)高温天气施工，要有防暑降温措施。

(4)施工中废弃物质要及时清理，外运至指定地点，避免污染环境。

18.3　涂料防水施工工艺(适用于卫生间、厨房等涉水房间)

18.3.1　材料要求。

(1)聚氨酯涂膜防水材料(双组分)，应有出厂合格证，应经复试合格后使用。

(2)甲组份是以聚醚树脂和二异氰酸酯等为原料，经过聚合及反应制成的含有端异氰酸酯基的聚氨基甲酸酯预聚物，外观为浅黄黏稠状，桶装，每桶20kg。乙组份是由固化剂、促进剂、增韧剂、防霉剂、填充剂和稀剂等混合加工制成，外观有红、黑、白、黄及咖啡色等，膏状物，桶装，每桶40kg。

18.3.2　主要机具。

一般应备有电动搅拌器(功率0.3～0.5kW，200～500r/min)、搅拌桶(容积101)，油漆桶(31)、塑料或橡胶刮板、滚动刷、油漆刷、弹簧秤、干粉灭火器等。

18.3.3　作业条件。

(1)涂刷防水层的基层表面，必须将尘土、杂物等清扫干净，表面残留的灰浆硬块和突出部分应铲平、扫净、抹灰、压平，阴阳角处应抹成圆弧或钝角。

(2)涂刷防水层的基层表面应保持干燥，并要平整、牢固，不得有空鼓、开裂及起砂等缺陷。

(3)在找平层接地漏、管根、出水口、卫生洁具根部(边沿)，要收头圆滑。坡度符合设计要求，部件必须安装牢固，嵌封严密。经过验收。

(4)突出地面的管根、地漏、排水口、阴阳角等细部，应先做好附加层增补处理，刷完聚氨酯底胶后，经检查并办完隐蔽工程验收。

(5)防水层所用的各类材料，基层处理剂、二甲苯等均属易燃物品，储存和保管要远离火源，施工操作时，应严禁烟火。

(6)防水层施工不得在雨天、大风天进行，冬期施工的环境温度应不低于5℃。

18.3.4　施工工艺流程。

清理基层表面──→细部处理──→配制底胶──→涂刷底胶(相当于冷底子油)──→细部附中层施工──→第一遍涂膜──→第二遍涂膜──→第三遍涂膜防水层施工──→防水层一次试水──→保护层饰面层施工──→防水层二次试水──→防水层验收。

(1)操作工艺：

①防水层施工前，应将基层表面的尘土等杂物清除干净，并用干净的湿布擦一次。

②涂刷防水层的基层表面，不得有凸凹不平、松动、空鼓、起砂、开裂等缺陷，含水率一般不大于9%。

③涂刷底胶(相当于冷底子油)：

配制底胶，先将聚氨酯甲料、乙料加入二甲苯，比例为1:1.5:2(质量比)配合搅拌均匀，配制量应视具体情况定，不宜过多。

涂刷底胶，将按上法配制好的底胶混合料，用长把滚刷均匀涂刷在基层表面，涂刷量为0.15～0.2kg/m²，涂后常温季节4h以后，手感不粘时，即可做下道工序。

(2)涂膜防水层施工。

聚氨酯防水材料为聚氨酯甲料、聚氨酯乙料和二甲苯,配比为1:1.5:0.2(质量比):

①在施工中涂膜防水材料,其配合比计量要准确,并必须用电动搅拌机进行强力搅拌。

②穿墙管、阴阳角及通风道等细部薄弱环节,应在大面积涂刮防水层前,做好各细部附加层的涂膜施工。

附加层做法:采用一布二涂增强涂层,即在两遍涂刷涂料中间加设一层聚酯无纺布或玻纤布。作业时应均匀刷一遍涂料,并排除涂层中的气泡,将布紧贴在第一遍涂层上。在阴阳角处将胎布剪成条形,在管根处胎布剪成块形或三角形紧贴涂层面。随铺布随刷第二遍涂料。第二遍涂刷应在前一遍涂料表干12h之后。两遍涂膜作业完成待24h后实干,才可以进行大面积涂膜防水施工。

③第一道涂膜防水层:将已配好的聚氨酯涂膜防水材料,用塑料或橡皮刮板均匀涂刮在已涂好底胶的基层表面,每平方米用量为0.8kg,不得有漏刷和鼓泡等缺陷,24h固化后,可进行第二道涂层。

④第二道涂膜防水层:在已固化的涂层上,采用与第一道涂层相互垂直的方向均匀涂刷在涂层表面,涂刮量与第一道相同,不得有漏刷和鼓泡等缺陷。

⑤第二遍涂刷24h固化后,再按上述配方和方法涂刮第三道涂膜,涂刮量以0.4~0.5kg/m^{2}为宜。三道涂膜厚度为至少2mm。进行第一次试水,遇有渗漏,应进行补修,至不出现渗漏为止。

除上述涂刷方法外,也可采用长把滚刷分层进行相互垂直的方向分四次涂刷。如条件允许,也可采用喷涂的方法,但要掌握好厚度和均匀度。细部不易喷涂的部位,应在实干后进行补刷。

⑥闭水试验。

在涂膜防水层施工前,应组织有关人员认真进行技术和使用材料的交底。防水层施工完成后,经过24h以上的蓄水试验,以未发现渗水漏水为合格,然后进行隐蔽工程检查验收,交下道施工。

18.3.5　部分节点处理。

(1)阴阳角部位要卷起250mm,卷起部位的上口要提前弹线,所做的涂膜防水上口与线平。

(2)卫生间有淋浴间,淋浴间的部位(提前看图)防水施工时,要将高度为1.8m、宽度为淋浴间宽度全部做防水。做防水之前必须要弹线,按线施工。

18.3.6　质量标准。

保证项目:

(1)涂膜防水材料及无纺布技术性能,必须符合设计要求和有关标准的规定,产品应附有出厂合格证、防水材料质量认证,现场取样试验,未经认证的或复试不合格的防水材料不得使用。

(2)聚氨酯涂膜防水层及其细部等做法,必须符合设计要求和施工规范的规定,并不得有渗漏水现象。

基本项目:

(1)聚氨酯涂膜防水层的基层应牢固、表面洁净、平整,阴、阳角处呈圆弧形或钝角。

(2)聚氨酯底胶、聚氨酯涂膜附加层,其涂刷方法、搭接、收头应符合规定,并应黏结牢固、紧密,接缝封严,无损伤、空鼓等缺陷。

(3)聚氨酯涂膜防水层,应涂刷均匀,保护层和防水层黏结牢固,不得有损伤,厚度不匀等缺陷。

(4)上下水管、阴阳角、通风道部位做法,必须符合设计要求,不得有渗漏现象。

18.3.7　纠偏措施。

(1)当发现涂料黏度过大不易涂刷时,可加入少量二甲苯稀释,其加入量应不大于乙料的10%。

(2)当发现涂料固化太快,影响施工时,可加入少量磷酸或苯磺酰氯等缓凝剂,其加入量应不大于甲料的0.5%。

(3)当发现涂料固化太慢,影响施工时,可加入少量稀释剂或促凝剂,其加入量应不大于甲料的0.3%。

(4)涂膜防水层涂刷24h未固化仍有发黏现象,涂刷第二道涂料有困难时,可先涂一层滑石粉,再上人操作时,可不粘脚,且不会影响涂膜质量。

如发现料有沉淀现象时,应搅拌均匀后再与甲料配制,否则会影响涂膜的质量。

18.3.8　主要安全技术措施,及文明施工:

(1)进入施工现场必须正确佩戴好安全帽。

(2)抹灰时使用的木凳、金属脚手架等架设应平稳牢固,脚手板跨度不得大于2m,架上堆放材料不得过于集中,在同一跨度的脚手板内不应超过两人同时作业。

(3)不准在门窗、护栏等器物上搭设脚手板。临边部位抹灰,外侧没有脚手架时,必须挂设安全网。

(4)做好各临边、洞口等的防护工作,夜间施工需有足够照明。

(5)落地灰及时回收使用,施工面需每天打扫、清理,做到工完场清、材料清。

18.3.9　产品保护:

(1)推小车或搬运物料时,要注意不要碰撞墙角、门框等。压尺和铁铲等工具不要靠在刚完成的前面抹灰层上。

(2)拆除脚手架时要轻拆轻放,不要碰坏门窗和墙面等。

(3)要保护好墙上已安装的配件、电线槽盒等室内设施,对被砂浆粘上、污染的要及时清刷干净。

(4)抹灰层凝结硬化前应防止水冲、撞击、振动和挤压。

19　外墙外保温

19.1　作业内容

19.1.1　作业准备工作:

(1)技术准备工作:

①施工前施工单位根据设计要求,编制好施工方案,施工方案明确各细部做法和质量保证措施,施工方案由总监理工程师和工程技术部审核批准。

②施工前选择一户底层(有窗和转角部位)做好样板,并经相关部门评审合格。

(2)材料准备工作:

①保温板保温系统各材料应有产品合格证、出厂检测报告和有效期内型式检验报告;系统抗拉强度不应小于0.2 MPa。

②保温板的表观密度应在25~30kg/m^3之间;压缩强度应在150~250kPa之间;吸水率(浸水96h)应小于1.5%,厚度必须符合设计要求,不得存在负偏差。

③胶粉聚苯颗粒浆料的干表观密度应≤25kg/m^3;压缩强度应≥250kPa。

④耐碱玻纤网格布的ZnO_2含量不应小于14.5%,且表面必须经涂塑处理。

(3)生产准备工作:在外保温工程开始前,外墙所有的门窗口必须安装完毕并验收合格。各种进户管线及其他设在墙体上的预埋件、连接件均应按设计要求安装完毕。

19.1.2　施工操作工艺要点:

基层处理、找平层──→排版、弹线──→粘贴保温板──→打磨、修平──→锚栓安装──→抹防裂砂浆──→铺压网格布。

(1)基层处理、找平层。按《抹灰作业指导书》操作,找平层应与墙体黏结牢固,不得有脱层、空鼓、裂缝。

(2)排板,弹线。按照门窗洞口及聚苯板尺寸排板,弹线。墙角处保温板应交叉互锁。洞口四角部位的聚苯板应切割成型,不得拼接(图21-16、图21-17)。

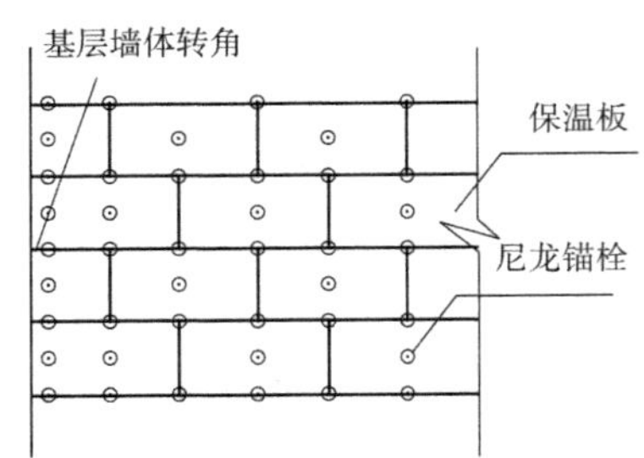

图 21-16 保温板排列及锚固点布置图

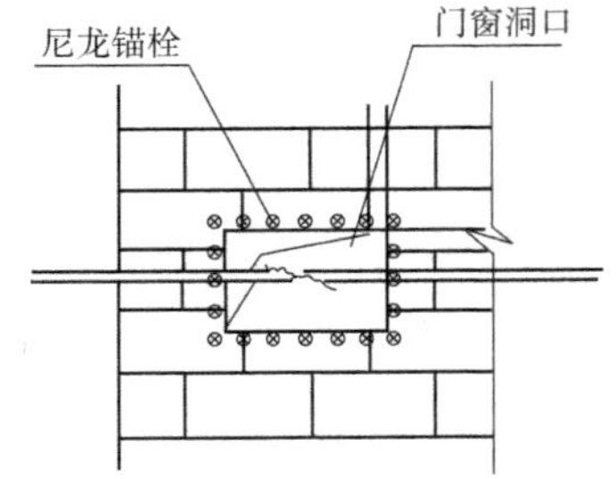

图 21-17 保温板洞口四角切割和顶部锚固要求

(3)黏结保温板。黏结剂应涂在保温板上,一般采用点框法,涂胶面积应大于40%。按顺砌方式粘贴,竖缝应逐行错缝。黏结牢固,不得有松动和空鼓。粘贴保温板时,板缝应剂紧,相邻板应齐平,板间缝隙不得大于2mm,板间高差不得大于1.5 mm,不得用胶粘剂填缝,板间高差大于1.5 mm的部位应打磨平整。

(4)打磨、修平。EPS板安装完毕24h后方可进行打磨、修平工序的施工。打磨时应采用打磨搓板或其他打磨工具,以轻柔的圆周运动磨平板面。对于板面高差大于1.5mm、平整误差大于4mm的板面应磨平处理,阴阳角也应按线打磨至方正、顺直。

(5)锚拴安装。锚拴应在粘贴保温板的胶粘剂初凝后,方能转孔安装。防护层施工应在保温粘贴牢固后(至少24h)进行。建筑物高度在20m以上时,在受负风压作用较大的部位使用锚拴辅助固定。锚固点布置按图21-16、图21-17确定,锚固钉的数量、型号、锚固深度应依据设计要求确定。锚拴或射钉头部不得凸出板面。

(6)抹抗裂砂浆。待胶粘剂凝固后,抹3mm厚底层抗裂砂浆,随抹随压入一层耐碱玻纤涂塑网格布,首层需加二层网格布,玻纤网格布搭接宽度不应小于50mm,在底层抗裂砂浆凝固前抹3mm厚面层抗裂砂浆。

19.1.3 质量技术及通病防治措施:

(1)门窗洞口处理:

①门窗洞口、阴阳角处网格布构造。门窗洞口四角沿45℃方向应增设一道长300mm、宽200mm的标准网,门窗洞口四角内膀处增设一道400mm与门、窗口等宽的标准网。阴阳角处网格布采用网格布双包角形式来增加抗撞击能力。

②窗台。在做保温前在L形窗台上刷水泥防渗透型无机防水涂料二道,防止窗台渗水。

③窗檐滴水。贴面砖窗滴水,外墙涂料窗滴水、贴面砖饰面窗台、铝合金窗台板。

(2)女儿墙构造。避免维修或安装外挂件吊绳作业对保温系统在压顶部位的破坏的女儿墙构造。

(3)勒脚。保温板施工在勒脚部位宜使用托架,保证保温板的水平安装,托架的规格应与保温板的厚度相符。

(4)挑窗。为减少“冷、热桥”影响,挑窗部位均应做保温。

(5)保温伸缩缝。墙面连续高或宽超过23m时,应设伸缩缝。在伸缩缝处网格布应铺设至EPS板的根部断开,施工密封膏时,应先用胶带保护相邻墙面,将1.3倍缝宽的聚乙烯圆棒填满变形缝腔体,然后分两次填塞密封膏,密封膏应凹进保护层外表面5mm。

(6)墙体伸缩缝。墙体伸缩缝处保温层应断开。金属调整片应在保温层施工前按设计要求安装完毕,安装时基层应保证与墙体间连接牢固,并做好防腐处理。

(7)成品保护:

①面层施工后4h内不能被雨淋。面层终凝后及时喷水养护,昼夜平均气温高于15℃时不得少于48h,低于15℃时不得少于72h。养护期间应保墙面潮湿,严禁撞击、振动。

②已完工的外保温墙体杜绝污染,不得随意开孔打洞,如确因施工需要,应在胶浆达到设计强度

后方可进行。安装物件完毕后其周围应恢复原状。

(8)季节施工:

①夏季高温时,施工面应避免阳光暴晒,必要时在脚手架上搭设防晒布,遮挡施工墙面。

②外保温工程施工期间及完工后24h内,基层及环境空气温度不应低于5℃,在5级以上大风天气和雨天严禁施工。

19.2 质量标准优良

优良:保温层厚度均匀,不允许有负偏差;各构造层之间及抗裂砂浆与保温板之间必须粘接牢固,玻纤网格布应铺压严实,不得有空鼓、褶皱、翘曲、外露等现象。表面平整度≤2mm。

合格:保温层厚度均匀,不允许有负偏差;各构造层之间及抗裂砂浆与保温板之间必须粘接牢固,玻纤网格布应铺压严实,不得有空鼓、褶皱、翘曲、外露等现象。表面平整度≤4mm。

19.3 检查与评定

19.3.1 外保温施工前监理检查和专业工程师抽查内容:

(1)外保温系外统各材料抽样复试,审核产品合格证、复试报告,钢针插入、尺量检查保温板厚度。

(2)逐层检查基层的处理、坚实、平整,门窗安装,预埋件、连接件的安装。

19.3.2 外保温施工过程检查内容:黏结剂框涂面积、保温板接缝和平整度、锚固件位置和数量、保温层、抗裂砂浆厚度和养护、网格布的铺贴。监理旁站检查和专业工程师监理检查。

19.3.3 监理对保温层应及时组织分段验收(地方质监站参加),签署隐蔽检查验收记录,验收合格后方可进行抗裂砂浆面层工程的施工。

19.3.4 施工完成后施工单位自检合格后报监理部,应由总监理工程师组织,施工单位技术人员、专业监理工程师和工程部专业工程师参加对外保温施工前进行验收评定(图21-18)。

a)基层处理基层处理

b)裁切保温板

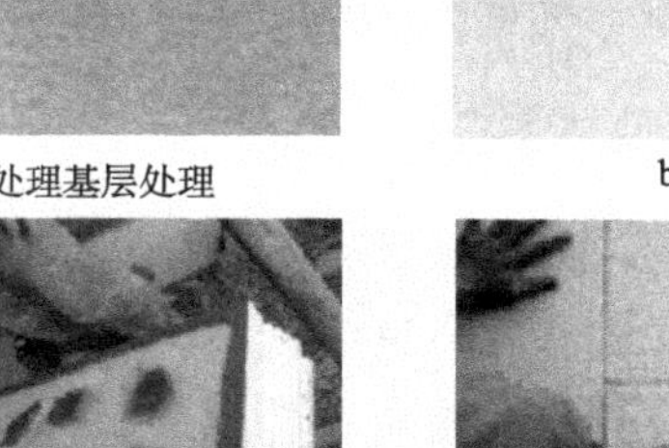

c)点框黏接

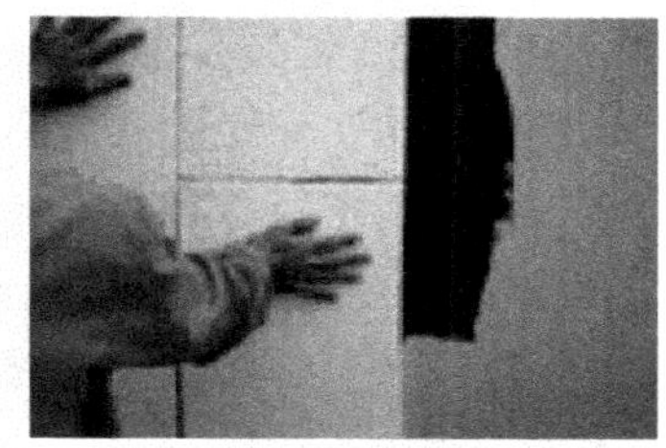

d)批涂胶粘砂浆

e)加固钢网层

f)打磨

图 21-18

g)批涂抹面胶浆

h)埋贴网格布

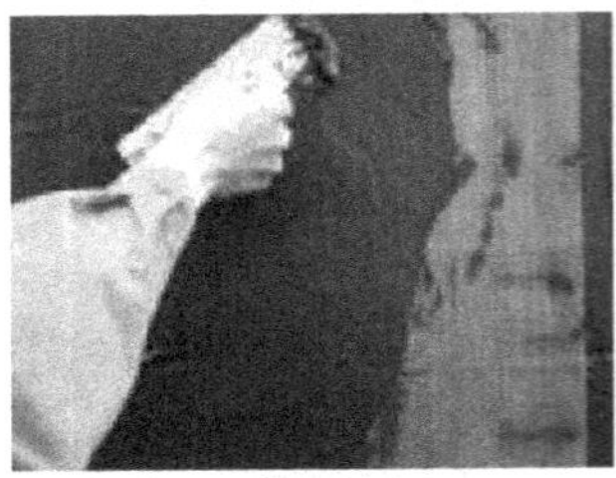

i)涂抹抹面胶浆

j)涂饰外墙涂料或贴面砖

图21-18　检查

20　屋面施工

20.1　适用范围

本部分内容适用于卷材屋面防水工程施工(主要包括隔气层、保温层、找平层、防水层等)。

20.2　编制依据

20.2.1　《建筑安装工程质量评定标准》(GB 50204—1992);

20.2.2　《屋面工程质量验收规范》(GB 50207—2002);

20.2.3　《建筑施工工艺标准手册》;

20.2.4　《建筑工程施工质量验收统一标准》(GB 50300—2001)。

20.3　参加施工人员的资格及技术要求

20.3.1　屋面防水工:持证上岗,具有丰富的工作经验和操作技能。

20.3.2　技术工:具有丰富的工作经验和操作技能。

20.3.3　普工:具有一定的工作经验和操作技能。

20.3.4　所有施工人员必须经三级安全考试合格后方可进入施工现场。

20.3.5　施工前,所有施工人员必须认真学习技术交底,掌握本屋面防水设计的意图和特点,熟悉工艺流程及质量技术标准。

20.3.6　进入施工现场,必须遵守现场有关规章制度,规范个人行为,注意整个施工队伍整体形象。

20.3.7　作业人员在施工过程中,要做好文明施工,及时整理施工现场,做到工完、料净、场地清。

20.3.8　作业人员在施工过程中要及时认真进行自检,发现问题及时解决。

20.3.9　施工人员要积极配合质检人员验收,对不合格的要立即处理。

20.4　施工机械及主要工器具

施工机械及主要工器具见表21-43。

施工机械及主要工器具 表21-43

序 号	名 称	单 位	数 量	备 注
1	砂浆搅拌机	台	1	
2	井架带卷扬机	台	1	或吊车
3	手推胶轮车	辆	2	
4	铁抹子、木抹子	把	各4	
5	喷灯	个	4	

20.5 屋面防水施工工艺流程及要求

找平层──→隔汽层──→找坡层──→隔热层──→找平层──→防水层──→保护层。

20.5.1 找平层施工。

(1)将基层(屋面板结构层)上彻底清扫干净,洒水湿润,均匀刷素水泥浆一道。

(2)在基层上铺1:3水泥砂浆,厚度15㎜。用刮杠找平,木抹子搓平、压实,用铁抹子收面压光(基层若为现浇屋面板结构层可不做找平层)。

20.5.2 隔汽层(冷底子油)施工。

(1)配制冷底子油:

①先将沥青加热熔化,使其脱水不起泡为止,然后将热沥青倒入桶中,冷却到110℃,按配合比将溶剂慢慢注入沥青中,搅拌均匀为止。

②冷底子油配合比(质量比)为:60号石油沥青:汽油=30:70或10号(30号)石油沥青:轻柴油=50:50。

(2)涂刷冷底子油:

①涂刷冷底子油应在基层基本干燥,清扫干净后进行。

②涂刷时采用橡皮滚刷或棕刷醮油仔细涂刷,一般涂刷一遍,厚度0.5mm为宜,要求均匀一致,不得漏刷和出现麻点、气泡等缺陷。

③冷底子油必须整体连续,在与垂直面衔接的地方,应延伸到找坡层及隔热层顶部,并高出15㎝,以便与防水层相接。

20.5.3 找坡层施工。

(1)用炉渣、珍珠岩等轻质松散材料加适量水泥及水拌和均匀。要求炉渣粒径为5~40mm,不含杂质。

(2)将拌和料按照屋面设计图纸要求的坡向、坡度、厚度进行铺筑,拍打密实,并进行适当养护。

(3)如设排气孔时,须按要求埋设,不可遗漏。

20.5.4 隔热层施工。

隔热层一般由材质较轻而隔热性能较好的蛭石混凝土板铺设而成(如设计有具体要求时按设计施工)。

(1)蛭石混凝土板:表观密度440~500kg/m^3,导热系数0.105~0.174W/m·K,抗压强度0.3~0.4MPa。

(2)板块铺设应紧密、铺平、垫稳,分层铺设的板块,其上下两层应错开,各层板块间的缝隙,应用同类材料的碎屑嵌填密实,表面应与相邻两板高度一致。

(3)保温板缺棱掉角,可用同类材料的碎块嵌补,用同类材料的粉屑加适量水泥填嵌缝隙。

20.5.5 找平层施工:同基层找平层施工,但具体上存在如下细部处理:

(1)沟边。女儿墙拐角、烟囱、排气帽等突出屋面部分,采用细石混凝土填塞密实,做好转角处理,将管根部固定。

(2)伸缩缝的留设。找平层宜留设分格缝,分格缝宽一般为20mm,分格缝的位置宜留在预制构件的拼缝处,其纵缝的最大间距不宜大于6m。当利用分格缝间做排气屋面的排汽道时,缝宽应适当加宽,并应与保温层连通。

20.5.6 防水层施工。

这是屋面防水施工的主要工序。

防水层施工要根据设计选用防水材料,目前常用的防水材料是沥青油毡防水卷材和高聚物改性沥青防水卷材(APP、SBS)。

(1)当防水材料进入施工现场后首先组织建设单位代表、现场监理、技术员、质安员、工长现场抽样检查及取样复验。建筑防水工程材料现场抽样复验项目见表21-44。

建筑防水工程材料现场抽样复验项目　　表21-44

序　号	材料名称	现场抽样数量	外观质量检验	物理性能检验
1	沥青防水卷材	大于10000卷抽5卷,每500~1000卷抽4卷,100~499卷抽3卷,100卷以下抽2卷,进行规格尺寸和外观质量检验。在外观质量检验合格的卷材中,任取一卷做物理性能检验	孔洞、硌伤、露胎、涂盖不均、折纹、皱褶、裂纹、裂口、缺边,每卷卷材的接头	纵向、纵向拉力、耐热度、柔度、不透水性
2	高聚物改性沥青防水卷材	大于10000卷抽5卷,每500~1000卷抽4卷,100~499卷抽3卷,100卷以下抽2卷,进行规格尺寸和外观质量检验。在外观质量检验合格的卷材中,任取一卷做物理性能检验	孔洞、缺边、裂口、边缘不整齐、胎体露白、未浸透,撒布材料粒度、颜色、每卷卷材的接头	拉力,最大拉力时延伸率、耐热度、低温柔度、不透水性

(2)屋面防水施工条件:

①基层应进行检查,并办理交接验收手续。基层必须牢固,无裂缝、松动、起鼓、凹坑、起砂、掉灰等缺陷。

②基层表面应平整光滑,均匀一致,其平整度用2m直尺检查,空隙不超过10mm,并应平缓变化,基层与突出屋面的女儿墙、变形缝、管道等连接部位,应做成半径为100~150mm的圆弧或钝角。

③基层必须干燥,含水率不大于9%,刮五级以上大风、下雨天或雨后基层尚未干燥时,均不得施工。

④穿过屋面的管道、埋没件等应做好基层处理。

⑤防水层施工所用各种材料及机具,均已备齐运至现场,防水层材料复验合格,材料数量满足施工要求,并分类整齐。

(3)刷冷底子油。冷底子油的配制和涂刷同前。

(4)屋面防水层铺贴:

①沥青油毡卷材的铺贴。

a.清理卷材。

卷材要在使用前几天,在清洁宽敞的地面上,将卷材全部摊开,清扫表面的撒布物直到手摸不到为止,清理好的卷材要反卷过来直至备用。根据铺贴尺寸,还应剪裁合适。清理好备用的卷材要防止溅水弄脏,不要在屋面上堆积过多,不应让卷材在屋面上露天过夜,以免卷材受潮。

b.卷材铺贴顺序:

Ⅰ.在高低跨毗邻的建筑物上,要先铺高跨屋面;在同样高度大面积屋面上,要先铺距离较远部分,即为“先高后低、先远后近”的施工顺序。

Ⅱ.在相同高度大面积屋面上铺贴卷材,还应分成若干流水段施工,再确定各施工段的先后顺

序。如包括檐口的施工段中，应先铺檐口部分，再往上铺到屋脊；在包括天沟的施工段中，应先铺雨水口处，再向两边铺到“分水岭”及往上铺到屋脊。对于特种天沟、屋面及与立墙交接处的卷材铺贴应有次序，特殊部位应根据需要增加卷材层数，即附加层应先贴。

c. 铺贴方向：

Ⅰ. 屋面卷材铺贴方向应遵守以下原则：当屋面坡度在3%以内时，卷材宜平行于屋脊铺贴；在3% ~ 15%时，卷材可垂直或平行于屋脊铺贴；当屋面坡度大于15%时，卷材应垂直于屋脊铺贴。上下各层卷材不允许相互垂直铺贴。

Ⅱ. 平行于屋脊铺贴卷材时，每层卷材必须自坡度下方开始向上铺贴，即由天沟或檐口开始平行地向屋脊铺贴。

Ⅲ. 若屋面铺贴两层卷材，第一层的第二行应贴一行1/2宽度的卷材长条，随后顺次用全顺卷材铺贴，在贴第二层时，则第一行为全幅卷材。若屋面铺贴三层卷材，第一层的第一行应贴1/3宽的卷材长条，在贴第二层时，第一行为2/3宽的卷材长条，贴第三层时，第一行为全幅卷材。

Ⅳ. 各层卷材的压边宽度不应小于70mm，平行于屋脊铺贴时，接头宽度不应小于100mm，垂直于屋脊铺贴时，接头宽度不应小于150mm，上下两层的压边要相互错开1/3幅宽，即30 ~ 35cm，上下层及相邻卷材的接头要相互错开30 ~ 35cm。垂直于屋脊铺贴时，每幅卷材都应铺过屋脊不小于200mm。平行于屋脊铺贴时，应在屋脊中心增铺宽度不小于500mm的卷材条，每边各铺250mm。

d. 铺贴方法：

Ⅰ. 浇油法。浇油者站在推毡者前方，向卷材的宽度方向呈蛇形浇油，铺毡者用两手均匀推着向前滚动时，应使卷材前后滚动把多余沥青挤压出来。沥青胶结料应控制在1 ~ 1.5mm，最厚不超过2mm，如卷材有起泡或粘贴不牢的地方，应立即用小刀刺破，并用沥青胶结材料贴紧封严。卷材边缘挤出的沥青胶结材料，用胶皮刮板将其刮去。天沟、檐口泛水及转角处用刮板仔细刮平压实。

Ⅱ. 撒油法。这种方法是在卷材四周边缘部满涂沥青胶结料，中间采用撒油铺贴第一层卷材，其余各层均满涂，其操作方法与前相同。

②高聚物改性沥青卷材铺贴。

a. 材料。

高聚物改性沥青有APP改性沥青卷材和SBS改性沥青卷材，其胎体有聚乙烯膜氧化沥青卷材、聚乙烯膜改性氧化沥青卷材和聚乙烯膜聚合沥青卷材及其配套的产品：

(a)氯丁胶黏剂：外观呈黑色，含固量30%；当为冷粘贴施工时，由氯丁橡胶加少量沥青及溶剂配制而成。

(b)基层处理剂：氯丁胶黏剂稀释液(氯丁胶黏剂:溶剂 = 1:2 ~ 2.5)。

(c)稀释剂：二甲苯、甲苯、工业醇。

b. 施工操作工艺。

Ⅰ. 对排水口、管子根等容易发生渗漏的薄弱部位，先均匀涂刷一层氯丁胶黏剂，厚度1mm，随即粘贴一层聚酯纤维无纺布，再在其口涂刷1mm厚氯丁胶黏剂，使形成一层增强层。

Ⅱ. 涂刷基层处理剂。不干燥的基层上涂刷氯丁胶黏剂稀释液(其作用相当冷底子油)，涂刷时要均匀一致，无露底，操作要迅速，一次涂好，切勿反复涂刷，亦可用喷涂方法。

Ⅲ. 基层处理剂干燥后(4 ~ 12h)，按现场情况弹出卷材铺贴位置。

Ⅳ. 铺贴卷材。根据卷材性能或设计要求选用冷粘贴、自粘贴或热熔贴3种方法。

冷粘贴：按铺贴程序在基层上涂刷一层氯丁胶黏剂，边刷边将卷材对准位置摆好，将卷材缓慢打开铺贴在基层上，边用压辊均匀用力滚压或用干净的滚刷反复碾压，排出空气，使卷材与基层紧密粘贴，卷材搭接处用氯磺乙烯嵌缝膏或胶黏剂满涂封口；辊压粘接牢固，溢处的嵌缝膏或胶黏剂随即刮平封口，接缝口应用密封材料封严，宽度不应小于10mm。粘贴形式有全粘贴、半粘贴(卷材边全粘，中间点粘)及浮动式粘贴(卷材粘成整体,使之与基层周边粘贴,中间空铺)。

自粘贴:待基层处理剂干燥后,将卷材背面的隔离纸剥开撕掉,直接粘贴于基层表面,排除卷材下面的空气,并辊压粘接牢固。搭接处用热风枪加热,加热后随即粘贴牢固,溢出的自粘膏立即刮平封口,接缝处用密封材料封严,宽度不小于10mm。

热熔贴:用喷灯或喷枪烘烤卷材底面,使涂盖层熔化(温度控制在100~180℃之间)后,立即将卷材滚动与基层粘贴,并用压辊滚压,排除卷材下面的空气,使之平展,不得皱褶,并应辊压粘接牢固。搭接缝处要精心操作,喷烤后趁卷材尚未冷却,随即用抹子将边封好,最后再用喷灯在接缝处均匀细致的喷烤压实,采用热熔贴法时,每幅卷材的每边粘贴宽度不应小于150mm。

20.5.7 保护层施工。

(1)沥青油毡卷材防水屋面,系用干净的绿豆砂经炒热后均匀地撒铺于防水层上。对绿豆砂的质量要求如下:

①绿豆砂颗粒粒径3~5mm(砾砂)。

②绿豆砂颗粒应圆滑、不带棱角。

③绿豆砂应洗净、晒干或炒干。

④杂质(如贝壳、煤渣、砖块等)含量不大于1%。

(2)高聚物改性沥青卷材防水屋面,对未自带保护层卷材,采用浅色涂料作保护层,应待卷材铺贴完成,经检验合格并清刷干净后涂刷,涂层应与卷材粘接牢固,厚薄均匀,不得漏涂。

20.6 质量要求

20.6.1 卷材防水层的搭接缝应粘接牢固,密封严密,不得有皱褶、翘边、鼓泡等缺陷;防水层的收头应与基层粘接并固定牢固,缝口封严,不得翘边。

20.6.2 卷材防水层上的撒布材料和浅色涂料保护层应铺撒或涂刷均匀,粘接牢固。

20.6.3 排气屋面的排气道应纵横贯通,不得堵塞。排气管应安装牢固,位置正确,封闭严密。

20.6.4 卷材的铺贴方向应正确,卷材搭接宽度的允许偏差为-10mm。

20.7 安全措施

20.7.1 高空作业人员必须穿工作服,戴安全帽、口罩、手套等劳保用品,按高空作业规范进行施工。

20.7.2 高空作业人员不准向下抛掷物体。

20.7.3 屋面防水施工时,四周应有防护措施,在距檐口1.5m范围内施工,应侧身操作,并应挂好安全带。

20.7.4 周围无女儿墙和栏杆的屋面,外脚手架应高出屋面,四周应设安全绳、网;钢竖井架、龙门架出入口,洞、坑、沟、电梯门口等处,要设盖板或围栏、安全网。

20.7.5 5级以上大风和雨、雪天,避免在屋面上进行作业。

20.7.6 防水层所用材料和辅助材料均为易燃品,在存放材料的仓库及施工现场内要严禁烟火,在施工现场存放防水材料应远离火源。

20.7.7 喷灯点火时,喷嘴不得面对人,以免造成烫伤事故。下班后氯丁胶黏剂、汽油、二甲苯等易燃材料应入库保存。

21 管道、孔洞预留预埋工程

21.1 一般规定

21.1.1 预留孔洞施工质量允许偏差:孔洞的净空尺寸为±10mm,标高差为10mm,检测采用钢

尺与水准仪进行测量控制。

21.1.2　浇筑混凝土时,由工序负责人在现场指挥,操作人员应清楚预埋件、预留孔洞的位置、精确度的重要性。

21.1.3　对预埋件、预留孔洞处的混凝土浇筑,尤应注意布料和振捣质量。振捣时,振捣棒不能离预留孔洞模板太近,捣固应密实,以防止预留孔洞中线移位或预留孔洞外边缘变形等质量通病。

21.1.4　对于较大的预留孔洞,浇筑混凝土时,应从一侧向另一侧进行浇筑振捣,确保孔洞模板位置的混凝土浇筑密实,无不良孔洞出现。

21.1.5　模板拆除时,不得使用撬棍沿孔洞边缘硬撬或撞击。拆模后,施工人员要对预埋孔洞位置、尺寸等进行复查,误差是否在规范的允许范围内,超出的尽快修复,以满足规范要求。对接地体或已破坏的预留孔洞应采取保护措施。

21.2　保护措施

21.2.1　大块预留孔洞模板安装时,应尽量使用起重设备进行吊装,并遵守起重设备操作规程。

21.2.2　模板工程应遵循支模与拆模统一由一个班组执行作业。支模时考虑拆模的方便与安全。

21.2.3　制订专门机械使用、维护、保养制度,并有专人负责。

22　风管及配件制作工程

22.1　一般规定

22.1.1　风管质量的验收应按材料、加工工艺、系统类别的不同分别进行,并应包括风管的材质、规格、强度、严密性能与成品观感质量等内容。

22.1.2　风管制作所用的板材、型材以及其他主要材料进场时应进行验收,质量应符合设计要求及国家现行的有关规定,并应提供出场检验合格证明。工程中所选用的成品风管,应提供产品合格证书或进行强度和严密性的现场复验。

22.1.3　金属风管应以外径或外边长为准,非金属风管和风道规格应以内径或内边长为准。圆形风管规格宜符合表21-45的规定,矩形风管规格宜符合表21-46的规定。圆形风管应优先采用基本系列,非规则椭圆形风管应参照矩形风管,并应以平面边长及短径径长为准。

圆形风管规格　　表21-45

风管直径 D(mm)			
基本系列	辅助系列	基本系列	辅助系列
100	80	320	300
	90	360	340
120	110	400	380
140	130	420	420
160	150	500	480
180	170	560	530
200	190	630	600
220	210	700	670
250	240	800	750
280	260	900	850

续上表

风管直径 D(mm)			
基本系列	辅助系列	基本系列	辅助系列
1000	950	1600	1500
1120	1060	1800	1700
1250	1180	2000	1900
1440	1320	—	—

矩 形 风 管 规 格 表 21-46

风管边长(mm)				
120	320	800	2000	4000
160	400	1000	2500	—
200	500	1250	3000	—
250	630	1600	3500	—

22.1.4 风管系统按照其工作压力应划分为微压、低压、中压与高压 4 个类别,并应采用相应类别的风管。风管类别应按照表 21-47 的规定进行划分。

风 管 类 别 表 21-47

类别	风管系统工作压力 p(Pa)		密 封 要 求
	管内正压	管内负压	
微压	$p \leqslant 125$	$p \geqslant -125$	接缝及接管连接处应严密
低压	$125 \leqslant p \leqslant 500$	$-500 \leqslant p < -125$	接缝及接管连接处应严密,密封面宜设在风管正压侧
中压	$500 \leqslant p \leqslant 1500$	$-1000 \leqslant p < -500$	接缝及接管连接处应加设密封措施
高压	$1500 \leqslant p \leqslant 2500$	$-2000 \leqslant p < -1000$	所有的拼接缝及接管连接处均应采取密封措施

22.1.5 镀锌钢板及含有各类复合保护层的钢板应采用咬口连接或铆接,不得采用焊接连接。

22.1.6 风管的密封应以板材连接的密封为主,也可采用密封胶嵌缝与其他方法。密封胶的性能应符合使用环境的要求,密封面宜设在风管的正压侧。

22.2 风管加工

风管加工质量应通过工艺性的检测或验证,强度和严密性要求应符合下列规定:

(1)风管在试验压力保持 5min 及以上时,接缝处应无开裂,整体结构应无永久性的变形及损伤。试验压力应符合下列规定:

①低压风管应为 1.5 倍的工作压力。

②中压风管应为 1.2 倍的工作压力,且不低于 780Pa。

③高压风管应为 1.2 倍的工作压力。

(2)矩形风管的严密性检验,在工作压力下的风管允许漏风量应符合表 21-48 的规定。

风管允许漏风量 表 21-48

风 管 类 别	允许漏风量(m^3/h)	风 管 类 别	允许漏风量(m^3/h)
低压风管	$Q_1 \leqslant 0.1056p^{0.65}$	高压风管	$Q_h \leqslant 0.0117p^{0.65}$
中压风管	$Q_m \leqslant 0.0352p^{0.65}$		

注:Q_1 为低压风管允许漏风量,Q_m 为中压风管允许漏风量,Q_h 为高压风管允许漏风量,p 为系统风管工作压力(Pa)。

(3)低压、中压圆形金属与复合材料风管,以及采用非法兰形式的非金属风管的允许漏风量,应

为矩形金属风管规定值的50%。

(4)砖、混凝土风道的允许漏风量,不应大于矩形金属规定值的1.5倍。

(5)风管系统工作压力绝对值不大于125Pa的微压风管,在外观和制造工艺检验合格的基础上,应进行漏风量的验证测试。

22.3　风管制作

钢板风管板材厚度应符合表21-49的规定。镀锌钢板的镀锌层厚度应符合设计或合同的规定,当设计无规定时,不应采用低于$80g/m^2$的板材。

钢板风管板材厚度　　表21-49

类别 / 风管直径或长边尺寸 b(mm)	板材厚度(mm)				
	微压、低压系统风管	中压系统风管		高压系统风管	除尘系统风管
		圆形	矩形		
$b≤320$	0.5	0.5	0.5	0.75	2.0
$320<b≤450$	0.5	0.6	0.6	0.75	2.0
$450<b≤630$	0.6	0.75	0.75	1.0	3.0
$630<b≤1000$	0.75	0.75	0.75	1.0	4.0
$1000<b≤1500$	1.0	1.0	1.0	1.2	5.0
$1500<b≤2000$	1.0	1.2	1.2	1.5	按设计要求
$2000<b≤4000$	1.2	按设计要求	1.2	按设计要求	按设计要求

注:1. 螺旋风管的钢板厚度可按照圆形风管减少10%~15%。

2. 排烟系统风管钢板厚度可按照高压系统。

3. 不适用于地下人防与防火隔墙的预埋管。

22.4　风管连接

22.4.1　风管板材拼接的接缝应错开,不得有十字拼接缝。

22.4.2　风管与配件的咬口缝应紧密,宽度应一致,折角应平直,圆弧应均匀,风管无明显扭曲和翘角,表面应平整,凹凸不应大于10mm。

22.5　风管加固

矩形风管的边长大于630mm,或矩形保温风管边长大于800mm,管段长度大于1250mm;或低压风管单边平面面积大于$1.2m^2$,中、高压风管单边平面面积大于$1.0m^2$,均应有加固措施。

23　风管及部件安装工程

23.1　一般规定

23.1.1　风管系统安装后,必须进行严密性检验,合格后方能交付下道工序。风管系统严密性检验以主、干管为主。在加工工艺得到保证的前提下,低压风管系统可采用漏光法检测。

23.1.2　在风管穿过需要封闭的防火、防爆的墙体或楼板时,应设预埋管或防护套管,其钢板厚度不应小于1.6mm。风管与防护套管之间,应用不燃且对人体无危害的柔性材料封堵。

23.1.3　风管安装必须符合下列规定:

(1)风管内严禁其他管线穿越。

(2)输送含有易燃、易爆气体或安装在易燃、易爆环境的风管系统应有良好的接地,通过生活区或其他辅助生产房间时必须严密,并不得设置接口。

23.2 风管安装

23.2.1 风管安装前,应清除内、外杂物,并做好清洁和保护工作。

23.2.2 风管安装的位置、标高、走向,应符合设计要求。现场风管接口的配置,不得缩小其有效截面。

23.2.3 连接法兰的螺栓应均匀拧紧,其螺母宜在同一侧。

23.2.4 风管接口的连接应严密、牢固。风管法兰的垫片材质应符合系统功能的要求,厚度不应小于3mm。垫片不应凸入管内,亦不宜突出法兰外。

23.2.5 柔性短管的安装,应松紧适度,无明显扭曲。

23.2.6 可伸缩性金属或非金属软风管的长度不宜超过2m,并不应有死弯或塌凹。

23.3 风管严密性测试

风管系统安装完毕后,应按系统类别进行严密性检验,风管系统的严密性检验应符合下列规定:

(1)低压系统风管的严密性检验应采用抽检,抽检率为5%,且不得少于1个系统。在加工工艺得到保证的前提下,采用漏光法检测。检测不合格时,应按规定的抽检率做漏风量测试。

(2)中压系统风管的严密性检验,应在漏光法检测合格后,对系统漏风量测试进行抽检,抽检率为20%,且不得少于1个系统。

(3)高压系统风管的严密性检验,为全数进行漏风量测试。

系统风管严密性检验的被抽检系统,应全数合格,则视为通过;如有不合格时,则应再加倍抽检,直至全数合格。

23.4 风管部件安装

23.4.1 各类风管部件及操作机构的安装,应能保证其正常的使用功能,并便于操作。

23.4.2 斜插板风阀的安装,阀板必须为向上拉启;水平安装时,阀板还应为顺气流方向插入。

23.4.3 止回风阀、自动排气活门的安装方向应正确。

24 通风与空调设备安装工程

24.1 一般规定

24.1.1 风机与空气处理设备应附带装箱清单、设备说明书、产品合格证书和性能检测报告等随机文件,设备还应具有商检合格的证明文件。

24.1.2 设备安装前,应进行开箱检查验收,并应形成书面的验收记录。

24.1.3 设备就位前应对其基础进行验收,合格后再安装。

24.2 风机安装

24.2.1 通风机的安装型号、规格应符合设计规定,其出口方向应正确。

24.2.2 叶轮旋转应平稳,停转后不应每次停留在同一位置上。

24.2.3　固定通风机的地脚螺栓应拧紧,并有防松动措施。

24.2.4　通风机传动装置的外露部位以及与空气直接接触的进、出口,必须装设防护罩(网)或采取其他安全设施。

24.2.5　通风机的安装允许偏差应符合表21-50的规定。

通风机安装的允许偏差　　表21-50

项　次	项　目	允许偏差		检验方法
1	中心线的平面位移	±10mm		经纬仪或拉线和尺量检查
2	标高	±10mm		水准仪或水平仪、直尺、拉线和尺量检查
3	皮带轮轮宽中心平面偏移	1mm		在主、从动皮带轮端面拉线和尺量检查
4	传动轴水平度	纵向	0.2/1000	在轴或皮带轮的0°和180°两个位置上,用水平仪检查,两轴芯径向位移0.05mm
		横向	0.3/1000	
5	联轴器两轴线倾斜	0.2/1000		在联轴器互相垂直的4个位置上,用百分表检查

24.3　空调机组安装

24.3.1　空调机组安装的型号、规格、方向和技术参数应符合设计要求。

24.3.2　风机、盘管机组安装前宜进行单机三速试运转及水压检漏试验。试验压力为系统工作压力的1.5倍,试验观察时间为2min,不渗漏为合格。

24.3.3　机组应设独立支、吊架,安装的位置、高度及坡度应正确且固定牢固。

24.3.4　机组与风管、回风箱或风口的连接,应严密、可靠。

24.4　除尘设备安装

24.4.1　除尘器的安装位置应正确、牢固平稳,允许误差应符合表21-51的规定。

除尘器安装允许偏差和检验方法　　表21-51

项　次	项　目	允许偏差(mm)	检验方法
1	平面位移	≤10	用经纬仪或拉线、尺量检查
2	标高	±10	用水准仪、直尺、拉线和尺量检查
3	垂直度	总偏差≤10	用吊线和尺量检查

24.4.2　除尘器的活动或转动部件的动作应灵活、可靠,并应符合设计要求。

24.4.3　除尘器的排灰阀、卸料阀、排泥阀的安装应严密,并便于操作与维护修理。

24.5　消声设备安装

24.5.1　消声器安装前应保持干净,做到无油污和浮尘。

24.5.2　消声器安装的位置、方向应正确,与风管的连接应严密,不得有损坏与受潮。两组同类型消声器不宜直接串联。

24.5.3　现场安装的组合式消声器,消声组件的排列、方向和位置应符合设计要求。单个消声器组件的固定应牢固。

24.5.4　消声器、消声弯管均应设独立支、吊架。

25 支、吊架制作与安装工程

25.1 一般规定

25.1.1 支、吊、托架的安装位置正确,埋设应平整牢固。

25.1.2 固定支架与管道接触应紧密,固定应牢靠。

25.1.3 滑动支架应灵活,滑轨与滑槽两侧间应留有 3 ~ 5mm 的间隙,纵向移动量应符合设计要求。

25.1.4 无热伸长管道的吊架、吊杆应垂直安装。

25.1.5 有热伸长管道的吊架、吊杆应向膨胀的反方向偏移。

25.1.6 固定在建筑结构上的管道支、吊架不得影响结构的安全。

25.2 风管支、吊架制作

25.2.1 支、吊架预制所用的碳钢材料可以采用砂轮机切割、锯割或氧—乙炔切割,不锈钢材料可以用砂轮切割、锯割或等离子切割,所有切割的切口均需打磨平整。

25.2.2 支、吊架预制所用的槽钢、工字钢、H 钢、扁钢、角钢等材料,如有弯曲,应该调直,如果是扭曲或折弯的材料,扭曲和折弯部分应予切除。

25.2.3 预制支、吊架的根部构件应留有调节余量,该余量应有标志,以便在安装现场按需要进行切割调整。

25.2.4 支、吊架预制加工完毕后,应及时进行手工除锈或喷砂除锈,并按设计要求涂刷底漆(不锈钢部件除外)。

25.2.5 所有的支、吊架预制完毕,应按设计要求或规范要求进行符合性检查和质量检查,确保预制的支、吊架正确无误。

25.3 风管支吊架安装

25.3.1 风管水平安装,直径或长边尺寸小于或等于 400mm,间距不应大于 4m;直径或长边尺寸大于 400mm 时,间距不应大于 3m。螺旋风管的支、吊架间距可分别延长至 5m 和 3.75m;对于薄钢板法兰的风管,其支、吊架间距不应大于 3m。

25.3.2 风管垂直安装,间距不应大于 4m,单根直管至少应有 2 个固定点。

25.3.3 风管支、吊架宜按国家标准与规范选用强度和刚度相适应的形式和规格。对于直径或边长大于 2500mm 的超宽、超重等特殊风管的支、吊架应按设计规定。

25.3.4 支、吊架不宜设置在风口、阀门、检查门及自控机构处,离风口或插接管的距离不宜小于 200mm。

25.3.5 当水平悬吊的主、干风管长度超过 20m 时,应设置防止摆动的固定点,每个系统不应少于 1 个。

26 空调水系统管道安装工程

26.1 一般规定

26.1.1 镀锌钢管及带有防腐涂层的钢管不得采用焊接连接,应采用螺纹连接。当管径大于

DN80 时,可采用卡箍或法兰连接。

26.1.2　当空调水系统采用塑料管道时,施工质量验收应符合相应国家标准。

26.2　管道安装

26.2.1　隐蔽安装部位的管道安装完成后,应在水压试验合格后方能交付隐蔽工程的施工。

26.2.2　判定空调水系统管路冲洗、排污合格的条件是目测排出口的水色和透明度与入口的水对比相近。当系统运行 2h 以上,水质保持稳定后,方可与设备相贯通。

26.2.3　管道系统安装完毕,外观经检查合格后,应按设计要求进行水压试验。当设计无要求时,应符合下列规定:

(1)冷(热)水、冷却水的试验压力,当工作压力小于或等于 1.0MPa 时,应为 1.5 倍工作压力,最低不应小于 0.6MPa;当工作压力大于 1.0MPa 时,应为工作压力加 0.5MPa。

(2)系统最低点压力升至试验压力后,应稳压 10min,压力降不得大于 0.02MPa,然后应将系统压力降至工作压力,外观检查无渗漏为合格。

27　水泵及附属设备安装工程

27.1　一般规定

水泵及附属设备、管道、管件及阀门等产品的性能及参数应符合设计要求,设备机组的外表不应有损伤,密封应良好,随机文件和配件应齐全。

27.2　水泵及附属设备安装

27.2.1　泵轴临时连接后整体弯曲度应小于 0.10mm。

27.2.2　安装垫板水平度应控制在 0.05mm/m 以下。

27.2.3　泵水平度应控制在 0.05mm/m 以下,垫板下表面到突出中心的垂直距离为 2600mm。

27.2.4　泵轴中心和泵中心允许径向偏差为 0.05mm。

27.2.5　电机联轴器晃动度应在 0.05mm 以下,电机轴与泵轴端部之间的间隙应在 2～15mm 内,最佳值为 10mm,泵转子提升高度为 3.5mm。

27.2.6　泵组相对摆度允许值为 0.02mm/m,绝对摆度允许值为 0.20mm/m。

27.2.7　叶轮和叶轮室之间的间隙应在 0.5～0.7mm 之间。

27.2.8　泵分部试运行时轴承的振幅不超过 0.10mm,轴承温度应在 65～70℃之间。

28　防腐与绝热工程施工

28.1　一般规定

28.1.1　空调设备、风管及其部件的绝热工程施工应在风管系统严密性检验合格后进行。

28.1.2　制冷剂管道和空调水系统管道绝热工程的施工,应在管路系统强度和严密性检验合格和防腐处理结束后进行。

28.1.3　防腐工程施工时,应采取防火、防冻、防雨等措施。且不应在潮湿或低于 5℃的环境下作业。绝热工程施工时,应采取防火、防雨等措施。

28.1.4　风管、管道的支(吊)架应进行防腐处理,明装部分应刷面漆。

28.1.5 防腐与绝热工程施工时,应采取相应的环境保护和劳动保护措施。

28.2 风管绝热工程施工

28.2.1 风管和管道的绝热,应采用不燃或难燃材料,其材质、密度、规格与厚度应符合设计要求。如采用难燃材料时,应对其难燃性进行检查,合格后方可使用。

28.2.2 防腐涂料和油漆,必须是在有效保质期限内的合格产品。

28.2.3 风管系统部件的绝热,不得影响其操作功能。

28.2.4 风管绝热层采用黏接方法固定时,施工应符合下列规定:

(1)黏接剂的性能应符合使用温度和环境卫生的要求,并与绝热材料相匹配。

(2)黏接材料宜均匀地涂在风管、部件或设备的外表面上,绝热材料与风管、部件及设备表面应紧密贴合,无空隙。

(3)绝热层纵、横向的接缝应错开。

(4)绝热层粘贴后,如进行包扎或捆扎,包扎的搭接处应均匀、贴紧;捆扎的松紧应适度,不得损坏绝热层。

28.3 管道绝热工程施工

28.3.1 绝热产品的材质和规格,应符合设计要求,管壳的粘贴应牢固、铺设应平整;绑扎应紧密,无滑动、松弛与断裂现象。

28.3.2 硬质或半硬质绝热管壳的拼接缝隙,保温时不应大于5mm、保冷时不应大于2mm,并用黏接材料勾缝填满;纵缝应错开,外层的水平接缝应设在侧下方。当绝热层的厚度大于100mm时,应分层铺设,层间应压缝。

28.3.3 硬质或半硬质绝热管壳应用金属丝或难腐织带捆扎,其间距为300~350mm,且每节至少捆扎2道。

28.3.4 松散或软质绝热材料应按规定的密度压缩其体积,疏密应均匀。毡类材料在管道上包扎时,搭接处不应有空隙。

28.4 管道防潮施工

28.4.1 管道防潮层应紧密粘贴在绝热层上,封闭良好,不得有虚粘、气泡、褶皱、裂缝等缺陷。

28.4.2 立管的防潮层,应由管道的低端向高端敷设,环向搭接的缝口应朝向低端;纵向的搭接缝应位于管道的侧面。

28.4.3 卷材防潮层采用螺旋形缠绕的方式施工时,卷材的搭接宽度宜为30~50mm。

29 通风与空调系统调试工程

29.1 一般规定

29.1.1 通风与空调系统竣工验收的系统调试,应由施工单位负责,监理单位监督,设计单位与建设单位参与和配合。

29.1.2 系统调试所使用的测试仪器应在使用合格检定或校准合格有效期内,精度等级及最小分度值应能满足工程性能测定的要求。

29.1.3 通风与空调系统非设计满负荷条件下的联合试运转及调试,应在制冷设备和通风与空调单机试运转合格后进行。

29.2　设备单机试运转及调试

29.2.1　通风机、空调机组中的风机、叶轮旋转方向正确，运转平稳，无异常振动与声响，其电机运行功率应符合设备技术文件的规定。在额定转速下连续运转2h后，滑动轴承外壳最高温度不得超过70℃，滚动轴承不得超过80℃。

29.2.2　水泵叶轮旋转方向正确，无异常振动和声响，紧固连接部位无松动，其电机运行功率值符合设备技术文件的规定。水泵连续运转2h后，滑动轴承外壳最高温度不得超过70℃，滚动轴承不得超过75℃。

29.2.3　冷却塔本体应稳固、无异常振动，其噪声应符合设备技术文件的规定。冷却塔风机与冷却水系统循环试运行不少于2h，运行应无异常情况。

29.2.4　电控防火、防排烟风阀(口)的手动、电动操作应灵活可靠，信号输出正确。

29.3　系统调试

29.3.1　空调水系统应冲洗干净、不含杂物，并排除管道系统中的空气；系统连续运行应达到正常、平稳；水泵的压力和水泵电机的电流不应出现大幅波动。系统平衡调整后，各空调机组的水流量应符合设计要求，允许偏差为20%。

29.3.2　系统应满足对被测定参数进行检测和控制的要求。

29.3.3　多台冷却塔并联运行时，各冷却塔的进、出水量应达到均衡一致。

29.3.4　空调室内噪声应符合设计规定要求。

29.3.5　通风系统联动试运转中，设备及主要部件的联动必须符合设计要求，动作协调、正确，无异常现象。

29.3.6　系统经过平衡调整，各风口或吸风罩的风量与设计风量的允许偏差不应大于15%。

29.3.7　防排烟系统联合试运行与调试的结果(风量及正压)，必须符合设计与消防的规定。

30　给水管道及配件安装工程

30.1　一般规定

30.1.1　给水管道必须采用与管材相适应的管件。生活给水系统所涉及的材料必须达到饮用水卫生标准。

30.1.2　管径小于或等于50mm的镀锌钢管应采用螺纹连接，套丝扣时破坏的镀锌层表面及外露螺纹部分应做防腐处理；管径大于65mm的镀锌钢管应采用法兰或卡套式专用管件连接，镀锌钢管与法兰的焊接处应二次镀锌。

30.1.3　给水塑料管和复合管可以采用橡胶圈接口、粘接接口、热熔连接、专用管件连接及法兰连接等形式。塑料管和复合管与金属管件、阀门等的连接应使用专用管件连接，不得在塑料管上套丝。

30.1.4　给水铸铁管管道应采用水泥捻口或橡胶圈接口方式进行连接。

30.1.5　铜管连接可采用专用接头或焊接，当管径小于22mm时宜采用承插或套管焊接，承口应迎介质流向安装；当管径大于或等于22mm时宜采用对口焊接。

30.1.6　给水立管和装有3个或3个以上配水点的支管始端，均应安装可拆卸的连接件。

30.1.7　冷、热水管道同时安装应符合下列规定：

(1)上、下平行安装时热水管应在冷水管上方。

(2)垂直平行安装时热水管应在冷水管左侧。

30.2 给水管道及配件安装

30.2.1 金属及复合管给水管道系统在试验压力下观测10min,压力降不应大于0.02MPa,然后降到工作压力进行检查,应不渗不漏。塑料管给水系统应在试验压力下稳压1h,压力降不得超过0.05MPa,然后在工作压力的1.15倍状态下稳压2h,压力降不得超过0.03MPa,同时检查各连接处不得渗漏。

30.2.2 给水系统交付使用前必须进行通水试验并做好记录。

30.2.3 生产给水系统管道在交付使用前必须冲洗和消毒,并经有关部门取样检验,符合国家《生活饮用水卫生标准》(GB 5749—2006)方可使用。

30.2.4 室内直埋给水管道(塑料管道和复合管道除外)应做防腐处理。埋地管道防腐层材质和结构应符合设计要求。

30.2.5 给水引入管与排水排出管的水平净距不得小于1m。室内给水管与排水管道平行敷设时,两管间的最小水平净距不得小于0.5m;交叉铺设时,垂直净距不得小于0.15m。

30.2.6 给水管应铺在排水管上面,若给水管必须铺在排水管的下面时,给水管应加套管,其长度不得小于排水管管径的3倍。

30.2.7 给水水平管道应有2‰~5‰的坡度坡向泄水装置。

30.2.8 给水管道和阀门安装的允许偏差应符合表21-52的规定。

管道和阀门安装的允许偏差和检验方法 表21-52

项次	项目			允许偏差(mm)	检验方法
1	水平管道纵横方向弯曲	钢管	每米全长25m以上	1 ≤25	用水平尺、直尺、拉线和尺量检查
		塑料管复合管	每米全长25m以上	1.5 ≤25	
		铸铁管	每米全长25m以上	2 ≤25	
2	立管垂直度	钢管	每米5m以上	3≤8	吊线和尺量检查
		塑料管复合管	每米5m以上	2 ≤8	
		铸铁管	每米5m以上	3 ≤10	
3	成排管段和成排阀门		在同一平面上间距	3	尺量检查

30.3 管道试压及冲洗

30.3.1 管道试压:铺设、暗装、保温的给水管道隐蔽前应做好单项水压试验。管道系统安装完后进行综合水压试验。水压试验时放净空气,充满水后进行加压,当压力升到规定要求时停止加压,进行检查,如各接口和阀门均无渗漏,持续到规定时间,观察其压力下降,应在允许范围内,通知有关人员验收。然后把水泄净,被破损的镀锌层和外露丝扣处做好防腐处理,再进行隐蔽工作。

30.3.2 管道在试压完成后即可做冲洗,冲洗应用自来水连续进行,应保证有充足的流量。

30.4 管道防腐与保温

30.4.1 给水管道铺设与安装的防腐均按设计要求及国家验收规范施工,所有型钢支架及管道

镀锌层破损处和外露丝扣要补刷防锈漆。

30.4.2　给水管道明装、暗装的保温有3种形式：管道防冻保温、管道防热损失保温、管道防结露保温。

31　室内消防管道及设备安装工程

31.1　一般规定

31.1.1　室内消火栓系统安装完成后，应在屋顶层（或水箱间内）和首层取两处消火栓做试射试验，达到设计要求为合格。

31.1.2　安装消火栓水龙带。水龙带与水枪和快速接头绑扎好后，应根据箱内构造将水龙带挂放在箱内的挂钉、托盘或支架上。

31.1.3　箱式消火栓的安装应符合下列规定：

(1)栓口应朝外，并不应安装在门轴侧。

(2)栓口中心与地面距离为1.1m，允许偏差±20mm。

(3)阀门中心与箱侧面距离为140mm，与箱后内表面距离为100mm，允许偏差±5mm。

(4)消火栓箱体安装的垂直度允许偏差为3mm。

31.2　给水设备安装

31.2.1　水泵就位前的基础混凝土强度、坐标、标高、尺寸和螺栓孔位置必须符合设计规定。

31.2.2　水泵试运转的轴承温升必须符合设备说明书的规定。

31.2.3　敞口水箱的满水试验和密闭水箱（罐）的水压试验必须符合设计与《建筑给排水及采暖工程施工质量验收规范》（GB 50242—2002）的规定。满水试验静置24h观察，不渗不漏；水压试验在试验压力下10min压力不降，不渗不漏。

31.2.4　水箱溢流管和泄放管应设置在排水地点附近，但不得与排水管直接连接。

检验方法：观察检查。

31.2.5　立式水泵的减振装置不应采用弹簧减振器。

检验方法：观察检查。

31.2.6　室内给水设备安装的允许偏差应符合表21-53的规定。

室内给水设备安装的允许偏差和检验方法　　表21-53

<table>
<tr><th>项次</th><th colspan="3">项　目</th><th>允许偏差(mm)</th><th>检验方法</th></tr>
<tr><td rowspan="3">1</td><td rowspan="3">静置设备</td><td colspan="2">坐标</td><td>15</td><td>经纬仪或拉线、尺量</td></tr>
<tr><td colspan="2">标高</td><td>±5</td><td>用水准仪、拉线和尺量检查</td></tr>
<tr><td colspan="2">垂直度(每1m)</td><td>5</td><td>吊线和尺量检查</td></tr>
<tr><td rowspan="4">2</td><td rowspan="4">离心式水泵</td><td colspan="2">立式垂直度(每1m)</td><td>0.1</td><td>水平尺和塞尺检查</td></tr>
<tr><td colspan="2">卧式泵体水平度(每1m)</td><td>0.1</td><td>水平尺和塞尺检查</td></tr>
<tr><td rowspan="2">联轴器同心度</td><td>轴向倾斜(每1m)</td><td>0.8</td><td rowspan="2">在联轴器互相垂直的四个位置上用水平仪百分表或测微螺钉和塞尺检查</td></tr>
<tr><td>径向位移</td><td>0.1</td></tr>
</table>

31.2.7　管道及设备保温层的厚度和平整度的允许偏差应符合表21-54的规定。

管道及设备保温层厚度和平整度的允许偏差和检验方法　　表 21-54

项　次	项　目		允许偏差(mm)	检 验 方 法
1	厚度		$(0.05\sim0.1)\sigma$	用钢针刺入
2	表面平整度	卷材	5	用 2m 靠尺和楔形塞尺检查
		涂抹	10	

31.3　管道试压及冲洗

水压试验时放净空气，充满水后进行加压，当压力升到规定要求时停止加压，进行检查，如各接口和阀门均无渗漏，持续到规定时间，观察其压力下降在允许范围内，通知有关人员验收。然后把水泄净，被破损的镀锌层和外露丝扣处做好防腐处理，再进行隐蔽工作。消防管道在试压完毕后可连续做冲洗工作。冲洗前先将系统中的流量减压孔板、过滤装置拆除，冲洗水质合格后重新装好，冲洗出的水要有排放去向，不得损坏其他成品。

32　室内自动喷水灭火系统安装工程

32.1　一般规定

32.1.1　消防系统水压试验结果及使用的管材品种、规格、尺寸，必须符合设计要求和施工规范规定。

32.1.2　水泵的规格型号必须符合设计要求，水泵试运转的轴承温升必须符合规定。

32.1.3　自动喷洒和水幕消防装置的喷头位置、间距和方向，必须符合设计要求和施工规范规定。

32.2　管网安装

32.2.1　镀锌管道螺纹连接应牢固，接口处无漏油且防腐良好。

32.2.2　法兰连接应对接平行、紧密且与管中心线垂直，螺杆露出螺母长度不大于螺杆直径的1/2。

32.2.3　镀锌钢管焊接，焊口平直度，焊缝加强面符合施工规范规定，表面无烧穿裂纹、夹渣、气孔等缺陷，焊口内外做好防腐。

32.2.4　当管子公称直径小于或等于 50mm 时，应采用螺纹连接；当管子公称直径大于 65mm 时，可采用法兰连接和焊接，焊口内外表面做好防腐。

32.2.5　管道安装前应校直管子并清除内部杂物，停止安装时已安装的管道敞口应封堵好。如需在镀锌管上开孔焊接时应提前预制，必要时管道两端用法兰活接，焊接后做完清理防腐再安装。严禁在已安装好的镀锌管道上开孔施焊。

32.2.6　管道穿过伸缩缝时应设置柔性短管，管道水平安装宜设 2‰～5‰的坡度，坡向泄水装置。

32.2.7　自动喷水灭火系统管道支吊架选材及做法应满足施工图册要求，支、吊架最大间距符合表 21-55 的规定。

支、吊架最大间距要求　　表 21-55

公称直径(mm)	25	32	40	50	70	80	100	125	200	250	300
最大间距(m)	3.5	4	4.5	5	6	6.5	7	8	9.5	11	12

32.3　设备安装

32.3.1　水泵配管安装应进行水泵定位。水泵设备不得承受管道的重量。安装时，阀门依次与水

泵紧牢，与水泵相接配管的一片法兰先与阀门法兰紧牢，用线坠找直找正，量出配管尺寸，配管先点焊在这片法兰上，再把法兰松开取下焊接，冷却后再与阀门连接好，最后再焊与配管相接的另一管段。

32.3.2　配管法兰应与水泵、阀门的法兰相符，阀门安装手轮方向应便于操作，标高一致，配管排列整齐。

32.3.3　高位水箱安装：高位水箱应在结构封顶前就位，并应做满水试验。消防用水与其他用水共用水箱时应确保消防用水不被它用，留有10min的消防总用水量。

32.3.4　报警阀安装：安装报警阀时应先安装水源控制阀、报警阀，然后根据设备说明书再进行辅助管道及附件安装。水源控制阀、报警阀与配水干管的连接，应使水流方向一致。报警阀组安装的位置应符合设计要求。当设计无要求时，报警阀组应安装在便于操作的明显位置，距室内地面高度宜为1.2m，两侧与墙的距离不宜小于0.5m；正面与墙的距离不宜小于1.2m。安装报警阀组的室内地面应有排水设施。

32.3.5　水泵结合器安装：水泵结合器规格应根据设计选定，计有3种类型：墙壁型、地上型、地下型。其安装位置宜有明显标志，阀门位置应便于操作，结合器附近不应有障碍物。安全阀按系统工作压力定压，结合器应装有泄水阀。

32.4　系统组件及喷淋头安装

32.4.1　水流指示器一般安装在每层或某区域的分支干管上。水流指示器前后应保持有5倍安装管径长度的直管段，安装时应水平立装，注意水流方向与指示的箭头方向保持一致，安装后的水流指示器桨片、膜片应动作灵活，不应与管壁发生碰撞。

32.4.2　报警阀配件安装一般包括压力表、压力开关、延时器、过滤器、水力警铃、泄水管等。应严格按照说明书或安装图册进行安装。水力警铃应安装在公共通道或值班室附近的外墙上，且应安装检修测试用的阀门。

32.4.3　喷淋头安装：喷淋头一般在吊顶板装完后进行安装，安装时应采用专用扳手。安装在易受机械损伤处的喷头，应加设防护罩。

32.4.4　节流装置安装：节流装置应安装在公称直径不小于50mm的水平管段上；减压孔板应安装在管道内水流转弯处下游一侧的直管上，且与转弯处的距离不应小于管子公称直径的2倍。

32.5　水压试验

32.5.1　喷淋管道水压试验可分层分段进行，上水时最高点要有排气装置，高低点各装一块压力表，上满水后检查管路有无泄漏，如有法兰、阀门等部位泄漏，应在加压前紧固，升压后再出现泄漏时做好标记，卸压后处理。必要时泄水处理。

32.5.2　水压试验的压力应根据工作压力确定。当系统工作压力等于或小于1MPa时，试验压力采用1.4MPa；当系统工作压力大于1MPa时，试验压力采用工作压力再加0.4MPa。试压时稳压30min，目测管网应无泄漏和变形，且压力降不大于0.05MPa。试压合格后及时办理验收手续。

32.5.3　冬季试水压，环境温度不得低于5℃，若低于5℃应采取防冻措施。

32.5.4　管道试压完可连续做冲洗工作。冲洗时应确保管内有足够的水流量。排水管道应与排水系统可靠连接，其排放应畅通和安全。管网冲洗时应连续进行，当出口处水的颜色、透明度与入水口的颜色基本一致时方可结束。管网冲洗的水流方向应与灭火时管网的水流方向一致。冲洗合格后应将管内的水排干净并及时办理验收手续。

32.6　调试

32.6.1　喷淋系统安装完进行整体通水，使系统达到正常的工作压力准备调试。

32.6.2　通过末端装置放水,当管网压力下降到设定值时,稳压泵应启动,停止放水。当管网压力恢复到正常值时,稳压泵应停止运行。当末端装置以0.94～1.51/s的流量放水时,稳压泵应自锁。水流指示器、压力开关、水力警铃和消防水泵等应及时动作并发出相应信号。

33　太阳能热水设备及管道安装工程

33.1　一般规定

热水供应系统的管道应采用塑料管、复合管、镀锌钢管和铜管。

33.2　管道安装

33.2.1　热水供应系统安装完毕,管道保温之前应进行水压试验。试验压力应符合设计要求。当设计未注明时,热水供应系统水压试验压力应为系统顶点的工作压力加0.1MPa,同时在系统顶点的试验压力不小于0.3MPa。钢管或复合管道系统试验压力下10min内压力降不大于0.02MPa,然后降至工作压力检查,压力应不降,且不渗不漏;塑料管道系统在试验压力下稳压1h,压力降不得超过0.05MPa,然后在工作压力1.15倍状态下稳压2h,压力降不得超过0.03MPa,连接处不得渗漏。

33.2.2　热水供应管道应尽量利用自然弯补偿热伸缩,直线段过长则应设置补偿器。补偿器型式、规格、位置应符合设计要求,并按有关规定进行预拉伸。

33.2.3　热水供应系统竣工后必须进行冲洗。

33.3　设备安装

33.3.1　在安装太阳能集热器玻璃前,应对集热排管和上、下集管做水压试验,试验压力为工作压力的1.5倍。

33.3.2　水泵就位前的基础混凝土强度、坐标、标高、尺寸和螺栓孔位置必须符合设计要求。

33.3.3　水泵试运转的轴承温升必须符合设备说明书的规定。

33.3.4　敞口水箱的满水试验和密闭水箱(罐)的水压试验必须符合设计与《建筑给排水及采暖工程施工质量验收规范》(GB 50242—2002)的规定。

33.3.5　安装固定式太阳能热水器,朝向应正南。如受条件限制时,其偏移角不得大于15°。集热器的倾角,对于春、夏、秋三个季节使用的,应采用当地纬度为倾角;若以夏季为主,可比当地纬度减少10°。

33.3.6　由集热器上、下集管接往热水箱的循环管道,应有不小于5‰的坡度。

检验方法:尺量检查。

33.3.7　太阳能热水器安装的允许偏差应符合表21-56的规定。

太阳能热水器安装的允许偏差和检验方法　　表21-56

项　目			允许偏差	检验方法
板式直管太阳能热水器	标高	中心线距地(mm)	±20	尺量
	固定安装朝向	最大偏移角	不大于15°	分度仪检查

34　管道及设备保温工程

(1)直埋管道的保温应符合设计要求,接口在现场发泡时,接头处厚度应与管道保温层厚度一致,接头处保护层必须与管道保护层成一体,符合防潮防水要求。

(2)管道保温层的厚度和平整度的允许偏差应符合表21-57的规定。

管道及设备保温层的厚度及平整度的允许偏差和检验方法　　表21-57

项　次	项　目		允许偏差(mm)	检验方法
1	厚度		$(0.05 \sim 0.1)\sigma$	用钢针刺入
2	表面平整度	卷材	5	用2m靠尺和楔形塞尺检查
		涂抹	10	

35　排水管道及配件安装工程

35.1　一般规定

35.1.1　生活污水管道应使用塑料管、铸铁管或混凝土管(由成组洗脸盆或饮用喷水器到共用水封之间的排水管和连接卫生器具的排水短管,可使用钢管)。

35.1.2　雨水管道宜使用塑料管、铸铁管、镀锌和非镀锌钢管或混凝土管等。

35.1.3　悬吊式雨水管道应选用钢管、铸铁管或塑料管。易受振动的雨水管道(如锻造车间等)应使用钢管。

35.2　排水管道及配件安装

35.2.1　隐蔽或埋地的排水管道在隐蔽前必须做灌水试验。

35.2.2　生活污水铸铁管道的坡度必须符合表21-58的规定。

生活污水铸铁管道的坡度　　表21-58

项　次	管径(mm)	标准坡度(‰)	最小坡度(‰)
1	50	35	25
2	75	25	15
3	100	20	12
4	125	15	10
5	150	10	7
6	200	8	5

35.2.3　生活污水塑料管道的坡度必须符合表21-59的规定。

生活污水塑料管道的坡度　　表21-59

项　次	管径(mm)	标准坡度(‰)	最小坡度(‰)
1	50	25	12
2	75	15	8
3	110	12	6
4	125	10	5
5	160	7	4

35.2.4　排水塑料管必须按设计要求及位置装设伸缩节。如设计无要求时,伸缩节间距不得大于4m。高层建筑中明设排水塑料管道应设置阻火圈或防火套管。

35.2.5　排水主立管及水平干管管道均应做通球试验,通球球径不小于排水管道管径的2/3,通球率必须达到100%。

35.2.6　室内排水管道安装的允许偏差应符合表21-60的相关规定。

室内排水和雨水管道安装的允许偏差和检验方法　　表21-60

项次	项　　目				允许偏差(mm)	检验方法
1	坐标				15	用水准仪(水平尺)、直尺、拉线和尺量检查
2	标高				±15	
3	横管纵横向弯曲	铸铁管	每1m		≤1	
			全长(25m以上)		≤25	
		钢管	每1m	管径小于或等于100mm	1	
				管径大于100mm	1.5	
			全(25m以上)	管径小于或等于100mm	≤25	
				管径大于100mm	≤308	
		塑料管	每1m		1.5	
			全长25m以上		≤38	
		钢筋混凝土管、混凝土管	每1m		3	
			全长(25m以上)		≤75	
4	立管垂直度	铸铁管	每1m		3	吊线和尺量检查
			全长(5m以上)		≤15	
		钢管	每1m		3	
			全长(5m以上)		≤10	
		塑料管	每1m		3	
			全长(5m以上)		≤15	

36　卫生器具排水管道安装工程

36.1　一般规定

36.1.1　与排水横管连接的各卫生器具的收水口和立管，均应采取妥善可靠的固定措施；管道与楼板的接合部位应采取牢固可靠的防漆、防漏措施。

36.1.2　连接卫生器具的排水管道接口应紧密不露，其固定支架、管卡等支撑位置应正确、牢固，与管道的接触应平整。

36.2　卫生器具排水管道安装

36.2.1　卫生器具排水管道安装的允许偏差应符合表21-61规定。

卫生器具排水管道安装的允许偏差及检验方法　　表21-61

项次	检查项目		允许偏差(mm)	检验方法
1	横管弯曲度	每米长	2	用水平尺量检查
		横管长度≤10m，全长	<8	
		横管长度>10m，全长	10	
2	卫生器具的排水管口及横支管的纵横坐标	单独器具	10	用尺量检查
		成排器具	5	
3	卫生器具的接口标高	单独器具	±10	用水平尺和尺量检查
		成排器具	±5	

36.2.2 连接卫生器具的排水管管径和最小坡度应符合表 21-62 规定。

卫生器具连接的排水管管径和最小坡度 表 21-62

项　次	卫生器具名称		排水管管径(mm)	管道的最小坡度(‰)
1	污水盆(池)		50	25
2	单、双格洗涤盆(池)		50	25
3	洗手盆、洗脸盆		32～50	20
4	浴盆		50	20
5	淋浴器		50	20
6	大便器	高、低水箱	100	12
		自闭式冲洗阀	100	12
		拉管式冲洗阀	100	12
7	小便器	手动、自闭式冲洗阀	40～50	20
		自动冲洗水箱	40～50	20
8	化验盆(无塞)		40～50	25
9	净身器		40～50	20
10	饮水器		20～50	10～20
11	家用洗衣机		50(软管为30)	—

注:检验方法为用水平尺和尺量检查。

37 卫生洁具及给水配件安装工程

(1)卫生器具安装高度应符合表 21-63 的规定。

卫生器具的安装高度 表 21-63

项次	卫生器具名称				卫生器具安装高度(mm)		备　注
					居住和公共建筑	幼儿园	
1	污水盆(池)			架空式	800	800	
				落地式	500	500	
2	洗涤盆(池)				800	800	自地面至器具上边缘
3	洗脸盆、洗手盆(有塞、无塞)				800	500	
4	盥洗槽				800	500	
5	浴盆				≤520	—	
6	蹲式大便器			高水箱	1800	1800	自台阶面至高水箱底
				低水箱	900	900	自台阶面至低水箱底
7	坐式大便器	高水箱			1800	1800	自地面至高水箱底 自地面至低水箱底
		低水箱	外露排水管式		510	—	
			虹吸喷射式		470	370	
8	小便器	挂式			600	450	自地面至下边缘
9	小便槽				200	150	自地面至台阶面
10	大便槽冲洗水箱				≤2000	—	自台阶至水箱底
11	妇女卫生盆				360	—	自地面至器具上边缘
12	化验盆				800	—	自地面至器具上边缘

(2)卫生器具给水配件的安装高度应符合表 21-64 的规定。

卫生器具给水配件的安装高度　表21-64

<table>
<tr><th>项　次</th><th colspan="2">给水配件名称</th><th>配件中心距地面高度(mm)</th><th>冷热水龙头距离(mm)</th></tr>
<tr><td>1</td><td colspan="2">架空式污水盆(池)水龙头</td><td>1000</td><td>—</td></tr>
<tr><td>2</td><td colspan="2">落地式污水盆(池)水龙头</td><td>800</td><td>—</td></tr>
<tr><td>3</td><td colspan="2">洗涤盆(池)水龙头</td><td>1000</td><td>150</td></tr>
<tr><td>4</td><td colspan="2">住宅集中给水龙头</td><td>1000</td><td>—</td></tr>
<tr><td>5</td><td colspan="2">洗手盆水龙头</td><td>1000</td><td>—</td></tr>
<tr><td rowspan="3">6</td><td rowspan="3">洗脸盆</td><td>水龙头(上配水)</td><td>1000</td><td>150</td></tr>
<tr><td>水龙头(下配水)</td><td>800</td><td>150</td></tr>
<tr><td>角阀(下配水)</td><td>450</td><td>—</td></tr>
<tr><td rowspan="2">7</td><td rowspan="2">盥洗槽</td><td>水龙头</td><td>1000</td><td>150</td></tr>
<tr><td>冷热水管其中热水龙头上下并行</td><td>1100</td><td>150</td></tr>
<tr><td>8</td><td>浴盆</td><td>水龙头(上配水)</td><td>670</td><td>150</td></tr>
<tr><td rowspan="3">9</td><td rowspan="3">淋浴器</td><td>截止阀</td><td>1150</td><td>95</td></tr>
<tr><td>混合阀</td><td>1150</td><td>—</td></tr>
<tr><td>淋浴喷头下沿</td><td>2100</td><td>—</td></tr>
<tr><td rowspan="6">10</td><td rowspan="6">蹲式大便器
(台阶面算起)</td><td>高水箱角阀及截止阀</td><td>2040</td><td>—</td></tr>
<tr><td>低水箱角阀</td><td>250</td><td>—</td></tr>
<tr><td>手动式自闭冲洗阀</td><td>600</td><td>—</td></tr>
<tr><td>脚踏式自闭冲洗阀</td><td>150</td><td>—</td></tr>
<tr><td>拉管式冲洗阀
(从地面算起)</td><td>1600</td><td>—</td></tr>
<tr><td>带防污助冲器阀门
(从地面算起)</td><td>900</td><td>—</td></tr>
<tr><td rowspan="2">11</td><td rowspan="2">坐式大便器</td><td>高水箱角阀及截止阀</td><td>2040</td><td>—</td></tr>
<tr><td>低水箱角阀</td><td>150</td><td>—</td></tr>
<tr><td>12</td><td colspan="2">大便槽冲洗箱截止阀(从台阶面算起)</td><td>≤2400</td><td>—</td></tr>
<tr><td>13</td><td colspan="2">立式小便器角阀</td><td>1130</td><td>—</td></tr>
<tr><td>14</td><td colspan="2">挂式小便器角阀及截止阀</td><td>1050</td><td>—</td></tr>
<tr><td>15</td><td colspan="2">小便槽多孔冲洗管</td><td>1100</td><td>—</td></tr>
<tr><td>16</td><td colspan="2">实验室化验水龙头</td><td>1000</td><td>—</td></tr>
<tr><td>17</td><td colspan="2">妇女卫生盆混合阀</td><td>360</td><td>—</td></tr>
</table>

检验方法:用水平尺和尺量检查。

38　室外给水管道及设备安装工程

38.1　一般规定

38.1.1　输送生活给水的管道应采用塑料管、复合管、镀锌钢管或给水铸铁管。塑料管、复合管或给水铸铁管的管材、配件,应是同一厂家的配套产品。

38.1.2　架空或在地沟内敷设的室外给水管道,其安装要求按室内给水管道的安装要求执行。

塑料管道不得露天架空铺设，必须露天架空铺设时应有保温和防晒等措施。

38.1.3　消防水泵接合器及室外消火栓的安装位置、形式必须符合设计要求。

38.2　给水管道安装

38.2.1　给水管道在埋地敷设时，应在当地的冰冻线以下，如必须在冰冻线以上铺设时，应做可靠的保温防潮措施。在无冰冻地区，埋地敷设时，管顶的覆土埋深不得小于500mm，穿越道路部位的埋深不得小于700mm。

38.2.2　给水管道不得直接穿越污水井、化粪池、公共厕所等污染源。

38.2.3　管道接口法兰、卡扣、卡箍等应安装在检查井或地沟内，不应埋在土壤中。

38.2.4　管网必须进行水压试验，试验压力为工作压力的1.5倍，但不得小于0.6MPa。管材为钢管、铸铁管时，试验压力下10min内压力降不应大于0.05MPa，然后降至工作压力进行检查，压力应保持不变，不渗不漏；管材为塑料管时，试验压力下，稳压1h压力降不大于0.05MPa，然后降至工作压力进行检查，压力应保持不变，不渗不漏。

38.2.5　给水管道在竣工后，必须对管道进行冲洗，饮用水管道还要在冲洗后进行消毒，满足饮用水卫生要求。

38.2.6　管道的坐标、标高、坡度应符合设计要求，管道安装的允许偏差应符合表21-65的规定。

室外给水管道安装的允许偏差和检验方法　　表21-65

<table>
<tr><th>项　次</th><th colspan="3">项　　目</th><th>允许偏差(mm)</th><th>检查方法</th></tr>
<tr><td rowspan="4">1</td><td rowspan="4">坐标</td><td rowspan="2">铸铁管</td><td>埋地</td><td>100</td><td rowspan="4">拉线和尺量检查</td></tr>
<tr><td>敷设在沟槽内</td><td>50</td></tr>
<tr><td rowspan="2">钢管、塑料管复合管、</td><td>埋地</td><td>100</td></tr>
<tr><td>敷设在沟槽内或架空</td><td>40</td></tr>
<tr><td rowspan="4">2</td><td rowspan="4">标高</td><td rowspan="2">铸铁管</td><td>埋地</td><td>±50</td><td rowspan="4">拉线和尺量检查</td></tr>
<tr><td></td><td>±30</td></tr>
<tr><td rowspan="2">钢管、塑料管、复合管</td><td>埋地</td><td>±50</td></tr>
<tr><td>敷设在沟槽内或架空</td><td>±30</td></tr>
<tr><td rowspan="2">3</td><td rowspan="2">水平管纵横向弯曲</td><td>铸铁管</td><td>直段(25m以上)起点～终点</td><td>40</td><td rowspan="2">拉线和尺量检查</td></tr>
<tr><td>钢管、塑料管、复合管</td><td>直段(25m以上)起点～终点</td><td>30</td></tr>
</table>

38.2.7　给水管道与污水管道在不同标高平行敷设，其垂直间距在500mm以内时，给水管管径小于或等于200mm的，管壁水平间距不得小于1.5m；管径大于200mm的，不得小于3m。

38.2.8　铸铁管承插捻口连接的对口间隙应不小于3mm，最大间隙不得大于表21-66的规定。

铸铁管承插捻口连接的对口最大间隙　　表21-66

管径(mm)	沿直线敷设(mm)	沿曲线敷设(mm)	管径(mm)	沿直线敷设(mm)	沿曲线敷设(mm)
75	4	5	300～500	6	14～22
100～250	5	7～13			

38.2.9　采用橡胶圈接口的埋地给水管道，在土壤或地下水对橡胶圈有腐蚀的地段，在回填土前应用沥青胶泥、沥青麻丝或沥青锯末等材料封闭橡胶圈接口。橡胶圈接口的管道，每个接口的最大偏转角不得超过表21-67的规定。

橡胶圈接口最大允许偏转角 表 21-67

公称直径(mm)	100	125	150	200	250	300	350	400
允许偏转角度	5°	5°	5°	5°	4°	4°	4°	3°

39 电线导管、电缆导管和线槽敷设

39.1 一般规定

39.1.1 电线导管、电缆导管和线槽敷设所使用原材料规格型号应满足设计及规范要求，施工工艺应依据施工图进行，施工图未明确的需满足《建筑电气施工规范》(GB 50303—2015)，爆炸危险环境下电气配管及设备安装需满足《爆炸和火灾危险环境下电气线路和电气设备安装》(94 D401-3)相关要求。

39.1.2 金属的导管和线槽必须接地(PE)或接零(PEN)可靠，并符合下列规定：

(1)镀锌的钢导管、可挠性导管和金属线槽不得熔焊跨接接地线，以专用接地卡跨接的两卡间连线为铜芯软导线，截面积不小于 $4mm^2$。

(2)当非镀锌钢导管采用螺纹连接时，连接处的两端焊跨接接地线；当镀锌钢导管采用螺纹连接时，连接处的两端用专用接地卡固定跨接接地线。

(3)金属线槽不作为设备的接地导体，当设计无要求时，金属线槽全长不少于 2 处与接地(PE)或接零(PEN)干线连接；非镀锌金属线槽间连接板的两端跨接铜芯接地线，镀锌线槽间连接板的两端不跨接接地线，但连接板两端不少于 2 个有防松螺帽或防松垫圈的连接固定螺栓。

(4)金属导管严禁对口熔焊连接；镀锌和壁厚小于等于 2mm 的钢导管不得套管熔焊连接。

(5)防爆导管不应采用倒扣连接；当连接有困难时，应采用防爆活接头，其接合面应严密。

39.1.3 当绝缘导管在砌体上剔槽埋设时，应采用强度等级不小于 M10 的水泥砂浆抹面保护，保护层厚度大于 15mm。

39.1.4 室外埋地敷设的电缆导管，埋深不应小于 0.7m。壁厚小于等于 2mm 的钢电线导管不应埋设于室外土壤内。

39.1.5 室外导管的管口应设置在盒、箱内。在落地式配电箱内的管口，箱底无封板的，管口应高出基础面 50 ~ 80mm。所有管口在穿入电线、电缆后应做密封处理。由箱式变电所或落地式配电箱引向建筑物的导管，建筑物一侧的导管管口应设在建筑物内。

39.1.6 电缆导管的弯曲半径不应小于电缆最小允许弯曲半径，电缆最小允许弯曲半径应符合表 21-68 的规定。

电缆最小允许弯曲半径 表 21-68

电缆形式		电缆外径	多芯电缆	单芯电缆
塑料绝缘电缆	无铠装	—	15*D*	20*D*
	有铠装	—	12*D*	15*D*
橡皮绝缘电缆		—	10*D*	
控制电缆	非铠装、屏蔽型软电缆	—	6*D*	—
	铠装型、铜屏蔽型	—	12*D*	
	其他	—	10*D*	
铝合金导体电力电缆		—	7*D*	

续上表

电缆形式	电缆外径	多芯电缆	单芯电缆
氧化镁绝缘刚性矿物绝缘电缆	小于 7	2D	
	大于或等于 7 且小于 12	3D	
	大于或等于 12 且小于 15	4D	
	大于或等于 15	6D	
其他矿物绝缘电缆	—	15D	

39.1.7 金属导管内外壁应防腐处理；埋设于混凝土内的导管内壁应防腐处理，外壁可不防腐处理。

39.1.8 室内进入落地式柜、台、箱、盘内的导管管口，应高出柜、台、箱、盘的基础面 50～80mm。

39.1.9 暗配的导管，埋设深度与建筑物、构筑物表面的距离不应小于 15mm；明配的导管应排列整齐，固定点间距均匀，安装牢固；在终端、弯头中点或柜、台、箱、盘等边缘的距离 150～500mm 范围内设有管卡，中间直线段管卡间的大距离应符合表 21-69 的规定。

管卡间最大距离 表 21-69

敷设方式	导管种类	导管直径(mm)			
		15～20	25～32	40～50	65 以上
		管卡间大距离(m)			
支架或沿墙明敷	壁厚 >2mm 刚性钢导管	1.5	2.0	2.5	3.5
	壁厚≤2mm 刚性钢导管	1.0	1.5	2.0	—
	刚性绝缘导管	1.0	1.5	2.0	2.0

39.1.10 线槽应安装牢固，无扭曲变形，紧固件的螺母应在线槽外侧。

39.1.11 防爆导管敷设应符合下列规定：导管间及与灯具、开关、线盒等的螺纹连接处紧密牢固，除设计有特殊要求外，连接处不跨接接地线，在螺纹上涂以电力复合酯或导电性防锈酯；安装牢固顺直，镀锌层锈蚀或剥落处做防腐处理。

39.1.12 绝缘导管敷设应符合下列规定：

(1)管口平整光滑；管与管、管与盒(箱)等器件采用插入法连接时，连接处结合面涂专用胶合剂，接口牢固密封。

(2)直埋于地下或楼板内的刚性绝缘导管，在穿出地面或楼板易受机械损伤的一段，采取保护措施。

(3)当设计无要求时，埋设在墙内或混凝土内的绝缘导管，采用中型以上的导管。

(4)沿建筑物、构筑物表面和在支架上敷设的刚性绝缘导管，按设计要求装设温度补偿装置。

39.1.13 金属、非金属柔性导管敷设应符合下列规定：

(1)刚性导管经柔性导管与电气设备、器具连接，柔性导管的长度在动力工程中不大于 0.8m，在照明工程中不大于 1.2m。

(2)可挠金属管或其他柔性导管与刚性导管或电气设备、器具间的连接采用专用接头；复合型可挠金属管或其他柔性导管的连接处密封良好，防液覆盖层完整无损。

(3)可挠性金属导管和金属柔性导管不能做接地(PE)或接零(PEN)的接续导体。

(4)导管和线槽，在建筑物变形缝处，应设补偿装置。

39.2 暗管敷设

39.2.1 暗配的电线管路宜沿最近的线路敷设并应减少弯曲，埋入墙内或混凝土内的管子与表面的净距不应小于15mm。

39.2.2 根据设计图和现场情况加工好各种盒、箱、管弯。钢管煨弯采用冷弯法，一般管径为20mm及以下时，用手扳弯管器；管径为25mm及以上时，使用液压弯管器。管子断口处应平齐不歪斜，刮锉光滑，无毛刺。管子套丝丝扣应干净清晰，不乱扣，不过长。以土建弹出的水平线为基准，根据设计图要求确定盒、箱实际尺寸位置，并将盒、箱固定牢固。

39.2.3 管路主要用管箍丝扣连接，套丝不得有乱扣现象。上好管箍后，管口应对严，外露丝扣应不多于2扣。套管连接宜用于暗配管，套管长度为连接管径的1.5～3倍。连接管口的对口处应在套管的中心，焊口应焊接牢固严密。管路超过下列长度，应加装接线盒，其位置应便于穿线：无弯时，30m；有一个弯时，20m；有两个弯时，15m；有三个弯时，8m。盒、箱开孔应整齐并与管径相吻合，要求一管一孔，不得开长孔。管口入盒、箱，暗配管可用跨接地线焊接固定在盒棱边上，严禁管口与敲落孔焊接，管口露出盒、箱应小于5mm，有锁紧螺母者与锁紧螺母平，露出锁紧螺母的丝扣为2～4扣。

39.2.4 将堵好的盒子固定牢后敷管，管路每隔1m左右用铅丝绑扎牢。

39.2.5 用$\phi 6$圆钢与跨接地线焊接，跨接地线两端焊接面不得小于该跨接线截面的6倍，焊缝均匀牢固，焊接处刷防腐漆。

39.3 明管敷设

39.3.1 明配管弯曲半径一般不小于管外径6倍，如只有一个弯时应不小于管外径的4倍。

39.3.2 根据设计首先测出盒箱与出线口的准确位置，然后按照安装标准的固定点间距要求确定支、吊架的具体位置，固定点的距离应均匀，管卡与终端、转弯中点、电气器具或箱盒边缘的距离为150～500mm，钢管中间管卡的最大距离：$\phi 15$～$\phi 20$时为1.5m，$\phi 25$～$\phi 32$时为2m。

39.3.3 明制箱盒安装应牢固平整，开孔整齐并与管径相吻合，要求一管一孔。钢管进入灯头盒、开关盒、接线盒及配电箱时，露出锁紧螺母的丝扣为2～4扣。

39.3.4 钢管与设备连接时，应将钢管敷设到设备内。如不能直接进入时，在干燥房间内可在钢管出口处加装保护软管引入设备；在潮湿房间内，可采用防水软管或在管口处装设防水弯头再套绝缘软管保护，软管与钢管、软管与设备之间的连接应用软管接头连接，长度不宜超过1m。钢管露出地面的管口距地面高度应不小于200mm。

39.3.5 吊顶内管路敷设。在灯头测定后，用不少于2个螺钉把灯头盒固定牢，管路应敷设在主龙骨上边，并应里外带锁紧螺母。管路主要采用配套管卡固定，固定间距不小于1.5m。吊顶内灯头盒至灯位采用金属软管过渡，长度不宜超过0.5m，其两端应使用专用接头。吊顶内各种盒、箱的安装口方向应朝向检查口以利于维护检查。

39.3.6 地线跨接，将堵好的盒子固定牢后敷管，管路每隔1m左右用铁丝绑扎牢。用接地线连接相邻镀锌管，且接地线截面积不小于2.5mm^2。

40 电缆桥架安装

40.1 一般规定

40.1.1 电缆桥架所使用原材料规格型号应满足设计及规范要求，施工工艺应依据施工图进行。

40.1.2 金属桥架及其支架和引入或引出的金属电缆导管必须接地(PE)或接零(PEN)可靠，且必须符合下列规定：

(1)金属桥架及支架全长应不少于2处与接地(PE)或接零(PEN)干线相连接。

(2)非镀锌电缆桥架间连接板的两端跨接铜芯接地线，接地线最小允许截面积不小于$4mm^2$。

(3)镀锌电缆桥架间连接板的两端不跨接接地线，但连接板两端不少于2个有防松螺帽或防松垫圈的连接固定螺栓。

(4)电缆桥架处如有防火要求的场所，应采取防火隔离措施。

(5)按照已批准的施工组织设计(施工方案)进行技术、安全交底。

(6)施工执行工艺标准、图集、规范齐全。

(7)电缆桥架敷设前，应检查桥架敷设有无与其他设备、管线交叉或重叠无法施工的地方，施工前应与各工种、监理或建设单位及设计单位协商好，并做好记录，以保证施工顺利进行。

40.1.3　根据施工图或施工所用电缆应做好电缆牵引力的计算。

40.1.4　电缆桥架规格及型号必须符合设计要求，附件齐全；桥架与配件、附件和紧固件各种型钢均应采用镀锌标准件。

40.1.5　各种规格电缆桥架的直线段、弯通、桥架附件及支、吊架立柱及型钢等有产品合格证，桥架内外应光滑平整，无棱刺，不应有扭曲翘边等变形现象。

40.1.6　桥架订货或制作应按设计要求进行，不应有误，应反复校核以免造成浪费。

40.1.7　桥架安装选择需屏蔽电气干扰的电缆回路，有腐蚀的场所、易燃粉尘场所，应选用无盖无孔封闭型托盘，当需要因地制宜的场所，宜选用组装式托盘或有孔托盘及梯架；在容易积灰和其他需遮盖的环境或户外场所，宜带有盖板。低压电力电缆与控制电缆共用同一托盘或梯架时，应选用中间有隔板的托盘或梯架；在托盘、梯架分支、引上、引下处应设适当的弯通；因受空间条件限制不便装设弯通或有特殊要求时，可选用软连接板，铰接板；伸缩缝应设置伸缩板；连接两段不同宽度或高度的托盘、梯架可配置变宽或变高板。但在施工中，支、吊架和桥架的选择应依设计或工程布置条件选择。

40.2　支架与吊架安装要求及预埋吊杆、吊架

40.2.1　吊架安装要求及预埋吊杆、吊架基本规定：

(1)支架与吊架所用钢材应平直，无明显扭曲。下料后长短偏差应在5mm范围内，切口处应无卷边、毛刺。

(2)钢支架与吊架应焊接牢固，无显著变形、焊缝均匀平整，焊缝长度应符合要求，不得出现裂纹、咬边、气孔、凹陷、漏焊、焊漏等缺陷。

(3)支架与吊架应安装牢固，保证横平竖直，在有坡度的建筑物上安装支架与吊架应与建筑物有相同坡度。

(4)严禁用电气焊切割钢结构或轻钢龙骨任何部位，当确需与钢结构焊接固定时，应经过结构设计人同意方可进行切割且焊接后应做防腐处理。

(5)万能吊具应采用定型产品，对桥架进行吊装，并应有各自独立的吊装卡具或支撑系统。

(6)水平桥架安装过程中，应有防晃措施。

(7)电缆桥架水平敷设时应按负荷曲线选取最佳跨距进行支撑，跨距一般为1.5～3m；垂直敷设时其固定点间距不宜大于2m。

(8)支架与吊架距离上层楼板不小于150～200mm；距地面高度不低于100～150mm(电缆沟内)。

(9)膨胀螺栓固定时，选用螺栓适配，连接紧固，防松零件齐全。

40.2.2　预埋吊杆、吊架：采用直径不小于8mm的圆钢，经过切割、调直、煨弯及焊接等步骤制作成吊杆、吊架。其端部应套丝以便于调整。在配合土建结构中，应随着钢筋上配筋的同时，将吊杆或吊架锚固在所标出的固定位置。在混凝土浇筑时，要留有专人看护以防吊杆或吊架移位。拆模板

时不得碰坏吊杆端部的丝扣。

40.2.3 预埋铁的自制加工应按桥架荷载确定预埋铁规格，但最小尺寸不应小于120mm×60mm×6mm；其锚固圆钢的直径应不小于8mm。紧密配合土建结构施工，将预埋铁的平面放在钢筋网片下面，紧贴模板，可以采用绑扎或焊接的方法将锚固圆钢固定在钢筋网上，模板拆除后，预埋铁的平面应明露或吃进，一般在2～3cm，再用扁钢或角钢制成支架、吊架焊在上面固定。

40.2.4 钢结构：经结构设计同意后并有书面记录时可将支架或吊架直接焊在钢结构上的固定位置处，也可利用万能吊具进行安装。

40.3 金属膨胀螺栓

40.3.1 金属膨胀螺栓基本规定：

(1)适用于C15以上混凝土构件及实心砖墙上，不适用于空心砖墙及各类轻质隔墙。

(2)钻头直径的误差应与膨胀螺栓规格匹配；深度误差不得超过+3mm，即打孔的深度应以将套管全部埋入墙内或顶板内后，表面平齐为宜。

(3)螺栓固定后，其头部偏斜值不应大于2mm。

(4)螺栓及套管的质量应符合产品的技术条件。

40.3.2 金属膨胀螺栓安装方法：

(1)首先沿着墙壁或顶板根据设计图进行弹线定位，标出固定点的位置。

(2)根据支架或吊架承受的荷重，选择相应的金属膨胀螺栓及钻头，所选钻头长度应大于套管长度。

(3)清除孔洞内的碎屑后用木槌或垫上木块，用铁锤将膨胀螺栓敲进洞内，打入深度达到套管与建筑物表面平齐为止，螺栓端部外露，敲击时不得损伤螺栓的丝扣。

(4)埋好螺栓后，可用螺母配上相应的垫圈将支架或吊架直接固定在金属膨胀螺栓上。

40.4 电缆桥架安装

40.4.1 桥架应平整，无扭曲变形，内壁无毛刺，各种附件齐全。

40.4.2 桥架的接口应平整，接缝处应紧密平直。桥架盖装上后应平整，无翘角，出线口的位置准确。

40.4.3 在吊顶内敷设时，如果检修需要破坏吊顶板时应留有检修孔。

40.4.4 桥架的所有非导电部分的铁件均应相互连接和跨接，使之成为一个连续导体，并做好整体接地。

40.4.5 桥架经过建筑物的变形缝(伸缩缝、沉降缝)时，桥架本身应断开，槽内用内连接板搭接，不需固定。保护地线和槽内导线均应留有补偿余量。

40.4.6 敷设在竖井、吊顶、通道、夹层及设备层等处的桥架应符合《高层民用建筑设计防火规范》(GB 50045—1995)的有关防火要求。

40.4.7 几组电缆桥架在同一高度平行安装时，各相邻电缆桥架间应考虑维护、检修距离及桥架出管方便。

40.4.8 桥架直线段组装时，应先做干线，再做分支线。桥架与桥架可采用内连接头或外连接头，配上平垫和弹簧垫用螺母紧固。螺母必须在桥架壁外侧。接茬处应缝隙严密平齐。

40.4.9 桥架进行交叉、转弯、丁字连接时，应采用直通、二通、三通、四通或平面二通、平面三通等进行变通连接。

40.4.10 桥架与盒、箱、柜等接茬时，进线和出线口等处应采用抱脚连接，并用螺丝紧固，末端

应加装封堵。

40.4.11　建筑物的表面如有坡度时，桥架应随其变化坡度。待桥架全部敷设完毕后，应在电缆敷设之前进行调整检查。确认合格后，再进行桥架内电缆敷设。

40.4.12　吊具吊装桥架：万能型吊具一般应用在钢结构中，如工字钢、角钢、轻钢龙骨等结构，可预先将吊具卡具、吊杆、吊装器组装成一个整体，在标出的固定点位置处进行吊装，逐件地将吊装卡具压接在钢结构上，将顶丝拧牢。

40.4.13　电缆托盘、梯架多层敷设时其层间距离一般为：控制电缆间不小于0.2m，电力电缆间不小于0.3m，弱电电缆与电力电缆间不小于0.5m，桥架上部距顶棚或其他障碍物不小于0.3m。

40.4.14　电缆托盘、梯架上的电缆可无间距敷设，电缆在托盘、梯架内横断面的填充率：电力电缆不大于40%，控制电缆不大于50%。

40.4.15　下列不同电压不同用途的电缆不宜敷设在同一层桥架上，如受条件限制安装在同一层桥架上时，应用隔板隔离：1kV以上和1kV以下的电缆；向一级负荷供电的双路电源电缆；应急照明和其他照明的电缆；强电和弱电电缆。

40.4.16　电缆托盘、梯架不宜敷设在腐蚀性气体管道和热力管道的上方及腐蚀性液体管道的下方，否则应采取防腐隔热措施。

40.5　金属桥架保护地线安装

40.5.1　保护地线应根据设计图要求敷设在桥架内一侧，接地处螺丝直径不应小于6mm；并且需要加平垫和弹簧垫圈，烤漆桥架还要加爪型垫片后用螺母压接牢固。

40.5.2　金属电缆桥架及其支架首端和末端均应与接地（PE）或接零（PEN）干线相连接。电缆桥架的宽度在100mm以内（含100mm），两段桥架用连接板连接处（及连接板作地线时），每端螺丝固定点不少于4个；宽度在200mm以上（含200mm），两段桥架用连接板保护地线每段螺丝固定点不少于6个。

40.5.3　支、托架接地：采用ϕ10镀锌螺丝加平垫和弹簧垫圈，烤漆的桥架与支、托架还须加爪型垫片后用螺母将支、托架与桥架压接牢靠。

40.5.4　支架或吊架的焊接处未做防腐处理：应及时补刷遗漏处的防锈漆。

40.5.5　保护地线的线径和压接螺丝的直径不符合要求，应全部按规范要求执行。

41　桥架内电缆敷设安装

41.1　一般规定

41.1.1　同一交流回路的绝缘导线不应敷设于不同的金属桥架内。

41.1.2　绝缘导线接头应设置在接线盒（箱）或器具内，不得设置在槽盒内，盒（箱）的位置的设置应便于检修。

41.1.3　建筑电气工程中电缆敷设基本采用电气竖井内沿支架上敷设、电缆托盘或梯架或槽盒内敷设和电缆穿管敷设等方式，对电气竖井内沿支架敷设的方式，可以等电缆全部敷设完后进行检查；对在电缆托盘或梯架或槽盒内敷设的电缆应在敷设过程中进行分层检查，以免电缆敷设完成后由于电缆叠加不方便检查；对电缆穿管敷设应使导管的管口和导管连接处光滑、无毛刺。

41.1.4　设计中，并联使用的电缆型号、规格、长度一般是相同的。本条主要是考虑由于施工现场的工期问题或电缆货源问题,随意替代会造成一根电缆过载一根电缆负荷不足,影响运行安全的现象。由于不同型号或不同规格的电缆的允许载流量和允许运行温度是不相同的,不同长度的电缆其负荷的分配比例也是有区别的,将会影响电缆运行的安全。

41.1.5　电缆敷设在桥架内或电缆固定的基本要求,是为了安全供电应该做到的规定。尤其在采用预制电缆头作分支连接,在进、出配电柜、箱时,要防止分支处电缆芯线单根固定时,采用的夹具和支架形成闭合铁磁回路。

41.1.6　这是使零序电流互感器正确反映电缆运行情况,并防止离散电流的影响而使零序保护错误发出信号或动作的规定。

41.1.7　电缆敷设方式有沿支架、托盘、梯架、槽盒或直埋等多种形式,电缆的用途也各不相同,按功能分有正常供配电和应急或事故用供配电电缆,按电压等级分有高压、低压电缆,按用途分有动力、照明和控制电缆。对不同用途或电压等级的电缆其敷设方式、排列要求各有不同,这些是由设计单位在设计文件中作出规定的,施工单位在施工中应按设计要求进行施工。由于电缆的硬度相对较高,规定在温度变化大的场所、振动场所或穿越建筑物变形缝等部位采取补偿措施是为了避免出现电缆变形和位移等状况。

41.1.8　电缆应有合格证和“CCC”认证标志,并应有“CCC”认证复印件;每盘电缆上应标明规格、型号、电压等级、长度及出厂日期,电缆应完好无损。

41.1.9　电缆外观完好无损,铠装无锈蚀、无机械操作,无皱折和扭曲现象。油浸电缆应密封良好,无漏油及渗油现象。橡胶套及塑料电缆外皮及绝缘层无老化及裂纹。电缆端头密封良好。

41.2　桥架内电缆敷设

41.2.1　电缆敷设前进行绝缘摇测或耐压试验。

41.2.2　电缆敷设后未接线以前应用橡皮包布密封后用黑胶布包好。

41.2.3　室内电缆托盘、梯架布线不应采用具有黄麻或其他易燃材料外保护层的电缆。

41.2.4　水平敷设:

敷设方法可用人力或机械牵引。电缆应单层敷设,排列整齐,不得有交叉,拐弯处应以最大截面电缆允许弯曲半径为准。不同等级电压的电缆应分层敷设,高电压电缆应敷设在上层。同等级电压的电缆沿支架敷设时,水平净距不小于35mm。电缆敷设排列整齐,电缆首尾两端、转弯两侧及每隔5~10m处设固定点。

41.2.5　垂直敷设:

垂直敷设,有条件的最好自上而下敷设。土建未拆吊车前,将电缆吊至楼层顶部。敷设时,同截面电缆应先敷设低层,后敷设高层,要特别注意,在电缆轴附近和部分楼层应采取防滑措施。自下而上敷设时,低层、小截面电缆可用滑轮大绳人力牵引敷设。高层、大截面电缆宜用机械牵引敷设。电缆敷设时,每层最少加装两道卡固支架。敷设时,应放一根立即卡固一根。电缆沿桥架敷设穿过楼板时,预留通洞,敷设完后应将洞口用防火材料堵死。电缆在超过45°倾斜敷设或垂直敷设时,应在每个支架上进行固定(2m),交流单芯电缆或分相后的每相电缆固定用的夹具和支架,不形成闭合铁磁回路。

42　电线、电缆穿管和线槽敷线

42.1　一般规定

42.1.1　同一交流回路绝缘导线不应敷设于不同的金属槽盒内或穿于不同金属导管内,除设计

要求以外,不同回路、不同电压等级和交流与支流线路的绝缘导线不应穿于同一根管内。

42.1.2 电缆敷设不得存在绞拧、铠装压扁、护层断裂和表面严重划伤等缺陷。

42.1.3 当电缆敷设存在可能受到机械外力损伤、振动、浸水及腐蚀性或污染物质等损害时,应采取防护措施。

42.1.4 除设计要求外,并联使用的电力电缆的型号、规格、长度应相同。

42.1.5 交流单芯电缆或分相后的每相电缆不得单根独穿于钢导管内,固定用的夹具和支架不应形成闭合磁路。

42.1.6 当电缆穿过零序电流互感器时,电缆金属护层和接地线应对地绝缘。对穿过零序电流互感器后制作的电缆头,其电缆接地线应回穿互感器后接地;对尚未穿过零序电流互感器的电缆接地线应在零序电流互感器前直接接地。

42.1.7 电缆的敷设和排列布置应符合设计要求,电缆敷设在温度变化大的场所、振动场所或穿越建筑物变形缝时应采取"S"或"Ω"弯。

42.1.8 电缆支架安装的规定:

(1)每层间净距不应小于2倍电缆外径加10mm,35kV电缆不应小于2倍电缆外径加50mm,如表21-70所示。

电缆支架安装层间净距(单位:mm) 表21-70

电 缆 种 类		支架上敷设	梯架、托盘内敷设
控制电缆明敷		120	200
电力电缆明敷	10kV及以下电缆(除6~10kV交联聚乙烯绝缘电力电缆)	150	250
	6~10kV交联聚乙烯绝缘电力电缆	200	300
	35kV单芯电力电缆	250	300
	35kV三芯电力电缆	300	350
电缆敷设在槽盒内		$h+100$	

注:h为槽盒高度。

(2)最上层电缆支架距构筑物顶板或梁底的最小净距应满足电缆引接至上方配电柜、台、箱、盘时电缆弯曲半径的要求,且不宜小于表21-70所列数再加80~150mm;距其他设备的最小净距不应小于300mm,当无法满足要求时应设置防护板。

(3)当设计无要求时,最下层电缆支架距沟底、地面的最小距离不应小于表21-71的规定。

最下层电缆支架距沟底、地面的最小净距 表21-71

电缆敷设场所及其特征		垂直净距(mm)
电缆沟		50
隧道		100
电缆夹层	非通道处	200
	至少在一侧不小于800m宽到处	1400
公共廊道中电缆支架无阻拦防护		1500
室内机房或活动区间		2000
室外	无车辆通过	2500
	有车辆通过	4500
屋面		200

(4)当支架与预埋件焊接固定时,焊缝应饱满;当采用膨胀螺栓固定时,螺栓应适配、连接紧固、防松零件齐全,支架安装应牢固、无明显扭曲。

42.1.9 电缆敷设应符合下列规定:

(1)电缆的敷设排列应顺直、整齐,并宜少交叉。

(2)电缆转弯处的最小弯曲半径应符合表21-68的规定。在电缆沟或电气竖井内垂直敷设或大于45°倾斜敷设的电缆应在每个支架上固定。

42.1.10 在梯架、托盘或槽盒内大于45°倾斜敷设的电缆应每隔2m固定,水平敷设的电缆,首尾两端、转弯两侧及每隔5~10m处应设固定点。

42.1.11 当设计无要求时,电缆支撑点间距不应大于表21-72的规定。

电缆支撑点间距(单位:mm) 表21-72

电缆种类		电缆外径	敷设方式	
			水平	垂直
电力电缆	全塑型	—	400	1000
	除全塑型外的中低压电缆		800	1500
	35kV高压电缆		1500	2000
	铝合金带联锁的铝合金电缆		1800	1800
控制电缆			800	1000
矿物绝缘电缆		<9	600	800
		≥9,且<15	900	1200
		≥15,且<20	1500	2000
		≥20	2000	2500

42.1.12 当设计无要求时,电缆与管道的最小净距应符合《建筑电气工程施工质量验收规范》(GB 50303—2015)附录F的规定。

42.1.13 无挤塑外护层电缆金属护套与金属支(吊)架直接接触的部位应采取防电化腐蚀的措施。

42.1.14 电缆出入电缆沟,电气竖井,建筑物,配电(控制)柜、台、箱处以及管子管口处等部位应采取防火或密封措施。

42.1.15 电缆出入电缆梯架、托盘、槽盒及配电(控制)柜、台、箱、盘处应做固定。

42.1.16 当电缆通过墙、楼板或室外敷设穿导管保护时,导管的内径不应小于电缆外径的1.5倍。

42.1.17 直埋电缆的上、下应有细沙或软土,回填土应无石块、砖头等尖锐硬物。

42.1.18 电缆的首端、末端和分支处应设标志牌,直埋电缆应设标示桩。同一交流回路的绝缘导线不应敷设于不同的金属槽盒内或穿于不同金属导管内。除设计要求以外,不同回路、不同电压等级和交流与直流线路的绝缘导线不应穿于同一导管内。绝缘导线接头应设置在专用接线盒(箱)或器具内,不得设置在导管和槽盒内,盒(箱)的设置位置应便于检修。

(1)除塑料护套线外,绝缘导线应采取导管或槽盒保护,不可外露明敷。

(2)绝缘导线穿管前,应清除管内杂物和积水,绝缘导线穿入导管的管口在穿线前应装设护线口。

(3)与槽盒连接的接线盒(箱)应选用明装盒(箱);配线工程完成后,盒(箱)盖板应齐全、完好。

(4)当采用多相供电时,同一建(构)筑物的绝缘导线绝缘层颜色应一致。

42.1.19　槽盒内敷线应符合下列规定:

(1)同一槽盒内不宜同时敷设绝缘导线和电缆。

(2)同一路径无防干扰要求的线路,可敷设于同一槽盒内;槽盒内的绝缘导线总截面面积(包括外护套)不应超过槽盒内截面面积的40%,且载流导体不宜超过30根。

(3)当控制和信号等非电力线路敷设于同一槽盒内时,绝缘导线的总截面积不应超过槽盒内截面积的50%。

(4)分支接头处绝缘导线的总截面面积(包括外护层)不应大于该点盒(箱)内截面面积的75%。

(5)绝缘导线在槽盒内应留有一定余量,并应按回路分段绑扎,绑扎点间距不应大于5m;当垂直或大于45°角倾斜敷设时,应将绝缘导线分段固定在槽盒内的专用部件上,每段至少应有一个固定点;当直线段长度大于2m时,其固定点间距不应大于6m;槽盒内导线排列应整齐、有序。

(6)敷线完成后,槽盒盖板应复位,盖板应齐全、平整、牢固。

42.2　选择导线

42.2.1　按设计图纸选择导线的规格、型号。

42.2.2　为便于检查和维修,导线颜色见导线颜色选用表21-73。

导线颜色选用表　　表21-73

序　号	导线相别	导线颜色	备　注
1	A(11)	黄	配电箱、柜内的导线可由厂家根据行业规定执行
2	B	绿	
3	C	红色	
4	N	蓝色	
5	PE	黄、绿双色	
6	灯具控制线	灰色	

42.3　穿带线

42.3.1　选择适用的钢带线。

42.3.2　将钢丝的一端弯成不封口的圆圈,把带线穿入管内。

42.3.3　穿带线受阻时,用两根钢丝在管的两端同时搅动,使两钢丝的端头钩绞在一起,把带线拉出。

42.4　扫管

42.4.1　将布条的两端牢固绑扎在带线上,两人来回拉动。

42.4.2　将管路中的污物清理干净。

42.5　放线及断线

42.5.1　放线:

(1)放线前根据图纸选择线缆的规格、型号。

(2)放线时将线缆置于放线架上。

42.5.2 断线。

断线时为保证导线不浪费,同时满足接线长度的需要,可参考表21-74。

接线长度 表21-74

序号	断线部位	导线预留长度	备注
1	进出配电箱导线	配电箱体周长的1/2	
2	开关盒等的导线	100~150mm	
3	进出户导线	1500~2000mm	据甲方要求

42.6 导线与带线的绑扎

42.6.1 导线根数较少时,将导线前端绝缘层削去,把线芯直接插入带线的盘圈内并折回压实,绑扎牢固,绑扎处形成一个平滑的锥形。

42.6.2 导线根数较多或截面较大时,将导线前端绝缘层削去,把线芯斜错排列在带线上,用绑线缠绕绑扎牢固,绑扎处形成一个平滑的锥形。

42.7 管内穿线

42.7.1 检查管子护口是否齐全。

42.7.2 穿线困难时,向管内吹入适量滑石粉。

42.7.3 两人配合,一拉一送。

42.8 导线连接

42.8.1 导线连接必须在盒或箱内进行。

42.8.2 导线连接宜采用合适的方法,不得违反规范要求。

42.8.3 导线与器具连接时,线径在6mm(含6mm)以下时,单股线可直接与器具压接,多股铜芯线拧紧搪锡或接续端子后与器具连接,线径在6mm以上时要拧紧搪锡或接续端子后与器具连接,接线端子做涮锡处理。

42.9 导线包扎

42.9.1 导线连接后要及时进行包扎。

42.9.2 导线包扎时先用粘塑料绝缘带进行包扎,而后用黑胶布包扎严密。

42.10 线路检查和绝缘摇测

42.10.1 线路接、包全部完成后进行自、互检。

42.10.2 线路绝缘摇测要选用量程适当的兆欧表。选兆欧表时可参考表21-75。

兆欧表量程值 表21-75

序号	设备或线路的电压范围	选兆欧表电压值	备注
1	100V及以下	250V	本表对用电设备的电气部分绝缘检测同样适用
2	100~500V	500V	
3	500~3000V	1000V	
4	3000~10000V	2500V	

42.10.3 线路绝缘摇测要先干线后支线,逐个回路进行摇测。

42.10.4　分两次进行摇测，在电气器具、设备未安装接线前摇测一次，在其安装接线后送电前再摇测一次，确认回路绝缘合格后方可送电试运行。

42.10.5　线路摇测要两人进行，一人摇测另一人读数及记录。摇表转速应保持在120r/min上下，摇测值采用1min后的数值。

43　电缆头制作、导线连接和线路电气试验

43.1　一般规定

43.1.1　电力电缆通电前应按国家标准《电气装置安装工程电气设备交接试验标准》(GB 50150—2006)的规定进行耐压试验，并应合格。

低压或特低电压配电线路线间和线对地间的绝缘电阻测试电压及绝缘电阻值不应小于表21-76的规定，矿物绝缘电缆线间和线对地间的绝缘电阻应符合国家现行有关产品标准的规定，见表21-76。

绝 缘 电 阻 标 准　　表21-76

标称回路电压(V)	直接测试电压(V)	绝缘电阻(MΩ)
SE1V 和 PE1V	250	0.5
500V 及以下，包括 FE1V	500	0.5
500V 以上	1000	1.0

43.1.2　电力电缆的铜屏蔽层和铠装护套及矿物绝缘电缆的金属护套和金属配件，应采用铜绞线或镀锡铜编织线与保护导体做连接，其连接导体的截面积不应小于表21-77的规定。当铜屏蔽层和铠装护套及矿物绝缘电缆的金属护套和金属配件作保护导体时，其连接导体的截面积应符合设计要求，见表2-77。

设 计 要 求　　表21-77

电缆相导体截面积	保护联结导体截面积
≤16	与电缆导体截面相同
>16，且≤120	16
≥150	25

43.1.3　电缆端子与设备或器具连接应符合《建筑电气工程施工质量验收规范》(GB 50303—2015)中第10.1.3条和第10.2.2条的规定。

电缆头应可靠固定，不应使电器元器件或设备端子承受额外应力。导线与设备或器具的连接应符合下列规定：

(1)截面积在10mm^{2}及以下的单股铜芯线和单股铝/铝合金芯线可直接与设备或器具的端子连接。

(2)截面积在6mm^{2}及以下的多芯铜芯线应接续端子或拧紧搪锡后再与设备或器具的端子连接。

(3)截面积大于2.5mm^{2}的多芯铜芯线，除设备自带插接式端子外，应接续端子后与设备或器具的端子连接；多芯铜芯线与插接式端子连接前，端部应拧紧搪锡。

(4)每个设备或器具的端子接线不多于2根导线或2个导线端子。

43.1.4　截面积在6mm^{2}及以下铜芯导线间的连接应采用导线连接器或缠绕搪锡连接，并应符

合下列规定:

(1)导线连接器应符合现行国家标准《家用和类似用途低压电路用的连接器件》(GB 13140—2008)的相关规定,并应符合下列规定:

①导线连接器应与导线截面相匹配。

②单芯导线与多芯软导线连接时,多芯软导线宜搪锡处理。

③与导线连接后不应明露线芯。

④采用机械压紧方式制作导线接头时,应使用确保压接力的专用工具。

⑤多尘场所的导线连接应选用 IP54 及以上的防护等级连接器;潮湿场所的导线连接应选用 IP45 及以上的防护等级连接器。

(2)导线采用缠绕搪锡连接时,连接头缠绕搪锡后应采取可靠绝缘措施。

(3)铜/铜合金电缆头及端子压接应符合下列规定:

①铜/铜合金电缆的联锁铠装不应作为保护接地导体(PE)使用,联锁铠装应与保护接地导体(CPE)连接。

②线芯压接面应去除氧化层并涂抗氧化剂,压接完成后应清洁表面。

③线芯压接工具及模具应与相关规范要求相匹配。

43.1.5 当采用螺纹型接线端子与导线连接时,其拧紧力矩值应符合产品技术文件的要求,当无要求时,应符合相关规范的规定。

43.1.6 绝缘导线、电缆的线芯连接金具(连接管和端子),其规格应与线芯的规格适配,且不得采用开口端子,其性能应符合国家现行有关产品标准的规定。

43.1.7 当接线端子规格与电气器具规格不配套时,不应采取降容的转接措施。

43.2 电缆头制作

43.2.1 电缆终端头及其所用绝缘材料应是定型产品,各部衔接处应封闭严密,附件齐全,外套不得裂纹、损伤,必须符合电压等级和设计要求,并应有试验数据及合格证。电缆头附件及主要材料由生产厂家备齐,并有合格证及说明书。

43.2.2 电缆绝缘胶和环氧树脂结晶胶应是定型产品,必须符合电压等级和设计要求,各部衔接处均应封闭严密,附件齐全,应有理化及电气性能的试验单及合格证固定电缆终端头用的金属件均应是镀锌件,配齐相应的螺母、垫圈和弹簧垫。端头外壳必须密封良好,无杂质和砂眼,内壁光滑整洁,尺寸必须符合设计要求。

43.2.3 电缆敷设并整理完毕,核对无误。

43.2.4 电缆支架及电缆终端头固定支架安装齐全。

43.2.5 室外电缆终端头的制作应选择晴朗无风的天气施工,环境温度 +5℃以上。

43.2.6 施工现场及其周围应清洁干燥,操作平台要牢固,四周应搭设防风栅。

43.2.7 施工现场应备有 220V 电源和安全电源。现场具有足够照明和较宽敞的操作场地。

43.2.8 电缆终端头制作人员应经专门培训并考核合格,方可施工操作。

43.2.9 土建工程基本施工完,墙面、屋顶的浆活完毕,施工现场应符合安全、消防规定,易燃物要妥善保管。

43.2.10 塑料带应分黄、绿、红、蓝、双色五色,各种螺丝等镀锌件应镀锌良好。

43.2.11 地线采用裸铜软线,截面不小于 $10mm^2$,表面应清洁,无断股现象。

43.2.12 高空作业(电杆上)应搭好平台,在施工部位上方搭好帐篷,防止灰尘侵入(室外),室外施工时,应搭设临时帐篷。

43.2.13 电气设备安装完毕,室内空气干燥,变压器、低压开关柜(低压开关)、电缆均安装完毕,电缆绝缘合格。

43.2.14　根据设备情况留有做1~2个电缆终端头的长度处压接线鼻子或直接与设备连接。剥除绝缘长度为线鼻子孔深加5mm,套上线鼻子进行压接,压接不得少于3道,有电流互感器时,应先穿过电流互感器再压鼻子。压好线鼻子后用锉刀清除毛刺,然后用J20自粘带将线芯、线鼻子包扎严密封口。

43.2.15　在线鼻子处按规定的相色用相色带进行包绕两层,长约8~10mm。将做好的终端头装在预定位置,接好接地线。同一盘内所用电缆头应固定在盘底部支架上,成一条直线,并且扎带的绑扎方式应一致电缆头做好后要挂牌,挂牌应正确、清晰、整齐。电缆头制作还应注意以下质量控制要点制作电缆终端头时,从剥切电缆开始应连续操作直至完成,缩短绝缘暴露时间。

43.2.16　线芯剥出压接前,需使用纱布将线芯打磨干净。除去其氧化层后使用酒精清洗干净。压接前需将线芯表面均匀涂抹电力复合脂。

43.2.17　线鼻子应与电缆配套,使用前需用酒精彻底清理干净。

43.2.18　对于电缆屏蔽层处理时,剥除时不得损伤绝缘表面,屏蔽端部应平整。

44　开关、插座、风扇安装

44.1　一般规定

44.1.1　交流、直流或不同电压等级的插座安装在同一场所时,应有明显的区别,插座不得互换;配套的插头应按交流、直流或不同电压等级区别使用。

44.1.2　不间断电源插座及应急电源插座应设置标识。

44.2　插座接线

44.2.1　插座接线应符合下列规定:

对于单相两孔插座,面对插座的右孔或上孔应与相线连接,左孔或下孔应与中性导体(N)连接;对于单相三孔插座,面对插座的右孔应与相线连接,左孔应与中性导体(N)连接。

44.2.2　单相三孔、三相四孔及三相五孔插座的保护接地导体(PE)应接在上孔;插座的保护接地导体端子不得与中性导体端子连接;同一场所的三相插座,其接线的相序应一致。

44.2.3　保护接地导体(PE)在插座之间不得串联连接。相连中性导体(N)不应利用插座本体的接线端子转接供电。

44.2.4　暗装的插座盒或开关盒应与饰面平齐,盒内干净整洁,无锈蚀,绝缘导线不得裸露在装饰层内;面板应紧贴饰面、四周无缝隙、安装牢固,表面光滑、无碎裂、划伤,装饰帽(板)齐全。

44.2.5　插座安装应符合下列规定:

(1)插座安装高度应符合设计要求,同一室内相同规格并列安装的插座高度宜一致。

(2)地面插座应紧贴饰面,盖板应固定牢固、密封良好。

44.3　照明开关安装

44.3.1　照明开关安装应符合下列规定:

(1)同一建(构)筑物的开关宜采用同一系列的产品,单控开关的通断位置应一致,且应操作灵活、接触可靠。

(2)相线应经开关控制。

(3)紫外线杀菌灯的开关应有明显标识,并应与普通照明开关的位置分开。

(4)温控器接线应正确,显示屏指示应正常,安装标高应符合设计要求。

44.3.2 开关安装应符合下列规定:

(1)照明开关安装高度应符合设计要求。

(2)开关安装位置应便于操作,开关边缘距门框边缘的距离宜为0.15~0.20m。

(3)相同型号并列安装高度宜一致,并列安装的拉线开关的相邻间距不宜小于20mm。

44.3.3 开关安装高度应符合设计要求;同一室内并列安装的温控器高度宜一致,且控制有序不错位。

44.4 吊扇安装

44.4.1 吊扇安装应符合下列规定:

(1)吊扇挂钩安装应牢固,吊扇挂钩的直径不应小于吊扇挂销直径,且不应小于8mm;挂钩销钉应有防振橡胶垫;挂销的防松零件应齐全、可靠。

(2)吊扇扇叶距地高度不应小于1.5m。

(3)吊扇组装不应改变扇叶角度,扇叶的固定螺栓防松零件应齐全。

(4)吊杆间、吊杆与电机间螺纹连接,其啃合长度不应小于20mm,且防松零件应齐全紧固。

(5)吊扇应接线正确,运转时扇叶应无明显颤动和异常声响。

(6)吊扇开关安装标高应符合设计要求。

44.5 壁扇安装

44.5.1 壁扇安装应符合下列规定:

(1)壁扇底座应采用膨胀螺栓或焊接固定,固定应牢固可靠;膨胀螺栓的数量不应少于3个,且直径不应小于8mm。

(2)防护罩应扣紧、固定可靠,当运转时扇叶和防护罩应无明显颤动和异常声响。

44.5.2 壁扇安装应符合下列规定:

(1)壁扇安装高度应符合设计要求。

(2)涂层应完整、表面无划痕、无污染,防护罩应无变形。

44.5.3 壁扇安装应紧贴饰面、固定可靠。无专人管理场所的换气扇宜设置定时开关。

44.5.4 吊扇安装应符合下列规定:吊扇涂层应完整、表面无划痕、无污染,吊杆上、下扣碗安装应牢固到位,同一室内并列安装的吊扇开关高度宜一致,并应控制有序、不错位。

45 普通灯具安装

45.1 一般规定

45.1.1 灯具固定应符合下列规定:

(1)灯具固定应牢固可靠,在砌体和混凝土结构上严禁使用木模、尼龙塞或塑料塞固定。

(2)质量大于10kg的灯具,固定装置及悬吊装置应按灯具重量的5倍恒定均布载荷做强度试验,且持续时间不得少于15min。

45.1.2 悬吊式灯具安装应符合下列规定:

(1)质量大于0.5kg的软线吊灯,灯具的电源线不应受力。

(2)质量大于3kg的悬吊灯具,固定在螺栓或预埋吊钩上,螺栓或预埋吊钩的直径不应小于灯具

挂销直径，且不应小于6mm。

(3)当采用铜管作灯具吊杆时，其内径不应小于10mm，壁厚不应小于5mm。

(4)灯具与固定装置及灯具连接件之间采用螺纹连接的，蝶、纹啃合扣数不应少于5扣。

45.1.3　吸顶或墙面上安装的灯具，其固定用的螺栓或螺钉不应少于2个，灯具应紧贴饰面。

45.1.4　由接线盒引至嵌入式灯具或槽灯的绝缘导线应符合下列规定：

(1)绝缘导线应采用柔性导管保护，不得裸露，且不应在灯槽内明敷。

(2)柔性导管与灯具壳体应采用专用接头连接。

45.1.5　普通灯具的Ⅰ类灯具外露可导电部分必须采用铜芯软导线与保护导体可靠连接，连接处应设置接地标识，铜芯软导线的截面积应与进入灯具的电源线截面积相同。

45.1.6　除采用安全电压以外，当设计无要求时，敞开式灯具的灯头对地面距离应大于1.5m。

45.1.7　1ED灯具安装应符合下列规定：

(1)灯具安装应牢固可靠，饰面不应使用胶类粘贴。

(2)灯具安装位置应有较好的散热条件，且不宜安装在潮湿场所。

(3)灯具用的金属防水接头密封圈应齐全、完好。

(4)灯具的驱动电源、电子控制装置室外安装时，应置于金属箱(盒)内；金属箱(盒)的IP防护等级和散热应符合设计要求，驱动电源的极性标记应清晰、完整。

(5)室外灯具配线管路应按暗配管敷设，且应具备防雨功能，IP防护等级应符合设计要求。

45.1.8　引向单个灯具的绝缘导线截面积应与灯具功率相匹配，绝缘铜芯导线的线芯截面积不应小于$1mm^2$。

45.1.9　灯具的外形、灯头及其接线应符合下列规定：

(1)灯具及其配件应齐全，不应有机械损伤、变形、涂层剥落和灯罩破裂等缺陷。

(2)软线吊灯的软线两端应做保护扣，两端线芯应搪锡；当装升降器时，应采用安全灯头。

(3)除敞开式灯具外，其他各类容量在100W及以上的灯具，引入线应采用瓷管、矿棉等不燃材料作隔热保护。

(4)连接灯具的软线应盘扣、搪锡压线，当采用螺口灯头时，相线应接于螺口灯头中间的端子上。

(5)灯座的绝缘外壳不应破损和漏电；带有开关的灯座，开关手柄应无裸露的金属部分。

45.1.10　灯具表面及其附件的高温部位靠近可燃物时，应采取隔热、散热等防火保护措施。

45.1.11　低压配电设备、裸母线及电梯曳引机的正上方不应安装灯具。

45.1.12　投光灯的底座及支架应牢固，枢轴应沿需要的光轴方向拧紧固定。

45.1.13　聚光灯和类似灯具出光口面与被照物体的最短距离应符合产品技术文件要求。

45.1.14　导轨灯的灯具功率和载荷应与导轨额定载流量和最大允许载荷相适配。

45.1.15　露天安装的灯具应有泄水孔，且泄水孔应设置在灯具腔体的底部。灯具及其附件、紧固件、底座和与其相连的导管、接线盒等应有防腐蚀和防水措施。

45.1.16　安装于槽盒底部的荧光灯具应紧贴槽盒底部，并应固定牢固。

45.2　灯具检查

45.2.1　根据灯具的安装场所检查灯具是否符合要求：

①多尘、潮湿的场所应采用密闭式灯具。

②灼热多尘的场所(如轧钢等场所)应采用投光灯。

③灯具有可能受到机械损伤的，应采用有防护网罩的灯具。

④安装在震动场所(如有桥式起重机等)的灯具应有防撞措施(如采用吊链软性连接)。

⑤除敞开式外，其他各类灯具的灯泡容量在100W及以上的均应采用瓷灯口。

45.2.2　根据装箱单清单清点安装配件。

45.2.3　注意检查制造厂的有关技术文件是否齐全。

45.2.4　检查灯具外观是否正常，有无擦碰、变形、金属镀层剥落锈蚀等现象。

45.2.5　灯具安装：灯具线与电源线连接好后，将灯具上法兰固定在绝缘台上。注意软线不能绷紧，以免承受灯具重量。

45.3　简易吊装荧光灯安装

45.3.1　简易吊装荧光灯灯具由荧光灯管、绝缘台与吊线盒(或带台吊线盒)、荧光灯吊链、吊环、镇流器组成。

45.3.2　灯具组装：把两个吊线盒分别与绝缘台固定牢(用带台吊线盒可省掉这一工序)，将吊链与吊环安装成一体，并将吊链上端与吊线盒盖用U形铁丝挂牢，将软线分别与吊线盒接线桩和启辉器接线桩连接好，准备到现场安装。

45.3.3　灯具安装：把电源相线接在镇流器的吊线盒接续线桩上，把中性线接在另一个吊线盒接线桩上，然后把绝缘台固定到接线盒上。

45.3.4　灯具接线：安装好荧光灯管以后，进行管脚接线，用$4mm^2$塑料线的绝缘管把导线与灯脚连接，宜把启辉器与双金属片相连的接线柱接在与镇流器相连的灯脚上，另一接线柱接在与中性线相连的灯脚上，这样接线可以迅速点燃并可延长灯管寿命。

45.4　荧光吸顶灯安装

45.4.1　灯具组装：环型管圆形吸顶灯可直接到现场安装，较大的荧光吸顶灯要先进行组装，通电试验合格后再到施工现场安装。

45.4.2　灯具安装：根据已敷设好的灯位盒(或灯位引出线)位置，确定出荧光灯的安装位置和灯位盒安装孔的位置(荧光灯灯箱完全遮盖住灯位盒)，在灯箱的底板上用电钻打好安装孔，并在灯箱上对着灯位盒(或灯位引出线)的位置同时打好出线孔。长方形吸顶灯只有一端设置灯位盒时，在灯箱的另一端适当位置处打好膨胀管孔(当无灯位盒时，应两端打孔)，使用膨胀螺栓固定灯箱。安装时，在进孔处套上软塑料管保护导线，将电源线引入灯箱内，固定灯箱，使其紧贴在建筑物表面上。

45.4.3　灯具接线：吸顶灯灯箱固定后，将电源线压入灯箱的端子板(或瓷接头)上，无端子板(或瓷接头)的灯箱，应把导线连接好，把灯具的反光板固定在灯箱上，最后把荧光灯管装好。

45.4.4　灯具的规格、型号及使用场所必须符合设计要求和施工规范的规定。

45.4.5　3kg以上的灯具，必须预埋吊钩或螺栓，预埋件必须牢固可靠。

45.4.6　低于4m以下的灯具的金属外壳部分应做好接地或接零保护。

45.4.7　当灯具距地面高度小于4m时，灯具的可接近裸露导体必须接地(PE)或接零(PEN)可靠，并应有专用接地螺栓，且有标识。

46　专用灯具安装作业指导书

46.1　一般规定

46.1.1　专用灯具的Ⅰ类灯具外露可导电部分必须用铜芯软导线与保护导体可靠连接，连接处应设置接地标识，铜芯软导线的截面积应与进入灯具的电源线截面积相同。

46.1.2　应急灯具安装应符合下列规定：

(1)消防应急照明回路的设置除应符合设计要求外,尚应符合防火分区设置的要求,穿越不同防火分区时应采取防火隔堵措施。

(2)对于应急灯具、运行中温度大于60℃的灯具,当靠近可燃物时,应采取隔热、散热等防火措施。

(3)EPS供电的应急灯具安装完毕后,应检验EPS供电运行的最少持续供电时间,并应符合设计要求。

(4)安全出口指示标志灯设置应符合设计要求。

(5)疏散指示标志灯安装高度及设置部位应符合设计要求。

(6)疏散指示标志灯的设置不应影响正常通行,且不应在其周围设置容易混同疏散指示标志灯的其他标志牌等。

(7)疏散指示标志灯工作应正常,并应符合设计要求。

(8)消防应急照明线路在非燃烧体内穿钢导管暗敷时,暗敷钢导管保护层厚度不应小于30mm。

46.1.3　洁净场所灯具嵌入安装时,灯具与顶棚之间的间隙应用密封胶条和衬垫密封,密封胶条和衬垫应平整,不得扭曲、折叠。

46.1.4　应急电源或镇流器与灯具分离安装时,应固定可靠,应急电源或镇流器与灯具本体之间的连接绝缘导线应用金属柔性导管保护,导线不得外露。

46.2　专用灯具安装

46.2.1　灯具、材料在搬运存放过程中应注意防振、防潮,不得随意抛扔、超高码放。应存放在干燥通风,不受撞击的场所;注意核对灯具的标称型号等参数是否符合设计要求,特别是防爆灯具的防爆标志、防爆合格证号、外壳防护等级和温度组别应与爆炸危险环境相适配。防水灯具的防水胶圈应齐全。各种灯具应有产品合格证和“CCC”认证标志;照明灯具使用的导线其型号、电压等级应符合其使用场所的特殊要求,规格型号应符合规范规定。

46.2.2　灯具的吊钩其圆钢直径不小于吊挂销钉的直径,且不得小于6mm。灯具所使用灯泡的功率应符合设计要求,其他辅材:防水胶、膨胀螺栓、尼龙胀管、尼龙扎带、尼龙丝网、螺钉、安全压接帽、焊锡焊剂、绝缘胶带等均应符合相关质量要求,有产品合格证。

46.2.3　根据灯具的安装场所检查灯具是否符合要求:

(1)应急照明电源的蓄电装置是否正常,应无泄漏腐蚀现象。

(2)各类灯具的电光源的规格型号应正确无误。

46.2.4　根据装箱单清点安装配件,注意检查制造厂的有关技术文件是否齐全;检查灯具外观是否正常,有无擦碰、变形、金属镀层剥落锈蚀等现象。

46.2.5　疏散照明配线必须采用耐火导线、电缆,其绝缘程度不低于750V;灯具安装时应注意保持地面、墙面、顶棚整洁,不得污损;其他工种作业时,应注意不得损伤已装好的灯具。灯具安装完毕后,可用原包装塑料袋罩盖灯具防尘;室内有条件的应关门上锁,以防损坏或丢失。

47　成套配电柜、控制柜(屏、台)和动力照明配电箱(盘)及控制柜安装

47.1　一般规定

47.1.1　柜、台、箱的金属框架及基础型钢应与保护导体可靠连接;对于装有电器的可开启门,门和金属框架的接地端子间应选用截面积不小于4mm^{2}的黄绿色绝缘铜芯软导线连接,并应有标识。

47.1.2 柜、台、箱、盘等配电装置应有可靠的防电击保护;装置内保护接地导体(PE)排应有裸露的连接外部保护接地导体的端子,并应可靠连接。当设计未做要求时,连接导体最小截面积应符合国家标准《低压配电设计规范》(GB 50054—2016)的规定。

47.1.3 对手车、抽屉式成套配电柜推拉应灵活,无卡阻碰撞现象。

47.1.4 动触头与静触头的中心线应一致,且触头接触应紧密,投入时,接地触头应先于主触头接触;退出时,接地触头应后于主触头脱开。

47.1.5 低压成套配电柜交接试验应符合《建筑电气工程施工质量验收规范》(GB 50303—2015)中第4.1.6条的规定。

47.1.6 对于低压成套配电柜、箱及控制柜(台、箱)间线路的线间和线对地间绝缘电阻值,馈电线路不应小于0.5MΩ,二次回路不应小于1MΩ;二次回路的耐压试验电压应为1000V,当回路绝缘电阻值大于10MΩ时,应采用2500V兆欧表代替,试验持续时间应为1min,并符合产品技术文件要求。

47.1.7 直流柜试验时,应将屏内电子器件从线路上退出,主回路线间和线对地间绝缘电阻值不应小于0.5MΩ,直流屏所附蓄电池组的充、放电应符合产品技术文件要求;整流器的控制调整和输出特性试验应符合产品技术文件要求。

47.1.8 低压成套配电柜和配电箱(盘)内末端用电回路中,所设过电流保护电器兼作故障防护时,应在回路末端测量接地故障回路阻抗,且因路阻抗应满足下式要求:

$$Z_s(m) \leqslant \frac{2}{3} \times \frac{U}{I}$$

式中:$Z_s(m)$——实测接地故障回路阻抗,Ω;

U——相导体对接地的中性导体的电压,V;

I——保护电器在规定时间内切断故障回路的动作电流,A。

47.1.9 配电箱(盘)内的剩余电流动作保护器(RCD)应在施加额定剩余动作电流($I_{\Delta n}$)的情况下测试动作时间,且测试值应符号设计要求。

47.1.10 柜、箱、盘内电涌保护器(SPD)安装应符合下列规定:

(1)SPD的型号规格及安装布置应符合设计要求。

(2)SPD的接线形式应符合设计要求,接地导线的位置不宜靠近出线位置;SPD的连接导线应平直、足够短,且不宜大于0.5m。

47.1.11 IT系统绝缘监测器(IMD)的报警功能应符合设计要求。

47.2 照明配电箱(盘)安装

47.2.1 箱(盘)内配线应整齐、无绞接现象;导线连接应紧密、不伤线芯、不断股;垫圈下螺丝两侧压的导线截面积应相同,同一电器器件端子上的导线连接不应多于2根,防松垫圈等零件应齐全;箱(盘)内开关动作应灵活可靠;箱(盘)内宜分别设置中性导体(N)和保护接地导体(PE)汇流排,汇流排上同一端子不应连接不同回路的N或PE。

47.2.2 送至建筑智能化工程变送器的电量信号精度等级应符合设计要求,状态信号应正确;接收建筑智能化工程的指令应使建筑电气工程的断路器动作符合指令要求,且手动、自动切换功能均应正常。

47.2.3 基础型钢安装允许偏差应符合表21-78的规定。

允 许 偏 差　　表21-78

项　目	允许偏差(mm)	
	每米	全长
不直度	1.0	5.0
水平度	1.0	5.0
不平行度	—	5.0

47.2.4　柜、台、箱、盘的布置及安全间距应符合设计要求。

47.2.5　柜、台、箱相互间或与基础型钢间应用镀锌螺栓连接,且防松零件应齐全;当设计有防火要求时,柜、台、箱的进出口应做防火封堵,并应封堵严密。

47.2.6　室外安装的落地式配电(控制)柜、箱的基础应高于地坪,周围排水应通畅,其底座周围应采取封闭措施。

47.2.7　柜、台、箱、盘应安装牢固,且不应设置在水管的正下方。柜、台、箱、盘安装垂直度允许偏差不应大于1.5‰,相互间接缝不应大于2mm,成列盘面偏差不应大于5mm。

47.2.8　柜、台、箱、盘内检查试验应符合下列规定:

(1)控制开关及保护装置的规格、型号应符合设计要求。

(2)闭锁装置动作应准确、可靠。

(3)主开关的辅助开关切换动作应与主开关动作一致。

(4)柜、台、箱、盘上的标识器件应标明被控设备编号及名称或操作位置,接线端子应有编号,且清晰、工整、不易脱色。

(5)回路中的电子元件不应参加交流工频耐压试验,50V及以下回路可不做交流工频耐压试验。

47.2.9　低压电器组合应符合下列规定:

(1)发热元件应安装在散热良好的位置。

(2)熔断器的熔体规格、断路器的整定值应符合设计要求。

(3)切换压板应接触良好,相邻压板间应有安全距离,切换时不应触及相邻的压板。

(4)信号回路的信号灯、按钮、指示牌、电铃、电笛、事故电钟等动作和信号显示应准确。

(5)金属外壳需做电击防护时,应与保护导体可靠连接。

(6)端子排应安装牢固,端子应有序号,强电、弱电端子应隔离布置,端子规格应与导线截面积大小适配。

(7)二次回路接线应符合设计要求,除电子元件回路或类似回路外,回路的绝缘导线额定电压不应低于450/750V;对于铜芯绝缘导线或电缆的导体截面积,电流回路不应小于$2.5mm^2$,其他回路不应小于$1.5mm^2$。

(8)二次回路连线应成束绑扎,不同电压等级、交流、直流线路及计算机控制线路应分别绑扎,且应有标识;固定后不应妨碍开关或抽出式部件的拉出或推入。

(9)线缆的弯曲半径不应小于线缆允许弯曲半径。

(10)导线连接不应损伤线芯。

47.2.10　柜、台、箱、盘面板上的电器连接导线应符合下列规定:

(1)连接导线应采用多芯铜芯绝缘软导线,敷设长度应留有适当裕量。

(2)线束宜有外套塑料管等加强绝缘保护层。

(3)与电器连接时,端部应绞紧、不松散、不断股,其端部可采用不开口的终端端子或搪锡。

(4)可转动部位的两端应采用卡子固定。

47.2.11　照明配电箱(盘)安装应符合下列规定:

(1)箱体开孔应与导管管径适配,暗装配电箱箱盖应紧贴墙面,箱(盘)涂层应完整。

(2)箱(盘)内回路编号应齐全,标识应正确。

(3)箱(盘)应采用不燃材料制作。

(4)箱(盘)应安装牢固、位置正确、部件齐全,安装高度应符合设计要求,垂直度允许偏差不应大于1.5‰。

(5)盘柜屏台所在房间土建施工完,且土建工程施工标高、尺寸、结构及埋件符合设计要求,门窗封闭,墙面、屋顶油漆喷刷完,室内无漏水,地面工程完,场地干净。

(6)暗装配电箱随土建结构预留好安装位置。

(7)明装配电箱及暗装配电箱盘面安装时,抹灰、喷浆及油漆应全部完工。

(8)施工图纸、设备技术资料齐全。施工组织、技术、质量安全消防措施落实完善。

(9)设备材料齐全,型号、质量符合设计要求。

48 低压电动机、电加热器及电动执行机构检查、接线

48.1 一般规定

48.1.1 电动机、电加热器及电动执行机构的外露可导电部分必须与保护导体可靠连接。

48.1.2 低压电动机、电加热器及电动执行机构的绝缘电阻值不应小于0.5MΩ。

48.1.3 高压及100kW以上电动机的交接试验应符合国家标准《电气装置安装工程电气设备交接试验标准》(GB 50150—2016)的规定。

(1)电气设备安装应牢固,螺栓及防松零件齐全,不松动。防水防潮电气设备的接线入口及接线盒盖等应做密封处理。

(2)除电动机随机技术文件不允许在施工现场抽芯检查外,有下列情况之一的电动机应抽芯检查:

①出厂时间已超过制造厂保证期限。

②外观检查、电气试验、手动盘转和试运转有异常情况。

48.2 电动机、电加热器及电动执行机构检查

48.2.1 电动机内部应清洁、无杂物;线圈绝缘层应完好、无伤痕,端部绑线不应松动,槽模应固定、无断裂、无凸出和松动,引线应焊接饱满,内部应清洁、通风孔道无堵塞。

48.2.2 轴承应无锈斑,注油(脂)的型号、规格和数量应正确,转子平衡块应紧固、平衡螺丝锁紧,风扇叶片应无裂纹。

48.2.3 电动机的机座和端盖的止口部位应无砂眼和裂纹。

48.2.4 连接用紧固件的防松零件应齐全完整;其他指标应符合产品技术文件的要求。

48.2.5 电动机电源线与出线端子接触应良好、清洁,高压电动机电源线紧固时不应损伤电动机引出线套管。

48.2.6 在设备接线盒内裸露的不同相间和相对地间电气间隙应符合产品技术文件要求,或采取绝缘防护措施。

48.2.7 电动机、电加热器、电动执行机构本体、控制和起动设备应完好,不应有损伤及变形现象,盘动转子应轻快,不应有卡阻及异常声响。

48.2.8 定子和转子分开装运的电机,其铁心转子和轴颈应完整,无锈蚀现象。

48.2.9 电机的附件、备件应齐全,无损伤。

48.2.10　电动机的性能应符合电动机周围工作环境的要求。

49　建筑物通电试运行

49.1　一般规定

49.1.1　灯具回路控制应符合设计要求，且应与照明控制柜、箱（盘）及回路的标识一致；开关宜与灯具控制顺序相对应，风扇的转向及调速开关应正常。

49.1.2　公共建筑照明系统通电连续试运行时间应为24h，住宅照明系统通电连续试运行时间应以8h为准。所有照明灯具均应同时开启，且应每2h按回路记录运行参数，连续试运行时间内应无故障。

49.1.3　对设计有照度测试要求的场所，试运行时应检测照度，并应符合设计要求。

49.2　建筑物通电检查

49.2.1　通电试运行前检查：

(1)复查总电源开关至各照明回路进线电源开关接线是否正确。

(2)照明配电箱及回路标识应正确一致。

(3)检查漏电保护器接线是否正确，严格区分工作零线（N）与地线（PE），地线（PE）严禁接入。

49.2.2　漏电开关：

(1)检查开关箱内各接线端子连接是否正确可靠。

(2)断开各回路分电源开关，合上总进线开关，检查漏电测试按钮是否灵敏有效。

49.2.3　分回路试通电：

(1)当各回路灯具等用电设备开关全部置于断开位置。

(2)逐次合上各分回路电源开关。

(3)分回路逐次合上灯具等的控制开关，检查开关与灯具控制顺序是否对应、风扇的转向及调速。

49.2.4　开关是否正常。

用试电笔检查各插座相序连接是否正确，带开关插座的开关是否能正确关断相线。

49.2.5　故障检查整改：

(1)发现问题应及时排除，不得带电作业。

(2)对检查中发现的问题应采取分回路隔离排除法予以解决。

(3)对开关一送电，漏电保护就跳闸的现象，重点检查工作零线与保护零线是否混接、导线是否绝缘不良。

49.2.6　通电试运行前检查漏电保护装置要齐全可靠，漏电测试按钮要灵敏有效。

50　低压电气动力设备、试验和试运行

50.1　一般规定

50.1.1　试运行前，相关电气设备和线路应按《建筑电气工程施工质量验收规范》（GB 50303—2015）的规定试验合格。

50.1.2　现场单独安装的低压电器交接试验项目应符合《建筑电气工程施工质量验收规范》（GB 50303—2015）的规定。

50.1.3　电动机应试通电，并应检查转向和机械转动情况，电动机试运行应符合下列规定：

(1)空载试运行时间宜为基础,机身和轴承的温升、电压和电流等应符合建筑设备或工艺装置的空载状态运行要求,并应记录电流、电压、温度、运行时间等有关数据。

(2)空载状态下可启动次数及间隔时间应符合产品技术文件的要求;无要求时,连续启动2次的时间间隔不应小于5min,并应在电动机冷却至常温下进行再次启动。

50.1.4 电气动力设备的运行电压、电流应正常,各种仪表指示应正常。

50.1.5 电动执行机构的动作方向及指示应与工艺装置的设计要求保持一致。

50.2 接地或接零

50.2.1 接地或接零的检查:

(1)设备的可接近裸露导体接地或接零连接完成。

(2)接地点应与接地网连接,不可将设备的机身或电机的外壳代地使用。

(3)各设备接地点应接触良好,牢固可靠且标识明显。要接在专为接地而设的螺栓上,不可用管卡子等附属物为接地点。

(4)接地线路走向合理,不要置于易碰伤和砸断之处。

(5)禁止用一根导线做各处的串联接地。

(6)不允许将一部分电气设备金属外壳采用保护接地,将另一部分电气设备金属外壳采用保护接零。

50.2.2 柜(屏、台、箱、盘)接地或接零检查:

(1)装有电器的可开启门,门和框架的接地端子应用裸编织铜线连接,且有标识。

(2)柜(屏、台、箱、盘)内保护导体应有裸露的连接外部保护导体的端子,当设计无要求时,柜(屏、台、箱、盘)内保护导体最小截面积不应小于《建筑电气工程施工质量验收规范》(GB 50303—2015)的要求。

(3)照明箱(盘)内,应分别设置零线(N)和保护地线(PE)汇流排,零线和保护地线经汇流排配出。

50.2.3 柜内检查:

(1)依据施工设计图纸及变更文件,核对柜内的元件规格、型号,安装位置应正确。

(2)柜内两侧的端子排不能缺少。

(3)各导线的截面是否符合图纸的规定。

(4)逐线检查柜内各设备间的连线及由柜内设备引至端子排的连线不能有错误,接线必须正确。为了防止因并联回路而造成错误,接线时可根据实际情况,将被查部分的一端解开然后检查。检查控制开关时,应将开关转动至各个位置逐一检查。

50.3 配电箱接线检查及相关实验

50.3.1 二次接线的检查:柜间联络电缆检查(通路试验)柜与柜之间的联络电缆需逐一校对。通常使用查线电话或电池灯泡、电铃、摇表等校线方法。校线时,用一根导线将其一端接至电缆的屏蔽层上,另一端接至电缆的任何一根缆芯上电缆另一端的屏蔽层接在摇表的一个端子上,用摇表的另一端依次接触至电缆的每一缆芯。当摇动摇表,摇表指示数值为零时,即表示为同一缆芯(应注意的是,用手来慢慢地摇动摇把,不要过快如像测定绝缘电阻时的同样摇速,否则容易将摇表内部发电机等零件毁坏)。

50.3.2 现场单独安装的低压电器交接试验。

低压电器包括电压为60~1200V的刀开关、转换开关、熔断器、自动开关、接触器、控制器、主令电器、起动器、电阻器、变阻器及电磁铁等。

产品出厂时都经过检查合格,故在安装前一般只做外观检验。但在试运前,要对相关的现场单独安装的各类低压电器进行单体的试验和检测,符合规范规定,才具备试运行的必备条件。

50.3.3　动力成套配电(控制)柜、屏、台、箱、盘的交流工频耐压试验。

(1)柜、屏、台、箱、盘的交流工频耐压试验。

交流工频耐压试验电压为1kV,当绝缘电阻值大于0.5MΩ时,可采用2500V兆欧表摇测替代,试验持续时间1min,无击穿闪络现象。

(2)回路中的电子元件不应参加交流工频耐压试验;48V及以下回路可不做交流工频耐压试验。

50.3.4　柜、屏、台、箱、盘的保护装置的动作试验。

保护装置继电器检查和调整。

①继电器一般性检查:

a.继电器外壳用毛刷或干布揩擦干净,检查玻璃盖罩是否完整良好。

b.检查继电器外壳与底座结合得是否牢固严密,外部接线端钮是否齐全,原铅封是否完好。

c.打开外壳后,内部如有灰尘,可用吹风机吹干净,再用干布揩擦。

d.检查所有接点及支持螺钉、螺母有否松动现象,螺母不紧最容易造成继电器误动作。

e.检查继电器各元件的状态是否正常,元件的位置必须正确。有螺旋弹簧的,平面应与其轴心严格垂直。各层簧圈之间不应有接触处,否则由于摩擦加大,可能使继电器动作曲线和特性曲线相差很大。

f.可调把手不应松动,也不宜过紧以便调整。螺丝插头应紧固并接触良好。

②校验和调整:

a.先用电阻表或万用表的欧姆挡测量线圈是否通路。

b.绝缘电阻的测试。用500V摇表测量继电器所有导电部分和附近金属部分的绝缘电阻一般按照下列内容逐项测试:接点对线圈的绝缘电阻;校验电磁铁与线圈间的绝缘电阻线圈之间,接点之间以及其他部分的绝缘电阻。

绝缘电阻一般不应低于1MΩ。如果绝缘电阻较低,应查明原因;如果是绝缘受潮应进行干燥处理。

c.检查继电器所有接点应接触良好。清洁接点时不许使用砂纸或其他研磨材料,可用薄钢片、木片、小细锉之类工具,然后用干净的布擦净。并禁止用手指摸触接点,禁止用任何油类来润滑继电器接点。

d.检查时间继电器可动系统动作的平稳均匀性,不应有忽慢忽快或摩擦停滞的现象。检查时可用手将电磁铁的铁心压下使钟表机械动作,观察机械部分是否灵活,有无卡住或转动不匀现象,接点是否接触得很好,然后将电磁铁的铁心放开,继电器的可动部分应立即返回至原来位置。如发现可动部分有滞动或显著不均匀现象,以及机械摩擦和齿轮啮合不好等的现象,应进行细致的校正或处理。

50.3.5　控制回路模拟动作试验。

(1)断开电气线路的主回路开关出线处,电动机等电气设备不受电;接通控制电源,检查各部的电压是否符合规定,信号灯、零压继电器等工作是否正常。

(2)操作各按钮或开关,相应的各继电器、接触器的吸合和释放都应迅速,无黏滞现象和不正常噪声。各相关信号灯指示要符合图纸的规定。

(3)用人工模拟的方法试验各保护元件,应能实现迅速、准确、可靠的保护功能。如模拟合闸、分闸,也可将各个连锁接点(包括电信号和非电信号),进行人工模拟动作而控制主回路开关的动作。

50.3.6　盘车或手动操作盘车。

(1)检查各电机安装是否牢固,防护网、罩是否装好。

(2)用手盘动机轴应轻松,无卡阻现象,并不得有机械的碰击声或出现其他异常声音,盘动不应感到太吃力(有变速箱时暂挂在空挡)。

(3)对直流电机,还要检查电刷的压力及接触情况,换向器是否光洁,电刷在刷握中是否过紧,刷架是否紧固。

50.3.7　电气部分与机械部分的转动或动作协调一致,检查电动机传动装置的调整。

(1)齿轮传动时,电动机的轴与被传动的轴应保持平行,两齿轮啮合应合适,可用塞尺测量两齿轮间的齿间间隙,如果间隙均匀,则表示两轴平行。

(2)皮带轮传动时,必须使电动机皮带轮的轴和被传动机器皮带轮的轴保持平行,而且还要使两皮带轮宽度的中心线在同一直线上。

(3)校正联轴器通常用钢板尺进行。用钢板尺搁在两半联轴器上,然后用手转动电动机转轴,旋轴180°,看两半联轴节是否有高低,若有高低应予调整,直到高低一致时,表示电动机和机器的轴已处于同轴心状态。

50.4　设备试运行

50.4.1　低压电气动力设备经上述程序进行检查、调整试验确认之后,才能空载试运行,试运的条件:

(1)各项安装工作均已完毕,并经检验合格,达到试运要求。

(2)试运的工程或设备的设计施工图、合格证、产品说明书、安装记录、调试报告等资料齐全。

(3)与试运有关的机械、管道、仪表、自控等设备和连锁装置等均已安装调试完毕,并符合使用条件。

(4)现场清理完毕,无任何影响试运的障碍。

(5)试运时所用的工具、仪器和材料齐全。

(6)试运所用各种记录表格齐全,并指定专人填写。

51　接地装置安装

51.1　一般规定

51.1.1　接地装置在地面以上的部分,应按设计要求设置测试点,测试点不应被外墙饰面遮蔽,且应有明显标识。

51.1.2　接地装置的接地电阻值应符合设计要求。

51.1.3　接地装置的材料规格、型号应符合设计要求。

51.1.4　当接地电阻达不到设计要求需采取措施降低接地电阻时,应符合下列规定:

(1)采用降阻剂时,降阻剂应为同一品牌的产品,调制降阻剂的水应无污染和杂物;降阻剂应均匀灌注于垂直接地体周围。

(2)采取换土或将人工接地体外延至土壤电阻率较低处时,应掌握有关的地质结构资料和地下土壤电阻率的分布,并应做好记录。

(3)采用接地模块时,接地模块的顶面埋深不应小于0.6m,接地模块间距不应小于模块长度的3~5倍。接地模块埋设基坑宜为模块外形尺寸的2~4倍,且应详细记录开挖深度内的地层情况;接地模块应垂直或水平就位,并应保持与原土层接触良好。

51.2　接地装置焊接

51.2.1　接地装置的焊接应采用搭接焊,除埋设在混凝土中的焊接接头外,应采取防腐措施,焊

接搭接长度应符合下列规定：

（1）扁钢与扁钢搭接不应小于扁钢宽度的2倍，且应至少三面施焊。

（2）圆钢与圆钢搭接不应小于圆钢直径的6倍，且应双面施焊。

（3）圆钢与扁钢搭接不应小于圆钢直径的6倍，且应双面施焊。

（4）扁钢与钢管、扁钢与角钢焊接，应紧贴角钢外侧两面，或紧贴3/4钢管表面，上下两侧施焊。

51.2.2　当接地极为铜材和钢材组成，且铜与铜或铜与钢材连接采用热剂焊时，接头应无贯穿性的气孔且表面平滑。

51.2.3　采取降阻措施的接地装置应符合下列规定：

（1）接地装置应被降阻剂或低电阻率土壤所包覆。

（2）接地模块应集中引线，并应采用干线将接地模块并联焊接成一个环路，干线的材质应与接地模块焊接点的材质相同，钢制的采用热浸镀锌材料的引出线不应少于2处。

51.2.4　利用无防水底板钢筋或深基础作为接地体：

（1）按设计图尺寸位置要求，标好位置。

（2）选取底板钢筋中不小于ϕ25的钢筋，焊接成4m×6m的网格，将网格四周的钢筋与均压环、护墙壁及地下连续墙的钢筋焊成一完整的接地网。

（3）将柱主筋（不少于2根）的底部与底板钢筋焊好，并在室外地面以下将主筋焊好连接板，敲净药皮，并将两根钢筋做好标记，以便于引出和检查。

51.2.5　利用柱形桩基及平台板钢筋作为接地体：

（1）按设计图尺寸位置，找好桩基组数、位置。

（2）把每组桩基四角钢筋搭接焊接连通，再与柱主筋（不少于2根）焊好，敲净药皮，并将两根钢筋做好标记，以便于引出和检查。

（3）建筑物本身的桩、承台、底板、连续墙壁、护壁墙内的钢筋均需焊接成电气通路。

51.2.6　接地焊接：

（1）焊接处，焊缝应饱满并有足够的机械强度，不得有夹渣、咬肉、裂纹、虚焊、气孔等缺陷，药皮应敲净。

（2）施工过程中，必须密切配合土建，以防漏掉、漏焊及错连。

52　避雷引下线和变配电室接地干线敷设

52.1　一般规定

52.1.1　接地干线应与接地装置可靠连接。

52.1.2　接地干线的材料型号、规格应符合设计要求。

52.1.3　接地干线的连接应符合下列规定：

（1）接地干线搭接焊应符合《建筑电气工程施工质量验收规范》（GB 50303—2015）中第22.2.2条的规定。

（2）采用螺栓搭接的连接应符合《建筑电气工程施工质量验收规范》（GB 50303—2015）中第10.2.2条的规定，搭接的钻孔直径和搭接长度应符合《建筑电气工程施工质量验收规范》（GB 50303—2015）中附录D的规定，连接螺栓的力矩值应符合《建筑电气工程施工质量验收规范》（GB 50303—2015）中附录E的规定。

（3）铜与铜或铜与钢采用热剂焊（放热焊接）时，应符合《建筑电气工程施工质量验收规范》（GB

50303—2015)中第22.2.3条的规定。

52.1.4 明敷的室内接地干线支持件应固定可靠,支持件间距应均匀,扁形导体支持件固定间距宜为500mm;圆形导体支持件固定间距宜为1000mm;弯曲部分宜为0.3~0.5m。

52.1.5 接地干线在穿越墙壁、楼板和地坪处应加套钢管或其他坚固的保护套管,钢套管应与接地干线做电气连通,接地干线敷设完成后保护套管管口应封堵。

52.1.6 接地干线跨越建筑物变形缝时,应采取补偿措施。

52.1.7 对于接地干线的焊接接头,除埋入混凝土内的接头外,其余均应做防腐处理,且无遗漏。

52.1.8 室内明敷接地干线安装应符合下列规定:

(1)敷设位置应便于检查,不应妨碍设备的拆卸、检修和运行巡视,安装高度应符合设计要求。

(2)当沿建筑物墙壁水平敷设时,与建筑物墙壁间的间隙宜为10~20mm。

(3)接地干线全长度或区间段及每个连接部位附近的表面,应涂以15~100mm宽度相等的黄色和绿色相间的条纹标识。

(4)变压器室、高压配电室、发电机房的接地干线上,应设置不少于2个供临时接地用的接线柱或接地螺栓。暗敷在建筑物抹灰层内的引下线应有卡钉分段固定;明敷的引下线应平直、无急弯,并应设置专用支架固定,引下线焊接处应刷油漆防腐且无遗漏。

52.1.9 防雷引下线的布置、安装数量和连接方式应符合设计要求。

52.1.10 接闪器与防雷引下线必须采用焊接或卡接器连接,防雷引下线与接地装置必须采用焊接或螺栓连接。

52.1.11 设计要求接地的幕墙金属框架和建筑物的金属门窗,应就近与防雷引下线连接可靠,连接处不同金属间应采取防电化学腐蚀措施。

52.1.12 防雷引下线、接闪线、接闪网和接闪带的焊接连接搭接长度及要求应符合《建筑电气工程施工质量验收规范》(GB 50303—2015)中第22.2.2条的规定。

52.2 避雷引下线暗敷设

(1)扁钢(或圆钢)用手锤(或钢筋扳子)进行调直或抻直。

(2)暗敷在建筑物抹灰层内的引下线用卡钉分段固定。

(3)引下线的下端与接地体焊接好,或与断接卡子连接好。随着建筑物的逐步增高,将引下线敷设于建筑物内至屋顶为止。如需接头则应进行焊接,焊接后应敲掉药皮并刷防锈漆和面漆(现浇混凝土除外)。

(4)主筋(直径不少于ϕ16mm)作引下线时,按设计要求找出全部主筋位置,用油漆做好标记,按设计位置标高做好焊好测试点,随钢筋逐层串接至顶层,焊接出一定长度的引下线至接闪器,搭接长度不应小于6D。

(5)主筋采用窄间隙电弧焊或电渣压力焊等熔焊连接时,不需做附加跨接线,当主筋采用搭接连接时,必须双面施焊且焊接长度不应小于6D。

52.3 避雷引下线明敷设

避雷引下线明敷设应符合下列规定:

(1)引下线的垂直允许偏差为2/1000。

(2)引下线必须调直后进行敷设,弯曲半径不应小于圆钢直径10倍,并不得弯成死角。

(3)引下线除设计有特殊要求者外,镀锌扁钢截面不得小于48mm^2,镀锌圆钢直径不得小于8mm。

(4)有关断接卡子位置应按设计及规范要求执行。

(5)焊接及搭接长度见表21-79。

焊接及搭接长度 表21-79

材料	扁钢—扁钢	圆钢—圆钢	圆钢—扁钢
焊接	2*d*	6*d*	6*d*

52.4 变配电室接地干线安装

52.4.1 变配电室明敷接地干线的安装应符合以下规定：

(1)敷设位置不应妨碍设备的拆卸与检修，并便于检查。

(2)接地干线穿越墙壁、楼板和地坪时，应加钢套管或其他坚固的保护套管，钢套管应与接地线做电气连通，跨越建筑物变形缝时，应做补偿装置。

52.4.2 接地线应水平或垂直敷设，也可沿建筑物倾斜结构平行在直线段上，不应有高低起伏及弯曲情况，水平度与垂直度准许偏差为2/1000，但全长不得超过10mm。转角处接地干线弯曲半径不得小于扁钢厚度的2倍。

52.4.3 接地线沿建筑物墙壁水平敷设时，离地面应保持250～300mm的距离，接地线与建筑物墙壁间隙10～15mm。

52.4.4 支持件应采用40mm×40mm的扁钢，尾端应制成燕尾状，入孔深度与宽度各为50mm，总长度为70mm，支持件间距应均匀，水平直线部分0.5～5m，垂直直线部分5～3m，弯曲部分0.3～0.5m。现浇混凝土墙或实体砖墙上可采用金属膨胀螺栓固定支持件。

52.4.5 接地干线跨越门口时应暗敷设于地面内(作为地面以前埋好)。

52.4.6 变压器室、高低压开关室内的接地干线应有不少于2处与接地装置引出干线相连接，且变压器室、高压配电室的接地干线上应设置不少于2个供临时接地用的接线柱或接地螺栓。

52.4.7 接地干线表面沿长度方向应涂以15～100mm宽度相等的绿色漆和黄色漆相间的条纹，油漆应均匀无遗漏，但接地端子等处不得刷油漆。

52.4.8 禁止焊接面不够，焊口有夹渣、咬肉、裂纹、气孔及焊渣处理不干净等现象。

53 接闪器安装工程

53.1 一般规定

53.1.1 接闪器的布置、规格及数量应符合设计要求。

53.1.2 接闪器与防雷引下线必须采用焊接或卡接器连接，防雷引下线与接地装置必须采用焊接或螺栓连接。

53.1.3 当利用建筑物金属屋面或屋顶上旗杆、栏杆、装饰物、铁塔、女儿墙上的盖板等永久性金属物做接闪器时，其材质及截面应符合设计要求，建筑物金属屋面板间的连接、永久性金属物各部件之间的连接应可靠、持久。

53.1.4 接闪杆、接闪线或接闪带安装位置应正确，安装方式应符合设计要求，焊接固定的焊缝应饱满无遗漏，螺栓固定的应防松零件齐全，焊接连接处应防腐完好。

53.1.5 防雷引下线、接闪线、接闪网和接闪带的焊接连接搭接长度及要求应符合《建筑电气工程施工质量验收规范》(GB 50303—2015)中第22.2.2条的规定。

53.1.6　接闪线和接闪带安装应符合下列规定:

(1)安装应平正顺直、无急弯,其固定支架应间距均匀、固定牢固。

(2)当设计要求时,固定支架高度不宜小于150mm,间距应符合表21-80的规定。

每个固定支架应能承受49N的垂直拉力。

固定支架间距要求(单位:mm)　　表21-80

布置方式	扁形导体固定支架间距	圆形导体固定支架间距
安装于水平面上的水平导体	500	1000
安装于垂直面上的水平导体		
安装于高于20m以上垂直面上的垂直导体		
安装于地面至20m以下垂直面上的垂直导体	1000	1000

53.1.7　接闪带或接闪网在过建筑物变形缝处的跨接应有补偿措施。

53.2　避雷带安装

53.2.1　避雷带安装应符合以下规定:

(1)避雷线应平直,牢固,不应有高低起伏和弯曲现象,距离建筑物应一致;平直度每2m检查段允许偏差3/1000,但全长不得超过10mm。

(2)避雷线弯曲处不得小于90°,弯曲半径不得小于圆钢直径的10倍。

(3)避雷线如用扁钢,截面不得小于$100mm^2$且厚度不小于4mm;如为圆钢直径不得小于8mm。

(4)遇变形缝处应做"Ω"形煨弯补偿。

(5)避雷带位置正确,平正顺直,焊接长度不得小于圆钢直径的6倍,且双面施焊,符合规范要求,焊缝饱满无遗漏,镀锌层破坏处补刷防腐漆完整,并补刷银粉漆,支持件间距均匀、固定可靠、防松零件齐全,每个支持件应能承受大于5kg的垂直拉力,并做记录。

(6)建筑物顶部外露的其他金属物体必须与避雷带及避雷引下线可靠连接。

53.2.2　避雷带安装:

(1)避雷线如为扁钢,可放在平板上用手锤调直;如为圆钢,可将圆钢放开,一端固定在地锚的夹具上,另一端固定在绞磨(或倒链)的夹具上,进行冷拉调直。

(2)将调直的避雷线运到安装地点,将避雷线用大绳提升到顶部,顺直,敷设,卡固,焊接连成一体,同引下线焊好。焊接处的焊渣应敲掉,进行局部调直后刷防锈漆及银粉漆。

(3)建筑物屋顶上有突出金属物,如金属旗杆、透气管、金属天沟、铁栏杆、爬梯、冷却水塔、电视天线等部位的金属导体都必须与避雷带焊接成一体。顶层的烟囱应做避雷带或避雷针。

53.2.3　在建筑物的变形缝处应做避雷带补偿跨越处理。

屋顶需做避雷网格时,网格的密度应视建筑物的防雷等级而定,如果设计有特殊要求应按设计要求执行。避雷带明敷设时,高度不小于10cm,其支持件间距应均匀,水平直线部分不大于1m,垂直直线部分不大于2m,弯曲部分不大于0.3m。

53.2.4　建筑物高于30m以上的部位,每隔3层沿建筑物四周(一般在圈梁部位)敷设一道均压环并与各根引下线相焊接,均压环可暗敷设在建筑物表面的抹灰层内,或直接利用结构圈梁里的主筋或腰筋焊接成封闭环形,并与柱筋中引下线焊成一个整体,或按设计要求施工。

53.2.5　外檐金属门窗、金属栏杆等金属部件需与避雷装置连接时,在结构施工阶段应就近自避雷引下线或均压环引来镀锌扁钢(或镀锌圆钢),并在加工订货金属门窗、栏杆时要求供应商按指定位置在窗框上甩出2处30cm的铝带或扁钢,如门窗宽度超过3m时,需甩出3处,以便进行压接或焊接。

53.2.6 利用屋面金属扶手栏杆做避雷带时，管材壁厚不小于5mm，拐弯处应弯成圆弧活弯，栏杆应与接地引下线可靠焊接。

53.3 避雷针制作安装

53.3.1 避雷针制作与安装应符合以下规定：

(1)所有金属部件必须镀锌，操作时注意保护镀锌层。

(2)采用镀锌管制做针尖，管壁厚度不得小于3mm，针尖刷锡长度不得小于70mm。

(3)多节避雷针各节尺寸见表21-81。

避雷针各节尺寸 表21-81

项　目	针全高(mm)				
	1.0	2.0	3.0	4.0	5.0
上节	1000	2000	1500	1000	1500
中节	—	—	1500	1500	1500
下节	—	—	—	1500	2000

(4)避雷针应垂直安装牢固，垂直度允许偏差为3/1000。

53.3.2 避雷针一般采用圆钢或钢管制成，其直径不应小于下列数值：

(1)独立避雷针一般采用直径为12mm镀锌圆钢。

(2)屋面上的避雷针一般宜采用直径25mm镀锌钢管。

(3)水塔顶部避雷针采用直径25mm的镀锌圆钢或40mm的镀锌钢管。

(4)烟囱顶上避雷针采用直径不小于20mm镀锌圆钢或直径不小于40mm镀锌钢管。烟囱顶上避雷环用直径不小于12mm镀锌圆钢或截面不小于100mm^{2}镀锌扁钢，其厚度应不小于4mm。

54 等电位联结

54.1 一般规定

54.1.1 建筑物等电位联结的范围、形式、方法、部位及联结导体的材料和截面积应符合设计要求。

54.1.2 需做等电位联结的外露可导电部分或外界可导电部分的连接应可靠。采用焊接时，应符合《建筑电气工程施工质量验收规范》(GB 50303—2015)中第22.2.2条的规定；采用螺栓连接时，应符合《建筑电气工程施工质量验收规范》(GB 50303—2015)中第23.2.1条的规定，其螺栓、垫圈、螺母等应为热镀锌制品，且应连接牢固。

54.1.3 需做等电位联结的卫生间内金属部件或零件的外界可导电部分，应设置专用接线螺栓与等电位联结导体连接，并应设置标识；连接处螺帽应紧固、防松零件应齐全。

54.1.4 当等电位联结导体在地下暗敷时，其导体间的连接不得采用螺栓压接。

54.2 等电位联结

54.2.1 根据设计图纸要求，确定各等电位端子箱位置，如设计无要求，则总等电位端子箱宜设置在电源进线或进线配电盘处。确定位置后，将等电位端子箱固定。

54.2.2　等电位连接线的截面要求见表21-82。

等电位连接线的截面要求　　表21-82

类别 取值	总等电位连接线	局部等电位连接线	辅助等电位连接线	
一般值	不小于0.5×进线PE(PEN)线截面	不小于0.5×PE线截面①	两电气设备外露导电部分间	1×较小PE线截面
			电气设备与装置外可导电部分间	0.5×PE线截面
最小值	$6mm^2$ 铜线或相同电导值导线②	同右	有机械保护时	$2.5mm^2$ 铜线或 $4mm^2$ 铝线
			无机械保护时	$4mm^2$ 铜线
	热镀锌钢 圆钢 $\phi10$ 扁网25×4mm		热镀锌钢 圆钢 $\phi8mm$ 扁网20×4mm	
最大值	$25mm^2$ 铜线或相同电导值导线②	同左	—	

注：①局部场所内最大PE线截面；

②不允许采用无机械保护的铝线。

54.2.3　等电位连接端子板的截面不得小于所接等电位连接线截面。

54.2.4　等电位连接线施工可采用BV－$4mm^2$ 塑料绝缘导线穿塑料管暗敷设，也可采用20×4镀锌扁钢或 $\phi8$ 镀锌圆钢暗敷设。等电位连接端子板截面不得小于等电位连接线的截面。

54.2.5　如室内原无PE线，则不应引入PE线，将装置外可导电部分相互连接即可。为此，室内也不应采用金属穿线管或金属护套电缆。

54.3　金属门窗等电位施工

54.3.1　根据设计图纸位置于柱内或圈梁内预留预埋件，预埋件设计无要求时应采用面积大于100mm×100mm的钢板，预埋件应预留于柱角或圈梁角，与柱内或圈梁内主钢筋焊接。

54.3.2　使用 $\phi12$ 镀锌圆钢或25mm×4mm镀锌扁钢做等电位连接线连接预埋件与钢窗框、固定铝合金窗框的铁板或固定金属门框的铁板，连接方式采用双面焊接。采用圆钢焊接时，搭接长度不小于100mm。

54.3.3　如金属门窗框不能直接焊接时，则制作100mm×30mm×30mm的连接件，一端采用不少于2套M6螺栓与金属门窗框连接，一端采用螺栓连接或直接焊接与等电位连接线连通。

54.3.4　所有连接导体宜暗敷，并应在门窗框定位后，墙面装饰层或抹灰层施工之前进行。

54.3.5　当柱体采用钢柱，则将连接导体的一端直接焊于钢柱上。

54.3.6　等电位连接安装完毕后，应进行导通性测试，测试用电源可采用空载电压4～24V直流或交流电源，测试电流不小于0.2A，可认为等电位连接是有效的，如发现导通不良的管道连接处，应作跨接线。

55　室外电气动力、照明配电箱(盘)及控制柜安装

55.1　一般规定

55.1.1　柜、台、箱的金属框架及基础型钢应与保护导体可靠连接;对于装有电器的可开启门,门和金属框架的接地端子间应选用截面积不小于 $4mm^2$ 的黄绿色绝缘铜芯软导线连接,并应有标识。

55.1.2　柜、台、箱、盘等配电装置应有可靠的防电击保护;装置内保护接地导体(PE)排应有裸露的连接外部保护接地导体的端子,并应可靠连接。当设计未做要求时,连接导体最小截面积应符合国家标准《低压配电设计规范》(GB 50054—2016)的规定。

55.1.3　手车、抽屉式成套配电柜推拉应灵活,无卡阻碰撞现象。动触头与静触头的中心线应一致,且触头接触应紧密,投入时,接地触头应先于主触头接触;退出时,接地触头应后于主触头脱开。

55.1.4　低压成套配电柜交接试验应符合《建筑电气工程施工质量验收规范》(GB 50303—2015)中第 4.1.6 条的规定。

55.1.5　对于低压成套配电柜、箱及控制柜(台、箱)间线路的线间和线对地间绝缘电阻值,馈电线路不应小于 0.5MΩ,二次回路不应小于 1MΩ;二次回路的耐压试验电压应为 1000V,当回路绝缘电阻值大于 10MΩ 时,应采用 2500V 兆欧表代替,试验持续时间应为 1min,或符合产品技术文件要求。

55.1.6　直流柜试验时,应将屏内电子器件从线路上退出,主回路线间和线对地间绝缘电阻值不应小于 0.5MΩ,直流屏所附蓄电池组的充、放电应符合产品技术文件要求;整流器的控制调整和输出特性试验应符合产品技术文件要求。

55.1.7　低压成套配电柜和配电箱(盘)内末端用电回路中,所设过电流保护电器兼作故障防护时,应在回路末端测量接地故障回路阻抗,且因路阻抗应满足下式要求:

$$Z_s(m) \leqslant \frac{2}{3} \times \frac{U}{I}$$

式中:$Z_s(m)$——实测接地故障回路阻抗,Ω;

U——相导体对接地的中性导体的电压,V;

I——保护电器在规定时间内切断故障回路的动作电流,A。

55.1.8　配电箱(盘)内的剩余电流动作保护器(RCD)应在施加额定剩余动作电流($I_{\Delta n}$)的情况下测试动作时间,且测试值应符合设计要求。

55.2　配电箱、低压柜(盘)安装

55.2.1　柜、箱、盘内电涌保护器(SPD)安装应符合下列规定:

(1)SPD 的型号规格及安装布置应符合设计要求。

(2)SPD 的接线形式应符合设计要求,接地导线的位置不宜靠近出线位置。

(3)SPD 的连接导线应平直、足够短,且不宜大于 0.5m。

55.2.2　IT 系统绝缘监测器(IMD)的报警功能应符合设计要求。

55.2.3　照明配电箱(盘)安装应符合下列规定:

(1)箱(盘)内配线应整齐、无绞接现象;导线连接应紧密、不伤线芯、不断股;垫圈下螺丝两侧压的导线截面积应相同,同一电器件端子上的导线连接不应多于 2 根,防松垫圈等零件应齐全。

(2)箱(盘)内开关动作应灵活可靠。

(3)箱(盘)内宜分别设置中性导体(N)和保护接地导体(PE)汇流排,汇流排上同一端子不应连接不同回路的N或PE。

55.2.4 送至建筑智能化工程变送器的电量信号精度等级应符合设计要求,状态信号应正确;接收建筑智能化工程的指令应使建筑电气工程的断路器动作符合指令要求,且手动、自动切换功能均应正常。

55.2.5 基础型钢安装允许偏差应符合表21-83的规定。

允许偏差要求　　表21-83

项　目	允许偏差(mm)	
	每米	全长
不直度	1.0	5.0
水平度	1.0	5.0
不平行度	—	5.0

55.2.6 柜、台、箱、盘的布置及安全间距应符合设计要求。

55.2.7 柜、台、箱相互间或与基础型钢间应用镀锌螺栓连接,且防松零件应齐全;当设计有防火要求时,柜、台、箱的进出口应做防火封堵,并应封堵严密。

55.2.8 室外安装的落地式配电(控制)柜、箱的基础应高于地坪,周围排水应通畅,其底座周围应采取封闭措施。

55.2.9 柜、台、箱、盘应安装牢固,且不应设置在水管的正下方。柜、台、箱、盘安装垂直度允许偏差不应1.5‰,相互间接缝不应大于2mm,成列盘面偏差不应大于5mm。

55.2.10 柜、台、箱、盘内检查试验应符合下列规定:

(1)控制开关及保护装置的规格、型号应符合设计要求。

(2)闭锁装置动作应准确、可靠。

(3)主开关的辅助开关切换动作应与主开关动作一致。

(4)柜、台、箱、盘上的标识器件应标明被控设备编号及名称或操作位置,接线端子应有编号,且清晰、工整、不易脱色。

55.2.11 回路中的电子元件不应参加交流工频耐压试验,50V及以下回路可不做交流工频耐压试验。

55.2.12 低压电器组合应符合下列规定:

(1)发热元件应安装在散热良好的位置。

(2)熔断器的熔体规格、断路器的整定值应符合设计要求。

(3)切换压板应接触良好,相邻压板间应有安全距离,切换时不应触及相邻的压板。

(4)信号回路的信号灯、按钮、指示牌、电铃、电笛、事故电钟等动作和信号显示应准确。

(5)金属外壳需做电击防护时,应与保护导体可靠连接。

(6)端子排应安装牢固,端子应有序号,强电、弱电端子应隔离布置,端子规格应与导线截面积大小适配。

55.2.13 柜、台、箱、盘配线应符合以下规定:

(1)二次回路接线应符合设计要求,除电子元件回路或类似回路外,回路的绝缘导线额定电压不应低于450/750V;对于铜芯绝缘导线或电缆的导体截面积,电流回路不应小于2.5mm^2,其他回路不应小于1.5mm^2。

(2)二次回路连线应成束绑扎,不同电压等级、交流、直流线路及计算机控制线路应分别绑扎,且应有标识;固定后不应妨碍开关或抽出式部件的拉出或推入。

(3)线缆的弯曲半径不应小于线缆允许弯曲半径。

(4)导线连接不应损伤线芯。

55.2.14 柜、台、箱、盘面板上的电器连接导线应符合下列规定:

(1)连接导线应采用多芯铜芯绝缘软导线,敷设长度应留有适当裕量。

(2)线束宜有外套塑料管等加强绝缘保护层。

(3)与电器连接时,端部应绞紧、不松散、不断股,其端部可采用不开口的终端端子或搪锡。

(4)可转动部位的两端应采用卡子固定。

55.2.15 照明配电箱(盘)安装应符合下列规定:

(1)箱体开孔应与导管管径适配,暗装配电箱箱盖应紧贴墙面,箱(盘)涂层应完整。

(2)箱(盘)内回路编号应齐全,标识应正确。

(3)箱(盘)应采用不燃材料制作。

(4)箱(盘)应安装牢固、位置正确、部件齐全,安装高度应符合设计要求,垂直度允许偏差不应大于1.5‰。

56 室外电气电线导管、电缆导管和线槽敷设

56.1 一般规定

56.1.1 电线导管、电缆导管和线槽敷设所使用原材料规格型号应满足设计及规范要求,施工工艺应依据施工图进行,施工图未明确的需满足《建筑电气施工规范》(GB 50303—2015),爆炸危险环境下电气配管及设备安装需满足《爆炸和火灾危险环境下电气线路和电气设备安装》(94D401-3)相关要求。

56.1.2 金属的导管和线槽必须接地(PE)或接零(PEN)可靠,并符合下列规定:

(1)镀锌的钢导管、可挠性导管和金属线槽不得熔焊跨接接地线,以专用接地卡跨接的两卡间连线为铜芯软导线,截面积不小于4mm^2。

(2)当非镀锌钢导管采用螺纹连接时,连接处的两端焊跨接接地线;当镀锌钢导管采用螺纹连接时,连接处的两端用专用接地卡固定跨接接地线。

(3)金属线槽不作为设备的接地导体,当设计无要求时,金属线槽全长不少于2处。

(4)与接地(PE)或接零(PEN)干线连接。

(5)非镀锌金属线槽间连接板的两端跨接铜芯接地线,镀锌线槽间连接板的两端不跨接接地线,但连接板两端不少于2个有防松螺帽或防松垫圈的连接固定螺栓。

56.1.3 金属导管严禁对口熔焊连接;镀锌和壁厚小于等于2mm的钢导管不得套管熔焊连接。

56.1.4 防爆导管不应采用倒扣连接;当连接有困难时,应采用防爆活接头,其接合面应严密。

56.1.5 当绝缘导管在砌体上剔槽埋设时,应采用强度等级不小于M10的水泥砂浆抹面保护,保护层厚度大于15mm。

56.1.6 室外埋地敷设的电缆导管,埋深不应小于0.7m。壁厚小于等于2mm的钢电线导管不应埋设于室外土壤内。

56.1.7 室外导管的管口应设置在盒、箱内。在落地式配电箱内的管口,箱底无封板的,管口应高出基础面50~80mm。所有管口在穿入电线、电缆后应做密封处理。由箱式变电所或落地式配电箱引向建筑物的导管,建筑物一侧的导管管口应设在建筑物内。

56.1.8 电缆导管的弯曲半径不应小于电缆最小允许弯曲半径,电缆最小允许弯曲半径应符合表21-84的规定。

电缆最小允许弯曲半径要求(单位:mm)　　表21-84

<table>
<tr><th colspan="2">电缆形式</th><th>电缆外径</th><th>多芯电缆</th><th>单芯电缆</th></tr>
<tr><td rowspan="2">塑料绝缘电缆</td><td>无铠装</td><td>—</td><td>15D</td><td>20D</td></tr>
<tr><td>有铠装</td><td>—</td><td>12D</td><td>15D</td></tr>
<tr><td colspan="2">橡皮绝缘电缆</td><td>—</td><td colspan="2">10D</td></tr>
<tr><td rowspan="3">控制电缆</td><td>非铠装、屏蔽型软电缆</td><td>—</td><td>6D</td><td rowspan="3">—</td></tr>
<tr><td>铠装型、铜屏蔽型</td><td>—</td><td>12D</td></tr>
<tr><td>其他</td><td>—</td><td>10D</td></tr>
<tr><td colspan="2">铝合金导体电力电缆</td><td>—</td><td colspan="2">7D</td></tr>
<tr><td colspan="2" rowspan="4">氧化镁绝缘刚性矿物绝缘电缆</td><td>小于7</td><td colspan="2">2D</td></tr>
<tr><td>大于或等于7,且小于12</td><td colspan="2">3D</td></tr>
<tr><td>大于或等于12且小于15</td><td colspan="2">4D</td></tr>
<tr><td>大于或等于15</td><td colspan="2">6D</td></tr>
<tr><td colspan="2">其他矿物绝缘电缆</td><td>—</td><td colspan="2">15D</td></tr>
</table>

(1)金属导管内外壁应防腐处理;埋设于混凝土内的导管内壁应防腐处理,外壁可不防腐处理。

(2)室内进入落地式柜、台、箱、盘内的导管管口,应高出柜、台、箱、盘的基础面50~80mm。

(3)暗配的导管,埋设深度与建筑物、构筑物表面的距离不应小于15mm;明配的导管应排列整齐,固定点间距均匀,安装牢固;在终端、弯头中点或柜、台、箱、盘等边缘的距离150~500mm范围内设有管卡,中间直线段管卡间的最大距离应符合表21-85的规定。

管卡间最大距离要求　　表21-85

<table>
<tr><th rowspan="2">敷设方式</th><th rowspan="2">导管种类</th><th colspan="4">导管直径(mm)</th></tr>
<tr><th>15~20</th><th>25~32</th><th>40~50</th><th>65以上</th></tr>
<tr><td rowspan="3">支架或沿墙明敷</td><td>壁厚>2mm刚性钢导管</td><td>1.5</td><td>2.0</td><td>2.5</td><td>3.5</td></tr>
<tr><td>壁厚≤2mm刚性钢导管</td><td>1.0</td><td>1.5</td><td>2.0</td><td>—</td></tr>
<tr><td>刚性绝缘导管</td><td>1.0</td><td>1.5</td><td>2.0</td><td>2.0</td></tr>
</table>

(4)线槽应安装牢固,无扭曲变形,紧固件的螺母应在线槽外侧。

56.1.9　防爆导管敷设应符合下列规定:

(1)导管间及与灯具、开关、线盒等的螺纹连接处紧密牢固,除设计有特殊要求外,连接处不跨接接地线,在螺纹上涂以电力复合酯或导电性防锈酯。

(2)安装牢固顺直,镀锌层锈蚀或剥落处做防腐处理。

56.1.10　绝缘导管敷设应符合下列规定:

(1)管口平整光滑;管与管、管与盒(箱)等器件采用插入法连接时,连接处结合面涂专用胶合剂,接口牢固密封。

(2)直埋于地下的刚性绝缘导管,在穿出地面易受机械损伤的一段,采取保护措施。

(3)当设计无要求时,埋设在墙内或混凝土内的绝缘导管,采用中型以上的导管。

(4)沿建筑物、构筑物表面和在支架上敷设的刚性绝缘导管,按设计要求装设温度补偿装置。

56.1.11　金属、非金属柔性导管敷设应符合下列规定:

(1)刚性导管经柔性导管与电气设备、器具连接,柔性导管的长度在动力工程中不大于0.8m,在照明工程中不大于1.2m。

(2)可挠金属管或其他柔性导管与刚性导管或电气设备、器具间的连接采用专用接头;复合型可

挠金属管或其他柔性导管的连接处密封良好，防液覆盖层完整无损；可挠性金属导管和金属柔性导管不能做接地（PE）或接零（PEN）的接续导体。

56.1.12 导管和线槽，在建筑物变形缝处，应设补偿装置。

56.2 暗管敷设

（1）暗配的电线管路宜沿最近的线路敷设并应减少弯曲，埋入墙内或混凝土内的管子与表面的净距不应小于15mm。

（2）根据设计图和现场情况加工好各种盒、箱、管弯。钢管揻弯采用冷弯法，一般管径为20mm及以下时，用手扳弯管器；管径为25mm及以上时，使用液压弯管器。管子断口处应平齐不歪斜，刮锉光滑，无毛刺。管子套丝丝扣应干净清晰，不乱扣，不过长。

（3）以土建弹出的水平线为基准，根据设计图要求确定盒、箱实际尺寸位置，并将盒、箱固定牢固。

（4）管路主要用管箍丝扣连接，套丝不得有乱扣现象。上好管箍后，管口应对严，外露丝扣应不多于2扣。套管连接宜用于暗配管，套管长度为连接管径的1.5~3倍。连接管口的对口处应在套管的中心，焊口应焊接牢固严密。管路超过下列长度，应加装接线盒，其位置应便于穿线：无弯时，30m；有一个弯时，20m；有两个弯时，15m；有三个弯时，8m。盒、箱开孔应整齐并与管径相吻合，要求一管一孔，不得开长孔。管口入盒、箱，暗配管可用跨接地线焊接固定在盒棱边上，严禁管口与敲落孔焊接，管口露出盒、箱应小于5mm，有锁紧螺母者与锁紧螺母平，露出锁紧螺母的丝扣为2~4扣。

（5）将堵好的盒子固定牢后敷管，管路每隔1m左右用铅丝绑扎牢。

（6）用$\phi5$圆钢与跨接地线焊接，跨接地线两端焊接面不得小于该跨接线截面的6倍，焊缝均匀牢固，焊接处刷防腐漆。

56.3 明管敷设

（1）明配管弯曲半径一般不小于管外径6倍，如只有一个弯时应不小于管外径的4倍。

（2）根据设计首先测出盒箱与出线口的准确位置，然后按照安装标准的固定点间距要求确定支、吊架的具体位置，固定点的距离应均匀，管卡与终端、转弯中点、电气器具或箱盒边缘的距离为150~500mm，钢管中间管卡的最大距离：$\phi15$~$\phi20$时为1.5m，$\phi25$~$\phi32$时为2m。

（3）明制箱盒安装应牢固平整，开孔整齐并与管径相吻合，要求一管一孔。钢管进入灯头盒、开关盒、接线盒及配电箱时，露出锁紧螺母的丝扣为2~4扣。

（4）钢管与设备连接时，应将钢管敷设到设备内。如不能直接进入时，在干燥房间内可在钢管出口处加装保护软管引入设备；在潮湿房间内，可采用防水软管或在管口处装设防水弯头再套绝缘软管保护，软管与钢管、软管与设备之间的连接应用软管接头连接，长度不宜超过1m。钢管露出地面的管口距地面高度应不小于200mm。

（5）地线跨接，将堵好的盒子固定牢后敷管，管路每隔1m左右用铁丝绑扎牢。用接地线连接相邻镀锌管，且接地线不小于2.5mm^2。

57 室外电气电线电缆穿管和电缆沟敷设

57.1 一般规定

57.1.1 同一交流回路绝缘导线不应敷设于不同的金属槽盒内或穿于不同金属导管内，除设计要求以外，不同回路，不同电压等级和交流与支流线路的绝缘导线不应穿于同一根管内。

57.1.2　电缆敷设不得存在绞拧、铠装压扁、护层断裂和表面严重划伤等缺陷。

57.1.3　当电缆敷设存在可能受到机械外力损伤、振动、浸水及腐蚀性或污染物质等损害时，应采取防护措施。

57.1.4　线缆选择符合设计要求和国家标准规定。除设计要求外，并联使用的电力电缆的型号、规格、长度应相同。

57.1.5　交流单芯电缆或分相后的每相电缆不得单根独穿于钢导管内，固定用的夹具和支架不应形成闭合磁路。

57.1.6　建筑电气工程中电缆敷设基本采用电缆沟内敷设方式，对电缆沟内方式，可以等电缆全部敷设完后进行检查；对电缆穿管敷设应使导管的管口和导管连接处光滑、无毛刺。

57.1.7　电缆在沟内敷设，要用支架支持或固定，因而支架的安装是关键，其相互间距离是否恰当，对通电后电缆的散热状况是否良好，对电缆的日常巡视和维护检修是否方便以及在电缆弯曲处的弯曲半径是否合理均有影响。规定最上层电缆支架距其他设备的最小净距，是为了避免设备维护检修时引起电缆损伤而作出的防护要求，最下层电缆支架距沟底、地面的最小净距，主要是为了避免电缆沟或隧道或屋面积水影响电缆的正常运行。数据基本与国家标准《电力工程电缆设计规范》(GB 50217—2018)保持一致。

57.1.8　管内清洁、干燥，便于维修和更换导线；钢导管管口护线口应齐全可靠，防止导线绝缘层受损伤。

57.1.9　绝缘导线需要加护套，导管确保导线及其接头不外露，防止发生触电和火灾等事故。

57.1.10　绝缘导线外护层的颜色要有区别，是为识别其不同功能或相位而规定的，既有利于施工又方便日后检修。PE 和 N 的颜色是国际统一认同的，其他绝缘导线的颜色国际上并未强制要求统一，且我国电力供电线路和大量国内电气产品的绝缘导线外护层颜色尚未采用国际上建议采用的颜色(即相线 LI、L2、L3 用黑色、棕色、灰色)，一直沿用相线 LI、L2、L3 采用黄色、绿色、红色的标准。要求同一建筑物、构筑物内其不同功能的导线绝缘层颜色能区分又保持一致是提高施工服务质量的体现。

57.2　选择导线并清理线管

(1)按设计图纸选择导线的规格、型号。

(2)为便于检查和维修，导线颜色见导线颜色选用表 21-86。

导线颜色选用表　　表 21-86

序　号	导线相别	导线颜色	备　注
1	A(L1)	黄	配电箱、柜内的导线可由厂家根据行业规定执行
2	B	绿	
3	C	红	
4	N	蓝色	
5	PE	黄、绿双色	
6	灯具控制线	灰色	

(3)选择适用的钢带线，将钢丝的一端弯成不封口的圆圈，把带线穿入管内。穿带线受阻时，用两根钢丝在管的两端同时搅动，使两钢丝的端头钩绞在一起，把带线拉出。

(4)将布条的两端牢固绑扎在带线上，两人来回拉动，将管路中的污物清理干净。

57.3　放线及断线

57.3.1　放线：

(1)放线前根据图纸选择线缆的规格、型号。

(2)放线时将线缆置于放线架上。

57.3.2 断线。断线时为保证导线不浪费,同时满足接线长度的需要。

57.4 导线与带线的绑扎

57.4.1 导线根数较少时,将导线前端绝缘层削去,把线芯直接插入带线的盘圈内并折回压实,绑扎牢固,绑扎处形成一个平滑的锥形。

57.4.2 导线根数较多或截面较大时,将导线前端绝缘层削去,把线芯斜错排列在带线上,用绑线缠绕绑扎牢固,绑扎处形成一个平滑的锥形。

57.5 管内穿线及连接

57.5.1 检查管子护口是否齐全。

57.5.2 穿线困难时,向管内吹入适量滑石粉或者采用高压水枪冲洗阻碍物,待管道风干后再穿电线电缆。

57.5.3 两人配合,一拉一送。

57.5.4 寻线连接必须在盒或箱内进行。

57.5.5 导线与器具连接时,线径在6mm(含6mm)以下时,单股线可直接与器具压接,多股铜芯线拧紧搪锡或接续端子后与器具连接,线径在6mm以上时要拧紧搪锡或接续端子与器具连接,接线端子做涮锡处理。

57.5.6 导线连接后要及时进行包扎。

57.5.7 导线包扎时先用粘塑料绝缘带进行包扎,而后用黑胶布包扎严密。

57.5.8 穿入导管内的线缆或线槽内的线缆不准有接头现象,接头要在器具或接线盒、箱内进行,线缆绝缘层不得破损。

57.6 线路检查和绝缘摇测

57.6.1 线路接、焊、包全部完成后进行自、互检。

57.6.2 线路绝缘摇测要选用量程适当的兆欧表。

57.6.3 线路绝缘摇测要先干线后支线,逐个回路进行摇测。

57.6.4 分两次进行摇测,在电气器具、设备未安装接线前摇测一次,在其安装接线后送电前再摇测一次,确认回路绝缘合格后方可送电试运行。

57.6.5 线路摇测要两人进行,一人摇测,另一人读数及记录。摇表转速应保持在120r/min上下,摇测值采用1min后的数值。

57.6.6 线路要全部摇测,动力、照明线路的绝缘摇测值在0.5MΩ以上。

58 室外电气电缆头制作、导线连接和线路电气试验

58.1 一般规定

58.1.1 电力电缆通电前应按国家标准《电气装置安装工程电气设备交接试验标准》(GB 50150—2006)的规定进行耐压试验,并应合格。

低压或特低电压配电线路线间和线对地间的绝缘电阻测试电压及绝缘电阻值不应小于表21-87的规定,矿物绝缘电缆线间和线对地间的绝缘电阻应符合国家现行有关产品标准的规定,见表21-87。

绝缘电阻测试电压及电阻值要求　　表 21-87

标称回路电压(V)	直接测试电压(V)	绝缘电阻(MΩ)
SELV 和 PELV	250	0.5
500V 及以下,包括 FELV	500	0.5
500V 以上	1000	1.0

58.1.2　电力电缆的铜屏蔽层和铠装护套及矿物绝缘电缆的金属护套和金属配件,应采用铜绞线或镀锡铜编织线与保护导体做连接,其连接导体的截面积不应小于表 21-88 的规定。当铜屏蔽层和铠装护套及矿物绝缘电缆的金属护套和金属配件作保护导体时,其连接导体的截面积应符合设计要求,见表 21-88。

导体的截面积要求　　表 21-88

电缆相导体截面积	保护联结导体截面积
≤16	与电缆导体截面相同
>16,且≤120	16
≥150	25

58.1.3　电缆端子与设备或器具连接应符合《建筑电气工程施工质量验收规范》(GB 50303—2015)中第 10.1.3 条和第 10.2.2 条的规定。

电缆头应可靠固定,不应使电器元器件或设备端子承受额外应力。导线与设备或器具的连接应符合下列规定:

(1)截面积在 $10mm^2$ 及以下的单股铜芯线和单股铝/铝合金芯线可直接与设备或器具的端子连接。

(2)截面积在 $6mm^2$ 及以下的多芯铜芯线应接续端子或拧紧搪锡后再与设备或器具的端子连接。

(3)截面积大于 $2.5mm^2$ 的多芯铜芯线,除设备自带插接式端子外,应接续端子后与设备或器具的端子连接;多芯铜芯线与插接式端子连接前,端部应拧紧搪锡。

(4)每个设备或器具的端子接线不多于 2 根导线或 2 个导线端子。

58.1.4　截面积在 $6mm^2$ 及以下铜芯导线间的连接应采用导线连接器或缠绕搪锡连接,并应符合下列规定:

(1)导线连接器应符合国家标准《家用和类似用途低压电路用的连接器件》(GB 13140—2008)的相关规定,并还应符合下列规定:

①导线连接器应与导线截面相匹配。

②单芯导线与多芯软导线连接时,多芯软导线宜搪锡处理。

③与导线连接后不应明露线芯。

④采用机械压紧方式制作导线接头时,应使用确保压接力的专用工具。

⑤尘场所的导线连接应选用 IP54 及以上的防护等级连接器;潮湿场所的导线连接应选用 IP45 及以上的防护等级连接器。

(2)导线采用缠绕搪锡连接时,连接头缠绕搪锡后应采取可靠绝缘措施。

(3)铜/铜合金电缆头及端子压接应符合下列规定:

①铜/铜合金电缆的联锁铠装不应作为保护接地导体(PE)使用,联锁铠装应与保护接地导体(CPE)连接。

②线芯压接面应去除氧化层并涂抗氧化剂，压接完成后应清洁表面。

③线芯压接工具及模具应与相关规范相匹配。

58.1.5　当采用螺纹型接线端子与导线连接时，其拧紧力矩值应符合产品技术文件的要求，当无要求时，应符合相关规范的规定。

58.1.6　绝缘导线、电缆的线芯连接金具（连接管和端子），其规格应与线芯的规格适配，且不得采用开口端子，其性能应符合国家现行有关产品标准的规定。

58.1.7　当接线端子规格与电气器具规格不配套时，不应采取降容的转接措施。

58.2　电缆头制作

58.2.1　电缆终端头及其所用绝缘材料应是定型产品，各部衔接处应封闭严密，附件齐全，外套不得裂纹、损伤，必须符合电压等级和设计要求，并应有试验数据及合格证。电缆头附件及主要材料由生产厂家备齐，并有合格证及说明书。

58.2.2　电缆绝缘胶和环氧树脂结晶胶应是定型产品，必须符合电压等级和设计要求，各部衔接处均应封闭严密，附件齐全，应有理化及电气性能的试验单及合格证。

固定电缆终端头用的金属件均应是镀锌件，配齐相应的螺母、垫圈和弹簧垫。

端头外壳必须密封良好，无杂质和砂眼，内壁光滑整洁，尺寸必须符合设计要求。

58.2.3　电缆敷设并整理完毕，核对无误。

58.2.4　电缆支架及电缆终端头固定支架安装齐全。

58.2.5　室外电缆终端头的制作应选择晴朗无风的天气施工，环境温度5℃以上。

58.2.6　施工现场及其周围应清洁干燥，操作平台要牢固，四周应搭设防风栅。

58.2.7　施工现场应备有220V电源和安全电源。现场具有足够照明和较宽敞的操作场地。

58.2.8　电缆终端头制作人员应经专门培训并考核合格，方可施工操作。

58.2.9　土建工程基本施工完，墙面、屋顶的浆活完毕，施工现场应符合安全、消防规定，易燃物要妥善保管。

58.2.10　塑料带应分黄、绿、红、蓝、双色五色，各种螺丝等镀锌件应镀锌良好。

58.2.11　地线采用裸铜软线，截面不小于10mm^2，表面应清洁，无断股现象。

58.2.12　高空作业（电杆上）应搭好平台，在施工部位上方搭好帐篷，防止灰尘侵入（室外），室外施工时，应搭设临时帐篷。

58.2.13　电气设备安装完毕，室内空气干燥，变压器、低压开关柜（低压开关）、电缆均安装完毕，电缆绝缘合格。

58.2.14　根据设备情况留有做1～2个电缆终端头的长度处压接线鼻子或直接与设备连接。剥除绝缘长度为线鼻子孔深加5mm，套上线鼻子进行压接，压接不得少于3道，有电流互感器时，应先穿过电流互感器再压鼻子。压好线鼻子后用锉刀清除毛刺，然后用J20自粘带将线芯、线鼻子包扎严密封口。

58.2.15　在线鼻子处按规定的相色用相色带进行包绕两层，长约8～10mm。将做好的终端头装在预定位置，接好接地线。同一盘内所用电缆头应固定在盘底部支架上，成一条直线，并且扎带的绑扎方式应一致电缆头做好后要挂牌，挂牌应正确、清晰、整齐。电缆头制作还应注意以下质量控制要点制作电缆终端头时，从剥切电缆开始应连续操作直至完成，缩短绝缘暴露时间。

58.2.16　线芯剥出压接前，需使用纱布将线芯打磨干净。除去其氧化层后使用酒精清洗干净。压接前需将线芯表面均匀涂抹电力复合脂。

58.2.17　线鼻子应与电缆配套，使用前需用酒精彻底清理干净。

58.2.18　对于电缆屏蔽层处理时，剥除时不得损伤绝缘表面，屏蔽端部应平整。

59　室外电气路灯、高杆灯安装

59.1　一般规定

59.1.1　路灯及金属附件均应可靠接地。

59.1.2　不得用裸铝导线以及电缆金属护套层做接地线。接地线不得兼作他用。

59.1.3　采用接零保护时,单相开关应装在相线上,保护零线上严禁装设开关或熔断器。

59.1.4　采用法兰底座固定金属灯杆的螺栓数量不少于灯杆法兰底座上的固定孔数,且螺栓直径与底座孔径相适配;螺栓采用双螺母锁固,且应符号下列规定:

(1)在灯臂、灯盘、灯杆内穿线不得有接头,穿线孔口或管口应光滑、无毛刺。

(2)进入接线盒垂直管上上口穿缆后管口应密封处理良好。

(3)保护接地线、中性线截面选用正确,线色符合规定,连接牢固紧密。

59.1.5　直线路段安装单、双挑路灯时,在无障碍等特殊情况下,灯间距与设计间距的偏差应小于2%。灯杆垂直偏差应小于半个杆梢,直线路段单、双挑灯排列成一直线时,灯杆横向位置偏移应小于半个杆根。钢灯杆安装时接线手孔朝向应一致,宜朝向人行道或慢车道侧。灯臂应固定牢靠,与道路纵向垂直偏差不应大于3°。

59.1.6　LED路灯安装应符合下列规定:

(1)灯具安装应牢固可靠,饰面不应使用胶类粘贴。

(2)灯具安装位置应有较好的散热条件。

(3)灯具用的金属防水接头密封圈应齐全、完好。

(4)灯具的驱动电源、电子控制装置室外安装时,应置于金属箱(盒)内;金属箱(盒)的IP防护等级和散热应符合设计要求,驱动电源的极性标记应清晰、完整。

59.1.7　室外灯具配线管路应按暗配管敷设,灯具防护等级应符合设计要求。

59.1.8　各种路灯灯具、高杆灯的型号、规格必须符合设计要求。灯具应有产品合格证,生产许可证、"CCC"认证标识。且应符合下列规定:

(1)常规路灯灯具的效率不应低于60%。灯具配件应齐全,无机械损伤、变形、油漆剥落、灯罩破裂等现象。路灯灯具的防护等级、密封性能必须在IP55以上。

反光器应干净整洁,并应进行抛光氧化或镀膜处理,反光器表面应无明显划痕。

(2)透明罩的透光率应达到90%以上,并应无气泡、明显的划痕和裂纹。

封闭路灯灯具的灯头引线应采用耐热绝缘管保护,灯罩与尾座的连接配合应无间隙。

(3)灯内配线严禁外露,且相线、零线(N)、接地线(PE)用不同颜色置,金属网无扭曲变形,密封垫完好。灯头线应使用额定电压不低于500V的铜芯绝缘线。功率小于400W的最小允许线芯截面应为1.5mm^2,功率在400~1000W的最小允许线芯截面应为2.5mm^2。

59.1.9　路灯安装使用的灯杆、灯臂、抱箍、螺栓、压板等金属构件应进行热镀锌处理,防腐质量应符合国家标准《金属覆盖及其他有关覆盖层维氏和努氏显微硬度试验》(GB/T 9790—1988)、《热喷涂金属件表面预处理通则》(GB/T 11373—1989)、行业标准《钢铁热浸铝工艺及质量检验》(JBT 9206—1999)的有关规定。

59.1.10　灯杆、灯臂等热镀锌后应进行油漆涂层处理,其外观、附着力、耐湿热性应符合行业标准《灯具油漆涂层》(QB 1551—1992)的有关规定;进行喷塑处理后覆盖层应无鼓包、针孔、粗糙、裂纹或漏喷区缺陷,覆盖层与基体应有牢固的结合强度。

59.1.11　普通环形钢筋混凝土电杆,应符合下列规定:

(1)表面应光洁平整,壁厚均匀,无露筋、跑浆现象。

(2)电杆应无纵向裂缝,横向裂缝的宽度不应超过 0.1mm,长度不应超过电杆周长的 1/3,杆身弯曲不应超过杆长的 1‰。

59.2 测量定位

59.2.1 根据路灯安装施工图及道路中心线和参考点,确定路灯的安装位置及基础高度,并标出基础安装位置。基础顶面标高应提供标桩。

59.2.2 直线杆顺线路方向位移不应超过设计档距的 3%;直线杆沿线路方向横向位移不应超过 50mm;转角杆、分支杆的横线路、顺线路方向的位移均不应超过 50mm。

59.2.3 基础施工:根据施工图要求的基础尺寸、标高挖好基础坑,基础坑的开挖深度和大小应符合设计规定。基础坑深度的允许偏差应为 +100mm、-50mm。当土质原因等造成基础坑深与设计坑深偏差 +100mm 以上时,应按以下规定处理:

(1)偏差在 +100 ~ +300mm 时,应采用铺石灌浆处理。

(2)偏差超过规定值的 +300mm 以上时,超过的 +300mm 部分可采用填土或砂、石夯实处理,分层夯实厚度不宜大于 100mm,夯实后的密实度不应低于原状土,然后再采用铺石灌浆处理。

59.2.4 根据设计要求的混凝土强度等级采用一次浇筑法制作混凝土基础。

59.2.5 当钢筋混凝土电杆采用直埋和拉线稳固的方法时,电杆基坑深度应符合设计规定。对一般土质,电杆埋深宜为杆长的 1/6。对特殊土质或无法保证电杆的稳固时,应采取加卡盘、围桩、打人字拉线等加固措施。

59.3 灯杆、灯臂及灯具安装

59.3.1 路灯安装准备。

(1)根据产品说明书安装好灯杆组件,然后利用起重机将灯杆吊起到基础的上方,缓缓下降至适当高度,调整灯杆,使灯杆底座的螺栓孔穿过预埋好的地脚螺栓,并使电源电缆穿进灯杆至接线盒处,放下并扶正灯杆,将灯杆与底座固定牢固。立杆时应有防止杆身滚动、倾斜的措施。钢灯杆吊装时应采取防止钢缆擦伤灯杆表面油漆或喷塑防腐装饰层的措施。

(2)根据产品说明书安装好灯臂组件,然后将灯臂安装在灯杆上;杆上路灯灯臂的抱箍应紧固,不得松动,装灯方向与道路纵向应成 90°,误差不得大于 3°。

(3)安装灯具组件:

①根据厂家提供的说明书及组装图认真核对紧固件、连接件及其他附件。

②根据说明书穿个分支回路的绝缘电线。

③根据组装图组装并接线。

④安装各种附件。

(4)将灯具安装在灯臂上,并将灯具电源线沿灯臂、灯杆敷设至灯杆内的接线盒处。灯具安装纵向中心线和灯臂纵向中心线应一致,灯具横向水平线应与地面平行,紧固后目测应无歪斜。灯具的悬挑长度不宜超过灯具安装高度的 1/8,且不宜超过 2m。同一街道、公路、广场、桥梁的路灯安装高度(从光源到地面)、仰角、装灯方向宜保持一致。

59.3.2 接地接零保护。

(1)在中性点直接接地的路灯低压网中,金属灯杆及电气设备的外壳宜采用低压接零保护。

①在保护接零系统中,用熔断器做保护装置时,单相短路电流不应小于熔断片额定熔断电流的 4 倍;用自动开关做保护装置时,单相短路电流不应小于自动开关瞬时或延时动作电流的 5 倍。

②保护零线和相线的材质应相同,当相线的截面在 $35mm^2$ 及以下时,保护零线的最小截面应为

16mm^2;当相线的截面在35mm^{2}及以上时,保护零线的最小截面不应小于相线截面的50%。

③保护接零时,在线路分支、首端及末端应安装重复接地装置,接地装置的接地电阻不应大于10Ω。

(2)在用电设备较少且分散、采用接零保护确有困难且土壤电阻率较低时,可采用低压接地保护。金属灯杆的接地电阻不应大于4Ω。

59.3.3 接线:

(1)调整电源电缆和灯具配电导线在接线盒内的位置,并截取适当长度,削好线芯。

(2)将电源电缆和灯具配电导线分别压接在断路器的进出线两侧。

59.3.4 路灯控制系统安装:

(1)路灯运行控制宜采用定时钟、路灯控制仪(路灯经纬仪开关)等。

(2)路灯的照度,宜符合设计要求。

(3)路灯控制电器的安装应符合国家标准《城市道路照明工程施工及验收规程》(CJJ 89—2012)的规定。

59.4 绝缘测试

59.4.1 照明线路的绝缘摇测一般选用500V、量程为1~500MΩ的兆欧表。绝缘阻值应不小于1MΩ。

59.4.2 照明绝缘线路绝缘摇测按下面的两步进行:

(1)首先将路灯接线盒内导线分开,开关处导线连通。摇测应将干线和支线分开,一人摇测,一人应及时读数并记录。

(2)电气器具全部安装完在送电前进行摇测时,按系统、按线路摇测绝缘电阻。应先将线路上的开关、刀闸、仪表、设备等用电开关全部置于断开位置,摇测方法同上所述,确认绝缘摇测无误后再进行送电试运行。

59.5 高杆灯安装

59.5.1 测量定位:

(1)施工时测量放线,严格控制标高,保证电缆沟的纵坡要求。施工放线时,对出水口的水体及管道底标高进行复测。

(2)测量放线后,组织基槽土方开挖。基槽土方开挖以机械为主,辅以人工修整。水位较高处在基槽内设置集水坑,加强抽水,保持干地施工。开挖机械选用小型挖掘机,在挖掘机开挖基槽土方时,沟底预留0.2~0.3m厚的土层暂不挖去,在下一道工序施工前用人工清理至设计标高,以保证不扰动原状土。

(3)若地基土受扰动,或需换填地基土,一般可利用砂或石渣等按20cm为一层、分层夯实。

(4)基槽土方开挖时将土弃于基槽两侧,弃土尽量远离沟槽口边缘(2m外,人工开挖的则不小于0.8m外),并控制一定高度(不超5m)。开挖时有意识地分开可利用料及不可利用料,对不可利用料,利用装载机装自卸车运至场外。

59.5.2 高杆灯基础混凝土工程。

(1)根据混凝土的强度要求准确计算出混凝土的配合比,并申报监理工程师审批,监理工程师同意后使用,使用过程中,严格按该配合比执行。

(2)严格控制混凝土的搅拌时间和运输时间,混凝土运抵现浇现场时检查混凝土的拌和质量,若运输过程中出现机械故障,运输时间超过规定的时间,此斗(或车)混凝土不用于结构混凝土的浇筑。

(3)混凝土现浇施工中,做坍落度试验,符合要求后浇筑;若坍落度损失过大,试验人员可根据实际

情况征得监理工程师同意后掺入适量水泥浆，以确保混凝土的水灰比不变的条件下调大混凝土坍落度。

(4)混凝土浇筑前，检查模板及仓内，确保清洁、无杂物，模板拼缝严密，并经监理工程师批准后开始浇注混凝土。

(5)混凝土浇筑施工需严格控制分浆厚度，最厚不超过45cm，同时要严格控制混凝土自由下落高度，最高不能超过2m，超过2m要使用串筒或流槽，以免混凝土产生离析。

(6)混凝土入仓后应立即振捣，注意振点均匀分布，按顺序逐点振捣，避免漏振。

(7)在已过初凝期的混凝土表面浇注混凝土前，必须将其表面凿毛清洗干净，用水润湿后，并浇一层水泥浆以确保新旧混凝土之间的结合良好。

(8)混凝土终凝以后要及时采取适当的措施养生。

(9)所有混凝土的外露面的外形线型正确，顺畅、光洁，美观。

(10)严格按照设计图纸布置所有预埋件，确保预埋件数量、规格、位置与设计要求一致。低压接电箱防护栏均涂红丹漆、银漆两遍后涂黄黑相间标志漆。

59.5.3　电缆铺设：

(1)户外照明采用业主规定电缆穿紧定式金属钢导管暗设，导线穿紧定式镀锌钢导管暗敷时敷设在混凝土内且保护层厚度不小于30mm。封闭式母线水平敷设时，距地面高度不低于2m，垂直敷设时，距地面8m以下部分采取防止机械损伤措施。消防用电采用NH-YJV电缆穿焊接钢管敷设，暗敷时敷设在混凝土内且保护层厚度不小于30mm。

(2)电缆转弯处必须大于最小"弯曲半径"，即电缆直径的10倍。

(3)多根电缆敷设时，先敷设规格较大的电缆。

(4)电缆接头和电缆端头施工必须采用规范的方法，敷设过程中电缆接头应留有5m左右的余量。按规范对接头接牢，用环氧树脂对接口进行处理。

(5)电缆长度逐盘核对，应无电缆头的接续。

(6)敷设线管时管道内预穿一根镀锌铁线。

(7)穿放电缆时宜涂抹黄油或滑石粉。管口光滑，注意封堵，进入管道的电缆应保持平直，并采取防潮、防腐蚀、防鼠等措施。

59.5.4　高杆灯套杆连接。

步骤1：杆体的套接：在开始套接前，应将一根长度大于杆高的细钢丝或铁丝自电气门穿入杆体内，用于以后穿钢丝绳和电缆的引导，穿钢丝或铁丝的工作应与套接杆体同步进行(图21-19)。

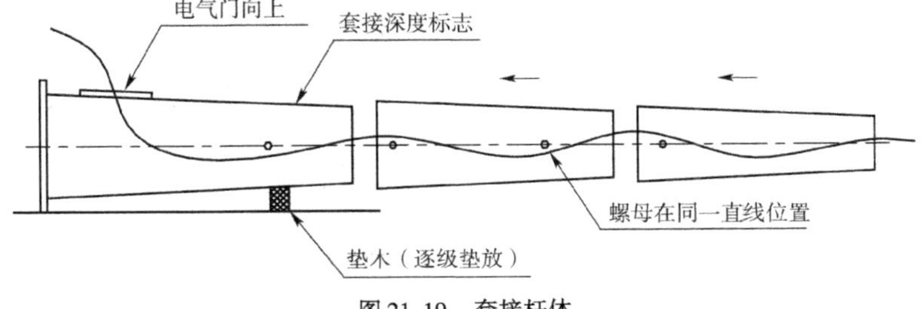

图21-19　套接杆体

套接自杆体的最下节开始，逐节向上进行。

步骤2：将带有法兰的基座节放置在靠近基础的适当位置(将电气维护门向上放置)，使法兰盘着地，用木头垫块在离基座节前端约5m处垫起基座节前端，使基座节前端离地，以留下足够的空间用于上节杆体的插套。

步骤3：在基座节上标出套接深度，各节杆体之间的套接深度，因杆体口径的大小而异，此深度尺寸可以从图纸中找到。

步骤4：在杆体的两侧焊有用于挂套拉紧钢丝绳的螺母，起吊时应确认位置，使上下两节的螺母在同一直线位置上。

步骤5:将上一节杆体用吊车吊起,使口径大的一端对准基座节前端,缓慢套入,尽可能地套入较大深度,同样在该节的前端垫上木垫块。

在上、下两节杆体的两侧螺母上拧上螺栓,按下列示意图在杆体两侧安妥拉紧钢丝绳和手拉葫芦。

步骤6:分别在杆体两侧同时收紧手动葫芦,直至达到套接深度标志,当在进行收紧时,如感觉到阻力较大,可用铁锤敲击套接部分杆体,产生振动,帮助杆体套紧,敲击时应以木板或其他物件衬垫,以免损伤杆体表面(图21-20)。

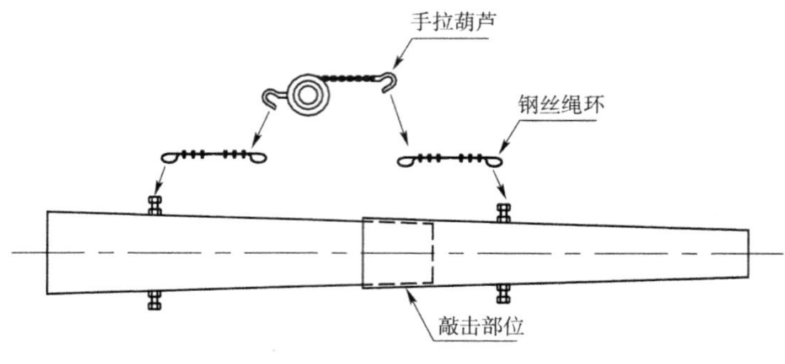

图21-20 套接

按上述步骤和方法,依次套接其他单节杆体。

(1)穿钢丝绳和电缆。

杆体套接完成后,将索具连接器与卷扬机主钢丝绳连接,再与预留在杆体内的引导铁丝在电气门内连接固定,松开卷扬机,使主钢丝绳自卷扬筒上放开(如使用电动操纵,请参阅外置电动卷扬升降式高杆操作说明),同时在杆体的另一端收拉引导铁丝,将索具连接器拉出杆体小端。将头部移至杆体前端适当位置,将三根悬挂钢丝绳无环头的一端和电缆自头部套筒内穿入,经滑轮槽至头部开口穿出。然后将有环头的悬挂钢丝绳的另一端与索具连接器连接。操纵卷扬机,收缩卷扬机主钢丝绳,使索具连接器收回并进入杆体内(进入杆内约100cm左右,图21-21)。

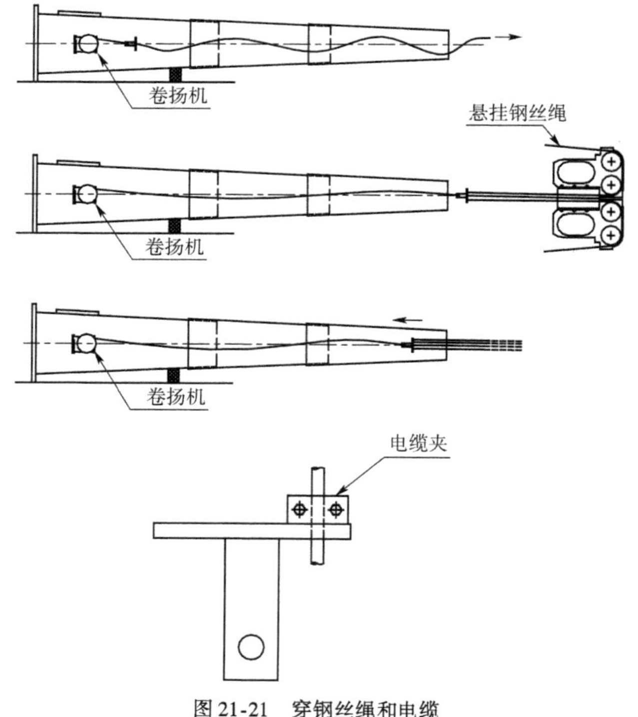

图21-21 穿钢丝绳和电缆

(2)头部安装:

①将已完成套接并已完成钢丝绳和电缆穿入的杆体前端用物件垫起(杆体的电气门向上),垫起的高度应可使安装后的头部离开地面。

②将紧定螺栓拧在头部套筒的螺母上,用吊车吊起头部,套入杆体。头部附有电缆滑轮的一叉位置应与电气门在同一方位。

③依次拧紧紧定螺栓,调整螺栓的拧入深度,使头部套筒与杆体的周边间隙基保持一致(即将头部套筒轴线与杆体轴线调整至重合)。目的是杆体竖立后,使三组滑轮的转轴处在同一水平面上。

④将3根悬挂钢丝绳和电缆拉向杆体下端,至电气门上方,使离地面的距离能与灯盘的固定点连接,用绳索将其临时绑扎在杆体上,以减少吊装时的干扰。

最后在头部上安装防雨盖、避雷针和接上跨接线。

(3)吊装:

①上述步骤工作完毕后,请仔细检查、复核,确保无遗漏和稳妥后,可准备吊装。

②根据钢灯杆各自的情况,选择吊车及吊索具。在吊装的过程中由现场负责人统一指挥,确保灯杆吊装全过程安全可靠有序地进行。

③经纬仪、靠尺检验垂直度,允许偏差:升降式 $2H/1000$,10m 灯杆 $3H/1000$ 且不大于20(H 为灯杆高度,单位为mm)。

④对于卷扬升降式高杆的吊装注意以下几点:

a. 机头部在起吊和安装过程中,必须位于灯杆头部下方。

b. 起吊点应在杆体的2/3处。

c. 起吊索具的负荷必须满足杆体质量。

d. 吊起的固定位置应便于灯杆按预定的方位就位。

(4)穿电缆:

①在穿电缆之前,应先穿入引导用钢丝或铁丝,该步工作可在杆体套接时预先完成(参见杆体套接部分),也可在杆体安上基座后进行。

②在杆体前端或灯盘电缆进线孔处,将引导铁丝与电缆缠绕固定,拉动引导铁丝,配合电缆的送入,将电缆穿入杆体内。

60　室外电气灯具通电试运行

60.1　一般规定

60.1.1　灯具回路控制应符合设计要求,且应与照明控制柜、箱(盘)及回路的标识一致;开关宜与灯具控制顺序相对应。

60.1.2　路灯照明系统通电连续试运行时间应为24h所有照明灯具均应同时开启,且应每2h按回路记录运行参数,连续试运行时间内应无故障。

60.2　通电试运行前检查

60.2.1　复查总电源开关至各照明回路进线电源开关接线是否正确;

60.2.2　照明配电箱及回路标识应正确一致。

60.2.3　检查漏电保护器接线是否正确,严格区分工作零线(N)与地线(PE),地线(PE)严禁接入。

60.2.4　检查开关箱内各接线端子连接是否正确可靠。

60.2.5　断开各回路分电源开关,合上总进线开关,检查漏电测试按钮是否灵敏有效。

60.2.6　用试电笔检查各插座相序连接是否正确,带开关插座的开关是否能正确关断相线。

60.3　分回路试通电

60.3.1　当各回路灯具等用电设备开关全部置于断开位置。

60.3.2　逐次合上各分回路电源开关。

60.3.3　分回路逐次合上灯具等的控制开关,检查开关与灯具控制顺序是否对应、风扇的转向及调速。

60.3.4　发现问题应及时排除,不得带电作业。

60.3.5　对检查中发现的问题应采取分回路隔离排除法予以解决。

60.3.6　对开关一送电,漏电保护就跳闸的现象,重点检查工作零线与保护零线是否混接、导线是否绝缘不良。

60.3.7　公用建筑照明系统通电连续试运行时间应为24h,民用住宅照明系统通电连续试运行时间应为8h。所有照明灯具均应开启,且每2h记录运行状态1次,连续试运行时间内无故障。

61　室外电气接地装置安装

61.1　一般规定

61.1.1　接地装置的接地电阻值应符合设计要求。

61.1.2　接地装置的材料规格、型号应符合设计要求。

61.1.3　当接地电阻达不到设计要求需采取措施降低接地电阻时,应符合下列规定:

(1)采用降阻剂时,降阻剂应为同一品牌的产品,调制降阻剂的水应无污染和杂物;降阻剂应均匀灌注于垂直接地体周围。

(2)采取换土或将人工接地体外延至土壤电阻率较低处时,应掌握有关的地质结构资料和地下土壤电阻率的分布,并应做好记录。

61.1.4　接地装置的焊接应采用搭接焊,除埋设在提凝土中的焊接接头外,采取防腐措施,焊接搭接长度应符合下列规定:

(1)扁钢与扁钢搭接不应小于扁钢宽度的2倍,且应至少3面施焊。

(2)扁钢与钢管,扁钢与角钢焊接,应紧贴角钢外侧两面,或紧贴3/4钢管表面,上下两侧施焊。

61.1.5　采取降阻措施的接地装置应符合下列规定:接地装置应被降阻剂或低电阻率土壤所包覆。

61.2　接地装置焊接

61.2.1　接地体的几种做法及要求:

(1)利用路灯基础预埋件作为接地体。

(2)按设计图尺寸位置要求,标好位置。

61.2.2　接地焊接:

(1)焊接处焊缝应饱满并有足够的机械强度,不得有夹渣、咬肉、裂纹、虚焊、气孔等缺陷,药皮应敲净。

(2)施工过程中,必须密切配合土建,以防漏连、漏焊及错连。

(3)位置正确,连接牢固,接地线路横平竖直、走向合理。

(4)焊接处,焊缝饱满、平整,无夹渣、咬肉、裂纹、虚焊、气孔等缺陷,药皮已敲净,沥青漆防腐处理妥当。

(5)外露接地干线色标准确,涂刷后不污染设备和建筑物。

62　室外电气电缆电线埋管及井室砌筑

62.1　一般规定

62.1.1　室外埋地敷设的电缆导管,埋深不应小于 0.7m。壁厚小于等于 2mm 的钢电线导管不应埋设于室外土壤内。

62.1.2　室外导管的管口应设置在盒、箱内。在落地式配电箱内的管口,箱底无封板的,管口应高出基础面 50～80mm。所有管口在穿入电线、电缆后应做密封处理。由箱式变电所或落地式配电箱引向建筑物的导管,建筑物一侧的导管管口应设在建筑物内。

62.1.3　电缆导管的弯曲半径不应小于电缆最小允许弯曲半径,电缆最小允许弯曲半径应符合表 21-89 的规定。

电缆最小允许弯曲半径要求(单位:mm)　　表 21-89

<table>
<tr><th colspan="2">电缆形式</th><th>电缆外径</th><th>多芯电缆</th><th>单芯电缆</th></tr>
<tr><td rowspan="2">塑料绝缘电缆</td><td>无铠装</td><td>—</td><td>15D</td><td>20D</td></tr>
<tr><td>有铠装</td><td>—</td><td>12D</td><td>15D</td></tr>
<tr><td colspan="2">橡皮绝缘电缆</td><td>—</td><td colspan="2">10D</td></tr>
<tr><td rowspan="3">控制电缆</td><td>非铠装、屏蔽型软电缆</td><td>—</td><td>6D</td><td rowspan="3">—</td></tr>
<tr><td>铠装型、铜屏蔽型</td><td>—</td><td>12D</td></tr>
<tr><td>其他</td><td>—</td><td>10D</td></tr>
<tr><td colspan="2">铝合金导体电力电缆</td><td>—</td><td colspan="2">7D</td></tr>
<tr><td colspan="2" rowspan="4">氧化镁绝缘刚性矿物绝缘电缆</td><td>小于 7</td><td colspan="2">2D</td></tr>
<tr><td>大于或等于 7,且小于 12</td><td colspan="2">3D</td></tr>
<tr><td>大于或等于 12 且小于 15</td><td colspan="2">4D</td></tr>
<tr><td>大于或等于 15</td><td colspan="2">6D</td></tr>
<tr><td colspan="2">其他矿物绝缘电缆</td><td>—</td><td colspan="2">15D</td></tr>
</table>

62.1.4　金属导管内外壁应防腐处理;埋设于混凝土内的导管内壁应防腐处理,外壁可不防腐处理。

62.1.5　暗配的导管,埋设深度与建筑物、构筑物表面的距离不应小于 15mm。

62.1.6　导管敷设应符合下列规定:管口平整光滑;管与管、管与盒(箱)等器件采用插入法连接时,连接处结合面采用适合的方法连接,接口牢固密封。

62.1.7　砌体水平灰缝的砂浆饱满度不得小于 80%。

62.1.8　各类井室的井盖应符合设计要求,应有明显的文字标识,各种井盖不得混用。

62.1.9　设在通车路面下或道路下的各种井室,必须使用重型井圈和井盖,井盖上表面应与路面相平,允许偏差为 ±5mm。绿化带上和不通车的地方可采用轻型井圈和井盖,井盖的上表面应高出地坪50mm,并在井口周围以2%的坡度向外做水泥砂浆护坡。

62.1.10　重型铸铁或混凝土井圈,不得直接放在井室的砖墙上,砖墙上应做不少于80mm厚的细石混凝土垫层。砖砌体组砌方法应正确,上、下错缝,内外搭砌;横平竖直,厚薄均匀。

62.1.11　水平灰缝厚度宜为10mm,但不应小于8mm,也不应大于12mm,检验方法:用尺量皮砖砌体高度折算成井室的砌筑应按设计或给定的标准图施工。井室的底标高在地下水位以上时,基层应为素土夯实;在地下水位以下时,基层应打100mm厚的混凝土底板。砌筑应采用水泥砂浆,内表面抹灰后应严密不透水。

62.1.12　管道穿过井壁处,应用水泥砂浆分二次填塞严密、抹平,不得渗漏。

62.2　电线电缆埋管

62.2.1　测量放线前,必须依据设计图纸和现场交底的控制点,进行管道及电缆井位置的复测,并按施工需要钉设桩点,复测钉设的桩点应符合下列规定:

(1)直线管道,自电缆井中心3~5m开始,沿管线每隔20~25m设一桩点,设计为弯管道时,桩点应适当加密。

(2)桩点设置应牢固,顶部宜与地面平齐,并做好标志和记录。

(3)施工现场必须设置水准点,水准点的设置应符合规范要求或满足设计要求。

62.2.2　施工时,必须按下列规定进行校测:

(1)在完成沟(坑)挖方及地基处理后,应校测管道沟,电缆井坑底地基的标高是否符合设计规定。

(2)施工过程中如发现桩点错位或丢失,应及时进行校测并补设桩点。

(3)测量人员根据施工设计要求的管外径或垫层混凝土两边加大30cm,保证施工面,加密中心桩定出管线的中心位置。

62.2.3　沟槽开挖。

(1)沟槽开挖形式根据设计要求“排管敷设埋深不小于70cm”。因此设计交工面为20m,上部结构考虑0.33m,考虑地面标高87m,沟底标高为80m,电缆井底标高为27m,按埋置深度及规范要求来确定沟槽开挖的形式,按规定比例放坡,保证不塌方。沟槽放坡确定如下:挖深$h<3$m时,沟(坑)坡度为1:0.33挖深$h\geqslant 3$m时,沟(坑)坡度为1:0.5。

(2)槽底工作面应符合图纸要求,埋管全部在水位标高以上,且没有地下水,渗水性良好,不需设排水设施,两边各加宽30cm工作面,均能满足施工要求。

(3)土方开挖采用机械开挖,槽底预留10cm由人工清底,开挖过程中严禁超挖,以防扰动地基。土方处置,按现场暂存和多土外运相结合,合理调配,减少外运及现场调运。

62.2.4　电缆井砌筑。

井壁采用MU10烧结普通砖和M7.5水泥砂浆砌筑,内外抹面,勾缝,座浆,抹三角灰均用1:5水泥砂浆抹面,厚度为25mm。接入管道超挖部分用级配砂石填实。地基承载力特征值符合图纸要求。

62.2.5　镀锌钢管管道铺设。

(1)电气埋管采用镀锌钢管,分别为10根多孔管等组群,管间需留20mm空隙。

(2)两个相邻电缆井之间的管位应一致,管道进入电缆井时,管口不应凸出,电缆井内壁应终止在距墙体内侧100mm处,并应严密封堵,管道进入电缆井时,两侧离墙体不小于200mm。

(3)镀锌钢管应由人工传递放入沟内,严禁翻滚入沟或用绳索穿入孔沟内吊放。

(4)镀锌钢管的连接采用管接头应均匀管卡连接,挤压固定。各镀锌管的接口宜错开排列,相邻两管的接头之间错开距离不宜小于300mm。镀锌管管的切割选用切割机切割,管口断面应垂直管中

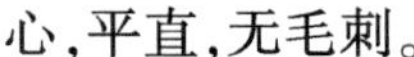

心,平直,无毛刺。

62.2.6　回填夯实。

(1)埋地镀锌钢管回填,应在管道或电缆井施工顺序完成施工内容,并经24h养护和隐蔽工程检验合格后进行。回填土前,应先清除沟(坑)内的遗留杂物;沟(坑)内,如有积水和淤泥,必须清理干净后方可进行回填。

(2)在镀锌钢管两侧和顶部300mm范围内,应采用细砂或素土回填,然后用原土回填。

第七篇

基 本 作 业

第二十二章　钢筋机械连接施工

引　　言

本章是针对杭海城际铁路的特点，参照《钢筋机械连接技术规程》(JGJ 107—2016)，在吸收杭海城际铁路及周边区域城际轨道交通工程实践经验的基础上编制而成。本章适用于区域城际轨道交通工程的钢筋机械连接施工质量控制，凡在本章中未做规定的，均按国家、行业及地方现行的有关强制性标准执行。

本章主要内容包括：总则、术语和符号、接头的设计原则和性能等级、接头的应用、接头的型式检验、钢筋机械连接、钢筋机械连接的检验和施工要求等。

主编单位：浙江杭海城际铁路有限公司

参编单位：中铁四局集团有限公司、上海华铁工程咨询有限公司、上海地铁咨询监理科技有限公司、浙江江南工程管理股份有限公司、铁四院(湖北)工程监理咨询有限公司、广东铁路建设监理有限公司、西安铁一院工程咨询监理有限责任公司

主要执笔人：王兴陈、金立、史婷、林飞、杨莉、付威、李小平、杨佳乐、田传海、李星星、张雄伟

主要审查人：沈惠荣、李新发、张卓军、邹恩东、易学文、叶文军、明红青

1　总　　则

1.0.1　为在混凝土结构中使用钢筋机械连接做到技术先进、安全适用、经济合理，确保质量，特编制本章。

1.0.2　本章适用于杭州至海宁城际铁路工程的混凝土结构中受力钢筋机械连接接头(以下简称接头)的设计、应用与验收。各类机械连接接头均应遵守本章的规定。

1.0.3　用于机械连接的钢筋应符合《钢筋混凝土用热轧带肋钢筋》(GB 1499.2—2018)及《钢筋混凝土用余热处理钢筋》(GB 13014—2013)的要求。执行本章时，尚应符合国家现行标准的有关规定。

2　术语和符号

2.1　术语

2.1.1　钢筋机械连接。

通过连接件的机械咬合作用或钢筋端面的承压作用，将一根钢筋中的力传递至另一根钢筋的连接方法。

2.1.2　接头抗拉强度。

接头试件在拉伸试验过程中所达到的最大拉应力值。

2.1.3 接头残余变形。

接头试件按附件 1 加载制度加载后,在规定标距内所测得的变形。

2.1.4 接头极限应变。

接头试件在规定标距内测得的最大拉应力下的应变值。

2.2 符号

A_{sgt}——接头试件的最大力总伸长率;

d——钢筋的公称直径;

f_{yk}——钢筋屈服强度标准值;

f_{stk}——钢筋抗拉强度标准值;

f^{θ}_{mst}——接头试件实际抗拉强度;

μ_0——接头试件加载至 $0.6f_{yk}$ 并卸载后在规定标距内的残余变形;

u_{20}——接头试件按本章附件 1 加载制度经高应力反复拉压 20 次后的残余变形;

u_4——接头试件按本章附件 1 加载制度经大变形反复拉压 4 次后的残余变形;

u_8——接头试件按本章附件 1 加载制度经大变形反复拉压 8 次后的残余变形;

ε_{yk}——钢筋应力为屈服强度标准值时的应变。

3 接头的设计原则和性能等级

3.0.1 接头的设计应满足强度及变形性能的要求。

3.0.2 接头连接件的屈服承载力和受拉承载力的标准值应不小于被连接钢筋的屈服承载力和受拉承载力标准值的 1.10 倍。

3.0.3 接头应根据其等级和应用场合,对单向拉伸性能、高应力反复拉压、大变形反复拉压、抗疲劳、耐低温等各项性能确定相应的检验项目。

3.0.4 接头应根据抗拉强度、残余变形以及高应力和大变形条件下反复拉压性能的差异,分为下列三个等级:

Ⅰ级:接头抗拉强度等于被连接钢筋实际抗拉强度或不小于 1.10 倍钢筋抗拉强度标准值,残余变形小并具有高延性及反复拉压性能。

Ⅱ级:接头抗拉强度不小于被连接钢筋抗拉强度标准值,残余变形较小并具有高延性及反复拉压性能。

Ⅲ级:接头抗拉强度不小于被连接钢筋屈服强度标准值的 1.25 倍,残余变形较小并具有延性及反复拉压性能。

3.0.5 Ⅰ级、Ⅱ级、Ⅲ级接头的抗拉强度应符合表 22-1 的规定。

接头的抗拉强度 表 22-1

接头性能等级	Ⅰ级	Ⅱ级	Ⅲ级
抗拉强度	$f^{\theta}_{mst} \geqslant f_{mst}$ 断于钢筋 或 $\geqslant 1.10 f_{stk}$ 断于接头	$f^{\theta}_{mst} \geqslant f_{stk}$	$f^{\theta}_{mst} \geqslant 1.25 f_{stk}$

注:f^{θ}_{mst} 为接头试件实际抗拉强度;f_{mst} 为接头试件中钢筋抗拉强度实测值;f_{stk} 为钢筋抗拉强度标准值。

3.0.6 Ⅰ级、Ⅱ级、Ⅲ级接头应能经受规定的高应力和变形反复拉压循环,且在经历拉压循环后,其抗拉强度仍应符合表 22-1 的规定。

3.0.7 Ⅰ级、Ⅱ级、Ⅲ级接头的变形性能应符合表 22-2 规定。

接头的变形性能　　表 22-2

接头性能等级		Ⅰ级	Ⅱ级	Ⅲ级
单向拉伸	残余变形（mm）	$\mu_0 \leq 0.10(d \leq 32)$ $\mu_0 \leq 0.14(d > 32)$	$\mu_0 \leq 0.14(d \leq 32)$ $\mu_0 \leq 0.16(d > 32)$	$\mu_0 \leq 0.14(d \leq 32)$ $\mu_0 \leq 0.16(d > 32)$
	最大力总伸长率（%）	$A_{sgt} \geq 6.0$	$A_{sgt} \geq 6.0$	$A_{sgt} \geq 3.0$
高应力反复拉压	残余变形（mm）	$\mu_{20} \leq 0.3$	$\mu_{20} \leq 0.3$	$\mu_{20} \leq 0.3$
大变形反复拉玉	残余变形（mm）	$\mu_4 \leq 0.3$ 且 $\mu_8 \leq 0.6$	$\mu_4 \leq 0.3$ 且 $\mu_8 \leq 0.6$	$\mu_4 \leq 0.6$

注：当频遇荷载组合下，构件中钢筋应力明显高于 $0.6f_{yk}$ 时，设计部门可对单向拉伸残余变形 μ_0 加载峰值提出调整要求。

3.0.8　对直接承受动力荷载的结构构件，设计应根据钢筋应力变化幅度提出接头的抗疲劳性能要求。当无专门要求时，接头的抗疲劳应力幅限值不应小于《混凝土结构设计规范》（GB 50010—2010）中表 4.2.6-1 普通钢筋疲劳应力幅限值的 80%，见表 22-3。

普通钢筋疲劳应力幅限值（N/mm^2）　　表 22-3

疲劳应力比值 ρ_f^s	疲劳应力幅限值 Δf_y	
	HRB335	HRB400
0	175	175
0.1	162	162
0.2	154	156
0.3	144	149
0.4	131	137
0.5	115	123
0.6	97	106
0.7	77	85
0.8	54	60
0.9	28	31

4　接头的应用

4.0.1　结构设计图纸中应列出设计选用的钢筋接头性能等级和应用部位。接头性能等级的选定应符合下列规定：

（1）混凝土结构中要求充分发挥钢筋强度或对延性要求高的部位，应优先选用Ⅱ级接头；当在同一连接区段内必须实施 100% 钢筋接头的连接时，应采用Ⅰ级接头。

（2）混凝土结构中钢筋应力较高但对接头延性要求不高的部位，可采用Ⅲ级接头。

4.0.2　钢筋连接件的混凝土保护层厚度宜符合《混凝土结构设计规范》（GB 50010—2010）中受力钢筋的混凝土保护层最小厚度的规定，且不得小于 15mm。连接件之间的横向净距不宜小于 25mm。

4.0.3　结构构件中纵向受力钢筋的接头宜相互错开，钢筋机械连接的连接区段长度应按 $35d$ 计算（d 为被连接钢筋中的较大直径）。在同一连接区段内有接头的受力钢筋截面面积占受力钢筋总截面面积的百分率（以下简称接头百分率），应符合下列规定：

（1）接头宜设置在结构构件受拉钢筋应力较小部位，当需要在高应力部位设置接头时，在同一连接区段内Ⅲ级接头的接头百分率不应大于 25%；Ⅱ级接头的接头百分率不应大于 50%；Ⅰ级接头的接头百分率除本条第(2)、(3)款所列情况外可不受限制。

(2)接头宜避开有抗震设防要求的框架的梁端、柱端箍筋加密区；当无法避开时，应采用Ⅱ级接头或Ⅰ级接头，且接头百分率不应大于50%。

(3)受拉钢筋应力较小部位或纵向受压钢筋，接头百分率可不受限制。

(4)对直接承受动力荷载的结构构件，接头百分率不应大于50%。

4.0.4　当对具有钢筋接头的构件进行试验并取得可靠数据时，接头的应用范围可根据工程实际情况进行调整。

5　接头的型式检验

5.0.1　在下列情况时应进行型式检验：

(1)确定接头性能等级时；

(2)材料、工艺、规格进行改动时；

(3)型式检验报告超过4年时。

5.0.2　用于型式检验的钢筋应符合有关标准的规定。

5.0.3　对每种型式、级别、规格、材料、工艺的钢筋机械连接接头，型式检验试件不应少于9个。其中，单向拉伸试件不应少于3个，高应力反复拉压试件不应少于3个，大变形反复拉压试件不应少于3个。同时应另取3根钢筋试件做抗拉强度试验。全部试件均应在同一根钢筋上截取。

5.0.4　用于型式检验的直螺纹或锥螺纹接头试件应散件送达检验单位，由型式检验单位或在其监督下由接头技术提供单位按本章表22-28或表22-29规定的拧紧扭矩进行装配。拧紧扭矩值应记录在检验报告中。型式检验试件必须采用未经过预拉的试件。

5.0.5　型式检验的试验方法应按《钢筋机械连接通用技术规程》(JGJ 107—2016)附录A的规定进行，当试验结果符合下列规定时评为合格。

(1)强度检验：每个接头试件的强度实测值均应符合《钢筋机械连接通用技术规程》(JGJ 107—2016)表3.0.5中相应接头性能等级的强度要求。

(2)变形检验：对残余变形和最大力总伸长率，3个试件的平均实测值应符合《钢筋机械连接通用技术规程》(JGJ 107—2016)表3.0.7的规定。

(3)型式检验应由国家、省部级主管部门认可的检测机构进行，并按《钢筋机械连接通用技术规程》(JGJ 107—2016)附录B的格式出具检验报告和评定结论。

6　钢筋机械连接

钢筋机械连接是指通过连接件的机械咬合作用或钢筋端面的承压作用，将一根钢筋中的力传递至另一根钢筋的连接方法。这类连接方法是近10年发展起来的，具有以下优点：接头质量稳定可靠，不受钢筋化学成分的影响，人为因素的影响较小；操作简便，施工速度快，且不受气候条件影响；无污染、无火灾隐患，施工安全等。在粗直径钢筋连接中，钢筋机械连接方法有广阔的发展前景。

6.1　一般规定

钢筋机械连接方法分类及适用范围见表22-4。钢筋机械连接接头的设计、应用与验收应符合《钢筋机械连接通用技术规程》(JGJ 107—2016)和各种机械连接接头技术规程的规定。

钢筋机械连接方法分类及适用范围　　表 22-4

机械连接方法		适用范围	
		钢筋级别	钢筋直径(mm)
钢筋套筒挤压连接		HRB335、HRB400 RRB400	16～40 16～40
钢筋锥螺纹套筒连接		HRB335、HRB400 RRB400	16～40 16～40
钢筋镦粗直螺纹套筒连接		HRB335、HRB400	16～40
钢筋滚压直螺纹套筒连接	直接滚压	HRB335、HRB400	16～40
	挤肋滚压		16～40
	剥肋滚压		16～50

钢筋机械连接接头，应根据静力单向拉伸性能以及高应力和大变形条件下反复拉、压性能的差异，分为下列三个性能等级：

A 级：接头抗拉强度达到或超过母材抗拉强度标准值，并具有高延性及反复拉压性能。

B 级：接头抗拉强度达到或超过母材屈服强度标准值的 1.35 倍，具有一定的延性及反复拉压性能。

C 级：接头仅承受压力。

A、B、C 级接头的性能应符合表 22-5 的规定。

钢筋机械接头性能检验指标　　表 22-5

等级		A 级	B 级	C 级
单向拉伸	强度	$f_{mst}^{o} \geq f_{tk}$	$f_{mst}^{o} \geq 1.35 f_{yk}$	单向受压 $f_{mst}^{o'} \geq f'_{yk}$
	割线模量	$E_{0.7} \geq E_s^o$ 且 $E_{0.9} \geq 0.9 E_s^o$	$E_{0.7} \geq 0.9 E_s^o$ 且 $E_{0.9} \geq 0.7 E_s^o$	—
	极限应变	$\varepsilon_u \geq 0.04$	$\varepsilon_u \geq 0.02$	—
	残余变形	$u \leq 0.3$mm	$u \leq 0.3$mm	—
高应力反复拉压	强度	$f_{mst}^{o} \geq f_{tk}$	$f_{mst}^{o} \geq 1.35 f_{yk}$	—
	割线模量	$E_{20} \geq 0.85 E_1$	$E_{20} \geq 0.5 E_1$	—
	残余变形	$u_{20} \leq 0.3$mm	$u_{20} \leq 0.3$mm	—
大变形反复拉压	强度	$f_{mst}^{o} \geq f_{tk}$	$f_{mst}^{o} \geq 1.35 f_{yk}$	—
	残余变形	$u_4 \leq 0.3$mm 且 $u_8 \leq 0.3$mm	$u_4 \leq 0.6$mm	—

表中：f_{mst}^{o}、$f_{mst}^{o'}$——机械连接接头的抗拉、抗压强度实测值；

f_{tk}、f'_{tk}——钢筋抗拉、抗压强度标准值；

E_s^o——钢筋弹性模量实测值；

$E_{0.7}$、$E_{0.9}$——接头在 0.7 倍、0.9 倍钢筋屈服强度标准值下的割线模量；

E_1、E_{20}——接头在第 1、第 20 次加载至 0.9 倍钢筋屈服强度标准值时的割线模量；

ε_u——受拉接头试件极限应变；

u——接头单向拉伸的残余变形；

u_4、u_8、u_{20}——接头反复拉压 4 次、8 次、20 次后的残余变形。

对直接承受动力荷载的结构，其接头应满足设计要求的抗疲劳性能。当无专门要求时，对连接 HRB335(HRB400)级钢筋的接头，其疲劳性能应能经受应力幅为 100N/mm²、上限应力为 180(190)N/mm² 的 200 万次循环加载。

接头性能等级的选定,应符合下列规定:

(1)混凝土结构中要求充分发挥钢筋强度或对接头延性要求较高的部位,应采用 A 级接头。

(2)混凝土结构中钢筋受力小或对接头延性要求不高的部位,可采用 B 级接头。

(3)非抗震设防和不承受动力荷载的混凝土结构中钢筋只承受压力的部位,可采用 C 级接头。

6.2 钢筋套筒挤压连接

带肋钢筋套筒挤压连接是将两根待连接钢筋插入钢套筒,用挤压连接设备沿径向挤压钢套筒,使之产生塑性变形,依靠变形后的钢套筒与被连接钢筋纵、横肋产生的机械咬合成为整体的钢筋连接方法,如图 22-1 所示。

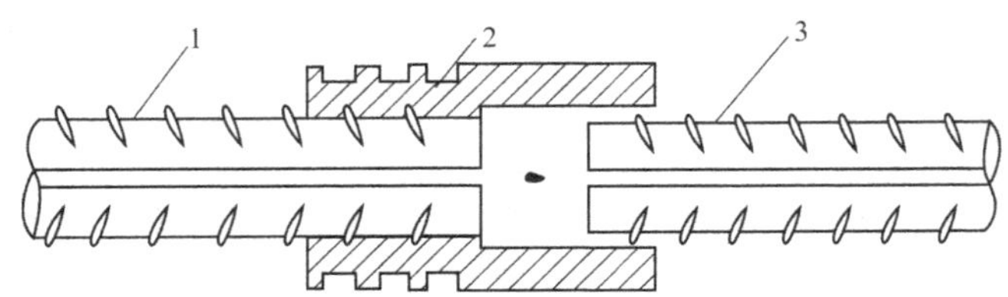

图 22-1 钢筋套筒挤压连接

1-已挤压的钢筋;2-钢套筒;3-未挤压的钢筋

这种接头质量稳定性好,可与母材等强,但操作工人工作强度大,有时液压油污染钢筋,综合成本较高。钢筋挤压连接,要求钢筋最小中心间距为 90mm。

6.2.1 钢套筒。

钢套筒的材料宜选用强度适中、延性好的优质钢材,其实测力学性能应符合下列要求:

屈服强度 $\sigma_s = 225 \sim 350\text{N/mm}^2$,抗拉强度 $\sigma_b = 375 \sim 500\text{N/mm}^2$,延伸率 $\delta_5 \geqslant 20\%$,硬度 HB = 102 ~ 133。

钢套筒的屈服承载力和抗拉承载力的标准值不应小于被连接钢筋的屈服承载力和抗拉承载力标准值的 1.10 倍。

钢套筒的规格和尺寸应符合表 22-6 的规定。其允许偏差:外径为 ±1%,壁厚为 +12%、-10%,长度为 ±2mm。

钢套筒的规格和尺寸 表 22-6

钢套筒型号	钢套筒尺寸(mm)			压接标志道数
	外径	壁厚	长度	
G40	70	12	240	8×2
G36	63	11	216	7×2
G32	56	10	192	6×2
G28	50	8	168	5×2
G25	45	7.5	150	4×2
G22	40	6.5	132	3×2
G20	36	6	120	3×2

钢套筒的尺寸与材料应与一定的挤压工艺配套,必须经生产厂型式检验认定。施工单位采用经过型式检验认定的套筒及挤压工艺进行施工,不要求对套筒原材料进行力学性能检验。

6.2.2 挤压设备。

钢筋挤压设备由压接钳、超高压泵站及超高压胶管等组成。其型号与参数见表 22-7。

钢筋挤压设备的主要技术参数　　表 22-7

设备型号		YJH-25	YJH-32	YJH-40	YJ-32	YJ-40
压接钳	额定压力(MPa)	80	80	80	80	80
	额定挤压力(kN)	760	760	900	600	600
	外形尺寸(mm)	$\phi150\times433$	$\phi150\times480$	$\phi170\times530$	$\phi120\times500$	$\phi150\times520$
	重量(kg)	28	33	41	32	36
	适用钢筋(mm)	20～25	25～32	32～40	20～32	32～40
超高压泵站	电机	380V,50Hz,1.5kW			380V,50Hz,1.5kW	
	高压泵	80MPa,0.8L/min			80MPa,0.8L/min	
	低压泵	2.0MPa,4.0～6.0L/min			—	
	外形尺寸(mm)	790×540×785(长×宽×高)			500×170×200(长×宽×高)	
	重量(kg)	96			40	
超高压胶管		100MPa,内径6.0mm,长度3.0m(5.0m)				

钢筋挤压设备的工作原理如图22-2所示。超高压电动油泵输出的压力油,经手动换向阀、超高压胶管,进入钢筋压接钳的A腔。在A腔压力油的作用下,活塞带动压模向前运动,并挤压钢套筒。这时,B腔的油经换向阀、超高压胶管,流回油箱。当挤压到预定压力时,转动换向阀,使压力油由压钳的B腔进入,退回压模及活塞。A腔的油经换向阀、超高压胶管流回油箱,完成一次挤压过程。重复以上步骤,即可根据不同规格的钢筋所要求的道次,逐一挤压。

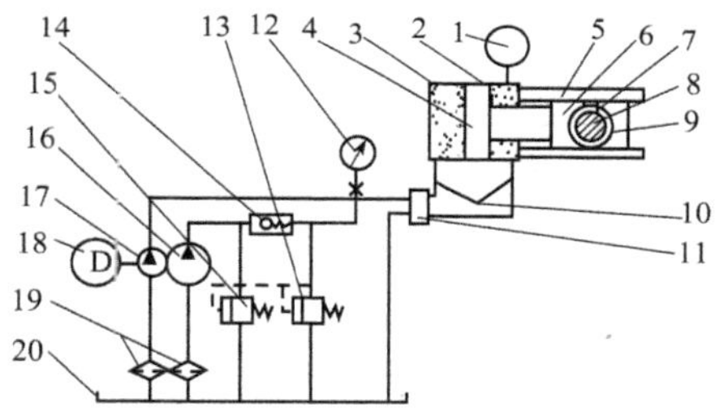

图22-2　钢筋挤压设备工作原理图

1-悬挂器;2-缸体;3-液压油;4-活塞;5-机架;6-上压模;7-套筒;8-钢筋;9-下压模;10-油管;11-换向阀;12-压力表;13-溢流阀;14-单向阀;15-限压阀;16-低压泵;17-高压泵;18-电动机;19-滤油器;20-油箱

超高压泵站为高、低压油泵并联式结构。高压泵是一阀配流旋转斜盘式轴向定量柱塞泵,低压泵是一齿轮泵。设备在空载时,高、低压油泵同时向压钳供油,使压钳活塞的进给速度较快。当高压时,低压泵经低压溢流阀流回油箱,由高压泵单独推动活塞并挤压钢套筒。

钢筋压接钳由油缸、机架和活塞等组成。上压模与活塞相连,并可沿机架轨道移动,下压模用模挡铁和机架相连,并可从机架中抽出,以便插入或退出钢筋。

该设备由于以超高压泵站为动力源,因此,体积小,质量轻,操作方便,而且工作可靠,可连接密集布置的钢筋,但净距必须大于60mm。

6.2.3　挤压工艺。

(1)准备工作。

①钢筋端头的锈、泥沙、油污等杂物应清理干净。

②钢筋与套筒应进行试套,如钢筋有马蹄、弯折或纵肋尺寸过大者,应预先矫正或用砂轮打磨;对不同直径钢筋的套筒不得串用。

③钢筋端部应画出定位标记与检查标记。定位标记与钢筋端头的距离为钢套筒长度的一半,检查标记与定位标记的距离一般为20mm。

④检查挤压设备情况,并进行试压,符合要求后方可作业。

(2)挤压作业。

钢筋挤压连接宜先在地面上挤压一端套筒,在施工作业区插入待接钢筋后再挤压另端套筒。

压接钳就位时,应对正钢套筒压痕位置的标记,并使压模运动方向与钢筋两纵肋所在的平面相垂直,即保证最大压接面能在钢筋的横肋上。

压接钳施压顺序由钢套筒中部顺次向端部进行。每次施压时,主要控制压痕深度。

6.2.4 工艺参数。

在选择合适的材质、钢套筒以及压接设备、后模后,接头性能主要取决于挤压变形量的工艺参数。挤压变形量包括压痕最小直径和压痕总宽度,见表22-8、表22-9。

同规格钢筋连接时的参数选择 表22-8

连接钢筋规格(mm)	钢套筒型号	压模型号	压痕最小直径允许范围(mm)	压痕最小总宽度(mm)
ϕ40-ϕ40	G40	M40	60~63	≥80
ϕ36-ϕ36	G36	M36	54~57	≥70
ϕ32-ϕ32	G32	M32	48~51	≥60
ϕ28-ϕ28	G28	M28	41~44	≥55
ϕ25-ϕ25	G25	M25	37~39	≥50
ϕ22-ϕ22	G22	M22	32~34	≥45
ϕ20-ϕ20	G20	M20	29~31	≥45
ϕ18-ϕ18	G18	M18	27~29	≥40

不同规格钢筋连接时的参数选择 表22-9

连接钢筋规格(mm)	钢套筒型号	压模型号	压痕最小直径允许范围(mm)	压痕最小总宽度(mm)
ϕ40-ϕ36	G40	ϕ40 端 M40	60~63	≥80
		ϕ36 端 M36	57~60	≥80
ϕ36-ϕ32	G36	ϕ36 端 M36	54~57	≥70
		ϕ32 端 M32	51~54	≥70
ϕ32-ϕ28	G32	ϕ32 端 M32	48~51	≥60
		ϕ28 端 M28	45~48	≥60
ϕ28-ϕ25	G28	ϕ28 端 M28	41~44	≥55
		ϕ25 端 M25	38~41	≥55
ϕ25-ϕ22	G25	ϕ25 端 M25	37~39	≥50
		ϕ22 端 M22	35~37	≥50
ϕ25-ϕ20	G25	ϕ25 端 M25	37~39	≥50
		ϕ20 端 M20	33~35	≥50
ϕ22-ϕ20	G22	ϕ22 端 M22	32~34	≥45
		ϕ20 端 M20	31~33	≥45
ϕ22ϕ18	G22	ϕ22 端 M22	32~34	≥45
		ϕ18 端 M18	29~31	≥45
ϕ20-ϕ18	G20	ϕ20 端 M20	29~31	≥45
		ϕ18 端 M18	28~30	≥45

压痕总宽度是指接头一侧每一道压痕底部平直部分宽度之和。该宽度应在表22-8、表22-9规定的范围内。小于这一宽度,接头的性能达不到要求;大于这一宽度,钢套筒的长度要增加。压痕总宽度一般由各生产厂家根据各自设备、压模刃口的尺寸和形状,通过在其所售钢套筒上喷上挤压道

数标志或出厂技术文件中确定。

在实际工程中，由现场操作者来控制的主要是压痕最小直径，它应在表 22-8、表 22-9 规定的范围内。压痕最小直径大于这一范围，即变形太小，会使钢套筒与钢筋横肋咬合小，抱紧不够，接头受拉时，钢筋从钢套筒中滑出或接头强度达不到要求；小于这一范围，钢套筒发生了过大的塑性变形，在压痕处就有可能引起破裂或由于硬化而变脆，也有可能由于压痕处套筒太薄，拉伸时在此压痕处被拉断，还会加重设备的超负荷。当钢筋横肋或钢套筒壁厚为负偏差时，压痕最小直径应取此范围的较小值；反之，应取较大值。

压痕最小直径一般是通过挤压机上的压力表读数来间接控制的。由于钢套筒的材质不同，造成其硬度、韧性等也不同，因此会导致挤压至所要求的压痕最小直径时所需要的压力也不同。实际挤压时，压力表读数一般为 60～70MPa，也有在 54～80MPa 之间的，这就要求操作者在挤压不同批号钢套筒时必须进行试压，以确定挤压至标准所要求的压痕直径时所需的压力值。

6.2.5　异常现象及消除措施。

在套筒挤压连接中，当出现异常现象或连接缺陷时，宜按表 22-10 查找原因，采取措施，及时消除。

钢筋套筒挤压连接异常现象及消除措施　　表 22-10

项　次	异常现象和缺陷	原因或消除措施
1	挤压机无挤压力	(1)高压油管连接位置不正确； (2)油泵故障
2	钢套筒套不进钢筋	(1)钢筋弯折或纵肋超偏差； (2)砂轮修磨纵肋
3	压痕分布不匀	压接时将压模与钢套筒的压接标志对正
4	接头弯折超过规定值	(1)压接时摆正钢筋； (2)切除或调直钢筋弯头
5	压接程度不够	(1)泵压不足； (2)钢套筒材料不符合要求
6	钢筋伸入套筒内长度不够	(1)未按钢筋伸入位置、标志挤压； (2)钢套筒材料不符合要求
7	压痕明显不均	检查钢筋在套筒内伸入度是否有压空现象

6.2.6　套筒挤压接头质量检验。

钢套筒进场，必须有原材料试验单与套筒出厂合格证，并由该技术提供单位，提交有效的型式检验报告。

钢筋套筒挤压连接开始前及施工过程中，应对每批进场钢筋进行挤压连接工艺检验。工艺检验应符合下列要求：

(1)每种规格钢筋的接头试件不应少于 3 个。

(2)接头试件的钢筋母材应进行抗拉强度试验。

(3)3 个接头试件强度均应符合《钢筋机械连接通用技术规程》(JGJ 107—2016)中相应等级的强度要求，对于 A 级接头，试件抗拉强度尚应大于或等于 0.9 倍钢筋母材的实际抗拉强度(计算实际抗拉强度时，应采用钢筋的实际横截面面积)。

钢筋套筒挤压接头现场检验，一般只进行接头外观检查和单向拉伸试验。

(1)取样数量。

同批条件为：材料、等级、型式、规格、施工条件相同。一批的数量为 500 个接头，不足此数时也作为一个验收批。

对每一验收批,应随机抽取10%的挤压接头作外观检查;抽取3个试件作单向拉伸试验。

在现场检验合格的基础上,当连续10个验收批单向拉伸试验合格率为100%时,可以扩大验收批所代表的接头数量至一倍。

(2)外观检查。

挤压接头的外观检查,应符合下列要求:

①挤压后套筒长度应为1.10~1.15倍原套筒长度,或压痕处套筒的外径为0.8~0.9倍原套筒的外径。

②挤压接头的压痕道数应符合型式检验确定的道数。

③接头处弯折不得大于4°。

④挤压后的套筒不得有肉眼可见的裂缝。

如外观质量合格数大于或等于抽检数的90%,则该批为合格。如不合格数超过抽检数的10%,则应逐个进行复验。在外观不合格的接头中抽取6个试件做单向拉伸试验再判别。

(3)单向拉伸试验。

3个接头试件的抗拉强度均应满足A级或B级抗拉强度的要求。如有一个试件的抗拉强度不符合要求,则加倍抽样复验。复验中如仍有一个试件检验结果不符合要求,则该验收批单向拉伸试验判为不合格。

6.3 钢筋锥螺纹套筒连接

钢筋锥螺纹套筒连接是将两根待连接钢筋端头用套丝机做出锥形外丝,然后用带锥形内丝的套筒将钢筋两端拧紧的钢筋连接方法(图22-3)。

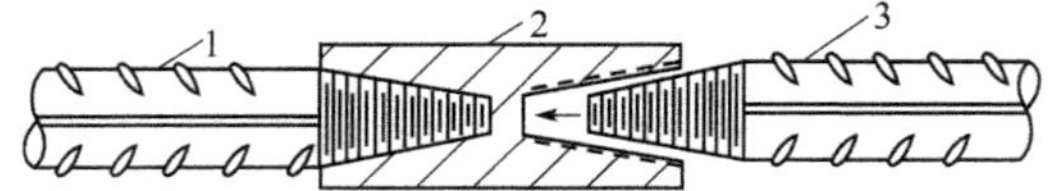

图22-3 钢筋锥螺纹套筒连接

1-已连接的钢筋;2-锥螺纹套筒;3-待连接的钢筋

这种接头质量稳定性一般,施工速度快,综合成本较低。近年来,在普通型锥螺纹接头的基础上,增加钢筋端头预压或镦粗工序,开发出GK型钢筋等强锥螺纹接头,可与母材等强。

6.3.1 锥螺纹套筒接头尺寸。

锥螺纹套筒接头尺寸没有统一的规定,必须经技术提供单位型式检验认定。表22-11、表22-12所列的锥螺纹套筒接头尺寸仅供参考。

钢筋普通锥螺纹套筒接头(B级)规格尺寸　　表22-11

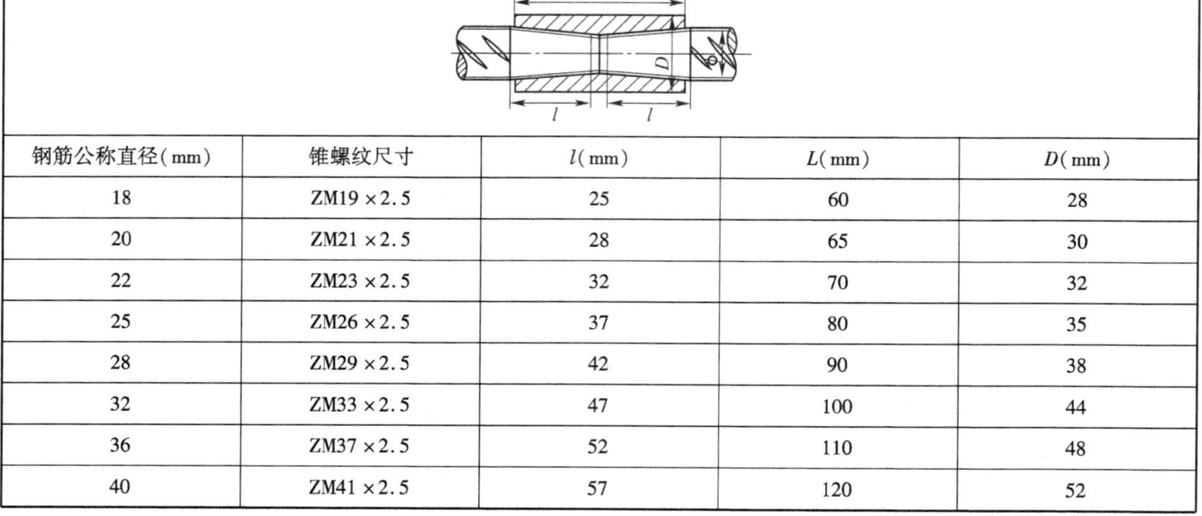

钢筋公称直径(mm)	锥螺纹尺寸	l(mm)	L(mm)	D(mm)
18	ZM19×2.5	25	60	28
20	ZM21×2.5	28	65	30
22	ZM23×2.5	32	70	32
25	ZM26×2.5	37	80	35
28	ZM29×2.5	42	90	38
32	ZM33×2.5	47	100	44
36	ZM37×2.5	52	110	48
40	ZM41×2.5	57	120	52

钢筋等强度锥螺纹套筒接头(A级)规格尺寸(钢筋端头镦粗)　　表22-12

钢筋公称直径(mm)	锥螺纹尺寸	l(mm)	L(mm)	D(mm)
20	ZM24×2.5	25	60	34
22	ZM26×2.5	30	70	36
25	ZM29×2.5	35	80	39
28	ZM32×2.5	40	90	43
32	ZM36×2.5	45	100	48
36	ZM40×2.5	50	110	52
40	ZM44×2.5	55	120	56

6.3.2　机具设备。

(1)钢筋预压机或镦粗机。

钢筋预压机用于加工GK型等强锥螺纹接头,是以超高压泵站为动力源,配以与钢筋规格相对应的模具,实现直径16~40mm钢筋端部的径向预压。GK40型径向预压机的推力为1780kN,工作时间为20~60s,质量为80kg。YTDB型超高压泵站的压力为70MPa,流量为3L/min,电机功率为3kW,质量为105kg。径向预压模具的材质为CrWMn锻件,淬火硬度HRC=55~60。

钢筋镦粗机可采用液压冷锻压床,用于钢筋端头的镦粗。

(2)钢筋套丝机。

钢筋套丝机是加工钢筋连接端的锥形螺纹用的一种专用设备。型号有SZ-50A、GZL-40等。

(3)扭力扳手。

扭力扳手是保证钢筋连接质量的测力扳手。它可以按照钢筋直径大小规定的力矩值,把钢筋与连接套筒拧紧,并发出声响信号。型号PW360(管钳型),性能100~360N·m;型号HL-02,性能70~350N·m。

(4)量规。

量规包括牙形规、卡规和锥螺纹塞规。

牙形规是用来检查钢筋连接端的锥螺纹牙形加工质量的量规。

卡规是用来检查钢筋连接端的锥螺纹小端直径的量规。

锥螺纹塞规是用来检查锥螺纹连接套筒加工质量的量规。

6.3.3　锥螺纹套筒的加工与检验。

(1)锥螺纹套筒的材质:HRB335级钢筋采用30~40钢,HRB400级钢采用45钢。

(2)锥螺纹套筒的尺寸,应与钢筋端头锥螺纹的牙形与牙数匹配,并应满足承载力略高于钢筋母材的要求。

(3)锥螺纹套筒的加工,宜在专业工厂进行,以保证产品质量。各种规格的套筒外表面,均有明显的钢筋级别及规格标记。套筒加工后,其两端锥孔必须用与其相应的塑料密封盖封严。

(4)锥螺纹套筒的验收,应检查套筒的规格、型号与标记;套筒的内螺纹圈数、螺距与齿高;螺纹有无破损、歪斜、不全、锈蚀等现象。其中套筒检验的重要一环是用锥辊纹塞规检查同规格套筒的加工质量,如图22-4所示。当套筒大端边缘在锥螺纹塞规大端缺口范围内时,套筒为合格品。

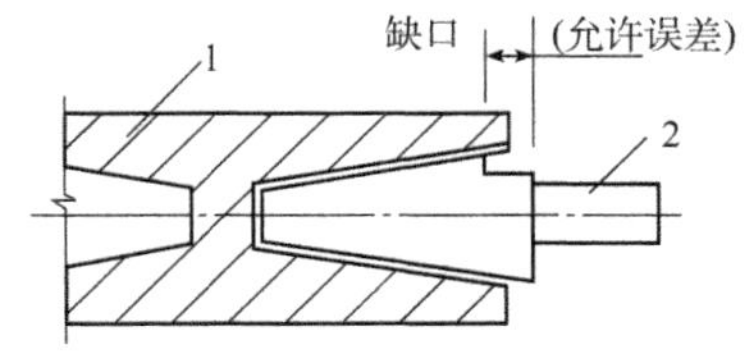

图22-4　用锥螺纹塞规检查套筒
1-锥螺纹套筒;2-塞规

6.3.4 钢筋锥螺纹的加工与检验。

(1)钢筋下料,应采用砂轮切割机。其端头截面应与钢筋轴线垂直,并不得翘曲。

(2)钢筋锥螺纹 A 级接头,应对钢筋端头进行镦粗或径向顶压处理。

钢筋端头预压时采用的压力值应符合产品供应单位通过型式检验确定的技术参数要求,见表 22-13。

钢筋端头预压采用压力值技术参数要求　　表 22-13

钢筋规格(mm)	压力值范围(kN)	GK 型机油压值范围(N/mm^2)	钢筋规格(mm)	压力值范围(kN)	GK 型机油压值范围(N/mm^2)
ϕ16	620 ~ 730	24 ~ 28	ϕ28	1140 ~ 1250	44 ~ 48
ϕ18	680 ~ 780	26 ~ 30	ϕ32	1400 ~ 1510	54 ~ 58
ϕ20	680 ~ 780	26 ~ 30	ϕ36	1610 ~ 1710	62 ~ 66
ϕ22	680 ~ 780	26 ~ 30	ϕ40	1710 ~ 1820	66 ~ 70
ϕ25	990 ~ 1090	38 ~ 42			

注:若改变预压机机型,则表中压力值范围不变,但油压值范围要相应改变,具体数值由生产厂家提供。

预压操作时,钢筋端部完全插入预压机,直至前挡板处。钢筋摆放位置的要求是:对于一次预压成型(钢筋直径 16 ~ 20mm),钢筋纵肋沿竖向顺时针或逆时针旋转 20° ~ 40°;对于两次预压成型(钢筋直径 22 ~ 40mm),第一次预压钢筋纵肋向上,第二次预压钢筋顺时针或逆时针旋转 90°。

预压后的钢筋端头应逐个进行自检。经自检合格的预压端头,质检人员应按要求对每种规格本次加工批抽检 10%。如有一个端头不合格,则应责成操作工人对该加工批全数检查。不合格钢筋端头应二次预压或部分切除重新预压。预压端头检验标准应符合表 22-14 的规定。预压后的钢筋端头圆锥体小端直径大于 *B* 尺寸,并且小于 *A* 尺寸即为合格。

预压后的钢筋端头尺寸　　表 22-14

检测规简图	钢筋规格(mm)	*A*(mm)	*B*(mm)
	ϕ16	17.0	14.5
	ϕ18	18.5	16.0
	ϕ20	19.0	17.5
	ϕ22	22.0	19.0
	ϕ25	25.0	22.0
	ϕ28	27.5	24.5
	ϕ32	31.5	28.0
	ϕ36	35.5	31.5
	ϕ40	39.5	35.0

(3)经检验合格的钢筋,方可在套丝机上加工锥螺纹。钢筋套丝所需的完整牙数见表 22-15。

钢筋套丝完整牙数的规定值　　表 22-15

钢筋直径(mm)	16 ~ 18	20 ~ 22	25 ~ 28	32	36	40
完整牙数	5	7	8	10	11	12

钢筋锥螺纹丝头的锥度、牙形、螺距等必须与连接套筒的锥度、牙形、螺距一致,且经配套的量规检测合格。

加工钢筋锥螺纹时,应采用水溶性切削润滑液。对大直径钢筋宜分次车削到规定的尺寸,以保证丝扣精度,避免损坏梳刀。

(4)钢筋锥螺纹的检查:对已加工的丝扣端要用牙形规及卡规逐个进行自检,如图 22-5 所示。要求钢筋丝扣的牙形必须与牙形规吻合,小端直径不超过卡规的允许误差,丝扣完整牙数不得小于规定值。不合格的丝扣，要切掉后重新套丝。然后再由质检员按 10% 的比例抽检，如有 1 根不合格，要加倍抽检。

锥螺纹检查合格后，一端拧上塑料保护帽，另一端拧上钢套筒与塑料封盖，并用扭矩扳手将套筒拧至规定的力矩，以利保护与运输。

图 22-5　钢筋套丝的检查
1-钢筋；2-锥螺纹；3-牙形规；4-卡规

6.3.5　钢筋锥螺纹连接施工。

连接钢筋前，将下层钢筋上端的塑料保护帽拧下来露出丝扣，并将丝扣上的水泥浆等污物清理干净。

连接钢筋时，将已拧套筒的上层钢筋拧到被连接的钢筋上，并用扭力扳手按表 22-16 规定的力矩值把钢筋接头拧紧，直至扭力扳手在调定的力矩值发出响声，并随手画上油漆标记，以防有的钢筋接头漏拧。力矩扳手每半年应标定一次。常用接头连接方法有以下几种：

锥螺纹钢筋接头拧紧力矩值　表 22-16

钢筋直径(mm)	16	18	20	22	25～28	32	36～40
扭紧力矩(N·m)	118	145	177	216	275	314	343

(1)同径或异径普通接头：分别用力矩扳手将①与②、③与④拧到规定的力矩值[图 22-6a)]。

(2)单向可调接头：分别用力矩扳手将①与②、③与④拧到规定的力矩值，再把⑤与②拧紧[图 22-6b)]。

(3)双向可调接头：分别用力矩扳手将①与⑥、③与④拧到规定的力矩值，且保持 ③、⑥ 的外露丝扣数相等，然后分别夹住③与⑥，把②拧紧[图 22-6c)]。

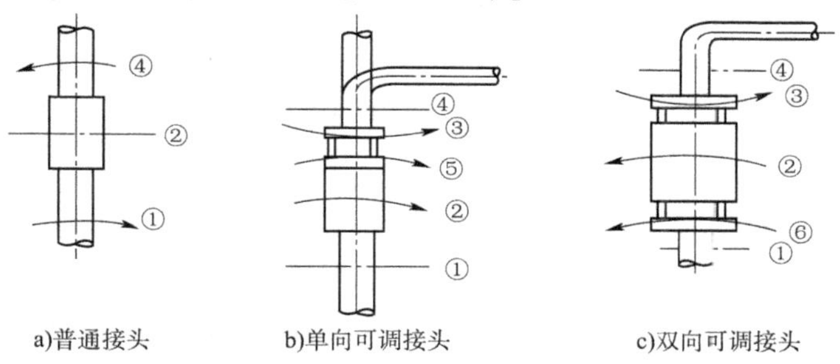

a)普通接头　b)单向可调接头　c)双向可调接头

图 22-6　锥螺纹钢筋连接方法
①、④-钢筋；②-连接套筒；③、⑥-可调套筒；⑤-锁母

6.3.6　钢筋锥螺纹接头质量检验。

(1)连接钢筋时，应检查连接套筒出厂合格证、钢筋锥螺纹加工检验记录。

(2)钢筋连接工程开始前及施工过程中，应对每批进场钢筋和接头进行工艺检验：

①每种规格钢筋母材进行抗拉强度试验。

②每种规格钢筋接头的试件数量不应少于 3 个。

③接头试件应达到《钢筋机械连接通用技术规程》(JGJ 107—2011)中相应等级的强度要求。

(3)随机抽取同规格接头数的 10% 进行外观检查，应满足钢筋与连接套的规格一致，接头丝扣无完整丝扣外露。

如发现有一个完整丝扣外露，即为连接不合格，必须查明原因，责令工人重新拧紧或进行加固处理。

(4)用质检的力矩扳手，按表 22-16 规定的接头拧紧值抽检接头的连接质量。抽验数量：梁、柱构件按接头数的 15%，且每个构件的接头抽验数不得少于 1 个接头；基础、墙、板构件按各自接头数，每 100 个接头作为一个验收批，不足 100 个也作为一个验收批，每批抽检 3 个接头。抽检的接头应全部合格，如有 1 个接头不合格，则该验收批接头应逐个检查。对查出的不合格接头应采用电弧贴角焊缝方法补强，焊缝高度不得小于 5mm。

(5)接头的现场检验按验收批进行。同一施工条件下的同一批材料的同等级、同规格接头,以500个为一个验收批进行检验与验收,不足500个也作为一个验收批。

(6)对接头的每一验收批,应在工程结构中随机抽取3个试件做单向拉伸试验,按设计要求的接头性能等级进行检验与评定。

(7)在现场连续检验10个验收批,当全部单向拉伸试件一次抽样均合格时,验收批接头数量可扩大一倍。

(8)当质检部门对钢筋接头的连接质量产生怀疑时,可以用非破损张拉设备做接头的非破损拉伸试验。

(9)关于GK型等强钢筋锥螺纹接头单向拉伸强度指标的特殊规定:

GK接头首先要达到《钢筋锥螺纹接头技术规程》(JGJ 107—2010)中A级接头的要求,在此基础上要做到试件在破坏时断在钢筋母材上,接头部位不破坏。当钢筋母材超强10%(不含10%)以上时,允许GK接头在接头部位破坏,但破断强度实测值要大于或等于钢筋母材标准极限强度的1.05倍。

6.4 钢筋镦粗直螺纹套筒连接

钢筋镦粗直螺纹套筒连接是先将钢筋端头镦粗,再切削成直螺纹,然后用带直螺纹的套筒将钢筋两端拧紧的钢筋连接方法(图22-7)。

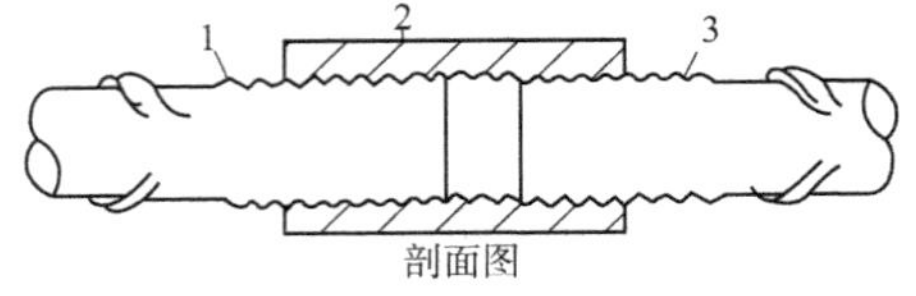

图22-7 钢筋直螺纹套筒连接

1-已连接的钢筋;2-直螺纹套筒;3-正在拧入的钢筋

镦粗直螺纹钢筋接头的特点:钢筋端部经冷镦后不仅直径增大,使套丝后丝扣底部横截面面积不小于钢筋原截面面积,而且由于冷镦后钢材强度的提高,致使接头部位有很高的强度,断裂均发生母材,达到SA级接头性能的要求。

这种接头的螺纹精度高,接头质量稳定性好,操作简便,连接速度快,价格适中。

6.4.1 机具设备。

(1)钢筋液压冷镦机,是钢筋端头镦粗用的一种专用设备。型号有HJC 200(⏀18~40mm)、HJC 250(⏀20~40mm)、GZD 40、CD J-50等。

(2)钢筋直螺纹套丝机,是将已镦粗或未镦粗的钢筋端头切削成直螺纹的一种专用设备。型号有GZL-40、HZS-40、GTS-50等。

(3)扭力扳手、量规(通规、止规)等。

6.4.2 镦粗直螺纹套筒。

(1)材质要求:HRB335级钢筋,采用45优质碳素钢;HRB400级钢筋,采用45优质碳素钢经调质处理,或用性能不低于HRB400级钢筋性能的其他钢种。

(2)规格型号及尺寸。

①同径连接套筒,分右旋和左右旋两种(图22-8),其尺寸见表22-17和表22-18。

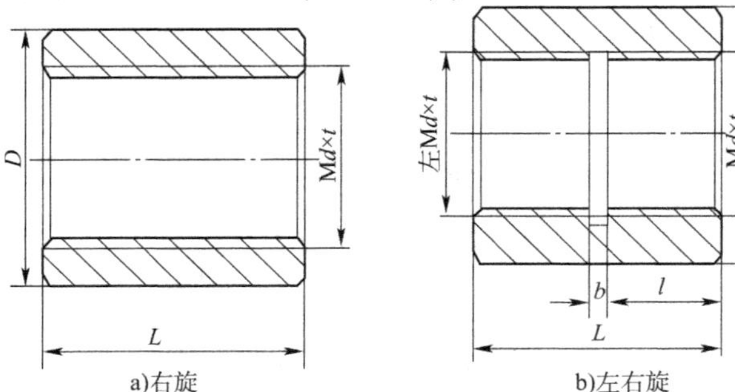

图22-8 同径连接套筒

同径右旋连接筒　　表 22-17

型号与标记	Md×t	D(mm)	L(mm)	型号与标记	Md×t	D(mm)	L(mm)
A20S-G	24×2.5	36	50	A32S-G	36×3	52	72
A22S-G	26×2.5	40	55	A36S-G	40×3	58	80
A25S-G	29×2.5	43	60	A40S-G	44×3	65	90
A28S-G	32×3	46	65				

同径左右旋连接套筒　　表 22-18

型号与标记	Md×t	D(mm)	L(mm)	l(mm)	b(mm)
A20SLR-G	24×2.5	38	56	24	8
A22SLR-G	26×2.5	42	60	26	8
A25SLR-G	29×2.5	45	66	29	8
A28SLR-G	32×3	48	72	31	10
A32SLR-G	36×3	54	80	35	10
A36SLR-G	40×3	60	86	38	10
A40SLR-G	44×3	67	96	43	10

②异径连接套筒见表 22-19。

异径连接套筒　　表 22-19

简图	型号与标记	$Md_1 \times t$	$Md_2 \times t$	b (mm)	D (mm)	t (mm)	L (mm)
	AS20-22	M26×2.5	M24×2.5	5	φ42	26	57
	AS22-25	M29×2.5	M26×2.5	5	φ45	29	63
	AS25-28	M32×3	M29×2.5	5	φ48	31	67
	AS28-32	M36×3	M32×3	6	φ54	35	76
	AS32-36	M40×3	M36×3	6	φ60	38	82
	AS36-40	M44×3	M40×3	6	φ67	43	92

③可调节连接套筒见表 22-20。

可调节连接套筒　　表 22-20

简图	型号和规格	钢筋规格 (mm)	D_0 (mm)	L_0 (mm)	L' (mm)	L_1 (mm)	L_2 (mm)
	DSJ-22	φ22	40	73	52	35	35
	DSJ-25	φ25	45	79	52	40	40
	DSJ-28	φ28	48	87	60	45	45
	DSJ-32	φ32	55	89	60	50	50
	DSJ-36	φ36	64	97	66	55	55
	DSJ-40	φ40	68	121	84	60	60

(3)质量要求。

①连接套筒表面无裂纹,螺牙饱满,无其他缺陷。

②牙形规检查合格,用直螺纹塞规检查其尺寸精度。

连接套筒两端头的孔,必须用塑料盖封上,以保持内部洁净、干燥防锈。

6.4.3　钢筋加工与检验。

(1)钢筋下料时,应采用砂轮切割机,切口的端面应与轴线垂直,不得有马蹄形或挠曲。

(2)钢筋下料后,在液压冷锻压床上将钢筋镦粗。不同规格的钢筋冷镦后的尺寸,见表22-21。根据钢筋直径、冷镦机性能及镦粗后的外形效果,通过试验确定适当的镦粗压力。操作中要保证镦粗头与钢筋轴线不得大于4° 的倾斜,不得出现与钢筋轴线相垂直的横向表面裂缝。发现外观质量不符合要求时,应及时割除,重新镦粗。

钢筋冷镦规格尺寸　　表22-21

简　图	钢筋规格(mm)	镦粗直径 d(mm)	长度 L(mm)
	ϕ22	ϕ26	30
	ϕ25	ϕ29	33
	ϕ28	ϕ32	35
	ϕ32	ϕ36	40
	ϕ36	ϕ40	44
	ϕ40	ϕ44	50

(3)钢筋冷镦后,在钢筋套丝机上切削加工螺纹。钢筋端头螺纹规格应与连接套筒的型号匹配。钢筋螺纹加工质量:牙形饱满,无断牙、秃牙等缺陷。

(4)钢筋螺纹加工后,随即用配置的量规逐根检测(图22-9)。合格后,再由专职质检员按一个工作班10%的比例抽样校验。如发现有不合格螺纹,应全部逐个检查,并切除所有不合格螺纹,重新镦粗和加工螺纹。

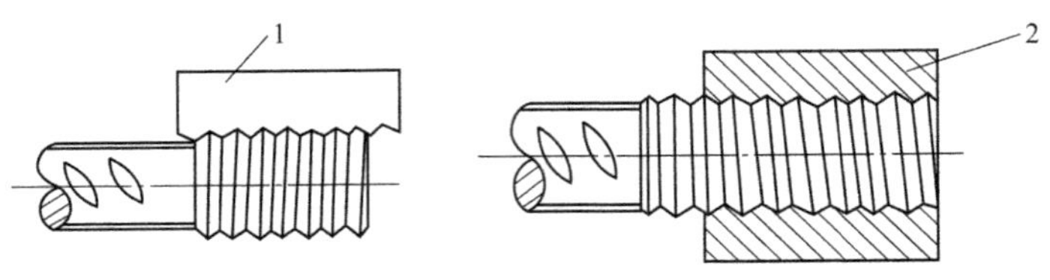

图22-9　直螺纹接头量规

1-牙形规;2-直螺纹环规

6.4.4　现场连接施工。

(1)对连接钢筋可自由转动的,先将套筒预先部分或全部拧入一个被连接钢筋的螺纹内,而后转动连接钢筋或反拧套筒到预定位置,最后用扳手转动连接钢筋,使其相互对顶锁定连接套筒。

(2)对于钢筋完全不能转动,如弯折钢筋或还要调整钢筋内力的场合,如施工缝、后浇带,可将锁定螺母和连接套筒预先拧入加长的螺纹内,再反拧入另一根钢筋端头螺纹上,最后用锁定螺母锁定连接套筒,或配套应用带有正反螺纹的套筒,以便从一个方向上能松开或拧紧两根钢筋。

(3)直螺纹钢筋连接时,应采用扭力扳手按表22-22规定的力矩值把钢筋接头拧紧。

直螺纹钢筋接头拧紧力矩值　　表22-22

钢筋直径(mm)	16~18	20~22	25	28	32	36~40
拧紧力矩(N·m)	100	200	250	280	320	350

6.4.5　接头质量检验。

(1)钢筋连接开始前及施工过程中,应对每批进场钢筋进行接头连接工艺检验。每种规格钢筋的接头试件不应少于3个,做单向拉伸试验。其抗拉强度应能发挥钢筋母材强度或大于1.15倍钢筋抗拉强度标准值。

(2)接头的现场检验按验收批进行。同一施工条件下采用同一批材料的同等级别、同规格接头,以500个为一个验收批。对接头的每一个验收批,必须在工程结构中随机抽取3个试件做单向拉伸

试验。当3个试件的抗拉强度都能发挥钢筋母材强度或大于1.15倍钢筋抗拉强度标准值时，该验收批达到SA级强度指标。如有1个试件的抗拉强度不符合要求，则应加倍取样复验。如3个试件的抗拉强度仅达到该钢筋的抗拉强度标准值，则该验收批降为A级强度指标。在现场连续检验10个验收批，当全部单向拉伸试件一次抽样均合格时，验收批接头数量可扩大一倍。

6.5　钢筋滚压直螺纹套筒连接

钢筋滚压直螺纹套筒连接是利用金属材料塑性变形后冷作硬化增强金属材料强度的特性，使接头与母材等强的连接方法。根据滚压直螺纹成型方式，又可分为直接滚压螺纹、挤压肋滚压螺纹、剥肋滚压螺纹三种类型。

6.5.1　滚压直螺纹加工与检验。

(1)直接滚压螺纹加工。

采用钢筋滚丝机(型号:GZL-32、GYZL-40、GSJ-40、HGS40等)直接滚压螺纹。此法螺纹加工简单，设备投入少;但螺纹精度差，由于钢筋粗细不均，导致出现螺纹直径差异，施工受影响。

(2)挤肋滚压螺纹加工。

采用专用挤压设备滚轮先将钢筋的横肋和纵肋进行预压平处理，然后再滚压螺纹。其目的是减轻钢筋肋对成型螺纹的影响。此法对螺纹精度有一定提高，但仍不能从根本上解决钢筋直径差异对螺纹精度的影响，螺纹加工需要两套设备。

(3)剥肋滚压螺纹加工。

采用钢筋剥肋滚丝机(型号:GHG40、GHG50)，先将钢筋的横肋和纵肋进行剥切处理后，使钢筋滚丝前的柱体直径达到同一尺寸，然后再进行螺纹滚压成型。此法螺纹精度高，接头质量稳定，施工速度快，价格适中，具有较好的发展前景。

钢筋剥肋滚丝机由台钳、剥肋机构、滚丝头、减速机、涨刀机构、冷却系统、电器控制系统、机座等组成(图22-10)。其工作过程为:将待加工钢筋夹持在夹钳上，开动机器，扳动进给装置，使动力头向前移动，开始剥肋滚压螺纹，待滚压到调定位置后，设备自动停机并反转，将钢筋端部退出滚压装置，扳动进给装置将动力头复位停机，螺纹即加工完成。其主要技术性能见表22-23。

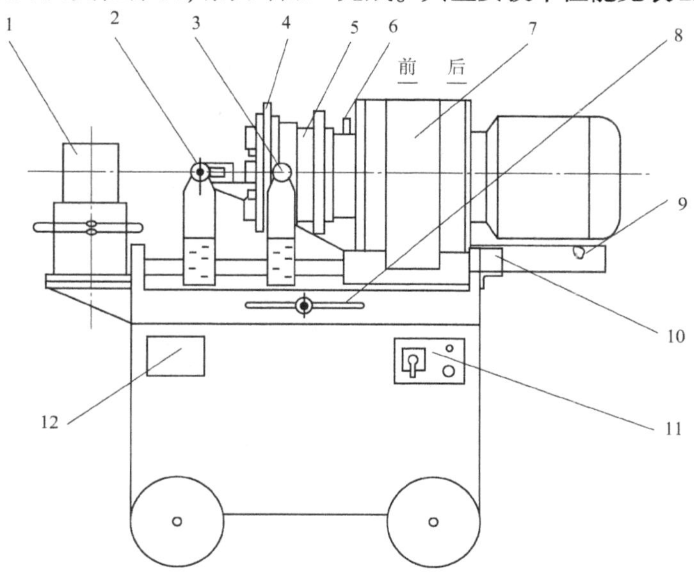

图22-10　钢筋剥肋滚丝机

1-台钳;2-涨刀触头;3-收刀触头;4-剥肋机构;5-滚丝头;6-上水管;7-减速机;8-进给手柄;9-行程挡块;10-行程开关;11-控制面板;12-标牌

GHG40 型钢筋剥肋滚丝机技术性能　　表 22-23

滚丝头型号	40 型[或 Z40 型(左旋)]			
滚丝轮型号	A20	A25	A30	A35
滚压螺纹螺距(mm)	2	2.5	3.0	3.5
钢筋规格(mm)	φ16	φ18、φ20、φ22	φ25、φ28、φ32	φ36、φ40
整机质量(kg)	590			
主电机功率(kW)	4			
水泵电机功率(kW)	0.09			
工作电压	380V,50Hz			
减速机输出转速(r/min)	~50/60			
外形尺寸(mm)	1200×600×1200(长×宽×高)			

剥肋滚丝头加工尺寸应符合表 22-24 的规定。丝头加工长度为标准型套筒长度的 1/2,其公差为 $+2P$(P 为螺距)。

剥肋滚丝头加工尺寸　　表 22-24

规格(mm)	剥肋直径(mm)	螺 纹 尺 寸	丝头长度(mm)	完整丝扣圈数
16	15.1±0.2	M16.5×2	22.5	≥8
18	16.9±0.2	M19×2.5	27.5	≥7
20	18.8±0.2	M21×2.5	30	≥8
22	20.8±0.2	M23×2.5	32.5	≥9
25	23.7±0.2	M26×3	35	≥9
28	26.6±0.2	M29×3	40	≥10
32	30.5±0.2	M33×3	45	≥11
36	34.5±0.2	M37×3.5	49	≥9
40	38.1±0.2	M41×3.5	52.5	≥10

操作工人应按表 22-24 的要求检查丝头加工质量,每加工 10 个丝头用通、止环规检查一次(图 22-11)。经自检合格的丝头,应由质检员随机抽样进行检验,以一个工作班内生产的丝头为一个验收批,随机抽样 10%,且不得少于 10 个。当合格率小于 95% 时,应加倍抽检,复检中合格率仍小于 95% 时,应对全部钢筋丝头逐个进行检验,切去不合格丝头,查明原因,并重新加工螺纹。

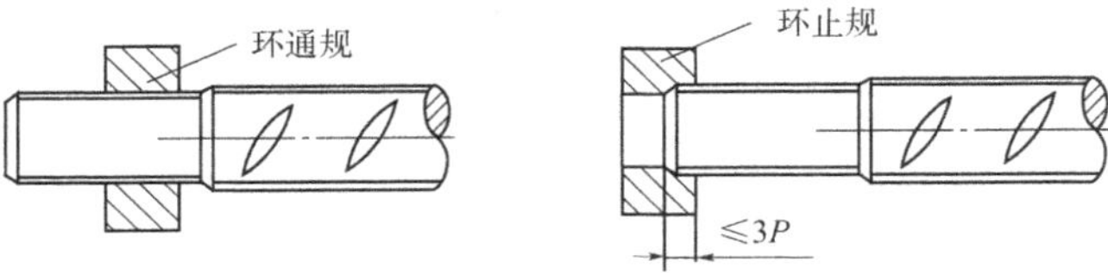

图 22-11　剥肋滚压丝头质量检查

6.5.2　滚压直螺纹套筒。

滚压直螺纹接头用连接套筒,采用优质碳素结构钢。连接套筒的类型有标准型、正反丝扣型、变径型、可调型等,与 6.4.2 条镦粗直螺纹套筒类型相同。

滚压直螺纹接头用连接套筒的规格与尺寸应符合表 22-25 ~ 表 22-27 的规定。

标准型套筒几何尺寸　表22-25

规格(mm)	螺纹直径	套筒外径(mm)	套筒长度(mm)
16	M16.5×2	25	45
18	M19×2.5	29	55
20	M21×2.5	31	60
22	M23×2.5	33	65
25	M26×3	39	70
28	M29×3	44	80
32	M33×3	49	90
36	M37×3.5	54	98
40	M41×3.5	59	105

常用变径型套筒几何尺寸　表22-26

规格(mm)	外径(mm)	小端螺纹	大端螺纹	套筒总长(mm)
16~18	29	M16.5×2	M19×2.5	50
16~20	31	M16.5×2	M21×2.5	53
18~20	31	M19×2.5	M21×2.5	58
18~22	33	M19×2.5	M23×2.5	60
20~22	33	M21×2.5	M23×2.5	63
20~25	39	M21×2.5	M26×3	65
22~25	39	M23×2.5	M26×3	68
22~28	44	M23×2.5	M29×3	73
25~28	44	M26×3	M29×3	75
25~32	49	M26×3	M33×3	80
28~32	49	M29×3	M33×3	85
28~36	54	M29×3	M37×3.5	89
32~36	54	M33×3	M37×3.5	94
32~40	59	M33×3	M41×3.5	98
36~40	59	M37×3.5	M41×3.5	102

可调型套筒几何尺寸　表22-27

规格(mm)	螺纹直径	套筒总长(mm)	旋出后长度(mm)	增加长度(mm)
16	M16.5×2	118	141	96
18	M19×2.5	141	169	114
20	M21×2.5	153	183	123
22	M23×2.5	166	199	134
25	M26×3	179	214	144
28	M29×3	199	239	159
32	M33×3	222	267	117
36	M37×3.5	244	293	195
40	M41×3.5	261	314	209

注:表中“增加长度”为可调型套筒比普通套筒加长的长度,施工配筋时应将钢筋的长度按此数进行缩短。

6.5.3 现场连接施工。

(1)连接钢筋时,钢筋规格和套筒的规格必须一致,钢筋和套筒的丝扣应干净、完好无损。

(2)采用预埋接头时,连接套筒的位置、规格和数量应符合设计要求。带连接套筒的钢筋应固定牢靠,连接套筒的外露端应有保护盖。

(3)滚压直螺纹接头应使用扭力扳手或管钳进行施工,将两个钢筋丝头在套筒中间位置相互顶紧,接头拧紧力矩应符合表22-22 的规定。扭力扳手的精度为 ±5%。

(4)经拧紧后的滚压直螺纹接头应作出标记,单边外露丝扣长度不应超过 $2P$(P 为螺距)。

(5)根据待接钢筋所在部位及转动难易情况,选用不同的套筒类型,采取不同的安装方法,如图22-12 ~ 图22-15 所示。

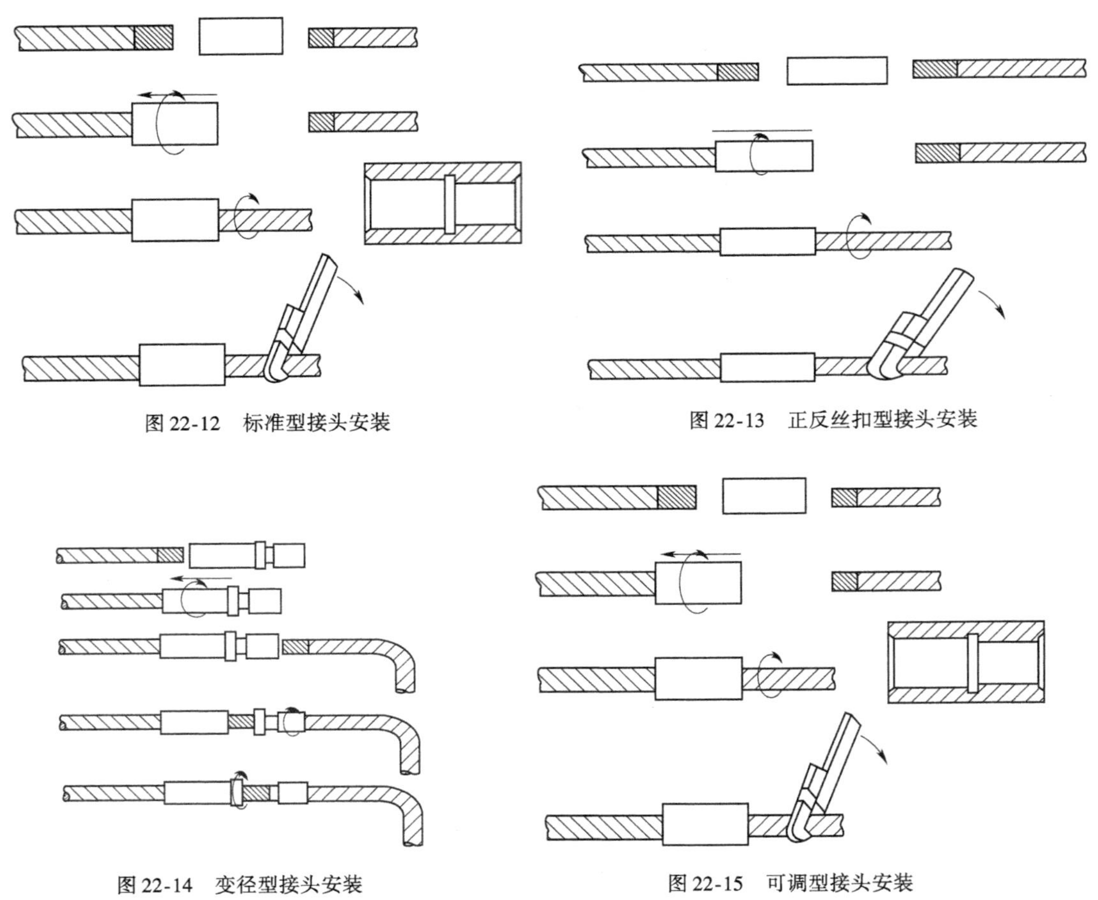

图22-12 标准型接头安装

图22-13 正反丝扣型接头安装

图22-14 变径型接头安装

图22-15 可调型接头安装

6.5.4 接头质量检验。

(1)工程中应用滚压直螺纹接头时,技术提供单位应提交有效的型式检验报告。

(2)钢筋连接作业开始前及施工过程中,应对每批进场钢筋进行接头连接工艺检验。工艺检验应符合下列要求:

①每种规格钢筋的接头试件不应少于 3 个。

②接头试件的钢筋母材应进行抗拉强度试验。

③ 3 个接头试件的抗拉强度均不应小于该级别钢筋抗拉强度的标准值,同时尚应不小于 0.9 倍钢筋母材的实际抗拉强度。

(3)现场检验应进行拧紧力矩检验和单向拉伸强度试验。对接头有特殊要求的结构,应在设计图纸中另行注明相应的检验项目。

(4)用扭力扳手按表22-28、表22-29规定的接头拧紧力矩值抽检接头的施工质量。抽检数量为:梁、柱构件按接头数的15%,且每个构件的接头抽检数不得少于1个接头;基础、墙、板构件每100个接头作为1个验收批,不足100个也作为一个验收批,每批抽检3个接头,抽检的接头应全部合格,如有1个接头不合格,则该验收批接头应逐个检查并拧紧。

直螺纹接头安装时的最小拧紧扭矩值　表22-28

钢筋直径(mm)	≤16	18~20	22~25	28~32	36~40
拧紧扭矩(N·m)	100	200	260	320	360

锥螺纹接头安装时的最小拧紧扭矩值　表22-29

钢筋直径(mm)	≤16	18~20	22~25	28~32	36~40
拧紧扭矩(N·m)	100	180	240	300	360

(5)滚压直螺纹接头的单向拉伸强度试验按验收批进行。同一施工条件下采用同一批材料的同等级、同型式、同规格接头,以500个为一个验收批进行检验。

在现场连续检验10个验收批,当全部单向拉伸试验一次抽样合格时,验收批接头数量可扩大为1000个。

(6)对每一验收批,应在工程结构中随机抽取3个试件做单向拉伸试验。当3个试件抗拉强度均不小于A级接头的强度要求时,该验收批判为合格。如有一个试件的抗拉强度不符合要求,则应加倍取样复验。

滚压直螺纹接头的单向拉伸试验破坏形式有3种:钢筋母材拉断、套筒拉断、钢筋从套筒中滑脱。只要满足强度要求,任何破坏形式均可判断为合理。

7　钢筋机械连接的检验和施工要求

7.1　加工检验

锥螺纹或直螺纹的连接时,应由该技术提供单位(生产厂家)向使用单位提供工程所使用的有效型式检验报告,并符合设计性能等级的要求。型式检验报告应由国家或省部级建设行政主管部门认可的检测机构进行检测,并按规定对各类接头按性能分级出具型式检验报告。经型式检验确定其等级后,施工现场只需要进行现场检验。当接头质量有严重的问题,其原因不明,对定型检验结论有重大怀疑时,上级主管部门或质量监督机构可以提出重新进行型式检验要求。生产厂家还应向使用单位提供连接套筒的出厂合格证和钢筋螺纹加工的检验记录。检验记录是在操作者逐个外观检查合格的基础上,随机对每种规格抽查10%,且不少于10个,做外观检查后填写的螺纹加工检验记录。

7.2　工艺检验

钢筋连接开始前及施工过程中,应对每批进场钢筋和接头进行工艺检验,也是对加工件的进场验收检查。为了保证套丝质量,减少套丝机和梳刀的损坏,钢筋下料时,应首现做到切口端面垂直于钢筋轴线,钢筋平直,切口无马蹄形且不挠曲。钢筋套丝加工时,套丝机必须用水溶性切削冷却润滑液,不得用机油润滑或不加润滑液套丝。丝扣加工完成后,用量规包括牙形规、卡规或锥形螺纹塞规检验。经检验合格的丝头,一端应戴上保护帽,另一端按型式检验报告提供的力矩值拧紧连接套。连接套外露一侧拧上密封盖,并按规格分类堆放。连接钢筋时,将已拧好连接套的上层钢筋拧到被连接钢筋上,再用力矩扳手拧紧,并随手画油漆标记线,便于检查。然后对钢筋母材进行抗拉强度的检验并对每件规格的钢筋接头试件进行检验。两种检验各取3个以上试件,且应取自接头试件的同一钢筋(即钢筋母材试件与接头试件应在同一根钢筋上截取),进行拉伸试验。Ⅰ级接头抗拉强度不小于被连接钢筋实际抗拉强度或1.10倍钢筋抗拉强度标准值。Ⅱ级接头抗拉强度不小于被连接钢筋抗拉强度的标准值。Ⅲ级接头抗拉强度不小于被连接钢筋屈服强度标准值的1.35倍。

7.3 现场检验

7.3.1 外观检验。

(1)锥螺纹的外观检验。随机抽取同规格接头数的10%,应满足钢筋与连接套的规格一致,接头丝扣无完整丝扣外露要求,锥螺纹接头应做力矩扳手检验,梁柱构件按接头数的15%抽验,且每个构件的抽验数不得少于1个接头,基础墙、板构件按各自接头数每100个接头作为一个验收批,不足100个也作为一个验收批,每批抽验3个接头。每批接头应全部合格,如果有一个不合格,则该验收批应全数检查。对达不到合格要求的,应进行补强,如接头松动或达不到型式检验报告要求的力矩值,丝扣外露不符合锥螺纹和直螺纹连接要求等。连接件接头要及时填写接头质量检查记录。

(2)直螺纹的外观检验。随机抽取同规格接头数的10%,应满足钢筋与连接套的规格一致,接头外露丝扣不超过3扣的要求,其他要求与锥螺纹的外观检验基本相同。对接头有特殊要求的结构,应按设计文件注明的检验项目要求,做相应的检验。

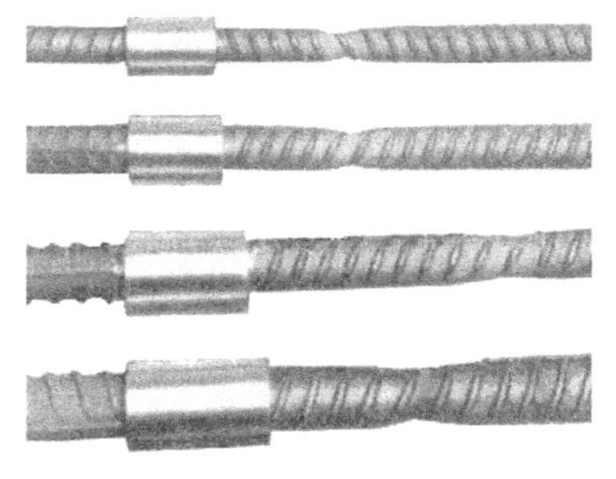

图22-16 检验外形图

7.3.2 力学性能检验。

接头的现场检验按验收批进行,即每一验收批,在相同的施工条件下,采用同批材料的同等级、同型式、同规格接头,以500个为一个验收批,进行检验和验收,不足500个时也作为一个验收批。每一验收批必须在工程结构中随机截取3个接头试件作抗拉强度试验,按设计要求的接头等级进行评定。如有1个试件不符合要求,应再取6个试件进行复检。复检中如仍有1个试件的强度不符合要求,则该验收批评为不合格。如果接头试件合格,则接头检验时颈缩均应在连接件外的在母材上,如图22-16所示。

7.4 不合格验收批的处理规定

《钢筋机械连接通用技术规程》(JGJ 107—2016)规定:对抽检不合格的接头验收批,应由建设方会同设计等有关方面研究后提出处理方案。可在采取补救措施后再按《钢筋机械连接通用技术规程》(JGJ 107—2016)重新检验,或采取其他有效措施,以保证钢筋连接接头的质量。

7.5 规程规定

7.5.1 在现场结构构件中截取试件后,原接头位置的钢筋允许采用同等级规格的钢筋进行搭接连接、焊接及机械连接方法补接。此时被替代的钢筋接头位置与设计要求和施工验收规范的规定不符,但被替代的接头数量,在结构中所占比例通常都很小,不会造成对结构强度的损害。

7.5.2 钢筋连接件的混凝土保护层厚度宜符合《混凝土结构设计规范》(GB 50010—2002)中受力钢筋保护层最小厚度规定,且不小于15mm。连接件之间的横向净距不宜小于25mm。

钢筋机械连接是一项发展前景良好的施工工艺,《钢筋直螺纹连接技术规程》[1]也将要颁布,施

[1] 本规程与《钢筋机械连接通用技术规程》(JGJ 107—2016)配套使用,暂未发布。

工单位在做好现场管理的同时,应做好以下保证钢筋机械连接质量的工作:

(1)凡参与接头施工的操作工人,技术、质检人员均应参加技术规程培训,了解质量要求及标准规定。操作工人应经考核合格后持证上岗。

(2)工程开工前,施工技术人员要了解设计文件规定的钢筋接头性能等级,应由该技术提供单位提交有效的型式检验报告。型式检验报告必须包括连接套长度、外径、内径、锥度、扭紧力矩值、牙形角平分线垂直于锥面等参数。

(3)钢筋连接工程开始前及施工过程中,应对每批进场钢筋进行工艺检验,工艺检验合格后,方可在工程上进行钢筋机械连接操作。

(4)要做好技术交底工作,及时填写接头质量检查记录。

本章条文说明

本章在《钢筋机械连接技术规程》(JGJ 107—2016)的基础上修订完成。本章的修订是在我国大量应用钢筋机械连接工程实践的基础上,针对近年来出现的一些新情况和新问题的背景下进行的。近年来,市场上大量应用冷轧精密无缝钢管制作钢筋连接用套筒,这类冷加工钢管强度高、延性低、低温性能差,如果缺乏必要的性能控制,有可能成为质量隐患。急需在行业标准中对材料、性能、加工工艺作出相关规定;原标准中没有明确接头疲劳性能的检验制度和验收规则,可执行性较差,需要增加相关条款;近年来不锈钢钢筋机械连接已在港珠澳大桥等重点工程中应用,标准需要补充不锈钢钢筋机械连接的相关规定;此外,钢筋机械接头现场验收制度方面,需要做相应改进,并参照国际标准化组织 ISO 相关规定按接头认证和非认证产品规定不同的验收制度。本章主要修订内容已在《钢筋机械连接技术规程》(JGJ 107—2016)前言中列入。

在本章修订前和修订阶段,编制组成员单位对近年来钢筋机械连接技术的进展与存在问题进行了调查研究,对接头疲劳性能和变形性能还补充了相关试验,为规程修订提供了重要依据。

为便于广大设计、施工、科研、学校等单位有关人员在使用《钢筋机械连接技术规程》(JGJ 107—2016)时能正确理解和执行相关规定,本章编制组按节、条顺序编制了《钢筋机械连接技术规程》(JGJ 107—2016)的条文说明,对条文规定的目的、依据以及执行中需注意的有关事项进行了说明,还着重对强制性条文的强制性理由做了解释。但是,本章条文说明不具备与《钢筋机械连接技术规程》(JGJ 107—2016)正文同等的法律效力,仅供使用者作为理解和把握《钢筋机械连接技术规程》(JGJ 107—2016)规定的参考。

本章附件

附件1　接头试件的试验方法

1. 型式检验试验方法

(1)型式检验试件的仪表布置和变形测量标距应符合下列规定：

①单向拉伸和反复拉压试验时的变形测量仪表应在钢筋两侧对称布置(附图22-1)，取钢筋两侧仪表读数的平均值计算残余变形值。

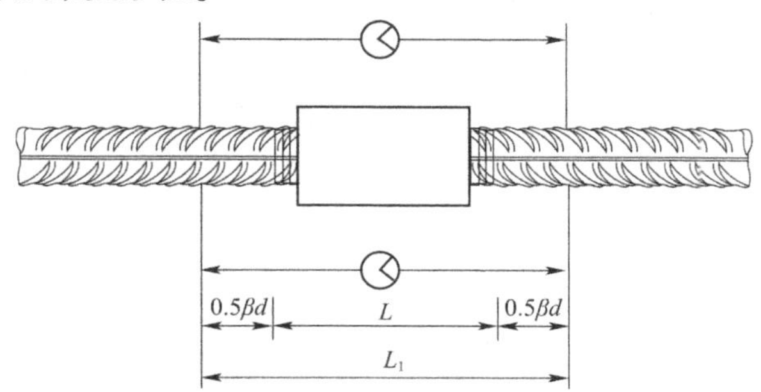

附图22-1　接头试件变形测量标距和仪表布置

②变形测量标距见附式(22-1)。

$$L_1 = L + \beta d \tag{22-1}$$

式中：L_1——变形测量标距；

L——机械连接长度；

β——系数，取1~6；

d——钢筋公称直径。

(2)型式检验试件最大力总伸长率A_{sgt}的测量方法应符合下列要求：

①试件加载前，应在其套筒两侧的钢筋表面(附图22-2)分别用细画线A、B和C、D标出测量标距为L_{01}的标记线，L_{01}不应小于100mm，标距长度应用最小刻度值不大于0.1mm的量具测量。

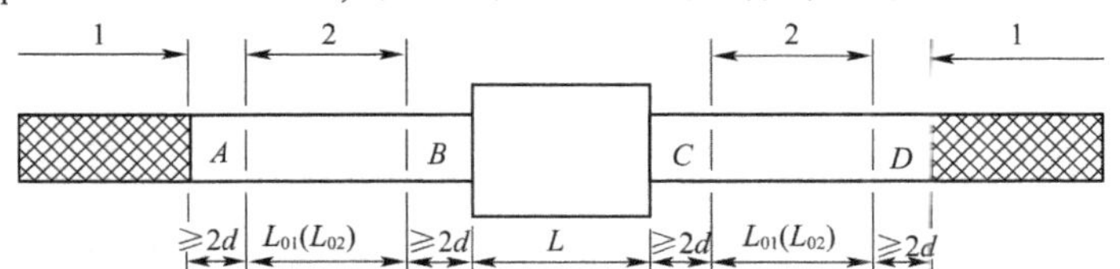

附图22-2　标记线确定

1-夹持区；2-测量区

②试件应按附图22-1单向拉伸制度加载并卸载，再次测量A、B和C、D间标距长度为L_{02}。并应按附式(22-2)计算试件最大总伸长率A_{sgt}：

$$A_{sgt} = [(L_{01} - L_{02})/L_{01} + f^{\theta}_{mst}/E] \times 100 \tag{22-2}$$

式中：f^{θ}_{mst}、E——分别是试件达到最大力时的钢筋应力和钢筋理论弹性模量；

L_{01}——加载前A、B或C、D间的实测长度；

L_{02}——卸载后A、B或C、D间的实测长度。

应用附式(22-2)计算时，当试件颈缩发生在套筒一侧的钢筋母材时，L_{01}和L_{02}应取另一侧标记间加载前和卸载后的长度。当破坏发生在接头长度范围内时，L_{01}和L_{02}应取套筒两侧各自读数的平均值。

(3)接头试件型式检验应按附表 22-1 和附图 22-3、附图 22-4 所示的加载制度进行试验。

接头试件型式检验的加载制度　　附表 22-1

试验项目		加载制度
单向拉伸		$0 \to 0.6f_{yk} \to 0.02f_{yk} \to 0.6f_{yk} \to 0.02f_{yk} \to 0.6f_{yk}$(测量非弹性变形)→最大拉力→0(测定总伸长率)
高应力反复拉压		$0 \to (0.9f_{yk} \to -0.5f_{yk}) \to$破坏 (反复 20 次)
大变形反复拉压	Ⅰ级 Ⅱ级	$0 \to (2\varepsilon_{yk} \to -0.5f_{yk}) \to (5\varepsilon_{yk} \to -0.5f_{yk}) \to$破坏 (反复 4 次)　(反复 4 次)
	Ⅲ级	$0 \to (2\varepsilon_{yk} \to -0.5f_{yk}) \to$破坏

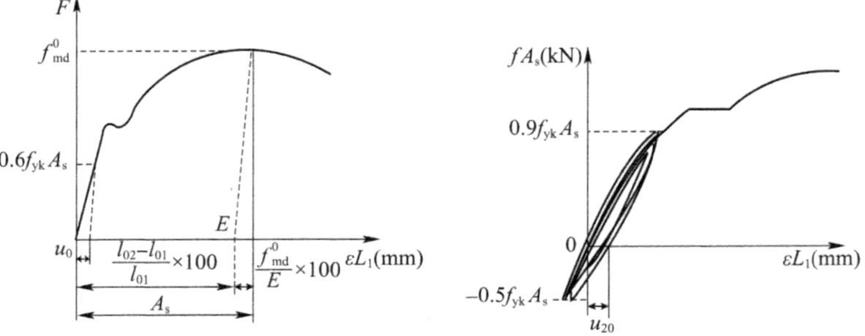

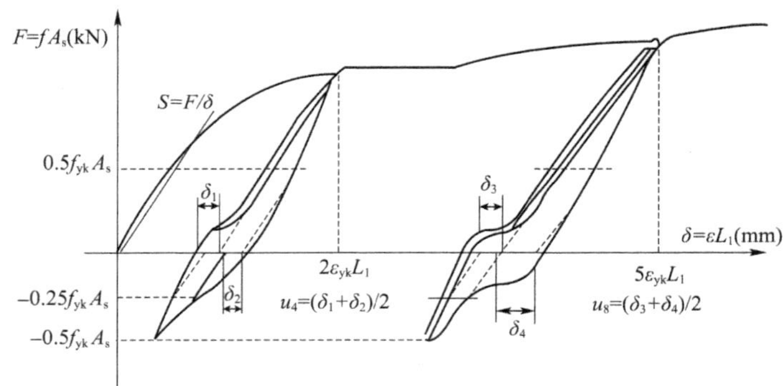

附图 22-3　单向拉伸(左)与高应力反复拉压

注:S 线表示钢筋的拉、压刚度;F 为钢筋所受的力,等于钢筋应力 f 与钢筋理论横截面面积 A_s 的乘积。

(4)测量接头试件的残余变形时,加载时的应力速度宜采用 2N/(mm^2·s),最高不超过 10N/(mm^2·s);测量接头试件的最大力总伸长率或抗拉强度时,试验机夹头的分离速率宜采用 $0.05L_c$/min,L_c为试验机夹头间的距离。

2. 接头试件现场抽检试验方法

(1)现场工艺检验接头残余变形的仪表布置、测量标距和加载速度应符合本章第 1.1.1 条和 1.1.4 条的要求。现场工艺检验中,按本章第 1.1.3 条加载制度进行接头残余变形检验时,可采用不大于 $0.012A_sF_{stk}$ 的拉力作为名义上的零荷载。

(2)施工现场随机抽检接头试件的抗拉强度试验应采用零到破坏的一次加载制度。

附件 2　接头试件型式检验报告

接头试件型式报告应包括试件基本参数和试验结果两部分,宜按附表 22-2 的格式记录。

接头试件型式检验报告

附表 22-2

<table>
<tr><td colspan="2">接头名称</td><td></td><td>送检数量</td><td></td><td colspan="2">送检日期</td><td colspan="2"></td></tr>
<tr><td colspan="2">送检单位</td><td colspan="3"></td><td colspan="2">设计接头性能等级</td><td colspan="2">Ⅰ级、Ⅱ级、Ⅲ级</td></tr>
<tr><td rowspan="7">接头基本参数</td><td colspan="4" rowspan="3">连接件示意图</td><td colspan="2">钢筋牌号</td><td colspan="2">HRB335、HRB400、HRB500</td></tr>
<tr><td colspan="2">连接件材料</td><td colspan="2"></td></tr>
<tr><td colspan="2">连接工艺参数</td><td colspan="2"></td></tr>
<tr><td colspan="4">钢筋母材编号</td><td>1</td><td>2</td><td>3</td><td>要求指标</td></tr>
<tr><td colspan="4">钢筋直径(mm)</td><td></td><td></td><td></td><td></td></tr>
<tr><td colspan="4">屈服强度(N/mm^2)</td><td></td><td></td><td></td><td></td></tr>
<tr><td colspan="4">抗拉强度(N/mm^2)</td><td></td><td></td><td></td><td></td></tr>
<tr><td rowspan="11">试验结果</td><td colspan="4">单向拉伸试件编号</td><td>1</td><td>2</td><td>3</td><td></td></tr>
<tr><td colspan="2" rowspan="3">单向拉伸</td><td colspan="2">抗拉强度(N/mm^2)</td><td></td><td></td><td></td><td></td></tr>
<tr><td colspan="2">非弹性变形(mm)</td><td></td><td></td><td></td><td></td></tr>
<tr><td colspan="2">总伸长度(mm)</td><td></td><td></td><td></td><td></td></tr>
<tr><td colspan="4">高应力反复拉压试件编号</td><td>4</td><td>5</td><td>6</td><td></td></tr>
<tr><td colspan="2" rowspan="2">高应力
反复拉压</td><td colspan="2">抗拉强度(N/mm^2)</td><td></td><td></td><td></td><td></td></tr>
<tr><td colspan="2">残余变形(mm)</td><td></td><td></td><td></td><td></td></tr>
<tr><td colspan="4">大变形反复拉压试件编号</td><td>7</td><td>8</td><td>9</td><td></td></tr>
<tr><td colspan="2" rowspan="2">大变形反复拉压</td><td colspan="2">抗拉强度(N/mm^2)</td><td></td><td></td><td></td><td></td></tr>
<tr><td colspan="2">残余变形(mm)</td><td></td><td></td><td></td><td></td></tr>
<tr><td colspan="2">评定结论</td><td colspan="6"></td></tr>
</table>

负责人： 校核： 试验员：

试验日期： 年 月 日 试验单位：

注：1. 接头试件基本参数应详细记载。套筒挤压接头应包括套筒长度、外径、内径、挤压道次、压痕总宽度、压痕平均直径、挤压后套筒长度；螺纹接头应包括连接套长度、外径、螺纹规格、牙形角、镦粗直螺纹过渡段坡度、锥螺纹锥度、安装时拧紧力矩等。

2. 破坏形式可分 3 种：钢筋拉断、连接件破坏、钢筋与连接件拉脱。

第二十三章 混凝土工程施工

引 言

本章是针对杭海城际铁路的特点,参照《混凝土结构工程施工规范》(GB 50666—2011),在吸收杭海城际铁路及周边区域城际轨道交通工程实践经验的基础上编制而成。本章以施工质量验收标准为依据,重点对施工过程中的工艺、工法、质量保证措施作出规定,反映了工程施工的新技术、新材料、新工艺、新设备,充分体现了区域城际轨道交通工程混凝土工程的技术特点和施工控制要求。本章适用于区域城际轨道交通工程混凝土工程的质量控制,凡在本章中未做规定的,均按国家、行业及地方现行的有关强制性标准执行。

本章主要内容包括:总则,术语,基本规定,施工流程及工艺,模板工程,钢筋工程,预应力工程,混凝土制备与运输,现浇结构工程,装配式结构工程,环境保护,施工保证措施,冬期、高温与雨期施工等。

主编单位:浙江杭海城际铁路有限公司

参编单位:浙江交工集团股份有限公司、上海华铁工程咨询有限公司、上海地铁咨询监理科技有限公司、浙江江南工程管理股份有限公司、铁四院(湖北)工程监理咨询有限公司、广东铁路建设监理有限公司、西安铁一院工程咨询监理有限责任公司

主要执笔人:王兴陈、金立、史婷、林飞、杨莉、辛国强、李曦宇、吴恭成、黄绍灯、谢自强

主要审查人:徐立明、查晔跃、李新发、张卓军、邹恩东、易学文、叶文军、明红青

1 总 则

1.0.1 为在混凝土结构工程施工中贯彻国家技术经济政策,保证工程质量,做到技术先进、工艺合理、节约资源、保护环境,特编制本章。

1.0.2 本章适用于建筑工程混凝土结构的施工,不适用于轻集料混凝土及特殊混凝土的施工。

1.0.3 本章为混凝土结构工程施工的基本要求;当设计文件对施工有专门要求时,尚应按设计文件执行。

1.0.4 混凝土结构工程的施工除应符合本章外,尚应符合国家现行有关标准的规定。

2 术 语

2.0.1 混凝土结构。

以混凝土为主制成的结构,可分为现浇混凝土结构和装配式混凝土结构。

2.0.2 现浇混凝土结构。

在现场支模并整体浇筑而成的混凝土结构,简称现浇结构。

2.0.3　装配式混凝土结构。

由预制混凝土构件或部件装配、连接而成的混凝土结构,简称装配式结构。

2.0.4　混凝土工作性。

在一定施工条件下,便于施工操作且能保证获得均匀密实的混凝土,混凝土拌和物应具备的性能,主要包括流动性、黏聚性和保水性。

2.0.5　自密实混凝土。

无须外力振捣,能够在自重作用下流动并密实的混凝土。

2.0.6　先张法。

在台座或模板上先张拉预应力筋并用夹具临时固定,再浇筑混凝土,待混凝土达到一定强度后放张预应力筋,通过预应力筋与混凝土的黏结力使混凝土产生预压应力的施工方法。

2.0.7　后张法。

在混凝土达到一定强度的构件或结构中,张拉预应力筋并用锚具永久固定,使混凝土产生预压应力的施工方法。

2.0.8　成型钢筋。

采用专用设备,按规定尺寸、形状预先加工成型的普通钢筋制品。

2.0.9　施工缝。

因设计要求或施工需要分段浇筑而在先、后浇筑的混凝土之间形成的接缝。

2.0.10　后浇带。

考虑环境温度变化、混凝土收缩、结构不均匀沉降等因素,将梁、板(包括基础底板)、墙划分为若干部分,经过一定时间后再浇筑的具有一定宽度的混凝土带。

3　基本规定

3.1　施工管理

3.1.1　承担混凝土结构施工的施工单位应具备相应的资质,并应建立相应的质量管理体系、施工质量控制和检验制度。

3.1.2　施工项目部的机构设置和人员组成,应满足混凝土结构施工管理的需要。施工操作人员应经过培训,具备各自岗位需要的基础知识和技能水平。

3.1.3　施工前,应由建设单位组织设计、施工、监理等单位对设计文件进行交底和会审。由施工单位完成的深化设计文件应经原设计单位认可。

3.1.4　施工单位应保证施工资料真实、有效、完整和齐全。施工项目技术负责人应组织施工全过程的资料编制、收集、整理和审核,并及时存档、备案。

3.1.5　施工单位应根据设计文件和施工组织设计的要求制订具体的施工方案,并经监理单位审核批准后组织实施。

3.1.6　混凝土结构施工前,施工单位应对施工现场可能发生的危害、灾害与突发事件制订应急预案。应急预案应进行交底和培训,必要时进行演练。

3.2　施工技术

3.2.1　混凝土结构施工前,应根据结构类型、特点和施工条件,确定施工工艺,并做好各项准备工作。

3.2.2　对体形复杂、体量庞大或层数较多、跨度较大、地基情况复杂、施工环境条件特殊的混凝土结构,宜进行施工过程监测,并及时调整施工控制措施。

3.2.3 混凝土结构施工中采用的新技术、新工艺、新材料、新设备,应按有关规定进行评审、备案。施工前应对新的或首次采用的施工工艺进行评价,制订专门的施工方案,并经监理单位核准。

3.2.4 混凝土结构施工中采用的专利技术,不应违反本章的有关规定。

3.2.5 混凝土结构施工应采取有效的环境保护措施。

3.3 施工质量与安全

3.3.1 混凝土结构工程各工序的施工,应在前一道工序质量检查合格后进行。

3.3.2 在混凝土结构工程施工过程中,应及时进行自检、互检和交接检,其质量不应低于现行国家标准《混凝土结构工程施工质量验收规范》(GB 50204—2015)的有关规定。对检查中发现的质量问题,应及时处理。

3.3.3 在混凝土结构施工过程中,对隐蔽工程应进行验收,对重要工序和关键部位应加强质量检查或进行测试,并作出详细记录,同时宜留存图像资料。

3.3.4 混凝土结构工程施工使用的材料、产品和设备,应符合国家现行有关标准、设计文件和施工方案的规定。

3.3.5 原材料、半成品和成品进场时,应对其规格、型号、外观和质量证明文件进行检查,并按《混凝土结构工程施工质量验收规范》(GB 50204—2015) 等的有关规定进行检验。对来源稳定且连续检验合格,或经产品认证符合要求的产品,进场时可按本章的有关规定放宽检验。

3.3.6 材料进场后,应按种类、规格、批次分开储存与堆放,并标识明晰。储存与堆放条件不应影响材料品质。

3.3.7 混凝土结构施工前,施工单位应制订检测和试验计划,并经监理(建设)单位批准后实施。监理(建设)单位应根据检测和试验计划制订见证计划。

3.3.8 施工中为各种检验目的所制作的试件应具有真实性和代表性,并符合下列规定:

(1)所有试件均应及时进行唯一性标识。

(2)混凝土试件的抽样方法、抽样地点、抽样数量、养护条件、试验龄期应符合《混凝土结构工程施工质量验收规范》(GB 50204—2015)、《混凝土强度检验评定标准》(GB/T 50107—2010) 的规定;其制作要求、试验方法应符合《普通混凝土力学性能试验方法标准》(GB/T 50081—2002) 等的规定。

(3)钢筋试件、预应力筋试件的抽样方法、抽样数量、制作要求和试验方法等应符合国家现行有关标准的规定。

3.3.9 施工现场应设置足够的平面和高程控制点作为确定结构位置的依据,其精度应符合规划、设计要求和施工需要,并应防止扰动。

3.3.10 混凝土结构工程施工中的安全措施、劳动保护、防火要求等,应符合国家现行有关标准的规定。

4 施工流程及工艺

4.1 基底检查及处理

4.1.1 基底素混凝土垫层施工前,人工清除基底 200mm 厚保护土层。

4.1.2 检查基底地质情况、土质是否与设计相符,请有关单位进行验槽,验槽合格后方可继续施工。

4.1.3 基坑开挖接近基底设计高程以上 0.2m 时应配合人工清底,不得超挖或扰动基底土。基底应平整压实,其允许偏差为:高程 +10/ -20mm;平整度 20mm,并在 1m 范围内不得多于 1 处。

4.2　混凝土垫层施工

4.2.1　基坑开挖完成后，在转入主体结构施工前，首先对基坑进行验收，检查基坑开挖基底高程是否达到设计规定及规范的要求，接地网是否安装到位。基坑底若受水浸泡形成软土时应清除干净，局部超挖部分禁止用虚土回填，超挖应会同设计共同研究处理方案。特别要注意基坑坑底是否有反弹现象，对基坑底部高程作间隔观测测量，基底高程根据基底实测回弹量进行适当调整。

4.2.2　垫层混凝土采用商品混凝土，采用泵车浇筑，人工配合整平，平板振捣器捣固。

4.3　杂散电流施工

4.3.1　主要设计原则。

(1)每个结构段内的内层横向钢筋及纵向钢筋应电气连续，若有搭接，必须进行搭接焊，焊接长度不小于6倍钢筋直径。

(2)城际铁路主体结构的防水层，必须具有良好的防水性能和电气绝缘性能。

(3)在隧道内应设有畅通的排水措施，不允许有积水现象。

(4)地下车站：在车站端头和区间隧道接口处，在车站侧上下行分别设置连接端子，用于车站两端与区间引出的连接端子连接。当车站相邻区间隧道为盾构结构时，连接端子从车站底板引出，位置避开盾构井并尽量靠近区间隧道，以避免连接端子被端头井回填的混凝土覆盖并减少连接电缆长度，车站每个端部每行分别引出1个。

(5)在地下车站有效站台两端设置测量端子。车站有效站台范围两端的测量端子从靠近站台侧的底板结构中引出。

(6)有牵引变电所的车站均从牵引变电所附近的结构底板上引出监测端子，道床中设置排流端子，监测端子的位置根据牵引变电所位置以及电缆敷设出口位置确定，上下行各1处。

(7)当测量端子设在连接端子处，可利用连接端子做测量端子，不再另设。

(8)车站结构防杂散电流的要求是：结构内纵横向钢筋电气连续；分节段施工时，对防杂散电流的钢筋进行标识，钢筋焊接时不得漏焊和误焊。具体措施和施工注意事项分别见4.3.2和4.3.3。

4.3.2　技术措施。

(1)每隔5m选择一根横向内层钢筋与所有纵向钢筋电气焊接，焊缝高度为6mm(四面焊)，如图23-1所示。

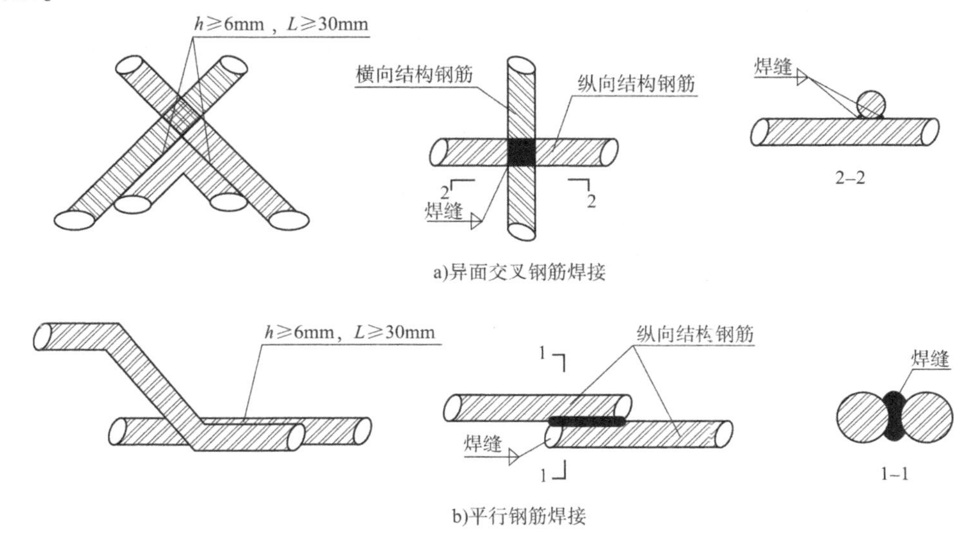

图23-1　结构钢筋焊接示意图

(2)在结构缝两侧各选两根内层横向钢筋专门用于焊接固定连接端子,两根横向钢筋与其所有跨接的纵向钢筋作电气焊接,如图 23-2 所示。

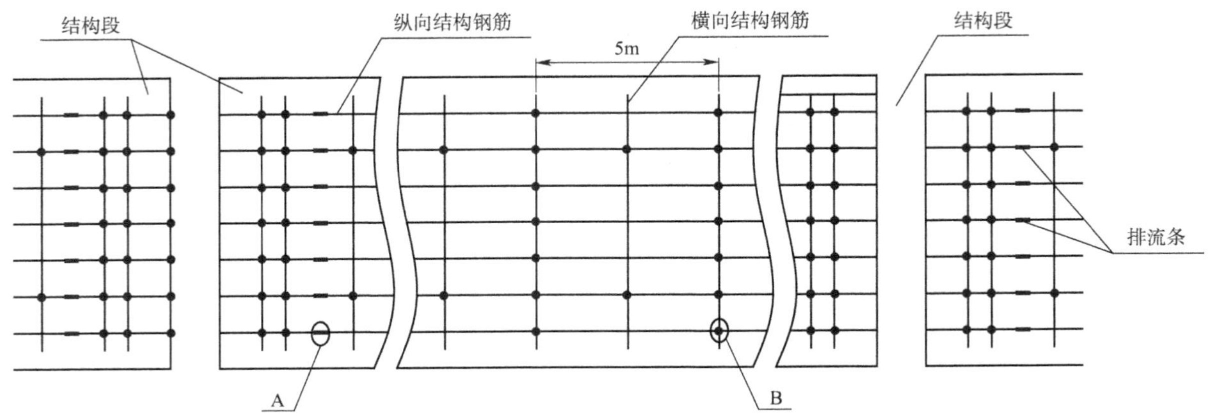

图 23-2　车站主体结构缝横向与横、纵向钢筋焊接示意图

(3)连接端子与两根横向钢筋紧密焊接,焊缝要求长 120mm、高 6mm。连接端子在左右轨道线的侧墙上设置,每侧墙一副,即在一个横断面内要设置 4 副。连接端子高距轨道顶面 300mm。

(4)在左右轨道线下方分别选两根底板表层纵向钢筋与所有底板横向钢筋焊接,此纵向钢筋称为排流条。

(5)结构缝两侧连接端子用电缆连接。

(6)在施工时,用作杂散电流防护的钢筋要作标记,不得漏焊和误焊。

4.3.3　施工注意事项。

(1)连接端子引出时,应避免与区间隧道墙壁上的设备位置发生冲突。

(2)钢筋如用接驳器连接,须在钢筋接驳器处,采用短钢筋跨接于接驳器后,再按照搭接焊处理,使其电气贯通。

4.4　模板支架施工

模板拼接时,相邻两块模板无论是横向拼缝还是纵向拼缝,保证在同一根方木或钢肋上进行搭接,设钢钉或焊接进行固定,避免出现错台。模板工程的施工质量符合《混凝土结构工程施工质量验收规范》(GB 50204—2015)的要求,保证工程结构和构件各部位尺寸及相互位置的正确性,实际施工中根据设计情况对支撑系统进行计算调整,保证支架工程满足《建筑施工碗扣式钢管脚手架安全技术规范》(JGJ 166—2016)的要求,如图 23-3 所示。

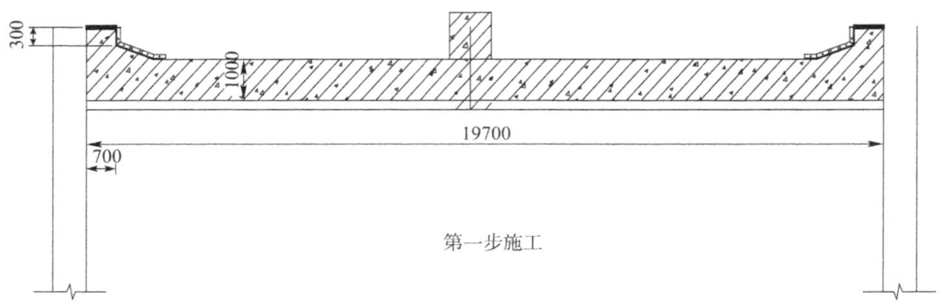

图　23-3

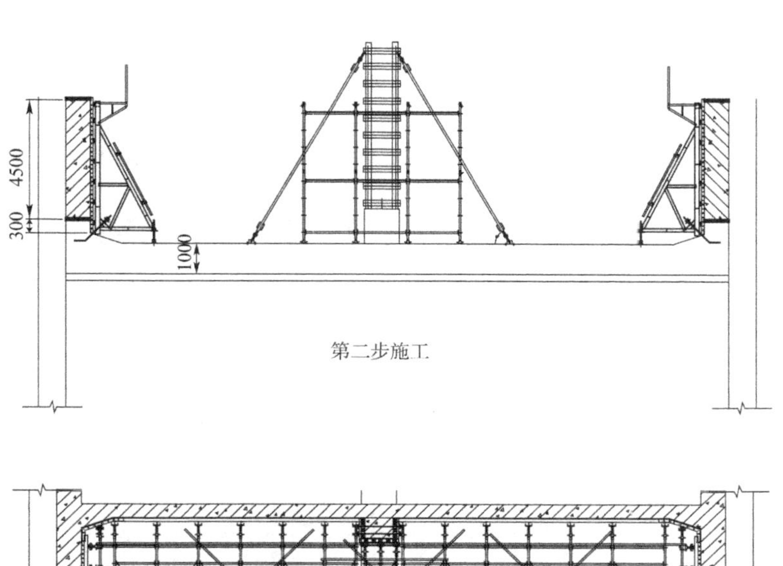

第二步施工

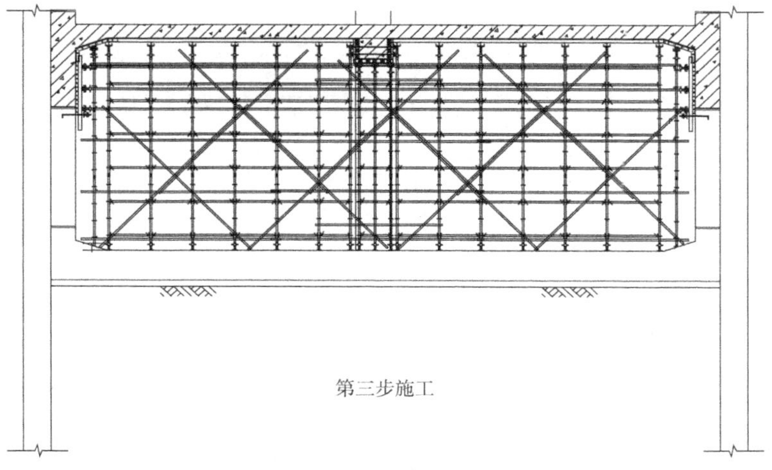
第三步施工

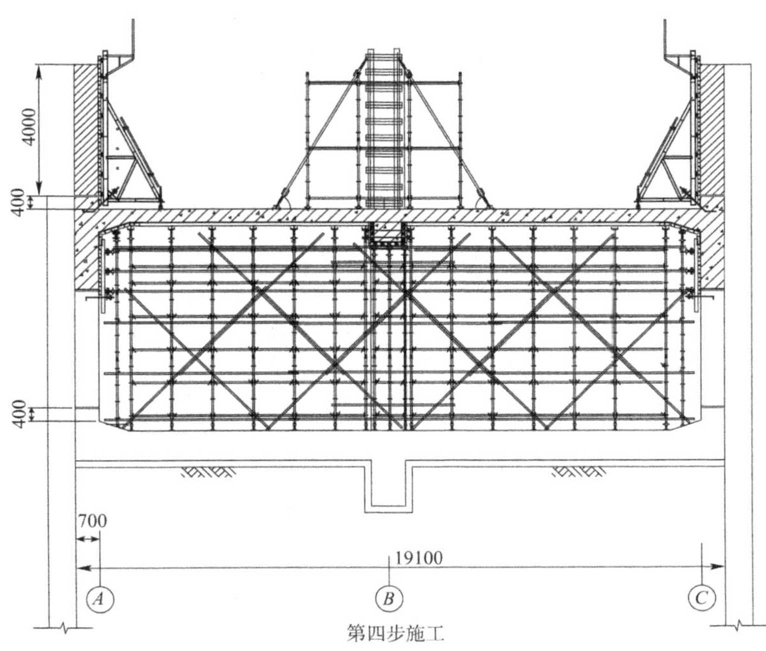

第四步施工

图　23-3

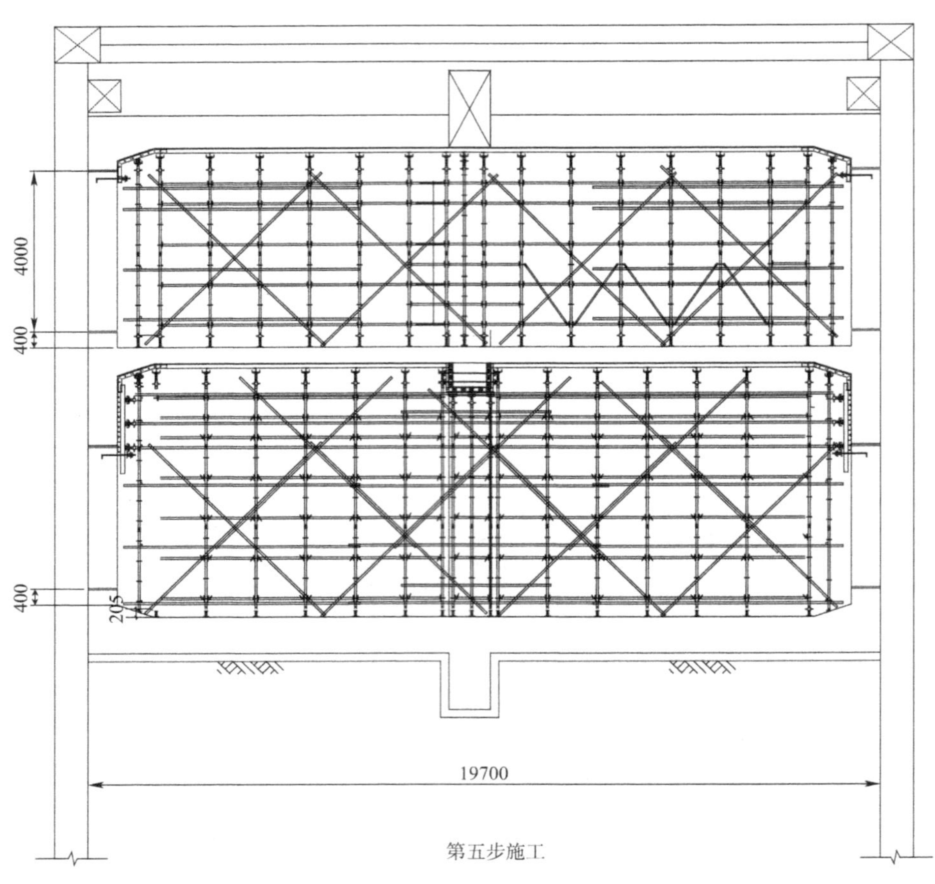

图 23-3 主体结构模板施工流程图(尺寸单位:mm)

4.4.1 底板模板施工。

(1)底板下翻梁施工。

①为便于底纵梁钢筋绑扎,下翻梁垫层浇筑时下翻梁两侧立模进行浇筑。

②先采用小型挖掘机挖槽,槽宽大于梁设计宽度 20 ~ 30cm。

③浇筑 15cm 厚 C20 素混凝土垫层,后施作防水层,如图 23-4 所示。

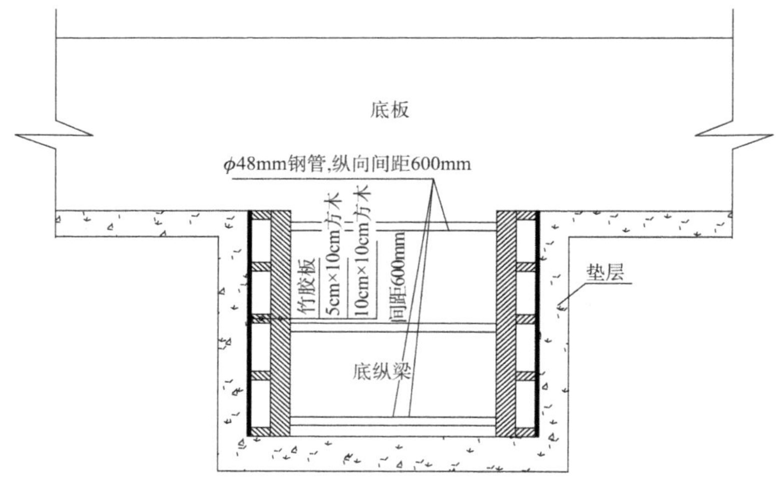

图 23-4 底板下翻梁模板安装示意图

(2)底板上翻梁施工。

底板上翻梁采用“吊模”体系,采用木胶板,竖向两侧各设置方木,竖向设置钢管,并设置对拉螺

栓,支撑体系两侧采用钢管斜向支撑,采用钢筋地锚固定。

(3)底板倒角模板。

考虑到剪力的影响,底板水平施工缝留设在加强腋角以上300mm的位置,倒角部位的混凝土与底板混凝土一同浇筑,底板倒角模板采用"吊模"体系,在现场根据图纸尺寸配制导墙模板,模板采用木胶板,背楞采用方木,将模板加工成整体,采用与结构钢筋相连的预埋钢筋固定模板。其中靠近墙的一根与侧墙模板的预埋钢筋共用。模板拆除时,割下钢筋上方的固定节,向上将模板撬出。根据不同部位导墙高度确定模板配置及支撑方式。

(4)底板集水坑处模板。

集水坑处模板采用木胶板、方木及钢管支撑。

4.4.2　侧墙模板施工。

由于墙体高度大,浇筑混凝土时对模板的侧压力较大,容易产生使结构截面尺寸变大(跑模)现象,对模板及支撑的强度、刚度和稳定性要求较高。

标准段侧墙钢模由埋件系统和架体两部分组成,其中埋件系统包括地脚螺栓、连接螺母、外连杆、外螺母和压梁。

(1)埋件系统安装。

①埋件材料选用螺纹三级钢和螺杆,地脚螺栓出地面与距混凝土墙面距离为:距混凝土墙面175mm,出地面130mm,各埋件杆相互之间的距离不大于600mm。在靠近一段墙体的起点与终点处宜各布置一个埋件,具体尺寸根据实际情况而定,如图23-5所示。

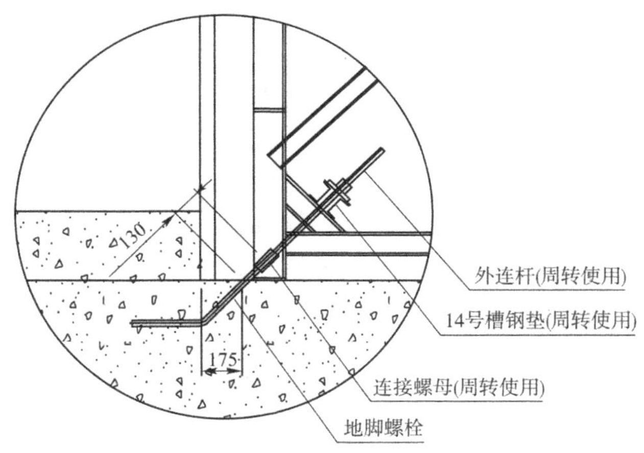

说明:1.地脚螺栓平面间距按300mm布置。
2.地脚螺栓预埋时,应保证螺纹全部裸露在混凝土外面。
3.地脚螺栓预埋时,应拉通线,保证预埋件在同一直线上。
4.地脚螺栓预埋前应对螺纹采取保护措施,用塑料布包裹并绑牢。
5.地脚螺栓应焊接在附加钢筋上,防止地脚螺栓跑位。

图23-5　埋件系统图(尺寸单位:mm)

②埋件系统及架体示意如图23-5所示,埋件与地面成45°,现场埋件预埋时要求拉通线,保证埋件在同一条直线上,同时,埋件角度必须按45°预埋。

③地脚螺栓在预埋前应对螺纹采取保护措施,用塑料布包裹并绑牢,以免施工时混凝土黏附在丝扣上影响上连接螺母。

④因地脚螺栓不能直接与结构主筋点焊,为保证混凝土浇筑时埋件不跑位或偏移,要求在相应部位增加附加钢筋,地脚螺栓点焊在附加钢筋上,点焊时,请注意不要损坏埋件的有效直径。

(2)模板及单侧支架安装。

①支架相互之间的距离最大值为1000mm,支架中部用施工常用的 ϕ48mm 钢管架起。

安装流程:弹外墙边线→钢筋绑扎并验收→合外墙模板→单侧支架吊运到位→安装单侧支架→安装加强钢管(单侧支架斜撑部位的附加钢管,现场自备)→安装压梁槽钢→安装埋件系统→调节支架垂直度→安装上操作平台→再紧固检查一次埋件系统→验收合格后浇筑混凝土,如图 23-6 所示。

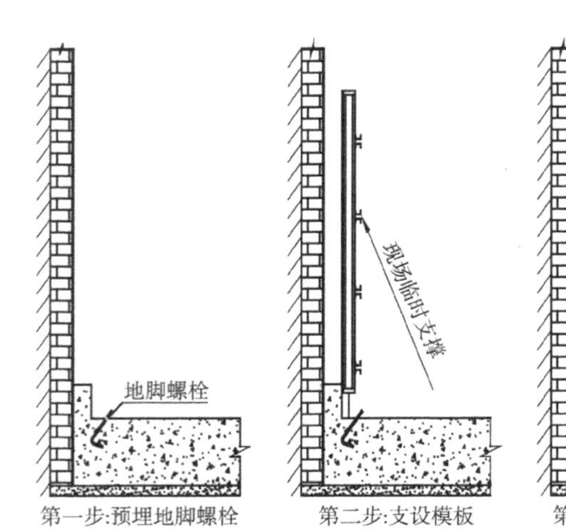

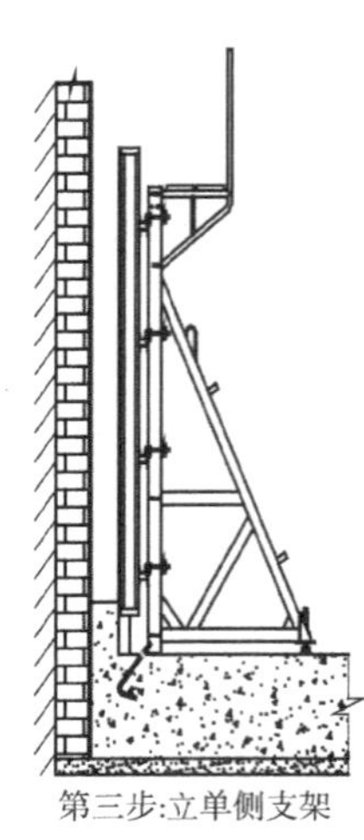
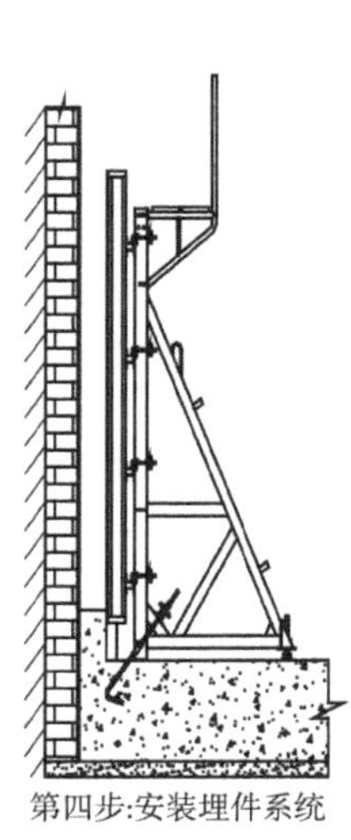
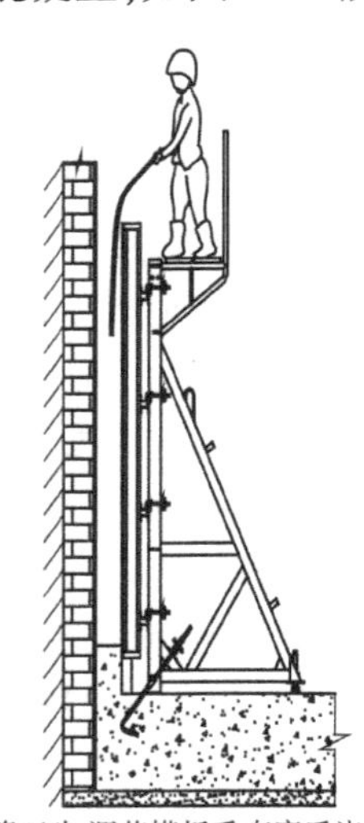

第一步:预埋地脚螺栓　第二步:支设模板　第三步:立单侧支架　第四步:安装埋件系统　第五步:调节模板垂直度后浇混凝土

图 23-6　模板支架安装流程图

施工现场安装好的三角架如图 23-7 所示。

图 23-7　现场安装好的三角架

②合墙体模板时,模板下口与预先弹好的墙边线对齐,然后安装钢管背楞,临时用钢管将墙体模板撑住。

③吊运支架,将支架由堆放场地吊至现场。支架在吊装时,应轻放轻起。多榀支架堆放在一起时,应在平整场地上相互叠放整齐,以免支架变形。

④标准节支架,应预先在材料堆放场地装拼好,然后由汽吊吊至现场。

⑤在直面墙体段,每安装 5 ~ 6 榀单侧支架后,穿插埋件系统的压梁槽钢。

⑥支架安装完后,安装埋件系统。

⑦用钩头螺栓将模板背楞与单侧支架部分连成一个整体。

⑧调节单侧支架后支座,直至模板面板上口向墙内倾斜约 5mm。因为支架受力后,模板将略向后倾。

⑨最后再紧固并检查一次埋件受力系统,确保混凝土浇筑时,模板下口不会漏浆。

(3)模板及支架拆除。

外墙混凝土浇筑完 24h 后,先松动支架后支座,后松动埋件部分。彻底拆除埋件部分,并分类码放保存好。

①吊走单侧支架,模板继续贴靠在墙面上,临时用钢管撑上。

②混凝土浇筑完 48h 后,拆模板。

③混凝土拆模后应采取养护措施。

4.4.3　碗扣式钢管支架。

(1)脚手架材料要求。

①碗扣式脚手架用钢管应采用符合现行《直缝电焊钢管》(GB/T 13793)或现行《低压流体输送

用焊接钢管》(GB/T 3091)中的 Q235A 级普通钢管，其材质性能应符合现行《碳素结构钢》(GB/T 700)的规定。

②上碗扣、可调底座及可调托撑螺母应采用可锻铸铁或铸钢制造，其材料机械性能应符合现行《可锻铸铁件》(GB/T 9440)中 KTH330-08 及现行《一般工程用铸造碳钢件》(GB 11352)中 ZG270-500 的规定。

③下碗扣、横杆接头、斜杆接头应采用碳素铸钢制造，其材料机械性能应符合现行《一般工程用铸造碳钢件》(GB/T 11352)中 ZG230-450 的规定。

④采用钢板热冲压整体成型的下碗扣，钢板应符合现行《碳素结构钢》(GB/T 700)标准中 Q235A 级钢的要求，板材厚度不得小于 5mm，并经 600 ~ 650℃的时效处理。严禁利用废旧锈蚀钢板改制。

⑤立杆连接处外套管与立杆间隙应小于或等于 2mm，外套管长度不得小于 160mm，外伸长度不小于 110mm。

(2)碗扣式脚手架搭设。

①脚手架搭设前，向搭设作业人员做安全技术交底。

②在基础上应先弹出脚手架的纵横方向位置线并进行抄平。

③脚手架地基要求平整，有倒角的地方用方木做支垫。

④顶板立杆超出水平杆的距离和侧墙的横杆超出水平杆的距离均不得大于 500mm。

⑤脚手架拼装到 3 层高度时，使用水平尺和线锤检查横杆的水平度和立杆的垂直度，并在无荷载情况下逐个地检查立杆底座是否有松动或空浮情况。

⑥扫地杆(纵、横向)距地面 300mm。

⑦可调底托伸出长度不应超过 300mm，可调顶托伸出长度不应超过 200mm。

(3)搭设步骤及要求。

①安放立杆底座，并用水平管进行调平，然后按照 900mm × 600mm(纵 × 横)间距进行安装立杆。立杆安装完成后再安装第一排横杆，横杆接头和立杆上下碗扣必须按照规范要求进行连接，然后用限位销将上下碗扣锁定。再向上接长立杆，立杆的接长是靠焊于立杆顶部的连接管承插而成。立杆插入后，使上部立杆底端连接孔同下部立杆顶部连接孔对齐，插入立杆连接销锁定即可。然后进行上一层搭设，如图 23-8 所示。

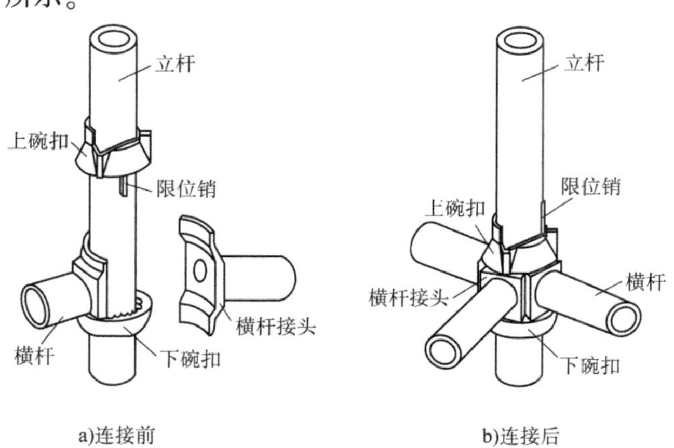

图 23-8　碗扣式脚手架主要构配件及安装示意图

②脚手架搭设高度超过 3000mm 时，搭设水平剪刀撑，水平剪刀撑上下层距为 4.2m 以内，通长布设，并抵拢侧墙。水平剪刀撑再和杆件采用搭接，搭接长度不少于 1000mm，且不少于 3 只扣件紧固。

③横向剪刀撑间距为4200mm,纵向间距为4500mm。

④脚手架搭设到中板高度时,安装上部顶托,并用水平管进行水平调整,调整后在顶托上安装10号槽钢(纵向)、100mm×100mm方木(横向布设)。

⑤背楞布设完成铺设模板,并用水准仪进行抄平调整,调整后再进行涂刷脱模剂,然后安装梁、板钢筋。

⑥剪刀撑扣件安装:

a. 同步立杆上两个相隔对接扣件的高差应大于500mm,用钢卷尺测量。

b. 剪刀撑扣件螺栓拧紧扭力矩为40~50N·m,用扭力扳手检测。

c. 剪刀撑斜杆与地面的倾角为45°~60°,用角尺检测。

(4)材料进场质量控制。

①脚手架在进场验收时必须查看其出厂文件,应有使用材料质量说明、证明书及产品合格证。

②钢管应平直、光滑,无裂纹、锈蚀、分层、结疤、毛刺等,不得采用横断面接长钢管,采用游标卡尺量钢管壁厚,不符合要求的钢管严禁使用。

③构造件表面应平整,不得有砂眼、缩孔、裂纹、浇冒口残余等缺陷,表面粘砂应清除干净。

④构配件防锈漆涂层应均匀,附着应牢固。

(5)脚手架验收。

根据《建筑施工碗扣式钢管脚手架安全技术规范》(JGJ 166—2016)验收要求:

①脚手架搭设质量应按阶段进行检验:

a. 首段以高度为6m进行第一阶段(撂底阶段)的检查与验收。

b. 架体应随施工进度定期进行检查,达到设计高度后进行全面的检查与验收。

c. 遇6级以上大风、大雨、大雪后特殊情况的检查。

d. 停工超过一个月恢复使用前。

②对整体脚手架应重点检查以下内容:

a. 保证架体几何不变性的斜杆、连墙件、十字撑等设置是否完善。

b. 基础是否有不均匀沉降,立杆底座与基础面的接触有无松动或悬空情况。

c. 立杆上碗扣是否可靠锁紧。

d. 立杆连接销是否安装、斜杆扣接点是否符合要求、扣件拧紧程度。

(6)施工工艺要求。

①根据专项施工方案与支撑体系平面布置图,采用弹线放置每个可调底座,确保位置正确。

②支撑体系搭设应与模板施工相结合,利用可调底座或可调托座调整模板底模高程。

③严格按照施工流程作业,平面方向先采用4根立杆组合一个塔式稳定体,安装水平横杆后再向周边扩展,垂直方向搭完一层以后再搭设次层,以此类推。

④水平调整。在四周同高程作水平标记,拉通线找平。第一步支撑组立完成后,以水平尺控制,确保每个可调底座达到同一水平位置。

⑤杆件组合。各杆件采用碗扣结合,结合锁紧后不拔脱,抗拔力不得小于3kN。

⑥安装可调托座、主龙骨。主龙骨搭接时应错开搭接,错开搭接长度不小于300mm。如果型钢放置在可调托座上容易倾斜或翻倒,必须用小木方固定,保证其不会倾斜或翻倒,最后精确控制高程。

⑦模板支撑拆除应符合《混凝土结构工程施工质量验收规范》(GB 50204—2015)和《地下铁道工程施工质量验收标准》(GB/T 50299—2018)中混凝土强度的有关规定。

⑧支撑体系拆除应按照施工技术方案执行,当无具体要求时,不应在结构构件未形成设计要求的受力前拆除。顶板混凝土强度必须达到100%,并经过技术部门批准后方可拆除底部承重支撑体系,且拆除前,先从跨中部位向两侧卸载,然后拆除。

⑨拆除前应全面检查支撑的螺杆、插销连接、杆件支撑体系等是否符合构造要求，同时清除支撑上的杂物及地面障碍物，并根据检查结果补充完善各项施工方案中的拆除顺序和措施，经主管部门批准后方可实施。

⑩拆除作业必须从上而下逐层进行，严禁上下同时作业。

⑪斜杆应随支撑逐层拆除，严禁先将斜杆数层拆除后再拆支撑。

⑫当支撑拆至下部最后一层时，应对立杆采取必要的临时防倾倒措施。

⑬卸料时各构配件严禁抛掷至地面，且运至地面的构配件应及时检查、整修与保养，并按品种、规格随时码推存放，包装外运。

⑭模板支撑架应严格控制立杆可调托座伸出顶层水平杆的悬臂长度不应超过650mm，丝杆外露长度不大于400mm，可调托座插入立杆长度不小于150mm。

⑮模板支架可调底托调节丝杆外露长度不应大于300mm，作为扫地杆的最底层水平杆离地高度不应大于550mm。

⑯模板支架斜撑或剪刀撑设置：支架体外立面向内的每一跨每层均应设置钢管剪刀撑，架体内部区域每隔5跨由底至顶纵横向均设置竖向斜杆或采用扣件钢管搭设的剪刀撑。

(7)支架拆除施工。

脚手架拆除前应清除架上的材料、工具和杂物。拆除脚手架时，应设置警戒区和警戒标志，并由专职人员负责警戒。脚手架的拆除应在统一指挥下，按后装先拆、先装后拆的顺序及下列安全作业的要求进行：

脚手架的拆除应从一端向另一端、自上而下逐层进行，碗扣式支模架的拆除顺序为：松动顶撑→立杆上方木→模板→顶撑→横杆→立杆→横撑→立杆底座。

①应全面检查脚手架的连接、支撑体系等是否符合构造要求，按技术管理程序批准后方可实施拆除作业。

②脚手架拆除前现场工程技术人员应对在岗操作工人进行有针对性的安全技术交底。

③脚手架拆除时必须划出安全区，设置警戒标志，派专人看管。

④同一层的构配件和加固件应按先上后下、先外后里的顺序进行，最后拆除连墙件。

⑤在拆除过程中，脚手架的自由悬臂高度不得超过两步，当必须超过两步时，应加临时拉结。

⑥连墙杆通长水平杆和竖向斜杆等，必须在脚手架拆卸到相关位置时方可拆除。

⑦作业人员必须站在临时搭设的脚手板上进行拆卸作业，并按规定使用安全防护用品。

⑧拆下的立杆、水平杆、斜拉杆等及其他配件应传送至地面，经验收分类堆存，最后打包待运。

⑨拆除前应清理脚手架上的器具及多余的材料和杂物。拆除时，严禁抛掷，防止碰撞。

4.4.4 柱模板支架。

(1)中间立柱模板采用竹胶板，内楞采用方木。柱箍采用钢管。碗扣式脚手架四周与立柱及侧墙顶紧，进行加固。

(2)采用对拉体系对柱模板进行加固，对拉杆采用钢拉杆，对拉杆配“3”型扣件及双螺母，利用压木及对拉螺栓组合约束侧向压力，柱底部沿柱边预埋钢筋。为保证柱模板体系的垂直度，柱模板利用钢管作为斜向支撑体系。此外，为防止柱脚混凝土出现烂根现象，模板安装后用M7.5水泥砂浆将模板脚处封闭。

(3)满堂碗扣式脚手架四周与立柱及侧墙顶紧，进行加固。

4.4.5 倒角模板支架。

(1)顶板下倒角模采用木胶板，次龙骨采用方木，主龙骨采用钢管。

(2)倒角采用盘扣式满堂脚手架，面板采取木胶板，立杆采用直径钢管。

(3)腋角下部采用速接架立杆补强，且纵向采用速接架横杆连接，横向采用钢管与主体支架(至少3只立杆)连接,与腋角下部侧墙形成对撑。

4.4.6 顶、中板模板支架。

(1)中、顶板模板采用竹胶板,支架采用碗扣式脚手架。模板下用方木,方木沿车站横向布置;方木下用槽钢,槽钢沿车站纵向进行布置。为保证下部建筑限界、沉降后净空仍能满足要求,板底高程考虑支架、搭板沉降及施工误差适当提高,同时在跨中位置考虑预拱度,当跨度大于4m时,起拱高度为跨度的$L/400$(L为板的跨度)。

(2)根据规范要求,支架体外立面纵、横向均应设置钢管剪刀撑,架体内部区域每隔5跨由底至顶、纵横向均设置竖向扣件钢管搭设的剪刀撑,根据楼层高度设置。当中板有预留孔洞时,顶板支架直接从中板支架上延续向上搭设,并在中板孔洞位置增设剪刀撑,保持上下支架为一个整体,确保支架稳定性。根据结构净高不同,采用方木支垫的方式进行调整,以保证支架施工时,支架自由端不超过500mm。

4.4.7 特殊部位模板支设方法。

(1)横向施工缝端头模板支设方法。

在底板、中(顶)板及侧墙横向施工缝处,均有端头模板。端头模板采用竹胶板,止水带两侧各一块,宽度根据墙、板厚度确定,在模板上按钢筋间距切割方槽,方槽大小根据分部钢筋规格确定,深度与保护层相同,最后方槽采用小模板封闭;纵向内楞采用方木,置于止水带两侧;端头横向支撑采用方木,横向支撑用水平拉杆,水平拉杆焊接于底板、中(顶)板及侧墙的水平钢筋上。

(2)上倒角模板支设方法。

上倒角模板采用竹胶板,次楞采用方木支撑,主楞采用双槽钢支撑,下部连接形成双排斜撑至支撑体系基础面,钢管和脚手架采用扣件固定。

(3)主体与附属结构接口预留洞口模板支架。

墙体预留洞口和主体侧墙一次立模浇筑,主体底板、边墙水平施工缝结合洞口考虑。

(4)预留区间洞门模板支架。

车站东西两端明挖结构均与盾构区间连接,接口部位预留洞口均为圆形洞口。预留洞口采用洞门钢环作为模板,内侧采用槽钢加钢管内支撑,盾构井处底板施工缝留置位置同标准段底板施工缝高程,洞口处混凝土浇筑施工前及时预埋钢环,根据混凝土施工缝位置及钢环便于安装固定要求,洞口钢环分四片进行安装。

(5)车站环向施工缝模板支架。

首先按图纸固定止水钢板位置,止水带上下用快易收口网(不能生锈)封闭,然后配制止水带两侧的模板,模板采用胶合板,由里向外,第一层背楞采用方木,背楞外侧利用附加钢筋固定;第二层背楞(竖向)采用方木,每侧两道;第三层背楞(横向)采用方木;第四层背楞(竖向)采用方木。支撑方式采用钢管斜支撑,第一道距侧墙底部300mm,往上每600mm一道,每隔600mm设一道竖向以及横向连接杆,采用扣件连接,以增加支撑的刚度和稳定性,提高承载力,应保证支撑的支点牢固。

施工缝模板安装尺寸要准确,支顶牢固可靠。快易收口网的使用必须注意正反面。在模板支搭完毕后,用棉纱将钢筋与模板之间的空隙堵塞严密,防止漏浆。

(6)其他预埋件模板设置。

预埋件主要涉及预留孔洞、预埋钢板、套管、吊钩等,预留件位置是模板支设的薄弱环节,特别要做好预埋件定位,以及该位置处的漏浆、加固处理。预留孔洞模板支设要尽量对称;预埋钢板、吊钩、套管应采用小模板封堵好,防止漏浆。

4.5 钢筋工程

4.5.1 钢筋原材料进场和材质检查。

(1)进场的钢筋原材料,必须具备出厂质量证明书,且外观质量应符合规范要求,经确认无误后,

方可收货进场。

(2)钢筋按批检查验收,每批由同牌号、同炉号、同加工方法、同交货状态的钢筋组成,每批质量不大于60t。现场自检合格后,经监理见证取样做力学性能试验,见证取样单位在建设单位指定的名单中选择,经检验合格后方可用于施工。

(3)钢筋堆放应下垫上盖。按规格分别码放,应设标识牌,标明钢筋规格、产地、使用部位、检验状态。

4.5.2　施工准备工作。

(1)钢筋由项目部技术员统一放样,编制钢筋下料单,经复核无误后,下发给施工队。

(2)根据厂家提供的钢材试验报告单,试验合格后方可开始加工。

(3)对岗位操作人员的证书进行查验,无证焊接人员必须经培训考试合格后持证上岗,在规定的范围内进行焊接工作。

(4)做好各种规格钢筋焊接接头的试验工作。

(5)垫块选用:根据各部位保护层的设计厚度,预制同强度等级垫块。

4.5.3　施工步骤。

根据结构特点、设计要求并结合主体结构分步情况,主体结构(标准段)钢筋施工段进行安装以适应浇筑主体结构混凝土的要求。第一步安装底板筋;第二步安装下侧墙;第三步安装地下二层板及下侧墙;第四步安装地下一层板及上侧墙;第五步安装顶板。在第一步钢筋安装时,侧墙甩筋遇支撑处切断且同一截面接头数要小于50%,其他钢筋直接甩到中板以上,减少焊点,并避免烧伤防水层。中板以上侧墙钢筋直接甩到顶板位置。

4.5.4　钢筋安装要求。

(1)箍筋、构造筋的混凝土保护层厚度,迎水面不得小于45mm,背水面不得小于35mm。为达到保护层的要求,将预先制作的细石混凝土垫块(细石混凝土强度等级为C40,每平方米不少于4块,铁丝不得伸入保护层内)垫在主筋之下。

(2)钢筋直径<20mm时可采用绑扎搭接,20mm≤钢筋直径<25mm时宜采用机械连接或焊接,钢筋直径≥25mm时应采用机械连接。绑扎搭接时,位于同一连接区段内的受拉钢筋搭接接头面积百分率不大于25%,受压钢筋不大于50%,钢筋绑扎搭接接头连接区段的长度为1.3倍搭接长度。钢筋接长一般采用焊接或机械连接,焊接长度为$10d$(单面焊),位于同一连接区段内($35d$且不小于500mm)的受拉钢筋焊接接头面积百分率不大于50%,受压钢筋不受限制。焊接连接或机械连接区段长度为$35d$,且不小于500mm。当采用机械连接时,纵向受力钢筋接头宜相互错开,机械连接接头区段长度为$35d$,凡接头中点位于该区段长度内的均属于同一连接区段。在受力较大处设置机械连接接头时,位于同一连接区段内的纵向受拉钢筋接头面积百分率不宜大于50%。纵向受压钢筋的接头面积百分率不受限制(d为钢筋直径)。

(3)纵向受力钢筋连接位置:顶、中、底板的支座受拉钢筋在板跨中1/3跨距范围内搭接,跨中受拉钢筋在靠近支座1/3跨距范围内搭接。侧墙的支座受拉钢筋在侧墙跨中1/3跨距范围内搭接;侧墙跨中受拉钢筋在靠近侧墙支座1/3跨距范围内搭接。

(4)在钢筋工序施工时要注意对底板及侧墙防水层的保护。特别是钢筋焊接时,在防水层与焊接点之间处设PE板进行保护,此板应确保防水层完好,避免在箍筋绑扎与电焊接头及钢筋安装时破坏防水层。

4.5.5　钢筋加工。

钢筋由工程技术人员根据设计施工图下料,注明钢筋型号、下料长度、加工形式、数量和使用部位、时间,在钢筋加工区按下料单和施工图放大样加工,运至现场焊接并绑扎安装。项目质量员对每种加工成型后的钢筋进行验收,符合设计及规范要求后方可使用,对不符合设计及规范要求的钢筋要返工重新进行加工制作。

4.5.6 钢筋现场绑扎。

(1)所配置钢筋的级别、种类、根数、直径等必须符合设计要求。

(2)车站主体结构钢筋骨架,在绑扎双层钢筋网时,应设置足够强度的钢筋撑脚,以保证钢筋网的定位准确。

(3)绑扎或焊接接头与钢筋弯曲处相距不应小于10倍主筋直径,也不宜位于最大弯矩处。

(4)除设计有特殊规定外,柱和梁中的箍筋应与主筋垂直。箍筋的末端应向内弯钩,箍筋转角与钢筋的交接点均应绑扎牢。在柱中应沿竖向交叉布置,在梁中应沿纵向线方向交叉布置。

(5)墙、柱中的竖向钢筋搭接时,转角处的钢筋弯钩应与模板成90°。如采用插入式振动器浇筑小截面柱,弯钩与模板的角度最小不得小于15°,在浇筑过程中不得松动。

(6)钢筋的交叉点应用铁丝绑牢,绑扎用的铁丝要向里弯,不得伸向保护层内。必要时,亦可用点焊焊牢。

(7)不得在已绑扎好的钢筋骨架上放置重物。

(8)成型后的网片或骨架必须稳定牢固,在安装及浇筑混凝土时不得松动或变形。

(9)当设计有防电流要求时,应严格按设计要求采用焊接贯通。

4.5.7 钢筋连接。

钢筋连接采用套筒连接的工艺要求、标准。

(1)直螺纹接头的现场加工应符合下列规定:

①钢筋端部应切平或镦平后加再工螺纹。

②墩粗头不得有与钢筋轴线相垂直的横向裂纹。

③钢筋丝头长度应满足企业标准的产品设计要求,公差应为0~2.0P(P为螺距,下同)。

④钢筋丝头宜满足6f级精度要求,应用专用直螺纹量规检验,通规能顺利旋入并达到要求的拧入长度,止规旋入不得超过3P。抽检数量为10%,检验合格率不应小于95%。

(2)直螺纹钢筋接头的安装质量应符合下列要求:

①安装接头时可用管钳扳手拧紧,应使钢筋丝头在套筒中央位置相互顶紧。标准型接头安装后的外露螺纹不宜超过2P。

②安装后应用扭力扳手校核拧紧扭矩。最小拧紧扭矩值见表23-1。

直螺纹接头安装时的最小拧紧扭矩值 表23-1

钢筋直径(mm)	≤16	18~20	22~25	28~32	36~40
最小拧紧扭矩(N·m)	100	200	260	320	360

③校核用扭力扳手的准确度级别可选用10级。

(3)钢筋应具有出厂合格证和力学性能检验报告,所有检验结果,均应符合现行规范的规定和设计要求。钢筋连接套筒应有出厂合格证,一般为低合金钢或优质碳素结构钢,其抗拉承载力标准值应大于或等于被连接钢筋受拉承载力标准值的1.20倍,钢筋连接套筒长为钢筋直径的2倍,钢筋连接套筒应有保护盖,保护盖上应注明套筒的规格。钢筋连接套筒在运输、储存过程中,要防止锈蚀和沾污。

(4)滚压直螺纹接头的混凝土保护层厚度应满足《混凝土结构设计规范》(GB 50010—2010)(2015年版)中受力钢筋保护层最小厚度的要求,且不得小于15mm。

(5)受力钢筋滚压直螺纹接头位置应相互错开。在任一接头中心至长度为钢筋直径35倍的区段内,有接头的受力钢筋截面面积占钢筋总截面面积的百分率,应符合下列规定:

①受拉区的受力钢筋接头百分率不宜超过50%。

②接头宜避开有抗震设防要求的框架的梁端和柱端的箍筋加密区;当无法避开时,接头的百分

率不应超过 50%。

③受压区和装配式构件中钢筋受力较小部位,接头百分率可不受限制。

(6)根据待连接钢筋的实际情况,选择好钢筋连接套筒的型号、丝扣的方向,并及时调整因下料、加工丝头、随机切断抽验检验而切短了的钢筋。

(7)所有从事等强剥肋滚压直螺纹丝头的加工、连接的操作人员,必须经过严格的专业技术培训,经主管部门考核合格并获得相应的上岗证书,方可进行上岗作业,严禁无证人员串岗、代岗。

4.5.8 构造节点做法。

(1)主梁(框架梁)、次梁高相同时,次梁下部纵向钢筋应置于主梁下部纵向钢筋之上,如图 23-9、图 23-10 所示。

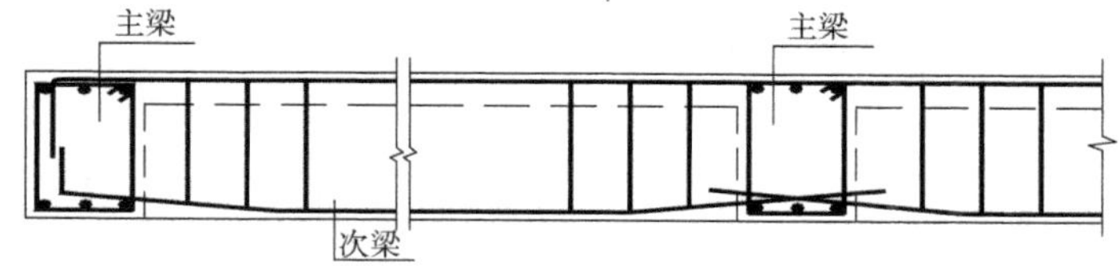

图 23-9 主梁、次梁等高时,次梁纵向钢筋应置于主梁纵向钢筋之上

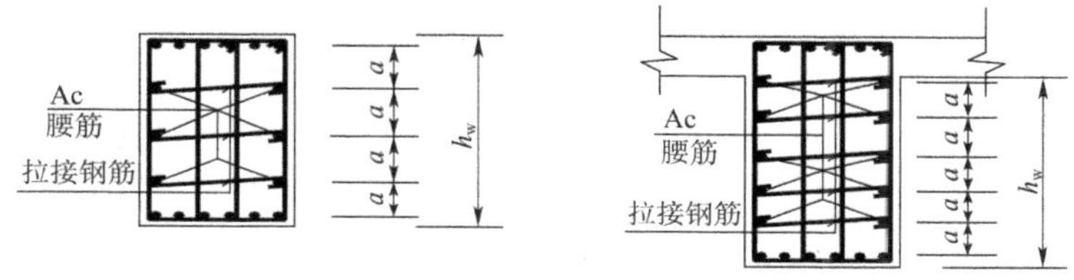

图 23-10 不同梁高腰筋及拉结钢筋设置

(2)抗扭腰筋的锚固长度按规范或图集受力钢筋要求设置,构造配筋的锚固长度按 $15d$(d 为钢筋直径)要求设置。当 $h_w \geqslant 450$mm 时,在如图 23-10 所示梁侧设置腰筋 Ac,腰筋间距 $a \leqslant 200$mm,每侧腰筋的截面面积应不小于扣除翼板厚度后梁截面面积的 0.1%。拉接钢筋间距为箍筋间距的 2 倍(梅花形布置),且不大于 500mm,设有多排拉筋时,上下两排拉筋竖向错开设置。

(3)不同梁宽纵向受力钢筋排列。梁纵向受力钢筋排列按以下原则:①首先第一排,其次第二排,再次第三排;②在同一排内,首先布置在箍筋弯折位置,其次为非箍筋弯折位置对称布置。

(4)顶、底板反梁与板钢筋布置如图 23-11 所示。

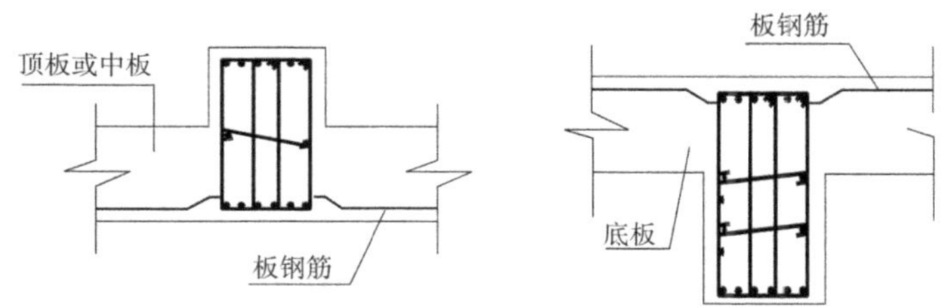

图 23-11 顶、底板反梁与板钢筋布置

(5)梁上开孔(图 23-12)时需满足以下要求:

①开孔高度不得超过梁高的 1/3,且洞宽一般不宜大于 650mm,开孔应在梁的中部范围,孔尽量做成圆形。

②多孔并列时,孔净距不得小于梁高的 1/3 及 300mm,梁高小于 500mm 时,梁上不得留洞。

③图中①号钢筋未注明时为 2C25。

④图中②号、③号钢筋未注明时,其直径、肢数同梁内箍筋。

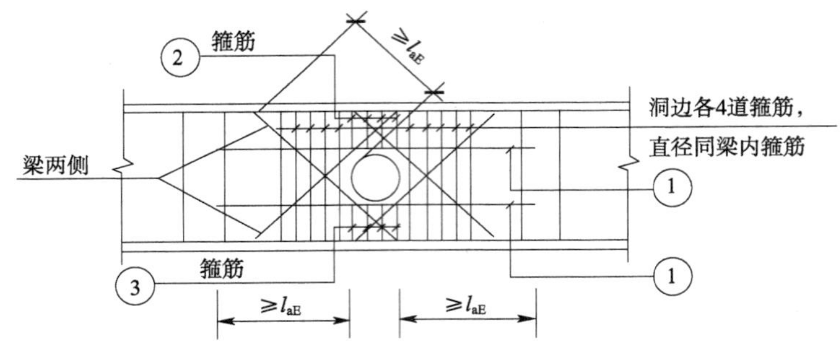

图 23-12　梁上开孔

(6)十字梁交叉处,箍筋在交叉次梁两侧应按图 23-13 所示加密。十字梁上、下部纵筋,短跨在下,长跨在上。短跨梁箍筋在相交范围内通长设置。

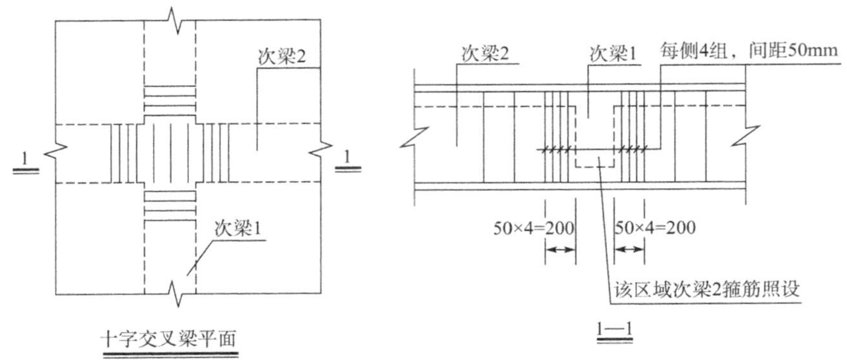

图 23-13　十字梁、箍筋加密(尺寸单位:mm)

注:加密箍未注明时同梁箍筋。

(7)梁宽大于柱宽附加箍筋构造大样如图 23-14 所示。

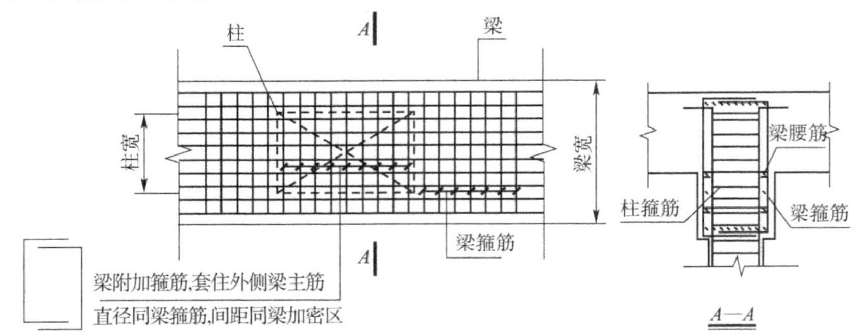

图 23-14　梁宽大于柱宽附加箍筋构造大样

(8)水平折梁钢筋构造大样如图 23-15 所示。

(9)Y 形纵梁节点构造大样如图 23-16 所示。

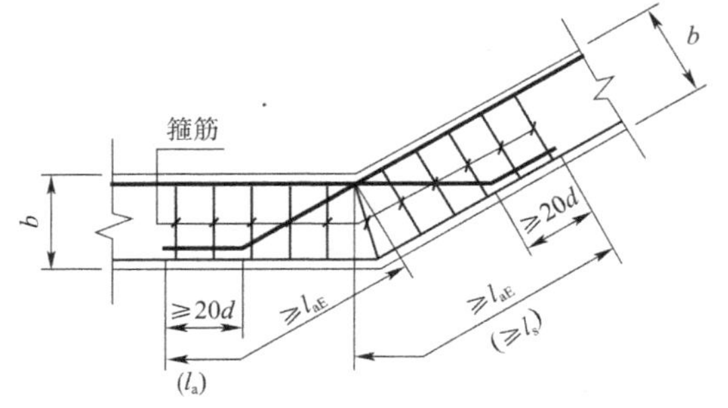

图 23-15　水平折梁钢筋构造大样

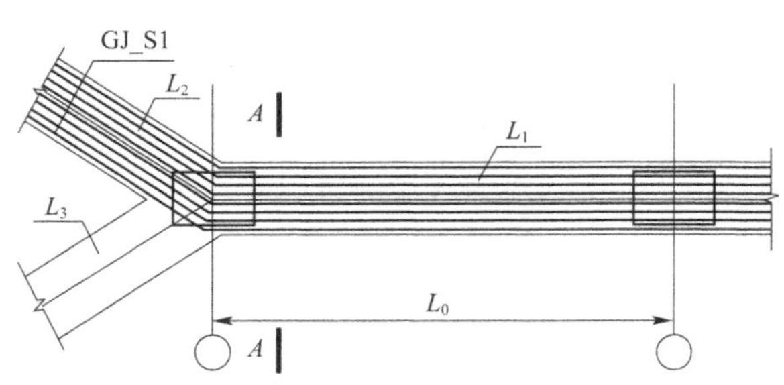

图 23-16　Y 形纵梁节点构造大样

4.6　混凝土工程

本工程主体结构混凝土均采用商品混凝土，由混凝土搅拌车运送至施工现场，混凝土泵车下料。从以下几个方面保证防水混凝土的强度、抗渗性能、外观并减少混凝土结构裂缝。

4.6.1　混凝土浇筑前的准备。

（1）在混凝土供应方面采用经质量监督站和建设单位考察后选定的商品混凝土厂商，并由建设单位、监理联合对搅拌站的资质与仪器设备、材料供应进行检验，检验合格后投入使用。试验人员对混凝土配合比进行检验，必要时委托检测单位检测混凝土性能，各项指标符合设计及规范要求后，才能使用。

（2）混凝土浇筑前对支架、模板、钢筋保护层和预埋件及隐蔽工程部位进行检查，并清理模板内杂物。混凝土到达现场后，核对质量出场证明书，并在现场作坍落度核对，允许误差为±2cm，并按规定留足抗压抗渗试件。混凝土自由倾落高度不得大于1.5m。

（3）检查混凝土施工中所涉及的电源、闸箱、振捣器、振捣棒能否正常工作，数量是否满足施工要求，施工人员的防护用品是否齐全。

4.6.2　混凝土浇筑。

（1）商品混凝土由拌和站制定运输路线，并根据使用情况安排好拌和运输线路，保证运输及时入场，连续使用。在条件允许的情况下，混凝土浇筑时间尽量错开场外交通高峰期，为混凝土连续供应提供保证。

（2）底板、顶板混凝土分两层浇筑至高程，并且在初凝前，用振捣器振一遍后，压实、收浆、抹面。墙体混凝土浇筑采取左右对称水平分层灌注，每层浇筑厚度宜为300～400mm。顶板、中板混凝土连续水平、分台阶由边墙、中墙分别向中线方向进行灌注至高程。初凝前，采用振捣器振一遍后，压实，收浆、抹面。浇筑过程中随时观测模板、支架、钢筋预埋件和预留孔洞情况，发现问题及时处理。混凝土施工缝采用橡胶式钢边止水带、遇水膨胀橡胶止水条形式，已完成混凝土表面应凿毛处理。

（3）在浇筑混凝土期间设专人检查支架，模板、钢筋和预埋件等稳固情况，当发现有松动、变形、移位时及时处理。混凝土初凝后，模板不得再受振动，钢筋不得承受外力。

（4）混凝土输送泵开始工作后，中途停机时间不得超过30min，停机期间应每隔一定时间泵动几次，以防混凝土凝结，堵塞管道。

（5）工程的每一部分混凝土按规范要求留取试件，并增加混凝土抗压、抗渗试件数量。每次混凝土的浇筑日期、时间及浇筑条件、过程都进行完整的记录，并留置同条件养护试件作为拆除支撑的依据。

（6）在夏季温度特别高时，混凝土入模温度应控制在30℃以下，冬季应提高混凝土温度，入模温度不宜低于5℃。

4.6.3　混凝土的振捣。

（1）本工程混凝土采用插入式振捣器进行振捣，振捣时做到既不过振也不漏振。

（2）插入式振捣器间距不得超过其有效振捣半径的1.5倍，表面振捣器移位间距，应以使振捣器平板能覆盖已振实部分100mm左右为宜。

（3）振捣器要竖直地插入混凝土内，在振捣分层面时应插进前一层50～100mm，以保证新浇混凝土与下一层结合良好。

（4）当使用插入式振捣器时，尽可能地避免与钢筋和预埋件等构件相接触，特别是在底板与侧墙振捣的过程中，应避免碰及底板和侧墙，以免损伤外防水材料。

（5）不能在模板内利用振捣器使混凝土长距离流动或运输混凝土，以致引起混凝土离析。

（6）振捣时要避开止水条、止水板和各种止水材料，并且对以上部位周围的混凝土加强振捣，同时保证新旧混凝土结合紧密。

4.6.4 施工注意事项。

(1)由于侧墙防水层的连接形式为搭接,故在每步混凝土浇筑截面位置处需预留不小于15cm的宽度。为防止在进行各项施工中损坏防水材料,施工时对防水材料的搭接边口采用粘胶带粘贴在墙面上。施工中必须特别注意对侧墙防水层的保护工作,电焊作业在防水层与焊接点之间设防火板,并在进行混凝土浇筑前设专人对防水层进行全面的检查,确认无任何破损后再进行混凝土的浇筑施工。

(2)施工缝界面的处理工作是确保施工缝防水效果的关键部位,对此部位必须认真操作。施工前检查并安装固定好止水带、止水条,并对混凝土界面进行凿毛处理,清除混凝土浆皮且无任何松动的土块。对于沉降缝处混凝土的浇筑,注意橡胶止水带位置不能移动,先振捣止水带下部的混凝土再将其铺好。

(3)在端头井与区间相接位置处设计有预埋铁环"盾构钢环",这给混凝土的浇筑造成很大的困难,为确保钢环下混凝土浇筑后的密实性,在进行此部位施工时,可在其下部开孔,直径为80mm,间距为500mm,以此作为混凝土下料并兼做混凝土捣实工作孔。

4.6.5 混凝土养护。

混凝土中心温度与表面温度的差值不应大于20℃,宜控制在15℃。混凝土拆模时,混凝土表面温度与周围气温温差不得超过15℃。在炎热的夏季浇水养护的水温低于混凝土表面温度不应大于15℃。结构混凝土终凝后,用草袋覆盖,及时洒水养护,结构混凝土养护期不少于14d。现场留置试件,与主体结构同条件养护,作为拆模和拆除支撑的依据。

4.6.6 不同强度等级混凝土搭接处的施工方法。

本站的梁、柱(图23-17)、墙、板等采用不同强度等级的混凝土,为了保证各部位的施工质量,根据使用商品混凝土泵送浇捣的情况,节点处的混凝土实行"先高后低"的浇捣原则,即先浇高强度等级混凝土,后浇低强度等级混凝土,严格控制在先浇混凝土初凝前继续浇捣梁板混凝土,事先做好技术交底和准备工作。梁、柱、墙节点核心区的混凝土浇捣方法为:不管柱顶留或不留施工缝,均应先用吊斗或混凝土泵输送等级高的混凝土就位,分层振捣,在楼面梁板处留出45°斜面。在混凝土初凝前,随之泵送浇筑等级低的混凝土。因站内柱及中隔墙混凝土强度等级与内侧墙混凝土强度等级不同,而且板厚、梁高较大,为保证在梁、板及与墙相交处梁板留出45°斜面,可以在柱及中隔墙或内侧墙处用竹板或木板或收口网把柱及中隔墙或内侧墙的混凝土与梁、板分成几个区域浇筑混凝土。同时对梁柱节点钢筋密集的核心区用小型插入振捣器加强振捣,杜绝漏振死角。对于钢筋确实过分密集的情况,应事先和设计单位联系采取适当的技术措施,确保节点核心区混凝土的密实性和设计强度。

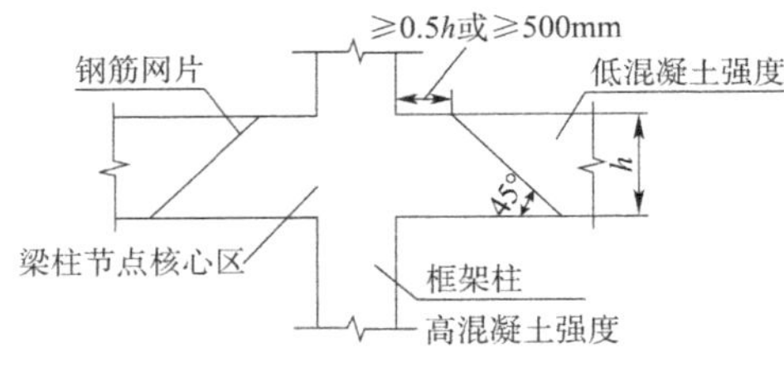

图23-17 梁、柱不同强度等级混凝土搭接构造图

梁、板的混凝土采用二次振捣法,即在混凝土初凝前再振捣一次,增强高低强度等级混凝土交接面的密实性,减少收缩。

4.6.7 混凝土浇筑及振捣注意事项。

(1)进行混凝土浇筑前应清除一切杂物,模板要用水淋透。浇筑板时要在钢筋面铺设临时便桥,以利操作人员行走。

(2)混凝土浇筑应距泵车由远而近带状施工,确保混凝土在初凝前完成下一段混凝土带的施工,避免形成施工冷缝。

(3)混凝土灌注应控制其自由倾落高度,如因超高而使混凝土发生离析现象,应采用串桶、溜槽或振动流管下落。

(4)混凝土必须采用振捣器振捣,振捣时间宜为10~30s,并以混凝土开始泛浆和不冒气泡为准。

(5)振捣器移距:插入式不宜大于作用半径一倍,插入下层混凝土深度不小于5cm,振捣时不得碰撞钢筋、模板、预埋件和止水带等;表面振捣器移距与已振捣混凝土搭接宽度不应小于10cm。

(6)混凝土应从低处向高处分层连续灌注。如必须间歇,其间歇时间应尽量缩短,并应在前一层混凝土初凝之前,将次层混凝土灌注完毕。

(7)混凝土每层灌注厚度,当采用插入式振捣器时,不应超过其作用部分长的1.25倍;当采用表面振捣器时不超过200mm。

(8)结构预埋件(管)和预留孔洞、钢筋密集以及其他特殊部位,必须事先制定措施,施工中加强振捣,不得漏振。

(9)施工缝处继续灌注混凝土时,应符合下列规定:

①应按设计安置好止水带。

②已灌注混凝土强度:水平施工缝处不低于1.2MPa,垂直施工缝处不低于2.5MPa。

③施工缝处混凝土必须认真振捣,新旧混凝土结合紧密。

(10)混凝土灌注地点应采取防止暴晒和雨淋措施。

(11)混凝土灌注前应对模板、钢筋、预埋件、预留孔洞、端头止水带等进行检查,清除模板内杂物,隐蔽合格验收后,方可灌注混凝土。

(12)垫层混凝土应沿线路方向灌注,布灰均匀。

(13)底板混凝土应沿线路方向分层留台阶灌注,混凝土灌注至高程初凝前,应用表面振捣器振一遍后再压实、收浆、抹面。

(14)柱子混凝土单独施工,并应水平、分层灌注。

(15)结构变形缝设置嵌入式止水带时,混凝土灌注应符合下列规定:

①灌注前校正止水带位置,表面清理干净,止水带损坏处修补好。

②顶(中)底板结构止水带的下侧混凝土振实,将止水带压紧其表面上后,方可继续灌注混凝土。

③内衬墙处止水带必须固定牢固,内外侧混凝土均匀、水平灌注,保证止水带位置正确、平直、无卷曲现象。

(16)混凝土灌注过程中应随时观测模板、支架、钢筋、预埋件和预留孔洞等情况,发现问题,及时处理。

4.7　人防工程

4.7.1　本工程按甲类人防工程设计。在规定的设防部位,工程防核武器抗力级别6级、防常规武器抗力级别6级的人防荷载进行结构强度核算。

4.7.2　车站以及与其相连的地下区间为一个人防防护单元。防护单元内的人防孔口防护设施,战时防空、平时防灾。本防护单元的人防防护设备以及内部设备配套成独立系统,自成体系。

4.7.3　防护设备必须由国家人民防空办公室批准的定点生产厂进行加工和安装,由土建单位配合防护段预埋门框的安装。门框安装后必须经各相关单位进行隐检,确保门框的安装精度达到设计安装要求,否则不得进行混凝土浇筑。

4.7.4　门框墙施工前必须重新核对各专业图纸,检查通过防护段的管线、预埋件有无遗漏,安装吊钩是否到位。施工隐蔽部位应做好施工记录并存档,或按设计要求进行隐检。

4.7.5　车站端头井内衬墙施工时必须按照隔断门处防护段结构图的要求预埋钢筋接驳器及拉结筋,不得遗漏。在端头井预留设备吊装孔封闭前必须选择适当的时机进行隔断门处门框墙的浇筑和设备安装。

4.7.6　区间防护密闭隔断门门框墙预埋穿墙管多、间距小,应采取可靠措施保证门框墙混凝土浇筑振捣密实,以保证门框墙的防护密闭性,不得有蜂窝、空洞等质量问题。

4.7.7 防护密闭隔断门门框墙施工方法同主体结构支架搭设、钢筋制作安装、混凝土浇筑施工方法。

4.8 结构施工缝、后浇带施工

4.8.1 车站建筑物在结构、地基基础或荷载发生显著变化处,因抗震要求必须设置变形缝时,应采取可靠的工程技术措施,确保变形缝两边的结构不产生影响行车安全的差异沉降,并应采取可靠的防水措施。

4.8.2 车站结构的施工缝位置留在结构剪力较小且便于施工的部位,并兼顾车站内部结构的完整性。本车站施工纵向间距按设计图纸要求设置施工缝,底板倒角上300mm,中板上、下300mm以及顶板倒角下300mm各设一处施工缝,施工缝间应采取可靠防水措施。

4.8.3 地下结构应设置温度变形缝或后浇带。缝的间距可根据施工工艺、使用要求、围岩条件及运营期间地铁内部温度相对于结构施工时的变化等确定。只有在采取必要的工程措施,如设置后浇带、间隔跳开施工、超长结构中使用膨胀加强带、采用补偿收缩混凝土等,有效地减少混凝土的温度应力和收缩应力,确保避免发生有害裂缝后,才可以少设或者不设温度变形缝,同时车站结构各部位的纵向分布钢筋的配筋率不小于0.5%(双面)。

4.9 盾构钢环施工

4.9.1 车站端头设盾构进出洞钢环,为方便加工、制作、运输,在加工厂拟按90°等分为4块进行加工制作,在现场分块安装就位。

4.9.2 盾构钢环安装时先拼下半圆,再拼上半圆。

4.9.3 盾构钢环的定位要求特别高,对今后盾构施工有相当的影响。钢环安装时要先在围护结构的相应位置上弹出十字控制线和具体位置线,钢环要与内衬墙钢筋和加固型材固定,确保其位置的准确和牢固。确保盾构钢环中心偏差小于10mm。

4.9.4 钢环安装前要请监理、第三方测量单位对中心坐标线进行复核、认可,试拼装、安装、自检、报验等按照相关管理办法执行。

4.9.5 若钢环与支撑相碰,可调整支撑位置,也可将钢环切除少许,待支撑拆除后再将其补焊成整体,这样以利于预留钢圈的安装,满足盾构推进精度的要求。

4.9.6 钢筋加工时保证主筋弧度准确、圆顺;运至工作面进行绑扎、焊接,利用预埋钢筋或打插筋作为固定钢筋;模板侧的钢筋绑上混凝土预制块,以保证混凝土保护层厚度,避免发生漏筋现象。

4.9.7 立模浇筑混凝土:模板采用木模板,搭设门洞式脚手架固定模板,确保混凝土浇筑时模板不变形。

4.9.8 安装完成并检查验收合格后,开始浇筑混凝土;采用商品混凝土,坍落度控制在18~22cm,利用泵送直接入模,分层浇筑,采用插入式振捣器捣固;封顶时要注意混凝土充填密实。

4.9.9 拆模时间要保证在3d以上,拆除时注意不要磕碰混凝土边脚;混凝土终凝后,即开始洒水养护,14d龄期内要保证混凝土表面常湿润。

4.10 结构防水

4.10.1 防水设计原则。

(1)地下结构设计防水应遵循“以防为主、刚柔结合、多道防线、因地制宜、综合治理”的原则。

(2)确立钢筋混凝土结构自防水体系,即以结构自防水为根本,采取措施控制混凝土裂缝的开展,增加混凝土的抗渗性能。

(3)以施工缝、诱导缝、穿墙管等细部构造防水为重点,辅以柔性外包防水层加强防水。

4.10.2　结构防水标准。

(1)结构的防水等级为一级。不允许有渗漏水,结构表面无湿渍。

(2)迎水面结构全部采用防水混凝土进行结构自防水,防水混凝土的抗渗等级为P8,同时在结构的迎水面设置柔性防水层。

4.10.3　结构防水体系见表23-2。

防水体系一览表　　表23-2

<table>
<tr><td rowspan="6">防水体系</td><td rowspan="3">结构自防水</td><td>混凝土抗渗等级</td><td>主体结构抗渗等级P8</td></tr>
<tr><td>裂缝控制</td><td>防水混凝土裂缝宽度不得大于0.2mm,并不得贯通,其他部位不得大于0.3mm</td></tr>
<tr><td>耐腐蚀要求</td><td>有侵蚀性区段,混凝土的抗侵蚀要求应根据介质的性质按有关标准执行</td></tr>
<tr><td>接缝防水</td><td colspan="2">后浇带、施工缝、变形缝、穿墙管及各型接头的接缝不得渗漏水</td></tr>
<tr><td>附加防水层</td><td colspan="2">能粘在主体结构上,并能抵抗30m的水压</td></tr>
<tr><td>辅助排水措施</td><td colspan="2">有排水要求的部位需接通排水系统,不得造成积水</td></tr>
</table>

4.10.4　结构主要防水技术要求。

(1)混凝土自防水的一般规定。

①防水混凝土的环境温度,不得高于80℃。

②防水混凝土结构底板的混凝土垫层,强度等级不应小于C15。

③结构迎水面最大裂缝宽度不得超过0.2mm,并不得贯通。

④迎水面钢筋保护层厚度应符合结构设计要求。

(2)对混凝土外加剂及掺和料的要求。

①在保证结构安全、耐久的前提下,在混凝土中添加适量的抗裂防水剂,限制膨胀,使混凝土具有补偿收缩、抗裂防渗的效果,同时不影响混凝土的施工性能。

②防水混凝土中掺入一定量的粉煤灰、磨细矿渣粉等,粉煤灰的级别不应低于二级。外加剂的掺量及水泥用量、粉煤灰、磨细矿渣粉等的添加量必须经过符合资质要求的试验单位进行试配试验,并出具试验报告,经有关单位批准后方可使用。

③每立方米防水混凝土中各类材料的总碱量不大于3kg。

(3)防水混凝土的施工要求。

①浇筑混凝土的基面上不得有明水,避免带水作业。

②模板应平整,并且有足够的强度和刚度,接缝部位严密不漏浆。

③固定模板的螺栓穿过混凝土结构时,应有可靠的止水措施。

④混凝土搅拌应均匀,入泵坍落度宜控制在140mm±20mm,出厂坍落度与入模坍落度差值应小于30mm。

⑤浇筑前必须协调好商品混凝土供应工作,既要保证浇筑混凝土的连续进行,又不能使混凝土罐车现场等候时间过长。

⑥混凝土应振捣密实,浇筑混凝土的高度不应超过2m,否则应采取措施,分层浇筑时每层厚度不超过30cm。

⑦严格控制混凝土的入模温度,夏季高温施工时,应尽量利用夜间施工,混凝土的内外温差值不应大于25℃。

⑧为减少初期开裂和温度收缩裂缝应限制水泥用量,控制水胶比(水:水泥+掺和料)≤0.45。

⑨在混凝土浇筑完毕后12h,开始养护,顶、底板采用蓄水养护,侧墙采用保水的覆盖层进行养护,带水养护时间不得少于14d。

⑩任何两施工缝之间的混凝土结构不应出现超过设计要求的裂缝。

4.10.5 结构外包柔性防水。

结构防水层材料采用1.2mm厚高分子(P类)预铺冷自黏式防水卷材。防水施工材料提前采购,进场后对其外观、规格、型号、性能指标和质量证明文件等进行验收,并经监理工程师检查认可,进入现场进行见证抽样复检,合格后方可使用。试验送检抽样检查见表23-3。

试验送检抽样检查表　　表23-3

高分子防水卷材(P类),整体厚度为1.2mm	大于1000卷抽5卷,500~1000卷抽4卷,100~499卷抽3卷,100卷以下抽2卷,进行规格尺寸和外观质量检验。在外观质量检验合格的卷材中,任取一卷作物理性能检验	《地下防水工程质量验收规范》(GB 50208—2011)
单组分聚氨酯防水涂料	每5t为一批,不足5t按一批抽样	
橡胶止水带	每月同标记的止水带产量为一批抽样	
钢边橡胶止水带	每月同标记的止水带产量为一批抽样	
遇水膨胀止水条	每5000m为1批,不足5000m按一批抽样	
遇水膨胀止水胶	每5t为1批,不足5t按一批抽样	
水泥基渗透结晶型防水涂料	每10t为1批,不足10t按一批抽样	
土工布	按同一品种、同一规格的产品作为检验批:一批的卷数小于或等于50卷,批样的最小卷数为2卷;一批的卷数大于或等于51卷,批样的最小卷数为3卷	《土工合成材料—长丝机织土工布》(GB/T 17640—2008)

(1)基面处理要求。

①底板和侧墙附加防水层施工要求混凝土垫层和围护结构表面不得有明水,否则应进行堵漏处理。待基层表面无明水时,侧墙表面再施作找平层。基层必须清洁、干燥。所以施工期间,必须保证防水基层不淋雨、不返潮、不积水。

②顶板结构混凝土浇筑完毕后,应采用木模子反复收水压光。当基层上出现大于0.3mm的裂缝时,应在裂缝部位采用渗透结晶水泥砂浆修补。

③基面应洁净、平整、坚实,不得有疏松、起砂、起皮现象,最大空隙不应超过5mm。

④所有阴阳角部位均采用1:2.5水泥砂浆倒角,阴角可做成50mm×50mm的倒角。阳角可采用水泥砂浆圆顺处理,$R \geq 20$mm。

(2)防水层施工工艺。

①防水层采用双面预铺式卷材,靠近底板垫层及围护墙面一侧为非黏结面层,与结构外表面密贴面为有隔离膜面(粘贴面)。

②侧墙防水层采用机械固定法固定于围护墙上,固定点距卷材边缘20mm处,订距不大于500mm,订长不得小于30mm,垫片直径不小于20mm,厚度不小于0.8mm;底板水平设置的防水层可直接铺设,不需固定,水平部位以外的其他部位需在接缝处机械固定;顶板为外防外贴工艺,采用专用底涂粘贴,不得出现空鼓。

③相邻两幅卷材搭接有效宽度为100mm,需将订孔覆盖住。要求上幅压下幅搭接。

④底板防水层施作完毕,在绑扎钢筋前,去掉卷材的隔离膜,即时做60mm厚细石混凝土保护层。侧墙防水层应采取临时措施保护防水层不受破坏。

⑤防水层破损部位应采用双面粘同材质材料进行修补,补丁满粘在破损部位。补丁四周距离破

损边缘的最小距离不小于100mm。

5 模板工程

5.1 一般规定

5.1.1 模板工程应编制专项施工方案。滑模、爬模、飞模等工具式模板工程及高大模板支架工程的专项施工方案,应进行技术论证。

5.1.2 对模板及支架,应进行设计。模板及支架应具有足够的承载力、刚度和稳定性,能够可靠地承受施工过程中所产生的各类荷载。

5.1.3 模板及支架应保证工程结构和构件各部分形状、尺寸和位置准确,且便于钢筋安装和混凝土浇筑、养护。

5.2 材料

5.2.1 模板及支架材料的技术指标应符合国家现行有关标准的规定。

5.2.2 模板及支架宜选用轻质、高强、耐用的材料。连接件宜选用标准定型产品。

5.2.3 接触混凝土的模板表面应平整,并具有良好的耐磨性和硬度;清水混凝土的模板面板材料应保证脱模后具有所需的饰面效果。

5.2.4 脱模剂涂于模板表面后,应能有效减小混凝土与模板间的吸附力,具有一定的成膜强度,且不影响脱模后混凝土表面的后期装饰。

5.3 设计

5.3.1 模板及支架应根据工程结构形式、荷载大小、地基土类别、施工设备和材料供应等条件进行设计。

5.3.2 模板及支架的设计应符合下列规定:

(1)模板及支架的结构设计宜采用以概率理论为基础、以分项系数表达的极限状态设计方法;模板及支架的设计计算分析中所采用的各种简化和近似假定,应有理论或试验依据,或经工程验证可行。

(2)模板及支架应根据施工期间各种受力状况进行结构分析,并确定其最不利的作用效应组合。

5.3.3 模板及支架设计应包括下列内容:

(1)模板及支架的选型及构造设计;

(2)模板及支架上的荷载及其效应计算;

(3)模板及支架的承载力、刚度和稳定性验算;

(4)绘制模板及支架施工图。

5.3.4 模板及支架的设计应计算不同工况下的各项荷载。常遇的荷载应包括模板及支架自重(G_1)、新浇筑混凝土自重(G_2)、钢筋自重(G_3)、新浇筑混凝土对模板侧面的压力(G_5)、施工人员及施工设备荷载(Q_1)、泵送混凝土及倾倒混凝土等因素产生的荷载(Q_2)、风荷载(Q_3)等,各项荷载的标准值可按本章附件1确定。

5.3.5 模板及支架结构构件应按短暂设计状况下的承载能力极限状态进行设计,见式(23-1)。

$$\gamma_0 S \leqslant \gamma_R R \tag{23-1}$$

式中:γ_0——结构重要性系数,对重要的模板及支架宜取 $\gamma_0 \geqslant 1.0$,对一般的模板及支架应取 $\gamma_0 \geqslant 0.9$;

S——荷载基本组合的效应设计值,可按本章第5.3.6条的规定进行计算;

R——模板及支架结构构件的承载力设计值,应按国家现行有关标准计算;

γ_R——承载力设计值调整系数,应根据模板及支架重复使用情况取用,不应大于1.0。

5.3.6 模板及支架的荷载基本组合的效应设计值见式(23-2)。

$$S_d = 1.35\sum_{i\geq 1} S_{G_{ik}} + 1.5\psi_{cj}\sum_{j\geq 1} S_{Q_{jk}} \tag{23-2}$$

式中:$S_{G_{ik}}$——第i个永久荷载标准值产生的荷载效应值;

$S_{Q_{jk}}$——第j个可变荷载标准值产生的荷载效应值;

ψ_{cj}——第j个可变荷载的组合值系数,宜取$\psi_{cj}\geq 0.9$。

5.3.7 模板及支架的变形验算见式(23-3)。

$$a_{f_k} \leq a_{f,lim} \tag{23-3}$$

式中:a_{f_k}——采用荷载标准组合计算的构件变形值;

$a_{f,lim}$——变形限值,应按本章第5.3.9条的规定确定。

5.3.8 混凝土水平构件的底模板及支架、高大模板支架、混凝土竖向构件和水平构件的侧面模板及支架,宜按表23-4的规定确定最不利的作用效应组合。承载力验算应采用荷载基本组合,变形验算应采用荷载标准组合。

最不利的作用效应组合 表23-4

模板结构类别	最不利的作用效应组合	
	计算承载力	变形验算
混凝土水平构件的底模板及支架	$G_1+G_2+G_3+Q_1$	$G_1+G_2+G_3$
高大模板支架	$G_1+G_2+G_3+Q_1$	$G_1+G_2+G_3$
	$G_1+G_2+G_3+Q_2$	
混凝土竖向构件或水平构件的侧面模板及支架	G_5+Q_3	G_5

注:1. 对于高大模板支架,表中$G_1+G_2+G_3+Q_2$的组合用于模板支架的抗倾覆验算。

2. 混凝土竖向构件或水平构件的侧面模板及支架的承载力计算效应组合中的风荷载Q_3只用于模板位于风速大和离地高度大的场合。

3. 表中的"+"仅表示各项荷载参与组合,而不表示代数相加。

5.3.9 模板及支架的变形限值应符合下列规定:

(1)对结构表面外露的模板,挠度不得大于模板构件计算跨度的1/500。

(2)对结构表面隐蔽的模板,挠度不得大于模板构件计算跨度的1/250。

(3)清水混凝土模板,挠度应满足设计要求。

(4)支架的轴向压缩变形值或侧向弹性挠度值不得大于计算高度或计算跨度的1/1000。

5.3.10 模板支架的高宽比不宜大于3;当高宽比大于3时,应增设稳定性措施,并进行支架的抗倾覆验算。

5.3.11 模板支架的抗倾覆验算见式(23-4)。

$$\gamma_0 k M_{sk} \leq M_{RK} \tag{23-4}$$

式中:γ_0——结构重要性系数;

k——模板及支架的抗倾覆安全系数,不应小于1.5;

M_{sk}——按最不利工况下倾覆荷载标准组合计算的倾覆力矩标准值;

M_{RK}——按最不利工况下抗倾覆荷载标准组合计算的抗倾覆力矩标准值,其中永久荷载标准值和可变荷载标准值的组合系数取1.0。

5.3.12 模板支架结构钢构件的长细比不应超过表23-5规定的容许值。

模板支架结构钢构件容许长细比　　表 23-5

构 件 类 别	容许长细比
受压构件的支架立柱及桁架	180
受压构件的斜撑、剪撑	200
受拉构件的钢杆件	350

5.3.13　对于多层楼板连续支模情况，应计入荷载在多层楼板间传递的效应，宜分别验算最不利工况下支架和楼板结构的承载力。

5.3.14　支承于地基土上的模板支架，应按《建筑地基基础设计规范》(GB 50007—2011)的有关规定对地基土进行验算；支承于混凝土结构构件上的模板支架，应按《混凝土结构设计规范》(GB 50010—2010)(2015 年版)的有关规定对混凝土结构构件进行验算。

5.3.15　采用扣件钢管搭设的模板支架设计时应符合下列规定：

(1)扣件钢管模板支架宜采用中心传力方式。

(2)当采用顶部水平杆将垂直荷载传递给立杆的传力方式时，顶层立杆应按偏心受压杆件验算承载力，并计入搭设的垂直偏差影响。

(3)支承模板荷载的顶部水平杆可按受弯构件进行验算。

(4)构造要求以及扣件抗滑移承载力验算，可按《建筑施工扣件式钢管脚手架安全技术规范》(JGJ 130—2011)的有关规定执行。

5.3.16　采用门式、碗扣式、盘扣式或盘销式等钢管架搭设的模板支架，应采用支架立柱杆端插入可调托座的中心传力方式，其承载力及刚度可按国家现行有关标准的规定进行验算。

5.4　制作与安装

5.4.1　模板应按图加工、制作。通用性强的模板宜制作成定型模板。

5.4.2　模板面板背侧的木方高度应一致。制作胶合板模板时，其板面拼缝处应密封。地下室外墙和人防工程墙体的模板对拉螺栓中部应设止水片，止水片应与对拉螺栓环焊。

5.4.3　与通用钢管支架匹配的专用支架，应按图加工、制作。搁置于支架顶端可调托座上的主梁，可采用木方、木工字梁或截面对称的型钢制作。

5.4.4　支架立柱和竖向模板安装在基土上时，应符合下列规定：

(1)应设置具有足够强度和支承面积的垫板，且中心承载。

(2)基土应坚实，并具有排水措施；对湿陷性黄土，应有防水措施；对冻胀性土，应有防冻融措施。

(3)对软土地基，当需要时可采用堆载预压的方法调整模板面安装高度。

5.4.5　竖向模板安装时，应在安装基层面上测量放线，并采取保证模板位置准确的定位措施。对竖向模板及支架，安装时应有临时稳定措施。安装位于高空的模板时，应有可靠的防倾覆措施。应根据混凝土一次浇筑高度和浇筑速度，采取合理的竖向模板抗侧移、抗浮和抗倾覆措施。

5.4.6　对跨度不小于 5m 的梁、板，其模板起拱高度宜为梁、板跨度的 1/1000 ~ 3/1000。

5.4.7　采用扣件式钢管作高大模板支架的立杆时，支架搭设应完整，并符合下列规定：

(1)钢管规格、间距和扣件应符合设计要求。

(2)立杆上应每步设置双向水平杆，水平杆应与立杆扣接。

(3)立杆底部应设置垫板。

5.4.8　采用扣件式钢管作高大模板支架的立杆时，除应符合本章第 5.4.7 条的规定外，还应符合下列规定：

(1)对大尺寸混凝土构件下的支架，其立杆顶部应插入可调托座。可调托座距顶部水平杆的高度不应大于600mm,可调托座螺杆外径不应小于36mm,插入深度不应小于180mm。

(2)立杆的纵、横向间距应满足设计要求,立杆的步距不应大于1.8m;顶层立杆步距应适当减小,且不应大于1.5m;支架立杆的搭设垂直偏差不宜大于5/1000,且不应大于100mm。

(3)在立杆底部的水平方向上应按纵下横上的次序设置扫地杆。

(4)承受模板荷载的水平杆与支架立杆连接的扣件,其拧紧力矩不应小于50N·m,且不应大于65N·m。

5.4.9 采用碗扣式、插接式和盘销式钢管架搭设模板支架时,应符合下列规定:

(1)碗扣架或盘销架的水平杆与立柱的扣接应牢靠,不应滑脱。

(2)立杆上的上、下层水平杆间距不应大于1.8m。

(3)插入立杆顶端可调托撑伸出顶层水平杆的悬臂长度不应超过650mm,螺杆插入钢管的长度不应小于150mm,其直径应满足与钢管内径间隙不小于6mm的要求。架体最顶层的水平杆步距应比标准步距缩小一个节点间距。

(4)立柱间应设置专用斜杆或扣件钢管斜杆加强模板支架。

5.4.10 采用门式钢管架搭设模板支架时,应符合下列规定:

(1)支架应符合《建筑施工门式钢管脚手架安全技术规范》(JGJ 128—2010)的有关规定。

(2)当支架高度较大或荷载较大时,宜采用主立杆钢管直径不小于58mm并有横杆加强杆的门架搭设。

5.4.11 支架的垂直斜撑和水平斜撑应与支架同步搭设,架体应与成型的混凝土结构拉结。钢管支架的垂直斜撑和水平斜撑的搭设应符合国家现行有关钢管脚手架标准的规定。

5.4.12 对现浇多层、高层混凝土结构,上、下楼层模板支架的立杆应对准,模板及支架钢管等应分散堆放。

5.4.13 模板安装应保证混凝土结构构件各部分形状、尺寸和相对位置准确,并防止漏浆。

5.4.14 模板安装应与钢筋安装配合进行,梁柱节点的模板宜在钢筋安装后安装。

5.4.15 模板与混凝土接触面应清理干净并涂刷脱模剂,脱模剂不得污染钢筋和混凝土接槎处。

5.4.16 模板安装完成后,应将模板内杂物清除干净。

5.4.17 后浇带的模板及支架应独立设置。

5.4.18 固定在模板上的预埋件、预留孔和预留洞均不得遗漏,且应安装牢固、位置准确。

5.5 拆除与维护

5.5.1 模板拆除时,可采取先支的后拆、后支的先拆,先拆非承重模板、后拆承重模板的顺序,并从上而下进行拆除。

5.5.2 当混凝土强度达到设计要求时,方可拆除底模及支架;当设计无具体要求时,同条件养护试件的混凝土抗压强度见表23-6。

底模拆除时的混凝土强度要求 表23-6

构件类型	构件跨度(m)	按达到设计混凝土强度等级值的百分率计(%)
板	≤2	≥50
	>2且≤8	≥75
	>8	≥100
梁、拱、壳	≤8	≥75
	>8	≥100
悬臂结构		≥100

5.5.3　当混凝土强度能保证其表面及棱角不受损伤时，方可拆除侧模。

5.5.4　多个楼层间连续支模的底层支架拆除时间，应根据连续支模的楼层间荷载分配和混凝土强度的增长情况确定。

5.5.5　快拆支架体系的支架立杆间距不应大于2m。拆模时应保留立杆并顶托支承楼板，拆模时的混凝土强度可取构件跨度为2m，按本章第5.5.2条的规定确定。

5.5.6　对于后张预应力混凝土结构构件，侧模宜在预应力张拉前拆除；底模支架不应在结构构件建立预应力前拆除。

5.5.7　拆下的模板及支架杆件不得抛扔，应分散堆放在指定地点，并及时清运。

5.5.8　模板拆除后应将其表面清理干净，对变形和损伤部位进行修复。

5.6　质量检查

5.6.1　模板、支架杆件和连接件的进场检查应符合下列规定：

(1)模板表面应平整；胶合板模板的胶合层不应脱胶翘角；支架杆件应平直，无严重变形和锈蚀；连接件应无严重变形和锈蚀，没有裂纹。

(2)模板规格、支架杆件的直径、壁厚等，应符合设计要求。

(3)在施工现场组装的模板，其组成部分的外观和尺寸应符合设计要求。

(4)必要时，应对模板、支架杆件和连接件的力学性能进行抽样检查。

(5)外观应在进场时和周转使用前全数检查。

(6)尺寸和力学性能可按国家现行有关标准的规定进行抽样检查。

5.6.2　固定在模板上的预埋件、预留孔和预留洞，应检查其数量和尺寸，允许偏差见表23-7。

预埋件、预留孔和预留洞的允许偏差　　表23-7

项　　目		允许偏差(mm)
预埋钢板中心线位置		3
预埋管、预留孔中心线位置		3
插筋	中心线位置	5
	外露长度	+10,0
预埋螺栓	中心线位置	2
	外露长度	+10,0
预留洞	中心线位置	10
	截面内部尺寸	+10,0

5.6.3　现浇结构模板，应检查其尺寸，允许偏差和检查方法见表23-8。

现浇结构模板允许偏差和检查方法　　表23-8

项　　目		允许偏差(mm)	检查方法
轴线位置		5	钢尺检查
底模上表面高程		±5	水准仪或拉线、钢尺检查
截面内部尺寸	基础	±10	钢尺检查
	柱、墙、梁	+5，-5	钢尺检查
层高垂直度	全高不大于5m	6	经纬仪或吊线、钢尺检查
	全高大于5m	8	经纬仪或吊线、钢尺检查
相邻两板表面高低差		2	钢尺检查
表面平整度		5	2m靠尺和塞尺检查

5.6.4 预制构件模板,首次使用及大修后应全数检查其尺寸,使用中应定期检查并不定期抽查其尺寸,允许偏差和检查方法见表23-9。

预制构件模板允许偏差和检查方法　　表23-9

项目		允许偏差(mm)	检查方法
长度	板、梁	±5	钢尺量两角边,取其中较大值
	薄腹梁、桁架	±10	
	柱	0,-10	
	墙板	0,-5	
宽度	板、墙板	0,-5	钢尺量一端及中部,取其中较大值
	梁、薄腹梁、桁架柱	+2,-5	
高(厚)度	板	+2,-3	钢尺量一端及中部,取其中较大值
	墙板	0,-5	
	梁、薄腹梁、桁架柱	+2,-5	
构件长度l内的侧向弯曲	梁、板、柱	l/1000且≤15	拉线、钢尺量最大弯曲处
	墙板、薄腹梁、桁架	l/1500且≤15	
板的表面平整度		3	2m靠尺和塞尺检查
相邻两板表面高低差		1	2m靠尺和塞尺检查
对角线差	板	7	钢尺量两个对角线
	墙板	5	
翘曲	板、墙板	l/1500	调平尺在两端量测
设计起拱	薄腹梁、桁架、梁	±3	拉线、钢尺量跨中

注:l为构件长度,单位为mm。

5.6.5 扣件式钢管支架,应对下列安装偏差进行检查:

(1)混凝土梁下支架立杆间距的偏差不应大于50mm,混凝土板下支架立杆间距的偏差不应大于100mm;水平杆间距的偏差不应大于50mm。

(2)应全数检查承受模板荷载的水平杆与支架立杆连接的扣件。

(3)采用双扣件构造设置的抗滑移扣件,其上下顶紧程度应全数检查,扣件间隙不应大于2mm。

5.6.6 碗扣式、门式、插接式和盘销式钢管支架,应对下列安装偏差进行全数检查:

(1)插入立杆顶端可调托撑伸出顶层水平杆的悬臂长度。

(2)水平杆杆端与立杆连接的碗扣、插接和盘销的连接状况,不应松脱。

(3)按规定设置的垂直和水平斜撑。

6 钢筋工程

6.1 一般规定

6.1.1 钢筋工程宜采用高强钢筋。

6.1.2 在运输、存放及施工过程中,应采取避免钢筋混淆的措施。

6.1.3 当需要进行钢筋代换时,应办理设计变更文件。

6.2 材料

6.2.1 钢筋的规格和性能应符合国家现行有关标准的规定。

6.2.2　对有抗震设防要求的结构，其纵向受力钢筋的性能应满足设计要求；当设计无具体要求时，按一、二、三级抗震等级设计的框架和斜撑构件（含梯段）中的纵向受力钢筋应采用 HRB335E、HRB400E、HRB500E、HRBF335E、HRBF400E、HRBF500E 钢筋，其强度和最大力下总伸长率的实测值应符合下列规定：

（1）钢筋的抗拉强度实测值与屈服强度实测值的比值不应小于 1.25。

（2）钢筋的屈服强度实测值与屈服强度标准值的比值不应大于 1.30。

（3）钢筋的最大力下总伸长率不应小于 9%。

6.2.3　钢筋在运输和存放时，不得损坏包装和标志，并应按牌号、规格、炉批分别堆放。室外堆放时，应采用避免钢筋锈蚀的措施。

6.2.4　当发现钢筋脆断、焊接性能不良或力学性能显著不正常等现象时，应停止使用该批钢筋，并对该批钢筋进行化学成分检验或其他专项检验。

6.3　钢筋加工

6.3.1　钢筋加工宜在专业化加工厂进行。

6.3.2　钢筋的表面应清洁、无损伤，油渍、漆污和铁锈应在加工前清除干净。带有颗粒状或片状老锈的钢筋不得使用。钢筋除锈后如有严重的表面缺陷，应重新检验该批钢筋的力学性能及其他相关性能指标。

6.3.3　钢筋加工宜在常温状态下进行，加工过程中不应加热钢筋。钢筋弯折应一次完成，不得反复弯折。

6.3.4　钢筋宜采用无延伸功能的机械设备进行调直，也可采用冷拉方法调直。当采用冷拉方法调直时，HPB235、HPB300 光圆钢筋的冷拉率不宜大于 4%；HRB335、HRB400、HRB500、HRBF335、HRBF400、HRBF500、RRB400 带肋钢筋的冷拉率不宜大于 1%。钢筋调直过程中不应损伤带肋钢筋的横肋。调直后的钢筋应平直，不应有局部弯折。

6.3.5　受力钢筋的弯折应符合下列规定：

（1）光圆钢筋末端应做 180°弯钩，弯钩的弯后平直部分长度不应小于钢筋直径的 3 倍。作受压钢筋使用时，光圆钢筋末端可不做弯钩。

（2）光圆钢筋的弯弧内直径不应小于钢筋直径的 2.5 倍。

（3）335MPa、400MPa 带肋钢筋的弯弧内直径不应小于钢筋直径的 5 倍。

（4）直径为 28mm 以下的 500MPa 带肋钢筋的弯弧内直径不应小于钢筋直径的 6 倍；直径为 28mm 及以上的 500MPa 带肋钢筋的弯弧内直径不应小于钢筋直径的 7 倍。

（5）框架结构的顶层端节点，对梁上部纵向钢筋、柱外侧纵向钢筋在节点角部弯折处，当钢筋直径为 28mm 以下时，弯弧内直径不宜小于钢筋直径的 12 倍；当钢筋直径为 28mm 及以上时，弯弧内直径不宜小于钢筋直径的 16 倍。

（6）箍筋弯折处的弯弧内直径尚不应小于纵向受力钢筋直径。

6.3.6　除焊接封闭箍筋外，箍筋、拉筋的末端应按设计要求做弯钩。当设计无具体要求时，应符合下列规定：

（1）箍筋、拉筋弯钩的弯弧内直径应符合本章第 6.3.5 条的规定；

（2）对一般结构构件，箍筋弯钩的弯折角度不应小于 90°，弯折后平直部分长度不应小于箍筋直径的 5 倍；对有抗震设防及设计有专门要求的结构构件，箍筋弯钩的弯折角度不应小于 135°，弯折后平直部分长度不应小于箍筋直径的 10 倍和 75mm 的较大值。

（3）圆柱箍筋的搭接长度不应小于钢筋的锚固长度，两末端均应做 135°弯钩。弯折后平直部分长度，对一般结构构件不应小于箍筋直径的 5 倍；对有抗震设防要求的结构构件不应小于箍筋直径的 10 倍。

(4)拉筋两端弯钩的弯折角度均不应小于 135°,弯折后平直部分长度不应小于拉筋直径的 10 倍。

6.3.7 焊接封闭箍筋宜采用闪光对焊,也可采用气压焊或单面搭接焊,并宜采用专用设备进行焊接。焊接封闭箍筋下料长度和端头加工应按不同焊接工艺确定。多边形焊接封闭箍筋的焊点设置应符合下列规定:

(1)每个箍筋的焊点数量应为 1 个,焊点宜位于多边形箍筋中的某边中部,且距箍筋弯折处的位置不宜小于 100mm。

(2)矩形柱箍筋焊点宜设在柱短边,等边多边形柱箍筋焊点可设在任一边;不等边多边形柱箍筋应加工成焊点位于不同边上的两种类型。

(3)梁箍筋焊点应设置在顶边或底边。

6.4 钢筋连接与安装

6.4.1 钢筋连接方式应根据设计要求和施工条件选用。

6.4.2 当钢筋采用机械锚固措施时,应符合《混凝土结构设计规范》(GB 50010—2010)(2015 年版)等的有关规定。

6.4.3 钢筋的接头宜设置在受力较小处。同一纵向受力钢筋不宜设置两个或两个以上的接头。接头末端至钢筋弯起点的距离不应小于钢筋公称直径的 10 倍。

6.4.4 钢筋机械连接应符合《钢筋机械连接通用技术规程》(JGJ 107—2016)的有关规定。机械连接接头的混凝土保护层厚度宜符合《混凝土结构设计规范》(GB 50010—2010)(2015 年版)中受力钢筋最小保护层厚度的规定,且不得小于 15mm;接头之间的横向净距不宜小于 25mm。

6.4.5 钢筋焊接连接应符合《钢筋焊接及验收规程》(JGJ 18—2012)的有关规定。

6.4.6 当纵向受力钢筋采用机械连接接头或焊接接头时,设置在同一构件内的接头宜相互错开。每层柱第一个钢筋接头位置距楼地面高度不宜小于 500mm、柱高的 1/6 及柱截面长边(或直径)的较大值;连续梁、板的上部钢筋接头位置宜设置在跨中 1/3 跨度范围内,下部钢筋接头位置宜设置在梁端 1/3 跨度范围内。纵向受力钢筋机械连接接头及焊接接头连接区段的长度应为 $35d$(d 为纵向受力钢筋的较大直径)且不应小于 500mm,凡接头中点位于该连接区段长度内的接头均应属于同一连接区段。同一连接区段内,纵向受力钢筋接头面积百分率为该区段内有接头的纵向受力钢筋截面面积与全部纵向受力钢筋截面面积的比值。

同一连接区段内,纵向受力钢筋的接头面积百分率应符合下列规定:

(1)在受拉区不宜超过 50%,但装配式混凝土结构构件连接处可根据实际情况适当放宽;受压接头可不受限制。

(2)接头不宜设置在有抗震要求的框架梁端、柱端的箍筋加密区;当无法避开时,对等强度高质量机械连接接头,不应超过 50%。

(3)直接承受动力荷载的结构构件中,不宜采用焊接接头;当采用机械连接接头时,不应超过 50%。

6.4.7 同一构件中相邻纵向受力钢筋的绑扎搭接接头宜相互错开。绑扎搭接接头中钢筋的横向净距 s 不应小于钢筋直径,且不应小于 25mm。

纵向受力钢筋绑扎搭接接头连接区段的长度应为 $1.3l_1$(l_1为搭接长度),凡搭接接头中点位于该连接区段长度内的搭接接头均应属于同一连接区段。同一连接区段内,纵向受力钢筋接头面积百分率为该区段内有接头的纵向受力钢筋截面面积与全部纵向受力钢筋截面面积的比值,如图 23-18 所示。

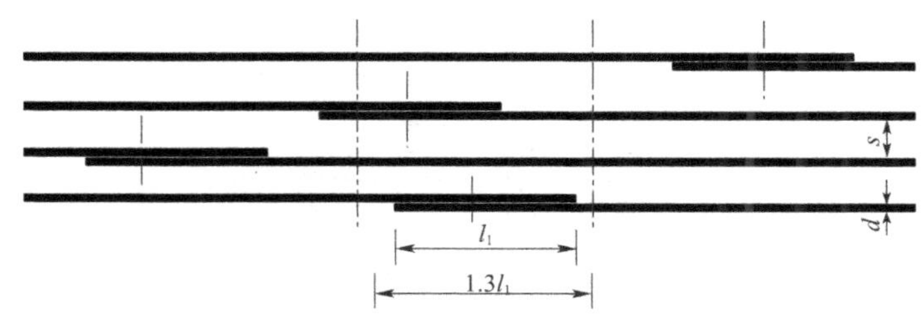

图 23-18　钢筋绑扎搭接接头连接区段及接头面积百分率

注：图中所示搭接接头同一连接区段内的搭接钢筋为两根，当各钢筋直径相同时，接头面积百分率为 50%。

同一连接区段内，纵向受拉钢筋绑扎搭接接头面积百分率应符合下列规定：

(1)梁、板类构件不宜超过 25%，基础筏板不宜超过 50%。

(2)柱类构件，不宜超过 50%。

(3)当工程中确有必要增大接头面积百分率时，对梁类构件，不应大于 50%；对其他构件，可根据实际情况适当放宽。

6.4.8　在梁、柱类构件的纵向受力钢筋搭接长度范围内，应按设计要求配置箍筋。当设计无具体要求时，应符合下列规定：

(1)箍筋直径不应小于搭接钢筋较大直径的 0.25 倍。

(2)受拉搭接区段，箍筋间距不应大于搭接钢筋较小直径的 5 倍，且不应大于 100mm。

(3)受压搭接区段，箍筋间距不应大于搭接钢筋较小直径的 10 倍，且不应大于 200mm。

(4)当柱中纵向受力钢筋直径大于 25mm 时，应在搭接接头两个端面外 100mm 范围内各设置两个箍筋，其间距宜为 50mm。

6.4.9　钢筋绑扎的细部构造应符合下列规定：

(1)钢筋的绑扎搭接接头应在接头中心和两端用铁丝扎牢。

(2)墙、柱、梁钢筋骨架中各垂直面钢筋网交叉点应全部扎牢；板上部钢筋网的交叉点应全部扎牢，底部钢筋网除边缘部分外可间隔交错扎牢。

(3)梁、柱的箍筋弯钩及焊接封闭箍筋的对焊点应沿纵向受力钢筋方向错开设置。构件同一表面，焊接封闭箍筋的对焊接头面积百分率不宜超过 50%。

(4)填充墙构造柱纵向钢筋宜与框架梁钢筋共同绑扎。

(5)梁及柱中箍筋、墙中水平分布钢筋及暗柱箍筋、板中钢筋距构件边缘的距离宜为 50mm。

6.4.10　构件交接处的钢筋位置应符合设计要求。当设计无要求时，应优先保证主要受力构件和构件中主要受力方向的钢筋位置。框架节点处梁纵向受力钢筋宜置于柱纵向钢筋内侧；次梁钢筋宜放在主梁钢筋内侧；剪力墙中水平分布钢筋宜放在外部，并在墙边弯折锚固。

6.4.11　钢筋安装应采用定位件固定钢筋的位置，并宜采用专用定位件。定位件应具有足够的承载力、刚度、稳定性和耐久性。定位件的数量、间距和固定方式应能保证钢筋的位置偏差符合国家现行有关标准的规定。混凝土框架梁、柱保护层内，不宜采用金属定位件。

6.4.12　钢筋安装过程中，设计未允许的部位不宜焊接。如因施工操作原因需对钢筋进行焊接时，焊接质量应符合《钢筋焊接及验收规程》(JGJ 18—2012)的有关规定。

6.4.13　采用复合箍筋时，箍筋外围应封闭。梁类构件复合箍筋内部宜选用封闭箍筋，单数肢也可采用拉筋；柱类构件复合箍筋内部可部分采用拉筋。当拉筋设置在复合箍筋内部不对称的一边时，沿纵向受力钢筋方向的相邻复合箍筋应交错布置。

6.4.14　钢筋安装应采取可靠措施防止钢筋受模板、模具内表面的脱模剂污染。

6.5 质量检查

6.5.1 钢筋进场时应按下列规定检查性能及重量:

(1)应检查生产企业的生产许可证证书及钢筋的质量证明书。

(2)应按国家现行有关标准的规定抽样检验屈服强度、抗拉强度、伸长率及单位长度重量偏差,屈服强度、抗拉强度、伸长率性能应符合本章第6.2.1、6.2.2条的有关规定,单位长度重量偏差见表23-10的规定。

钢筋单位长度重量偏差要求 表23-10

公称直径(mm)	实际重量与理论重量的偏差
≤12	±7%
14~20	±5%
≥22	±4%

(3)经产品认证符合要求的钢筋,其检验批量可扩大一倍。在同一工程项目中,同一厂家、同一牌号、同一规格的钢筋连续三次进场检验均合格时,其后的检验批量可扩大一倍。

(4)钢筋的表面质量应符合国家现行有关标准的规定。

(5)当无法准确判断钢筋品种、牌号时,应增加化学成分、晶粒度等检验项目。

6.5.2 成型钢筋进场时,应检查成型钢筋的质量证明书及成型钢筋所用材料的检验合格报告,并抽样检验成型钢筋的屈服强度、抗拉强度、伸长率。检验批量可由合同约定,且同一工程、同一原材料来源、同一组生产设备生产的成型钢筋,检验批量不应大于100t。

6.5.3 盘卷供货的钢筋调直后应抽样检验力学性能和单位长度重量偏差,其强度应符合国家现行有关产品标准的规定,断后伸长率、单位长度重量偏差应符合《混凝土结构工程施工质量验收规范》(GB 50204—2015)的有关规定。

6.5.4 钢筋的加工尺寸偏差和安装位置偏差应符合《混凝土结构工程施工质量验收规范》(GB 50204—2015)等的有关规定。

6.5.5 在施工现场,应按《钢筋机械连接通用技术规程》(JGJ 107—2016)、《钢筋焊接及验收规程》(JGJ 18—2012)的有关规定抽取钢筋机械连接接头、焊接接头试件做力学性能检验,其质量应符合国家现行有关标准的规定。

7 预应力工程

7.1 一般规定

7.1.1 预应力工程应编制专项施工方案。必要时,专业施工单位应根据施工图设计文件进行深化设计。

7.1.2 当工程所处环境温度低于-15℃时,不宜进行预应力筋张拉;当工程所处环境温度高于35℃或连续5日环境日平均温度低于5℃时,不宜进行灌浆施工。冬期灌浆施工时,应对预应力构件采取保温措施或采用抗冻水泥浆。

7.2 材料

7.2.1 预应力工程材料的性能应符合国家现行有关标准的规定。

7.2.2 预应力筋的品种、级别、规格、数量必须符合设计要求。当预应力筋需要代换时,应进行

专门计算，并经原设计单位确认。

7.2.3　预应力工程材料在运输、存放过程中，应采取防止其损伤、锈蚀或污染的保护措施。

7.3　制作与安装

7.3.1　预应力筋的下料长度应经计算确定，并采用砂轮锯或切断机等机械方法切断。预应力筋制作或安装时，应避免焊渣或接地电火花损伤预应力筋。

7.3.2　无黏结预应力筋在现场搬运和铺设过程中，不应损伤其塑料护套。当出现轻微破损时，应及时封闭。

7.3.3　钢绞线挤压锚具应采用配套的挤压机制作，并符合使用说明书的规定。采用的摩擦衬套应沿挤压套筒全长均匀分布；挤压完成后，预应力筋外端应露出挤压套筒不少于1mm。

7.3.4　钢绞线压花锚具应采用专用的压花机制作成型，梨形头尺寸和直线锚固段长度不应小于设计值。

7.3.5　钢丝镦头及下料长度偏差应符合下列规定：

(1)镦头的头型直径应为钢丝直径的1.4～1.5倍，高度应为钢丝直径的0.95～1.05倍。

(2)镦头不应出现横向裂纹。

(3)当钢丝束两端均采用镦头锚具时，同一束中各根钢丝长度的极差不应大于钢丝长度的1/5000，且不应大于5mm。当成组张拉长度不大于10m的钢丝时，同组钢丝长度的极差不得大于2mm。

7.3.6　孔道成型用管道的连接应密封，并符合下列规定：

(1)圆形金属波纹管接长时，可采用大一规格的同波型波纹管作为接头管。

(2)接头管长度可取其直径的3倍，且不宜小于200mm，两端旋入长度宜相等，且两端应采用防水胶带密封。

(3)塑料波纹管接长时，可采用塑料焊接机热熔焊接或采用专用连接管。

(4)钢管连接可采用焊接连接或套筒连接。

7.3.7　预应力筋或成孔管道的定位应符合下列规定：

(1)预应力筋或成孔管道应与定位钢筋绑扎牢固，定位钢筋直径不宜小于10mm，间距不宜大于1.2m，板中无黏结预应力筋的定位间距可适当放宽，扁形管道、塑料波纹管或预应力筋曲线曲率较大处的定位间距宜适当缩小。

(2)凡施工时需要预先起拱的构件，预应力筋或成孔管道宜随构件同时起拱。

(3)预应力筋或成孔管道竖向位置允许偏差见表23-11。

预应力筋或成孔管道竖向位置允许偏差　　表23-11

构件截面高(厚)度(mm)	≤300	300～1500	>1500
允许偏差(mm)	±5	±10	±15

7.3.8　预应力筋和预应力孔道的间距和保护层厚度，应符合下列规定：

(1)先张法预应力筋之间的净间距不应小于预应力筋的公称直径或等效直径的2.5倍和混凝土粗集料最大粒径的1.25倍，且对预应力钢丝、三股钢绞线和七股钢绞线分别不应小于15mm、20mm和25mm。当混凝土振捣密实性有可靠保证时，净间距可放宽至粗集料最大粒径的1.0倍。

(2)对后张法预制构件，孔道之间的水平净间距不宜小于50mm，且不宜小于粗集料最大粒径的1.25倍；孔道至构件边缘的净间距不宜小于30mm，且不宜小于孔道外径的1/2。

(3)在现浇混凝土梁中，曲线孔道在竖直方向的净间距不应小于孔道外径，水平方向的净间距不宜小于孔道外径的1.5倍，且不应小于粗集料最大粒径的1.25倍；从孔道外壁至构件边缘的净间距,梁底不宜小于50mm,梁侧不宜小于40mm;裂缝控制等级为三级的梁,从孔道外壁至构件边缘的净间距,梁底不宜小于70mm,梁侧不宜小于50mm。

(4)当混凝土振捣密实性有可靠保证时,预应力筋孔道可水平并列贴紧布置,但并列的数量不应超过2束。

(5)板中单根无黏结预应力筋的间距不宜大于板厚的6倍,且不宜大于1m;带状束的无黏结预应力筋根数不宜多于5根,束间距不宜大于板厚的12倍,且不宜大于2.4m。

(6)梁中集束布置的无黏结预应力筋,束的水平净间距不宜小于50mm,束至构件边缘的净距不宜小于40mm。

7.3.9 预应力孔道应根据工程特点设置排气孔、泌水孔及灌浆孔,排气孔可兼作泌水孔或灌浆孔,并应符合下列规定:

(1)当曲线孔道波峰和波谷的高差大于300mm时,应在孔道波峰设置排气孔,排气孔间距不宜大于30m。

(2)当排气孔兼作泌水孔时,其外接管道伸出构件顶面长度不宜小于300mm。

7.3.10 锚垫板和连接器的位置和方向应符合设计要求,且其安装应符合下列规定:

(1)锚垫板的承压面应与预应力筋或孔道曲线末端的切线垂直。预应力筋曲线起始点与张拉锚固点之间的直线段最小长度见表23-12。

预应力筋曲线起始点与张拉锚固点之间直线段最小长度 表23-12

预应力筋张拉力(kN)	<1500	1500~6000	>6000
直线段最小长度(mm)	400	500	600

(2)采用连接器接长预应力筋时,应全面检查连接器的所有零件,并按产品技术手册要求操作。

(3)内埋式固定端锚垫板不应重叠,锚具与锚垫板应贴紧。

7.3.11 后张法有黏结预应力筋穿入孔道及其防护,应符合下列规定:

(1)对采用蒸汽养护的预制构件,预应力筋应在蒸汽养护结束后穿入孔道。

(2)预应力筋穿入孔道后至灌浆的时间间隔:当环境相对湿度大于60%或近海环境时,不宜超过14d;当环境相对湿度小于或等于60%时,不宜超过28d。

(3)当不能满足本条第(2)款的规定时,宜对预应力筋采取防锈措施。

7.3.12 预应力筋等安装完成后,应做好成品保护工作。

7.3.13 当采用减摩材料降低孔道摩擦阻力时,应符合下列规定:

(1)减摩材料不应对预应力筋、管道及混凝土产生不利的影响。

(2)灌浆前应将减摩材料清除干净。

7.4 张拉与放张

7.4.1 预应力筋张拉前,应进行下列准备工作:

(1)计算张拉力和张拉伸长值,根据张拉设备标定结果确定油泵压力表读数。

(2)搭设安全可靠的张拉作业平台。

(3)清理锚垫板和张拉端预应力筋,检查锚垫板后混凝土的密实性。

7.4.2 预应力筋张拉设备及油压表应定期维护和标定。张拉设备和油压表应配套标定和使用,标定期限不应超过半年。当使用过程中出现反常现象或张拉设备检修后,应重新标定。

注:

(1)压力表的量程应大于张拉工作压力读值。压力表的精确度等级不应低于1.6级。

(2)标定张拉设备用的试验机或测力计的测力示值不确定度不应大于0.5%。

(3)张拉设备标定时,千斤顶活塞的运行方向应与实际张拉工作状态一致。

7.4.3　施加预应力时,同条件养护的混凝土立方体抗压强度应符合设计要求,并符合下列规定:

(1)不应低于设计强度等级值的75%,先张法预应力筋放张时不应低于30MPa。

(2)不应低于锚具供应商提供的产品技术手册要求的混凝土最低强度要求。

(3)对后张法预应力梁和板,现浇结构混凝土的龄期分别不宜小于7d和5d。

注:为防止混凝土早期裂缝而施加预应力时,可不受本条的限制,但应符合局部受压承载力的要求。

7.4.4　预应力筋的张拉控制应力应符合设计及专项施工方案的要求。当施工中需要超张拉时,调整后的张拉控制应力 σ_{con} 见式(23-5)。

$$
\begin{aligned}
&\text{消除应力钢丝、钢绞线} && \sigma_{con} \leqslant 0.80 f_{ptk} \\
&\text{中强度预应力钢丝} && \sigma_{con} \leqslant 0.75 f_{ptk} \\
&\text{预应力螺纹钢筋} && \sigma_{con} \leqslant 0.85 f_{pyk}
\end{aligned}
\tag{23-5}
$$

式中:σ_{con}——预应力筋张拉控制应力;

f_{ptk}——预应力筋强度标准值;

f_{pyk}——预应力筋屈服强度标准值。

7.4.5　采用应力控制方法张拉时,应校核张拉力下预应力筋伸长值。实测伸长值与计算伸长值的偏差不应超过±6%,否则应查明原因并采取措施后再张拉。必要时,宜进行现场孔道摩擦系数测定,并可根据实测结果调整张拉控制力。张拉伸长值的计算和孔道摩擦系数的测定可分别按本章附件5的规定执行。

7.4.6　预应力筋的张拉顺序应符合设计要求,并符合下列规定:

(1)张拉顺序应根据结构受力特点、施工方便及操作安全等因素确定。

(2)预应力筋张拉宜符合均匀、对称的原则。

(3)对现浇预应力混凝土楼盖,宜先张拉楼板、次梁的预应力筋,后张拉主梁的预应力筋。

(4)对预制屋架等平卧叠浇构件,应从上而下逐榀张拉。

7.4.7　预应力筋应根据设计和专项施工方案的要求采用一端或两端张拉。采用两端张拉时,宜两端同时张拉,也可一端先张拉,另一端补张拉。当设计无具体要求时,应符合下列规定:

(1)有黏结预应力筋长度不大于20m时可一端张拉,大于20m时宜两端张拉;预应力筋为直线形时,一端张拉的长度可延长至35m。

(2)无黏结预应力筋长度不大于40m时可一端张拉,大于40m时宜两端张拉。

7.4.8　有黏结预应力筋应整束张拉;对直线形或平行编排的有黏结预应力钢绞线束,当各根钢绞线不受叠压影响时,也可逐根张拉。

7.4.9　预应力筋张拉时,应从零拉力加载至初拉力后,量测伸长值初读数,再以均匀速率加载至张拉控制力。对塑料波纹管成孔管道,达到张拉控制力后,宜持荷2~5min。初拉力宜为张拉控制力的10%~20%。

7.4.10　预应力筋张拉中应避免预应力筋断裂或滑脱。当发生断裂或滑脱时,应符合下列规定:

(1)对后张法预应力结构构件,断裂或滑脱的数量严禁超过同一截面预应力筋总根数的3%,且每束钢丝不得超过一根;对多跨双向连续板,其同一截面应按每跨计算。

(2)对先张法预应力构件,在浇筑混凝土前发生断裂或滑脱的预应力筋必须予以更换。

7.4.11　锚固阶段张拉端预应力筋的内缩量应符合设计要求。当设计无具体要求时,应符合表23-13的规定。

张拉端预应力筋的内缩量限值　　表 23-13

锚具类别		内缩量限值(mm)
支承式锚具(螺母锚具、镦头锚具等)	螺母缝隙	1
	每块后加垫板的缝隙	1
夹片式锚具	有顶压	5
	无顶压	8~10

7.4.12　先张法预应力筋的放张顺序应符合下列规定:

(1)宜采取缓慢放张工艺进行逐根或整体放张。

(2)对轴心受压构件,所有预应力筋宜同时放张。

(3)对受弯或偏心受压的构件,应先同时放张预压应力较小区域的预应力筋,再同时放张预压应力较大区域的预应力筋。

(4)当不能按上述规定放张时,应分阶段、对称、相互交错放张。

(5)放张后,预应力筋的切断顺序,宜从张拉端开始逐次切向另一端。

7.4.13　后张法预应力筋张拉锚固后,如遇特殊情况需卸锚时,应采用专门的设备和工具。

7.4.14　预应力筋张拉或放张时,应采取有效的安全防护措施,预应力筋两端正前方不得站人或穿越。

7.4.15　预应力筋张拉或放张时,应对张拉力、压力表读数、张拉伸长值及异常情况等做好详细记录。

7.5　灌浆与封锚

7.5.1　后张法预应力筋张拉完毕并经检查合格后,应及时进行孔道灌浆,孔道内水泥浆应饱满、密实。

7.5.2　后张法预应力筋锚固后的外露部分宜采用机械方法切割,也可采用氧-乙炔焰方法切割,其外露长度不宜小于预应力筋直径的 1.5 倍,且不宜小于 30mm。

7.5.3　灌浆前应进行下列准备工作:

(1)应确认孔道、排气兼泌水管及灌浆孔畅通;对预埋管成型孔道,可采用压缩空气清孔。

(2)应切除锚具外多余预应力筋,并应采用水泥浆等材料封堵锚具夹片缝隙和其他可能漏浆处,也可采用封锚罩封闭端部锚具。

(3)采用真空灌浆工艺时,应确认孔道的密封性。

7.5.4　灌浆用水泥浆的原材料除应符合国家现行有关标准的规定外,尚应符合下列规定:

(1)水泥宜采用强度等级不低于 42.5 的普通硅酸盐水泥。

(2)水泥浆中氯离子含量不应超过水泥质量的 0.06%。

(3)拌和用水和掺加的外加剂中不应含有对预应力筋或水泥有害的成分。

7.5.5　灌浆用水泥浆的性能应符合下列规定:

(1)采用普通灌浆工艺时稠度宜控制在 12~20s,采用真空灌浆工艺时稠度宜控制在 18~25s。

(2)水胶比不应大于 0.45。

(3)自由泌水率宜为 0,且不应大于 1%,泌水应在 24h 内全部被水泥浆吸收。

(4)自由膨胀率不应大于 10%。

(5)边长为 70.7mm 的立方体水泥浆试块 28d 标准养护的抗压强度不应低于 30MPa。

(6)所采用的外加剂应与水泥做配合比试验并确定掺量后使用。

7.5.6　灌浆用水泥浆的制备及使用应符合下列规定：

(1)水泥浆宜采用高速搅拌机进行搅拌，搅拌时间不应超过5min。

(2)水泥浆使用前应经筛孔尺寸不大于1.2mm×1.2mm的筛网过滤。

(3)搅拌后不能在短时间内灌入孔道的水泥浆，应保持缓慢搅动。

(4)水泥浆拌和后至灌浆完毕的时间不宜超过30min。

7.5.7　灌浆施工应符合下列规定：

(1)宜先灌注下层孔道，后灌注上层孔道。

(2)灌浆应连续进行，直至排气管排除的浆体稠度与注浆孔处相同且没有出现气泡后，再顺浆体流动方向将排气孔依次封闭；全部封闭后，宜继续加压0.5～0.7MPa，并稳压1～2min后封闭灌浆口。

(3)当泌水较大时，宜进行二次灌浆或泌水孔重力补浆。

(4)因故停止灌浆时，应用压力水将孔道内已注入的水泥浆冲洗干净。

7.5.8　真空辅助灌浆应符合下列规定：

(1)灌浆前，应先关闭灌浆口的阀门及孔道全程的所有排气阀，然后在排浆端启动真空泵抽出孔道内的空气，使孔道真空负压达到0.08～0.10MPa，并保持稳定，再启动灌浆泵开始灌浆。

(2)灌浆过程中，真空泵应保持连续工作，待浆体经过抽真空端时应关闭通向真空泵的阀门，同时打开位于排浆端上方的排浆阀门，在排出少许浆体后再将其关闭。

7.5.9　孔道灌浆应填写灌浆记录。

7.5.10　外露锚具及预应力筋应按设计要求采取可靠的防止损伤或腐蚀的保护措施。

7.6　质量检查

7.6.1　预应力工程材料进场检查应符合下列规定：

(1)应检查规格、外观、尺寸及其产品合格证、出厂检验报告和进场复验报告。

(2)应按国家现行有关标准的规定抽样检验力学性能。

(3)经产品认证符合要求的产品，其检验批量可扩大一倍；在同一工程项目中，同一厂家、同一品种、同一规格的产品连续三次进场检验均合格时，其后的检验批量可扩大一倍。

7.6.2　预应力筋的制作质量检查应包括下列内容：

(1)采用镦头锚时的钢丝下料长度。

(2)钢丝镦头外观、尺寸及头部裂纹。

(3)挤压锚具制作时的挤压记录和挤压锚具成型后锚具外钢绞线外露长度。

(4)钢绞线压花锚具的梨形头尺寸。

7.6.3　预应力筋、预留孔道、锚垫板和锚固区加强钢筋的安装质量检查应包括下列内容：

(1)预应力筋品种、级别、规格、数量和位置等。

(2)预留孔道的规格、数量、位置、形状以及灌浆孔、排气兼泌水孔等。

(3)锚垫板和局部加强钢筋的品种、级别、规格、数量和位置等。

(4)预应力筋锚具和连接器的品种、规格、数量和位置等。

7.6.4　预应力筋张拉或放张质量检查应包括下列内容：

(1)预应力筋张拉或放张时同条件养护混凝土试块的强度。

(2)预应力筋张拉记录。

(3)预应力筋张拉过程中断裂或滑脱数量。

(4)锚固阶段张拉端预应力筋的内缩量。

(5)先张法预应力筋张拉后与设计位置的偏差。

(6)锚固后夹片的状态。

7.6.5　灌浆用水泥浆及灌浆质量检查应包括下列内容:

(1)水泥浆的稠度、泌水率、膨胀率。

(2)灌浆记录。

(3)水泥浆试块强度。

7.6.6　封锚质量检查应包括下列内容:

(1)锚具外的预应力筋长度。

(2)凸出式封锚端尺寸。

(3)封锚的表面质量。

8　混凝土制备与运输

8.1　一般规定

8.1.1　混凝土结构施工宜采用预拌混凝土。

8.1.2　混凝土制备应符合下列规定:

(1)预拌混凝土应符合《预拌混凝土》(GB 14902—2012)的有关规定。

(2)现场搅拌混凝土宜采用具有自动计量装置的设备集中搅拌。

(3)当不具备本条第(1)、(2)款规定的条件时,应采用符合《混凝土搅拌机》(GB/T 9142—2000)的搅拌机进行搅拌,并配备计量装置。

8.1.3　混凝土运输应符合下列规定:

(1)混凝土宜采用搅拌运输车运输,运输车辆应符合国家现行有关标准的规定。

(2)运输过程中应保证混凝土拌和物的均匀性和工作性。

(3)应采取保证连续供应的措施,并满足现场施工的需要。

8.2　原材料

8.2.1　水泥的选用应符合下列规定:

(1)水泥品种与强度等级应根据设计、施工要求以及工程所处环境条件确定。

(2)普通混凝土结构宜选用通用硅酸盐水泥;有特殊需要时,也可选用其他品种水泥。

(3)对于有抗渗、抗冻融要求的混凝土,宜选用硅酸盐水泥或普通硅酸盐水泥。

(4)处于潮湿环境的混凝土结构,当使用碱活性集料时,宜采用低碱水泥。

8.2.2　粗集料宜选用粒形良好、质地坚硬的洁净碎石或卵石,并应符合下列规定:

(1)粗集料最大粒径不应超过构件截面最小尺寸的1/4,且不应超过钢筋最小净间距的3/4;对实心混凝土板,粗集料的最大粒径不宜超过板厚的1/3,且不应超过40mm。

(2)粗集料宜采用连续粒级,也可用单粒级组合成满足要求的连续粒级。

8.2.3　细集料宜选用级配良好、质地坚硬、颗粒洁净的天然砂或机制砂,并应符合下列规定:

(1)细集料宜选用Ⅱ区中砂。当选用Ⅰ区砂时,应提高砂率,并保持足够的胶凝材料用量,满足混凝土的工作性要求;当采用Ⅲ区砂时,宜适当降低砂率。

(2)混凝土细集料中氯离子含量应符合下列规定。

①对钢筋混凝土,按干砂的质量百分率计算不得大于0.06%。

②对预应力混凝土,按干砂的质量百分率计算不得大于0.02%。

(3)海砂应符合《海砂混凝土应用技术规范》(JGJ 206—2010)的有关规定。

8.2.4　强度等级为 C60 及以上的混凝土所用集料除应符合本章第 8.2.2、8.2.3 条的规定外，尚应符合下列规定：

(1)粗集料压碎指标的控制值应经试验确定。

(2)粗集料最大粒径不宜超过 25mm，针片状颗粒含量不宜大于 8.0%，含泥量不应大于 0.5%，泥块含量不应大于 0.2%。

(3)细集料细度模数宜控制为 2.6~3.0，含泥量不应大于 2.0%，泥块含量不应大于 0.5%。

8.2.5　对于有抗渗、抗冻融或其他特殊要求的混凝土，宜选用连续级配的粗集料，最大粒径不宜大于 40mm，含泥量不应大于 1.0%，泥块含量不应大于 0.5%；所用组集料含泥量不应大于 3.0%，泥块含量不应大于 1.0%。

8.2.6　矿物掺和料的品种和等级应根据设计、施工要求以及工程所处环境条件确定，并应符合国家现行有关标准的规定。矿物掺和料的掺量应通过试验确定。

8.2.7　外加剂的选用应根据混凝土原材料、性能要求、施工工艺、工程所处环境条件和设计要求等因素通过试验确定，并符合下列规定：

(1)当使用碱活性集料时，由外加剂带入的碱含量(以当量氧化钠计)不宜超过 1.0kg/m^3，混凝土总碱含量尚应符合《混凝土结构设计规范》(GB 50010—2010)(2015 年版)等的有关规定。

(2)不同品种外加剂首次复合使用时，应检验混凝土外加剂的相容性。

8.2.8　混凝土拌和及养护用水应符合《混凝土用水标准》(JGJ 63—2006)的有关规定。

8.2.9　未经处理的海水严禁用于钢筋混凝土和预应力混凝土拌制和养护。

8.2.10　原材料进场后，应按种类、批次分开储存与堆放，标识明晰，并符合下列规定：

(1)散装水泥、矿物掺和料等粉体材料应采用散装罐分开储存。袋装水泥、矿物掺和料、外加剂等应按品种、批次分开码垛堆放，并采取防雨、防潮措施，高温季节应有防晒措施。

(2)集料应按品种、规格分别堆放，不得混入杂物，并保持洁净与颗粒级配均匀。集料堆放场地的地面应做硬化处理，并应采取排水、防尘和防雨等措施。

(3)液体外加剂应放置阴凉干燥处，防止日晒、污染、浸水，使用前应搅拌均匀；如有离析、变色等现象，应经检验合格后再使用。

8.3　混凝土配合比

8.3.1　混凝土配合比设计应符合下列要求，并经试验确定：

(1)应在满足混凝土强度、耐久性和工作性要求的前提下，减少水泥和水的用量。

(2)当有抗冻、抗渗、抗氯离子侵蚀和化学腐蚀等耐久性要求时，尚应符合《混凝土结构耐久性设计规范》(GB/T 50476—2008)的有关规定。

(3)应计入环境条件对施工及工程结构的影响。

(4)试配所用的原材料应与施工实际使用的原材料一致。

8.3.2　混凝土的配制强度应按下列规定计算：

(1)当设计强度等级小于 C60 时，配制强度见式(23-6)。

$$f_{cu,0} \geq f_{cu,k} + 1.645\sigma \tag{23-6}$$

式中：$f_{cu,0}$——混凝土的配制强度，MPa；

$f_{cu,k}$——混凝土强度标准值，MPa；

σ——混凝土的强度标准差，MPa。

(2)当设计强度等级大于或等于 C60 时，配制强度见式(23-7)。

$$f_{cu,0} \geq 1.15 f_{cu,k} \tag{23-7}$$

8.3.3　混凝土强度标准差应按下列规定确定：

(1)当具有近期(前一个月或三个月)的同一品种混凝土的强度资料时,其混凝土强度标准差 σ 见式(23-8)。

$$\sigma = \sqrt{\frac{\sum_{i=1}^{n} f_{\mathrm{cu},i}^{2} - nm^{2} f_{\mathrm{cu}}}{n-1}} \tag{23-8}$$

式中:$f_{\mathrm{cu},i}$——第 i 组的试件强度,MPa;

mf_{cu}——n 组试件的强度平均值,MPa;

n——试件组数,n 值不应小于 30。

(2)按本条第(1)款计算混凝土强度标准差时,对于强度等级小于或等于 C30 的混凝土,计算得到的 σ 大于或等于 3.0MPa 时,应按计算结果取值;计算得到的 σ 小于 3.0MPa 时,σ 应取 3.0MPa。对于强度等级大于 C30 且小于 C60 的混凝土,计算得到的 σ 大于或等于 4.0MPa 时,应按计算结果取值;计算得到的 σ 小于 4.0MPa 时,σ 应取 4.0MPa。

(3)当没有近期的同品种混凝土强度资料时,其混凝土强度标准差 σ 见表 23-14。

标 准 差 σ 值 表 21-14

混凝土强度标准差	≤C20	C25 ~ C45	C50 ~ C55
σ(MPa)	4.0	5.0	6.0

8.3.4 混凝土的工作性,应根据结构形式、运输方式和距离、泵送高度、浇筑和振捣方式以及工程所处环境条件等确定。

8.3.5 混凝土配合比设计中的最大水胶比和最小胶凝材料用量应符合《混凝土质量控制标准》(GB 50164—2011)等的有关规定。

8.3.6 当设计文件对混凝土耐久性有检验要求时,应在配合比设计中对耐久性参数进行检验。

8.3.7 大体积混凝土的配合比设计应符合下列规定:

(1)应在保证混凝土强度及坍落度要求的前提下,采用提高掺和料及集料的含量等措施降低水泥用量,并宜采用低、中水化热水泥。

(2)温度控制要求较高的大体积混凝土,其胶凝材料用量、品种等宜通过水化热和绝热温升试验确定。

(3)宜采用高性能减水剂。

8.3.8 混凝土配合比的试配、调整和确定应按下列步骤进行:

(1)采用工程实际使用的原材料和计算配合比进行试配。每盘混凝土试配量不应小于 20L。

(2)进行试拌,并调整砂率和外加剂掺量等使拌和物满足工作性要求,提出试拌配合比。

(3)在试拌配合比的基础上,调整胶凝材料用量,提出不少于 3 个配合比进行试配。根据试件的试压强度和耐久性试验结果,选定设计配合比。

(4)应对选定的设计配合比进行生产适应性调整,确定施工配合比。

(5)对采用搅拌运输车运输的混凝土,当运输时间可能较长时,试配时应控制混凝土坍落度经时损失值。

8.3.9 施工配合比应经有关人员批准。混凝土配合比使用过程中,应根据反馈的混凝土动态质量信息,及时对配合比进行调整。

8.3.10 遇有下列情况时,应重新进行配合比设计:

(1)当混凝土性能指标有变化或有其他特殊要求时;

(2)当原材料品质发生显著改变时;

(3)同一配合比的混凝土生产间断三个月以上时。

8.4　混凝土搅拌

8.4.1　当粗、细集料的实际含水率发生变化时，应及时调整粗、细集料和拌和用水的用量。

8.4.2　混凝土搅拌时应对原材料用量准确计量，并符合下列规定：

(1)计量设备的精度应符合《建筑施工机械与设备　混凝土搅拌站(楼)》(GB/T 10171—2016)的有关规定，并定期校准。使用前设备应归零。

(2)原材料的计量应按质量计，水和外加剂溶液可按体积计，其允许偏差见表23-15。

混凝土原材料计量允许偏差　　表23-15

原材料品种	水泥	细集料	粗集料	水	掺和料	外加剂
每盘计量允许偏差(%)	±2	±3	±3	±2	±2	±2
累计计量允许偏差(%)	±1	±2	±2	±1	±1	±1

注：1. 现场搅拌时原材料计量允许偏差应满足每盘计量允许偏差要求。
2. 累计计量允许偏差指每一运输车中各盘混凝土的每种材料计量称的偏差。该项指标仅适用于采用计算机控制计量的搅拌站。
3. 集料含水率应经常测定，雨雪天施工应增加测定次数。

8.4.3　采用分次投料搅拌方法时，应通过试验确定投料顺序、数量及分段搅拌的时间等工艺参数。掺和料宜与水泥同步投料，液体外加剂宜滞后于水和水泥投料；粉状外加剂宜溶解后再投料。

8.4.4　混凝土宜采用强制式搅拌机搅拌，并应搅拌均匀。混凝土搅拌的最短时间可按表23-16采用，当能保证搅拌均匀时可适当缩短搅拌时间。搅拌强度等级为C60及以上的混凝土时，搅拌时间应适当延长。

混凝土搅拌的最短时间(s)　　表23-16

混凝土坍落度(mm)	搅拌机型	搅拌机出料量(L)		
		<250	250~500	>500
≤40	强制式	60	90	120
40~100	强制式	60	60	90
≥100	强制式	60		

8.4.5　对首次使用的配合比应进行开盘鉴定，开盘鉴定应包括下列内容：

(1)混凝土的原材料与配合比设计所使用原材料的一致性；

(2)出机混凝土工作性与配合比设计要求的一致性；

(3)混凝土强度；

(4)混凝土耐久性能(有特殊要求时)。

8.5　混凝土运输

8.5.1　采用混凝土搅拌运输车运输混凝土时，应符合下列规定：

(1)接料前，搅拌运输车应排净罐内积水。

(2)在运输途中及等候卸料时，应保持搅拌运输车罐体转速正常，不得停转。

(3)卸料前，搅拌运输车罐体宜快速旋转搅拌20s以上后再卸料。

8.5.2　采用混凝土搅拌运输车运输时，施工现场车辆出入口处应设置交通安全指挥人员，施工现场道路应顺畅，有条件时宜设置循环车道；危险区域应设警戒标志；夜间施工时，应有良好的照明。

8.5.3　采用搅拌运输车运送混凝土，当坍落度损失较大不能满足施工要求时，可在运输车罐内加入适量的与原配合比相同成分的减水剂。减水剂加入量应事先由试验确定，并做好记录。加入减水剂后，混凝土罐车应快速旋转搅拌均匀，并达到要求的工作性能后再泵送或浇筑。

8.5.4　当采用机动翻斗车运输混凝土时,道路应通畅,路面应平整、坚实,临时坡道或支架应牢固,铺板接头应平顺。

8.6　质量检查

8.6.1　原材料进场时,供方应对进场材料按材料进场验收所划分的检验批提供相应的质量证明文件。外加剂产品还应提供使用说明书。当能够确认连续进场的材料为同一厂家的同批出厂材料时,也可按出厂的检验批提供质量证明文件。

8.6.2　原材料进场时,应对材料外观、规格、等级、生产日期等进行检查,并对其主要技术指标按本章第8.6.3条的规定划分检验批进行抽样复验,每个检验批检验不得少于1次。

当符合下列条件之一时,复验时可将检验批容量扩大一倍:

(1)经产品认证机构认证符合要求。

(2)来源稳定且连续三次检验合格。

(3)同一厂家的同批出厂材料,用于同时施工且属于同一工程项目的多个单位工程。

8.6.3　原材料进场复验应符合下列规定:

(1)应对水泥的强度、安定性、凝结时间及其他必要指标进行检验。同一生产厂家、同一品种、同一等级且连续进场的水泥袋装不超过200t为一检验批,散装不超过500t为一检验批。

(2)应对粗集料的颗粒级配、含泥量、泥块含量、针片状含量指标进行检验,压碎指标可根据工程需要进行检验。对细集料颗粒级配、含泥量、泥块含量指标进行检验。当设计文件有要求或结构处于易发生碱集料反应环境中时,应对集料进行碱活性检验。抗冻等级为F100及以上的混凝土用集料应进行坚固性检验。集料不超过400m^3或600t为一检验批。

(3)应对矿物掺和料细度(比表面积)、需水量比(流动度比)、活性指数(抗压强度比)、烧失量指标进行检验。粉煤灰、矿渣粉、沸石粉不超过200t为一检验批,硅灰不超过30t为一检验批。

(4)应按外加剂产品标准规定对其主要匀质性指标和掺外加剂混凝土性能指标进行检验。同一品种外加剂不超过50t为一检验批。

(5)当采用饮用水作为混凝土用水时,可不检验。当采用中水、搅拌站清洗水或施工现场循环水等其他来源水时,应对其成分进行检验。

8.6.4　当在使用中对水泥质量有怀疑或水泥出厂超过三个月(快硬硅酸盐水泥超过一个月)时,应进行复验,并按复验结果使用。

8.6.5　混凝土在生产过程中应按下列规定进行检查:

(1)混凝土在生产前应检查混凝土所用原材料的品种、规格是否与施工配合比一致。在生产过程中应检查原材料实际称量误差是否满足要求,每一工作班应至少2次。

(2)每次开盘前应检查生产设备和控制系统是否正常,计量设备是否归零。

(3)混凝土拌和物的工作性检查每100m^3不应少于1次,且每一工作班不应少于2次,必要时可增加检查次数。

(4)集料含水率的检验每工作班不应少于1次;当雨雪天气等外界影响导致混凝土集料含水率变化时,应及时检验。

(5)同一工程、同一配合比的混凝土的凝结时间应至少在开盘前检验1次。

8.6.6　混凝土应进行抗压强度试验。对有抗冻、抗渗等耐久性要求的混凝土,还应进行抗冻性、抗渗性等耐久性项目的试验。其试件留置方法和数量应按《混凝土结构工程施工质量验收规范》(GB 50204—2015)的有关规定执行。

8.6.7　采用预拌混凝土时,供方应提供混凝土配合比通知单、混凝土抗压强度报告、混凝土质量合格证和混凝土运输单;当需要其他资料时,供需双方应在合同中明确约定。预拌混凝土质量控制资料的保存期限，应满足工程质量追溯的要求。

8.6.8　混凝土拌和物工作性应检验其坍落度或维勃稠度，检验应符合下列规定：

(1)坍落度和维勃稠度的检验方法应符合《普通混凝土拌合物性能试验方法》(GB/T 50080—2016)的有关规定。

(2)坍落度、维勃稠度的允许偏差应分别符合表23-17的规定。

坍落度、维勃稠度的允许偏差　表23-17

坍落度			
设计值(mm)	≤40	50～90	≥100
允许偏差(mm)	±10	±20	±30
维勃稠度			
设计值(s)	≥11	10～6	≤5
允许偏差(s)	±3	±2	±1

(3)预拌混凝土的坍落度检查应在交货地点进行。

(4)坍落度大于220mm的混凝土，可根据需要测定其坍落扩展度，扩展度的允许偏差为±30mm。

8.6.9　对掺引气型外加剂的混凝土拌和物应检验其含气量，检验应符合下列规定：

(1)掺引气型外加剂混凝土的含气量应满足设计和施工工艺的要求。根据混凝土采用粗集料的最大公称粒径，其含气量不宜超过表23-18的规定。

掺引气型外加剂混凝土含气量限值　表23-18

粗集料最大公称粒径(mm)	混凝土含气量限值(%)	粗集料最大公称粒径(mm)	混凝土含气量限值(%)
10	7.0	25	5.0
15	6.0	40	3.5
20	5.5		

(2)混凝土拌和物含气量应按《普通混凝土拌合物性能试验方法标准》(GB/T 50080—2016)的有关规定进行检测。

9　现浇结构工程

9.1　一般规定

9.1.1　混凝土浇筑前应完成下列工作：

(1)隐蔽工程验收和技术复核。

(2)对操作人员进行技术交底。

(3)根据施工方案中的技术要求，检查并确认施工现场具备实施条件。

(4)施工单位应填报浇筑申请单，并经监理单位签认。

9.1.2　浇筑前应检查混凝土送料单，核对混凝土配合比，确认混凝土强度等级，检查混凝土运输时间，测定混凝土坍落度，必要时还应测定混凝土扩展度，在确认无误后再进行混凝土浇筑。

9.1.3　混凝土拌和物入模温度不应低于5℃，且不应高于35℃。

9.1.4　混凝土运输、输送、浇筑过程中严禁加水；混凝土运输、输送、浇筑过程中散落的混凝土严禁用于结构浇筑。

9.1.5　混凝土应布料均衡。应对模板及支架进行观察和维护，发生异常情况应及时进行处理。

混凝土浇筑和振捣应采取防止模板、钢筋、钢构、预埋件及其定位件移位的措施。

9.2 混凝土输送

9.2.1 混凝土输送宜采用泵送方式。

9.2.2 输送混凝土的管道、容器、溜槽不应吸水、漏浆,并应保证输送通畅。输送混凝土时应根据工程所处环境条件采取保温、隔热、防雨等措施。

9.2.3 混凝土输送泵的选择及布置应符合下列规定:

(1)输送泵的选型应根据工程特点、混凝土输送高度和距离、混凝土工作性确定。

(2)输送泵的数量应根据混凝土浇筑量和施工条件确定,必要时宜设置备用泵。

(3)输送泵设置的位置应满足施工要求,场地应平整、坚实,道路应畅通。

(4)输送泵的作业范围不得有阻碍物;输送泵设置位置应有防范高空坠物的设施。

9.2.4 混凝土输送泵管的选择与支架的设置应符合下列规定:

(1)混凝土输送泵管应根据输送泵的型号、拌和物性能、总输出量、单位输出量、输送距离以及粗集料粒径等进行选择。

(2)混凝土粗集料最大粒径不大于25mm时,可采用内径不小于125mm的输送泵管;混凝土粗集料最大粒径不大于40mm时,可采用内径不小于150mm的输送泵管。

(3)输送泵管安装接头应严密,输送泵管道转向宜平缓。

(4)输送泵管应采用支架固定,支架应与结构牢固连接,输送泵管转向处支架应加密。支架应通过计算确定,必要时还应对设置位置的结构进行验算。

(5)垂直向上输送混凝土时,地面水平输送泵管的直管和弯管总的折算长度不宜小于垂直输送高度的0.2倍,且不宜小于15m。

(6)输送泵管倾斜或垂直向下输送混凝土,且高差大于20m时,应在倾斜或垂直管下端设置直管或弯管,直管或弯管总的折算长度不宜小于高差的1.5倍。

(7)垂直输送高度大于100m时,混凝土输送泵出料口处的输送泵管位置应设置截止阀。

(8)混凝土输送泵管及其支架应经常进行过程检查和维护。

9.2.5 混凝土输送布料设备的选择和布置应符合下列规定:

(1)布料设备的选择应与输送泵相匹配;布料设备的混凝土输送管内径宜与混凝土输送泵管内径相同。

(2)布料设备的数量及位置应根据布料设备工作半径、施工作业面大小以及施工要求确定。

(3)布料设备应安装牢固,且采取抗倾覆稳定措施;布料设备安装位置处的结构或施工设施应进行验算,必要时应采取加固措施。

(4)经常对布料设备的弯管壁厚进行检查,磨损较大的弯管应及时更换。

(5)布料设备作业范围不得有阻碍物,并应有防范高空坠物的设施。

9.2.6 输送泵输送混凝土应符合下列规定:

(1)先进行泵水检查,并湿润输送泵的料斗、活塞等直接与混凝土接触的部位;泵水检查后,应清除输送泵内积水。

(2)输送混凝土前,应先输送水泥砂浆对输送泵和输送管进行润滑,然后开始输送混凝土。

(3)输送混凝土速度应先慢后快、逐步加速,系统运转顺利后再按正常速度输送。

(4)输送混凝土过程中,应设置输送泵集料斗网罩,并保证集料斗有足够的混凝土余量。

9.2.7 吊车配备斗容器输送混凝土时应符合下列规定:

(1)根据不同结构类型以及混凝土浇筑方法选择不同的斗容器。

(2)斗容器的容量应根据吊车吊运能力确定。

(3)运输至施工现场的混凝土宜直接装入斗容器进行输送。

(4)斗容器宜在浇筑点直接布料。

9.2.8　升降设备配备小车输送混凝土时应符合下列规定:

(1)升降设备和小车的配备数量、小车行走路线及卸料点位置应能满足混凝土浇筑的需要。

(2)运输至施工现场的混凝土宜直接装入小车进行输送,小车宜在靠近升降设备的位置进行装料。

9.3　混凝土浇筑

9.3.1　浇筑混凝土前,应清除模板内或垫层上的杂物。表面干燥的地基、垫层、模板上应洒水湿润;现场环境温度高于35℃时宜对金属模板进行洒水降温;洒水后不得留有积水。

9.3.2　混凝土浇筑应保证混凝土的均匀性和密实性。混凝土宜一次连续浇筑;当不能一次连续浇筑时,可留设施工缝或后浇带分块浇筑。

9.3.3　混凝土浇筑过程应分层进行,分层浇筑应符合本章第9.4.6条规定的分层振捣厚度要求,上层混凝土应在下层混凝土初凝之前浇筑完毕。

9.3.4　混凝土运输、输送入模的过程宜连续进行,从运输到输送入模的延续时间不宜超过表23-19的规定,且不应超过表23-20的限值规定。掺早强型减水外加剂、早强剂的混凝土以及有特殊要求的混凝土,应根据设计及施工要求,通过试验确定允许时间。

运输到输送入模的延续时间(min)　　表23-19

条　件	气　温	
	≤25℃	>25℃
不掺外加剂	90	60
掺外加剂	150	120

运输、输送入模及其间歇总的时间限值(min)　　表23-20

条　件	气　温	
	≤25℃	>25℃
不掺外加剂	180	150
掺外加剂	240	9

9.3.5　混凝土浇筑的布料点宜接近浇筑位置,应采取减少混凝土下料冲击的措施,并符合下列规定:

(1)宜先浇筑竖向结构构件,后浇筑水平结构构件。

(2)浇筑区域结构平面有高差时,宜先浇筑低区部分再浇筑高区部分。

9.3.6　柱、墙模板内的混凝土浇筑倾落高度应符合表23-21的规定;当不能满足表23-21的要求时,应加设串筒、溜管、溜槽等装置。

柱、墙模板内混凝土浇筑倾落高度限值　　表23-21

条　件	浇筑倾落高度限值(m)
粗集料粒径大于25mm	≤3
粗集料粒径小于或等于25mm	≤6

注:当有可靠措施能保证混凝土不产生离析时,混凝土倾落高度可不受本表限制。

9.3.7　混凝土浇筑后,在混凝土初凝前和终凝前宜分别对混凝土裸露表面进行抹面处理。

9.3.8　柱、墙混凝土设计强度等级高于梁、板混凝土设计强度等级时,混凝土浇筑应符合下列规定:

(1)柱、墙混凝土设计强度比梁、板混凝土设计强度高一个等级时,柱、墙位置梁、板高度范围内的混凝土经设计单位同意,可采用与梁、板混凝土设计强度等级相同的混凝土进行浇筑。

(2)柱、墙混凝土设计强度比梁、板混凝土设计强度高两个等级及以上时,应在交界区域采取分隔措施。分隔位置应在低强度等级的构件中,且距高强度等级构件边缘不应小于500mm。

(3)宜先浇筑高强度等级混凝土,后浇筑低强度等级混凝土。

9.3.9 泵送混凝土浇筑应符合下列规定:

(1)宜根据结构形状及尺寸、混凝土供应、混凝土浇筑设备、场地内外条件等划分每台输送泵浇筑区域及浇筑顺序。

(2)采用输送管浇筑混凝土时,宜由远而近浇筑;采用多根输送管同时浇筑时,其浇筑速度宜保持一致。

(3)润滑输送管的水泥砂浆用于湿润结构施工缝时,水泥砂浆应与混凝土浆液同成分;接浆厚度不应大于30mm,多余水泥砂浆应收集后运出。

(4)混凝土泵送浇筑应保持连续;当混凝土供应不及时,应采取间歇泵送方式。

(5)混凝土浇筑后,应按要求完成输送泵和输送管的清理。

9.3.10 施工缝或后浇带处浇筑混凝土应符合下列规定:

(1)结合面应采用粗糙面;结合面应清除浮浆、疏松石子、软弱混凝土层,并清理干净。

(2)结合面处应采用洒水方法进行充分湿润,并不得有积水。

(3)施工缝处已浇筑混凝土的强度不应小于1.2MPa。

(4)柱、墙水平施工缝水泥砂浆接浆层厚度不应大于30mm,接浆层水泥砂浆应与混凝土浆液同成分。

(5)后浇带混凝土强度等级及性能应符合设计要求;当设计无要求时,后浇带强度等级宜比两侧混凝土提高一级,并宜采用减少收缩的技术措施进行浇筑。

9.3.11 超长结构混凝土浇筑应符合下列规定:

(1)可留设施工缝分仓浇筑,分仓浇筑间隔时间不应少于7d。

(2)当留设后浇带时,后浇带封闭时间不得少于14d。

(3)超长整体基础中调节沉降的后浇带,混凝土封闭时间应通过监测确定,差异沉降应趋于稳定后再封闭后浇带。

(4)后浇带的封闭时间尚应经设计单位认可。

9.3.12 型钢混凝土结构浇筑应符合下列规定:

(1)混凝土粗集料最大粒径不应大于型钢外侧混凝土保护层厚度的1/3,且不宜大于25mm。

(2)混凝土浇筑应有充分的下料位置,浇筑应能使混凝土充盈整个构件各个部位。

(3)型钢周边混凝土浇筑宜同步上升,混凝土浇筑高差不应大于500mm。

9.3.13 钢管混凝土结构浇筑应符合下列规定:

(1)宜采用自密实的混凝土浇筑。

(2)混凝土应采取减少收缩的措施。

(3)在钢管适当位置应留有足够的排气孔,排气孔孔径不应小于20mm;浇筑混凝土应加强排气孔观察,并在确认浆体流出和浇筑密实后再封堵排气孔。

(4)当采用粗集料粒径不大于25mm的高流态混凝土或粗集料粒径不大于20mm的自密实混凝土时,混凝土最大倾落高度不宜大于9m;倾落高度大于9m时,应采用串筒、溜槽、溜管等辅助装置进行浇筑。

(5)混凝土从管顶向下浇筑时应符合下列规定:

①浇筑应有充分的下料位置,浇筑应能使混凝土充盈整个钢管。

②输送管端内径或斗容器下料口内径应小于钢管内径，且每边应留有不小于100mm的间隙。

③应控制浇筑速度和单次下料量，并应分层浇筑至设计高程。

④混凝土浇筑完毕后应对管口进行临时封闭。

(6)混凝土从管底顶升浇筑时应符合下列规定：

①应在钢管底部设置进料输送管，进料输送管应设止流阀门，止流阀门可在顶升浇筑的混凝土达到终凝后拆除。

②合理选择混凝土顶升浇筑设备，配备上下通信联络工具，有效控制混凝土的顶升或停止过程。

③应控制混凝土顶升速度，并均衡浇筑至设计高程。

9.3.14　自密实混凝土浇筑应符合下列规定：

(1)应根据结构部位、结构形状、结构配筋等确定合适的浇筑方案。

(2)自密实混凝土粗集料最大粒径不宜大于20mm。

(3)浇筑应能使混凝土充填到钢筋、预埋件、预埋钢构周边及模板内各部位。

(4)自密实混凝土浇筑布料点应结合拌和物特性选择适宜的间距，必要时可通过试验确定混凝土布料点下料间距。

9.3.15　清水混凝土结构浇筑应符合下列规定：

(1)应根据结构特点进行构件分区，同一构件分区采用同批混凝土，并连续浇筑。

(2)同层或同区内混凝土构件所用材料牌号、品种、规格应一致，并保证结构外观色泽符合要求。

(3)竖向构件浇筑时应严格控制分层浇筑的间歇时间。

9.3.16　基础大体积混凝土结构浇筑应符合下列规定：

(1)用多台输送泵接输送泵管浇筑时，输送泵管布料点间距不宜大于10m，并宜由远而近浇筑。

(2)用汽车布料杆输送浇筑时，应根据布料杆工作半径确定布料点数量，各布料点浇筑速度应保持均衡。

(3)宜先浇筑深坑部分再浇筑大面积基础部分。

(4)宜采用斜面分层浇筑方法，也可采用全面分层、分块分层浇筑方法，层与层之间混凝土浇筑的间歇时间应能保证整个混凝土浇筑过程的连续。

(5)混凝土分层浇筑应采用自然流淌形成斜坡，并沿高度均匀上升，分层厚度不宜大于500mm。

(6)抹面处理应符合本章第9.3.7条的规定，抹面次数宜适当增加。

(7)应有排除积水或混凝土泌水的有效技术措施。

9.3.17　预应力结构混凝土浇筑应符合下列规定：

(1)应避免预应力锚垫板与波纹管连接处及预应力筋连接处的管道移位或脱落。

(2)应采取保证预应力锚固区等配筋密集部位混凝土浇筑密实的措施。

9.4　混凝土振捣

9.4.1　混凝土振捣应能使模板内各个部位混凝土密实、均匀，不应漏振、欠振、过振。

9.4.2　混凝土振捣应采用插入式振动棒、平板振动器或附着振动器，必要时可采用人工辅助振捣。

9.4.3　振动棒振捣混凝土应符合下列规定：

(1)应按分层浇筑厚度分别进行振捣，振动棒的前端应插入前一层混凝土中，插入深度不应小于50mm。

(2)振动棒应垂直于混凝土表面并快插慢拔均匀振捣；当混凝土表面无明显塌陷、有水泥浆出现、不再冒气泡时，可结束该部位振捣。

(3)振动棒与模板的距离不应大于振动棒作用半径的0.5倍;振捣插点间距不应大于振动棒作用半径的1.4倍。

9.4.4 表面振动器振捣混凝土应符合下列规定:

(1)表面振动器振捣应覆盖振捣平面边角。

(2)表面振动器移动间距应覆盖已振实部分混凝土边缘。

(3)倾斜表面振捣时,应由低处向高处进行振捣。

9.4.5 附着振动器振捣混凝土应符合下列规定:

(1)附着振动器应与模板紧密连接,设置间距应通过试验确定。

(2)附着振动器应根据混凝土浇筑高度和浇筑速度,依次从下往上振捣。

(3)模板上同时使用多台附着振动器时应使各振动器的频率一致,并交错设置在相对面的模板上。

9.4.6 混凝土分层振捣最大厚度的规定见表23-22。

混凝土分层振捣最大厚度 表23-22

振捣方法	混凝土分层振捣最大厚度
振动棒	振动棒作用部分长度的1.25倍
表面振动器	200mm
附着振动器	根据设置方式,通过试验确定

9.4.7 特殊部位的混凝土应采取下列加强振捣措施:

(1)宽度大于0.3m的预留洞底部区域应在洞口两侧进行振捣,并应适当延长振捣时间;宽度大于0.8m的洞口底部,应采取特殊的技术措施。

(2)后浇带及施工缝边角处应加密振捣点,并适当延长振捣时间。

(3)钢筋密集区域或型钢与钢筋结合区域应选择小型振动棒辅助振捣、加密振捣点,并适当延长振捣时间。

(4)基础大体积混凝土浇筑流淌形成的坡顶和坡脚应适时振捣,不得漏振。

9.5 混凝土养护

9.5.1 混凝土浇筑后应及时进行保湿养护,保湿养护可采用洒水、覆盖、喷涂养护剂等方式。选择养护方式应考虑现场条件、环境温湿度、构件特点、技术要求、施工操作等因素。

9.5.2 混凝土的养护时间应符合下列规定:

(1)采用硅酸盐水泥、普通硅酸盐水泥或矿渣硅酸盐水泥配制的混凝土,不应少于7d;采用其他品种水泥时,养护时间应根据水泥性能确定。

(2)采用缓凝型外加剂、大掺量矿物掺和料配制的混凝土,不应少于14d。

(3)抗渗混凝土、强度等级C60及C60以上的混凝土,不应少于14d。

(4)后浇带混凝土的养护时间不应少于14d。

(5)地下室底层墙、柱和上部结构首层墙、柱宜适当增加养护时间。

(6)基础大体积混凝土养护时间应根据施工方案确定。

9.5.3 洒水养护应符合下列规定:

(1)洒水养护宜在混凝土裸露表面覆盖麻袋或草帘后进行,也可采用直接洒水、蓄水等养护方式;洒水养护应保证混凝土处于湿润状态。

(2)洒水养护用水应符合本章第8.2.8条的规定。

(3)当日最低温度低于5℃时,不应采用洒水养护。

9.5.4　覆盖养护应符合下列规定：

(1)覆盖养护宜在混凝土裸露表面覆盖塑料薄膜、塑料薄膜加麻袋、塑料薄膜加草帘进行。

(2)塑料薄膜应紧贴混凝土裸露表面，塑料薄膜内应保持有凝结水。

(3)覆盖物应严密，覆盖物的层数应按施工方案确定。

9.5.5　喷涂养护剂养护应符合下列规定：

(1)应在混凝土裸露表面喷涂覆盖致密的养护剂进行养护。

(2)养护剂应均匀喷涂在结构构件表面，不得漏喷；养护剂应具有可靠的保湿效果，保湿效果可通过试验检验。

(3)养护剂使用方法应符合产品说明书的有关要求。

9.5.6　基础大体积混凝土裸露表面应采用覆盖养护方式；当混凝土表面以内 40～90mm 位置的温度与环境温度的差值小于 25℃时，可结束覆盖养护。覆盖养护结束但尚未到达养护时间要求时，可采用洒水养护方式直至养护结束。

9.5.7　柱、墙混凝土养护方法应符合下列规定：

(1)地下室底层和上部结构首层柱、墙混凝土带模养护时间，不宜少于 3d；带模养护结束后可采用洒水养护方式继续养护，必要时也可采用覆盖养护或喷涂养护剂养护方式继续养护。

(2)其他部位柱、墙混凝土可采用洒水养护；必要时，也可采用覆盖养护或喷涂养护剂养护。

9.5.8　混凝土强度达到 $1.2N/mm^2$ 前，不得在其上踩踏、堆放荷载、安装模板及支架。

9.5.9　同条件养护试件的养护条件应与实体结构部位养护条件相同，并采取措施妥善保管。

9.5.10　施工现场应具备混凝土标准试件制作条件，并设置标准试件养护室或养护箱。标准试件养护应符合国家现行有关标准的规定。

9.6　混凝土施工缝与后浇带

9.6.1　施工缝和后浇带的留设位置应在混凝土浇筑之前确定。施工缝和后浇带宜留设在结构受剪力较小且便于施工的位置。受力复杂的结构构件或有防水抗渗要求的结构构件，施工缝留设位置应经设计单位认可。

9.6.2　水平施工缝的留设位置应符合下列规定：

(1)柱、墙施工缝可留设在基础、楼层结构顶面，柱施工缝与结构上表面的距离宜为 0～100mm，墙施工缝与结构上表面的距离宜为 0～300mm。

(2)柱、墙施工缝也可留设在楼层结构底面，施工缝与结构下表面的距离宜为 0～50mm；当板下有梁托时，可留设在梁托下 0～20mm。

(3)高度较大的柱、墙、梁以及厚度较大的基础可根据施工需要在其中部留设水平施工缝；必要时，可对配筋进行调整，并应征得设计单位认可。

(4)特殊结构部位留设水平施工缝应征得设计单位同意。

9.6.3　垂直施工缝和后浇带的留设位置应符合下列规定：

(1)有主次梁的楼板施工缝应留设在次梁跨度中间的 1/3 范围内。

(2)单向板施工缝应留设在平行于板短边的任何位置。

(3)楼梯梯段施工缝宜设置在梯段板跨度端部的 1/3 范围内。

(4)墙的施工缝宜设置在门洞口过梁跨中 1/3 范围内，也可留设在纵横交接处。

(5)后浇带留设位置应符合设计要求。

(6)特殊结构部位留设垂直施工缝应征得设计单位同意。

9.6.4　设备基础施工缝留设位置应符合下列规定：

(1)水平施工缝应低于地脚螺栓底端，与地脚螺栓底端的距离应大于 150mm；当地脚螺栓直径小于 30mm 时,水平施工缝可留设在深度不小于地脚螺栓埋入混凝土部分总长度的 3/4 处。

(2)垂直施工缝与地脚螺栓中心线的距离不应小于 250mm,且不应小于螺栓直径的 5 倍。

9.6.5 承受动力作用的设备基础施工缝留设位置应符合下列规定:

(1)高程不同的两个水平施工缝,其高低接合处应留设成台阶形,台阶的高宽比不应大于 1.0。

(2)在水平施工缝处继续浇筑混凝土前,应对地脚螺栓进行一次复核校正。

(3)垂直施工缝或台阶形施工缝的垂直面处应加插钢筋,插筋数量和规格应由设计确定。

(4)施工缝的留设应经设计单位认可。

9.6.6 施工缝、后浇带留设界面应垂直于结构构件和纵向受力钢筋。结构构件厚度或高度较大时,施工缝或后浇带界面宜采用专用材料封挡。

9.6.7 混凝土浇筑过程中,因特殊原因需临时设置施工缝时,施工缝留设应规整,并宜垂直于构件表面,必要时可采取增加插筋、事后修凿等技术措施。

9.6.8 施工缝和后浇带应采取钢筋防锈或阻锈等保护措施。

9.7 大体积混凝土裂缝控制

9.7.1 大体积混凝土施工应合理选用混凝土配合比,宜选用水化热低的水泥,并宜掺加粉煤灰、矿渣粉和高性能减水剂,控制水泥用量,应加强混凝土养护工作。

9.7.2 大体积混凝土宜采用后期强度作为配合比、强度评定的依据。基础混凝土可采用龄期为 60d(56d)、90d 的强度等级;柱、墙混凝土强度等级不小于 C80 时,可采用龄期为 60d(56d)的强度等级。采用混凝土后期强度应经设计单位认可。

9.7.3 大体积混凝土施工温度控制应符合下列规定:

(1)混凝土入模温度不宜大于 30℃;混凝土最大绝热温升不宜大于 50℃。

(2)混凝土结构构件表面以内 40 ~ 80mm 位置处的温度与混凝土结构构件内部的温度差值不宜大于 25℃,且与混凝土结构构件表面温度的差值不宜大于 25℃。

(3)混凝土降温速率不宜大于 2.0℃/d。

9.7.4 基础大体积混凝土测温点设置应符合下列规定:

(1)宜选择具有代表性的两个竖向剖面进行测温,竖向剖面宜通过中部区域,竖向剖面的周边及内部应进行测温。

(2)竖向剖面的周边及内部测温点宜上下、左右对齐;每个竖向位置设置的测温点不应少于 3 处,间距不宜大于 1.0m;每个横向位置设置的测温点不应少于 4 处,间距不应大于 10m。

(3)竖向剖面的中部区域应设置测温点;竖向剖面周边测温点应布置在基础表面以内 40 ~ 80mm 位置处。

(4)覆盖养护层底部的测温点宜布置在代表性的位置,且不应少于 2 处;环境测温点不应少于 2 处,且应离开基础周边一定的距离。

(5)对基础厚度不大于 1.6m,裂缝控制技术措施完善的工程可不进行测温。

9.7.5 柱、墙、梁大体积混凝土测温点设置应符合下列规定:

(1)柱、墙、梁结构实体最小尺寸大于 2m,且混凝土强度等级不小于 C60 时,宜进行测温。

(2)测温点宜设置在高度方向上的两个横向剖面中;横向剖面的中部区域应设置测温点,测温点设置不应少于 2 点,间距不宜大于 1.0m;横向剖面的周边测温点宜设置在距结构表面以内 40 ~ 80mm 位置处。

(3)环境测温点设置不宜少于 1 点,且应离开浇筑的结构边一定距离。

(4)可根据第一次测温结果,完善温度控制技术措施,后续工程可不进行测温。

9.7.6　大体积混凝土测温应符合下列规定：

(1)宜根据每个测温点被混凝土初次覆盖时的温度确定各测点部位混凝土的入模温度。

(2)结构内部测温点、结构表面测温点、环境测温点的测温，应与混凝土浇筑、养护过程同步进行。

(3)应按测温频率要求及时提供测温报告，测温报告应包含各测温点的温度数据、温度变化曲线、温度变化趋势分析等内容。

(4)混凝土结构表面以内40～80mm位置处的温度与环境温度的差值小于20℃时，可停止测温。

9.7.7　大体积混凝土测温频率应符合下列规定：

(1)第1～4天，每4h不应少于一次。

(2)第5～7天，每8h不应少于一次。

(3)第7天至测温结束，每12h不应少于一次。

9.8　质量检查

9.8.1　混凝土结构施工质量检查可分为过程控制检查和拆模后的实体质量检查。过程控制检查应在混凝土施工全过程中，按施工段划分和工序安排及时进行；拆模后的实体质量检查应在混凝土表面未作处理和装饰前进行。

9.8.2　混凝土结构质量的检查，应符合下列规定：

(1)检查的频率、时间、方法和参加检查的人员，应当根据质量控制的需要确定。

(2)施工单位应对完成施工的部位或成果的质量进行自检，自检应全数检查。

(3)混凝土结构质量检查应作记录。对于返工和修补的构件，应有返工修补前后的记录，以及图像资料。

(4)混凝土结构质量检查中，对于已经隐蔽、不可直接观察和量测的内容，可检查隐蔽工程验收记录。

(5)需要对混凝土结构的性能进行检验时，应委托有资质的检测机构检测并出具检测报告。

9.8.3　混凝土结构的质量过程控制检查宜包括下列内容：

(1)模板宜包括下列内容：

①模板与模板支架的安全性；

②模板位置、尺寸；

③模板的刚度和密封性；

④模板涂刷隔离剂及必要的表面湿润；

⑤模板内杂物清理。

(2)钢筋及预埋件宜包括下列内容：

①钢筋的规格、数量；

②钢筋的位置；

③钢筋的保护层厚度；

④预埋件(预埋管线、箱盒、预留孔洞)规格、数量、位置及固定。

(3)混凝土拌和物宜包括下列内容：

①坍落度、入模温度等；

②大体积混凝土的温度测控。

(4)混凝土浇筑宜包括下列内容：

①混凝土输送、浇筑、振捣等；

②混凝土浇筑时模板的变形、漏浆等；

③混凝土浇筑时钢筋和预埋件(预埋管线、预留孔洞)位置;

④混凝土试件制作;

⑤混凝土养护;

⑥施工荷载加载后,模板与模板支架的安全性。

9.8.4 混凝土结构拆除模板后的实体质量检查宜包括下列内容:

(1)构件的尺寸、位置。

①轴线位置、高程;

②截面尺寸、表面平整度;

③垂直度(构件垂直度、单层垂直度和全高垂直度)。

(2)预埋件。

①数量;

②位置;

③构件的外观缺陷;

④构件的连接及构造做法。

9.8.5 混凝土结构质量过程控制检查、拆模后实体质量检查的方法与合格判定,应符合《混凝土结构工程施工质量验收规范》(GB 50204—2015)等的有关规定。有关标准未作规定时,可在施工方案中作出规定并经监理单位批准后实施。

9.9 混凝土缺陷修整

9.9.1 混凝土结构缺陷可分为尺寸偏差缺陷和外观缺陷。尺寸偏差缺陷和外观缺陷可分为一般缺陷和严重缺陷。混凝土结构尺寸偏差超出规范规定,但尺寸偏差对结构性能和使用功能未构成影响时,应属于一般缺陷;而尺寸偏差对结构性能和使用功能构成影响时,应属于严重缺陷。外观缺陷分类见表23-23。

混凝土结构外观缺陷分类　　表23-23

名　称	现　象	严重缺陷	一般缺陷
露筋	构件内钢筋未被混凝土包裹而外露	纵向受力钢筋有露筋	其他钢筋有少量露筋
蜂窝	混凝土表面缺少水泥砂浆而形成石子外露	构件主要受力部位有蜂窝	其他部位有少量蜂窝
孔洞	混凝土中孔穴深度和长度均超过保护层厚度	构件主要受力部位有孔洞	其他部位有少量孔洞
夹渣	混凝土中夹有杂物且深度超过保护层厚度	构件主要受力部位有夹渣	其他部位有少量夹渣
疏松	混凝土中局部不密实	构件主要受力部位有疏松	其他部位有少量疏松
裂缝	缝隙从混凝土表面延伸至混凝土内部	构件主要受力部位有影响结构性能或使用功能的裂缝	其他部位有少量不影响结构性能或使用功能的裂缝
连接部位缺陷	构件连接处混凝土有缺陷及连接钢筋、连接件松动	连接部位有影响结构传力性能的缺陷	连接部位有基本不影响结构传力性能的缺陷
外形缺陷	缺棱掉角、棱角不直、翘曲不平、飞边凸肋等	清水混凝土构件有影响使用功能或装饰效果的外形缺陷	其他混凝土构件有不影响使用功能的外形缺陷
外表缺陷	构件表面麻面、掉皮、起砂、沾污等	具有重要装饰效果的清水混凝土构件有外表缺陷	其他混凝土构件有不影响使用功能的外表缺陷

9.9.2　施工过程中发现混凝土结构缺陷时，应认真分析缺陷产生的原因。对严重缺陷，施工单位应制订专项修整方案，方案应经论证审批后再实施，不得擅自处理。

9.9.3　混凝土结构外观一般缺陷修整应符合下列规定：

(1)对于露筋、蜂窝、孔洞、夹渣、疏松、外表缺陷，应凿除胶结不牢固部分的混凝土，清理表面，洒水湿润后应用1:2~1:2.5水泥砂浆抹平。

(2)应封闭裂缝。

(3)连接部位缺陷、外形缺陷可与面层装饰施工一并处理。

9.9.4　混凝土结构外观严重缺陷修整应符合下列规定：

(1)对于露筋、蜂窝、孔洞、夹渣、疏松、外表缺陷，应凿除胶结不牢固部分的混凝土至密实部位，清理表面，支设模板，洒水湿润，涂抹混凝土界面剂，应采用比原混凝土强度等级高一级的细石混凝土浇筑密实，养护时间不应少于7d。

(2)开裂缺陷修整应符合下列规定：

①对于民用建筑的地下室、卫生间、屋面等接触水介质的构件，均应注浆封闭处理，注浆材料可采用环氧、聚氨酯、氰凝、丙凝等。

②对于民用建筑不接触水介质的构件，可采用注浆封闭、聚合物砂浆粉刷或其他表面封闭材料进行封闭。

③对于无腐蚀介质工业建筑的地下室、屋面、卫生间等接触水介质的构件以及有腐蚀介质的所有构件，均应注浆封闭处理，注浆材料可采用环氧、聚氨酯、氰凝、丙凝等。对于无腐蚀介质工业建筑不接触水介质的构件，可采用注浆封闭、聚合物砂浆粉刷或其他表面封闭材料进行封闭。

(3)清水混凝土的外形和外表严重缺陷，宜在水泥砂浆或细石混凝土修补后用磨光机械磨平。

9.9.5　混凝土结构尺寸偏差一般缺陷，可采用装饰修整方法修整。

9.9.6　混凝土结构尺寸偏差严重缺陷，应会同设计单位共同制订专项修整方案，结构修整后应重新检查验收。

10　装配式结构工程

10.1　一般规定

10.1.1　装配式结构工程应编制专项施工方案。必要时，专业施工单位应根据设计文件进行深化设计。

10.1.2　装配式结构正式施工前，宜选择有代表性的单元或部分进行试制作和试安装。

10.1.3　预制构件的吊运应符合下列规定：

(1)应根据预制构件形状、尺寸、重量和作业半径等要求选择吊具和起重设备，所采用的吊具和起重设备及施工操作应符合国家现行有关标准及产品应用技术手册的有关规定。

(2)应采取措施保证起重设备的主钩位置、吊具及构件重心在竖直方向上重合；吊索与构件水平夹角不宜小于60°，不应小于45°；吊运过程应平稳，不应有偏斜和大幅度摆动。

(3)吊运过程中，应设专人指挥，操作人员应位于安全可靠位置，不应有人员随预制构件一同起吊。

10.1.4　装配式结构的施工全过程应对预制构件设置可靠标识，并采取防止预制构件破损或受到污染的措施。

10.1.5　装配式结构施工中采用专用定型产品时，专用定型产品及施工操作均应符合国家现行有关标准及产品应用技术手册的有关规定。

10.2 施工验算

10.2.1 装配式混凝土结构施工前,应根据设计要求和施工方案进行必要的施工验算。

10.2.2 预制构件在脱模、吊运、运输、安装等环节的施工验算,应将构件自重乘以脱模吸附系数或动力系数作为等效荷载标准值,并符合下列规定:

(1)脱模吸附系数宜取为1.5,并可根据构件和模具表面状况适当增减;对于复杂情况,脱模吸附系数宜根据试验确定。

(2)构件吊运、运输时,动力系数可取1.5;构件翻转及安装过程中就位、临时固定时,动力系数可取1.2。当有可靠经验时,动力系数可根据实际受力情况和安全要求适当增减。

10.2.3 预制构件的施工验算宜符合下列规定:

(1)钢筋混凝土和预应力混凝土构件正截面边缘的混凝土法向压应力,应满足的要求见式(23-9)。

$$\sigma_{cc} \leqslant 0.8 f'_{ck} \tag{23-9}$$

式中:σ_{cc}——各施工环节在荷载标准组合作用下产生的构件正截面边缘混凝土法向压应力,N/mm^2,可按毛截面计算;

f'_{ck}——与各施工环节的混凝土立方体抗压强度相应的抗压强度标准值,N/mm^2,按《混凝土结构设计规范》(GB 50010—2010)(2015年版)表4.1.3以线性内插法确定。

(2)钢筋混凝土和预应力混凝土构件正截面边缘的混凝土法向拉应力,宜满足的要求见式(23-10)。

$$\sigma_{ct} \leqslant 1.0 f'_{tk} \tag{23-10}$$

式中:σ_{ct}——各施工环节在荷载标准组合作用下产生的构件正截面边缘混凝土法向拉应力,N/mm^2,可按毛截面计算;

f'_{tk}——与各施工环节的混凝土立方体抗压强度相应的抗拉强度标准值,N/mm^2,按《混凝土结构设计规范》(GB 50010—2010)(2015年版)表4.1.3以线性内插法确定。

(3)对预应力混凝土构件的端部正截面边缘的混凝土法向拉应力可适当放松,但不应大于$1.2f'_{tk}$。

(4)对施工过程中允许出现裂缝的钢筋混凝土构件,其正截面边缘混凝土法向拉应力限值可适当放松,但开裂截面处受拉钢筋的应力应满足的要求见式(23-11)。

$$\sigma_{s} \leqslant 0.7 f_{yk} \tag{23-11}$$

式中:σ_{s}——各施工环节在荷载标准组合作用下的受拉钢筋应力,应按开裂截面计算,N/mm^2;

f_{yk}——受拉钢筋强度标准值,N/mm^2。

(5)叠合式受弯构件尚应符合《混凝土结构设计规范》(GB 50010—2010)(2015年版)的有关规定。进行后浇叠合层施工阶段验算时,叠合板的施工活荷载可取$1.5kN/mm^2$,叠合梁的施工活荷载可取$1.0kN/mm^2$。

10.2.4 预制构件中的预埋吊件及临时支撑宜按式(23-12)进行计算:

$$K_{c}S_{c} \leqslant R_{c} \tag{23-12}$$

式中:K_c——施工安全系数,可按表23-24的规定取值;当有可靠经验时,可根据实际情况适当增减;对复杂或特殊情况,宜通过试验确定;

S_c——施工阶段荷载标准组合作用下的效应值,施工阶段的荷载标准值按本章附件1的有关规定取值,其中风荷载重现期可取为5年;

R_c——根据国家现行有关标准并按材料强度标准值计算或根据试验确定的预埋吊件、临时支撑、连接件的承载力。

预埋吊件及临时支撑的施工安全系数 K_c　　表 23-24

项　目	施工安全系数 K_c
临时支撑	2
临时支撑的连接件预制构件中用于连接临时支撑的预埋件	3
普通预埋吊件	4
多用途的预埋吊件	5

注：对采用 HPB300 钢筋吊环形式的预埋吊件，应符合《混凝土结构设计规范》(GB 50010—2010)(2015 年版)的有关规定。

10.3　构件制作

10.3.1　制作预制构件的场地应平整、坚实，并具有排水措施。当采用台座生产预制构件时，台座表面应光滑平整，2m 长度内表面平整度不应大于 2mm，在气温变化较大的地区应设置伸缩缝。用于制作先张预应力构件的台座，端部应设置满足预应力筋张拉要求的可靠地锚措施。

10.3.2　模具应具有足够的强度、刚度和整体稳定性，并能满足预制构件预留孔、插筋、预埋吊件及其他预埋件的定位要求。模具设计时，应考虑预制构件质量要求、生产工艺、拆卸要求及周转次数等因素。对跨度较大的预制构件的模具应根据设计要求预设反拱。

10.3.3　混凝土应采用机械振捣，可根据工艺要求选择插入式振捣棒、平板振动器、附着式振动器或振动台等方式。振捣混凝土不应影响模具的整体稳定性。

10.3.4　当采用平卧重叠法制作预制构件时，应在下层构件的混凝土强度达到 5.0N/mm² 后，再浇筑上层构件混凝土，并采取措施保证上、下层构件有效隔离。

10.3.5　预制构件可根据需要选择自然养护、蒸汽养护、电加热养护。采用蒸汽养护时，应合理控制升温、降温速度和最高温度，构件表面宜保持 90% ~100% 的相对湿度。

10.3.6　预制构件的饰面应符合设计要求。带饰面的预制构件宜采用反打成型法制作，也可采用后贴工艺法制作。

10.3.7　带保温材料的预制构件宜采用水平浇筑方式成型。采用夹芯保温的预制构件，宜采用专用连接件连接内外两层混凝土，其数量和位置应符合设计要求。

10.3.8　清水混凝土预制构件的制作应符合下列规定：

(1)预制构件的边角宜采用倒角或圆弧角。

(2)模具应满足构件精度要求，模具表面宜均匀涂刷脱模剂。底模和侧模的连接处宜可靠密封。

(3)应控制原材料质量和混凝土配合比，并保证每班生产构件的养护温度均匀一致。

(4)构件表面应采取保护和防污染措施。对出现的质量缺陷应采用专用材料修补，修补后的混凝土外观质量应满足设计要求。

10.3.9　带门窗、预埋管线预制构件的制作应符合下列规定：

(1)门窗、预埋管线应在浇筑混凝土前预先放置并固定，固定时应采取防止窗破坏及污染窗体表面的保护措施。

(2)当采用铝窗框时，应采取避免铝窗框与混凝土直接接触发生电化学腐蚀的措施。

(3)应采取措施控制温度或受力变形对门窗产生的不利影响。

10.3.10　预制构件与现浇结构的结合面应进行拉毛或凿毛处理，也可采用露集料粗糙面。露集料粗糙面可采用下列方法制作：

(1)在需要露集料部位的模板表面涂刷适量的缓凝剂。

(2)在混凝土初凝或脱模后，采取措施冲洗掉未凝结的水泥砂浆。

10.3.11 预制构件脱模起吊时,同条件养护的混凝土立方体抗压强度应根据本章第10.2小节的有关规定计算确定,且不宜小于15MPa。

10.4 运输与存放

10.4.1 预制构件的运输应符合下列规定:

(1)预制构件的运输线路应根据道路、桥梁的实际条件确定。场内运输宜设置循环线路。

(2)运输车辆应满足构件尺寸和载重要求。

(3)装卸构件时应考虑车体平衡,避免造成车体倾覆。

(4)应采取防止构件移动或倾倒的绑扎固定措施。

(5)运输细长构件时应根据需要设置水平支架。

(6)对构件边角部或链索接触处的混凝土,宜采用垫衬加以保护。

10.4.2 预制构件的堆放应符合下列规定:

(1)场地应平整、坚实,并具有良好的排水措施。

(2)应保证最下层构件垫实,预埋吊件宜向上,标识宜朝向堆垛间的通道。

(3)垫木或垫块在构件下的位置宜与脱模、吊装时的起吊位置一致。重叠堆放构件时,每层构件间的垫木或垫块应在同一垂直线上。

(4)堆垛层数应根据构件与垫木或垫块的承载能力及堆垛的稳定性确定,必要时应设置防止构件倾覆的支架。

(5)施工现场堆放的构件,宜按安装顺序分类堆放,堆垛宜布置在吊车工作范围内且不受其他工序施工作业影响的区域。

(6)预应力构件的堆放应考虑反拱的影响。

10.4.3 墙板构件应根据施工要求选择堆放和运输方式。对于外观复杂墙板,宜采用插放架或靠放架直立堆放、直立运输。插放架、靠放架应有足够的强度、刚度和稳定性。采用靠放架直立堆放的墙板宜对称靠放、饰面朝外,倾斜角度不宜小于80°。

10.4.4 吊运平卧制作的混凝土屋架时,宜平稳一次就位,并应根据屋架跨度、刚度确定吊索绑扎形式及加固措施。屋架堆放时,可将几榀屋架绑扎成整体以增加稳定性。

10.5 安装与连接

10.5.1 装配式结构安装现场应根据工期要求以及工程量、机械设备等现场条件,组织立体交叉、均衡有效的安装施工流水作业。预制构件应按设计文件、专项施工方案要求的顺序进行安装与连接。

10.5.2 预制构件安装前的准备工作应符合下列规定:

(1)应核对已施工完成结构的混凝土强度、外观、尺寸等符合设计文件要求。

(2)应核对预制构件混凝土强度及预制构件和配件的型号、规格、数量等符合设计文件要求。

(3)应在已施工完成结构及预制构件上进行测量放线,并设置安装定位标志。

(4)应确认吊装设备及吊具处于安全操作状态。

(5)应核实现场环境、天气、道路状况满足吊装施工要求。

10.5.3 预制构件安装就位后应及时采取临时固定措施。预制构件与吊具的分离应在校准定位及临时固定措施安装完成后进行。临时固定措施的拆除应在装配式结构能达到后续施工要求的承载力、刚度及稳定性要求后进行。

10.5.4　采用临时支撑时，应符合下列规定：

(1)每个预制构件的临时支撑不宜少于2道。

(2)对预制墙板的斜撑，其支撑点与板底的距离不宜小于板高的2/3，且不应小于板高的1/2。

(3)构件安装就位后，可通过临时支撑对构件的位置和垂直度进行微调。

(4)临时支撑顶部高程应符合设计规定，尚应考虑支撑系统自身在施工荷载作用下的变形。

10.5.5　装配式结构的连接施工除应符合本章的有关规定外，尚应符合下列规定：

(1)构件连接处浇筑用材料的强度及收缩性能应满足设计要求。如设计无要求，浇筑用材料的强度等级值不应低于连接处构件混凝土强度设计等级值的较大值；粗集料最大粒径不宜大于连接处最小尺寸的1/4。

(2)浇筑前应清除浮浆、松散集料和污物，并宜浇水湿润。

(3)节点、水平缝应一次性浇筑密实；垂直缝可逐层浇筑，每层浇筑高度不宜大于2m。如需振捣，宜采用微型振捣棒。

(4)建筑用材料的强度达到设计要求后方可承受全部设计荷载。

10.5.6　装配式结构采用焊接或螺栓连接构件时，应符合设计要求或国家现行有关钢结构施工标准的规定，并做好防腐和防火处理。采用焊接连接时，应采取避免损伤已施工完成结构、预制构件及配件的措施。

10.5.7　装配式结构采用后张预应力筋连接构件时，应符合本章第7节的有关规定。

10.5.8　钢筋锚固及连接长度应满足设计要求，钢筋连接施工应符合国家现行有关标准的规定。

10.5.9　简支梁、板类预制构件的安装施工应符合下列规定：

(1)构件两端支座处的搁置长度均应满足设计要求，支垫处的受力状态应保持均匀一致。

(2)施工荷载应符合设计规定，并避免单个梁、板承受较大的集中荷载；不宜在施工现场对预制梁、板进行二次切割、开洞。

(3)梁、板支座的连接应按设计要求施工，支座应采取保证钢筋可靠锚固的措施。

10.5.10　当设计对构件连接处有防水要求时，防水施工及材料性能应符合设计要求及国家现行有关标准的规定。

10.6　质量检查

10.6.1　预制构件制作过程中的质量检查可按本章的有关规定执行。

10.6.2　新造、改制及维修后的模具在使用前应进行全数检查。重复使用的标准模具每次使用前应检查外观质量及关键尺寸偏差。

10.6.3　预制构件的外观质量、尺寸偏差及结构性能应符合设计要求及国家现行有关标准的有关规定。对外观缺陷及超过允许尺寸偏差的部位应按修补方案进行处理，并重新检查验收。

预制构件不得存在影响结构性能或装配、使用功能的外观缺陷。对于存在的一般缺陷，应采用专用修补材料按修补方案要求进行修复和表面处理。

10.6.4　工厂制作的预制构件经检查合格后，应填制合格证。构件进场时应对合格证进行检查。

10.6.5　装配式结构施工中的配件、连接件、配套材料的性能，应符合国家现行有关标准及设计文件的有关规定。

10.6.6　装配式结构的连接施工应逐个进行隐蔽工程检查，并填写隐蔽工程检查记录。

10.6.7　装配式结构的外观质量和尺寸偏差检查应按现浇混凝土结构的有关规定执行。有装饰或保温要求的装配式结构尚应满足相关建筑装饰及节能标准的要求。

11 环境保护

11.1 一般规定

11.1.1 施工项目部应制订施工环境保护计划,落实责任人员,并组织实施。对混凝土结构施工过程的环境保护效果,宜进行自评估。

11.1.2 施工过程中,应采取建筑垃圾减量化措施。对施工过程中产生的建筑垃圾,应进行分类、统计和处理。

11.2 环境因素控制

11.2.1 施工过程中,应采取防尘、降尘措施,控制作业区扬尘。对施工现场的主要道路,宜进行硬化处理或采取其他扬尘控制措施。对可能造成扬尘的露天堆储材料,宜采取扬尘控制措施。

11.2.2 施工过程中,应对材料搬运、施工设备和机具作业等采取可靠的降低噪声措施。施工作业在施工场界的噪声级应符合《建筑施工场界环境噪声排放标准》(GB 12523—2011)的有关规定。

11.2.3 施工过程中,应采取光污染控制措施。对可能产生强光的施工作业,应采取防护和遮挡措施。夜间施工时,应采用低角度灯光照明。

11.2.4 对施工过程中产生的污水,应采取沉淀、隔油等措施进行处理,不得直接排放。

11.2.5 宜选用环保型脱模剂。涂刷模板脱模剂时,应防止洒漏。对含有污染环境成分的脱模剂,使用后剩余的脱模剂及其包装等不得与普通垃圾混放,并应由厂家或有资质的单位回收处理。

11.2.6 施工过程中,对施工设备和机具维修、运行、存储时的漏油,应采取有效的隔离措施,不得直接污染土壤。漏油应统一收集并进行无害化处理。

11.2.7 混凝土外加剂、养护剂的使用应满足环境保护和人身健康的要求。

11.2.8 进行挥发性有害物质施工时,施工操作人员应采取有效的防护方法,并配备相应的防护用品。

11.2.9 对不可循环使用的建筑垃圾,应收集到现场封闭式垃圾站,并及时清运至有关部门指定的地点。对可循环使用的建筑垃圾,应加强回收利用,并做好记录。

12 施工保证措施

12.1 关键工序质量保证技术措施

12.1.1 支撑体系施工技术保证措施。

(1)千斤顶预加轴力必须分级加载,加到设计轴力后静置5min再减压,使钢支撑充分变形,减少预应力损失。

(2)钢管横撑的设置时间严格按设计工况条件掌握,土方开挖时分段分层,按开挖深度及开挖时间及时架设钢支撑。

(3)所有支撑连接处,均应垫紧贴密,防止钢管支撑偏心受压。

(4)端头井斜撑处钢围囹及支撑头,必须严格按设计尺寸和角度加工焊接、安装,保证支撑为轴心受力且焊接牢实。

(5)拆除时应分级释放轴力,避免突然释放导致结构局部变形、开裂。

12.1.2　确保结构施工质量的技术措施。

(1)模板施工质量技术保证措施。

①模板施工前,必须先进行模板及支撑系统的配置设计,绘出模板排列图。翻样与技术员必须对模板支承、排列、施工顺序、拆装方法向班组人员做详细交底。对运到现场的模板及配件应按规定、数量逐次清点及检查,不符合质量要求的不得使用。

②加工的模板应事先在地面进行预拼,校核平面尺寸和平整度等,并检查模板的连接节点,全部合格后方可使用。

③模板安装必须正确控制轴线位置及截面尺寸,模板拼缝要紧密,不得漏浆。当拼缝≥10mm 的要用老粉批嵌或用白铁皮封钉,跨度大于4m 时,模板应起拱3‰。为保证模板接缝宽度符合标准要求,施工中应加强对模板的使用、维修、管理。

④模板支承系统必须横平竖直,支撑点必须牢固,扣件及螺栓必须拧紧,模板严格按排列图安装。浇捣混凝土前对模板的支撑、螺栓、扣件等紧固件派专人进行检查,发现问题及时整改。

⑤孔洞、埋件等应正确留置,建议在翻样图上自行编号,防止错放漏放。安装要牢固,经复核无误后方能封闭模板。

⑥模板支撑必须严格按照设计图纸要求做到上下、进出一致,木工施工员必须做到层层复核。

⑦施工过程中要有专人负责检查、验收,以确保施工缝后浇带的施工质量。每层模板施工完毕后,必须进行技术复核工作,达到要求方可浇混凝土。

⑧模板拆除应根据“施工验收规范”和设计规定的强度要求统一进行,未经有关技术部门同意,不得随意拆模。现场增加混凝土拆模试块,必要时进行试块试压,以保证质量和安全。

⑨模板拆除后,必须及时进行清理,要铲除浇捣混凝土时留于模板表面的残浆,铲除残浆和整理后的模板表面必须均匀满涂隔离剂。

(2)钢筋工程质量保证措施。

①施工前钢筋施工员必须对施工顺序、操作方法和要求向操作人员详细交底,施工过程中对钢筋规格、数量、位置随时进行复核检查。要特别注意一些较复杂部位的钢筋位置、数量及规格,梁柱节点严禁漏放环箍。

②弯曲变形的钢筋须矫正后才能使用,钢筋的保证层厚度依设计图纸规定进行。同一截面钢筋的接头数量应符合规范的要求,严格控制插筋位置,避免发生钢筋位移及规格与设计图纸不符。

③工程上的钢筋不得任意调换,根据实际情况确需调整时必须由技术部门与设计商量同意后方可施行,并办妥技术核定单。

④钢筋的绑扎搭接及锚固除按规范要求外还须满足抗震设计规范要求。钢筋绑扎时如遇预留洞、预埋件、管道位置须割断妨碍的钢筋,要按图纸要求留加强筋,必要时会同有关人员研究协商解决,严禁任意拆、移、割。

⑤对钢筋施焊前须在相同条件下制作两个抗拉试件。试验结果大于该类别钢筋的抗拉强度时,才允许正式施焊。焊后的焊缝检验,主要进行外观检查,要求焊缝表面平顺,不得有裂缝,没有明显咬边、凹陷、焊瘤、夹渣及气孔。

12.1.3　混凝土质量保证措施。

(1)混凝土原材料保证措施。

①部位混凝土的原材料要求满足设计图纸相应部位的材料要求,并满足国家及相关行业的规范及标准要求。

②对各材料原产地进行考察,原材料做材质试验,出具材质试验报告单。

③所有原材料对比择优选购,实行进场检查验收制,不合格者不使用。

④外加剂:选用通过权威部门认证且有大量成功实用实绩者,不使用含氯化物、氟化物或亚硝酸

盐的外加剂。

⑤做好材料的堆放、保管及发放、使用工作。

(2)混凝土的运输。

①本工程商品混凝土由拌和站制订运输路线,根据使用情况安排好拌和运输路线,施工单位应认真检查运输路线,保证运输准时,入场能连续使用。

②在条件允许的情况下,混凝土浇筑时间应尽量错开场外交通高峰期,为混凝土的连续供应提供进一步的保证。

③运至现场的混凝土应先检查随车提供的配合比是否符合现场所需的混凝土配合比要求,在检查混凝土的坍落度、温度等是否满足入模要求,否则不能在本工程中使用,经重新处理合格后方能使用。

(3)混凝土灌注质量控制。

①总体控制。

a. 商品混凝土到现场由相关管理人员核准无误后方能灌注,同时进行温度检验,控制混凝土入模温度在30℃以下。从混凝土运输车卸出的混凝土不得发生离析现象,否则需重新搅拌合格后方能使用。

b. 混凝土生产后,需在规定时间内灌注,若由于交通、车辆等原因造成延误,超出时间的不准采用,也不允许加水搅拌使用。

c. 混凝土灌注前应对模板工程进行全面检查,模板必须支撑牢固、稳定,对大跨度模,应按规定设置预拱度。

d. 混凝土采用输送泵输送时,应分层、水平、对称灌注,振捣器不得触及防水层。

e. 选择合理的拆模时间,对于非承重混凝土,强度达到2.5MPa以上时方可拆模,避免因拆模过早导致混凝土早期受力引起的结构裂缝。

②特殊季节施工控制。

a. 夏季施工:

(a)夏季浇筑混凝土时,一般遇小雨可连续作业,同时根据实际情况要求搅拌站适当调整坍落度。如遇中雨、大雨或暴雨应及时停止施工,并采取如下措施:

已入模的混凝土必须继续振捣密实,浇筑完毕加以覆盖后,方可停工;

如混凝土表面受冲刷,雨后接缝时应凿掉被雨水浸泡冲刷过的松散混凝土,应按施工缝处理。对于必须保证连续施工,不允许出现施工缝的工程,应采取一定的防雨措施,保证施工的连续进行。

(b)应对浇筑混凝土所接触的地基和模板,在施工前采取洒水等方法.降低表面温度。

(c)混凝土浇筑入模温度应控制在30℃以下,在夏季进行水泥使用及混凝土施工时,应尽可能安排在夜间或阴天等温度较低时进行。混凝土施工应紧凑、连续进行。混凝土振捣一定要密实。浇筑时混凝土的自由落距应不大于2m,振捣应均匀、密实,做到不漏振、不欠振、不过振。为了消除混凝土沉缩和塑性收缩产生的表面裂缝,初凝前应在混凝土表面进行二次振捣。水平结构混凝土表面终凝前应适时压实抹平,必要时还应先用铁滚筒压两遍以上,以防产生收缩裂缝。

(d)浇筑好的混凝土结构应及时进行二次抹面和表面收光,以防止和减少微细裂纹产生。如仍在塑性状态时出现裂纹应及时进行抹压,并加快混凝土的修整速度。修整时可用喷雾器洒少量水,防止表面裂纹,但不能直接向混凝土表面洒水。

(e)高温天气时,干燥热风吹在混凝土结构表面,使其水分蒸发很快,一定要加强对混凝土的养护。混凝土浇筑施工工序完毕后应立即覆盖塑料薄膜,以封闭混凝土表面防止水分蒸发,保持混凝土处于潮湿状态下养护,或及时在混凝土表面盖麻袋并浇水养护,使混凝土外露表面始终保持湿润状态。一般气候下,普通混凝土浇筑后12h内开始浇水养护,但夏季高温季节进行混凝土施工时开始浇水养护的时间要提前,养护期间要始终保持混凝土表面湿润。浇水养护时间不得少于14d。墙、柱、梁部位混凝土在侧模拆除后,为防止混凝土表面产生干燥裂缝,应及时在混凝土表面涂刷养护液。

(f)对由于环境温湿度差而有可能引发裂缝的板式结构,要注意降低板两侧的温湿度差,避免因温差太大造成混凝土体积不均匀收缩而产生表面裂缝。

(g)雨季浇筑混凝土时,应采取防雨措施。在浇筑混凝土支撑圈梁时,雨水的淋入会稀释混凝土中的水泥浆体,导致混凝土水灰比提高,振捣时易出现水泥浆体大量上浮、集料下沉,从而导致强度下降。

b.冬季施工:

(a)混凝土拌制的要求。

工程中所用混凝土的原材料的质量、配合比设计、搅拌时的上料计量和控制、出机温度和运输过程的保温以及保证混凝土的入模温度等问题,都需要在施工中及时掌握混凝土的各项性能,提前做好混凝土的冬季施工准备工作。

混凝土配合比要求:为了尽快提高混凝土强度的增长速度,应对混凝土配合比进行适当调整,并掺加JW-3早强防冻剂。配合比改变必须事先试配合格,方可使用。混凝土掺加早强、抗冻复合外加剂,一是为了提高混凝土在覆盖保温阶段的早期强度,尽快达到混凝土的受冻临界强度和拆模需要的强度;二是为了防止突然降温时混凝土受冻;三是为了使混凝土在撤除保温以后强度能够继续增长。

混凝土原材料要求:混凝土配合比中水泥强度等级不得低于42.5,水泥用量不少于300kg/m^3等要求,水灰比不应大于0.60并加入早强剂;冬期拌制混凝土时应优先采用加热水的方法,但水的加热温度不得高于80℃;采用温水搅拌可防止混凝土热量散失过快及表面冻结等现象;保证混凝土运送到工地的出罐温度在15℃以上,从而保证混凝土的入模温度控制在6℃以上,并掺加抗冻性能达到-25℃的抗冻剂,钢筋混凝土中不宜掺加氯盐类防冻剂。

(b)混凝土的运输。

混凝土出站后,应及时运到浇筑地点,提前研究好交通高峰期混凝土的运输路线,因堵车或其他原因导致超过混凝土初凝时间,禁止运送至工地。在运输过程中,要注意防止混凝土热量散失、表面冻结、混凝土离析、水泥砂浆流失、坍落度变化等。对运输用罐车应采取保温措施,尽量减少运输过程热损失,保证混凝土的出罐温度在运输过程中,一般每小时温度降低不宜超过5~6℃,对商业混凝土站有如下几点要求:

一是对搅拌站原材料进行加热,保证混凝土运送到工地的出罐温度在15℃以上,从而保证混凝土的入模温度控制在6℃以上,并根据温度情况适当添加抗冻剂。

二是混凝土板混凝土表面收平且初凝后(且浇筑完毕后的12h以内),应及时在其表面铺一层塑料布+一层厚毡毯覆盖保温、保湿养护。

三是柱、梁、板混凝土浇筑完毕后,马上用一层塑料薄膜进行养护,并在薄膜外侧覆盖土工布封闭严实,保温、保湿养护,在达到混凝土受冻临界强度后方可拆除模板,拆除模板后即采用一层塑料布+一层土工布封闭,保温、保湿养护。

四是混凝土掺加的防冻剂应为非早强性或少早强组分,以降低混凝土的液相冰点,提高混凝土的受冻临界强度,防止突然降温时混凝土受冻,以便使混凝土在撤除保温措施后强度能够继续增长。

(c)混凝土各类防冻剂的选用原则。

防冻剂应选用地铁公司准入的产品,混凝土施工采用规定温度为-15℃的防冻剂。另要求防冻剂中碱含量和氯离子含量低、不含氨,对钢筋无锈蚀;对各种水泥的适应性好,混凝土耐久性好,具有防冻、减水、塑化、坍落度损失小等优点,且尽量选用商品混凝土站应用有成熟经验的产品。防冻剂的选择应注意以下事项:

一是混凝土严禁采用含氯配置的早强剂及早强型减水剂或掺有氯盐组分的防冻剂。

二是应优先采用水溶性有机化合物类的防冻剂。

三是采用复合型防冻剂应以防冻组分复合引气、减水等组分的外加剂,早强组分应尽量少或无早强组分。

四是严禁采用含硝氨、尿素等产生刺激性气味的防冻剂。

五是冬季施工之前,搅拌站应提供防冻剂的产品合格证书和品质检测报告,以及进场质量检查报告,报施工单位批准后方可使用。

(d)混凝土浇筑。

混凝土浇筑前,要清除模板和钢筋上的冰雪及污垢,尤其竖向构件底部积水必须在混凝土浇筑前再次检查是否清除。

混凝土施工缝处浇灌前应除掉水泥薄膜和松动石子,润湿冲洗干净,待已浇筑好的混凝土强度达1.2MPa时,才可在其上铺一层与混凝土内砂浆成分相同的砂浆而后继续浇筑混凝土。浇筑完成后,梁、路面铺盖全部采用塑料薄膜进行保温覆盖后,上方用厚毡毯二次覆盖,确保混凝土不会受冻。

其他混凝土浇筑技术及要求与本工程混凝土施工要求相同。

(e)混凝土负温养护。

一是测温人员的培训。

测温人员培训,主要通过学习各种测温方法,明确测温的意义和测温数据的重要性,提高测温人员的责任心。测温人员必须做到:

每天记录大气温度,并报告项目负责人和试验室、工程部。

准确记录混凝土到现场的出罐温度、混凝土浇筑时的入模温度。

混凝土养护温度的测量:按要求布置测温孔,绘制测温孔分布图及编号。按规定测量混凝土养护的初始温度,升温、降温过程的混凝土温度和大气温度。

做好测温记录的填写和整理工作。

二是温度控制。

通过用温度计现场进行实际测温,并形成测温记录表,混凝土的入模温度控制在6℃以上;混凝土浇筑后的起始养护温度不低于5℃,若达不到以上温度,应提高养护砂子、碎石、河石的预热温度以满足要求,但搅拌水温不能高于75℃,同时不能大量进行浇水养护。

三是混凝土浇筑打毛后应立即在表面覆盖一层塑料薄膜,然后再覆盖土工布保温,使混凝土由搅拌时所携带的余热及水泥的水化热不致骤然散失,同时也防止水分散失,从而能够蓄热,维持正温条件进行养护。并根据气温情况增加毡毯厚度加以保温。对边、棱角部位的保温在墙、柱钢筋缝隙处塞棉毯,以起到保温作用。

(f)混凝土养护及保护。

一是及时进行混凝土表面修整及二次压光,及时养护,养护施工定方案、定人员、定设备、定时间、定措施,确保养护方案在执行过程中不走样。

二是混凝土强度未达设计要求强度前,禁止重型设备从旁频繁经过及在结构表面堆载重物;对结构不同部位,采取不同的拆模时间,禁止拆模过早,拆模时不得硬砸硬撬。

三是混凝土终凝后应及时洒水养护,必要时采用塑料膜覆盖养护,结构混凝土养护期不少于14d。

12.2 各道工序质量验收标准

12.2.1 各道工序质量验收标准见表23-25~表23-27。

钢筋加工允许偏差　　表23-25

项　目	允许偏差(mm)
受力钢筋沿长度方向的净尺寸	±10
弯起钢筋的弯折位置	±20

续上表

项　目	允许偏差(mm)
箍筋外廓尺寸	±5

钢筋安装允许偏差 表 23-26

项　目		允许偏差(mm)	允许偏差(mm)
绑扎钢筋网	长、宽	±10	钢尺检查
	网眼尺寸	±20	尺量连续三档,取最大偏差值
绑扎钢筋骨架	长	±10	尺量
	宽、高	±5	
纵向受力钢筋	锚固长度	−20	尺量
	间距	±10	尺量两端、中间各一点,取最大偏差值
	排距	±5	
纵向受力钢筋、箍筋的混凝土保护层厚度	基础	±10	尺量
	柱、梁	±5	
	板、墙、壳	±3	
绑扎箍筋、横向钢筋间距		±20	尺量连续三档,取最大偏差值
钢筋弯起点位置		20	尺量
预埋件	中心线位置	5	尺量
	水平高差	+3,0	塞尺量测

现浇结构尺寸偏差 表 23-27

项　目			允许偏差(mm)	检 验 方 法
轴线位置	整体基础		15	经纬仪及尺量
	独立基础		10	
	柱、墙、梁		8	尺量
垂直度	层高	≤6m	10	经纬仪或吊线、尺量
		>6m	12	
	全高(H)≤300m		H/30000+20	经纬仪、尺量
	全高(H)>300m		H/10000 且≤80	
高程	层高		±10	水准仪或拉线、尺量
	全高		±30	
截面尺寸	基础		+15,−10	尺量
	柱、梁、板、墙		+10,−5	
	楼梯相邻踏步高差		6	
电梯井	中心位置		10	尺量
	长、宽尺寸		+25.0	
表面平整度			8	2m 靠尺和塞尺量测
预埋件中心位置	预埋板		10	尺量
	预埋螺栓		5	
	预埋管		5	
	其他		10	
预留洞、孔中心线位置			15	尺量

13 冬期、高温和雨期施工

13.1 一般规定

13.1.1 根据当地多年气象资料统计,当室外日平均气温连续5d稳定低于5℃时,应采取冬期施工措施;当室外日平均气温连续5d稳定高于5℃时,可解除冬期施工措施。当混凝土未达到受冻临界强度而气温骤降至0℃以下时,应按冬期施工的要求采取应急防护措施。

13.1.2 当日平均气温达到30℃及以上时,应按高温施工要求采取措施。

13.1.3 雨季和降雨期间,应按雨期施工要求采取措施。

13.1.4 混凝土冬期施工应按《建筑工程冬期施工规程》(JGJ/T 104—2011)的有关规定进行热工计算。

13.2 冬期施工

13.2.1 冬期施工配制混凝土宜选用硅酸盐水泥或普通硅酸盐水泥。采用蒸汽养护时,宜选用矿渣硅酸盐水泥。

13.2.2 用于冬期施工混凝土的粗、细集料中,不得含有冰、雪冻块及其他易冻裂物质。

13.2.3 冬期施工混凝土用外加剂应符合《混凝土外加剂应用技术规范》(GB 50119—2013)的有关规定。采用非加热养护方法时,混凝土中宜掺入引气剂、引气型减水剂或含有引气组分的外加剂,混凝土含气量宜控制在3.0%~5.0%。

13.2.4 冬期施工混凝土配合比应根据施工期间环境气温、原材料、养护方法、混凝土性能要求等经试验确定,并宜选择较小的水胶比和坍落度。

13.2.5 冬期施工混凝土搅拌前,原材料的预热应符合下列规定:

宜加热拌和水。当仅加热拌和水不能满足热工计算要求时,可加热集料。拌和水与集料的加热温度可通过热工计算确定,加热温度的规定见表23-28。

拌和水及集料最高加热温度(℃) 表23-28

水泥强度等级	拌和水	集料
42.5以下	80	60
42.5、42.5R及以上	60	40

水泥、外加剂、矿物掺和料不得直接加热,应事先储于暖棚内预热。

13.2.6 冬期施工混凝土搅拌应符合下列规定:

(1)液体防冻剂使用前应搅拌均匀,由防冻剂溶液带入的水分应从混凝土拌和水中扣除。

(2)蒸汽法加热集料时,应加大对集料含水率测试的频率,并将由集料带入的水分从混凝土拌和水中扣除。

(3)混凝土搅拌前应对搅拌机械进行保温或采用蒸汽进行加温,搅拌时间应比常温搅拌时间延长30~60s。

(4)混凝土搅拌时应先投入集料与拌和水,预拌后再投入胶凝材料与外加剂。胶凝材料、引气剂或含引气组分的外加剂不得与60℃以上热水直接接触。

13.2.7 混凝土拌和物的出机温度不宜低于10℃,入模温度不应低于5℃;对预拌混凝土或需远距离输送的混凝土,混凝土拌和物的出机温度可根据运输和输送距离经热工计算确定,但不宜低于15℃。大体积混凝土的入模温度可根据实际情况适当降低。

13.2.8　混凝土运输、输送机具及泵管应采取保温措施。当采用泵送工艺浇筑时，应采用水泥浆或水泥砂浆对泵和泵管进行润滑、预热。混凝土运输、输送与浇筑过程中应进行测温，温度应满足热工计算的要求。

13.2.9　混凝土浇筑前，应清除地基、模板和钢筋上的冰雪和污垢，并进行覆盖保温。

13.2.10　混凝土分层浇筑时，分层厚度不应小于400mm。在被上一层混凝土覆盖前，已浇筑层的温度应满足热工计算要求，且不得低于2℃。

13.2.11　采用加热方法养护现浇混凝土时，应考虑加热产生的温度应力对结构的影响，并合理安排混凝土浇筑顺序与施工缝留置位置。

13.2.12　冬期浇筑的混凝土，其受冻临界强度应符合下列规定：

(1)当采用蓄热法、暖棚法、加热法施工时，采用硅酸盐水泥、普通硅酸盐水泥配制的混凝土，不应低于设计混凝土强度等级值的30%；采用矿渣硅酸盐水泥、粉煤灰硅酸盐水泥、火山灰硅酸盐水泥、复合硅酸盐水泥配制的混凝土，不应低于设计混凝土强度等级值的40%。

(2)当室外最低气温不低于-15℃时，采用综合蓄热法、负温养护法施工的混凝土受冻临界强度不应低于4.0MPa；当室外最低气温不低于-30℃时，采用负温养护法施工的混凝土受冻临界强度不应低于5.0MPa。

(3)强度等级大于或等于C50的混凝土，不宜低于设计混凝土强度等级值的30%。

(4)对有抗冻耐久性要求的混凝土，不宜低于设计混凝土强度等级值的70%。

13.2.13　混凝土结构工程冬期施工养护应符合下列规定：

(1)当室外最低气温不低于-15℃时，对地面以下的工程或表面系数不大于$5m^{-1}$的结构，宜采用蓄热法养护，并应对结构易受冻部位加强保温措施。

(2)当采用蓄热法不能满足要求时，对表面系数为$5\sim15m^{-1}$的结构，可采用综合蓄热法养护。采用综合蓄热法养护时，混凝土中应掺加具有减水、引气性能的早强剂或早强型外加剂。

(3)对不易保温养护，且对强度增长无具体要求的一般混凝土结构，可采用掺防冻剂的负温养护法进行施工。

(4)当本条第1~3款不能满足施工要求时，可采用暖棚法、蒸汽加热法、电加热法等方法，但应采取降低能耗的措施。

13.2.14　混凝土浇筑后，对裸露表面应采取防风、保湿、保温措施，对边、棱角及易受冻部位应加强保温。在混凝土养护和越冬期间，不得直接对负温混凝土表面浇水养护。

13.2.15　模板和保温层应在混凝土达到要求强度，且混凝土表面温度冷却到5℃后再拆除。对墙、板等薄壁结构构件，宜延长模板拆除时间。当混凝土表面温度与环境温度之差大于20℃时，拆模后的混凝土表面应立即进行保温覆盖。

13.2.16　混凝土强度未达到受冻临界强度和设计要求时，应继续进行养护。工程越冬期间，应编制越冬维护方案并进行保温维护。

13.2.17　混凝土工程冬期施工应加强对集料含水率、防冻剂掺量的检查，以及原材料、入模温度、实体温度和强度的监测；应依据气温的变化，检查防冻剂掺量是否符合配合比与防冻剂说明书的规定，并应根据需要进行配合比的调整。

13.2.18　混凝土冬期施工期间，应按国家现行有关标准的规定对混凝土拌和水温度、外加剂溶液温度、集料温度、混凝土出机温度、浇筑温度、入模温度以及养护期间混凝土内部和大气温度进行测量。

13.2.19　冬期施工混凝土强度试件的留置除应符合《混凝土结构工程施工质量验收规范》(GB 50204—2015)的有关规定外，尚应增设与结构同条件养护试件，养护试件不应少于2组。同条件养护试件应在解冻后进行试验。

13.3 高温施工

13.3.1 高温施工时,对露天堆放的粗、细集料应采取遮阳防晒等措施。必要时,可对粗集料进行喷雾降温。

13.3.2 高温施工混凝土配合比设计除应符合本章第7.3节的规定外,尚应符合下列规定:

(1)应考虑原材料温度、环境温度、混凝土运输方式与时间对混凝土初凝时间、坍落度损失等性能指标的影响,根据环境温度、湿度、风力和采取温控措施的实际情况,对混凝土配合比进行调整。

(2)宜在近似现场运输条件、时间和预计混凝土浇筑作业最高气温的天气条件下,通过混凝土试拌和与试运输的工况试验后,调整并确定适合高温天气条件下施工的混凝土配合比。

(3)宜采用低水泥用量的原则,并可采用粉煤灰取代部分水泥。宜选用水化热较低的水泥;混凝土坍落度不宜小于70mm。

13.3.3 混凝土的搅拌应符合下列规定:

(1)应对搅拌站料斗、储水器、皮带运输机、搅拌楼采取遮阳防晒措施。

(2)对原材料进行直接降温时,宜采用对水、粗集料进行降温的方法。当对水直接降温时,可采用冷却装置冷却拌和用水,并应对水管及水箱加设遮阳和隔热设施,也可在水中加碎冰作为拌和用水的一部分。混凝土拌和时掺加的固体冰应确保在搅拌结束前融化,且在拌和用水中扣除其质量。

(3)原材料入机温度的规定见表23-29。

原材料最高入机温度 表23-29

原　材　料	入机温度(℃)
水泥	60
集料	30
水	25
粉煤灰等掺和料	60

(4)混凝土拌和物出机温度不宜大于30℃。必要时,可采取掺加干冰等附加控温措施。

13.3.4 混凝土宜采用白色涂装的混凝土搅拌运输车运输;对混凝土输送管应进行遮阳覆盖,并洒水降温。

13.3.5 混凝土浇筑入模温度不应高于35℃。

13.3.6 混凝土浇筑宜在早间或晚间进行,且宜连续浇筑。当水分蒸发速率大于1kg/(m^2·h)时,应在施工作业面采取挡风、遮阳、喷雾等措施。

13.3.7 混凝土浇筑前,施工作业面宜采取遮阳措施,并应对模板、钢筋和施工机具采用洒水等降温措施,但浇筑时模板内不得有积水。

13.3.8 混凝土浇筑完成后,应及时进行保湿养护。侧模拆除前宜采用带模湿润养护。

13.4 雨期施工

13.4.1 雨期施工期间,对水泥和掺和料应采取防水和防潮措施,并对粗、细集料含水率进行实时监测,及时调整混凝土配合比。

13.4.2 应选用具有防雨水冲刷性能的模板脱模剂。

13.4.3 雨期施工期间,对混凝土搅拌、运输设备和浇筑作业面应采取防雨措施,并加强施工机械检查维修及接地接零检测工作。

13.4.4 除采用防护措施外,小雨、中雨天气不宜进行混凝土露天浇筑,且不应开始大面积作业面的混凝土露天浇筑;大雨、暴雨天气不应进行混凝土露天浇筑。

13.4.5　雨后应检查地基面的沉降,并对模板及支架进行检查。

13.4.6　应采取防止基槽或模板内积水的措施。基槽或模板内和混凝土浇筑分层面出现积水时,应在排水后再浇筑混凝土。

13.4.7　混凝土浇筑过程中,对因雨水冲刷致使水泥浆流失严重的部位,应采取补救措施后再继续施工。

13.4.8　在雨天进行钢筋焊接时,应采取挡雨等安全措施。

13.4.9　混凝土浇筑完毕后,应及时采取覆盖塑料薄膜等防雨措施。

13.4.10　台风来临前,应对尚未浇筑混凝土的模板及支架采取临时加固措施。

本章条文说明

1.总则

(1)本章所给出的混凝土结构工程施工要求,是为了保证工程的施工质量和施工安全,并为施工工艺提供技术指导,使工程质量满足设计文件和相关标准的要求。混凝土结构工程施工,还应贯彻节材、节水、节能、节地和保护环境等技术经济政策。本章主要依据我国科学技术成果、常用施工工艺和工程实践经验,并参考国际与国外先进标准制定而成。

(2)本章适用的建筑工程混凝土结构施工包括现场施工及预拌混凝土生产、预制构件生产、钢筋加工等场外施工。轻集料混凝土是指干表观密度不大于 $1950kg/m^3$ 的混凝土。特殊混凝土是指有特殊性能要求的混凝土,如膨胀、耐酸、耐碱、耐油、耐热、耐磨、防辐射等。“轻集料混凝土及特殊混凝土的施工”是专指其混凝土分项工程施工;对其他分项工程(如模板、钢筋、预应力等),仍可按本章的规定执行。轻集料混凝土和特殊混凝土的配合比设计、拌制、运输、泵送、振捣等有其特殊性,应按国家现行相关标准执行。

(3)本章总结了近年来我国混凝土结构工程施工的实践经验和研究成果,提出了混凝土结构工程施工管理和过程控制的基本要求。当设计文件对混凝土结构施工有不同于本章的专门要求时,应遵照设计文件执行。

2.术语和符号

1)术语

本章采用的术语及其定义,是根据下列原则确定的:

(1)凡现行工程建设国家标准已作规定的,一律加以引用,不再另行给出定义。

(2)凡现行工程建设国家标准尚未规定的,由本章参照国际标准和国外先进标准给出其定义。

(3)当现行工程建设国家标准虽已有该术语,但定义不准确或概括的内容不全时,由本章完善其定义。

2)符号

本章采用的符号及其意义,尽可能与《混凝土结构设计规范》(GB 50010—2010)(2015 年版)及《钢结构设计标准》(GB 50017—2017)相一致,以便于在加固设计、计算中引用其公式。只有在遇到公式中必须给出加固设计专用的符号时,才另行制定。即使这样,在制定过程中仍然遵循了下列原则:

(1)对主体符号及其上、下标的选取,应符合《工程结构设计通用符号标准》(GB/T 50132—2014)的符号用字及其构成规则。

(2)当必须采用通用符号,但又必须与新建工程使用的该符号有所区别时,可在符号的释义中加上定语。

3.基本规定

1)施工管理

(1)与混凝土结构施工相关的企业资质主要有房屋建筑工程施工总承包企业资质;预拌商品混凝土专业企业资质、混凝土预制构件专业企业资质、预应力工程专业承包企业资质;钢筋作业分包企业资质、混凝土作业分包企业资质、脚手架作业分包企业资质、模板作业分包企业资质等。

施工单位的质量管理体系应覆盖施工全过程,包括材料的采购、验收和储存,施工过程中的质量自检、互检、交接检,隐蔽工程检查和验收,以及涉及安全和功能的项目抽查检验等环节。混凝土结

构施工全过程中,应随时记录并处理出现的问题和质量偏差。

(2)施工项目部应确定人员的职责、分工和权限,制定工作制度、考核制度和奖惩制度。施工项目部的机构设置应根据项目的规模、结构复杂程度、专业特点、人员素质等确定。施工操作人员应具备相应的技能,对有从业证书要求的,还应具有相应证书。

(3)对预应力、装配式结构等工程,当原设计文件深度不够,不足以指导施工时,需要施工单位进行深化设计。深化设计文件应经原设计单位认可。对于改建、扩建工程,应经承担该改建、扩建工程的设计单位认可。

(4)施工单位应重视施工资料管理工作,建立施工资料管理制度,将施工资料的形成和积累纳入施工管理的各个环节和有关人员的职责范围。在资料管理过程中应保证施工资料的真实性和有效性。除应建立配套的管理制度,明确责任外,还应根据工程具体情况采取措施,堵塞漏洞,确保施工资料真实、有效。

(5)混凝土结构施工现场应采取必要的安全防护措施,各项设备、设施和安全防护措施应符合相关强制性标准的规定。对可能发生的各种危害和灾害,应制订应急预案。其中的突发事件主要指天气骤变、停水、断电、道路运输中断、主要设备损坏、模板质量安全事故等。

2)施工技术

(1)混凝土结构施工前的准备工作包括供水、用电、道路、运输、模板及支架、混凝土覆盖与养护、起重设备、泵送设备、振捣设备、施工机具和安全防护设施等。

(2)施工阶段的监测内容可根据设计文件的要求和施工质量控制的需要确定。施工阶段的监测内容一般包括施工环境监测(如风向、风速、气温、湿度、雨量、气压、太阳辐射等)、结构监测(如结构沉降观测、倾斜测量、楼层水平度测量、控制点高程与水准测量以及构件关键部位或截面的应变、应力监测和温度监测等)。

(3)采用新技术、新工艺、新材料、新设备时,应经过试验和技术鉴定,并制订可行的技术措施。设计文件中指定使用新技术、新工艺、新材料时,施工单位应依据设计要求进行施工。施工单位欲使用新技术、新工艺、新材料时,应经监理单位核准,并按相关规定办理。“新工艺”是指以前未在任何工程施工中应用的施工工艺,“首次采用的施工工艺”是指施工单位以前未实施过的施工工艺。

3)施工质量与安全

(1)在混凝土结构施工过程中,应贯彻执行施工质量控制和检验制度。每道工序均应及时进行检查,确认符合要求后方可进行下一道工序的施工。施工企业实行的“过程三检制”是一种有效的企业内部质量控制方法,“过程三检制”是指自检、互检和交接检三种检查方式。对发现的质量问题及时返修、返工,是施工单位进行质量过程控制的必要手段。本章第4~9节提出了施工质量检查的主要内容,在实际操作中可根据质量控制的需要调整、补充检查内容。

(2)混凝土结构工程的隐蔽工程验收,主要包括钢筋、预埋件等,《混凝土结构工程施工质量验收规范》(GB 50204—2015)中对此已有明确规定。其中强调除应对隐蔽工程进行验收外,还应对重要工序和关键部位加强质量检查或进行测试,并要求应有详细记录和宜有必要的图像资料。这些规定主要考虑隐蔽工程、重要工序和关键部位对于混凝土结构的重要性。当隐蔽工程的检查、验收与相应检验批的检查、验收内容相同时,可以合并进行。

(3)施工中使用的原材料、半成品和成品以及施工设备和机具,应符合国家相关标准的要求。为适当减少有关产品的检验工作量,本章有关内容对符合限定条件的产品进场检验作了适当调整。对来源稳定且连续检验合格,或经产品认证符合要求的产品,进场时可按本章的有关规定放宽检验。“经产品认证符合要求的产品”是指经产品认证机械认证,认证结论为符合认证要求的产品,产品认证机构应经国家认证认可监督管理部门批准。“放宽检验”是指扩大检验批量,不是放宽检验指标。

(4)试件留设是混凝土结构施工检测和试验计划的重要内容。混凝土结构施工过程中,确认混凝土强度等级达到要求,应采用标准养护的混凝土试件;混凝土结构构件拆模、脱模、吊装、施加预应力及施工期间负荷时的混凝土强度,应采用同条件养护的混凝土试件。当施工阶段混凝土强度指标要求较低,不适宜用同条件养护试件进行强度测试时,可根据经验判断。

(5)混凝土结构施工前,需确定结构位置、高程的控制点和水准点,其精度应符合规划管理和工程施工的需要。用于施工抄平、放线的水准点或控制点的位置,应保持牢固稳定,不下沉、不变形。施工现场应对设置的控制点和水准点进行保护,使其不受扰动,必要时应进行复测以确定其准确度。

4. 模板工程

1)一般规定

(1)模板工程主要包括模板和支架两部分。模板面板、支承面板的次楞和主楞以及对拉螺栓等组件统称为模板。模板背侧的支承(撑)架和连接件等统称为支架或模板支架。

模板工程专项施工方案一般包括下列内容:模板及支架的类型;模板及支架的材料要求;模板及支架的计算书和施工图;模板及支架安装、拆除相关技术措施;施工安全和应急措施(预案);文明施工、环境保护等技术要求。

本章中高大模板支架工程是指搭设高度 8m 及以上;搭设跨度 18m 及以上,施工总荷载15kN/m^{2}及以上;集中线荷载 20kN/m 及以上的模板支架工程。

滑模、爬模等工具式模板工程及高大模板支架工程的专项施工方案应进行技术论证。模板工程的安全一直是施工现场安全生产管理的重点和难点,根据住房和城乡建设部《危险性较大的分部分项工程安全管理办法》(建办质〔2018〕37 号)的规定,超过一定规模的危险性较大的混凝土模板支架工程为:搭设高度 8m 及以上;搭设跨度 18m 及以上,施工总荷载 15kN/m^2 及以上;集中线荷载 20kN/m 及以上。国外部分相关规范也有区分基本模板工程、特殊模板工程的类似规定。提出“高大模板工程”术语是区别于浇筑一般构件的模板工程,并便于模板工程施工作业人员的简易理解。条文规定的专项施工方案的技术论证包括专家评审。

关于模板工程现有多本专业标准,如行业标准《钢框胶合板模板技术规程》(JGJ 96—2011)、《液压爬升模板工程技术标准》(JGJ/T 195—2018)、《液压滑动模板施工安全技术规程》(JGJ 65—2013)、《建筑工程大模板技术标准》(JGJ/T 74—2017),国家标准《组合钢模板技术规范》(GB/T 50214—2013)等,应遵照执行。

(2)模板及支架是施工过程中的临时结构,应根据结构形式、荷载大小等结合施工过程的安装、使用和拆除等主要工况进行设计,保证其安全可靠,具有足够的承载力和刚度,以及整体稳固性。根据《工程结构可靠性设计统一标准》(GB 50153—2008)的有关规定,本章中的“模板及支架的整体稳固性”是指在遭遇不利施工荷载工况时,不因构造不合理或局部支撑杆件缺失造成整体性坍塌。模板及支架设计时应考虑模板及支架自重、新浇筑混凝土自重、钢筋自重、新浇筑混凝土对模板侧面的压力、施工人员及施工设备荷载、混凝土下料产生的水平荷载、泵送混凝土或不均匀堆载等因素产生的附加水平荷载、风荷载等。这直接影响模板及支架的安全,并与混凝土结构施工质量密切相关,故列为强制性条文,应严格执行。

2)材料

(1)混凝土结构施工用的模板材料,包括钢材、铝材、胶合板、塑料、木材等。目前,我国建筑行业现浇混凝土施工的模板多使用木材作主、次楞,竹(木)胶合板作面板,但木材的大量使用不利于保护国家有限的森林资源,而且周转使用次数少的不耐用的木质模板在施工现场会造成大量建筑垃圾,应引起重视。为符合“四节一环保”的要求,应提倡“以钢代木”,即提倡采用轻质、高强、耐用的模板材料,如铝合金和增强塑料等。支架材料宜选用钢材或铝合金等轻质高强的可再生材料,不提倡采用木支架。连接件将面板和支架连接为可靠的整体,采用标准定型连接件有利于操作安全、连接可

靠和重复使用。

(2)模板脱模剂有油性、水性等种类。为不影响后期的混凝土表面实施粉刷、批腻子及涂料装饰等,宜采用水性的脱模剂。

3)设计

(1)模板及支架中杆件之间的连接考虑了可重复使用和拆卸方便,设计计算分析的计算假定和分析模型不同于永久性的钢结构或薄壁型钢结构,上述要求计算假定和分析模型应有理论或试验依据,或经工程经验验证可行。设计中实际选取的计算假定和分析模型应尽可能与实际结构受力特点一致。模板及支架的承载力计算采用荷载基本组合;变形验算采用永久荷载标准值,即不考虑可变荷载,当所有永久荷载同方向时,即为永久荷载标准值的代数和。

(2)本章主要对模板及支架的承载力设计提出了基本要求。通过引入结构重要性系数 γ_0,区分了"重要"和"一般"模板及支架的设计要求,其中"重要的模板及支架"包括高大模板及支架,跨度较大、承载较大或体型复杂的模板及支架等。另外,还引入承载力设计值调整系数 γ_R 以考虑模板及支架的重复使用情况,其中对周转使用的工具式模板及支架,γ_R 应大于 1.0;对新投入使用的非工具式模板与支架,γ_R 可取 1.0。

模板及支架结构构件的承载力设计值可按相应材料的结构设计规范采用,如钢模板及钢支架的设计符合《钢结构设计规范》(GB 50017—2017)的规定;冷弯薄壁型钢支架的设计符合《冷弯薄壁型钢结构技术规范》(GB 50018—2016)的规定;铝合金模板及铝合金支架的设计符合《铝合金结构设计规范》(GB 50429—2007)的规定。

(3)基于目前房屋建筑的混凝土楼板厚度以 120mm 以上为主,其单位面积自重与施工荷载相当,因此,根据《建筑结构荷载规范》(GB 50009—2012)的相关规定,对由永久荷载效应控制的组合,永久荷载分项系数应取 1.35,为便于施工计算,统一取 1.35 的系数。

从理论和设计习惯两个方面考虑,侧面模板设计时模板侧压力永久荷载分项系数取 1.2 更为合理,通过引入模板及支架的类型系数 α 解决此问题,1.35 乘以 0.9 近似等于 1.2。

(4)作用在模板及支架上的荷载分为永久荷载和可变荷载。将新浇筑混凝土的侧压力列为永久荷载是基于混凝土浇筑入模后侧压力相对稳定地作用在模板上,直至混凝土逐渐凝固而消失,符合"变化与平均值相比可以忽略不计或变化是单调的并能趋于限值"的永久荷载定义。对于塔吊钩住混凝土料斗等斗容器下料产生的荷载,美国规范 ACI347 认为可以按料斗的容量、料斗离楼面模板的距离、料斗下料的时间和速度等因素计算作用到模板面上的冲击荷载,考虑对浇筑混凝土地点的混凝土下料与施工人员作业荷载不同时,混凝土下料产生的荷载主要与混凝土侧压力组合,并作用在有效压头范围内。

当支架结构与周边已浇筑混凝土并具有一定强度的结构可靠拉结时,可以不验算整体稳定。对相对独立的支架,在其高度方向上与周边结构无法形成有效拉结的情况下,可分别计算泵送混凝土或不均匀堆载等因素产生的附加水平荷载(Q_3)作用下和风荷载(Q_4)作用下支架的整体稳定性,以保证支架架体的构造合理性,防止突发性的整体坍塌事故。

(5)模板面板的变形量直接影响混凝土构件的尺寸和外观质量。对于梁板等水平构件,其模板面板及面板背侧支撑的变形验算采用施加其上的混凝土、钢筋和模板自重的荷载标准值;对于墙等竖向模板,其模板面板及面板背侧支撑的变形验算采用新浇筑混凝土的侧压力的荷载标准值。

(6)"结构表面外露的模板"可以认为是拆模后不做水泥砂浆粉刷找平的模板,"结构表面隐蔽的模板"是拆模后需要做水泥砂浆粉刷找平的模板。对于模板构件的挠度限值,在控制面板的挠度时应注意面板背部主、次楞的弹性变形对面板挠度的影响,适当提高主楞的挠度限值。

(7)对模板支架高宽比的限定主要为了保证在周边无结构提供有效侧向刚性连接的条件下,防止细高形的支架倾覆整体失稳。整体稳固性措施包括支架体内加强竖向和水平剪刀撑的设置;支架体外设置抛撑、型钢桁架撑、缆风绳等。

(8)混凝土浇筑前,支架在搭设过程中,因为相应的稳固性措施未到位,在风力很大时可能会发生倾覆,倾覆力矩主要由风荷载(Q_4)产生;混凝土浇筑时,支架的倾覆力矩主要由泵送混凝土或不均匀堆载等因素产生的附加水平荷载(Q_3)及风荷载(Q_4)产生,附加水平荷载(Q_3)以水平力的形式呈线荷载作用在支架顶部外边缘上。抗倾覆力矩主要由钢筋、混凝土和模板自重等永久荷载产生。

(9)在多、高层建筑的混凝土结构工程施工中,已浇筑的楼板可能还未达到设计强度,或者已经达到设计强度、但施工荷载显著超过其设计荷载,因此,必须考虑设置足够层数的支架,以避免相应各层楼板产生过大的应力和挠度。在设置多层支架时,需要确定各层楼板荷载向下传递时的分配情况。验算支架和楼板承载力可采用简化方法分析。当用简化方法分析时,可假定建筑基础为刚性板,模板支架层的立杆为刚性杆,由支架立杆相连的多层楼板的刚度假定为相等,按浇筑混凝土楼面新增荷载和拆除连续支架层的最底层荷载重新分布的两种最不利工况,分析计算连续多层模板支架立杆和混凝土楼面承担的最大荷载效应,决定合理的最少连续支模层数。

(10)支架立柱或竖向模板下的土层承载力设计值,应按《建筑地基基础设计规范》(GB 50007—2011)的规定或工程地质报告提供的数据采用。

(11)在扣件钢管模板支架的立杆顶端插入可调托座,模板上的荷载直接传给立杆,为中心传力方式;模板搁置在扣件钢管支架顶部的水平钢管上,其荷载通过水平杆与立杆的直角扣件传至立杆,为偏心传力方式,实际偏心距为53mm左右,规定为取整数值。中心传力方式有利于立杆的稳定性,因此宜采用中心传力方式。

单根立杆轴力标准值是基于支架顶部双向水平杆通过直角扣件扣接到立杆形成“双扣件”的传力形式确定的,根据试验,双扣件抗滑力范围在17~20kN之间,考虑一定的安全系数后提出了10kN、12kN的要求。工程施工技术人员也可根据工地的钢管管径及壁厚、扣件的规格和质量,进行双扣件抗滑试验,制定立杆的单根承载力限值。

(12)门式、碗扣式和盘扣式钢管架的顶部插入可调托座,其传力方式均为中心传力方式,有利于立杆的稳定性,值得推广应用。

4)制作与安装

(1)模板可在工厂或施工现场加工、制作。将通用性强的模板制作成定型模板可以有效地节约材料。

(2)模板及支架的安装应与其施工图一致。混凝土竖向构件主要有柱、墙和筒壁等,水平构件主要有梁、楼板等。

(3)对跨度较大的现浇混凝土梁、板,考虑到自重的影响,适度起拱有利于保证构件的形状和尺寸。执行时应注意起拱高度未包括设计起拱值,而只考虑模板本身在荷载下的下垂,故对钢模板可取偏小值,对木模板可取偏大值。当施工措施能够保证模板下垂符合要求的,也可不起拱或采用更小的起拱值。

(4)扣件式钢管支架因其灵活性好,通用性强,多年来工程施工已有一定市场,成为目前我国的主要模板支架形式。

(5)采用扣件式钢管搭设高大模板支架的问题一直是模板支架安全监管的重点和难点。支架塔设应强调完整性,扣件式钢管支架的搭设灵活性也带来了随意性,大尺寸梁、板混凝土构件下的扣件钢管模板支架的立杆上每步纵、横向水平钢管设置不全,每隔2根或3根立杆设置双向水平杆,交叉层上的水平杆单向设置等连接构造不完整是扣件钢管模板支架整体坍塌的主要原因。因此,基于用扣件式钢管搭设高大模板支架的多起整体坍塌事故分析和经验教训,特别强调扣件式钢管高大模板支架搭设应完整,立杆上每步的双向水平杆均应与立杆扣接,应将其作为扣件式钢管模板支架安装过程中的检查重点。支架宜设置中部纵向或横向的竖向剪刀撑,剪刀撑的间距不宜大于5m;沿支架

高度方向搭设的水平剪刀撑的间距不宜大于6m，搭设的高大模板支架应与施工方案一致。

采用满堂支架的高大模板支架时，在支架中间区域设置少量的用塔吊标准节安装的桁架柱，或用加密的钢管立杆、水平杆及斜杆搭设成的塔架等高承载力的临时柱，形成防止突发性模板支架整体坍塌的二道防线，经实践证明是行之有效的，如说明图23-1所示。

规定可调托座螺杆插入钢管的长度不应小于150mm，螺杆伸出钢管的长度不应大于300mm，插入立杆顶端可调托座伸出顶层水平杆的悬臂长度不应大于500mm（说明图23-1）。对非高大模板支架，如支架立杆顶部采用可调托座时，其构造也应符合此规定。

（6）基于用碗扣式钢管架搭设模板支架的整体坍塌事故分析，对采用碗扣式和盘扣式钢管架搭设模板支架时，限定立柱顶部插入可调托座伸出顶层水平杆的长度（说明图23-2），将顶部两层水平杆间的距离比标准步距缩小一个碗扣或盘扣节点间距，更有利于立杆的稳定性。

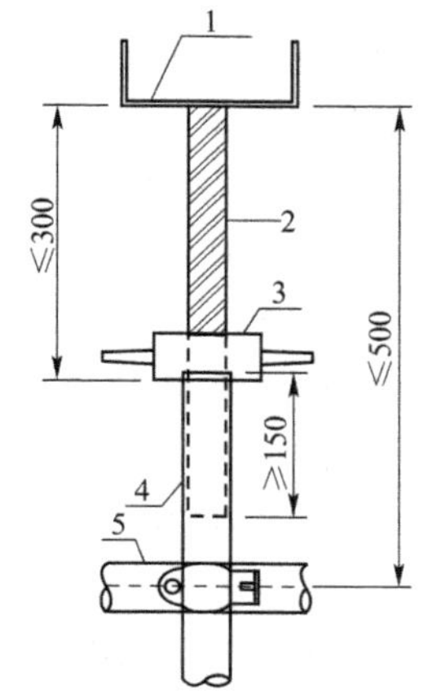

说明图23-1　扣件式钢管支架顶部的可调托座（尺寸单位：mm）

1-可调托座；2-螺杆；3-调节螺母；4-扣件式钢管支架立杆；5-扣件式钢管支架水平杆

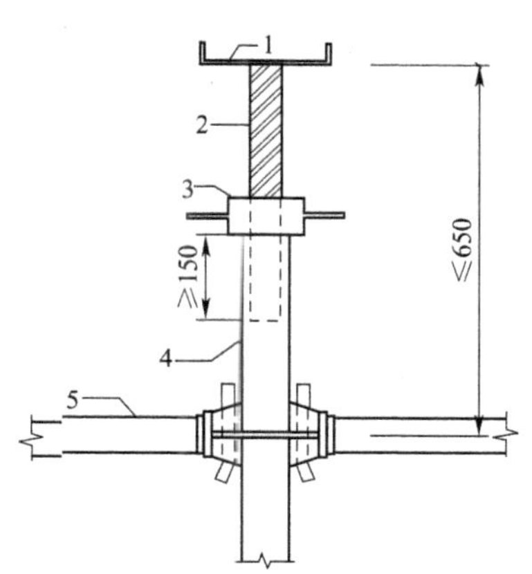

说明图23-2　碗扣式、盘扣式或盘销式钢管支架顶部的可调托座（尺寸单位：mm）

1-可调托座；2-螺杆；3-调节螺母；4-立杆；5-水平杆

碗扣式钢管架的竖向剪刀撑和水平剪刀撑可采用扣件钢管搭设，一般形成的基本网格为4～6m；盘扣式钢管架的竖向剪刀撑和水平剪刀撑直接采用斜杆，并要求纵、横向每5跨每层设置斜杆，竖向每4步设置水平层斜杆。

（7）目前施工单位多采用标准型门架，其主立杆直径为42mm；当支架高度较高或荷载较大时，主立杆钢管直径大于48mm的门架性能更好。

（8）后浇带部位的模板及支架通常需保留到设计允许封闭后浇带的时间。该部分模板及支架应独立设置，便于两侧的模板及支架及时拆除，加快模板及支架的周转使用。

5）拆除与维护

（1）多层、高层建筑施工中，连续2层或3层模板支架的拆除要求与单层模板支架不同，需根据连续支模层间荷载分配计算以及混凝土强度的增长情况确定底层支架拆除时间。冬期施工高层建筑时，气温低，混凝土强度增长慢，连续模板支架层数一般不少于3层。

（2）快拆支架体系也称为早拆模板体系或保留支柱施工法。能实现模板块早拆的基本原理是因支柱保留，将拆模跨度由长跨改为短跨所需的拆模强度降至设计强度的一定比例，从而加快了承重模板的周转速度。支柱顶部早拆柱头是其核心部件，它既能维持顶托板支撑住混凝土构件的底面，又能将支架梁连带模板块一起降落。

6）质量检查

检查中，钢管支架立杆在全长范围内只允许在顶部进行一次搭接。对梁板模板下钢管支架采用顶部双向水平杆与立杆的“双扣件”扣接方式,应检查双扣件是否紧贴。

5. 钢筋工程

1)一般规定

(1)成型钢筋的应用可减少钢筋损耗且有利于质量控制,同时缩短钢筋现场存放时间,有利于钢筋的保护。成型钢筋的专业化生产应采用自动化机械设备进行钢筋调直、切割和弯折,其性能应符合现行行业标准的有关规定。

(2)混凝土结构施工的钢筋连接方式由设计确定,且应考虑施工现场的各种条件。如设计要求的连接方式因施工条件需要改变,需办现变更文件。如设计没有规定,可由施工单位根据《混凝土结构设计规范》(GB 50010—2010)(2015 年版)等国家现行相关标准的有关规定和施工现场条件与设计共同商定。

(3)钢筋代换主要包括钢筋品种、级别、规格、数量等的改变,涉及结构安全,故予以强制。钢筋代换后应经设计单位确认,并按规定办理相关审查手续。钢筋代换应按国家现行相关标准的有关规定,考虑构件承载力、正常使用(裂缝宽度、挠度控制)及配筋构造等方面的要求,需要时可采用并筋的代换形式。不宜用光圆钢筋代换带肋钢筋。以上为强制性条文,应严格执行。

2)材料

(1)与热轧光圆钢筋、热轧带肋钢筋、余热处理钢筋、钢筋焊接网性能及检验相关的国家现行标准有《钢筋混凝土用钢　第 1 部分:热轧光圆钢筋》(GB/T 1499.1—2017)、《钢筋混凝土用钢　第 2 部分:热轧带肋钢筋》(GB/T 1499.2—2018)、《钢筋混凝土用余热处理钢筋》(GB 13014—2013)、《钢筋混凝土用钢　第 3 部分:钢筋焊接网》(GB/T 1499.3—2010)。与冷加工钢筋性能及检验相关的国家现行标准有《冷轧带肋钢筋》(GB/T 13788—2017)等。冷加工钢筋的应用可参照《冷轧带肋钢筋混凝土结构技术规程》(JGJ 95—2011)、《冷拔低碳钢丝应用技术规程》(JGJ 19—2010)等国家现行标准的有关规定。

(2)框架包括各类混凝土结构中的框架梁、框架柱、框支梁、框支柱及板柱-抗震墙的柱等,其抗震等级应根据国家现行相关标准由设计确定;斜撑构件包括伸臂桁架的斜撑、楼梯的梯段等,相关标准中未对斜撑构件规定抗震等级。

(3)施工过程包括钢筋运输、存放及作业面施工。HRB(热轧带肋钢筋)、HRBF(细晶粒钢筋)、RRB(余热处理钢筋)是三种常用带肋钢筋品种的英文缩写,钢筋牌号为该缩写加上代表强度等级的数字。各种钢筋表面的轧制标志各不相同,HRB335、HRB400、HRB500 分别为 3、4、5,HRBF335、HRBF400、HRBF500 分别为 C3、C4、C5,RRB400 为 K4。对于牌号带“E”的热轧带肋钢筋,轧制标志上也带“E”,如 HRB335E 为 3E、HRBF400E 为 C4E。钢筋在运输和存放时,不得损坏包装和标志,并应按牌号、规格、炉批分别堆放。钢筋加工后用于施工的过程中,要能够区分不同强度等级和牌号的钢筋,避免混用。

钢筋除防锈外,还应注意焊接、撞击等原因造成的钢筋损伤。后浇带等部位的外露钢筋在混凝土施工前也应避免锈蚀、损伤。

(4)对性能不良的钢筋批,可根据专项检验结果进行处理。

3)钢筋加工

(1)钢筋加工前应清理表面的油渍、漆污和铁锈。清除钢筋表面油漆、漆污、铁锈可采用除锈机、风砂枪等机械方法;当钢筋数量较少时,也可采用人工除锈。除锈后的钢筋要尽快使用,长时间未使用的钢筋在使用前同样应按规定进行清理。有颗粒状、片状老锈或有损伤的钢筋性能无法保证,不应在工程中使用。对于锈蚀程度较轻的钢筋,也可根据实际情况直接使用。

(2)钢筋弯折可采用专用设备一次弯折到位。对于弯折过度的钢筋,不得回弯。

(3)机械调直有利于保证钢筋质量,控制钢筋强度,是推荐采用的钢筋调直方式。无延伸功能指调直机械设备的牵引力不大于钢筋的屈服力。如采用冷拉调直,应控制调直冷拉率,以免影响钢筋的力学性能。带肋钢筋进行机械调直时,应注意保护钢筋横肋,以避免横肋损伤造成钢筋锚固性能降低。钢筋无局部弯折,一般指钢筋中心线同直线的偏差不应超过全长的1%。

(4)纵向受力钢筋弯折后平直段长度包括受拉光面钢筋180°弯钩、带肋钢筋在节点内弯折锚固、带肋钢筋弯钩锚固、分批截断钢筋延伸锚固等情况,本章仅规定了光圆钢筋180°弯钩的弯折后平直段长度,其他构造应符合设计要求及《混凝土结构设计规范》(GB 50010—2010)(2015年版)的有关规定。

(5)拉筋包括梁、柱复合箍筋中单肢箍筋,梁腰筋间拉结筋,剪力墙、楼板钢筋网片拉结筋等。箍筋、拉筋弯钩的弯弧内直径应符合本章第5.3.4条的规定。有抗震设防要求的结构构件,即设计图纸和相关标准或规范中规定具有抗震等级的结构构件,箍筋弯钩可按不小于135°弯折。加工两端135°弯钩拉筋时,可做成一端135°、另一端90°,现场安装后再将90°弯钩端弯成满足要求的135°弯钩。

(6)焊接封闭箍筋宜以闪光对焊为主;采用气压焊或单面搭接焊时,应注意最小适用直径。批量加工的焊接封闭箍筋应在专业加工场地采用专用设备完成。对焊点部位的要求主要是考虑便于施焊、有利于结构安全等因素。

(7)钢筋机械锚固包括贴焊钢筋、穿孔塞焊锚板及应用锚固板等形式,钢筋锚固端的加工应符合《混凝土结构设计规范》(GB 50010—2010)(2015年版)等国家现行相关标准的规定。当采用钢筋锚固板时,钢筋加工及安装等要求均应符合《钢筋锚固板应用技术规程》(JGJ 256—2011)的有关规定。

4)钢筋连接与安装

(1)受力钢筋的连接接头宜设置在受力较小处。梁端、柱端箍筋加密区的范围可按《混凝土结构设计规范》(GB 50010—2010)(2015年版)的有关规定确定。如需在箍筋加密区内设置接头,应采用性能较好的机械连接和焊接接头。同一纵向受力钢筋在同一受力区段内不宜多次连接,以保证钢筋的承载、传力性能。"同一纵向受力钢筋"指同一结构层、结构跨及原材料供货长度范围内的一根纵向受力钢筋,对于跨度较大梁,接头数量的规定可适当放松。

(2)本章提出了钢筋机械连接施工的基本要求。螺纹接头安装时,可根据安装需要采用管钳、扭力扳手等工具,但安装后应使用专用扭力扳手校核拧紧力矩,安装用扭力扳手和校核用扭力扳手应区分使用,二者的精度、校准要求均有所不同。

(3)此处提出焊接施工的基本要求。焊工是焊接施工质量的保证,焊工需经考试合格持证上岗,通过焊接工艺试验等要求。不同品种钢筋的焊接及电渣压力焊的适用条件是焊接施工中较为重要的问题,本章参考相关规范提出了技术规定。焊接施工还应按相关标准、规定做好劳动保护和安全防护,防止发生火灾、烧伤、触电以及损坏设备等事故。

(4)此处规定纵向受力钢筋机械连接和焊接的接头位置和接头百分率要求。计算接头连接区段长度时,d为相互连接的两根钢筋中的较小直径,并按该直径计算连接区段内的接头面积百分率;当同一构件内不同连接钢筋计算的连接区段长度不同时取大值。装配式混凝土结构为由预制构件拼装的整体结构,构件连接处无法做到分批连接,多采用同截面100%连接的形式,施工中应采取措施保证连接的质量。

(5)此处规定纵向受力钢筋绑扎搭接的最小搭接长度、接头位置和接头百分率要求。计算接头连接区段长度时,搭接长度可取相互连接的两根钢筋中的较小直径计算,并按该直径计算连接区段内的接头面积百分率;当同一构件内不同连接钢筋计算的连接区段长度不同时取大值。附件3中给出了各种条件下确定受拉钢筋、受压钢筋最小搭接长度的方法。

(6)搭接区域的箍筋对于约束搭接传力区域的混凝土、保证搭接钢筋传力至关重要。相关规范规定了搭接长度范围内的箍筋直径、间距等构造要求。

(7)此处规定钢筋绑扎的细部构造要求。墙、柱、梁钢筋骨架中各竖向面钢筋网不包括梁顶、梁底的钢筋网。板底部钢筋网的边缘部分需全部扎牢,中间部分可间隔交错扎牢。箍筋弯钩及焊接封闭箍筋对焊接接头的布置要求是为了保证构件不存在明显薄弱的受力方向。构造柱纵向钢筋与承重结构钢筋共同绑扎,可使构造柱与承重结构可靠连接、上下贯通,避免后植筋施工引起的质量及安全隐患。混凝土浇筑施工时可先浇框架梁、柱等主要受力结构,后浇构造柱混凝土。第5款中50mm的规定是根据工程经验提出的,具体适用范围为:梁端第一个箍筋的位置,柱底部第一个箍筋的位置,也包括暗柱及剪力墙边缘构件;楼板边第一根钢筋的位置;墙体底部第一个水平分布钢筋及暗柱箍筋的位置。

(8)此处规定构件交接处钢筋的位置。对主次梁结构,规定底部高程相同时次梁的下部钢筋放到主梁下部钢筋之上,此规定适用于常规结构,对于承受方向向上的反向荷载,或某些有特殊要求的主次梁结构,也可按实际情况选择钢筋布置方式。剪力墙水平分布钢筋为主要受力钢筋,故放在外侧;对于承受平面内弯矩较大的挡土墙等构件,水平分布钢筋也可放在内侧。

(9)钢筋定位件用来固定施工中混凝土构件中的钢筋,并保证钢筋的位置偏差符合《混凝土结构工程施工质量验收规范》(GB 50204—2015)等的有关规定。确定定位件的数量、间距和固定方式需考虑钢筋在绑扎、混凝土浇筑等施工过程中可能承受的施工荷载。钢筋定位件主要有专用定位件、水泥砂浆或混凝土制成的垫块、金属马凳、梯子筋等。专用定位件多为塑料制成,有利于控制钢筋的混凝土保护层厚度、安装尺寸偏差和构件的外观质量。砂浆或混凝土垫块的强度是定位件承载力、刚度的基本保证。对细长的定位件,还应防止失稳。定位件将留在混凝土构件中,不应降低混凝土结构的耐久性,如砂浆或混凝土垫块的抗渗、抗冻、防腐等性能应与结构混凝土相同或相近。从耐久性角度出发,不应在框架梁、柱混凝土保护层内使用金属定位件。对于精度要求较高的预制构件,应减少砂浆或混凝土垫块的使用。当采用体量较大的定位件时,定位件不能影响结构的受力性能。此处所称的定位件有时也称间隔件。

(10)施工中随意进行的定位焊接可能损伤纵向钢筋、箍筋,对结构安全造成不利影响。如因施工操作原因需对钢筋进行焊接,需按《钢筋焊接及验收规程》(JGJ 18—2012)的有关规定进行施工,焊接质量应满足其要求。施工中不应对不可焊钢筋进行焊接。

(11)由多个封闭箍筋或封闭箍筋、单肢箍筋共同组成的多肢箍即为复合箍筋。复合箍筋的外围应选用一个封闭箍筋。对于偶数肢的梁箍筋,复合箍筋均宜由封闭箍筋组成;对于奇数肢的梁箍筋,复合箍筋宜由若干封闭箍筋和一个拉筋组成;柱箍筋内部可根据施工需要选择使用封闭箍筋和拉筋。拉筋在复合箍筋内部的交错布置,是为了利于构件均匀受力。当采用单肢箍筋时,单肢箍筋的弯钩应符合本章条文说明5.钢筋工程“3)钢筋加工”中(4)的规定。

(12)如钢筋表面受脱模剂污染,会严重影响钢筋的锚固性能和混凝土结构的耐久性。

5)质量检查

(1)钢筋的质量证明文件包括产品合格证和出厂检验报告等。

(2)成型钢筋所用钢筋在生产企业进厂时已检验,成型钢筋在工进场时以检验质量证明文件和材料的检验合格报告为主,并辅助较大批量的屈服强度、抗拉强度、伸长率及重量偏差检验。成型钢筋的质量证明文件为专业加工企业提供的产品合格证、出厂检验报告。

(3)为便于控制钢筋调直后的性能,要求对冷拉调直后的钢筋力学性能和单位长度重量偏差进行检验。

(4)质量检查的规定主要包括钢筋切割、弯折后的尺寸偏差,各种钢筋、钢筋骨架、钢筋网的安装位置偏差等。安装后还应及时检查钢筋的品种、级别、规格、数量。

(5)钢筋连接是钢筋工程施工的重要内容,应在施工过程中重点检查。

6. 预应力工程

1)一般规定

(1)预应力专项施工方案内容一般包括施工顺序和工艺流程;预应力施工工艺,包括预应力筋制作、孔道预留、预应力筋安装、预应力筋张拉、孔道灌浆和封锚等;材料采购和检验、机具配备和张拉设备标定;施工进度和劳动力安排、材料供应计划;有关分项工程的配合要求;施工质量要求和质量保证措施;施工安全要求和安全保证措施;施工现场管理机构等。

预应力混凝土工程的施工图深化设计内容一般包括材料、张拉锚固体系、预应力筋束形定位坐标图、张拉端及固定端构造、张拉控制应力、张拉或放张顺序及工艺、锚具封闭构造、孔道摩擦系数取值等。根据本章条文说明3. 基本规定"1)施工管理"中(3)的规定,预应力专业施工单位完成的深化设计文件应经原设计单位确认。

(2)工程经验表明,当工程所处环境温度低于-15℃时,易造成预应力筋张拉阶段的脆性断裂,不宜进行预应力筋张拉;灌浆施工会受环境温度影响,高温下因水分蒸发水泥浆的稠度迅速提高,而冬期的水泥浆易受冻结冰,从而造成灌浆操作困难,且难以保证质量,因此应尽量避开高温环境下灌浆和冬期灌浆。如果不得已在冬期环境下灌浆施工,应通过采用抗冻水泥浆或对构件采取保温措施等来保证灌浆质量。

(3)预应力筋的品种、级别、规格、数量由设计单位根据相关标准选择,并经结构设计计算确定,任何一项参数的变化都会直接影响预应力混凝土的结构性能。预应力筋代换意味着其品种、级别、规格、数量以及锚固体系的相应变化,会带来结构性能的变化,包括构件承载能力、抗裂度、挠度以及锚固区承载能力等,因此进行代换时,应按《混凝土结构设计规范》(GB 50010—2010)(2015年版)等进行专门的计算,并经原设计单位确认。以上为强制性条文,应严格执行。

2)材料

(1)预应力筋是施加预应力的钢丝、钢绞线和精轧螺纹钢筋等的总称。与预应力筋相关的国家标准有《预应力混凝土用钢绞线》(GB/T 5224—2014)、《预应力混凝土用钢丝》(GB/T 5223—2014)、《预应力混凝土用螺纹钢筋》(GB/T 20065—2016)、《无粘结预应力钢绞线》(JG/T 161—2016)等。

(2)与预应力筋用锚具相关的国家标准有《预应力筋用锚具、夹具和连接器》(GB/T 14370—2015)和《预应力筋用锚具、夹具和连接器应用技术规程》(JGJ 85—2010)。前者是产品标准,主要是生产厂家生产、质量检验的依据;后者是锚夹具产品工程应用的依据,包括设计选用、进场检验、工程施工等内容。

(3)后张法预应力成孔主要采用塑料波纹管以及金属波纹管。而竖向孔道常采用钢管成孔。与塑料波纹管相关的行业标准为《预应力混凝土桥梁用塑料波纹管》(JT/T 529—2016)。与金属波纹管相关的行业标准为《预应力混凝土用金属波纹管》(JG 225—2007)。

(4)各种工程材料都有其合理的运输和储存要求。预应力筋、预应力筋用锚具、夹具和连接器,以及成孔管道等工程材料基本都是金属材料,因此在运输、存放过程中,应采取防止其损伤、锈蚀或污染的保护措施,并在使用前进行外观检查。此外,塑料波纹管尽管没有锈蚀问题,仍应注意保护其不受外力作用下的变形,避免污染、暴晒。

3)制作与安装

(1)计算下料长度时,一般需考虑预应力筋在结构内的长度、锚夹具厚度、张拉操作长度、镦头的预留量、弹性回缩值、张拉伸长值和台座长度等因素。对于需要进行孔道摩擦系数测试的预应力筋,尚需考虑压力传感器等的长度。

高强预应力钢材受高温焊渣或接地电火花损伤后,其材性会受较大影响,而且预应力筋截面也可能受到损伤,易造成张拉时脆断,故应避免。

(2)无黏结预应力筋护套破损,会影响预应力筋的全长封闭性,同时一定程度上也会影响张拉阶段的摩擦损失,故需保护其塑料护套。尤其在地下结构等潮湿环境中采用无黏结预应力筋时,更需要注意其护套要完整。对于轻微破损处可用防水聚乙烯胶带封闭,其中每圈胶带搭接宽度一般大于胶带宽度的1/2,缠绕层数不少于2层,而且缠绕长度超过破损长度30mm。

(3)挤压锚具的性能受到挤压机的挤压模具技术参数的影响,如果不配套使用,尽管其挤压油压及制作后的尺寸参数符合要求,也会出现性能不满足要求的情况。通常的摩擦衬套有异形钢丝簧和内外带螺纹的管状衬套两种,不论采用何种摩擦衬套,均需保证套筒握裹预应力筋区段内摩擦衬套均匀分布,以保证可靠的锚固性能。

(4)压花锚具的性能主要取决于梨形头和直线段长度。一般情况下,对直径为15.2mm和12.7mm的钢绞线,梨形头的长度分别不小于150mm和130mm,梨形头的最大直径分别不小于95mm和80mm,梨形头前的直线锚固段长度分别不小于900mm和700mm。

(5)钢丝束采用镦头锚具时,锚具的效率系数主要取决于镦头的强度,而镦头强度与采用的工艺及钢丝的直径有关。冷镦时由于冷作硬化,镦头的强度提高,但脆性增加,且容易出现裂纹,影响强度发挥,因此需事先确认钢丝的可镦性,以确保镦头质量。另外,钢丝下料长度的控制主要是为保证钢丝的两端均采用镦头锚具时钢丝的受力均匀性。

(6)圆截面金属波纹管的连接采用大一规格的管道连接,其工艺成熟,现场操作方便。扁形金属波纹管无法采用旋入连接工艺,通常也可采用更大规格的扁管套接工艺。塑料波纹管采用热熔焊接工艺或专用连接套管均能保证质量。

(7)管道定位钢筋支托的间距与预应力筋重量和波纹管自身刚度有关。一般曲线预应力筋的关键点(如最高点、最低点和反弯点等位置)需要有定位的支托钢筋,其余位置的定位钢筋可按等间距布置。值得注意的是,一般设计文件中所给出的预应力筋束形为预应力筋中心的位置,确定支托钢筋位置时尚需考虑管道或无黏结应力筋束的半径。管道安装后应采用火烧丝与钢筋支托绑扎牢靠,必要时点焊定位钢筋。梁中铺设多根成束无黏结预应力筋时,尚需注意同一束的各根筋保持平行,防止相互扭绞。

(8)采用普通灌浆工艺时,从一端注入的水泥浆往前流动,并同时将孔道内的空气从另一端排出。当预应力孔道呈起伏状时,易出现水泥浆流过但空气未被往前挤压而滞留于管道内的情况;曲线孔道中的浆体由于重力下沉、水分上浮会出现泌水现象;当空气滞留于管道内时,灌浆将出现灌浆缺陷,还可能被泌出的水充满,不利于预应力筋的防腐,波峰与波谷高差越大这种现象越严重。所以,规定曲线孔道波峰部位设置排气管兼泌水管,该管不仅可排除空气,还可以将泌水集中排除在孔道外。泌水管常采用钢丝增强塑料管以及壁厚不小于2mm的聚乙烯管,有时也可用薄壁钢管,以防止混凝土浇筑过程中出现排气管压扁。

(9)锚具安装工艺及质量控制规定,主要是保证锚具及连接器能够正常工作,不致因安装质量问题出现锚具及预应力筋的非正常受力状态。例如,锚垫板的承压面与预应力筋(或孔道)曲线末端的切线不垂直时,会导致锚具和预应力筋受力异常,容易造成预应力筋滑脱或提前断裂。有关参数是根据国外相关资料,并结合我国工程实践经验提出的。

(10)预应力筋的穿束工艺可分为先穿束和后穿束,其中在混凝土浇筑前将预应力筋穿入管道内的工艺方法称为“先穿束”,而待混凝土浇筑完毕再将预应力筋穿入孔道的工艺方法称为“后穿束”。一般情况下,先穿束会占用工期,而且预应力筋穿入孔道后至张拉并灌浆的时间间隔较长,在环境湿度较大的南方地区或雨季容易造成预应力筋的锈蚀,进而影响孔道摩擦,甚至影响预应力筋的力学性能;而后穿束时,预应力筋穿入孔道后至张拉灌浆的时间间隔较短,可有效防止预应

力筋锈蚀,同时不占用结构施工工期,有利于加快施工速度,是较好的工艺方法。对一端为埋入端、另一端为张拉端的预应力筋,只能采用先穿束工艺,而两端张拉的预应力筋,最好采用后穿束工艺。此规定主要考虑预应力筋在施工阶段的防锈,有关时间限制是根据国内外相关标准及我国工程实践经验提出的。

(11)预应力筋、管道、端部锚具、排气管等安装后,仍有大量的后续工程在同一工位或其周边进行,如果不采取合理的措施进行保护,很容易造成已安装工程的破损、移位、损伤、污染等问题,影响后续工程及工程质量。例如,外露预应力筋需采取保护措施,否则容易受混凝土污染;垫板喇叭口和排气管口需封闭,否则养护水或雨水进入孔道,使预应力筋和管道锈蚀,而混凝土还可能由垫板喇叭口进入预应力孔道,影响预应力筋的张拉。

(12)对于超长的预应力筋,孔道摩擦引起的预应力损失比较大,影响预加力效应。

采用减摩材料可有效降低孔道摩擦,有利于提高预加力效应。通常的后张有黏结预应力孔道减摩材料可选用石墨粉、复合钙基脂加石墨、工业凡士林加石墨等。减摩材料会降低预应力筋与灌浆料的黏结力,灌浆前必须清除。

4)张拉和放张

(1)预应力筋张拉前,根据张拉控制应力和预应力筋面积确定张拉力,然后根据千斤顶标定结果确定油泵压力表读数,同时根据预应力筋曲线线形及摩擦系数计算张拉伸长值;现场检查确认混凝土施工质量,确保张拉阶段不致出现局部承压区破坏等异常情况。

(2)张拉设备由千斤顶、油泵及油管等组成,其输出力需通过油泵中的压力表读数来确定,所以需要使用前进行标定。为消除系统误差影响,要求设备配套标定并配套使用。此外,千斤顶的活塞运行方向不同,其内摩擦也有差异,所以规定千斤顶活塞运行方向应与实际张拉工作状态一致。

(3)先张法构件的预应力是靠黏结力传递的,过低的混凝土强度相应的黏结强度也较低,造成预应力传递长度增加,因此规定了放张时的混凝土最低强度值。后张法结构中,预应力是靠端部锚具传递的,应保证锚垫板和局部受压加强钢筋选用和布置得当,特别是当采用铸造锚垫板时,应根据锚具供应商提供的产品技术手册中相关的技术参数选用与锚具配套的锚垫板和局部加强钢筋,确定张拉时要求达到的混凝土强度等技术要求,而这些技术要求需要通过锚固区传力性能检验来确定。另一方面,混凝土结构过早施加预应力,会造成过大的徐变变形,因此有必要控制张拉时混凝土的龄期。但是,张拉预应力筋是为防止当混凝土早期出现的收缩裂缝时,可不受有关混凝土强度限值及龄期的限制。

(4)设计方所给张拉控制力是指千斤顶张拉预应力筋的力值。由于施工现场的情况往往比较复杂,而且可能存在设计未考虑的额外影响因素,需要对张拉控制力进行适当调整,以建立设计要求的有效预应力。预应力孔道的实际摩擦系数可能与设计取值存在差异,当摩擦系数实测值与设计计算取值存在一定偏差时,可通过适当调整张拉力来减小偏差。另外,对要求提高构件在施工阶段的抗裂性能而在使用阶段受压区内设置的预应力筋,以及要求部分抵消由于应力松弛、摩擦、分批张拉、预应力筋与张拉台座之间的温差等因素产生的预应力损失的情况,也可以适当调整张拉力。消除应力钢丝和钢绞线质量较稳定,且常用于后张法预应力工程,从充分利用高强度,但同时避免产生过大的松弛损失,并降低施工阶段钢绞线断裂的原则出发,限制其应力不大于80%的抗拉强度标准值;中强度预应力钢丝主要用于先张法构件,故其限值应力低于钢绞线;精轧螺纹钢筋从偏于安全考虑,限制其张拉控制应力不大于其屈服强度标准值的90%。

(5)预应力筋张拉时,由于不可避免地受到各种因素的影响,包括千斤顶等设备的标定误差、操作控制偏差、孔道摩擦力变化、预应力筋实际截面面积或弹性模量的偏差等,会使得预应力筋的有效预应力与设计值产生差异,从而出现预应力筋实测张拉伸长值与计算值之间的偏差。张拉预应力筋的目的是建立设计希望的预应力,而伸长值校核是为了判断张拉质量是否达到设计规定的要求。如果各项参数都与设计相符,一般情况下张拉力值的偏差在±5%范围内是合理的,考虑到实际工程的测量精度及预应力筋材料参数的偏差等因素,适当放松了对伸长值偏差的限值,将其最大偏差放宽到±6%。必要时,宜进行现场孔道摩擦系数测定,并可根据实测结果调整张拉控制力。

(6)预应力筋的张拉顺序应使混凝土不产生超应力、构件不扭转与侧弯,因此,对称张拉是一个重要原则,对张拉比较敏感的结构构件,若不能对称张拉,也应尽量做到逐步渐进地施加预应力。减少张拉设备的移动次数也是施工中应考虑的因素。

(7)一般情况下,同一束有黏结预应力筋应采取整束张拉,使各根预应力筋建立的应力均匀。只有在能够确保预应力筋张拉没有叠压影响时,才允许采用逐根张拉工艺,如平行编排的直线束、只有平面内弯曲的扁锚束以及弯曲角度较小的平行编排的短束等。

(8)预应力筋在张拉前处于松弛状态,需要施加一定的初拉力将其拉紧,初拉力可取为张拉控制力的10%~20%。塑料波纹管成孔管道内的预应力筋,达到张拉控制力后的持荷,对保证预应力筋充分伸长并建立准确的预应力值非常有效。

(9)预应力工程的重要目的是通过配置的预应力筋建立设计希望的准确的预应力值。然而,张拉阶段出现预应力筋的断裂,可能意味着其材料、加工制作、安装及张拉等一系列环节中出现了问题。同时,由于预应力筋断裂或滑脱对结构构件的受力性能影响极大,因此,规定应严格限制其断裂或滑脱的数量。先张法预应力构件中的预应力筋不允许出现断裂或滑脱,若在浇筑混凝土前出现断裂或滑脱,相应的预应力筋应予以更换。虽然设在张拉和放张一节中,但其控制的不仅是张拉质量,同时也是对材料、制作、安装等工序的质量要求。以上为强制性条文,应严格执行。

(10)锚固阶段张拉端预应力筋的内缩量是指预应力筋锚固过程中,由于锚具零件之间和锚具与预应力筋之间的相对移动和局部塑性变形造成的回缩值。对于某些锚具的内缩量可能偏大,只要设计有专门规定,可按设计规定确定;当设计无专门规定时,应符合相关规定,并需要采取必要的工艺措施予以满足。在《预应力筋用锚具、夹具和连接器应用技术规程》(JGJ 85—2010)中给出了预应力筋的内缩量测试方法。

(11) 规定先张法预应力构件的预应力筋放张原则,主要考虑确保施工阶段先张法构件的受力不出现异常情况。

(12)后张法预应力筋张拉锚固后,处于高应力工作状态,对其简单直接放松张拉力,可能会造成很大的危险,因此规定应采用专门的设备和工具放张。

5)灌浆及封锚

(1)张拉后的预应力筋处于高应力状态,对腐蚀很敏感,同时全部拉力由锚具承担,因此应尽早进行灌浆保护预应力筋,以提供预应力筋与混凝土之间的黏结。饱满、密实的灌浆是保证预应力筋防腐和提供足够黏结力的重要前提。

(2)锚具外多余预应力筋常采用无齿锯或机械切断机切断,也可采用氧-乙炔焰切割多余预应力筋。当采用氧-乙炔焰切割时,为避免热影响可能波及锚具部位,宜适当加大外露预应力筋的长度或采取对锚具降温等措施。规定外露预应力筋长度要求,主要考虑到锚具正常工作及可能的热影响。

(3)孔道灌浆一般采用素水泥浆。普通硅酸盐水泥、硅酸盐水泥配制的水泥浆泌水率较小,是很好的灌浆材料。水泥浆中掺入外加剂可改善其稠度、泌水率、膨胀率、初凝时间、强度等特性,但预应力筋对应力腐蚀较为敏感,故水泥和外加剂中均不能含有对预应力筋有害的化学成分,特别是氯离子的含量应严格控制。与灌浆用水泥质量相关的国家标准有《通用硅酸盐水泥》(GB 175—2007),所掺外加剂的质量及使用相关的国家标准有《混凝土外加剂》(GB 8076—2008)和《混凝土外加剂应用技术规范》(GB 50119—2013)等。

(4)良好的水泥浆的性能指标是保证灌浆质量的重要前提之一。以下规定的目的是在保证水泥浆的稠度满足灌浆施工要求的前提下,尽量降低水泥浆的泌水率,提高灌浆的密实度,并保证通过水泥浆提供预应力筋与混凝土良好的黏结力。稠度是以 1725mL 漏斗中水泥浆的流锥时间(s)表述的。稠度大意味着水泥浆黏稠,其流动性差;稠度小意味着水泥浆稀,其流动性好。合适的稠度指标是顺利施灌的重要前提,采用普通灌浆工艺时,因有空气阻力,灌浆阻力较大,需要较小的稠度,而采用真空灌浆工艺时,由于孔道抽真空处于负压,浆体在孔道内的流动比较容易,因此可以选择较大的稠度指标。灌浆工艺分普通灌浆工艺和真空灌浆工艺,根据工程经验,稠度控制建议指标分别为 12 ~20s和 18 ~25s。

泌出的水在孔道内没有排除时,会形成灌浆质量缺陷,容易造成高应力下的预应力筋的腐蚀。所以,需要尽量降低水泥浆的泌水率,最好将泌水率降为 0。当有水泌出时,应将其排除,故规定泌水应在 24h 内全部被水泥浆吸收。水泥浆的适度膨胀有利于提高灌浆密实性,提高灌浆饱满度,但过度的膨胀率可能造成孔道破损,反而影响预应力工程质量,故应控制其膨胀率。本章用自由膨胀率来控制,并考虑普通灌浆工艺和真空灌浆工艺的差异。水泥浆强度高,意味着其密实度高,对预应力筋的防护是有利的。建筑工程中常用的预应力筋束,M30 强度的水泥浆可对其有效提供防护并提供足够的黏结力。

(5)采用专门的高速搅拌机(一般为 1000r/min 以上)搅拌水泥浆,可提高劳动效率,减轻劳动强度,同时有利于充分搅拌均匀水泥及外加剂等材料,获得良好的水泥浆;如果搅拌时间过长,将降低水泥浆的流动性。水泥浆采用滤网过滤,可清除搅拌中未被充分散开的颗粒,降低灌浆压力,并提高灌浆质量。当水泥浆中掺有缓凝剂且有可靠工程经验时,水泥浆拌和后至灌入孔道的时间可适当延长。

(6)对因故尚未灌注完成的孔道,应采用压力水冲洗该孔道,并采取措施后再行灌浆。

(7)真空灌浆工艺是为提高孔道灌浆质量开发的新技术,采用该技术必须保证孔道的质量和密封性,并严格按有关技术要求进行操作。

(8)灌浆质量的检测比较困难,详细填写有关灌浆记录,有利于灌浆质量的把握和今后的检查。灌浆记录内容一般包括灌浆日期、水泥品种、强度等级、配合比、灌浆压力、灌浆量、灌浆起始和结束时间,以及灌浆出现的异常情况及处理情况等。

(9)锚具的封闭保护是一项重要的工作。主要是防止锚具及垫板的腐蚀、机械损伤,并保证抗火能力。为保证耐久性,封锚混凝土的保护层厚度大小需随所处环境的严酷程度而定。无黏结预应力筋通常要求全长封闭,不仅需要常规的保护,还需要更为严密的全封闭不透水的保护系统,所以不仅其锚具应认真封闭,预应力筋与锚具的连接处也应确保密封性。

6)质量检查

(1)预应力工程材料主要指预应力筋、锚具、夹具和连接器、成孔管道等。进场后需复验的材料性主要有预应力筋的强度、锚夹具的锚固效率系数、成孔管道的径向刚度及抗渗性等。原材料进场时,供方应按材料进场验收所划分的检验批,向需方提供有效的质量证明文件。

(2)预应力筋制作主要包括下料、端部锚具制作等内容。钢丝束采用镦头锚具时,需控制下料长度偏差和镦头的质量,因此检查下料长度和镦头的外观、尺寸等。镦头的力学性能通过锚具组装件试验确定,可在锚具等材料检验中确认。

挤压锚具的制作质量,需要依靠组装件的拉力试验确定,而大量的挤压锚制作质量,则需要靠挤压记录和挤压后的外观质量来判断,包括挤压油压、挤压锚表面是否有划痕,是否平直,预应力筋外露长度等。钢绞线压花锚具的质量,主要依赖于其压花后形成的梨形头尺寸,因此应检验其梨形头尺寸。

(3)预应力筋、预留孔道、锚垫板和锚固区加强钢筋的安装质量,主要应检查确认预应力筋品种、级别、规格、数量和位置,成孔管道的规格、数量、位置、形状以及灌浆孔、排气兼泌水孔,锚垫板和局部加强钢筋的品种、级别、规格、数量和位置,预应力筋锚具和连接器的品种、规格、数量和位置等。

实际上作为原材料的预应力筋、锚具、成孔管道等已经过进场检验,主要是检查与设计的符合性,而管道安装中的排气孔、泌水孔是不能忽略的细节。

(4)预应力筋张拉和放张质量首先与材料、制作以及安装质量相关,在此基础上,需要保证张拉和放张时的同条件养护混凝土试块的强度符合设计要求。锚固阶段预应力筋的内缩量、夹片式锚具锚固后夹片的位置及预应力筋划伤情况等,都是张拉锚固质量相关的重要的因素。而大量后张预应力筋的张拉质量,要根据张拉记录予以判断,包括张拉伸长值、回缩值、张拉过程中预应力筋的断裂或滑脱数量等。

(5)灌浆质量与成孔质量有关,同时依赖于水泥浆的质量和灌浆操作的质量。首先水泥浆的稠度、泌水率、膨胀率等应予控制,其次灌浆施工应严格按操作工艺要求进行,其质量除现场查看外,更多依据灌浆记录,最后还要根据水泥浆试块的强度试验报告确认水泥浆的强度是否满足要求。

(6)封锚是对外露锚具的保护,同样是重要的工程环节。首先锚具外预应力筋长度应符合设计要求,其次封闭的混凝土的尺寸应满足设计要求,以保证足够的保护层厚度,最后还应保证封闭砂浆或混凝土的质量,包括与结构混凝土的结合及封锚材料的密实性等。当然,采用混凝土封闭时,混凝土强度也是重要的质量因素。

7. 混凝土制备与运输

1)一般规定

(1)根据目前我国大多数混凝土结构工程的实际情况,混凝土制备可分为预拌混凝土和现场搅拌混凝土两种方式。现场搅拌混凝土宜采用与混凝土搅拌站相同的搅拌设备,按预拌混凝土的技术要求集中搅拌。当没有条件采用预拌混凝土,且施工现场也没有条件采用具有自动计量装置的搅拌设备进行集中搅拌时,可根据现场条件采用搅拌机搅拌。此时使用的搅拌机应符合《混凝土搅拌机》(GB/T 9142—2000)的有关要求,并应配备能够满足要求的计量装置。

(2)搅拌运输车的旋转拌和功能能够减少运输途中对混凝土性能造成的影响,故混凝土宜选用搅拌运输车运输。当距离较近或受条件限制时也可采取机动翻斗车等方式运输。

混凝土自搅拌地点至工地卸料地点的运输过程中,拌合物的坍落度可能损失,同时还可能出现混凝土离析,需要采取措施加以防止。当采用翻斗车和其他敞开式工具运输时,由于不具备搅拌运输车的旋转拌和功能,更应采取有效措施预防。

混凝土连续施工是保证混凝土结构整体性和某些重要功能(例如防水功能)的重要条件,故在混凝土制备、运输时应根据混凝土浇筑量大小、现场浇筑速度、运输距离和道路状况等,采取可靠措施保证混凝土能够连续不间断供应。这些措施可能涉及具备充足的生产能力、配备足够的运输工具、选择可靠的运输路线以及制订应急预案等。

2)原材料

(1)混凝土常用原材料的技术指标主要有通用硅酸盐水泥技术指标,粗集料和细集料的颗粒级配范围,针、片状颗粒含量和压碎指标值,集料的含泥量和泥块含量,粉煤灰、矿渣粉、硅灰、沸石粉等技术要求,常用外加剂性能指标和混凝土拌和用水水质要求等。考虑到某些材料标准今后可能修订,故使用时应注意与国家现行相关标准对照,以及随着技术发展而对相关指标进行的某些更新。

(2)水泥作为混凝土的主要胶凝材料,其品种和强度等级对混凝土性能和结构的耐久性都很重要。

《通用硅酸盐水泥》(GB 175—2007)规定的通用硅酸盐水泥为硅酸盐水泥、普通硅酸盐水泥、矿渣硅酸盐水泥、火山灰硅酸盐水泥、粉煤灰硅酸盐水泥和复合硅酸盐水泥。作为混凝土结构工程使用的水泥,通常情况下选用通用硅酸盐水泥较为适宜。有特殊需求时,也可选用其他非硅酸盐类水泥,但不能对混凝土性能和结构功能产生不良影响。

对于有抗渗、抗冻融要求的混凝土，由于可能处于潮湿环境中，故宜选用硅酸盐水泥和普通硅酸盐水泥，并经试验确定适宜掺量的矿物掺和料，这样既可避免由于盲目选择水泥而带来混凝土耐久性的下降，又可防止不同种类的混合材及掺量对混凝土的抗渗性能和抗冻融性能产生不利影响。

要求控制水泥的碱含量，是为了预防发生混凝土碱集料反应，提高混凝土的抗腐蚀、侵蚀能力。

(3)本章对混凝土结构工程用粗集料的要求，与《混凝土结构工程施工质量验收规范》(GB 50204—2015)、《普通混凝土用砂、石质量及检验方法标准》(JGJ 52—2006)的相关要求协调一致。

(4)本章的规定与国家标准《混凝土质量控制标准》(GB 50164—2011)和行业标准《普通混凝土用砂、石质量及检验方法标准》(JGJ 52—2006)一致。对于海砂，由于其含有大量氯离子及硫酸盐、镁盐等成分，会对钢筋混凝土和预应力混凝土的性能与耐久性产生严重危害，使用时应符合《海砂混凝土应用技术规范》(JGJ 206—2010)的有关规定。

(5)岩石在形成过程中，其内部会产生一定的纹理和缺陷，在受压条件下，会在纹理和缺陷部位形成应力集中效应而产生破坏。研究表明，混凝土强度等级越高，其所用粗集料粒径应越小，较小的粗集料内部缺陷在加工过程中会得到很大程度的消除。工程实践和研究证明，强度等级为C60及C60以上的混凝土，其所用粗集料粒径不宜大于25mm。

(6)选用级配良好的粗集料可改善混凝土的均匀性和密实度。集料的含泥量和泥块含量可对混凝土的抗渗、抗冻融等耐久性能产生明显劣化，故提出较一般混凝土更为严格的技术要求。

(7)常用的矿物掺和料主要有粉煤灰、磨细矿渣微粉和硅粉等，不同的矿物掺和料掺入混凝土中，对混凝土的工作性、力学性能和耐久性所产生的作用既有共性，又不完全相同。故选择矿物掺和料的品种、等级和确定掺量时，应依据混凝土所处环境、设计要求、施工工艺要求等因素经试验确定，并符合相关矿物掺和料应用技术规范以及相关标准的要求。

(8)外加剂是混凝土的重要组分，其掺入量小，但对混凝土的性能改变却有明显影响，混凝土技术的发展与外加剂技术的发展是密不可分的。混凝土外加剂经过半个世纪的发展，其品种已发展到目前的30～40种，品种的增加使外加剂应用技术越来越专业化，因此，配制混凝土选用外加剂应根据混凝土性能、施工工艺、结构所处环境等因素综合确定。

本章碱含量限值的规定与《混凝土外加剂应用技术规范》(GB 50119—2013)的要求一致，控制外加剂带入混凝土中的碱含量，是为了预防混凝土发生碱集料反应。

两种或两种以上外加剂复合使用时，可能会发生某些化学反应，造成相容性不良的现象，从而影响混凝土的工作性，甚至影响混凝土的耐久性能，因此规定应事先经过试验对相容性加以确认。

(9)混凝土拌和及养护用水对混凝土品质有重要影响。《混凝土用水标准》(JGJ 63—2006)对混凝土拌和及养护用水的各项性能指标提出了具体规定。其中应来源和成分较为复杂，应进行化学成分检验，确认符合《混凝土用水标准》(JGJ 63—2006)的规定时可用作混凝土拌和及养护用水。

(10)海水中含有大量的氯盐、硫酸盐、镁盐等化学物质，掺入混凝土中后，会对钢筋产生锈蚀，对混凝土造成腐蚀，严重影响混凝土结构的安全性和耐久性，因此，严禁直接采用海水拌制和养护钢筋混凝土结构、预应力混凝土结构的混凝土。上述为强制性条文，应严格执行。

3)混凝土配合比

(1)此处规定混凝土配合比设计应遵照的基本原则：

①配合比设计首先应考虑设计提出的强度等级和耐久性要求，同时要考虑施工条件。在满足混凝土强度、耐久性和施工性能等要求的基础上，为节约资源等，应采用尽可能低的水泥用量和单位用水量。

②《混凝土结构耐久性设计规范》(GB/T 50476—2008)和《普通混凝土配合比设计规程》(JGJ 55—2011)对冻融环境、氯离子侵蚀环境等条件下的混凝土配合比设计参数均有规定，设计配合比时应符合其要求。

③冬期、高温等环境下施工混凝土有其特殊性,其配合比设计应按照不同的温度进行设计,有关参数可按《建筑工程冬期施工规程》(JGJ/T 104—2011)及本章第13节的有关规定执行。

④混凝土配合比设计时所用的原材料(如水泥、砂、石、外加剂、水等)应采用施工实际使用的材料,并符合国家现行相关标准的要求。

(2)此处规定混凝土配制强度的计算公式。配制强度的计算分两种情况:对于C60以下的混凝土,仍然沿用传统的计算公式。对于C60及C60以上的混凝土,按照传统的计算公式已经不能满足要求,本章进行了简化处理,统一乘以1.15的系数。该系数已在实际工程应用中得到检验。

(3)此处规定混凝土强度标准差的取值方法。当具有前一个月或前三个月统计资料时,应采用统计资料计算标准差,使其具有相对较好的科学性和针对性。只有当无统计资料时才可按照表中规定的数值直接选择。

(4)此处规定混凝土工作性指标应遵照的基本要求。工作性是一项综合技术指标,包括流动性(稠度)、黏聚性和保水性三个主要方面。测定和表示拌合物工作性的方法和指标有很多,施工中主要采用坍落仪测定的坍落度及用维勃仪测定的维勃时间作为稠度的主要指标。

(5)混凝土的耐久性指标包括氯离子含量、碱含量、抗渗性、抗冻性等。在确定设计配合比前,应对设计规定的混凝土耐久性能进行试验验证,以保证混凝土质量满足设计规定的性能要求。部分指标也可辅以计算验证。

(6)混凝土配合比确定后应经过批准,并规定配合比在使用过程中应结合混凝土质量反馈信息及时进行动态调整。"应经技术负责人批准"是指对于现场搅拌的混凝土,应由监理(建设)单位现场总监理工程师批准;对于混凝土搅拌站,应由搅拌站的技术或质量负责人等批准。

(7)需要重新进行配合比设计的情况,主要是考虑材料质量、生产条件等状况发生变化,与原配合比设定的条件产生较大差异。

4)混凝土搅拌

(1)根据投料顺序不同,常用的投料方法有先拌水泥净浆法、先拌砂浆法、水泥裹砂法和水泥裹砂石法等。

先拌水泥净浆法是指先将水泥和水充分搅拌成均匀的水泥净浆后,再加入砂和石搅拌成混凝土。

先拌砂浆法是指先将水泥、砂和水投入搅拌筒内进行搅拌,成为均匀的水泥砂浆后,再加入石子搅拌成均匀的混凝土。

水泥裹砂法是指先将全部砂子投入搅拌机中,并加入总拌和水量70%左右的水(包括砂子的含水量),搅拌10~15s,再投入水泥搅拌30~50s,最后投入全部石子、剩余水及外加剂,再搅拌50~70s后出罐。

水泥裹砂石法是指先将全部的石子、砂和70%的拌和水投入搅拌机,拌和15s,使集料湿润,再投入全部水泥搅拌30s左右,然后加入30%的拌和水再搅拌60s左右即可。

(2)此处规定开盘鉴定的主要内容。开盘鉴定一般可按照下列要求进行组织:施工现场拌制的混凝土,其开盘鉴定由监理工程师组织,施工单位项目部技术负责人、混凝土专业工长和试验室代表等共同参加。预拌混凝土搅拌站的开盘鉴定,由预拌混凝土搅拌站总工程师组织,搅拌站技术、质量负责人和试验室代表等参加,当有合同约定时应按照合同约定进行。

5)混凝土运输

(1)采用混凝土搅拌运输车运输混凝土时,接料前应用水湿润罐体,但应排净积水;运输途中或等候卸料期间,应保持罐体正常运转,一般为(3~5)r/min,以防止混凝土沉淀、离析和改变混凝土的施工性能;临卸料前先进行快速旋转,可使混凝土拌合物更加均匀。

(2)采用混凝土搅拌运输车运输混凝土时,当因道路堵塞或其他意外情况造成坍落度损失过

大，在罐内加入适量减水剂以改善其工作性的做法，已经在部分地区实施。根据工程实践检验，当减水剂的加入量受控时，对混凝土的其他性能无明显影响。对特殊情况下发生的坍落度损失过大的情况采取适宜的处理措施时，杜绝向混凝土内加水的违规行为，此处允许在特殊情况下采取加入适量减水剂的做法，并对其加以规范。要求采取该种做法时，应事先批准、做好记录，减水剂加入量应经试验确定并加以控制，加入后应搅拌均匀。《预拌混凝土》（GB/T 14902—2012）第7.6.3条规定：当需要在卸料前掺入外加剂时，外加剂掺入后搅拌运输车应快速进行搅拌，搅拌的时间应由试验确定。

（3）采用机动翻斗车运送混凝土，道路应经事先勘察确认通畅，路面应修筑平坦；在坡道或临时支架上运送混凝土，坡道或临时支架应搭设牢固，脚手板接头应铺设平顺，防止因颠簸、振荡造成混凝土离析或撒落。

6）质量检查

（1）原材料进场时，供方应按材料进场验收所划分的检验批，向需方提供有效的质量证明文件，这是证明材料质量合格以及保证材料能够安全使用的基本要求。各种建筑材料均应具有质量证明文件，这一要求已经列入我国法律、法规和各项技术标准。

当能够确认两次以上进场的材料为同一厂家同批生产时，为了在保证材料质量的前提下简化对质量证明文件的核查工作，此处规定也可按照出厂检验批提供质量证明文件。

（2）质量检查的目的，一是通过原材料进场检验，保证材料质量合格，杜绝假冒伪劣和不合格产品用于工程；二是在保证工程材料质量合格的前提下，合理降低检验成本。对于扩大检验批量的条件，主要是从材料质量的一致性和稳定性考虑作出的规定。

（3）质量检查主要参照《混凝土结构工程施工质量验收规范》（GB 50204—2015）的相关规定。强度、安定性是水泥的重要性能指标，进场时应复验。水泥质量直接影响混凝土结构的质量。以上为强制性条文，应严格执行。

（4）水泥出厂超过3个月（快硬硅酸盐水泥超过1个月），或因存放不当等原因，水泥质量可能产生受潮结块等品质下降，直接影响混凝土结构质量，故以上强制规定此时应进行复验，应严格执行。“应按复验结果使用”的规定，其含义是当复验结果表明水泥品质未下降时可以继续使用；当复验结果表明水泥强度有轻微下降时可在一定条件下使用；当复验结果表明水泥安定性或凝结时间出现不合格时，不得在工程上使用。

（5）根据各地施工现场对采用预拌混凝土的管理要求，规定了预拌混凝土生产单位应向工程施工单位提供的主要技术资料。其中混凝土抗压强度报告和混凝土质量合格证应在32d内补送，其他资料应在交货时提供。此处所指其他资料应在合同中约定，主要是指当工程结构有要求时，应提供混凝土氯化物和碱总量计算书、砂石碱活性试验报告等。

（6）混凝土拌合物的工作性应以坍落度或维勃稠度表示，坍落度适用于塑性和流动性混凝土拌合物，维勃稠度适用于干硬性混凝土拌合物。其检测方法应按《普通混凝土拌合物性能试验方法标准》（GB/T 50080—2016）的规定进行。

混凝土拌合物坍落度可分为5级，见说明表23-1。维勃稠度可分为5级，见说明表23-2。

混凝土拌合物按坍落度的分级　　说明表23-1

等　级	坍落度（mm）	等　级	坍落度（mm）
S1	10～40	S4	160～210
S2	50～90	S5	≥220
S3	100～150		

注：坍落度检测结果，在分级评定时，其表达值可取舍至邻近的10mm。

混凝土拌合物按维勃稠度的分级　　说明表 23-2

等　级	维勃时间(s)	等　级	维勃时间(s)
V0	≥31	V3	10～6
V1	30～21	V4	5～3
V2	20～11		

8. 现浇结构工程

1)一般规定

(1)此处规定了混凝土浇筑前应完成的主要检查和验收工作。对将被下一工序覆盖而无法事后检查的内容进行隐蔽工程验收,对所浇筑结构的位置、高程、几何尺寸、预留预埋等进行技术复核工作。技术复核工作在某些地区也称为工程预检。

(2)此处规定了混凝土入模温度的上下限值要求。规定混凝土最低入模温度是为了保证在低温施工阶段混凝土具有一定的抗冻能力;规定混凝土入模最高温度是为了控制混凝土最高温度,以利于混凝土裂缝控制。大体积混凝土入模温度尚应符合本章条文说明 8. 现浇结构工程“7)大体积混凝土裂缝控制”中(3)的规定。

(3)混凝土运输、输送、浇筑过程中加水会严重影响混凝土质量;运输、输送、浇筑过程中散落的混凝土,不能保证混凝土拌合物的工作性和质量。以上为强制性条文,应严格执行。

(4)混凝土浇筑时要求布料均衡,是为了避免集中堆放或不均匀布料造成模板和支架过大的变形。混凝土浇筑过程中模板内钢筋、预埋件等移动,会产生质量隐患。浇筑过程中需设专人分别对模板和预埋件以及钢筋、预应力筋等进行看护,当模板、预埋件、钢筋位移超过允许偏差时应及时纠正。此处所指的预埋件是指除钢筋以外按设计要求预埋在混凝土结构中的构件或部件,包括波纹管、锚垫板等。

2)混凝土输送

(1)混凝土输送是指对运输至现场的混凝土,采用输送泵、溜槽、吊车配备斗容器、升降设备配备小车等方式送至浇筑点的过程。为提高机械化施工水平、提高生产效率,保证施工质量,应优先选用预拌混凝土泵送方式。

(2)此处对输送泵选择及布置作出规定。

①常用的混凝土输送泵有汽车泵、拖泵(固定泵)、车载泵三种类型。由于各种输送泵的施工要求和技术参数不同,泵的选型应根据工程需要确定。

②混凝土输送泵的配备数量,应根据混凝土一次浇筑量和每台泵的输送能力以及现场施工条件经计算确定。混凝土泵配备数量可根据《混凝土泵送施工技术规程》(JGJ/T 10—2011)的相关规定进行计算。对于一次浇筑量较大、浇筑时间较长的工程,为避免输送泵可能遇到的故障而影响混凝土浇筑,应考虑设置备用泵。

③输送泵设置位置的合理与否直接关系到输送泵管距离的长短、输送泵管弯管的数量,进而影响混凝土输送能力。为了最大限度发挥混凝土输送能力,合理设置输送泵的位置显得尤为重要。

④输送泵采用汽车泵时,其布料杆作业范围不得有障碍物、高压线等;采用汽车泵、拖泵或车载泵进行泵送施工时,应离开建筑物一定距离,防止高空坠物。在建筑下方固定位置设置拖泵进行混凝土泵送施工时,应在拖泵上方设置安全防护设施。

(3)此处对输送泵管的选择和支架的设置作出规定。

①混凝土输送泵管应与混凝土输送泵相匹配。通常情况下,汽车泵采用内径 150mm 的输送泵管;拖泵和车载泵采用内径 125mm 的输送泵管。在特殊工程需要的情况下,拖泵也可采用内径

150mm 的输送泵管,此时,可采用相同管径的输送泵输送混凝土,也可采用大小接头转换管径的方法输送混凝土。

②在通常情况下,内径 125mm 的输送泵管适用于粗集料最大粒径不大于 25mm 的混凝土;内径 150mm 的输送泵管适用于粗集料最大粒径不大于 40mm 的混凝土。有些地区有采用粗集料最大粒径为 31.5mm 的混凝土,这种混凝土虽然可以采用 125mm 的输送泵管进行输送,但对输送泵和输送泵管的损耗较大。

③输送泵管的弯管采用较大的转弯半径以使输送管道转向平缓,可以大大减少混凝土输送泵的泵口压力,降低混凝土输送难度。如果输送泵管安装接头不严密或不按要求安装接头密封圈,而使输送管道漏气、漏浆,这些因素都是造成堵泵的直接原因,所以在施工现场应严格控制。

④水平输送泵管和竖向输送泵管都应该采用支架进行固定,支架与输送泵管的连接和支架与结构的连接都应连接牢固。输送泵管、支架严禁直接与脚手架或模架相连接,以防发生安全事故。由于在输送泵管的弯管转向区域受力较大,通常情况弯管转向区域的支架应加密。输送泵管对支架的作用以及支架对结构的作用都应经过验算,必要时对结构进行加固,以确保支架使用安全和对结构无损害。

⑤为了控制竖向输送泵管内的混凝土在自重作用下对混凝土泵产生过大的压力,水平输送泵管的直管和弯管总的折算长度与竖向输送高度之比应进行控制,根据以往工程经验,比值按 0.2 倍的输送高度控制较为合理。水平输送泵的直管和弯管的折算长度可按《混凝土泵送施工技术规程》(JGJ/T 10—2011)进行计算。

⑥输送泵管倾斜或垂直向下输送混凝土时,在高差较大的情况下,由于输送泵管内的混凝土在自重作用下会下落而造成空管,此时极易产生堵管。根据以往工程经验,当高差大于 20m 时,堵管概率大大增加,所以有必要对输送泵管下端的直管和弯管总的折算长度进行控制。

直管和弯管总的折算长度可按《混凝土泵送施工技术规程》(JGJ/T 10—2011)进行计算。当采用自密实混凝土时,输送泵管下端的直管和弯管总的折算长度与上下高差的倍数关系,可通过试验确定。当输送泵管下端的直管和弯管总的折算长度控制有困难时,可采用在输送泵管下端设置截止阀的方法解决。

⑦输送高度较小时,输送泵出口处的输送泵管位置可不设截止阀。输送高度大于 100m 时,混凝土自重对输送泵的泵口压力将大大增加,为了对混凝土输送过程进行有效控制,要求在输送泵出口处的输送泵管位置设置截止阀。

⑧混凝土输送泵管在输送混凝土时,重复承受着非常大的作用力,其输送泵管的磨损以及支架的疲劳损坏经常发生,所以对输送泵管及其支架进行经常检查和维护是非常重要的。

(4)此处对输送布料设备的选择和布置作出规定。

①布料设备是指安装在输送泵管前端,用于混凝土浇筑的布料机或布料杆。布料设备应根据工程结构特点、施工工艺、布料要求和配管情况等进行选择。布料设备的输送管内径在通常情况下是与混凝土输送泵管内径相一致的,最常用的布料设备输送管采用内径 125mm 的规格。如果采用内径 150mm 输送泵管时,可采用 150 ~ 125mm 转换接头进行管径转换,或者采用相同管径的混凝土布料设备。

②布料设备的施工方案是保证混凝土施工质量的关键,合理的施工方案应能使布料设备均衡而迅速地进行混凝土下料浇筑。

③布料设备在浇筑混凝土时,一般会根据工程特点,安装在结构上或施工设施上。由于布料设备在使用过程中冲击力较大,所以安装位置处的结构或施工设施应进行相应的验算,不满足荷载要求时应采取加固措施。

④布料设备在使用中,弯管处磨损最大,爆管或堵管通常都发生在弯管处。对弯管加强检查、及

时更换,是保证安全施工的重要环节。弯管壁厚可使用测厚仪检查。

⑤布料设备伸开后作业高度和工作半径都较大,如果作业范围内有障碍物、高压线等,容易导致安全事故发生,所以施工前应勘察现场、编写针对性施工方案。布料设备作业时,应控制出料口位置,必要时应采取高空防护措施,防止出料口混凝土高空坠落。

(5)为了保证混凝土的工作性,此处提出了输送混凝土过程中根据工程所处环境条件采取相应技术措施的要求。

(6)输送泵使用前要求编制操作规程,操作规程应符合产品说明书要求。此处对输送泵输送混凝土的主要环节作出规定。

①泵水是为了检查输送泵的性能以及通过湿润输送泵的有关部位来达到适宜输送的条件。

②用水泥砂浆对输送泵和输送泵管进行湿润是顺利输送混凝土的关键,如果不采取这一技术措施将会造成堵泵或堵管。

③开始输送混凝土时掌握节奏是顺利进行混凝土输送的重要手段。

④输送泵集料斗设网罩,是为了过滤混凝土中大粒径石块或泥块;集料斗具有足够混凝土余量,是为了避免吸入空气产生堵泵。

(7)此处对吊车配备斗容器输送混凝土作出规定。应结合起重机起重能力、混凝土浇筑量以及输送周期等因素综合确定斗容器容量大小。运输至现场的混凝土直接装入斗容器进行输送,而不采用相互转运的方式输送混凝土,以及斗容器在浇筑点直接布料,是为了减少混凝土拌合物转运次数,以保证混凝土工作性和质量。在特殊情况下,可采用先集中卸料后小车输送至浇筑点的方式,卸料点地坪应湿润并不得有积水。

(8)升降设备包括用于运载人或物料的升降电梯以及用于运载物料的升降井架。采用升降设备配合小车输送混凝土在工程中时有发生,为了保证混凝土浇筑质量,要求编制具有针对性的施工方案。运输后的混凝土若采用先卸料,后进行小车装运的输送方式,装料点应采用硬地坪或铺设钢板形式与地基土隔离,硬地坪或钢板面应湿润并不得有积水。为了减少混凝土拌合物转运次数,通常情况下不宜采用多台小车相互转载的方式输送混凝土。

3)混凝土浇筑

(1)在模板工程完工后或在垫层上完成相应工序施工,一般都会留有不同程度的杂物,为了保证混凝土质量,应清除这部分杂物。为了避免干燥的表面吸附混凝土中的水分,而使混凝土特性发生改变,洒水湿润是必需的。金属模板若温度过高,同样会影响混凝土的特性,洒水可以达到降温的目的。现场环境温度是指工程施工现场实测的大气温度。

(2)混凝土浇筑均匀性是为了保证混凝土各部位浇筑后具有相类同的物理和力学性能;混凝土浇筑密实性是为了保证混凝土浇筑后具有相应的强度等级。对于每一块连续区域的混凝土建议采用一次连续浇筑的方法;若混凝土方量过大或因设计施工要求而需留设施工缝或后浇带,则分隔后的每块连续区域应该采用一次连续浇筑的方法。混凝土连续浇筑是为了保证每个混凝土浇筑段成为连续均匀的整体。

(3)混凝土分层厚度的确定应与采用的振捣设备相匹配,以免发生因振捣设备原因而产生漏振或欠振情况;混凝土连续浇筑是相对的,在连续浇筑过程中会因各种原因而产生间歇时间,间歇时间应尽量缩短,最长间歇时间应保证上层混凝土在下层混凝土初凝之前覆盖。为了减少间歇时间,应保证混凝土的供应量。

(4)混凝土连续浇筑的原则是上层混凝土应在下层混凝土初凝之前完成浇筑,但为了更好地控制混凝土质量,混凝土还应该以最少的运载次数和最短的时间完成混凝土运输、输送入模过程,本章的延续时间规定可作为通常情况下的时间控制值,应努力做到。混凝土运输过程中会因交通等原因而产生间歇时间,运输到现场的混凝土也会因为输送等原因而产生间歇时间,在混凝土浇筑过程中也会因为不同部位浇筑及振捣工艺要求而减慢输送产生间歇时间。对各种原因产生的总的间歇时间应进行控制，本章规定了运输、输送入模及其间歇总的时间限值要求。表格中外加剂为常规品种，对于掺早强型减水剂、早强剂的混凝土以及有特殊要求的混凝土，延续时间会更小，应通过试验确定。

(5)减少混凝土下料冲击的主要措施是使混凝土布料点接近浇筑位置，采用串筒、溜管、溜槽等装置也可以减少混凝土下料冲击。在通常情况下可直接采用输送泵管或布料设备进行布料，采用这种集中布料的方式可最大限度减少与钢筋的碰撞；若输送泵管或布料设备的端部通过串筒、溜管、溜槽等辅助装置进行下料时，其下料端的尺寸只需比输送泵管或布料设备的端部尺寸略大即可；大量工程实践证明，串筒、溜管下料端口直径过大或溜槽下料端口过宽，是发生混凝土浇筑离析的主要原因。

对于泵送混凝土或非泵送混凝土，在通常情况下可先浇筑竖向混凝土结构，后浇筑水平向混凝土结构；对于采用压型钢板组合楼板的工程，也可先浇筑水平向混凝土结构，后浇筑竖向混凝土结构；先浇筑低区部分混凝土再浇筑高区部分混凝土，可保证高低相接处的混凝土浇筑密实。

(6)混凝土浇筑倾落高度是指所浇筑结构的高度加上混凝土布料点距本次浇筑结构顶面的距离。混凝土浇筑离析现象的产生，与混凝土下料方式、最大粗集料粒径以及混凝土倾落高度有最主要的关系。大量工程实践证明，泵送混凝土采用最大粒径不大于25mm的粗集料，且混凝土最大倾落高度控制在6m以内时，混凝土不会发生离析，这主要是因为混凝土较小的石子粒径减少了与钢筋的冲击。对于粗集料粒径大于25mm的混凝土其倾落高度仍应严格控制。倾落高度限值适用于常规情况，对柱、墙底钢筋极为密集的特殊情况，仍需增加措施防止混凝土离析。

(7)为避免混凝土浇筑后裸露表面产生塑性收缩裂缝，在初凝、终凝前进行抹面处理是非常关键的。每次抹面可采用铁板压光磨平两遍或用木蟹抹平搓毛两遍的工艺方法。对于梁板结构以及易产生裂缝的结构部位应适当增加抹面次数。

(8)此处对结构柱、墙混凝土设计强度等级高于梁、板混凝土设计强度等级时的浇筑作出规定。

①柱、墙位置梁板高度范围内的混凝土是侧向受限的，相同强度等级的混凝土在侧向受限条件下的强度等级会提高。但由于缺乏试验数据，无法说明这个区域的混凝土强度可以提高两个等级，故规定只可按提高一个强度等级进行考虑。所谓混凝土相差一个等级，是指相互之间的强度等级差值为C5，一个等级以上即为C5的整数倍。

②柱、墙混凝土设计强度比梁、板混凝土设计强度高两个等级及以上时，应在低强度等级的构件中采用分隔措施，分隔位置的两侧采用相应强度等级的混凝土浇筑。

③在高强度等级混凝土与低强度等级混凝土之间采取分隔措施是为了保证混凝土交界面工整清晰，分隔可采用钢丝网板等措施。对于钢筋混凝土结构工程，分隔位置两侧的混凝土虽然分别浇筑，但应保证在一侧混凝土浇筑后的初凝前，完成另一侧混凝土的覆盖。因此，分隔位置不是施工缝，而是临时隔断。

(9)此处对泵送混凝土浇筑作出规定。

①当需要采用多台混凝土输送泵浇筑混凝土时，应充分考虑各种因素来确定各台输送泵的浇筑区域以及浇筑顺序，从方案上对混凝土浇筑进行质量控制。

②采用输送泵管浇筑混凝土时，由远而近的浇筑方式应该优先采用，这样的施工方法比较简单，过程中只需适时拆除输送泵管即可。在特殊情况下，也可采用由近而远的浇筑方式，但距离不宜过长，否则容易造成堵管或造成浇筑完成的混凝土表面难以进行抹面收尾工作。各台混凝土输送泵保持浇筑速度基本一致，是为了均衡浇筑，避免产生混凝土冷缝。

③混凝土泵送前，通常先泵送水泥砂浆，少数浆液可用于湿润开始浇筑区域的结构施工缝，多余浆液应采用集料斗等容器收集后运出，不得用于结构浇筑。水泥砂浆与混凝土浆液同成分是指，以

该强度等级混凝土配合比为基准,去除石子后拌制的水泥砂浆。由于泵送混凝土粗集料粒径通常采用不大于25mm的石子,所以要求接浆层厚度不应大于30mm。

④在混凝土供应不及时的情况下,为了能使混凝土连续浇筑,满足第8.3.4条的规定,采用间歇泵送方式是通常采用的方法。所谓间歇泵送,是指在预计后续混凝土不能及时供应的情况下,通过间歇式泵送,控制性地放慢现场现有混凝土的泵送速度,以达到后续混凝土供应后仍能保持混凝土连续浇筑的过程。

⑤通常情况混凝土泵送结束后,可采用在上端管内加入棉球及清水的方法直接从上往下进行清洗输送泵管,输送泵管中的混凝土随清洗过程下落,废弃的混凝土在底部收集处理。为了充分利用输送泵管内的混凝土,可采用水洗泵送的工艺。水洗泵送的工艺是指在最后泵送部分的混凝土后面加入黏性浆液以及足够的清水,通过泵送清水方式将输送泵管内的混凝土泵送至要求高度,然后在结束混凝土泵送后,通过采用在上端输送泵管内加入棉球及清水的方法,从上往下进行清洗输送泵管的整个施工工艺过程。

(10)此处对施工缝或后浇带处浇筑混凝土作出规定。

①采用粗糙面、清除浮浆、清理疏松石子、清理软弱混凝土层是保证新旧混凝土紧密结合的技术措施。如果施工缝或后浇带处由于搁置时间较长,而受建筑废弃物污染,则首先应清理建筑废弃物,并对结构构件进行必要的整修。现浇结构分次浇筑的结合面也是施工缝的一种类型。

②充分湿润施工缝或后浇带,避免施工缝或后浇带积水是保证新旧混凝土充分结合的技术措施。

③施工缝处已浇筑混凝土的强度低于1.2MPa时,不能保证新旧混凝土的紧密结合。

④过厚的接浆层中若没有粗集料,将会影响混凝土的强度等级。目前混凝土粗集料最大粒径一般采用25mm石子,所以接浆层厚度应控制30mm以下。

⑤后浇带处的混凝土,由于部位特殊,环境较差,浇筑过程也有可能产生泌水集中,为了确保质量,可采用提高一级强度等级的混凝土进行浇筑。为了使后浇带处的混凝土与两侧的混凝土充分紧密结合,采取减少收缩的技术措施是必要的。减少收缩的技术措施包括混凝土组成材料的选择、配合比设计、浇筑方法以及养护条件等。

(11)此处对超长结构混凝土浇筑作出规定。

①超长结构是指按规范要求需要设缝或因种种原因无法设缝的结构构件。大量工程实践证明,分仓浇筑超长结构是控制混凝土裂缝的有效技术措施。

②整体基础中调节沉降的后浇带,典型的是主楼与裙房基础间的沉降后浇带。为了解决相互间的差异沉降以及超长结构裂缝控制问题,通常采用留设后浇带的方法。

③后浇带的留设一般都会有相应的设计要求,所以后浇带的封闭时间尚应征得设计单位确认。

(12)此处对型钢混凝土结构浇筑作出规定。

①型钢周边绑扎钢筋后,在型钢和钢筋密集处的各部分,为了保证混凝土充填密实,本款规定了混凝土粗集料最大粒径。

②应根据施工图纸以及现场施工实际,仔细分析并确定混凝土下料位置,以确保混凝土有充分的下料位置,并能使混凝土充盈整个构件的各部位。

③型钢周边混凝土浇筑同步上升,是为了避免混凝土高差过大而产生的侧向力,造成型钢整体位移超过允许偏差。

(13)此处对钢管混凝土结构浇筑作出规定。

①本章中所指的钢管是广义的,包括圆形钢管、方形钢管、矩形钢管、异形钢管等。钢管结构一般会采用2层一节或3层一节方式进行安装。由于所浇筑的钢管高度较高,混凝土振捣受到限制,所以以往工程有采用高抛的浇筑方式。高抛浇筑的目的是利用混凝土的冲击力来达到自身密实的

作用。由于施工技术的发展,自密实混凝土已普遍采用,所以可采用免振的自密实混凝土来解决振捣问题。

②由于混凝土材料与钢材的特性不同,钢管内浇筑的混凝土由于收缩而与钢管内壁产生间隙难以避免。所以钢管混凝土应采取切实有效的技术措施来控制混凝土收缩,减少管壁与混凝土的间隙。采用羧酸类外加剂配制的混凝土其收缩率会大幅减少,在施工中可根据实际情况加以选用。

③在钢管适当位置留设排气孔是保证混凝土浇筑密实的有效技术措施。混凝土从管顶向下浇筑时,钢管底部通常要求设置排气孔。排气孔的设置是为了防止初始混凝土下料过快而覆盖管径,造成钢管底部空气无法排除而采取的技术措施;其他适当部位排气孔设置应根据工程实际确定。

④在钢管内一般采用无配筋或少配筋的混凝土,所以浇筑过程中受钢筋碰撞影响而产生混凝土离析的情况基本可以避免。采用羧酸类外加剂配制的粗集料最大粒径相对较小的自密实混凝土或高流态混凝土,其综合效果较好,可以兼顾混凝土收缩、混凝土振捣以及提高混凝土最大倾落高度。与自密实混凝土相比,高流态混凝土一般无须进行辅助振捣。

⑤从管顶向下浇筑混凝土类同于在模板中浇筑混凝土,在参照模板中浇筑混凝土方法的同时,应认真执行本章第 9.3 小节的技术要求。

⑥在具备相应浇筑设备的条件下,从管底顶升浇筑混凝土也是可以采取的施工方法。在钢管底部设置的进料输送管应能与混凝土输送泵管进行可靠的连接。止流阀门是为了在混凝土浇筑后及时关闭,以便拆除混凝土输送泵管。采用这种浇筑方式最重要的是过程控制,顶升或停止操作指令必须迅速正确传达,不得有误,否则极易产生安全事故;采用目前常用的泵送设备以及通信联络方式进行顶升浇筑混凝土时,进行预演加强过程控制是确保安全施工的关键。

(14)此处对自密实混凝土浇筑作出规定。

①浇筑方案应充分考虑自密实混凝土的特性,应根据结构部位、结构形状、结构配筋等情况选择具有针对性的自密实混凝土配合比和浇筑方案。由于自密实混凝土流动性大,施工方案中应对模板拼缝提出相应要求,模板侧压力计算应充分考虑自密实混凝土的特点。

②采用粗集料最大粒径为 25mm 的石子较难配制真正意义上的自密实混凝土,自密实混凝土采用粗集料最大粒径不大于 20mm 的石子进行配制较为理想,所以采用粗集料最大粒径不大于 20mm 的石子配制自密实混凝土应该是首选。

③在钢筋、预埋件、预埋钢构周边及模板内各边角处,为了保证混凝土浇筑密实,必要时可采用小规格振动棒进行适宜的辅助振捣,但不宜多振。

④自密实混凝土虽然具有很大的流动性,但在浇筑过程中为了更好地保证混凝土质量,控制混凝土流淌距离,选择适宜的布料点并控制间距,是非常有必要的。在缺乏经验的情况下,可通过试验确定混凝土布料点下料间距。

(15)此处对清水混凝土结构浇筑作出规定。

①构件分区是指对整个工程不同的构件进行划分,而每一个分区包含了某个区域的结构构件。对于结构构件较大的大型工程,应根据视觉特点将大型构件分为不同的分区,同一构件分区应采用同批混凝土,并一次连续浇筑。

②同层混凝土是指每一相同楼层的混凝土,同区混凝土是指同层混凝土的某一区段。对于某一个单位工程,如果条件允许可考虑采用同一材料牌号、品种、规格的材料;对于较大的单位工程,如果无法完全做到材料牌号、品种、规格一致,同层或同区混凝土应采用同一材料牌号、品种、规格的材料。

③混凝土连续浇筑过程中,分层浇筑覆盖的间歇时间应尽可能缩短,以杜绝层间接缝痕迹。

(16)由于柱、墙和梁板大体积混凝土浇筑与一般柱、墙和梁板混凝土浇筑并无本质区别,这一部分大体积混凝土结构浇筑按常规做法施工,此处仅对基础大体积混凝土浇筑作出规定。

①采用输送泵管浇筑基础大体积混凝土时,输送泵管前端通常不会接布料设备浇筑,而是采用输送泵管直接下料或在输送泵管前段增加弯管进行左右转向浇筑。弯管转向后的水平输送泵管长度一般为3～4m比较合适,故规定了输送泵管间距不宜大于10m的要求。如果输送泵管前端采用布料设备进行混凝土浇筑时,可根据混凝土输送量的要求将输送泵管间距适当增大。

②用汽车布料杆浇筑混凝土时,首先应合理确定布料点的位置和数量,汽车布料杆的工作半径应能覆盖这些位置。各布料点的浇筑应均衡,以保证各结构部位的混凝土均衡上升,减少相互之间的高差。

③先浇筑深坑部分再浇筑大面积基础部分,可保证高差交接部位的混凝土浇筑密实,同时也便于进行平面上的均衡浇筑。

④基础大体积混凝土浇筑最常采用的方法为斜面分层;如果对混凝土流淌距离有特殊要求的工程,混凝土可采用全面分层或分块分层的浇筑方法。保证各层混凝土连续浇筑的条件下,层与层之间的间歇时间应尽可能缩短,以满足整个混凝土浇筑过程连续。

⑤对于分层浇筑的每层混凝土通常采用自然流淌形成斜坡,根据分层厚度要求逐步沿高度均衡上升。不大于500mm分层厚度要求,可用于斜面分层、全面分层、分块分层浇筑方法。

⑥由于大体积混凝土易产生表面收缩裂缝,所以抹面次数要求适当增加。

⑦混凝土浇筑前,基坑可能因雨水或洒水产生积水,混凝土浇筑过程中也可能产生泌水,为了保证混凝土浇筑质量,可在垫层上设置排水沟和集水井。

(17)此处对预应力结构混凝土浇筑作出规定。具体技术规定也适用于预应力结构的混凝土振捣要求。

①由于这些部位钢筋、预应力筋、孔道、配件及埋件非常密集,混凝土浇筑及振捣过程易使其位移或脱落,振捣时应注意保护。

②保证锚固区等配筋密集部位混凝土密实的关键是合理确定浇筑顺序和浇筑方法。施工前应对配筋密集部位进行图纸审核,在混凝土配合比、振捣方法以及浇筑顺序等方面制订相应的技术措施。

③及时浇筑混凝土有利于控制先张法预应力混凝土构件的预应力损失满足设计要求。

4)混凝土振捣

(1)混凝土漏振、欠振会造成混凝土不密实,从而影响混凝土结构强度等级。混凝土过振容易造成混凝土泌水以及粗集料下沉,产生不均匀的混凝土结构。对于自密实混凝土应该采用免振的浇筑方法。

(2)对于模板的边角以及钢筋、埋件密集区域应采取适当延长振捣时间、加密振捣点等技术措施,必要时可采用微型振捣棒或人工辅助振捣。接触振动会产生很大的作用力,所以应避免碰撞模板、钢构、预埋件等,以防止产生超出允许范围的位移。此处所指的预埋件是指除钢筋以外按设计要求预埋在混凝土结构中的构件或部件,用于预应力工程的波纹管也属于预埋件的范围。

(3)振动棒通常用于竖向结构以及厚度较大的水平结构振捣,此处对振动棒振捣混凝土作出规定。

①混凝土振捣应按层进行,每层混凝土都应进行充分的振捣。振动棒的前端插入前一层混凝土是为了保证两层混凝土间能进行充分的结合,使其成为一个连续的整体。

②通过观察混凝土振捣过程,判断混凝土每一振捣点的振捣延续时间。

③混凝土振动棒移动的间距应根据振动棒作用半径而定。对振动棒与模板间的最大距离作出规定,是为了保证模板面振捣密实。采用方格型排列振捣方式时,振捣间距应满足1.4倍振动棒的作用半径要求;采用三角形排列振捣方式时,振捣间距应满足1.7倍振动棒的作用半径要求;综合两种情况,对振捣间距作出为1.4倍振动棒作用半径的要求。

(4)平板振动器通常可用于配合振动棒辅助振捣结构表面;对于厚度较小的水平结构或薄壁板

式结构可单独采用平板振动器振捣。此处对平板振动器振捣混凝土作出规定。

①由于平板振动器作用范围相对较小,所以平板振动器移动应覆盖振捣平面各边角。

②平板振动器移动间距覆盖已振实部分混凝土的边缘是为了避免产生漏振区域。

③倾斜表面振捣时,由低向高处进行振捣是为了保证后浇筑部分混凝土的密实。

(5)附着振动器通常在装配式结构工程的预制构件中采用,在特殊现浇结构中也可采用附着振动器。此处对附着振动器振捣混凝土作出规定。

①附着振动器与模板紧密连接,是为了保证振捣效果。不同的附着振动器其振动作用范围不同,安装在不同类型的模板上其振动作用范围也可能不同,所以通过试验确定其安装间距很有必要。

②附着振动器依次从下往上进行振捣是为了保证浇筑区域振动器处于工作状态,而非浇筑区域振动器处于非工作状态,随着浇筑高度的增加,从下往上逐步开启振动器。

③各部位附着振动器的频率要求一致是为了避免振动器开启后模板系统的不规则振动,保证模板的稳定性。相对面模板附着振动器交错设置,是为了充分利用振动器的作用范围均匀振捣混凝土。

(6)混凝土分层振捣最大厚度应与采用的振捣设备相匹配,以免发生因振捣设备原因而产生漏振或欠振情况。由于振动棒种类很多,其作用半径也不尽相同,所以分层振捣最大厚度难以用固定数值表述。大量工程实践证明,采用1.25倍振动棒作用部分长度作为分层振捣最大厚度的控制是合理的。采用平板振动器时,其分层振捣厚度按200mm控制较为合理。

(7)此处对需采用加强振捣措施的部位作出规定。

①宽度大于0.3m的预留洞底部采用在预留洞两侧进行振捣,是为了尽可能减少预留洞两端振捣点的水平间距,充分利用振动棒作用半径来加强混凝土振捣,以保证预留洞底部混凝土密实。宽度大于0.8m的预留洞底部,应采取特殊技术措施,避免预留洞底部形成空洞或不密实情况产生。特殊技术措施包括在预留洞底部区域的侧向模板位置留设孔洞,浇筑操作人员可在孔洞位置进行辅助浇筑与振捣;在预留洞中间设置用于混凝土下料的临时小柱模板,在临时小柱模板内进行混凝土下料和振捣,临时小柱模板内的混凝土在拆模后进行凿除。

②后浇带及施工缝边角由于构造原因易产生不密实情况,所以混凝土浇筑过程中加密振捣点、延长振捣时间是必要的。

③钢筋密集区域或型钢与钢筋结合区域由于构造原因易产生不密实情况,所以混凝土浇筑过程采用小型振动棒辅助振捣、加密振捣点、延长振捣时间是必要的。

④基础大体积混凝土浇筑由于流淌距离相对较远,坡顶与坡脚距离往往较大,较远位置的坡脚往往容易漏振,施工时需加强注意。

5)混凝土养护

(1)混凝土早期塑性收缩和干燥收缩较大,易造成混凝土开裂。混凝土养护是补充水分或降低失水速率,防止混凝土产生裂缝,确保达到混凝土各项力学性能指标的重要措施。在混凝土初凝、终凝抹面处理后,应及时进行养护工作。混凝土终凝后至养护开始的时间间隔应尽可能缩短,以保证混凝土养护所需的湿度以及对混凝土进行温度控制。覆盖养护可采用塑料薄膜、麻袋、草帘等进行覆盖;喷涂养护剂养护是通过养护液在混凝土表面形成致密的薄膜层,以达到混凝土保湿目的。洒水、覆盖、喷涂养护剂等养护方式可单独使用,也可同时使用,采用何种养护方式应根据工程实际情况合理选择。

(2)混凝土养护时间应根据所采用的水泥种类、外加剂类型、混凝土强度等级及结构部位进行确定。粉煤灰或矿渣粉的数量占胶凝材料总量不小于30%的混凝土,以及粉煤灰加矿渣粉的总量占胶凝材料总量不小于40%的混凝土,都可认为是大掺量矿物掺和料混凝土。由于地下室基础底板与地下室底层墙柱以及地下室结构与上部结构首层墙柱施工间隔时间通常都会较长,在这较长的时间内基础底板或地下室结构的收缩基本完成,对于刚度很大的基础底板或地下室结构会对与之相连的墙柱产生很大的约束,从而极易造成结构竖向裂缝产生,对这部分结构增加养护时间是必要的,养护时间可根据工程实际按施工方案确定。对于大体积混凝土尚应根据混凝土相应点温差来控制养护时间,温差符合相关规定后方可结束混凝土养护。此处所说的养护时间包含混凝土未拆模时的带模养护时间以及混凝土拆模后的养护时间。

(3)对养护环境温度没有特殊要求的结构构件,可采用洒水养护方式。混凝土洒水养护应根据温度、湿度、风力情况、阳光直射条件等,通过观察不同结构混凝土表面,确定洒水次数,确保混凝土处于饱和湿润状态。当室外日平均气温连续5日稳定低于5℃时应按冬期施工相关要求进行养护;当日最低温度低于5℃时,可能已处在冬期施工期间,为了防止可能产生的冰冻情况而影响混凝土质量,不应采用洒水养护。

(4)此处对覆盖养护作出规定。

①对养护环境温度有特殊要求或洒水养护有困难的结构构件,可采用覆盖养护方式。对结构构件养护过程有温差要求时,通常采用覆盖养护方式。覆盖养护应及时,应尽量减少混凝土裸露时间,防止水分蒸发。

②覆盖养护的原理是通过混凝土的自然温升在塑料薄膜内产生凝结水,从而达到湿润养护的目的。在覆盖养护过程中,应经常检查塑料薄膜内的凝结水,确保混凝土裸露表面处于湿润状态。

③每层覆盖物都应严密,要求覆盖物相互搭接不小于100mm。覆盖物层数的确定应综合考虑环境因素以及混凝土温差控制要求。

(5)此处对喷涂养护剂养护作出规定。

①对养护环境温度没有特殊要求或洒水养护有困难的结构构件,可采用喷涂养护剂养护方式。对拆模后的墙柱以及楼板裸露表面在持续洒水养护有困难时可采用喷涂养护剂养护方式;对于采用爬升式模板脚手施工的工程,由于模板脚手爬升后无法对下部的结构进行持续洒水养护,可采用喷涂养护剂养护方式。

②喷涂养护剂养护的原理是通过喷涂养护剂,使混凝土裸露表面形成致密的薄膜层,薄膜层能封住混凝土表面,阻止混凝土表面水分蒸发,达到混凝土养护的目的。养护剂后期应能自行分解挥发,而不影响装修工程施工。养护剂应具有可靠的保湿效果,必要时可通过试验检验养护剂的保湿效果。

③喷涂方法应符合产品技术要求,严格按照使用说明书要求进行施工。

(6)基础大体积混凝土的前期养护,由于对温差有控制要求,通常不适宜采用洒水养护方式,而应采用覆盖养护方式。覆盖养护层的厚度应根据环境温度、混凝土内部温升以及混凝土温差控制要求确定,通常在施工方案中确定。混凝土温差达到结束覆盖养护条件后,但仍有可能未达到总的养护时间要求,在这种情况下后期养护可采用洒水养护方法,直至混凝土养护结束。

(7)混凝土带模养护在实践中证明是行之有效的,带模养护可以解决混凝土表面过快失水的问题,也可以解决混凝土温差控制问题。根据本章条文说明8.现浇结构工程"5)混凝土养护"中(2)所述的原因,地下室底层和上部结构首层柱、墙前期采用带模养护是有益的。在带模养护的条件下混凝土达到一定强度后,可拆除模板进行后期养护。拆模后采用洒水养护方法,工程实践证明养护效果好。洒水养护的水温与混凝土表面的温差最好能控制在25℃以内,但由于洒水养护的水量一般较小,洒水后水温会很快升高,接近混凝土表面温度,所以采用常温水进行洒水养护也是可行的。

(8)混凝土在未到达一定强度时,踩踏、堆放荷载、安装模板及支架等易于破坏混凝土内部结构,导致混凝土产生裂缝及影响混凝土后期性能。在实际操作中,混凝土强度是否达到1.2MPa要求,可根据经验进行判定。

(9)保证同条件养护试件能与实体结构所处环境相同,是试件准确反映结构实体强度的条件。妥善保管措施应避免试件丢失、混淆、受损。

(10)具备混凝土标准试块制作条件,采用标准试块养护室或养护箱进行标准试块养护,其主要目的是保证现场留样的试块得到标准养护。

6)混凝土施工缝与后浇带

(1)混凝土施工缝与后浇带留设位置要求在混凝土浇筑之前确定,是为了强调留设位置应事先计划,而不得在混凝土浇筑过程中随意留设。此处同时给出了施工缝和后浇带留设的基本原则。对于受力较复杂的双向板、拱、穹拱、薄壳、斗仓、筒仓、蓄水池等结构构件,其施工缝留设位置应符合设计要求。对有防水抗渗要求的结构构件,施工缝或后浇带的位置容易产生薄弱环节,所以施工缝位置留设同样应符合设计要求。

(2)此处对水平施工缝的留设位置作出规定。

①楼层结构的类型包括有梁有板的结构、有梁无板的结构、无梁有板的结构。对于有梁无板的结构,施工缝位置是指在梁顶面;对于无梁有板的结构,施工缝位置是指在板顶面。

②楼层结构的底面是指梁、板、无梁楼盖柱帽的底面。楼层结构的下弯锚固钢筋长度会对施工缝留设的位置产生影响,有时难以满足0~50mm的要求,施工缝留设的位置通常在下弯锚固钢筋的底部,此时应符合下文④的要求。

③对于高度较大的柱、墙、梁(墙梁)及厚度较大的基础底板等不便于一次浇筑或一次浇筑质量难以保证时,可考虑在相应位置设置水平施工缝。施工时应根据分次混凝土浇筑的工况进行施工荷载验算,如需调整构件配筋,其结果应征得设计单位确认。

④特殊结构部位的施工缝是指上述①~③以外的水平施工缝。

(3)此处对一般结构构件竖向施工缝和后浇带留设的要求作出规定。对于结构构件面积较大、混凝土方量较大的工程等不便于一次浇筑或一次浇筑质量难以保证时,可考虑在相应位置设置竖向施工缝。对于超长结构设置分仓的施工缝、基础底板留设分区的施工缝、核心筒与楼板结构间留设的施工缝、巨型柱与楼板结构间留设的施工缝等情况,由于在技术上有特殊要求,在这些特殊位置留设竖向施工缝,应征得设计单位确认。

(4)设备与设备基础是通过地脚螺栓相互连接的,此处对设备基础水平施工缝和竖向施工缝作出规定,是为了保证地脚螺栓受力性能可靠。

(5)承受动力作用的设备基础不仅要保证地脚螺栓受力性能的可靠,还要保证设备基础施工缝两侧的混凝土受力性能可靠,施工缝的留设应征得设计单位确认。对于竖向施工缝或台阶形施工缝,为了使设备基础施工缝两侧混凝土成为一个可靠的整体,可在施工缝位置处加设插筋,插筋数量、位置、长度等应征得设计单位竖向。

(6)为保证结构构件的受力性能和施工质量,对于基础底板、墙板、梁板等厚度或高度较大的结构构件,施工缝或后浇带界面建议采用专用材料封挡。专用材料可采用定制模板、快易收口板、钢板网、钢丝网等。

(7)混凝土浇筑过程中,因暴雨、停电等特殊原因无法继续浇筑混凝土,或不满足运输、输送入模及其间歇总的时间限值要求,而不得不临时留设施工缝时,施工缝应尽可能规整,留设位置和留设界面应垂直于结构构件表面,当有必要时可在施工缝处留设加强钢筋。如果临时施工缝留设在构件剪力较大处、留设界面不垂直于结构构件时,应在施工缝处采取增加加强钢筋并事后修凿等技术措施,以保证结构构件的受力性能。

(8)施工缝和后浇带往往由于留置时间较长,而在其位置容易受建筑废弃物污染,此处要求采取技术措施进行保护。保护内容包括模板、钢筋、埋件位置的正确,还包括施工缝和后浇带位置处已浇筑混凝土的质量;保护方法可采用封闭覆盖等技术措施。如果施工缝和后浇带间隔施工时间可能会使钢筋产生锈蚀情况时,还应对钢筋采取防锈或阻锈措施。

7)大体积混凝土裂缝控制

(1)大体积混凝土是指体量较大或预计会因胶凝材料水化引起混凝土内外温差过大而导致开裂的混凝土。根据工程施工工期要求,在满足施工期间结构强度发展需要的前提下,对用于基础大体积混凝土和高强度等级混凝土的结构构件,可以采用60d(56d)或更长龄期的混凝土强度,这样有利于通过提高矿物掺和料用量并降低水泥用量,从而达到降低混凝土水化温升、控制裂缝的目的。《混凝土结构设计规范》(GB 50010—2010)(2015 年版)的相关规定也提出设计单位可以采用大于28d的龄期确定混凝土强度等级,此时设计规定龄期可以作为结构评定和验收的依据。56d 龄期是 28d 龄期的 2 倍,对于大体积混凝土,国外工程或外方设计的国内工程采用 56d 龄期较多,而国内设计的项目采用 60d、90d 龄期较多,为了兼顾所以一并列出。

(2)大体积混凝土结构或构件不仅包括厚大的基础底板,还包括厚墙、大柱、宽梁、厚板。大体积混凝土裂缝控制与边界条件、环境条件、原材料、配合比、混凝土过程控制和养护等因素密切相关。大体积混凝土配合比的设计,可以借鉴成功的工程经验,也可以根据相关试验加以确定。大体积混凝土施工裂缝控制是关键,在采用中、低水化热水泥的基础上,通过掺加粉煤灰、矿渣粉和高性能外加剂都可以减少水泥用量,可对裂缝控制起到良好作用。裂缝控制的关键在于减少混凝土收缩,减少收缩的技术措施包括混凝土组成材料的选择、配合比设计、浇筑方法以及养护条件等。近年来,聚羧酸类高效减水剂的发展,不但可以有效减少混凝土水泥用量,其配制的混凝土还可以大幅减少混凝土收缩,这一新技术的采用已经成为混凝土裂缝控制的发展方向,成为工程实践中裂缝控制的有效技术措施。除基础、墙、柱、梁、板大体积混凝土以外的其他结构部位同样可以采用这个方法来进行裂缝控制。

(3)此处对大体积混凝土施工时的温度控制提出规定。控制温差是解决混凝土裂缝的关键,温差控制主要通过混凝土覆盖或带模养护过程进行,温差可通过现场测温数据经计算获得。

①控制混凝土入模温度,可以降低混凝土内部最高温度,必要时可采取技术措施降低原材料的温度,以达到减小入模温度的目的,入模温度可以通过现场测温获得;控制混凝土最大温升是有效控制温差的关键,减少混凝土内部最大温升主要从配合比上进行控制,最大温升值可以通过现场测温获得;在大体积混凝土浇筑前,为了对最大温升进行控制,可按《大体积混凝土施工标准》(GB 50496—2018)进行绝热温升计算,绝热温升即为预估的混凝土最大温升,绝热温升计算值加上预估的入模温度即为预估的混凝土内部最高温度。

②此处分别按覆盖养护或带模养护阶段、结束覆盖养护或拆模后两个阶段规定了混凝土浇筑体与表面(环境)温度的差值要求。根据本章第 9.5.6 条的规定,当基础大体积混凝土浇筑体表面以内 40 ~ 100mm位置的温度与环境温度的差值小于 25℃时,可结束覆盖养护,柱、墙、梁等大体积混凝土也可参照此规定确定拆模时间。

其中所说的混凝土浇筑体表面温度是指保温覆盖层或模板与混凝土交界面之间测得的温度,表面温度在覆盖养护或带模养护时用于温差计算;环境温度用来确定结束覆盖养护或拆模的时间,在拆除覆盖养护层或拆除模板后用于温差计算;由于结束覆盖养护或拆模后无法测得混凝土表面温度,故采用在基础表面以内 40 ~ 100mm 位置设置测温点来代替混凝土表面温度,用于温差计算。

当混凝土浇筑体表面以内 40 ~ 100mm 位置处的温度与混凝土浇筑体表面温度差值有大于 25℃趋势时,应增加保温覆盖层或在模板外侧加挂保温覆盖层;结束覆盖养护或拆模后,当混凝土浇筑体表面以内 40 ~ 100mm 位置处的温度与环境温度差值大于 25℃时,应重新覆盖或增加外保温措施。

③测温点布置以及相邻两测温点的位置关系应该符合本章条文说明 8. 现浇结构工程“7)大体积混凝土裂缝控制”中(4)和(5)的规定。

④降温速率可通过现场测温数据经计算获得。

(4)此处对基础大体积混凝土测温点设置作出规定。

①由于各个工程基础形状各异,测温点的设置难以统一,选择具有代表性和可比性的测温点进行测温是主要目的。竖向剖面可以是基础的整个剖面,也可以根据对称性选择半个剖面。

②每个剖面的测温点由浇筑体表面以内 40~100mm 位置处的周边测温点和其之外的内部测温点组成。通常情况下混凝土浇筑体最大温升发生在基础中部区域,选择竖向剖面上交叉处进行测温,能够反映中部高温区域混凝土温度变化情况。在覆盖养护或带模养护阶段,覆盖保温层底部或模板内侧的测温点反映的是混凝土浇筑体的表面温度,用于计算混凝土温差。要求表面测温点与两个剖面上的周边测温点位置及数量对应,以便于合理计算混凝土温差。对于基础侧面采用砖等材料作为胎膜,且胎膜后用材料回填而保温有保证时,可与基础底部一样无须进行混凝土表面测温。环境测温点应距基础周边一定距离,并应保证该测温点不受基础温升影响。

③每个剖面的周边及以内部位测温点上下、左右对齐是为了反映相邻两边测温点温度变化的情况,便于对混凝土温差进行计算;测温点竖向、横向间距不应小于 0.4m 的要去是为了合理反映两点之间的温差。

④厚度不大于 1.6m 的基础底板,温差很容易根据绝热温升计算进行预估,通常可以根据工程施工经验来采取技术措施进行温差控制。所以裂缝控制技术措施完善的工程可以不进行测温。

(5)柱、墙、梁大体积混凝土浇筑通常可以在第一次混凝土浇筑中进行测温,并根据测温结果完善混凝土裂缝控制施工措施,在这种情况下后续工程可不用继续测温。对于柱、墙大体积混凝土的纵向是指高度方向;对于梁大体积混凝土的纵向是指跨度方向。环境测温点应距浇筑的结构边一定距离,以保证该测温点不受浇筑结构温升影响。

(6)此处对混凝土测温提出相应的要求,对大体积混凝土测温开始与结束时间作出规定。虽然混凝土裂缝控制要求在相应温差不大于 25℃时可以停止覆盖养护,但考虑到天气变化对温差可能产生的影响,测温还应继续一段时间,故规定温差小于 20℃时,才可停止测温。

(7)此处对大体积混凝土测温频率进行规定,每次测温都应形成报告。

8)质量检查

(1)施工质量检查是指施工单位为控制质量进行的检查,并非工程的验收检查。考虑到施工现场的实际情况,将混凝土结构施工质量检查划分为两类,对应于混凝土施工的两个阶段,即过程控制检查和拆模后的实体质量检查。

过程控制检查包括技术复核(预检)和混凝土施工过程中为控制施工质量而进行的各项检查;拆模后的实体质量检查应及时进行,为了保证检查的真实性,检查时混凝土表面不应进行过处理和装饰。

(2)对混凝土结构的施工质量进行检查,是检验结构质量是否满足设计要求并达到合格要求的手段。为了达到这一目的,施工单位需要在不同阶段进行各种不同内容、不同类别的检查。各种检查随工程不同而有所差异,具体检查内容应根据工程实际作出要求。

①确定各项检查应当遵守的原则,即各种检查应根据质量控制的需要来确定检查的频率、时间、方法和参加检查的人员。

②明确规定施工单位对所完成的施工部位或成果应全数进行质量自检,自检要求符合国家现行标准提出的要求。自检不同于验收检查,自检应全数检查,而验收检查可以是抽样检查。

③要求做好记录并有图像资料,是为了使检查结果必要时可以追溯,以及明确检查责任。对于返工和修补的构件,记录的作用更加重要,要求有返工修补前后的记录。而图像资料能够直观反映质量情况,故对于返工和修补的构件提出此要求。

④为了减少检查的工作量,对于已经隐蔽、不可直接观察和量测的内容如插筋锚固长度、钢筋保

护层厚度、预埋件锚筋长度与焊接等,如果已经进行过隐蔽工程验收且无异常情况,可仅检查隐蔽工程验收记录。

⑤混凝土结构或构件的性能检验比较复杂,一般通过检验报告或专门的试验给出,在施工现场通常不进行检查。但有时施工现场出于某种原因,也可能需要对混凝土结构或构件的性能进行检查。当遇到这种情形时,应委托具备相应资质的单位,按照有关标准规定的方法进行,并出具检验报告。

(3)为了保证所浇筑的混凝土符合设计和施工要求,规定浇筑前应进行的质量检查工作,在确认无误后再进行混凝土浇筑。当坍落度大于220mm时,还应对扩展度进行检查。对于现场拌制的混凝土,应按相关规范要求检查水泥、砂石、掺和料、外加剂等原材料。

(4)此处对混凝土结构的质量过程控制检查内容提出要求。检查内容包括这些内容,但不限于这些内容。当有更多检查内容和要求时,可由施工方案给出。

(5)此处对混凝土结构拆模后的检查内容提出要求。检查内容包括这些内容,但不限于这些内容。当有更多检查内容和要求时,可由施工方案给出。

(6)对混凝土结构质量进行的各种检查,尽管其目的、作用可能不同,但是方法却基本一样。《混凝土结构工程施工质量验收规范》(GB 50204—2015)已经对主要检查方法作出了规定,故直接采取该标准的规定即可;当个别检查方法本标准未明确时,可参照其他相关标准执行。当没有相关标准可执行时,可由施工方案确定检查方法,以解决缺少检查方法、检查方法不明确等问题,但施工方案确定的检查方法应报监理单位批准后实施。

9)混凝土缺陷修整

(1)强调分析缺陷产生原因后制订针对性修整方案的管理要求,对严重缺陷的修补方案应报设计单位和监理单位,方案论证及批准后方可实施。混凝土结构缺陷信息、缺陷修整方案的相关资料应及时归档,做到可追溯。

(2)明确混凝土结构外观一般缺陷修整方法。在实际工程中可依据不同的缺陷情况,制订针对性技术方案用于结构修整。连接部位缺陷应该理解为连接有错位,而非指混凝土露筋、蜂窝、孔洞、夹渣、疏松、外表缺陷等情况。

(3)明确混凝土结构外观严重缺陷修整方法。由于目前市场上新材料、新修整方法很多,具体实施中可根据各工程实际加以运用。考虑到严重缺陷可能对结构安全性、耐久性产生影响,因此,其缺陷修整方案应按有关规定审批后方可实施。

(4)对于结构尺寸偏差的一般缺陷,不影响结构安全以及正常使用时,可结合装饰工程进行修整即可。

(5)此处规定对于发生有可能影响安全使用的严重缺陷应采取的管理程序。这种类型缺陷的修整,施工单位应会同设计单位共同制订方案,在修整后对混凝土结构尺寸进行检查验收,以确保结构使用安全。

9.装配式结构工程

1)一般规定

(1)装配式结构工程,应编制专项施工方案,并经监理单位审核批准,为整个施工过程提供指导。根据工程实际情况,装配式结构专项施工方案内容一般包括:预制构件生产、预制构件运输与堆放、现场预制构件的安装与连接、与其他有关分项工程的配合、施工质量要求和质量保证措施、施工过程的安全要求和安全保证措施、施工现场管理机构和质量管理措施等。

装配式混凝土结构深化设计应包括施工过程中脱模、堆放、运输、吊装等各种工况,并考虑施工顺序及支撑拆除顺序的影响。装配式混凝土结构深化设计一般包括:预制构件设计详图、构件模板图、构件配筋图、预埋件设计详图、构件连接构造详图及装配详图、施工工艺要求等。对采用标准预制构件的工程,也可根据有关的标准设计图集进行施工。根据本章条文说明3.基本规定"1)施工管理"中(3)的规定,装配式结构专业施工单位完成的深化设计文件应经原设计单位认可。

(2)当施工单位第一次从事某种类型的装配式结构施工或结构形式比较复杂时,为保证预制构件制作、运输、装配等施工过程的可靠,建议施工前针对重点过程进行试制作和试安装,发现问题要及时解决,以减少正式施工中的可能发生的问题和缺陷。

(3)"吊运"包括预制构件的起吊、平吊及现场吊装等。预制构件的安全吊运是装配式结构工程施工中最重要的环节之一。"吊具"是起重设备主钩与预制构件之间连接的专用吊装工具。"起重设备"包括起吊、平吊及现场吊装用到的各种门式起重机、汽车起重机、塔式起重机等。尺寸较大的预制构件常采用分配梁或分配桁架作为吊具,此时分配梁、分配桁架要有足够的刚度。吊索要有足够长度满足吊装时水平夹角要求,以保证吊索和各吊点受力均匀。自制、改造、修复和新购置的吊具需按国家现行相关标准的有关规定进行设计验算或试验检验,并经认定合格后方可投入使用。预制构件的吊运尚应参照《建筑施工高处作业安全技术规范》(JGJ 80—2016)的有关规定执行。

(4)对预制构件设置可靠标识有利于在施工中发现质量问题并及时进行修补、更换。构件标识要考虑与构件装配图的对应性:如设计要求构件只能以某一特定朝向搬运,则需在构件上作出恰当标识;如有必要,尚需通过约定标识表示构件在结构中的位置和方向。预制构件的保护范围包括构件自身及其预留预埋配件、建筑部件等。

(5)专用定型产品主要包括预埋吊件、临时支撑系统等,专用定型产品的性能及使用要求均应符合国家现行有关标准及产品应用手册的规定。应用专用定型产品的施工操作,同样应按相关操作规定执行。

2)施工验算

(1)施工验算是装配式混凝土结构设计的重要环节,一般考虑构件脱模、翻转、运输、堆放、吊装、临时固定、节点连接以及预应力筋张拉或放张等施工全过程。装配式结构施工验算的主要内容为临时性结构以及预制构件、预埋吊件及预埋件、吊具、临时支撑等,本章条文说明9.装配式结构工程"2)施工验算"仅规定了预制构件、预埋吊件、临时支撑的施工验算,其他施工验算可按国家现行相关标准的有关规定进行。

装配式混凝土结构的施工验算除要考虑自重、预应力和施工荷载外,尚需考虑施工过程中的温差和混凝土收缩等不利影响;对于高空安装的预制结构,构件装配工况和临时支撑系统验算还需考虑风荷载的作用;对于预制构件作为临时施工阶段承托模板或支撑时,也需要进行相应工况的施工验算。

(2)预制构件的施工验算应采用等效荷载标准值进行,等效荷载标准值由预制构件的自重乘以脱模吸附系数或动力系数后得到。脱模时,构件和模板间会产生吸附力,本章条文说明通过引入脱模吸附系数来考虑吸附力。脱模吸附系数与构件和模具表面状况有很大关系,但为简化和统一,基于国内施工经验,本章条文说明将脱模吸附系数取为1.5,并规定可根据构件和模具表面状况适当增减。复杂情况的脱模吸附系数还需要通过试验来确定。根据不同的施工状态,动力系数取值也不一样,本章条文说明给出了一般情况下的动力系数取值规定。计算时,脱模吸附系数和动力系数是独立考虑的,不进行连乘。

(3)此处规定了钢筋混凝土和预应力混凝土预制构件的施工验算要求。如设计规定的施工验算要求与条文规定不同,可按设计要求执行。通过施工验算可确定各施工环节预制构件需要的混凝土强度,并校核预制构件的截面和配筋。参考国内外规范的相关规定,本章条文说明以限制正截面混凝土受压、受拉应力及受拉钢筋应力的形式给出了预制构件施工验算控制指标。

(4)预埋吊件是指在混凝土浇筑成型前埋入预制构件内用于吊装连接的金属件,通常为吊钩或吊环形式。临时支撑是指预制构件安放就位后到与其他构件最终连接之前,为保证构件的承载力和稳定性的支撑设施,经常采用的有斜撑、水平撑、牛腿、悬臂托梁以及竖向支架等。预埋吊件和临时支撑均可采用专用定型产品或经设计计算确定。

对于预埋吊件、临时支撑的施工验算,本章条文说明采用安全系数法进行设计,主要考虑几个因素:工程设计普遍采用安全系数法,并已为国外和我国香港、台湾地区的预制结构相关标准所采纳;预埋吊件、临时支撑多由单自由度或超静定次数较少的钢构(配)件组成,安全系数法有利于判断系统的安全度,并与螺栓、螺纹等机械加工设计相比较、协调;缺少采用概率极限状态设计法的相关基础数据;《工程结构可靠性设计统一标准》(GB 50153—2008)中规定"当缺乏统计资料时,工程结构设计可根据可靠的工程经验或必要的试验研究进行,也可采用容许应力或单一安全系数等经验方法进行。"

施工安全系数为预埋吊件、临时支撑的承载力标准值或试验值与施工阶段的荷载标准组合作用下的效应值之比。表23-24的规定系参考了国内外相关标准的数值并经校准后给出的。施工安全系数的取值需要考虑较多的因素,例如需要考虑构件自重荷载分项系数、钢筋弯折后的应力集中对强度的折减、动力系数、钢丝绳角度影响、临时结构的安全系数、临时支撑的重复使用性等,从数值上可能比永久结构的安全系数大。施工安全系数也可根据具体施工实际情况进行适当增减。另外,对复杂或特殊情况,预埋吊件、临时支撑的承载力则建议通过试验确定。

3)构件制作

(1)台座是直接在上面制作预制构件的"地坪",主要采用混凝土台座、钢台座两种。台座主要用于长线法生产预应力预制构件或不用模具的中小构件。表面平整度可用靠尺和塞尺配合进行量测。

(2)模具是专门用来生产预制构件的各种模板系统,可为固定在构件生产场地的固定模具,也可为方便移动的模具。定型钢模生产的预制构件质量较好,在条件允许的情况下建议尽量采用;对于形状复杂、数量少的构件也可采用木模或其他材料制作。清水混凝土预制构件建议采用精度较高的模具制作。预制构件预留孔设施、插筋、预埋吊件及其他预埋件要可靠地固定在模具上,并避免在浇筑混凝土过程中产生移位。对于跨度较大的预制构件,如设计提出反拱要求,则模具需根据设计要求设置反拱。

(3)预制构件的振捣与现浇结构不同之处就是可采用振动台的方式,振动台多用于中小预制构件和专用模具生产的先张法预应力预制构件。选择振捣机械时还应注意对模具稳定性的影响。

(4)实践中混凝土强度控制可根据当地生产经验的总结,根据不同混凝土强度、不同气温采用时间控制的方式。上、下层构件的隔离措施可采用各种类型的隔离剂,但应注意环保要求。

(5)带饰面的预制构件制作的反打一次成型是指将面砖先铺放于模板内,然后直接在面砖上浇筑混凝土,用振动器振捣成型的工艺。采用反打一次成型工艺,取消了砂浆层,使混凝土直接与面砖背面凹槽黏结,从而有效提高了二者之间的黏结强度,避免了面砖脱落引发的不安全因素及给修复工作带来的不便,而且可做到饰面平整、光洁,砖缝清晰、平直,整体效果较好。饰面一般为面砖或石材,面砖背面宜带有燕尾槽,石材背面应做涂覆防水处理,并宜采用不锈钢卡件与混凝土进行机械连接。

(6)有保温要求的预制构件保温材料的性能需符合设计要求,主要性能指标为吸水率和热工性能。水平浇筑方式有利于保温材料在预制构件中的定位。如采用竖直浇筑方式成型,保温材料可在浇筑前放置并固定。

采用夹心保温构造时,需要采取可靠连接措施保证保温材料外的两层混凝土可靠连接,专用连接件或钢筋桁架是常用的两种措施。部分有机材料制成的专用连接件热工性能较好,可以完全达到热工"断桥"的作用,而钢筋桁架只能做到部分"断桥"。连接措施的数量和位置需要进行专项设计,

专用连接件可根据使用手册的规定直接选用。必要时在构件制作前应进行专项试验,检验连接措施的定位和锚固性能。

(7)清水混凝土预制构件的外观质量要求较高,应采取专项保障措施。

(8)此规定主要适用于需要通过现浇混凝土或砂浆进行连接的预制构件结合面。拉毛或凿毛的具体要求应符合设计文件及相关标准的有关规定。露骨料粗糙面的施工工艺主要有两种:在需要露骨料部位的模板表面涂刷适量的缓凝剂;在混凝土初凝或脱模后,采用高压水枪、人工喷水加手刷等措施冲洗掉未凝结的水泥砂浆。当设计要求预制构件表面不需要进行粗糙处理时,可按设计执行。

(9)预制构件脱模起吊时,混凝土应具有足够的强度,并根据本章条文说明9.装配式结构工程"2)施工验算"的有关规定进行施工验算。实践中,预先留设混凝土立方体试件,与预制构件同条件养护,并用该同条件养护试件的强度作为预制构件混凝土强度控制的依据。施工验算应考虑脱模方法(平放竖直起吊、单边起吊、倾斜或旋转后竖直起吊等)和预埋吊件的验算,需要时应进行必要调整。

4)运输与堆放

(1)预制构件运输与堆放时,如支承位置设置不当,可能造成构件开裂等缺陷。支承点位置应根据本章条文说明9.装配式结构工程"2)施工验算"的有关规定进行计算、复核。按标准图生产的构件,支承点应按标准图设置。

(2)此规定主要是为了保障运输安全和保护预制构件。道路、桥梁的实际条件包括荷重限值及限高、限宽、转弯半径等,运输线路制定还要考虑交通管理方面的相关规定。构件运输时同样应满足下文(3)中关于堆放的有关规定。

(3)此规定主要是为了保护堆放中的预制构件。当垫木放置位置与脱模、吊装的起吊位置一致时,可不再单独进行使用验算,否则需根据堆放条件进行验算。堆垛的安全、稳定特别重要,在构件生产企业及施工现场均应特别注意。预应力构件均有一定的反拱,长期堆放时反拱还会随时间增长,堆放时应考虑反拱因素的影响。

(4)插放架、靠放架应安全可靠,满足强度、刚度及稳定性的要求。如受运输路线等因素限制而无法直立运输时,也可平放运输,但需采取保护措施,如在运输车上放置使构件均匀受力的平台等。

(5)屋架属细长薄腹构件,平卧制作方便且节省空间,但脱模、翻身等吊运过程中产生的侧向弯矩容易导致混凝土开裂,故此作业前需采取加固措施。

5)安装与连接

(1)装配式结构的安装施工流水作业很重要,科学的组织有利于质量、安全和工期。预制构件应按设计文件、专项施工方案要求的顺序进行安装与连接。

(2)此处规定了进行现场安装施工的准备工作。已施工完成结构包括现浇混凝土结构和装配式混凝土结构,现浇结构的混凝土强度应符合设计要求,尺寸包括轴线、高程、截面以及预留钢筋、预埋件的位置等。预制构件进场或现场生产后,在装配前应进行构件尺寸检查和资料检查。

在已施工完成结构及预制构件上进行的测量放线应方便安装施工,避免被遮挡而影响定位。预制构件的放线包括构件中心线、水平线、构件安装定位点等。对已施工完成结构,一般根据控制轴线和控制水平线依次放出纵横轴线、柱中心线、墙板两侧边线、节点线、楼板的高程线、楼梯位置及高程线、异形构件位置线及必要的编号,以便于装配施工。

(3)考虑到预制构件与其支承构件不平整,如直接接触或出现集中受力的现象,设置坐浆或垫片有利于均匀受力,另外,也可以在一定范围内调整构件的高程。垫片一般为铁片或橡胶片,其尺寸按《混凝土结构设计规范》(GB 50010—2010)(2015年版)的局部受压承载力要求确定。对叠合板、叠合梁等的支座,可不设置坐浆或垫片,其竖向位置可通过临时支撑加以调整。

(4)临时固定措施是装配式结构安装过程承受施工荷载,保证构件定位的有效措施。临时固定措施可以在不影响结构承载力、刚度及稳定性前提下分阶段拆除,对拆除方法、时间及顺序,可事先通过验算制订方案。临时支撑及其连接件、预埋件的设计计算应符合本章条文说明9.装配式结构工程“2)施工验算”的有关规定。

(5)装配式结构工程施工过程中,当预制构件或整个结构自身不能承受施工荷载时,需要通过设置临时支撑来保证施工定位、施工安全及工程质量。临时支撑包括水平构件下方的临时竖向支撑,在水平构件两端支承构件上设置的临时牛腿,竖向构件的临时斜撑(如可调式钢管支撑或型钢支撑)等。

对于预制墙板,临时斜撑一般安放在其背面,且一般不少于2道,对于宽度比较小的墙板也可仅设置1道斜撑。当墙板底没有水平约束时,墙板的每道临时支撑包括上部斜撑和下部支撑,下部支撑可做成水平支撑或斜向支撑。对于预制柱,由于其底部纵向钢筋可以起到水平约束的作用,故一般仅设置上部斜撑。柱子的斜撑也最少要设置2道,且要设置在两个相邻的侧面上,水平投影相互垂直。

临时斜撑与预制构件一般做成铰接,并通过预埋件进行连接。考虑到临时斜撑主要承受的是水平荷载,为充分发挥其作用,对上部的斜撑,其支撑点距离板底的距离不宜小于板高的2/3,且不应小于板高的1/2。

(6)装配式结构连接施工的浇筑用材料主要为混凝土、砂浆、水泥浆及其他复合成分的灌浆料等,不同材料的强度等级值应按相关标准的规定进行确定。对于混凝土、砂浆,可采用留置同条件试块或其他实体强度检测方法确定强度。连接处可能有不同强度等级的多个预制构件,确定浇筑用材料的强度等级值时,按此处不同构件强度设计等级值的较大值即可,如梁柱节点,一般柱的强度较高,可按柱的强度确定浇筑用材料的强度。当设计通过设计计算提出专门要求时,浇筑用材料的强度也可采用其他强度。可采用微型振捣棒等措施保证混凝土或砂浆浇筑密实。

(7)采用焊接或螺栓连接构件时的施工技术要求,可参考《钢结构工程施工质量验收规范》(GB 50205—2017)、《钢结构高强度螺栓连接技术规程》(JGJ 82—2011)的有关规定执行。当采用焊接连接时,可能产生的损伤主要为预制构件、已施工完成结构的开裂和橡胶支垫、镀锌铁件等配件的损坏。

(8)后张预应力筋连接也是一种预制构件连接形式,其张拉、放张、封锚等均与预应力混凝土结构施工基本相同,可按本章条文说明6.预应力工程的有关规定执行。

(9)装配式结构构件间钢筋的连接方式主要有焊接、机械连接、搭接及套筒灌浆连接等,其中前三种为常用的连接方式,可按本章条文说明9.装配式结构工程“5)安装与连接”及《钢筋焊接及验收规程》(JGJ 18—2012)、《钢筋机械连接技术规程》(JGJ 107—2016)等的有关规定执行。钢筋套筒灌浆连接是用高强、快硬的无收缩砂浆填充在钢筋与专用套筒连接件之间,砂浆凝固硬化后形成钢筋接头的钢筋连接施工方式。套筒灌浆连接的整体性较好,其产品选用、施工操作和验收需遵守相关标准的规定。

(10)结合面粗糙度和外露钢筋是叠合式受弯构件整体受力的保证。施工荷载应满足设计要求,单个预制构件承受较大施工荷载会带来安全和质量隐患。

(11)构件连接处的防水可采用构造防水或其他弹性防水材料或硬性防水砂浆,具体施工和材料性能应符合设计及相关标准的规定。

6)质量检查

根据装配式结构工程施工的特点,预制构件制作、运输与堆放、安装与连接等过程中的质量检查要求如下:

(1)模具质量检查主要包括外观和尺寸偏差检查。

(2)预制构件制作过程中的质量检查除应符合现浇结构要求外,尚应包括预埋吊件、复合墙板夹

心保温层及连接件、门窗框和预埋管线等检查。

(3)预制构件的质量检查为构件出厂前(场内生产的预制构件为工序交接前)进行，主要包括混凝土强度、标识、外观质量及尺寸偏差、预埋预留设施质量及结构性能检验情况；根据《混凝土结构工程施工质量验收规范》(GB 50204—2015)的相关规定，预制构件的结构性能检验应按批进行，对于部分大型构件或生产较少的构件，当采取加强材料和制作质量检验的措施时，也可不作结构性能检验，具体的结构性能检验要求也可根据工程合同约定。

(4)预制构件起吊、运输的质量检查包括吊具和起重设备、运输线路、运输车辆、预制构件的固定保护等检查。

(5)预制构件堆放的质量检查包括堆放场地、垫木或垫块、堆垛层数、稳定措施等检查。

(6)预制构件安装前的质量检查包括已施工完成结构质量、预制构件质量复核、安装定位标识、结合面检查、吊具及现场吊装设备等检查。

(7)预制构件安装连接的质量检查包括预制构件的位置及尺寸偏差、临时固定措施、连接处现浇混凝土或砂浆质量、连接处钢筋连接及锚板等其他连接质量的检查。

10. 冬期、高温和雨期施工

1)一般规定

(1)冬期施工中的冬期界限划分原则在各个国家的规范中都有规定。多年来，我国和多数国家均以“室外日平均气温连续5日稳定低于5℃”为冬期划分界限，其中“连续5日稳定低于5℃”的说法是依气象部门术语引进的，且气象部门可提供这方面的资料。本章仍以5℃作为进入或退出冬期施工的界限。

我国的气候属于大陆性季风型气候，在秋末冬初和冬末春初时节，常有寒流突袭，气温骤降5～10℃的现象经常发生，此时会在一两天之内最低气温突然降至0℃以下，寒流过后气温又恢复正常。因此，为防止短期内的寒流袭击造成新浇筑的混凝土发生冻结损伤，特规定当气温骤降至0℃以下时，混凝土应按冬期施工要求采取应急防护措施。

(2)高温条件下拌和、浇筑和养护的混凝土比低温度下施工养护的混凝土早期强度高，但28d强度和后期强度通常要低。根据美国规范《Hot Weather Concreting》(ACI 305R-99)，当混凝土24h初始养护温度为38℃，试块的28d抗压强度将比规范规定的温度下养护强度低10%～15%。

混凝土高温施工的定义温度，美国是24℃，日本和澳大利亚是30℃。我国《铁路混凝土工程施工技术指南》(铁建设〔2010〕241号)中指出，当日平均气温高于30℃时，按照暑期规定施工。本章综合考虑我国气候特点和施工技术水平，高温施工温度定义为日平均气温达到30℃。

(3)“雨期”并不完全是指气象概念上的雨季，而是指必须采取措施保证混凝土施工质量的下雨时间段。本章所指雨期，包括雨季和雨天两种情况。

2)冬期施工

(1)冬期施工配制混凝土应考虑水泥对混凝土早期强度、抗渗、抗冻等性能的影响。矿渣硅酸盐水泥、火山灰硅酸盐水泥、粉煤灰硅酸盐水泥和复合硅酸盐水泥中均含有20%～70%不等的混合材料。这些混合材料性质千差万别，质量各不相同，水泥水化速率也不尽相同。因此，为提高混凝土早期强度增长率，以便尽快达到受冻临界强度，冬期施工宜优先选用硅酸盐水泥或普通硅酸盐水泥。使用其他品种硅酸盐水泥时，需通过试验确定混凝土在负温下的强度发展规律、抗渗性能等是否满足工程设计和施工进度的要求。

研究表明，矿渣水泥经过蒸养后的最终强度比标准养护强度能提高15%左右，具有较好的蒸养适应性，故提出蒸汽养护的情况下宜使用矿渣硅酸盐水泥。

(2)集料由于含水在负温下冻结形成尺寸不同的冻块，若在没有完全融化时投入搅拌机中，搅拌过程中集料冻块很难完全融化,将会影响混凝土质量。因此,集料在使用前应事先运至保温棚内存放,或在使用前使用蒸汽管或蒸汽排管等进行加热,融化冻块。

(3)混凝土中掺入引气剂,是提高混凝土结构耐久性的一个重要技术手段,在国内外已形成共识。而在负温混凝土中掺入引气剂,不但可以提高耐久性,同时也可以在混凝土未达到受冻临界强度之前有效抵消拌和水结冰时产生的冻结应力,减少混凝土内部结构损伤。

(4)冬期施工混凝土配合比的确定尤为重要,不同的养护方法、不同的防冻剂、不同的气温都会影响配合比参数的选择。因此,在配合比设计中要依据施工参数、要素进行全面考虑,但和常温要求的原则还是一样,即尽可能降低混凝土的用水量,减小水胶比,在满足施工工艺条件下,减小坍落度,降低混凝土内部的自由水结冰率。

(5)采用热水搅拌混凝土,特别是60℃以上的热水,若水泥直接与热水接触,易造成急凝、速凝或假凝现象;同时,也会对混凝土的工作性造成影响,坍落度损失加大。因此,冬期施工中,当采用热水搅拌混凝土时,应先投入集料和水或者是2/3的水进行预拌,待水温降低后,再投入胶凝材料与外加剂进行搅拌,搅拌时间应较常温条件下延长30~60s。

引气剂或含有引气组分的外加剂,也不应与60℃以上热水直接接触,否则易造成气泡内气相压力增大,导致引气效果下降。

(6)混凝土入模温度的控制是为了保证新拌混凝土浇筑后,有一段正温养护期供水泥早期水化,从而保证混凝土尽快达到受冻临界强度,不致引起冻害。混凝土出机温度较高,但经过运输与输送、浇筑之后,入模温度会产生不同程度的降低。冬期施工中,应尽量避免混凝土在运输与输送、浇筑过程中的多次倒运。对于商品混凝土,为防止运输过程中的热量损失,应对运输车进行保温,泵送过程中还需对泵管进行保温,都是为了提高混凝土的入模温度。工程实践表明,混凝土出机温度为10℃时,经过运输与输送热损,入模温度也仅能达到5℃;而对于预拌混凝土,由于运距较远,运输时间较长,热损失加大,故一般会提高出机温度至15℃以上。因此,冬期施工方案中,应根据施工期间的气温条件、运输与浇筑方式、保温材料种类等情况,对混凝土的运输和输送、浇筑等过程进行热工计算,确保混凝土的入模温度满足早期强度增长和防冻的要求。

对于大体积混凝土,为防止混凝土内外温差过大,可以适当降低混凝土的入模温度,但要采取保温防护措施,保证新拌混凝土在入模后,水化热上升期之前不会发生冻害。

(7)地基、模板与钢筋上的冰雪在未清除的情况下进行混凝土浇筑,会对混凝土表观质量以及钢筋黏结力产生严重影响。混凝土直接浇筑于冷钢筋上,容易在混凝土与钢筋之间形成冰膜,导致钢筋黏结力下降。因此,在混凝土浇筑前,应对钢筋及模板进行覆盖保温。

(8)分层浇筑混凝土时,特别是浇筑工作面较大时,会造成新拌混凝土热量损失加速,降低了混凝土的早期蓄热。因此规定分层浇筑时,适当加大分层厚度,分层厚度不应小于400mm;同时,应加快浇筑速度,防止下层混凝土在覆盖前受冻。

(9)混凝土结构加热养护的升温、降温阶段会在内部形成一定的温度应力,为防止温度应力对结构的影响,应在混凝土浇筑前合理安排浇筑顺序或者留置施工缝,预防温度应力造成混凝土开裂。

(10)混凝土受冻临界强度是指冬期浇筑的混凝土在受冻以前不致引起冻害,必须达到的最低强度,是负温混凝土冬期施工中的重要技术指标。在达到此强度之后,混凝土即使受冻也不会对后期强度及性能产生影响。我国冬期施工学术与施工界在近三十年的科学研究与工程实践过程中,按气温条件、混凝土性质等确定出混凝土的受冻临界强度控制值。对本条文说明10.冬期、高温和雨期施工"2)冬期施工"中的(1)~(5)分别说明如下:

①采用蓄热法、暖棚法、加热法等方法施工的混凝土,一般不掺入早强剂或防冻剂,即所谓的普通混凝土,其受冻临界强度按《建筑工程冬期施工规程》(JGJ 104—1997)中规定的30%和40%采用,经多年实践证明,是安全可靠的。暖棚法、加热法养护的混凝土也存在受冻临界强度,当其没有

达到受冻临界强度之前，保温层或暖棚的拆除、电器或蒸汽的停止加热都有可能造成混凝土受冻。因此，将采用这三种方法施工的混凝土归为一类进行受冻临界强度的规定，是考虑到混凝土性质类似，混凝土在达到受冻临界强度后方可拆除保温层，或拆除暖棚，或停止通蒸汽加热，或停止通电加热。同时，也可达到节能、节材的目的，即采用蓄热法、暖棚法、加热法养护的混凝土，在达到受冻临界强度后即可停止保温，或停止加热，从而降低工程造价，减少不必要的能源浪费。

②采用综合蓄热法、负温养护法施工的混凝土，在混凝土配制中掺入了早强剂或防冻剂，混凝土液相拌和水结冰时的冰晶形态发生畸变，对混凝土产生的冻胀破坏力减弱。20世纪80年代的研究以及多年的工程实践结果表明，采用综合蓄热法和负温养护法（防冻剂法）施工的混凝土，其受冻临界强度值按气温界限进行划分是合理的。因此，仍遵循《建筑工程冬期施工规程》（JGJ/T 104—2011）的有关规定。

③根据黑龙江省寒地建筑科学研究院以及我国部分大专院校的研究表明，强度等级为C50及C50以上混凝土的受冻临界强度一般在混凝土设计强度等级值的21%～34%之间。鉴于高强度混凝土多作为结构的主要受力构件，其受冻对结构的安全影响重大，因此，将C50及C50以上的混凝土受冻临界强度确定为不宜小于30%。

④负温混凝土可以通过增加水泥用量、降低用水量、掺加外加剂等措施来提高强度，虽然受冻后可保证强度达到设计要求，但由于其内部因冻结会产生大量缺陷，如微裂缝、孔隙等，造成混凝土抗渗性能大量降低。黑龙江省寒地建筑科学研究院科研数据表明，掺早强型防冻剂的C20、C30混凝土强度分别达到10MPa、15MPa后受冻，其抗渗等级可达到P6；掺防冻型防冻剂时，抗渗等级可达到P8。经折算，混凝土受冻前的抗压强度达到设计强度等级值的50%。一般工业与民用建筑的设计抗渗等级多为P6～P8。因此，规定有抗渗要求的混凝土受冻临界强度不宜小于设计混凝强度等级值的50%，是保证有抗渗要求混凝土工程冬期施工质量和结构耐久性的重要技术要求。

⑤对于有抗冻融要求的混凝土结构，例如建筑中的水池、水塔等，使用中将与水直接接触，混凝土中的含水率极易达到饱和临界值，受冻环境较严峻，很容易破坏。冬期施工中，确定合理的受冻临界强度值将直接关系到有抗冻要求混凝土的施工质量是否满足设计年限与耐久性。国际材料与结构研究实验联合会RILEM混凝土冬季施工技术委员会（39-BH）在《混凝土冬季施工国际建议》中规定："对于有抗冻要求的混凝土，考虑耐久性时不得小于设计强度的30%～50%"；美国ACI306委员会在《混凝土冬季施工建议》中规定："对有抗冻要求的掺引气剂混凝土为设计强度的60%～80%"；俄罗斯国家建筑标准与规范（СНиП3.03.01）中规定："在使用期间遭受冻融的构件，不小于设计强度的70%"；我国《水工建筑物抗冰抗冻设计规范》（SL 211—2006）规定："在受冻期间可能有外来水分时，大体积混凝土和钢筋混凝土均不应低于设计强度等级的85%"。综合分析这类结构的工作条件和特点，并参考国内外有关规范，确定了有抗冻耐久性要求的混凝土，其受冻临界强度值不宜小于设计强度值70%的规定，用以指导此类工程建设，保证工程质量。

（11）冬期施工，应重点加强对混凝土在负温下的养护，考虑到冬期施工养护方法分为加热法和非加热法，种类较多，操作工艺与质量控制措施不尽相同，而对能源的消耗也有所区别，因此，根据气温条件、结构形式、进度计划等因素选择适宜的养护方法，不仅能保证混凝土工程质量，同时也会有效地降低工程造价，提高建设效率。

采用综合蓄热法养护的混凝土，可执行较低的受冻临界强度值；混凝土中掺入适量的减水、引气以及早强剂或早强型外加剂也可有效地提高混凝土的早期强度增长速度；同时，可取消混凝土外部加热措施，减少能源消耗，有利于节能、节材，是目前最为广泛应用的冬期施工方法。

鉴于现代混凝土对耐久性要求越来越高，无机盐类防冻剂中多含有大量碱金属离子，会对混凝土的耐久性产生不利影响，因此，将负温养护法（防冻剂法）应用范围规定为一般混凝土结构工程；对于重要结构工程或部位，仍推荐采用其他养护法进行。

冬期施工加热法养护混凝土主要为蒸汽加热法和电加热法,具体参照《建筑工程冬期施工规程》(JGJ/T 104—2011)进行操作。鉴于棚暖法、蒸汽法、电热法养护需要消耗大量的能源,不利于节能和环保,故规定当采用蓄热法、综合蓄热法或负温养护法不能满足施工要求时,可采用棚暖法、蒸汽法、电热法,并采取节能降耗措施。

(12)冬期施工中,由于边、棱角等突出部位以及薄壁结构等表面系数较大,散热快,不易进行保温,若管理不善,经常会造成局部混凝土受冻,形成质量缺陷。因此,对结构的边、棱角及易受冻部位采取保温层加倍的措施,可以有效地避免混凝土局部产生受冻,影响工程质量。

(13)拆除模板后,混凝土立即暴露在大气环境中,降温速率过快或者与环境温差较大,会使混凝土产生温度裂缝。对于达到拆模强度而未达到受冻临界强度的混凝土结构,应采取保温材料继续进行养护。

(14)条文中规定了混凝土冬期施工中尤为关键的质量控制与检查项目:集料含水率、防冻剂掺量以及温度与强度。混凝土防冻剂的掺量会随着气温的降低而增大,为防止混凝土受冻,施工技术人员应及时监测每日的气温,收集未来几日的气象资料,并根据这些气温材料,及时调整防冻剂的掺量或调整混凝土配合比。

(15)条文中规定,冬期施工中,应对原材料、混凝土运输与浇筑、混凝土养护期间的温度进行监测,用以控制混凝土冬期施工的热工参数,便于与热工计算的温度值进行比对,以便出现偏差时进行混凝土养护措施的调整,从而控制混凝土负温施工质量。混凝土冬期施工测温项目和频次可按《建筑工程冬期施工规程》(JGJ/T 104—2011)的规定进行。

(16)冬期施工中,对负温混凝土强度的监测不宜采用回弹法。目前较为常用的方法为留置同条件养护试件和采用成熟度法进行推算。本章第 13.2.19 条规定了同条件养护试件的留置数量,用于施工期间监测混凝土受冻临界强度、拆模或拆除支架时强度,确保负温混凝土施工安全与施工质量。

3)高温施工

(1)高温施工时,原材料温度对混凝土配合比、混凝土出机温度、入模温度以及混凝土拌合物性能等影响很大,所以应采取必要措施确保原材料降低温度以满足高温施工的要求。

(2)原材料温度、天气、混凝土运输方式与时间等客观条件对混凝土配合比影响很大。在初次使用前,进行实际条件下的工况试运行,以保证高温天气条件下混凝土性能指标的稳定性是必要的。同时,根据环境温度、湿度、风力和采取温控措施实际情况,对混凝土配合比进行调整。

水泥的水化热将使混凝土的温度升高,导致混凝土表面水分的蒸发速度加快,从而使混凝土表面干缩裂缝产生的机会增大,因此,应尽可能采用低水泥用量和水化热小的水泥。

高温天气条件下施工的混凝土坍落度不宜过低,以保证混凝土浇筑工作效率。

(3)混凝土高温天气搅拌首先应对机具设备采取遮阳措施;对混凝土搅拌温度进行估算,达不到规定要求温度时,对原材料采取直接降温措施;采取对原材料进行直接降温时,对水、石子进行降温最方便和有效;混凝土加冰拌和时,冰的质量不宜超过拌和用水量(扣除粗细集料含水)的 50%,以便于冰的融化。混凝土拌和物出机温度计算公式参考了美国 ACI305R-99 规范,简化了混凝土各类原材料比热容值的影响因素,在现场测量出各原材料的入机温度和每罐使用质量,就可以方便估算出该批混凝土拌合物的出机温度,减少了参数,方便现场使用。

(4)混凝土浇筑入模温度较高时,坍落度损失增加,初凝时间缩短,凝结速率增加,影响混凝土浇筑成型,同时混凝土干缩、塑性、温度裂缝产生的危险增加。

我国行业标准《水工混凝土施工规范》(DL/T 5144—2015)规定,高温季节施工时,混凝土浇筑温度不宜大于 28℃;日本和澳大利亚相关规范规定,夏季混凝土的浇筑温度低于 35℃;此处明确在高温施工时,混凝土入模温度仍执行不应高于 35℃的规定,与本章条文说明 8. 现浇结构工程“1)一般规定”中的(2)相一致。

(5)混凝土浇筑应尽可能避开高温时段。同时,应对混凝土可能出现的早期干缩裂缝进行预测,并做好预防措施计划。混凝土水分蒸发速率加大时,产生早期干缩裂缝的风险也随之增加。当水分蒸发速率较快时,应在施工作业面采取挡风、遮阳、喷雾等措施改善作业面环境条件,有利于预防混凝土可能产生的干缩、塑性裂缝。

4)雨期施工

(1)现场储存的水泥和掺合料应采用仓库、料棚存放或加盖覆盖物等防水和防潮措施。当粗、细集料淋雨后含水率变化时,应及时调整混凝土配合比。现场可采取快速干炒法将粗、细集料炒至饱和面干,测其含水率变化,按含水率变化值计算后相应增加粗、细集料质量或减少用水量,调整配合比。

(2)混凝土浇筑作业面较广,设备移动量大,雨天施工危险性较大,必须严格进行三级保护,接地接零检查及维修按《施工现场临时用电安全技术规范》(JGJ 46—2005)的有关规定执行。当模板及支架的金属构件在相邻建筑物(构筑物)及现场设置的防雷装置接闪器的保护范围以外时,应按《施工现场临时用电安全技术规范》(JGJ 46—2005)的规定对模板及支架的金属构件安装防雷接地装置。

(3)混凝土浇筑前,应及时了解天气情况,小雨、中雨尽可能不要进行混凝土露天浇筑施工,且不应开始大面积作业面的混凝土露天浇筑施工。当必须施工时,应当采取基槽或模板内排水、砂石材料覆盖、混凝土搅拌和运输设备防雨、浇筑作业面防雨覆盖等措施。

(4)雨后地基土沉降现象相当普遍,特别是回填土、粉砂土、湿陷性黄土等。除对地基土进行压实、地基土面层处理及设置排水设施外,应在模板及支架上设置沉降观测点,雨后及时对模板及支架进行沉降观测和检查,沉降超过标准时,应采取补救措施。

(5)补救措施可采用补充水泥砂浆、铲除表层混凝土、插短钢筋等方法。

(6)临时加固措施包括将支架或模板与已浇筑并有一定强度的竖向构件进行拉结,增加缆风绳、抛撑、剪刀撑等。

11. 环境保护

1)一般规定

(1)施工环境保护计划一般包括环境因素分析、控制原则、控制措施、组织机构与运行管理、应急准备和响应、检查和纠正措施、文件管理、施工用地保护和生态复原等内容。环境因素控制措施一般包括对扬尘、噪声与振动、光、气、水污染的控制措施,建筑垃圾的减量计划和处理措施,地下各种设施以及文物保护措施等。

对施工环境保护计划的执行情况和实施效果可由现场施工项目部进行自评估,以利于总结经验教训,并进一步改进完善。

(2)对施工过程中产生的建筑垃圾进行分类,区分可循环使用和不可循环使用的材料,可促进资源节约和循环利用。对建筑垃圾进行数量或重量统计,可进一步掌握废弃物产生来源,为制订建筑垃圾减量化和循环利用方案提供基础数据。

2)环境因素控制

(1)为做好施工操作人员健康防护,需重点控制作业区扬尘。施工现场的主要道路,由于建筑材料运输等因素,较易引起较大的扬尘量,可采取道路硬化、覆盖、洒水等措施控制扬尘。

(2)在施工中(尤其是在噪声敏感区域施工时),要采取有效措施,降低施工噪声。根据《建筑施工场界环境噪声排放标准》(GB 12523—2011)的规定,钢筋加工、混凝土拌制、振捣等施工作业在施工场界的允许噪声级:昼间为70dB(A声级),夜间为55dB(A声级)。

(3)电焊作业产生的弧光即使在白昼也会造成光污染。对电焊等可能产生强光的施工作业,需对施工操作人员采取防护措施,采取避免弧光外泄的遮挡措施,并尽量避免在夜间进行电焊作业。

对夜间室外照明应加设灯罩,将透光方向集中在施工范围内。对于离居民区较近的施工地段,夜间施工时可设密目网屏障遮挡光线。

(4)目前使用的脱模剂大多数是矿物油基的反应型脱模剂。这类脱模剂由不可再生资源制备,不可生物降解,并可向空气中释放出具有挥发性的有机物。因此,剩余的脱模剂及其包装等需由厂家或者有资质的单位回收处理,不能与普通垃圾混放。随着环保意识的增强和脱模剂相关产品的创新与发展,也出现了环保型的脱模剂,其成分对环境不会产生污染。对于这类脱模剂,可不要求厂家或者有资质的单位回收处理。

(5)目前市场上还存在着采用污染性较大甚至有毒的原材料生产的外加剂、养护剂,不仅在建筑施工时,而且在建筑使用时都可能危害环境和人身健康。如某些早强剂、防冻剂中含有有毒的重铬酸盐、亚硝酸盐,致使洗刷混凝土搅拌机后排出的水污染周围环境。又如,掺入以尿素为主要成分的防冻剂的混凝土,在混凝土硬化后和建筑物使用中会有氨气逸出,污染环境,危害人身健康。因此要求外加剂、养护剂的使用应满足环保和健康要求。

(6)施工单位应按照相关部门的规定处置建筑垃圾,将不可循环使用的建筑垃圾集中收集,并及时清运至指定地点。

建筑垃圾的回收利用,包括在施工阶段对边角废料在本工程中的直接利用,比如利用短的钢筋头制作楼板钢筋的上铁支撑、地锚拉环等,利用剩余混凝土浇筑构造柱、女儿墙、后浇带预制盖板等小型构件等,还包括在其他工程中的利用,如建筑垃圾中的碎砂石块用于其他工程中作为路基材料、地基处理材料、再生混凝土中的骨料等。

本章附件

附件1　作用在模板及支架上的荷载标准值

(1)混凝土自重标准值的具体规定同《混凝土结构工程施工及验收规范》(GB 50204—2015)(以下简称GB 50204—2015规范)。工程中单位体积混凝土重量有大的变化时,可根据实测单位体积重量进行调整。

(2)本附件对混凝土侧压力标准值的计算进行了规定。对于新浇混凝土的侧压力计算,GB 50204—2015规范的公式是基于坍落度为60~90mm的混凝土,以流体静压力原理为基础,将以往的测试数据规格化为混凝土浇筑温度为20℃下按最小二乘法进行回归分析推导得到的,并且浇筑速度限定在6m/h以下。本章给出的计算公式以GB 50204—2015规范的计算公式按坍落度150mm左右作为基础,并将东南大学补充的新浇混凝土侧压力测试数据和上海电力建设有限责任公司的测试数据重新进行规格化,修正了GB 50204—2015规范的公式,并将浇筑速度限定在10m/h以下。修正时,针对如今在混凝土中普遍添加外加剂的实际状况,省略了原β_1的外加剂影响修正系数,把它统一考虑在计算公式中,用一个坍落度调整系数β作修正。GB 50204—2015规范公式在浇筑速度较大时计算值较大,所以本章修正调整时把公式计算值略降了些,对浇筑速度小的时候影响较小。对浇筑速度限定为在10m/h以下,这是对比参考了国外的规范而作出的规定。

施工中,当浇筑小截面柱子等,浇筑速度通常在10~20m/h;混凝土墙浇筑速度常在3~10m/h。对于分层浇筑次数少的柱子模板或浇筑流动度特别大的自密实混凝土模板,可直接采用$\gamma_c H$计算新浇混凝土侧压力。

(3)本附件对施工人员及施工设备荷载标准值作出规定。作用在模板与支架上的施工人员及施工设备荷载标准值的取值,GB 50204—2015规范中规定:计算模板及支承模板的小楞时均布荷载为2.5kN/m^2,并以2.5kN的集中荷载进行校核,取较大弯矩值进行设计;对于直接支架小楞的构件取均布荷载为1.5kN/m^2;而当计算支架立柱时为1.0kN/m^2。GB 50204—2015规范还综合考虑了模板支架计算的荷载由上至下传递的分散均摊作用,由于施工过程中不均匀堆载等施工荷载的不确定性,造成施工人员计算荷载的不确定性更大,加之局部荷载作用下荷载的扩散作用缺乏足够的统计数据,在支架立柱设计中存在荷载取值偏小的不安全因素。

由于施工现场中的材料堆放和施工人员荷载具有随意性,且往往材料堆积越多的地方人员越密集,产生的局部荷载不可忽视。东南大学和中国建筑科学研究院合作,在2009年初通过现场模拟楼板浇筑时的施工活荷载分布扩散和传递测试试验,证明了在局部荷载作用的区域内的模板支架立杆承受了约90%的荷载,相邻的立杆承担相当少的荷载,受荷区外的立柱几乎不受影响。综上,本附件规定在计算模板、小楞、支承小楞构件和支架立杆时采用相同的荷载取值2.5kN/m^2。

(4)当从模板底部开始浇筑竖向混凝土构件时,其混凝土侧压力在原有$\gamma_c H$的基础上,还会因倾倒混凝土加大,故本附件参考GB 50204—2015规范、美国规范ACI347的相关规定,提出了混凝土下料产生的水平荷载标准值。本附件未考虑振捣混凝土的荷载项,主要原因为:GB 50204—2015规范中规定了振捣混凝土时产生的荷载,对水平面模板可采用2kN/m^2;对竖向面模板可采用4kN/m^2,并作用在混凝土有效压头范围内;对于倾倒混凝土在竖向面模板上产生的水平荷载2~6kN/m^2,也作用在混凝土有效压头范围内。

(5)本附件规定了附加水平荷载项。未预见因素产生的附加水平荷载是新增荷载项,是考虑施工中的泵送混凝土和浇筑斜面混凝土等未预见因素产生的附加水平荷载。美国ACI347规范规定了泵送混凝土和浇筑斜面混凝土等产生的水平荷载取竖向永久荷载的2%,并以线荷载形式作用在模板支架的上边缘水平方向上;或直接以不小于 1.5kN/m 的线荷载作用在模板支架上边缘的水平方向上进行计算。日本也规定有相应的该荷载项。该荷载项主要用于支架结构的整体稳定验算。

(6)本附件规定的水平风荷载标准值根据《建筑结构荷载规范》(GB 50009—2012)的有关规定确定。考虑到模板及支架为临时性结构,确定风荷载标准值时的基本风压可采用较短的重现期,《建筑结构荷载规范》(GB 50009—2012)取为 10 年。基本风压是根据当地气象台站历年来的最大风速记录,按基本风压的标准要求换算得到的,对于不同地区取不同的数值。本附件规定基本风压的最小值为 $0.20kN/m^2$。对风荷载比较敏感或自重较轻的模板及支架,可取用较长重现期的基本风压进行计算。

附件 2　常用钢筋的公称直径、公称截面面积、计算截面面积及理论重量

常用钢筋的公称直径、公称截面面积、计算截面面积及理论重量见《混凝土结构工程施工规范》(GB 5066—2011)附表 C.0.1。其他钢筋的相关参数可按产品标准中的规定取值。

附件 3　纵向受力钢筋的最小搭接长度

(1)根据《混凝土结构设计规范》(GB 50010—2010)(2015 年版)的规定,绑扎搭接受力钢筋的最小搭接长度应根据钢筋及混凝土的强度经计算确定,并根据搭接钢筋接头面积百分率等进行修正。当接头面积百分率为 25% ~100% 的中间值时,修正系数按 25% ~50%、50% ~100% 两段分别内插取值。

(2)本附件提出了纵向受拉钢筋最小搭接长度的修正方法以及受拉钢筋搭接长度的最低限值。对末端采用机械锚固措施的带肋钢筋,常用的钢筋机械锚固措施为钢筋贴焊、锚固板端焊、锚固板螺纹连接等形式;如末端机械锚固钢筋按本规范规定折减锚固长度,机械锚固措施的配套材料、钢筋加工及现场施工操作应符合《混凝土结构设计规范》(GB 50010—2010)(2015 年版)及相关标准的有关规定。

(3)有些施工工艺,如滑模施工,对混凝土凝固过程中的受力钢筋产生扰动影响,因此,其最小搭接长度应相应增加。

附件 4　预应力筋张拉伸长值计算和量测方法

(1)对目前工程常用的高强低松弛钢丝和钢绞线,其应力比例极限(弹性范围)可达到 0.8 左右,而规范规定预应力筋张拉控制应力不得大于 0.8,因此,预应力筋张拉伸长值可根据预应力筋应力分布并按虎克定律计算。预应力筋的张拉伸长值可采用积分的方法精确计算。但在工程应用中,常假定一段预应力筋上的有效预应力为线性分布,从而可以推导得到一端张拉的单段曲线或直线预应力筋张拉伸长值计算简化公式见《混凝土结构工程施工规范》(GB 5066—2011)附表 E.0.1。工程实例分析表明,按简化公式和积分方法计算得到的结果相差仅为 0.5% 左右,因此简化公式可满足工程精度要求。值得注意的是,对于大量应用的后张法钢绞线有黏结预应力体系,在张拉端锚口区域存在锚口摩擦损失,因此,在伸长值计算中,应扣除锚口摩擦损失。《预应力筋用锚具、夹具和连接器应用技术规程》(JGJ 85—2010)给出了锚口摩擦损失的测试方法,并规定锚口摩擦损失率不应大于 6%。

(2)建筑结构工程中的预应力筋一般采用由直线和抛物线组合而成的线形,可根据扣除摩擦损失后的预应力筋有效应力分布,采用分段叠加法计算其张拉伸长值,而摩擦损失可按《混凝土结构设计规范》(GB 50010—2010)(2015 年版)的有关规定进行计算。对于多跨多波段曲线预应力筋,可采用分段分析其摩擦损失。

(3)预应力筋在张拉前处于松弛状态,初始张拉时,千斤顶油缸会有一段空行程,在此段行程内预应力筋的张拉伸长值为零,需要把这段空行程从张拉伸长值的实测值中扣除。为此,预应力筋伸

长值需要在建立初拉力后开始测量，并可根据张拉力与伸长值成正比的关系来计算实际张拉伸长值。

张拉伸长值量测方法有两种：其一，量测千斤顶油缸行程，所量测数值包含了千斤顶体内的预应力筋张拉伸长值和张拉过程中工具锚和固定端工作锚楔紧引起的预应力筋内缩值，必要时应将锚具楔紧对预应力筋伸长值的影响扣除；其二，当采用后卡式千斤顶张拉钢绞线时，可采用量测外露预应力筋端头的方法确定张拉伸长值。

附件 5　张拉阶段摩擦预应力损失测试方法

(1)张拉阶段摩擦预应力损失可采用应变法、压力差法和张拉伸长值推算法等方法进行测试。压力差法是在主动端和被动端各装一个压力传感器(或千斤顶)，通过测出主动端和被动端的力来反演摩擦系数，压力差法设备安装和数据处理相对简便，施工规范采纳的即为此方法。而且压力差实测值也可以为施工中调整张拉控制应力提供参考。由于压力差法的预应力筋两端都要装传感器或千斤顶，因此对于采用埋入式固定端的情况不适用。

(2)在实际工程中，每束预应力筋的摩擦系数 κ、μ 值是波动的，因此分别选择两束的测试数据解联立方程求出 κ、μ 是不可行的。工程上最为常用的是采用假定系数法来确定摩擦系数，而且一般先根据直线束测试或直接取设计值来确定 κ 后，再根据预应力筋几何线形参数及张拉端和锚固端的压力测试结果来计算确定 μ。当然，也可按设计值确定 μ 后，再推算确定 κ。另外，如果测试数据量较大，且束形参数有一定差异时，也可采用最小二乘法回归确定孔道摩擦系数。

第二十四章　测　　量

引　　言

本章是针对杭海城际铁路的特点，参照《城市轨道交通工程测量规范》(GB/T 50308—2017)，在吸收杭海城际铁路及周边区域城际轨道交通工程实践经验的基础上编制而成。本章适用于区域城际轨道交通工程的测量控制，凡在本章中未做规定的，均按国家、行业及地方现行的有关强制性标准执行。

本章主要内容包括：总则，规范及标准、术语，基本规定，地面平面控制测量，地面高程控制网测量，施工控制测量检测，联系测量，地下控制测量检测，贯通测量，地面加密控制测量检测，明挖车站测量，明挖区间测量，盾构法区间测量，高架段测量，地面线、地面车站测量，车辆段施工测量检测，地下控制网平差、中线调整测量及高架段完工后的线路中线测量，铺轨控制基标检测及轨道竣工检测，设备安装及装修施工测量检测，地铁结构外轮廓线和地铁结构测量，铺轨后沉降监测，交接桩，其他测量，施工测量保障措施等。

主编单位：浙江杭海城际铁路有限公司

参编单位：浙江交工集团股份有限公司、上海华铁工程咨询有限公司、上海地铁咨询监理科技有限公司、浙江江南工程管理股份有限公司、铁四院(湖北)工程监理咨询有限公司、广东铁路建设监理有限公司、西安铁一院工程咨询监理有限责任公司

主要执笔人：金立、史婷、杨莉、陈建军、辛国强、李曦宇、吴恭成、黄绍灯、谢自强

主要审查人：龚东时、张高锋、刘勇、卢春林、马彪、郑海生

1　总　　则

1.0.1　本章适用于杭州至海宁城际铁路地面控制网(地面平面控制网、地面高程控制网)施测、检测维护，施工控制测量及检测，放样测量及检测，中线调整测量及检测，断面测量及检测，铺轨控制基标测量及检测，限界测量及检测，沉降监测、设备安装及装饰装修测量及检测，以及杭海城际铁路有限公司要求的其他与杭海城际铁路有关的测量工作等。

1.0.2　城市轨道交通工程测量不同于一般工程施工测量，有以下几个主要特点，所有有关测量单位人员应充分认识到这些特点，严格管理、精心施测，确保测量成果质量。

(1)城市轨道交通工程设计采用三维坐标解析法，并根据设计资料以三维坐标放样。

(2)城市轨道交通工程全线分区段施工，开工时间、施工方法，承包商不同。各测量主体单位要密切配合。

(3)城市轨道交通工程有严格的限界规定，尤其在曲线地段，施工时应给结构轮廓一定的施工误差裕量，但从降低工程成本出发裕量应尽量小，所以对施工测量精度要求较高。

(4)城市轨道交通工程隧道内轨道结构采用整体道床，轨道铺设一次到位，几乎无调整的余地，

所以对铺轨基标的测量精度要求为毫米级。

(5)隧道内及车站上的控制点在各个工序中经常使用,应按照有关管理办法要求布设足够数量的合格控制点,桩点埋设规范,精心做好标志,要求点位稳定、可靠、清晰易找。

1.0.3　控制点使用必须坚持先检查后使用的原则,确认无误后,方能使用。

1.0.4　必须做好测量方案设计,经建设单位审核后实施。

1.0.5　根据国家有关规定,定期对测量仪器和工具进行检定。作业时应消除或减小作业环境对仪器的影响。

1.0.6　控制点埋设形式。

(1)平面控制点埋设形式:须为混凝土标识;内有钢板镶铜芯(钢板尺寸:100mm×100mm,厚度10mm;铜芯:深3~5mm,直径小于1mm)或不锈金属钻孔(孔深2mm,孔径小于1mm)。

(2)高程控制点埋设形式:须保证稳固及有明显最高位置;在镶铜卷钢板上焊接高程点(高出钢板顶面10~15mm)或不锈金属钻孔桩平面高程共用(高出底板10~15mm)。

1.0.7　控制点埋设要求。

(1)控制点宜埋设于线路中心附近,避免结构及后续施工可能产生的干扰和破坏。

(2)控制点要进行现场位置标识(标识要明显、准确)和点位描述(主要包括里程、点位在板上的位置示意图,到进行方向板边的距离,到左线左板边或右线右板边的距离),方便后续测量工作使用和查找。

(3)控制点埋设要牢固,不容易破坏;不要位于大功率固定机械设备旁,以免给使用、保护带来困难;点位应清楚明了,严禁一个桩上多个点位。

1.0.8　对底板控制点必须长期妥善保存。竣工时,必须按要求移交足够数量的合格控制点给后续工序使用。数量要求如下:

(1)车站:左右线各设立2个及以上水准点,左右线各设立2~3个导线点中线点。对使用的位于车站的控制点,应在确认无误,方能使用。

(2)区间:在直线每150~200m、曲线通视情况下不小于60m及曲线要素点位置须设立一个导线点或中线点,水准点每120~300m须设立一个。

(3)对破坏的施工控制点,承包人及时重新埋点并测量和上报。

2　规范及标准、术语

2.1　规范及标准

地铁施工测量主要参照、执行的标准、规范如下:

(1)《城市测量规范》(CJJ/T 8—2011);

(2)《城市轨道交通工程测量规范》(GB/T 50308—2017);

(3)《工程测量基本术语标准》(GB/T 50228—2011);

(4)《国家一、二等水准测量规范》(GB/T 12897—2006);

(5)《测量管理体系测量过程和测量设备的要求》(GB/T 19022—2003);

(6)《国家三角测量规范》(GB/T 17942—2000);

(7)《铁路工程测量规范》(TB 10101—2018);

(8)《工程测量规范》(GB 50026—2007);

(9)《卫星定位城市测量技术规范》(CJJ/T 73—2010);

(10)《盾构法隧道施工及验收规范》(GB 50446—2017);

(11)《地下铁道工程施工质量验收标准》(GB/T 50299—2018);

(12)《建筑变形测量规范》(JGJ 8—2016);

(13)国家、其他行业及地方有关规范、强制性标准等。

2.2 术语

2.2.1 城市轨道交通。

采用专用轨道导向运行的城市公共客运系统,包括地铁、轻轨、单轨、有轨电车、磁悬浮、自动导向轨道、市域快速轨道系统。

2.2.2 专项调查与测绘。

城市轨道交通工程在设计阶段应进行的沿线建筑、管线、水域、房屋拆迁和勘测定界调查测绘工作。

2.2.3 定线测量。

将线路工程设计图纸上的线路位置测设于实地的测量工作。

2.2.4 线路中线测量。

对由线路中线点构成的导线进行的测量工作。

2.2.5 近井点。

布设在竖井旁,用于向地下传递平面坐标和方位的导线点或传递高程的水准点。

2.2.6 近井导线。

附合在一、二等卫星定位点或三等精密导线点上,为测设近井点而布设的导线。

2.2.7 近井水准。

附合在一、二等水准点上,为测设近井高程点而布设的水准线路。

2.2.8 联系测量。

将地面的坐标和高程系统传递到地下,使地上、地下坐标与高程系统相一致的测量工作。

2.2.9 贯通测量。

对相向施工的地面路基、地下隧道和高架桥建筑结构或按要求施工到一定地点与另一建筑结构相通后,对连接偏差状况所进行的测量工作。

2.2.10 铺轨基标。

为轨道铺设建立的测量控制点。

2.2.11 任意设站控制网。

采用任意设站边角交会法施测,具有强制对中标志,沿线路为轨道铺设布设的平面和高程的三维控制网。

2.2.12 建筑。

供人们进行生产、生活或其他活动的房屋、场所的建筑物和构筑物的总称。

2.2.13 限界。

保障城市轨道交通安全运行,限定车辆断面尺寸、限制沿线设备安装尺寸以及确定建筑结构有效净空尺寸的图形和相应定位坐标参数称为限界。分为车辆限界、设备限界和建筑限界三类。

2.2.14 联络线。

连接两条独立运营线路的辅助线路。

2.2.15 明挖法。

在地面挖开的基坑中修筑地下结构的施工方法。

2.2.16 盾构隧道法。

采用主机和后配套设备组成的全断面推进式隧道施工机械设备,在钢壳结构保护下完成隧道掘进、出渣、管片拼装等作业的暗挖施工方法。

2.2.17　联络通道。

连接同一线路上两条单线区间隧道的通道、在列车于区间遇火灾灾害、事故停运时,供乘客由事故隧道向无事故隧道疏散逃生的过道。

2.2.18　变形监测。

对建(构)筑物及其地基、建筑基坑或一定范围内的岩土及土体的位移、沉降、倾斜、挠度、裂缝和地下水、温度、应力应变等相关影响因素进行监测,并提供变形分析预报的过程。

2.2.19　允许偏差。

在一定范围内大于或者小于标准值的程度,不影响结构的稳定性或者完整性的值。

2.2.20　点位中误差。

表示点位精度的一种数值指标,指真坐标与测量最或然坐标位置的差值平方和的平方根。

2.2.21　极限误差。

在一定测量条件下规定的测量误差绝对值的限值。通常以测量中误差的 2 ~ 3 倍作为其极限误差。本章以测量中误差的 2 倍作为其极限误差。

2.2.22　较差。

同一未知量的两个观测值之间的差值。

3　基本规定

3.0.1　建设各方应严格执行国家现行有关建设管理办法和本章的管理规定。

3.0.2　建设各方应制定项目管理规划,重点加强地面平面控制测量、地面高程控制测量、地下控制测量、联系测量等细节的管理。

3.0.3　建设各方应建立健全质量保证体系,对工程施工质量进行全过程控制,落实质量责任终身追究制度。

3.0.4　建设各方须遵循技术先进、经济合理、质量可靠和安全使用的原则。

3.0.5　建设各方应根据工程的安全生产措施和应急预案,编制测绘应急预案。

3.0.6　建设各方测量作业所使用的仪器和相关设备,应做到及时检查校正,加强维护保养、定期维修。

4　地面平面控制测量

地面平面控制网有两个等级组成,一等为卫星定位控制网,二等为精密导线网,并分级布设。

4.1　卫星定位控制网测量

4.1.1　沿杭州至海宁城际铁路工程沿线布设的卫星定位控制网为二等,边长宜在 800 ~ 1500m 之间,便于观测和方便施工使用。

4.1.2　原则上每个车站至少有 1 个卫星定位控制点,每个卫星定位控制点至少与 1 ~ 2 个相邻卫星定位控制点通视。

4.1.3　卫星定位控制网最弱点位中误差不大于 12mm,最弱边的相对中误差不大于 1/100000,相邻点的相对点位中误差不大于 10mm,与原有线路控制点的坐标较差不大于 25mm,与现有城市控制点的坐标较差不大于 50mm。

4.1.4　卫星定位控制网应根据线路、测区实际需要和交通状况进行设计。收集既有卫星定位控制点,并充分利用。卫星定位控制网点均应埋设永久性标石。

4.1.5 必须与杭州至海宁城际铁路已有的(或使用中)卫星定位控制点进行联测。

4.1.6 卫星定位控制网检测应符合下列规定:

(1)卫星定位控制网检测须按原测精度进行。

(2)卫星定位控制网检测时间、检测次数,须按建设单位要求及时进行,全线开工前应进行一次检测,并提交检测成果报告。

(3)卫星定位控制网检测内外业及成果,须满足《城市轨道交通工程测量规范》(GB/T 50308—2017)第3.1、3.2节的有关要求,其中成果报告须有对卫星定位控制网现状的评价及明确每个卫星定位控制点的取值。

(4)检测后,建议卫星定位控制点按以下原则取值使用:

①检测值与原测值互差绝对值<17mm时,取原测值使用。

②17mm≤检测值与原测值互差绝对值≤34mm时,取原测值和检测值的均值使用。

③检测值与原测值互差绝对值>34mm时,取检测值使用。

4.1.7 卫星定位控制网加密应符合下列规定:

(1)根据施工需要与否,选择是否对卫星定位控制网加密。

(2)卫星定位控制网加密测量要求与卫星定位控制网测量要求相同。

4.2 精密导线网测量

4.2.1 精密导线网的布设,应在搜集和了解有关资料的基础上,采用野外踏勘和图上设计相结合的方法反复进行,结合设计车站、井口的位置以及卫星定位控制点的位置等制订出合理可行的方案;经建设单位审核同意后确定出导线点在现场的位置,应符合下列规定:

(1)隧道洞口、竖井、盾构井和车站附近应布设导线点,盾构区间有中风井应布设导线点,无中风井的盾构隧道不须设导线点。

(2)在地面和高架段,点间距边长要适当比规范小点,暗挖部分点间距边要适当增大。

(3)精密导线网应尽量沿地铁线路布设成直伸形状,形成挂在卫星定位控点上的附合导线、闭合导线或结点导线网的形式;每个导线点应具备两个以上的后视方向,必须能控制地铁线路和车站位置。

(4)点位要稳定可靠,且要避开可能施工的范围,并按规范要求埋设。

(5)导线点问及精密导线点与卫星定位控制点间的竖直角不应大于线远离障碍物,避免旁遮光的影响。

(6)点名统一编号,做好点之记。

4.2.2 精密导线网测设由测量中心实施,须按建设单位要求的时间及时进行,按期提交测量成果报告。

4.2.3 精密导线测量主要技术要求应符合的规定见表24-1。

精密导线测量主要技术要求 表24-1

平均边长(m)	闭合环或附合导线总长度(km)	每边测距中误差(mm)	测距相对中误差	测角中误差(″)	水平角测回数		边长测回数	方位角闭合差(″)	全长相对闭合差	相邻点的相对点位中误差(mm)
					Ⅰ级全站仪	Ⅱ级全站仪				
350	3	±3	1/80000	±2.5	4	6	往返测距各2测回	$\pm5\sqrt{n}$	1/35000	±8

注:n为导线的角度个数,一般不超过12。

4.2.4　精密导线网测设的内外业及成果，须满足《城市轨道交通工程测量规范》（GB/T 50308—2017）的有关要求。

4.2.5　精密导线网检测应符合下列规定：

（1）精密导线网的检测精度须按原测网精度施测。

（2）精密导线网检测，须按建设单位要求的时间及时进行，按期提交检测成果报告。

（3）精密导线网检测内外业及成果，须满足《城市轨道交通工程测量规范》（GB/T 50308—2017）第3.1、3.3节的有关要求，其中成果报告须有对精密导线控制网现状的评价及明确每个精密导线控制点的取值。

5　地面高程控制网测量

杭州至海宁城际铁路二等水准网应沿城际铁路线路方向布设成附合或闭合线路或节点网，由海宁市一等水准点作为起算点；高程采用1985国家黄海高程系。

5.1　水准网测量技术要求

水准网测量技术要求应符合的规定见表24-2。

水准测量技术要求　　表24-2

水准测量等级	每千米高差中数中误差（mm）		附合水准路线平均长度（km）	水准仪等级	水准尺	观测次数		往返较差、附合或环线闭合差（mm）
	偶然中误差 M	全中误差 M_w				与已知点联测	附合或环线	
一等	±1	±2	35～45	DS1	铟瓦尺或条码尺	往返测各一次	往返测各一次	$\pm 4\sqrt{L}$
二等	±2	±4	2～4	DS1	铟瓦尺或条码尺	往返测各一次	往返测各一次	$\pm 8\sqrt{L}$

注：1. L为往返测段、附合或环线长度（单位为km）。

2. 采用电子水准仪测量的技术要求应与同等级的光学水准 仪测量技术要求相同。

5.2　二等水准网的布设原则

布设原则应符合下列规定：

（1）水准点的布设，应在搜集和了解有关资料的基础上，采用野外踏勘和图上设计相结合的方法反复进行，结合设计车站、井口的位置以及高程首级控制网点的位置制订出合理可行的方案。

（2）原则上在车站、隧道口或施工竖井口附近设置2个以上水准点。

（3）明挖、高架、地面线段布设密度可适当加大。

（4）形成挂在高程首级控制网上的附合路线、闭合路线或节点网。

（5）点位要稳定可靠，且要避开可能施工的范围，并按规范要求埋设。

（6）点名统一编号，做好点之记。

5.3　地面高程控制网检测

地面高程控制网检测应符合下列规定：

（1）地面高程控制网检测精度，须按原测网精度施测。

（2）地面高程控制网检测，须按建设单位要求的时间及时进行，按时提交成果报告。

(3)地面高程控制网检测内外业及成果,须满足《城市轨道交通工程测量规范》(GB/T 50308—2017)第4章的有关要求,其中成果报告须对原地面高程控制网现状的作出评价及明确每个高程控制点的取值。

(4)检测后,建议地面高程控制点按以下原则取值使用:

①检测值与原测值互差绝对值<3mm时,取原测值使用。

②3mm≤检测值与原测值互差绝对值≤6mm时,取原测值和检测值的均值使用。

③检测值与原测值互差绝对值>6mm时,取检测值使用。

6 施工控制测量检测

6.1 一般规定

6.1.1 为了确保隧道正确贯通和满足设计净空限界,必须有严格的复测和检测制度。凡承包人的施工控制测量成果,经自检和测量监理工程师复测合格后,向测量中心提出检测申请(施工测量放样报验单)。

6.1.2 检测均应按照规定的同等级精度作业要求进行,一般情况下,5d内提交成果报告。

6.1.3 一般检测值与原测值互差小于2倍中误差时,可用原测成果。若大于该值或发现粗差,应有测量监理工程师会同建设单位、测量中心采取专项检测处理。

6.1.4 平面控制检测须考虑施工测量条件差、精度要求高的特点,平面测量各项技术指标(测角量距)均应满足精密导线测量要求。

6.1.5 隧道内高程测量考虑地铁铺轨基标测设精度要求,按《城市轨道交通工程测量规范》(GB/T 50308—2017)对水准测量要求进行。

6.1.6 联系测量检测的内外业及成果精度,应满足《城市轨道交通工程测量规范》(GB/T 50308—2017)第8章的有关要求。

6.1.7 高架段桩位中心、承台高程检测按加密水准测量进行;高架段架梁后的高程测量考虑地铁铺轨基标测设精度要求,按《城市轨道交通工程测量规范》(GB/T 50308—2017)对二等水准测量要求进行。

6.1.8 地下控制测量检测的内外业及成果精度,应满足《城市轨道交通工程测量规范》(GB/T 50308—2017)第8章的有关要求。

6.2 土建工程各项检测的限差

土建工程各项检测的限差如下:

(1)地上导线点的坐标互差≤±12mm。

(2)地下导线点的坐标互差:在近井点附近≤±16mm,在贯通面附近≤±25mm;矿山法区间隧道单向掘进超过1km时,过600m后≤±20mm,盾构法区间隧道单向掘进超过1.5km时,过1000m后≤±20mm。

(3)高架墩、柱点的坐标互差≤±25mm。

(4)高架墩、柱点的高程互差≤±10mm。

(5)地上高程点高程的互差≤±3mm。

(6)明挖车站、明挖区间、矿山法竖井、盾构始发井等:地下高程点高程的互差≤±5mm。

(7)区间隧道较长时,各地下高程点的高程较差:盾构法区间隧道单向掘进超过1.5km时,过1000m后≤±10mm;贯通前,高程较差≤±10mm。

(8)地下导线起始边(基线边)方位角的互差≤ ±12″。

(9)相邻高程点高差的互差≤ ±3mm。

(10)导线边的边长互差≤ ±8mm。

(11)经竖井或高架墩(柱)悬吊钢尺传递高程的互差≤ ±3mm。

①曲线要素直缓点、缓直点坐标较差≤ ±10mm。

②盾构洞门环中心检测与承包人放样较差:平面点位位置互差≤ +20mm;高程互差≤ ±15mm。

③围护结构中心点平面点位位置互差≤ ±20mm。

同时,对影响隧道横向贯通的检测误差应严格控制。

6.3 检测成果报告

检测成果报告应包含工程概况、检测概况、检测时间、依据规范及技术要求、使用的仪器设备情况、人员、检测过程、检测方法、数据处理方法及报表、检测成果和原测成果的较差,盾构区间检测还应包含环片姿态人工测量报表,矿山法施工隧道检测还应包含隧道初支断面人工测量报表,并根据规范及检测情况对承包人的测量成果进行分析、评判,提出结论性意见。

7 联系测量

7.1 一般规定

7.1.1 联系测量的检测,根据工程施工进度,须按建设单位要求的时间及时完成。

7.1.2 联系测量的内外业及成果精度,须满足《城市轨道交通工程测量规范》(GB/T 50308—2017)第8章的有关要求。

7.2 平面联系测量

7.2.1 趋近测量。

(1)从地面控制点向地下传递坐标、方位和高程是通过洞口、竖井或两个以上钻孔来实现联系测量的,而从地面控制点向近井点引测坐标和方位的趋近测量,可采用边角三角形,或用趋近导线。

(2)从高楼上向下引测,俯仰角不宜大于30°,趋近导线折角个数不多于3个,附合、闭合或往返总长不大于350m,相对点位中误差≤ ±10mm。

7.2.2 竖井投点。

(1)应使用标称精度不低于1∶200000的光学垂准仪,每次投点独立进行共投三次,三点互差≤ ±2mm,取中为最后位置;

(2)或按0°、90°、180°、270°四个方向投四点,边长≤2.5mm,取其重心为最后位置。投点误差≤ ±0.5mm(井深≤20m)。

7.2.3 陀螺仪定向。

(1)井上陀螺定向边应为精密导线边或更高级边,井下定向边为长度大于50m的导线边,应避免高压电磁场的影响。

(2)每条定向边在两端点上独立定向各一次为一测回。先在井上定向边测定一测回,接着在井下定向边测定两测回,最后在井上定向边测定一测回。上下半测回间互差≤ ±15″,测回间互差≤ ±8″,每条边的陀螺方位角采用两测回的平均值。

7.2.4 盾构法区间按本章第13节要求进行联系测量,可取平均值指导开挖。

7.2.5 地面向地下传递坐标和方位,亦可通过洞口、竖井直接测量(斜视线法),但必须构成有检核的几何图形,且俯仰角不宜超过300°从地面传到正线洞内基线端点相对点位中误差≤±12mm,横向≤±77mm。

7.2.6 地下导线的起始边作为每次联系测量的基线边,基线边两端点在矿山法开挖时,应埋设牢固的钢板桩,铜芯标志,桩的角上设螺帽(作高程点),在条件许可下起始定向边应埋设稳定强制观测台(架);盾构法开挖时其基线边在车站必须埋设稳定强制观测台(架)。基线长度应大于50m,若车站条件允许最好大于100m。

7.2.7 当暗挖区间地下导线起始边(起始基线边)经竖井等联系测量后,还应与车站底板上的线路中线点联测检查,方位误差≤±12″、横向误差≤±10mm时,方可用作起始数据指导开挖。

7.3 高程联系测量

7.3.1 高程联系测量须与平面联系测量同步进行。先作趋近水准,再作竖井高程传递,或直接从洞口向下传递高程。

7.3.2 地面趋近水准测量按城市轨道交通工程二等水准测量方法和仪器要求施测,闭合差不大于$\pm 8\sqrt{L}$mm。明挖段经斜坡通道亦用二等水准测量方法直接引测至地下水准点。

7.3.3 经竖井传递高程采用悬吊钢尺(检定过),井上下两台水准仪同时观测读数,每次错动钢尺3~5cm,共测量三次,高差较差不大于3mm时取平均值使用。当井深超过20m时三次互差控制在±5mm以内。

8 地下控制测量检测

8.0.1 地下控制测量检测,须按杭海城际铁路有限公司要求的时间及时进行。

8.0.2 地下控制测量及检测、施工测量及检测的内外业及成果精度,须满足《城市轨道交通工程测量规范》(GB/T 50308—2017)第8章和第11章的有关要求。

9 贯通测量

9.1 一般规定

9.1.1 区间与车站或区间与区间(在始发井或吊出井处)贯通后,承包人需及时进行贯通测量,贯通测量误差须投影到贯通面的线路中线上。

9.1.2 测量中心对隧道贯通测量检测,须按建设单位要求的时间及时进行。

9.1.3 平面贯通测量,在隧道贯通面处(对向开挖时贯通面一般在中间,盾构掘进是从车站到另一车站的出洞点)采用坐标法从两端测定贯通点坐标差,并归算到预帘洞门的断面和中线上,求得横向贯通误差和纵向贯通误差,并有明确结论性评定。

9.1.4 高程贯通测量,用水准仪从贯通面两端测定贯通点的高程,其互差即为高程贯通误差,并有明确结论性评定。

9.1.5 测量中心在合同标段内所有工点均贯通后,须提交本合同标段内全部贯通面的贯通测量误差统计表。

9.2 贯通误差处理

9.2.1 贯通误差求出来后,应进行贯通误差的调整。车站与区间衔接处贯通面上的贯通误差,原则上车站不予调整,调整在车站两侧的区间隧道内,贯通误差在多少长度的隧道内调整,视贯通误差大小而定。当误差接近限值时,车站应调整一部分。

9.2.2　贯通误差的调整应符合下列要求:

(1)方位角贯通误差分配在未衬砌地段的导线角上;计算贯通点坐标闭合差,坐标闭合差在贯通地段导线上,按边长比例分配,闭合差很小时也可按坐标平差处理。

(2)在贯通面两侧没衬砌地段进行高程贯通误差调整,求出各点调整后高程,用以指导相应地段施工。

(3)一般将贯通误差按比例分配在贯通面附近(即200m范围内)的平面、高程控制点上。当贯通误差较小时(如限差的1/3内),可在整个区间进行平差分配贯通误差,同时要检查距贯通面远的已知平面高程控制点的改变情况,判断处理方法是否可行。

10　地面加密控制测量检测

10.1　一般规定

在施工前或施工中,各标段土建承包人根据施工需要确定是否引测加密控制点(平面、高程)。如进行加密,土建承包人向测量中心上报加密测量报告,由测量中心审核、检测以确定其是否满足要求,能否满足施工需要。

10.2　加密平面控制点检测

10.2.1　检测加密平面控制点按精密导线测量要求进行。起闭于杭州至海宁城际铁路首级控制点或精密导线点。导线最好布置成直伸附合导线,布置成附合导线有困难时可布置成闭合导线,禁止按支导线进行检测。

10.2.2　作业时应按要求对已知点进行检核,确认无误后方可使用。检核结果在检测报告中进行详细说明,边、角观测值满足有关要求后,进行边长投影改正,严密平差求算各点的坐标。

10.3　加密高程控制点检测

10.3.1　检测加密高程控制点按《城市轨道交通工程测量规范》(GB/T 50308—2017)二等水准测量要求进行。

10.3.2　加密高程控制网应布设成附合水准路线形式,禁止按支水准路线进行检测。

10.3.3　检测前,按要求对已知高程点进行检查,确定高程无误后方可使用,检查结果在检测报告中进行说明。

11　明挖车站测量

11.1　承包人上报测量项目

11.1.1　承包人必须上报检测的测量项目:

(1)围护结构第一根桩设计中心或第一幅地下连续墙设计中心线两端点,以及整个车站围护结构两端的设计中心的四个角点位置测设。

(2)在施工完第一块底板后的车站底板控制点测量。

(3)施工至整个车站长度1/2处时的车站底板控制点测量。

(4)车站底板结构完工时的车站底板控制点测量。

(5)如有盾构洞门环,须在浇灌砼前测设洞门环中心。

(6)与相邻工点的贯通测量。

(7)断面测量。

(8)工程验收前移交联测后的控制点给建设单位。

11.1.2 上述必检测量项目,按照工序,承包人必须取得测量中心的检测报告后,方可进行下一工序施工。

11.2 测量中心

11.2.1 检测内容:详见第11.1.1条。

11.2.2 平面检测要求:

按《城市轨道交通工程测量规范》(GB/T 50308—2017)有关要求进行作业。起闭于卫星定位控制点或精密导线点或经检测合格的平面加密控制点;导线最好布置成附合导线,布置成附合导线有困难时可布置成闭合导线;作业时应按要求对已知点进行检核,边、角观测值满足有关要求后,进行边长投影改正,严密平差求算各点的坐标。

11.2.3 高程检测要求:

(1)地下施工高程控制测量检测与地下施工平面控制测量检测同时进行。车站施工高程控制检测有两部分工作:一是将地面高程引至明挖基坑边,二是采用不同方法将基坑边高程引测到底板水准点上。

(2)引至明挖基坑边的高程检测,应附合在临近基坑的地铁二等水准点或已检测合格加密水准点上,作业方法技术要求与检测地面加密水准测量相同。

(3)引至明挖底板水准点高程测量,应视现场情况,分别采用不同方法:悬吊钢尺的固定钢尺法和移动钢尺法、经基坑拉槽的水准法。

(4)悬吊钢尺法作业时,应在钢尺上悬吊与钢尺检定时相同质量的重锤。传递高程时,应独立观测三测回,每测回应变动仪器高度,三测回测得的地面、底板水准点的高差较差应小于3mm。三测回测得的高差应进行温度、尺长改正。

(5)所使用的钢尺必须是经过检定的。钢尺悬吊应牢固,悬吊钢尺时应注意安全。

11.2.4 在进行后一组底板点检测时需与前一组点进行联测。

12 明挖区间测量

12.1 承包人上报测量项目

12.1.1 承包人必须上报检测的测量项目:

(1)围护结构的第一根桩设计中心或第一幅连续墙设计中心线两端点测设。

(2)围护结构的曲线要素的直缓点、缓直点对应的围护结构桩设计中心或连续墙设计中心线测设。

(3)施工完第一块底板后的地下底板控制点测量。

(4)底板施工至整个区间长度的1/4时的地下底板控制点测量。

(5)底板施工至整个区间长度的1/2时的地下底板控制点测量。

(6)底板施工至整个区间长度的3/4时的地下底板控制点测量。

(7)最后施工的一块底板的地下底板控制点测量。

(8)与相邻工点的贯通测量。

(9)与相邻工点的联测。

(10)断面测量。

(11)工程验收前移交联测后的控制点给建设单位。

12.1.2 上述必检测量项目,按照工序,承包人必须取得测量中心的检测报告后,方可进行下一工序施工。

12.2 测量中心

12.2.1 检测内容:详见第12.1.1条。

12.2.2 平面检测要求:

同明挖车站,详见第11.2.2条。

12.2.3 高程检测要求:

同明挖车站,详见第11.2.3条。

13 盾构法区间测量

13.1 一般规定

13.1.1 承包人必须上报检测的测量项目:

(1)始发井或吊出井(含中间风井)洞门环中心三维测设。

(2)始发前进行包括联系测量在内的基线测量及地下水准。盾构在车站始发的,始发基线边必须及时与车站底板测量控制点进行联测。

(3)在隧道掘进至150m处时进行包括联系测量在内的地下控制测量。

(4)在隧道掘进至300~400m处时进行包括联系测量在内的地下控制测量。

(5)在隧道掘进至距离贯通面150~200m处时进行包括联系测量在内的地下控制测量。

(6)掘进至600m后每500m须增加一次包括联系测量在内的地下控制测量,并加测陀螺定向以校核坐标方位。

(7)如果盾构区间有中间风井,在与中间风井贯通后,且中间风井处管片有拆除的,必须在始发井与中间风井之间进行"两井定向",予以修正地下控制点坐标成果及导线方位。

(8)盾构掘进如果经过底板已经施工完成的车站,过站后测量按二次始发处理,贯通前必须根据车站施工进度,及时引测二次始发基线边,并与车站底板控制点联测;贯通后始发边之间形成附合导线。如果所经过车站不具备引测二次始发边的条件。

(9)如因施工等原因,车站底板需进行回填的,在混凝土浇筑前,须书面报建设单位,并及时引测,经测量中心检测后,才能废除原有点位;在条件许可时,应及时将控制点引测至底板,并报测量中心检测;如未经建设单位同意,破坏了现场经测量中心检测过的测量控制点,由此引起的额外测量费用及其他后果由责任单位负责。

(10)隧道贯通测量。

(11)地下控制点联测。

(12)断面测量。

(13)工程验收前移交联测后的控制点给建设单位。

13.1.2 对于盾构施工,须配备标称精度不低于1″的全站仪用于竖井联系测量及主控导线测量。

13.1.3　在进行第13.1.1条第(3)～(6)项报检时须增加盾尾后20环环片姿态(或断面)测量。

13.1.4　承包人需每周一上报前一周的环片姿态人工测量成果给建设单位,横向或竖向偏差超过50mm须立即上报测量监理工程师、建设单位、设计、测量中心,由设计总体确定是否需测量中心检测。

13.1.5　上述必检测量项目,按照工序,承包人必须取得测量中心的检测报告后,方可进行下一工序施工。

13.1.6　承包人必须按要求埋设控制点:

(1)满足第1.0.6条的要求。

(2)在隧道仰拱上利于保护和方便架设仪器的位置埋设导线点或在隧道的左右侧墙上埋设强制对中的导线点。

(3)地下导线布设时,应结合现场的实际情况,尽量增大点间距,且通视良好,便于使用。

13.2　测量中心

13.2.1　检测内容:详见第12.1.1条第(1)～(4)项。

13.2.2　平面检测要求:

(1)盾构在车站始发的,始发基线边必须及时与车站底板测量控制点进行联测,当两者有明显差异时,及时发现问题,及时查找原因,及时处理。

(2)地下导线应随隧道开挖而向前延伸,按照有关规范进行导线测量设计,进行导线边角观测。边角满足要求时,进行投影改正及严密平差,计算各导线点的坐标。

(3)单独进行地下控制导线测量时,仪器进洞应适应一段时间,方可进行测量。同时应先检查起算边的稳定情况。

13.2.3　高程检测要求:

(1)地下施工高程控制测量与地下施工平面控制测量应同时进行。

(2)按《城市轨道交通工程测量规范》(GB/T 50308—2017)对高程控制测量要求进行。起闭洞内高程控制点,形成闭合或附合水准路线,进行严密平差,计算各水准点的高程。作业时应按要求对已知点进行检核。

14　高架段测量

14.1　承包人上报测量项目

14.1.1　承包人必须上报检测的测量项目:

(1)施工中的第一根桩设计中心测量和曲线要素对应的桩位中心测量。

(2)其余地段(含缓和曲线段)承台(含桥台)中心按20%的比例进行报检。

(3)完工后的左右线线路中线测量。

(4)贯通测量。

(5)与相邻工点的联测。

(6)断面测量。

(7)工程验收前移交联测后的控制点给建设单位。

14.1.2　上述必检测量项目,按照工序,承包人必须取得测量中心的检测报告后,方可进行下一工序施工。

14.2　测量中心

14.2.1　检测内容：详见第14.1.1条。

14.2.2　平面检测要求：

(1)高架段桩位中心、承台(桥台)中心检测在地面加密平面控制网的基础上采用导线进行测量或采用GPS RTK进行测量。作业时按要求对已知点进行检核，边角观测值满足有关要求后，进行边长投影改正，严密平差求算各点的坐标。

(2)在长距离高架段，因施工时进行控制点测量是分次进行的，这些控制点缺少联测，比较孤立。所以结合设计、施工、地质条件等，在具备条件时，每相距一定距离(1000m左右)对原测设的控制点进行联测、平差，为中线调整、断面测量、铺轨基标等后续工作提供高精度的起算数据。

14.2.3　高程检测要求：

(1)高架段施工高程控制检测有两部分工作：一是高架段桩位中心、承台(桥台)中心高程检测采用三角高程，按不低于网等水准测量精度进行；二是高架段架梁后的高程测量考虑地铁铺轨基标测设精度要求，按《城市轨道交通工程测量规范》(GB/T 50308—2017)对二等水准测量要求进行。

三角高程控制，在平面控制点的基础上布设成三角高程网或高程导线，四等水准起讫于不低于三等水准的高程点上，其边长不超过1km。

(2)高架段架梁后的高程测量，同第11.2.3条。

15　地面线、地面车站测量

15.1　承包人上报测量项目

15.1.1　承包人必须上报检测的测量项目：

(1)线路中心线端点测量。

(2)线路中心线的曲线要素的直缓点、缓直点测量。

(3)与相邻工点的联测。

(4)工程验收前移交联测后的控制点给建设单位。

15.1.2　上述必检测量项目，按照工序，承包人必须取得测量中心的检测报告后，方可进行下一工序施工。

15.2　测量中心

15.2.1　检测内容：详见第15.1.1条。

15.2.2　检测要求：

平面和高程检测方法与高架段相同，详见第14.2.2条、第14.2.3条。

16　车辆段施工测量检测

车辆段检测方法同明挖相似，平面检测的基线边(或导线点)、重要建筑物点检测时应起闭于GPS点或精密导线点，按四等导线对边角测量的技术要求作业；水准点检测起闭于地铁地面高程控制点，按规范对地铁二等水准的要求作业。

17 地下控制网平差、中线调整测量及高架段完工后的线路中线测量

17.1 地下控制网平差原则

17.1.1 地下控制网平差和中线调整,按建设单位要求的时间即时进行,按两站一区间为单位,10d 内提交成果报告。

17.1.2 隧道贯通后,地下导线则由支导线经与另一端基线边联测变成了附合导线,支线水准也变成了附合水准,当闭合差不超过限差规定时,进行平差计算。

17.1.3 中线调整测量的内外业,需满足《城市轨道交通工程测量规范》(GB/T 50308—2017)第 7 章的有关要求。

17.1.4 平差的新成果将作为断面测量、调整中线、测设铺轨基标及进行变形监测的起算数据。

17.2 平面控制网平差

17.2.1 原则上以区间两端车站的施工控制导线点为依据,通过区间施工控制中线点或导线点组成附合导线,即车站控制边—区间控制中线点或导线点—车站控制边。

17.2.2 当区间很长,有条件可分段进行,分段长 1500m 左右。区间控制点间的距离在满足通视的条件下应尽量长,直线段如条件允许可达 200m。

17.2.3 附合导线应采用不低于Ⅱ级全站仪观测,左右角各测两测回,左右角平均值之和与 360°较差应小于 6″;距离正倒镜往返各测 2 测回,测回间较差应小于 5mm,往返测平均值较差应小于 4mm,并进行投影归化改正。

17.2.4 外业资料满足要求后,严密平差求算各点的坐标。

17.3 高程控制网平差

17.3.1 利用车站控制水准点对区间水准点重新进行附合水准测量。其技术要求与施工期地下控制水准测量相同。

17.3.2 外业满足要求后,平差求算各点高程。

17.4 中线调整测量

根据严密平差后求算各点的坐标,按照各点的理论坐标,将各中线点归化到设计位置,并对归化后的中线点转折角进行检测,满足《城市轨道交通工程测量规范》(GB/T 50308—2017)第 7 章的有关要求后,嵌入铜芯作为点位标记。

17.5 高架段完工后的线路中线测量

17.5.1 平面按精密导线对测角量距的要求进行。起闭于卫星定位控制点或精密导线点。导线布置成附合导线,作业时按要求对已知点进行检核。边角观测值满足有关要求后,进行边长投影改正,严密平差求算各点的坐标。

17.5.2 高程按《城市轨道交通工程测量规范》(GB/T 50308—2017)对二等水准测量的要求进行。布置成附合水准路线,作业时按要求对已知点进行检核。

18　铺轨控制基标检测及轨道竣工检测

18.1　一般规定

18.1.1　铺轨控制基标检测按建设单位要求的时间即时进行，按两站一区间为单位，5d 内提交检测成果报告。

18.1.2　铺轨控制基标检测的内外业及成果精度，按《城市轨道交通工程测量规范》（GB/T 50308—2017）第 10.2 节的有关要求执行。

18.2　控制基标平面检测

18.2.1　铺轨控制基标检测前，应根据承包人控制基标设置情况结合铺轨综合图，计算控制基标的理论坐标，检查承包人计算的控制基标的理论坐标值。并由此推算控制基标间及控制基标与控制点间边长和夹角值。

18.2.2　使用不低于Ⅱ级全站仪进行现场检测。检测控制基标间及控制基标与控制点间的角度及边长，并平差求算各控制基标的坐标。左、右角各测两测回，左右角平均值之和与 360°较差应小于 6″；距离往返各测两测回，测回较差与往返较差均应小于 5mm。

18.2.3　限差要求：

（1）直线段控制基标间夹角与 180°较差应小于 8″；实测距离与设计距离较差应小于 10mm；曲线段控制基标间夹角与设计值较差计算出的线路横向偏差应小于 2mm，弦长测量值与设计值较差应小于 5mm。

（2）满足不了要求时，应要求承包人重新进行控制基标设置，直到满足要求为止。

18.3　控制基高程程检测

18.3.1　使用不低于 DS1 级精密水准仪及配套水准尺，在施工控制水准点间或施工控制水准点与控制基标间经各控制基标，布设附合水准路线测定每个控制基标的高程，按二等水准测量技术要求施测，其实测值与设计值较差应小于 2mm，相邻控制基标间高差与设计值的高差较差应小于 2mm。

18.3.2　满足不了要求时，应要求承包人重新进行控制基标设置，直到满足要求为止。

18.4　轨道竣工检测

18.4.1　轨道竣工以控制基标和铺轨综合图为检测依据。

18.4.2　检测内容：轨道平面、高程、轨距、左右轨高差等。

18.4.3　检测要求：

（1）直线段：根据直线段的控制基标，用全站仪和轨距尺按照三点一线的原理直接测量轨道中心的位置，求算出差值；用水准仪直接测出左右轨面高程，求算出差值。

（2）曲线段：根据相邻两个控制基标，用全站仪和轨距尺用偏角法或坐标法直接测量轨道中心，求算出差值；用水准仪直接测出左右轨面高程，求算出差值。

（3）精度和限差：按照《地下铁道工程施工质量验收标准》（GB/T 50299—2018）、《城市轨道交通工程测量规范》（GB/T 50308—2017）等有关标准执行。

（4）每相邻两个控制基标为一段，正线每 20m 检测一处。

19 设备安装及装修施工测量检测

19.1 检测依据

检测以设备安装装修设计图为依据。

19.2 检测内容

加密导线点、水准点、站台板平面和高程,人防隔断门安装放样及门框检测、车站装修1m线高程检测、屏蔽门检测等。

19.3 检测要求

19.3.1 设备安装测量精度及限差应按相关设备安装技术要求确定。

19.3.2 安装完成后必须进行检查,确保设备不侵入限界。

19.3.3 装修辅助测量精度要求按照《工程测量规范》(GB 50026—2007)四等水准测量的技术要求作业。

19.3.4 检测精度和限差满足《地下铁道工程施工质量验收标准》(GB/T 50299—2018)、《建筑装饰装修工程质量验收标准》(GB 50210—2018)、《城市轨道交通工程测量规范》(GB/T 50308—2017)有关要求。

20 地铁结构外轮廓线和地铁结构测量

20.0.1 测量地铁竣工后结构外轮廓线和地铁结构,按照规定内容和比例绘制成图,按期提供给相关单位。

20.0.2 测量精度和内容应满足有关规范和相关部门要求。

21 铺轨后沉降监测

21.0.1 轨道铺设完成后,测量中心布设合同范围内正线沉降观测点并观测。

21.0.2 通车前2个月完成4次,其中初始值观测1次,监测3次,频率约每2~3个月一次。

21.0.3 沉降监测等级应为Ⅱ等,精度要求如下:变形点的高程中误差±0.5mm,相邻变形点高差中误差±0.3mm,往返较差、附合或环闭合差0.3$\sqrt{n}$。

21.0.4 平均每100m设3点,在施工期间变形大的地段适当加密,车站与区间接缝处、高架与路基接缝处设差异沉降点。点位埋设在道床中央,点位应牢固,不影响运营安全和结构安全。

21.0.5 监测应满足按本章第2.1小节所述规范等要求。

22 交 接 桩

22.0.1 所有杭州至海宁城际铁路测量资料、成果和桩位归杭海城际铁路公司所有。各工序施工完成后,所有承包人要将施工测量资料、成果、桩位(特别是需要长期保留的桩位)移交给建设单位。需要长期保留的桩位主要包括但不限于:杭州至海宁城际铁路地面控制网(卫星定位控制网、精密导线网、地面高程控制网)、车站和区间底板控制点、铺轨控制基标等。

22.0.2 地面网单位应按期移交给建设单位经建设单位审查的地面控制网资料、成果、现场桩位等,测量中心代表建设单位接收。

22.0.3 土建工程竣工后,土建承包人应及时统一移交给建设单位经测量中心检测合格的车站和区间底板控制点(平面、高程)资料、成果、现场桩位等,测量中心代表建设单位接收。

22.0.4 轨道工程竣工后,轨道承包人应及时统一移交给建设单位经测量中心检测合格的铺轨控制基标资料、成果、现场桩位等,测量中心代表建设单位接收。

22.0.5 按建设单位指令由测量中心代表建设单位接收其他需移交给建设单位的测量资料、成果、现场桩位等。

22.0.6 按合同、建设单位指令等测量中心代表建设单位将测量资料、成果、现场桩位移交给各工序承包人,主要包括但不限于:

(1)给前期红线放样单位交桩。

(2)给土建承包人交桩。

(3)给轨道承包人交桩。

(4)给装修、机电安装承包人交桩。

(5)给屏蔽门承包人交桩。

(6)给接触网安装承包人交桩。

(7)给通号系统承包人交桩。

(8)给杭州至海宁城际铁路变形测量单位交桩。

(9)给其他单位交桩等需建设单位指令。

22.0.7 交接桩时须指明交接点的性质:卫星定位控制点、精密导线点、地面高程点(一等、二等)、地下控制点(平面、高程)、施工控制点(平面、高程)等。

22.0.8 所有交接桩均需办理合法完善的交接桩手续。交接桩时各方应签署交接桩记录表,以备资料归档用,交接桩记录表按建设单位下发的工程测量交接桩记录表执行。

22.0.9 各接桩单位接桩后,必须对交接桩进行保护;在使用之前,必须对所接桩点进行复测,复测情况及处理措施报告经监理单位批准后,自接桩之日起15d内上报建设单位审定。过15d不上报复测成果,则视为接桩单位认为所接成果及桩位正确。复测方法必须能够判断点位是否无误,复测精度必须满足有关要求,复测报告必须有明确结论。

23 其他测量

承包人、测量中心、监理单位根据建设单位要求及时完成其他测量工作,内外业、工作要求参照相关的测量规范和管理办法、技术标准执行。

24 施工测量保障措施

24.0.1 施工测量采用三级复核制。上级精测队负责施工控制网的测量与复核;项目分部测量组负责各个作业面的测量工作;项目部技术主管不定期组织本项目的测量技术人员复核。主要和重要的点位、轴线、高程必须按要求逐级上报测量监理和建设单位,经逐级测量复核准确无误后方可使用。

24.0.2 用于本工程的测量仪器和设备,必须按规定时间和日期送具有检定资格的部门检定和校准,严禁使用不合格的仪器进行施工。所用的测量仪器和工具使用前,要检查是否完好。在运输和使用测量仪器的过程中,应注意保护,如发现仪器有异常,应立即停止使用并送检,并对上次测量成果重新作出评定。

24.0.3 开工前,测量工程师和技术主管应对测量人员进行相关测量知识、测量规范、测量仪器的性能及操作技能的系统培训,保证测量人员都能够严格按照各项操作规范进行正确的作业。

24.0.4 测量技术人员必须熟悉施工图纸,参加图纸会审工作;在每次施工放样前,测量技术人员必须认真核对图纸资料,必要时应到现场核对,确认无误无疑后,方可使用。如发现疑问做好记录并及时上报,待得到正式回复以前后,才能按图进行测量放样,禁止将该图纸用于指导施工放样。

24.0.5 积极和测量监理工程师进行联系、沟通和配合,满足测量监理工程师提出的测量技术要求及意见,并把测量结果和资料及时上报监理,测量监理工程师经过内业资料复核和外业实测确定无误后,方可进行下步工序的施工。

24.0.6 原始观测值和记事项目,应在现场用钢笔或铅笔记录在规定格式的外业手簿中。测量技术人员要认真整理内业资料,保证所有测量资料的完整;所有测量资料和放样数据必须经第二人复核,经第二人复核,观测和计算无误的成果数据才能采用,未经复核和复核不合格的测量结果一律不得采用。

24.0.7 重要部位的测量放样,在放样前待放样数据必须经技术主管复核,并报送专业监理工程师,监理工程师复核内外业均无误后,才能进行下一道工序进行施工。

24.0.8 每次外业前,测量技术人员对内业资料进行检查,所采用的测量方法、测量所用桩点以及测量要达到的目的向测工进行交底,做到人人明白;外业中,中线和高程测量要形成检核条件,满足校核条件要求的测量才能成为合格成果,否则返工重测;外业后,应检查外业记录的结果是否齐全、清晰、正确,由另一人复核结果无误后,向工区技术主管交底。

24.0.9 测量过程中,必须消除干扰,需停工的要停工,以保证测量精度。各种建筑物放样时应和施工人员密切配合,避免出现不必要的偏差。

24.0.10 对本标段的测量桩点应进行重点保护并做好标识,保证点位的稳定和清晰。定期对本标段的测量控制点及加密点进行复核,做到随时掌握控制点的稳定情况。加强与相邻标段的联测工作,保证区间隧道的顺利贯通。

24.0.11 控制导线点和导线加密点是所有平面位置放线的依据,必须保证其数据的可靠性。因此,应经常和相邻工程标段、测量监理所交的控制点进行联测,发现问题立即查找原因,及时调整与纠正。

24.0.12 对于车站及区间预留的接口,施工前要对这些位置轴线、高程与有关部门进行确认,并进行与对方控制网的复核测量,以保证接口的正确连接。

24.0.13 地下施工导线在隧道贯通以前都是以支导线的形式向前延伸,缺少复核条件,所以每次向前延伸新的导线点时,要对前面的导线进行多次复核,确保无误后方可向前延伸新的导线点。

本章条文说明

1. 总则

(1)近年来，随着我国城市轨道交通工程建设蓬勃发展，城市轨道交通工程测量技术也日臻成熟，人们对城市轨道交通工程建设的认识和理念都上升到了一个新的高度，不论从技术进步还是从技术创新的角度对城市轨道交通工程的建设、安全、环保和舒适性等方面都提出了更高要求。

(2)城市轨道交通是城市中的重要市政设施之一，并与线路沿线各种建筑、管线等其他市政设施衔接，所以必须采用所在城市的平面坐标和高程测量系统才能保证各条线路之间以及与相关市政设施衔接正确。

两个城市的坐标和高程系统往往不一致，为满足城市轨道交通工程建设要求，两个城市之间建设轨道交通工程必须采用统一的坐标和高程系统，如果条件限制不能采用统一的坐标和高程系统，两套系统应有严密的换算公式。

(3)《中华人民共和国计量法实施细则》第二十五条规定“任何单位和个人不准在工作岗位上使用无检定合格印、证或者超过检定周期以及经检定不合格的计量器具”。现将这些规定摘录如下：

《全站型电子速测仪检定规程》(JJG 100—2003)规定的全站仪检定内容，检定周期一般不超过一年。

《水准仪检定规程》(JJG 425—2003)规定的水准仪检定内容，检定周期一般不超过一年。

《钢卷尺检定规程》(JJG 4—2015)规定的钢卷尺检定内容，检定周期最长不超过一年。

《水准标尺检定规程》(JJG 8—1991)规定的水准标尺检定内容，检定周期为一年。

(4)工程建设应根据工程在建设期间可能会发生的安全、质量、环保等事故，制订相应的安全生产、质量、环保等措施和应急预案，并且在这些措施和应急预案中，应包括在处理安全、质量、环保事故中测绘工作采取的措施和应急预案，以满足应急对测绘工作的需要。

2. 术语和符号

1)术语

主要列入了本章有关具有城市轨道交通工程测量特点以及与工程测量有关的城市轨道交通概念、施工工法相关的术语。同时为简化用词，对个别词汇赋予较广泛的含义，如“建筑”一词在本章中包含了建筑物和构筑物两个词的意思。

(1)术语引自《城市轨道交通工程基本术语标准》(GB/T 50833—2012)。

(2)本章允许偏差、点位中误差、极限误差和较差出现频率较多，为使读者概念清晰，正确使用，特从《测绘学名词》和权威信息资料中选择这些术语并修改而成。

2)符号

城市轨道交通工程测量涉及内容和专业繁多，同一符号在不同专业中的意义不一样，因此本章中列出的符号代表多种意思，一并列出。

3. 地面平面控制测量

1)一般规定

(1)以前，城市轨道交通建设由于受经济发展和客观条件的限制，一般都是逐条建设的，当时的《城市轨道交通工程测量规范》(GB 50308—2008)有关地面平面控制测量标准也是根据这一时期的情况制定的，并满足了工程规划、建设和运营需要，在城市轨道交通工程建设中发挥了重要作用。随着我国国民经济和社会的高速发展，我国城市轨道交通规划和建设正进入快速发展时期，许多城市存在几条线路同时建设、对已有的线路进行延长、多条线路交叉换乘等情况。在这种情况下，如果依然采用《城市轨道交通工程测量规范》(GB 50308—2008)规定的相关技术要求建立测量控制网,则其控制网的精度和覆盖范围不能完全满足在上述情况下规划、建设和运营的需要,造成近年有些城市出现的不同时期建设的一些线路之间衔接偏差过大、坐标系统不一致等问题,客观反映出非常有必要根据城市轨道交通的整体规划进行城市轨道交通整体控制网设计和布设。因此,在《城市轨道交通工程测量规范》(GB/T 50308—2017)的基础上对本章内容进行补充完善。

(2)地面平面控制网分为三个等级,一等为服务全市轨道交通规划、建设所需要的全市轨道交通卫星定位控制网,对全市的轨道交通线路规划和建设进行整体精度控制;二等为服务于各条具体线路建设、运营的卫星定位控制网,在一等网的基础上进行布设;三等为服务于各条具体线路建设、运营的精密导线网,在二等网的基础上加密布设。一等网应根据各个城市近期、中期和远期规划要求,一次性全面布设,二、三等网应根据各条线路建设需要分期布设。

(3)城市轨道交通是城市市政设施重要组成部分,并与城市其他许多市政设施衔接或在空间位置上与其他城市建筑互相制约。为了保证城市轨道交通设施与城市其他市政设施准确衔接,因此规定作为城市轨道交通基准控制网的一等全市轨道交通卫星定位控制网应采用城市平面坐标系统,其高程投影面应与城市平面坐标系统的高程投影面一致。

(4)《工程测量规范》(GB 50026—2007)和《城市测量规范》(CJJ/T 8—2011)规定了平面控制网的坐标系统,要求满足测区内投影长度变形不大于25mm/km,这样的长度变形,可满足大部分建设工程施工放样测量精度不低于1/20000和城市1∶500地形测图的要求。但是,对于城市轨道交通工程中铺轨测量精度要求来讲该投影长度变形引起的误差对隧道结构和铺轨精度影响较大,如在本章规定的贯通测量中误差±50mm,贯通距离一般不超过1.5km,其相对误差要求小于1/30000。再有,铺轨要求纵向距离偏差小于10mm,横向偏差小于2mm。这样长度变形所产生的误差不仅不能完全满足结构贯通要求,对铺轨测量精度影响更大。由于城市轨道交通工程地下隧道较多,且观测条件差精度难以提高,为尽量减少各项误差对铺轨精度的影响,本章要求线路轨道面平均高程综合投影长度变形最大值为15mm/km,该项误差影响为1/60000,该精度要求减弱了该项误差在总误差中的影响比重,对提高铺轨测量精度,保证轨道交通工程铺轨质量意义重大。

另外,由于各个城市区域范围和地表地貌差距较大,城市中一些轨道交通线路处在城市边缘或距离城市中央子午线较远或线路坡度起伏较大等情况,如果采用统一的投影面或中央子午线,一些线路就会出现较大施工测量误差,线路轨道面平均高程的边长高程投影长度变形和高斯投影长度变形的综合变形值就不能满足本章要求。为避免这种情况的发生,针对每一条线路的具体情况,二等线路卫星定位控制网应采用本章介绍的相应方法,保证各条线路轨道面平均高程的边长高程投影长度变形和高斯投影长度变形的综合变形值满足本章要求。

(5)由于城市轨道交通工程建设周期较长,我国许多城市地面沉降现象严重,加上城市其他建设对控制网的影响,造成初期建立的平面控制网点在工程建设中有可能发生位移。因此,必须根据各个城市工程地质和水文地质条件、地面沉降实际状况以及城市其他建设对控制网影响状况,对已建成的卫星定位控制网和精密导线网定期进行复测,以便了解平面控制点的可靠性、稳定性的状况,并对变化较大的控制点及时进行更新,以满足工程需要。根据经验,除第一次在开工前进行外,一般1~2年复测1次,各个城市可根据各自控制点实际变形速率、累计变形量和对工程的影响等情况确定复测周期。

①在相同的起算点和控制网测量方案条件下,比较复测与原测量成果才科学可靠。

②鉴于城市轨道交通工程控制测量精度要求较高,如果达到规范规定的控制点成果精度,需要在测量的观测、数据处理等每一个环节都应该注意,才能得到理想成果。对于了解控制网可靠性、稳定性的复测工作更应该注意重复测量中仪器设备、观测方法、观测精度、数据处理和成果精度应与原测量一致,才能对以往成果进行可靠评价。《城市轨道交通工程测量规范》(GB 50308—2008)对于

复测具体技术要求比较简单,不能完全满足复测目的要求,本章完善了复测技术要求,对实际工作更有指导意义。

③利用控制点点位中误差计算复测与原测成果坐标分量较差限差公式推导如下:

复测与原测点位误差的较差为:$\Delta P = p_{复} — p_{原}$(其中 ΔP 为复测与原测点位较差,$p_{复}$ 为复测点位误差,$p_{原}$ 为原测点位误差);

由上式得到复测与原测点位较差的中误差为:$m_{较差} = \sqrt{m_{原}^2 + m_{复}^2}$;

令坐标分量 x、y 中误差相等,则坐标分量 x、y 中误差为:$m_x = m_y = m_{较差}/\sqrt{2} = \sqrt{m_{原}^2 + m_{复}^2}/\sqrt{2}$;

取 2 倍中误差作为坐标分量较差的中误差限差,并以 $m_{x限}$ 和 $m_{y限}$ 表示则有:$m_{x限} = m_{y限} = 2\sqrt{m_{原}^2 + m_{复}^2}/\sqrt{2} = \sqrt{2}\sqrt{m_{原}^2 + m_{复}^2}$;

由于在实际工作中原测精度统计数据往往不易得到,本章要求复测与原测精度一致,并以 m 表示,则有:$m_{原} = m_{复} = m$;

最终利用控制点点位中误差计算复测与原测成果坐标分量较差限差公式为:$m_{x限} = m_{y限} = 2\sqrt{m_{原}^2 + m_{复}^2}/\sqrt{2} = \sqrt{2}\sqrt{m_{原}^2 + m_{复}^2} = 2m$。

必须引起注意的是,由于每个控制点的点位误差不一样,因此每个控制点的坐标分量较差需要逐个计算并确定合格与否。

④复测与原测量成果坐标分量较差限差分别小于 2m 时,说明原测量成果可靠,应该继续使用;大于 2m 时,应查明原因,如因变形造成限差超限应利用复测成果取代原测量成果,如控制点遭到破坏应及时补测或修测,并应满足与相邻控制点的相对点位中误差要求。

2)卫星定位控制网测量

(1)增加了一等全市轨道交通卫星定位控制网的基本技术要求,其最弱边相对中误差介于 C 级和 D 级网之间,高于城市二等控制网。a、b 取值应根据卫星定位控制网实际测量误差确定,与所使用仪器的标称精度无关。

(2)城市轨道交通线网建设。

①了解城市轨道交通线网建设规划方案是为了确定测量控制网范围,收集全市或线路沿线相关现有城市控制网的基础测绘资料,以便利用和改造已有城市测量控制网满足城市轨道交通建设要求。

②在控制点构成的三角形中,为了保证短边间控制点相对精度,短边应测设独立基线。为了保证 Station 1 至 Station 3 之间的相对精度,当 Station 1 至 Station 5 之间的距离小于基线 Station 1 和 Station 3 长度与基线 Station 3 和 Station 5 长度之和的 30% 时,应实测 Station 1 和 Station 5 的基线,如说明图 24-1 所示。

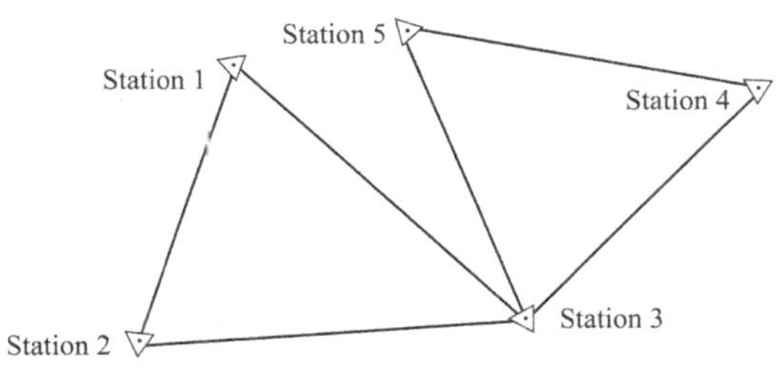

说明图　24-1

③从地面向上 40km 为对流层,该层是气象现象出现的地区,电磁波在其中速度与大气折射率和电磁波传播方向有关,在天顶方向延迟可达 2.3m,高度角 10°时可达 20m,因此观测值均应进行对流层延迟修正。对流层延迟修正方法,一种为实测该地区气象资料利用模型改正,另一种是基线较短时,气象条件稳定,且两个测站一致,利用基线两端同步观测求差减弱大气折射影响,这样就无须实测该地区气象资料利用模型改正。对流层延迟修正模型中的气象元素包括气压、温度和湿度。

④基线解算时,对于长度小于 15km 的短基线,静态观测 1h 以上时,由于随时间变化的电离层效应、多路效应将大大减弱;同时在较长观测时间里所观测卫星的几何分布的较大变动改善了参数的确定精度,就能以较高精度求定整周模糊度。由于顾及了整周待定值的整数特性,改善了短基线的

相对定位精度,该解算方法称为双差固定解。对于15km以上基线,由于电离层误差、卫星轨道误差等影响难以消除,整周模糊度参数求解精度低,因此不再确定模糊度整数解,维持模糊度的实数解联同坐标估值,称为双差浮点解。15km以上基线可通过双差固定解和双差浮点解两种方法进行基线解算,从中选择最优结果。

(3)约束平差中当改正数的较差超限时,可以认为该基线或其附近基线有粗差,应采用软件提供的方法或人工干预的方法剔除粗差基线。如果超限可能是已知约束值(坐标、边长、方位)与新建的卫星定位控制网不兼容引起的,应剔除某些误差大的已知点的约束值。

(4)卫星定位控制点与现有城市控制点的坐标较差为50mm,是为了保证在轨道交通工程规划、设计和定线时能够使用城市现有的大比例尺地形图和资料。

(5)卫星定位控制测量是根据多年来在全国城市轨道交通工程建设中,政府测绘主管部门、建设和施工单位对测绘工作完成后需要提交的测绘成果和相关资料的要求而制定的。

3)精密导线网测量

(1)由于轨道交通工程线路多为直伸形状,在一、二等卫星定位点之间布设的精密导线应构成附合导线形式,当条件限制不利于布设附合导线时,应布设成结点网形式。

(2)城市轨道交通工程平面控制网的三等精密导线网的主要技术要求与国家其他现行规范中的导线不同,主要针对城市轨道交通工程特点以及工程结构施工和暗挖隧道贯通要求而制定。

(3)前后视边长相差较大时,采用一般方法测角调焦幅度大,对测角误差影响显著。针对这一问题,工作实践中采用同一方向正倒镜同时观测法,可减少调焦误差对测角的影响。同一方向正倒镜同时观测法一测回的程序是:先盘左、盘右观测零方向(观测中不调焦),再瞄准另一方向调焦后,盘右、盘左进行观测(观测中不调焦)。

(4)精密导线网测量规定是根据多年来在全国城市轨道交通工程建设中,政府测绘主管部门、建设和施工单位对测绘工作完成后需要提交的测绘成果和相关资料的要求而制定的。

4.地面高程控制测量

1)一般规定

(1)地面高程控制网分为两个等级,一等为服务全市轨道交通规划、建设所需要的全市轨道交通高程控制网,对全市的轨道交通线路规划和建设进行整体精度控制;二等为服务于各条具体线路建设、运营的高程控制网,在一等网的基础上进行布设。一等网应根据各个城市近期、中期或远期规划要求,一次性全面布设,二等网可根据各条线路建设需要分期布设。

(2)我国许多城市由于地面沉降现象严重,一些城市年累计沉降量达10mm以上,个别地区年累计沉降量达20mm以上,对城市轨道交通这类线形工程危害较大,加上城市其他建设的影响以及线路建设周期较长,造成初期建立的高程控制网点在工程建设中有可能发生沉降。因此,必须根据各个城市工程地质和水文地质条件以及地面沉降实际状况,对已建成的高程控制网定期进行复测,以便掌握高程控制点的可靠性、稳定性的状况,并对变化较大的控制点及时进行补测,以满足工程需要。根据经验,除第一次在开工前进行外,一般宜1~2年复测1次,各个城市可根据各自实际情况确定复测周期。

(3)利用控制点高程中误差计算复测与原测高程较差限差公示推导如下:

复测与原测高程的较差为:$\Delta H = h_{复} - h_{原}$(其中ΔH为复测与原测高程较差,$h_{复}$为复测高程,$h_{原}$为原测高程);

由于在实际工作中原测精度统计数据往往不易得到,本章要求复测与原测精度一致。故采用复测高程精度值,并以m表示,则有:$m_{复} = m_{原} = m$;

最终坐高程程较差的限差为:$m_{限} = 2\sqrt{m_{复}^2 + m_{原}^2} = 2\sqrt{2}m$。

必须引起注意的是，由于每个高程控制点的误差不一样，因此每个高程控制点的较差需要逐个计算并确定合格与否。

2)高程控制网设计与埋石

(1)本章水准测量技术要求主要根据城市轨道交通特点和结构施工与铺轨限差要求制定，其中一等水准测量技术要求基本符合国家二等水准测量技术要求，二等水准测量技术要求介于国家二等和三等水准测量之间。

(2)一等水准点服务于全市轨道交通规划、建设所需要的全市轨道交通高程控制网，对全市的轨道交通线路规划和建设进行整体精度控制，因此，需要沿城市轨道交通规划线路进行布设；二等水准点服务于各条具体线路建设、运营的高程控制网，在一等网的基础上沿建设线路进行布设。

(3) 一些城市或地区地表沉降比较大，造成水准点沉降，因此水准点每间隔 4km 左右需埋设深桩水准点或基岩水准点，深桩水准点应埋设在稳定的持力层上。为方便施工或高程传递，车站、竖井及车辆段附近应布设水准点，为加强检核，其数量不应少于 2 个。

(4)由于城市轨道交通工程建设的周期较长，水准点常常受到外界环境和施工建设的影响而损毁，必须及时恢复。

3)水准测量

(1)使用电子水准仪时，输入的有关参数包括数据单位、时间格式、观测限差以及测站和通信设置，详见《国家一、二等水准测量规范》(GB/T 12897—2006)第 7.6.2 条。

(2)上述规定是根据多年来在全国城市轨道交通工程建设中，政府测绘主管部门、建设和施工单位对测绘工作完成后需要提交的测绘成果和相关资料的要求而制定的。

5. 线路带状地形图与中线测量

1)一般规定

(1)由于城市轨道交通工程为线性工程，线路带状地形图是轨道交通工程线路设计的基础资料，按照设计的要求，带状地形图采用自由分幅，施测前需进行分幅设计，分幅不宜设在重要建筑物、路口、设计的车站等地方。当线路有比较方案时，将其测绘在同一幅图内。当设计对接图位置有特殊要求时，以其要求为准。

(2)此处根据城市轨道交通工程特点，并参考《城市测量规范》(CJJ/T 8—2011)和《工程测量规范》(GB 50026—2007)的有关技术要求制定。

2)图根控制测量

(1)图根点相对于邻近等级控制点的点位中误差是根据人工展点误差和眼睛分辨率制订的。

(2)随着卫星定位技术的普遍应用，我国不少的大中型城市均进行了似大地水准面精化的工作，为卫星定位高程测量代替水准测量打下了基础。经许多城市的实践证明，在平地和丘陵地区卫星定位高程测量可以达到图根水准测量的精度，因此本章增加了 GNSS 高程测量的内容。

采用卫星定位测量方法建立高程控制网时，一般应包括高程异常模型建立、卫星定位测量、高程计算与检查等过程。利用 GNSS 高程测量方法进行图根水准测量的具体技术要求和操作规程参照《卫星定位城市测量技术规范》(CJJ/T 73—2010)第 7 章。

3)线路中线测量

(1)本章中的线路中线测量是指城市轨道交通工程初步设计阶段线路中线测量，由于城市轨道交通工程的线路中线初步设计采用解析设计，设计者依据地形图和沿线的重要建筑的位置等条件，进行线路设计。测量单位施测前应对设计数据进行复核，进行实地核实后，制订测量作业方案。

(2)在进行城市轨道交通工程的线路中线初步设计阶段线路中线测量时，一般情况下城市轨道交通工程的专用控制网尚未布设完成，根据初步设计定线测量线路中线测量的精度要求，线路中线测量可利用线路带状地形图测量的控制点,测量精度不应低于图根控制点的精度。地形图测量控制点的密度不能满足线路中线测量时,就需要加密。

(3)城市轨道交通线路中线上的重要建筑物、铁路、公路以及地形起伏变化处、沟坎、渠坡等处,都是线路设计考虑的关键部位,因此,在这些地方进行线路中线测量时,除满足上述一般规定外,还需进行加密桩的测设。

(4)双线平行地段,定出右线后,即可根据右线将左线放出来。非平行地段,由于线路长度不一样,线路里程也不一样,应分别测设。

线路定线时,可能由于地形图的不准确或图解误差大,使设计的线路与某些建筑发生矛盾,因此需测定建筑等的坐标和高程,用解析数据核实线路位置和走向。

(5)纵横断面测量内容是根据城市轨道交通工程对纵横断面的特殊要求,在一般纵横断面测量技术要求的基础上编制。

6. 专项调查与测绘

1)一般规定

(1)专项调查与测绘是为城市轨道交通规划设计、建设提供基础测绘资料,因此主要对轨道交通工程线路中线两侧一定范围内地面和地下的管线、建筑、水域和房屋拆迁等进行调查与测绘。

(2)专项调查与测绘各项成果的坐标与城市轨道交通工程平面坐标和高程保持一致,主要是方便使用,避免烦琐的坐标转换。

(3)为便于对照使用,通常将地上、地下建筑二者综合绘制在一张图上,故专项调查与测绘比例尺宜与带状地形图一致。对于某些专项图(如管线图),若管线过密,需经设计、施工单位同意后,可将较小比例尺线路图放大后再展绘管线图。

(4)细部点是指建筑物重要特征点的拐角点或几何中心,细部点测量是测定细部点坐标、高程的一项专门测量工作。《城市轨道交通工程测量规范》(GB 50308—2008)在条文中未对细部点的精度作明确规定,但在条文说明中有类似表达,只是在高程精度上有差异。《城市轨道交通工程测量规范》(GB 50308—2008)引用了《工程测量规范》(GB 50026—2007)对细部点分类及其精度指标的规定,主要建筑物点位中误差不应超过 ±50mm,高程中误差不应超过 ±20mm;次要建(构)筑物点位中误差不应超过 ±70mm,高程中误差不应超过 ±30mm。按《城市测量规范》(CJJ/T 8—2011)的有关规定,将上述两类建筑物的高程中误差分别放宽到 ±30mm 和 ±40mm,调整后的高程中误差与测绘方法相适应,也符合效益原则,且并不违背《工程测量规范》(GB 50026—2007)确定细部点精度指标的基本思路。因此,本章编制引用了《城市测量规范》(CJJ/T 8—2011)有关细部点精度的规定。

2)地下管线调查与测绘

(1)地下管线包括给水、排水、燃气、热力、工业和电力、电信等,一般管径小于 50mm 的给水管道和管径小于 200mm 的排水管道为入户支管,不在地下管线调查与测绘的范围内。

(2)地下管线由于其用途不同,分属各有关部门敷设和管理。且敷设的年代亦不同,权属单位的单一管线资料往往按专业管线要素绘制,不能完全满足《城市地下管线探测技术规程》(CJJ 61—2017)的要求。因此,向权属单位搜集资料了解现场地下管线的埋设情况,是地下管线调查与测绘前的一项重要工作。

(3)按《城市地下管线探测技术规程》(CJJ 61—2017)的技术要求,在窨井(包括检查井、闸门井、阀门井、仪表井、人孔和手孔等)上设置明显管线点时,管线点的测设位置应设置在井盖的中心,并以此位置为基准测量地下管线埋深。

规范规定断面尺寸应量外径或外壁,但在外业中量取外径(壁)是比较困难。可通过量取内径加入壁厚求得外径。一般来说,不同类型、不同口径的管道(沟)壁厚有一定的规律。

(4)选择物探方法主要考虑以下因素：

地铁工程设计施工要求——这里是指对地铁施工区及其邻近的地下管线的调查与探测的要求(包括精度要求),通常由地铁工程设计部门提出。

探查对象——是指被探查管线的类型、材质、管径、载体、埋深、出露情况、接地条件等。

地球物理条件——这里主要是指地下管线与其周围介质之间的物理特性上的差异,以及周围的干扰场等。

根据以上条件,选择成本低、效果好、效率高且能满足要求的物探方法和仪器。例如:探查金属管线宜用电磁感应法,探查钢筋混凝土管道可用磁偶极感应法,在接地条件好的场地探测金属、非金属管道与人防巷道可用直流电法(电阻率法、充电法),探查金属、非金属管道及人防巷道可用地质雷达法、地震波法,探查热力管道可用红外辐射法等。

①方法试验是指在探查区或邻近的已知管线上进行物探方法的试探测,以确定该方法和仪器的有效性,以及精度和有关参数。

②除管线特征点上需设置管线点外,施工场地的管线探测通常每5～10m间距设一个探测点,平面图比例尺宜为1∶200～1∶1000。地铁工程设计、施工特殊要求的探测点位应在探查任务中明确规定。

③经过物探,若还不能查明管线的某些特性,或对于某些重要管线需要进一步落实位置或埋深,可与设计单位商榷选择适当部位开挖调查、测绘。

(5)综合管线图分色一般为:给水-天蓝、排水-褐、燃气-粉红、热力-橘黄、工业-黑、电力-大红、电信-绿。

(6)检查取样应随机,是指重复探查点应均匀分布于整个工区不同条件、不同埋深、不同类型的管线上,并具有代表性的管线点。同时重复探查应在不同时间,由不同作业员进行。

3)地下建筑测绘

地下建筑轮廓在城市测量中规定测内壁,但在城市轨道交通建设中,地铁设计人员要求测外壁。地下建筑外壁可通过搜集已有资料(施工图、竣工图等)取得壁厚数据,也可用物探方法探测,同时在图上还应绘出外壁轮廓线。对于复杂的重要部位,可开挖量取壁厚。

4)跨越线路的建筑物测绘

人行天桥又称人行过街桥,立交的公路、铁路统称为立交桥,栈桥是运送货物过街或在铁路车站越过铁路站线运送货物的桥,另将管道置于栈桥上以越过障碍物的架空管线,又称管线桥等。

本章中所称的跨线路建筑物,不包括埋设在地下的跨越地铁工程的建筑,这类建筑属地下建筑。

5)水下地形测量

(1)水下地形图是城市轨道交通工程设计与施工的必需资料。水下地形图测量范围和技术要求由设计单位提出。水底纵、横断面可实测,也可利用已有资料编绘。

(2)一般认为线路中线与岸线(或水流方向)相交在90°±10°范围内即为近似正交,测深断面与线路中线平行布设时,与线路中线重合的测深断面为线路纵断面。

(3)城市轨道交通工程穿过小的河、渠道,一般可直接观测,采用断面法测深、定位等较容易。对于跨越江、河、湖等宽阔水面的断面测深、定位除执行本章规定外,还应执行《水运工程测量规范》(JTS 131—2012)。

当使用水下地形图遥控测量船测量时,可同时获取水下地形点的三维坐标,但由于水质、水中生物、微生物以及电压波动等原因会影响测深精度。因此,可采用测深仪与其他直接测深工具的测深值进行比较,这是有效的检核方法。

6)房屋拆迁测量

(1)已进行过产权登记的房屋,不宜再进行房屋拆迁建筑面积测算。

(2)《房产测量规范　第1单元:房产测量规定》(GB/T 17986.1—2000)将房屋建筑面积测算中误差分为三级:一级为 $\pm(0.01\sqrt{S}+0.0003S)$、二级为 $\pm(0.02\sqrt{S}+0.001S)$、三级为 $\pm(0.04\sqrt{S}+0.003S)$。该规范分级方法是把《房产测量规范》(GB/T 17986—2000)中的房屋面积精度标准作为最低一级,即第三级,把固定误差的精度等级系数定为2,把比例误差比例系数的精度等级系数定为3,然后加以处理和凑整。将建筑面积测算中误差定为三级的目的是考虑到各地房价差别很大,存在不同需求,给各地根据当地实际情况确定等级的机会。《房产测量规范》(GB/T 17986—2000)主要是适用于房屋竣工测量和房屋预售测量。而房屋拆迁测量与竣工测量、预售测量的测量范围不完全一致,它既要测量永久性建筑,又要测量临时建筑。一些农房、临时建筑受自身条件限制房屋边长测量精度提高比较困难,也没有必要。因此,将房屋拆迁建筑面积中误差定为第三级比较符合实际情况。本章房屋面积用 P 表示。

7.地面线路施工测量

一般规定

在地面路基结构施工中,由于多家单位以及非同时开工等情况的原因,都存在与相邻已完工结构衔接的问题。为了掌握结构衔接质量,有条件时必须进行贯通测量,横向贯通测量限差和高程贯通测量限差均为最低要求,限差出现的概率较小。

8.地下隧道和车站施工测量

1)一般规定

(1)起算点稳定可靠与否,只能通过重复测量的成果衡量,因此每次测量前必须对所使用的起算点进行检核,其较差在限差以内则确认其稳定可靠,可以使用。

(2)结构施工完成后,隧道已经贯通,恢复的地下测量控制点精度较高,因此以其为起算点进行结构限界测量,也作为以后测量工作的起算数据。

(3)在地下隧道结构施工中,由于多家单位以及非同时开工等情况的原因,都存在与相邻已完工结构衔接的问题。如果结构衔接的贯通误差过大将影响工程质量,甚至造成巨大经济损失。为了掌握结构衔接质量,具备测量条件时必须进行贯通测量,横向贯通测量限差和高程贯通测量限差均为最低要求,且出现的概率较小。

2)联系测量

(1)联系测量是将地面坐标、方位和高程传递到地下隧道,作为地下各项测量工作起算数据的一项综合测量工作。联系测量是隧道控制测量的重要环节,其精度对隧道贯通误差影响很大,必须引起重视。

(2)每次联系测量应独立进行三次,取三次平均值作为定向成果;定向测量的地下近井定向边不少于2条,传递高程的地下近井高程点不少于2个以及隧道贯通前的联系测量工作应不少于3次的目的都是增加检核条件,提高联系测量的精度和可靠性。

(3)隧道单向贯通距离大于1500m时,由于贯通距离较长,测量贯通误差大,为避免因贯通误差影响贯通精度,往往在联系测量中采用双联系三角形进行一井定向、使用高精度陀螺仪、增加联系测量次数等高精度联系测量方法提高定向测量精度以减少对贯通精度的影响。另外,城市轨道交通线路曲线较多,且曲线半径小,因此造成地下控制点间距短,导线边多,对贯通精度影响较大。为了提高贯通精度,每个测量环节都应采取措施,才能保证隧道按要求贯通。

(4)本章定向测量方法简介如下:

①一井定向法,适合于井口小、深度大的竖井进行联系测量。虽然其作业工作量较大,但其精度

很稳定，因而我国很多单位都在使用该法，在城市轨道交通联系测量工作中该法也得到广泛应用。

②两井定向法，在两个由隧道连通的竖井井筒内，各悬挂一根重锤线，根据地面控制网测定两根重锤线中心的平面坐标，并在隧道内用导线对两重锤线中心进行联测，从而将地面控制网的平面坐标和方向，传递给井下的控制点和导线边。该方法定向精度高，是城市轨道交通提高联系测量精度的主要方法。隧道贯通后，有条件时都应进行两井定向。

③陀螺全站仪和铅垂仪（钢丝）组合法，首先应用在北京地铁复西段的施工测量中，在西单车站施工技术科研成果的鉴定会上，得到了与会专家肯定，其方法简单、精度高、作业时间短，此后推广到北京地铁复八线和全国地铁施工测量中。

④导线直接传递法，较适合于井口大、深度浅（深度小于30m）的车站或竖井进行联系测量。用导线测量方法将坐标和方位直接传递到隧道内，如果不能一次传入隧道，可再经站厅过渡传入隧道。此法工作量较小、简单易行，在全国地铁中应用较多。

⑤投点定向法，利用在车站两端的出土井搭设人仪分离的观测台，将坐标用投点仪直接投入井内，其前提条件是井下两点应当通视。另外，当隧道贯通距离较长时，为控制隧道掘进的横向误差，对浅埋隧道可在地面钻一孔，用吊锤或光学、激光铅垂仪将坐标传入地下隧道内，将地下施工控制支导线变成坐标附合导线，由此提高地下施工控制导线精度，并使用平差后的导线成果继续指导隧道掘进。

(5)悬挂三根钢丝组成双联系三角形，可以提高近一倍的定向精度，其测量示意图如说明图24-2所示。

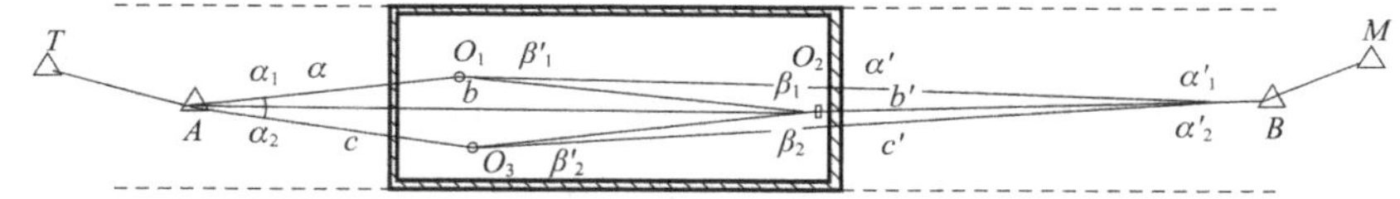

说明图24-2 测量精度提升示意图

钢丝间的距离越长连接图形越好，根据竖井井口的直径尽量加大钢丝间的距离；从竖井联系测量传递方位角的精度公式来看，减小γ、γ'，可提高方位角传递的精度，故规定小于1°；从方位传递的公式来看，$m_\alpha = \frac{a}{c} m_\gamma$，$\frac{a}{c}$比值越小，越有利于提高精度，故一般选择井上、井下近井点时，宜使近井点距钢丝距离不超过两钢丝的间距c。

检定钢尺一般均会随检定证书给出尺长方程式，尺长方程式的形式为：

$$l = l_0 + \Delta k + \alpha l_0 (t - t_0)$$

式中：l_0——钢尺的名义长度，m；

Δk——尺长改正值，mm；

α——钢的膨胀系数，mm/(m·℃)；

t_0——标准温度，一般取20℃；

t——丈量时温度。

钢尺的温度和尺长改正按尺长方程式计算。如因钢丝间距较短，丈量时可通过目视等方法控制两端高差，倾斜改正一般情况可忽略。

(6)观测经验表明，采用悬挂带的陀螺仪的仪器常数在短期内是一个随时间呈线性变化的量，采用“地面已知边地下定向边—地面已知边”的观测顺序，实际上是根据测前，测后测得的仪器常数，采用内插的方法求取观测时的仪器常数。而采用磁悬浮的陀螺仪的仪器常数相对来说较为稳定，仅作测前观测就可以满足常数测量的精度要求。

子午线收敛角改正量计算的近似公式见说明式(24-1)：

$$\Delta\gamma = \mu(y_2 - y_1) \tag{24-1}$$

式中:$\mu = 32.3\tan\varphi$,s/km;

φ——子午线收敛角;

$y_2 - y_1$——地面常数边与地下定向边设站点的横坐标差,km。

经计算,在常数观测位置和地下定向边观测位置的横坐标 y 的差值为100m时,我国大部分地区(纬度18°~58°)子午线收敛角的影响为1.7″~5.8″,该项影响显著,测量时应考虑子午线收敛角的影响。

相关研究表明,陀螺全站仪的仪器常数是一个随时间和地点而变化的量。因此规定陀螺定向各个步骤应在三昼夜内完成,以避免时间过长造成仪器常数发生变化。

(7)当导线定向路线存在较大高差时,一般测量仪器纵轴误差不易消除,因此采用的Ⅰ、Ⅱ级全站仪要有双轴自动补偿功能,若全站仪没有这种补偿,应采用跨水准器进行纵轴倾斜误差改正。

(8)采用电磁波测距三角高程测量方法进行高程传递测量时,应采用有自动补偿的不低于Ⅱ级全站仪精度的仪器,其觇高程和仪器高,应采用无仪器高测定法或用水准仪直接测定,并采用同一架仪器往返观测,测得的高差较差应小于5mm,取平均值。

3)地下控制测量

(1)城市轨道交通工程隧道结构在施工初期非常不稳定,因此埋设在隧道结构上的测量标志难免发生变化,同时由于施工单位不慎,将测量标志碰动和损坏也是屡见不鲜的,因此必须经常对其进行复测和检查。

(2)对导线折角规定测左、右角的主要原因是:增加测站检核条件和提高测角精度。

(3)在延伸施工控制导线测量前,应对现有施工控制导线前三个点进行检测。因为地铁施工控制导线点在施工期间不稳定,由于种种原因会发生变化,因此测量前对已有导线点进行检测十分必要。

(4)在隧道单向贯通长度小于1500m时,按照本章规定的联系测量和控制测量方法和精度要求作业,能够满足贯通误差的限差要求。当单向贯通长度大于1500m时,须根据地面测量、联系测量和地下控制测量的精度进行专门的贯通误差设计,如果不能满足贯通误差要求,则需采取改造地面控制网、增加联系测量次数、加强地下控制测量的图形强度等专项测量措施,上述措施即为贯通误差设计的内容。

(5)地下施工控制水准测量规定,采用地面二等水准测量的仪器、设备以及观测方法,并要求往返闭合差应在 $\pm 8\sqrt{L}$ 之内,主要是考虑隧道内铺轨基标的测设精度要求而制定的同精度水准测量要求。

4)暗挖隧道和车站施工测量

(1)竖井内联系测量的控制点是直接从地面传递到井下的坚强控制点,隧道开挖初期必须以此指导隧道掘进。随着暗挖隧道的延伸,不断在延伸的隧道中布设地下施工平面和高程测量点,作为施工依据。一旦路线长度满足布设平面和高程控制点的要求后,应进行地下控制测量,作为施工测量的依据。

(2)施工导线和施工高程测量是根据全国城市轨道交通工程施工测量总结的实践经验和贯通误差设计要求制定。

(3)施工测量是为施工服务的,这些条款中所涉及的内容反映了根据目前全国城市轨道交通工程建设中,不同车站既有的施工方法,制定的相应施工测量方法、技术要求。暗挖隧道和车站施工测量未涉及的施工方法所需求的测量方法和技术要求应与暗挖隧道和车站施工测量制定的测量精度一致。

(4)隧道二次衬砌结构施工是隧道结构的最后一道工序,为保证其施工质量和结构限界要求,隧道未贯通前不能进行二次衬砌施工。这样做的目的是一旦贯通误差过大,可以在二次衬砌结构施工中进行调整,避免结构出现错台或限界超限。

(5)盾构始发井建成后,应在井下适宜的位置埋设足够数量的测量控制点,以便进行盾构机在始发井的拼装工作。

(6)始发前盾构机的初始位置和姿态对正确掘进影响较大,必须准确测定。对于具有导向系统的盾构机也应利用人工测量方法进行检核测量,自动导向系统与人工测量结果一致,才能进行掘进施工。

(7)盾构机姿态测量可采用盾构机配置的导向系统或人工测量法进行,对自身具有导向测量系统的盾构机,其盾构机姿态和衬砌环状况,可由该导向测量系统以施工测量控制点为起算数据,实时测量和计算出来。但施工测量控制点数据和稳定状况需要依靠人工测量方法确定,由于隧道内观测条件差,测量所依据的控制点稳定状况不好,加之导向测量系统难免出故障。因此,掘进过程中应在一定的距离内用人工测量方法对盾构机姿态和衬砌环状况进行检核测量,且对盾构机的掘进提供修正参数。

盾构机上所设置的测量标志必须牢固、可靠;有条件时宜设置两套,既可用于检核,也可提高测量精度。

(8)盾尾间隙测量是提供衬砌环拼装偏差及修正参数,为下一环管片选型,修正环片拼装位置,确保拼装位置正确的重要工作。

衬砌环与盾尾脱离后测定衬砌环姿态,主要提供衬砌环安装初始位置偏差状况和修正参数。衬砌环安装后的变形状况由监控量测提供。

5)明挖隧道和车站施工测量

(1)在施工测量前,有关单位向施工单位提交地面线路中线桩和地面控制测量成果及有关设计文件和资料,并在建设单位的主持下在现场进行交接桩工作。其交接内容包括对现场一、二等卫星定位控制点、精密导线点、水准点和埋设在地面的线路桩进行交接,以及这些控制点及桩点的桩号、名称、标志的类型、埋设深度,以及定线测量的方法与精度等测量资料的交接。同时在建设单位主持下,由设计、测量、施工的单位各方代表在交接桩书上签字。交桩后施工单位应对这些桩点进行复测并采取措施妥善保护。

对于交接的设计资料,施工测量人员必须阅读线路平面图、剖面图、明挖基坑的断面图、连续墙、支护桩或其他围护结构的设计图纸,并对线路里程、坐标、曲线、坡度、高程等资料以及设计图上标注的有关尺寸等进行复算和核对,发现错误立即会同相关单位协商解决。

(2)盖挖顺作法的施工方法虽然被归入明挖法,但其施工测量的方法与暗挖法类似,因为顶盖的存在,无法使用导线直接传递法进行测量,因此其施工测量按照与暗挖车站相同的方法和技术要求进行。

6)地下结构完成后的测量

(1)限界一般应根据车辆的轮廓尺寸和技术参数、轨道特性、受电方式、施工方法、设备安装等综合因素确定,并分为车辆限界、设备限界、建筑限界等。地下结构完成后的测量主要规定了对制约断面尺寸的建筑限界的测量位置。

区间隧道的建筑限界控制点应位于结构两侧边墙和顶底板上。高架线路的建筑限界控制点应根据其限界及设备安装位置而定,一般应位于防护栅栏和人行便道边沿以及地板上。车站的建筑限界控制点一般一侧位于结构边墙,另一侧为站台沿和底板上。上述各建筑限界控制点的高度应根据车辆尺寸和其上、中、下影响列车运行三个限界比较紧张的位置和顶、底板的线路中线而定。如区间隧道的建筑限界控制点,在北京一期地铁建设中规定其在两侧边墙的高度分别高于右轨轨面

3.250m、1.850m 和 0.400m 以及顶、底板的线路中线位置。

(2)在隧道施工贯通后,应以从车站或竖井通过联系测量建立的平面和高程控制点为起算数据,因为车站和竖井附近的控制点相对于其他控制点精度较高,对提高隧道测量精度十分重要。

9. 高架结构施工测量

1)一般规定

高架线路结构工程与特大型桥梁线路工程和大型高架市政道路大体相同,因此参照特大桥引桥线路工程的特点,编制了高架线路工程施工测量的内容,制订了相应的测量限差,作为高架线路结构施工测量的标准。

高架桥结构的施工测量执行桥梁工程的测量标准,对于高架桥上的轨道线路施工测量应按城市轨道交通工程整体道床轨道线路测量标准施测。

在高架桥结构施工中,由于多家单位以及非同时开工等情况的原因,都存在与相邻已完工结构衔接的问题。为了掌握结构衔接质量,有条件时必须进行贯通测量,横向贯通测量限差和高程贯通测量限差均为最低要求,且出现的概率较小。

2)横梁施工测量

几何尺寸的偏差和预埋件位置偏差的限差一般会在设计文件中规定。测量中误差小于允许偏差值 1/5 的规定,是根据测量所能达到的精度,以及测量误差在允许偏差中的影响较小为原则制定的。

10. 轨道施工测量

1)一般规定

(1)振动和噪声是目前地铁运营中存在的比较突出的问题,甚至部分线路还存在啸叫、波浪形磨耗等问题,这些问题与线路轨道的平顺性直接相关。在目前我国地铁建设过程中,轨道施工测量主要是采用导线法或极坐标法测设铺轨基标,然后以铺轨基标(控制基标及加密基标)为控制基准,采用道尺和丁字尺量测及人工读数方法进行轨道铺设;轨道铺设完成后,采用轨道尺测量、绳矢法等方法对轨道进行检测和调整。受测量设备作业精度和测量方法人为因素局限性的影响,轨道铺设精度检测质量存在一定的局限性。因此,在轨道平顺性方面需用更先进仪器设备、更科学的方法来进一步提高。借鉴高速铁路 CPⅢ网精密测量技术,在北京、上海、宁波等城市的地铁施工中进行了任意设站控制网的建立,并在铺轨施工中进行应用试验,取得良好的效果,积累了一定的经验,也为地铁的运营维护和沉降变形观测提供了轨道施工与运营维护一致的基础控制网,所以推荐任意设站控制网测量方法作为轨道铺设控制测量的重要方法。

铺轨基标和任意设站控制网对应的铺轨施工测量方法和使用的仪器设备也不一样,铺轨基标的轨道铺设主要采用道尺和丁字尺进行量测和调整,任意设站控制网的轨道铺设主要采用智能全站仪配合轨道几何状态测量仪(俗称轨检小车)进行测量和调整。

(2)城市轨道交通工程是线性工程,工程环节多,施工标段多。由于施工和测量误差等影响,施工所依据的线路中线可能与设计位置有偏差,相邻标段施工所用线路中线间也有差异,因此土建结构完成后必须进行贯通测量和建筑结构限界测量,如果不满足要求,则由设计人员进行线路调整,即进行调线、调坡。根据变更后的设计线路,测量人员重新放线,并以其作为基准进行建筑限界测量或检查,以确保调整后的线路满足建筑限界要求。

铺轨控制测量以“两站一区间”为单元,主要考虑车站里的控制点一般是联系测量的直接成果,具有较高的精度和稳定性,适宜作为地下控制点联测的起算点,而铺轨控制测量要求布设附合导线和附合水准线路,自然就形成了两站一区间的单元划分方式,另外,铺轨工作的组织一般也是按区间组织的,如此划分有利于配合铺轨施工。

(3)由于地面控制网和联系测量控制点长期受外界环境和施工的影响可能会发生位移变化,为了保证任意设站控制网的附合精度要求,在任意设站控制网测量前需对全线的地面控制网和联系测量控制点进行复测。同时,此时隧道等结构和线路已经贯通,有条件应采用具有较高定向精度的两井定向方法进行联系测量。

2)铺轨基标测量

(1)铺轨基标测设必须使用隧道贯通后并对贯通测量数据进行统一严密平差的测量控制点,因为这些测量控制点是建筑限界测量的依据,也是根据建筑限界状况进行线路调整的依据,所以利用其进行铺轨基标测设才能保证符合线路关系,保证轨道的平滑和圆顺。

铺轨基标的里程和高程,一般不需要施测单位另行计算,提供的铺轨综合设计图已表述得非常清楚,基标测设时,只需严格按照铺轨综合设计图提供的设计数据进行测量。

(2)控制基标是测设加密基标的控制点,控制基标需要长期保存,加密基标则只要满足铺轨施工期间使用即可。

(3)铺轨基标设置在中线上是一般的做法,这样做对于计算、放样和调轨都比较方便。但在有些情况下基标无法设置在中线上,例如在道岔区,在浮置板道床上或碎石道床上,或者在采用直线电机驱动的线路上,要么是中线上有其他设备,要么是埋设或使用基标非常不便,此时就必须将基标设置在线路一侧,至于距中线偏移多少,则要根据轨旁设备的布置以及埋桩和使用的便利性综合考虑,但同一条线路,偏移量应该一致。

(4)控制基标的等高,是指控制基标顶部高程与其所在里程处轨顶面的设计高程间的差值,应保持为一个固定常数 K,常数 K 一般为 300~500mm。控制基标的等距,是指所有控制基标的中心位置与对应线路中线点在法线上的距离 D 保持相等,并根据铺设道床的形式和整体道床水沟的位置而定。当采用碎石道床时,一般 $D=3000$mm。当采用整体道床时,水沟设置在两侧,D 一般为 1500mm;水沟设置在中间时,$D=0$。

(5)对于盾构隧道浮置板未进行施工,且基标又设置在中线的某一侧且在衬砌环片上时,还应在衬砌环片上埋设钢筋,进行基标的底座加固。

3)任意设站控制网测量

(1)任意设站控制网基本参照高速铁路 CPⅢ网,并结合城市轨道交通线路短曲线多、曲线半径小、线路建筑限界小等特点进行设计的。为了保证铺轨与道床和建筑结构测量基准一致,根据本章条文说明 10. 轨道施工测量“1)一般规定”的相关规定,同样要求任意设站控制网采用建筑结构施工控制网作为控制基准。

(2)控制点标志重复性安装误差是指同一标志在同一个预埋件上重复安装后的棱镜中心坐标较差的限差;互换性安装误差是指不同标志安装在同一个预埋件上棱镜中心坐标较差的限差。可装卸的照准连接件示意图详见《城市轨道交通工程测量规范》(GB/T 50308—2017)第 200 页。

任意设站控制网点的元器件必须采用工厂精加工元器件(要求采用数控机床),用不易生锈及腐蚀的金属材料制作,一般由固定的埋设标和可以装卸的连接件组成。任意设站控制网点的测量标志必须达到以下要求:具有强制对中、能在其上安置棱镜、可将标志上的高程准确地传递到棱镜中心等功能,而且能够长期保存、不变形、结构简单、安装方便;同一套测量标志在同一点重复安装的空间位置偏差应该小于 ±0.5mm,分解到 X、Y 方向的重复安装偏差不应大于 ±0.4mm、Z 方向的重复安装偏差不应大于 ±0.2mm;不同套测量标志在同一点重复安装的空间位置偏差也应该小于 ±0.5mm,分解到 X、Y 方向的重复安装偏差不应大于 ±0.4mm、Z 方向的重复安装偏差不应大于 ±0.2mm;任意设站控制网测量、轨道施工、精调、轨道维护等各工序,应使用同一型号的控制网测量标志。

(3)说明图 24-3 所示为任意设站控制点编号实例示意图。任意设站控制网点编号 X26C01,其中“X”代表下行,“26”代表里程数,“C”代表任意设站控制网点,“01”代表 1 号点。

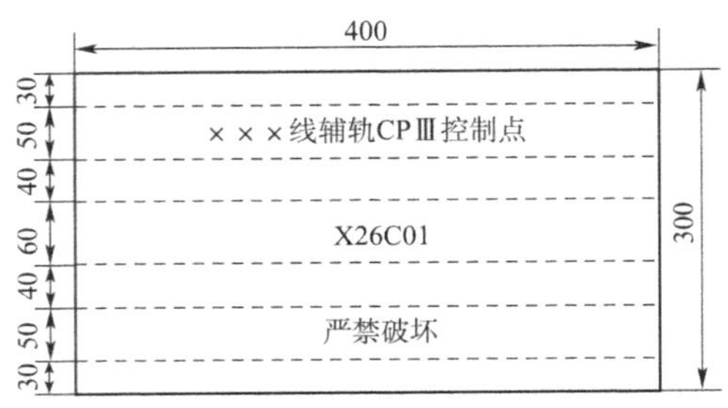

说明图 24-3 任意设站控制点编号实例示意图(尺寸单位:mm)

任意设站控制网点编号应明显、清晰地标在桥梁上冀缘内侧、隧道侧墙或车站廊檐侧面、地面接触网杆内侧,同一路段点号标志高度应统一。点号标志应采用统一规格字模,字高6cm,正楷字体刻绘,并用白色油漆抹底,红色油漆喷写点号。点号铭牌白色抹底规格为40cm×30cm,红色油漆应注明工程线名简称、控制点编号、“严禁破坏”,每行居中排列。

(4)坐标换带结合处,提供两套坐标的重叠段不小于一个区间,主要是给轨道施工单位留有选择换带点的余地;此外,由于两相邻带的投影尺度变形不一致,会造成一定的衔接误差,通过一个区间的重叠段可进行误差调整。

(5)按照《地铁设计规范》(GB 50157—2013)的要求,正线最小曲线半径可为250m,地下隧道导线网点的纵向间距布设为30m时,仪器置中间观测到4对任意设站控制点有困难,这种情况下可适当缩短距离。

在上海轨道交通12号线和11号线北段工程共进行了上下行总长约19.349km的任意设站控制网建网测量,共计745个任意设站控制网控制点,纵向网点间距最短为30.91m,最长为69.34m,平均纵向网点间距约为53.41m,其中2.4km为高架,其余均为地下隧道段;在宁波轨道交通1号线一期工程共进行了上下行总长约19.389km的任意设站控制网建网和测量,共计798个任意设站控制网控制点,纵向网点间距最短为26.11m,最长为69.25m,平均纵向网点间距约为51.47m,全部为地下隧道段。

(6)在上海地铁共观测了3751个方向(距离)观测值,对观测数据的统计结果如下:测回间水平方向互差大于6″的共1个,为6.02″;测回间$2C$($2C$为照准差)互差大于9″的共2个,分别为10.49″、10.98″。其余均满足《城市轨道交通工程测量规范》(GB 50308—2017)表10.3.10、表10.3.11的要求;对宁波地铁外业观测数据3890个方向的统计表明,其平面外业测量精度均满足上述表10.3.10、表10.3.11的要求。

(7)地面精密导线点平均边长为350m,即使一个点破坏,间隔也就700~800m,如果利用GPS进行平面的加密,800m一个点也比较合适。地下隧道由于车站、施工竖井或斜井才有联系测量点,间隔一般为1km左右,因此规定地面平面800m,地下1km联测一个平面点。

上海地铁共测量了2.4km的高架,起算点联测线路沿线的精密导线点或GPS点,起算点平均间隔约为700m;在上海地铁地下段,所采用的起算点均由地面控制点进行联系测量引入到地下,起算点平均间隔约为977m。

在宁波地铁地下段,所采用的起算点均为宁波市轨道交通1号线一期工程测量控制中心提供的控制点,其控制点均为经复测合格的点。所采用的起算点的平均间隔约为750m,一般一个区段内采用2个起算点,较长的区段适当增加起算点,一般为3~4个。

(8)如果车站范围内有道岔,道岔施工必须在一个测量控制网下进行施工,因此不允许在车站道岔区内设置控制网衔接。

相邻测段搭接点两套坐标余弦函数平滑处理的原理,如说明图24-4所示。

为了便于分析,假设前一测段所测的搭接导线网点偏向中线(X轴)上侧,当前测段所测的搭接导线网点偏向中线下侧,并将其纳入数学坐标系下进行分析。

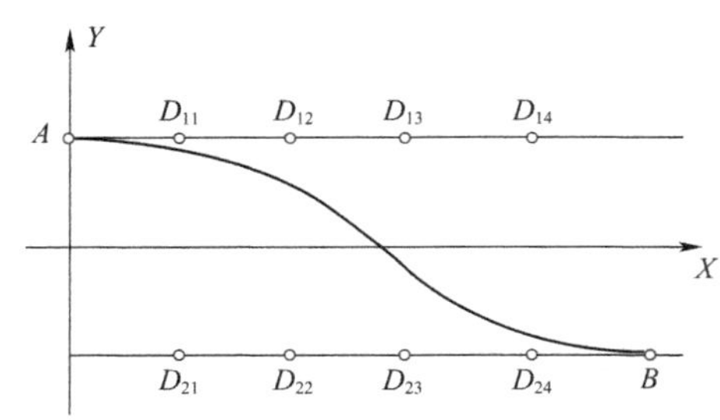

说明图 24-4 余弦函数拟合示意图

D_{11}、D_{12}、D_{13}、D_{14}为前一测段线路左侧最后被搭接的4个导线网点，其坐标分别为(X_{11},Y_{11})、(X_{12},Y_{12})、(X_{13},Y_{13})、(X_{14},Y_{14})；D_{21}、D_{22}、D_{23}、D_{24}为当前测段搭接的4个导线网点，其坐标分别为(X_{21},Y_{21})、(X_{22},Y_{22})、(X_{23},Y_{23})、(X_{24},Y_{24})；A为前一测段离被搭接的4个任意设站控制点中最近的一个控制点，B为当前测段离被搭接的4任意设站控制点最近的一个导线网点，A、B两点间的距离根据两点坐标计算，设为L。各搭接点到A点的距离根据输入坐标计算，假设各搭接导线网点到A点的距离分别为S_1、S_2、S_3、S_4。若采用余弦函数平滑处理两测站的导线网搭接点，设余弦函数为$y=a\cos x+t$，其中a为振幅，t为余弦曲线在y轴方向平移量，x为余弦函数的象限角。

对两测段的搭接点采用余弦函数加权平滑，实质上就是赋予前一测段搭接点导线网坐标的权为y，则后一测段搭接点导线网坐标的权为$1-y$。由于A、B为非搭接的导线网点，其坐标在平滑处理前后不变。因此在A点时，余弦函数中$x=0,y=1$；在B点时，余弦函数中$x=\pi,y=0$，由此可以得到如下方程组，如下式所示：

$$\left.\begin{array}{l}a\times\cos 0+t=1\\ a\times\cos 180^{\circ}+t=0\end{array}\right\}\Rightarrow\begin{cases}a=0.5\\ t=0.5\end{cases}\Rightarrow y=0.5\cos x+0.5$$

在得到上式所示的加权余弦函数表达式后，便能求出中间4个导线网搭接点的权，如下式所示：

$$\begin{cases}y_1=0.5\cos(\pi\cdot S_1/L)+0.5\\ y_2=0.5\cos(\pi\cdot S_2/L)+0.5\\ y_3=0.5\cos(\pi\cdot S_3/L)+0.5\\ y_1=0.5\cos(\pi\cdot S_1/L)+0.5\end{cases}$$

由此可得到各搭接导线网点余弦函数加权平滑后的唯一坐标为：

$$\begin{cases}X_i=X_{i1}\times y_i+X_{i2}\times(1-y_i)\\ Y_i=Y_{i1}\times y_i+Y_{i2}\times(1-y_i)\end{cases}\quad(i=1,2,3,4)$$

对线路右侧导线网点采用同样的方法处理。

(9)在地下隧道段，由于从地上引入地下联系测量个别平面控制点精度较低，但导线网点还需附合到这些点上，由此造成在自由网平差后，表现为尺度K值过大(>10)。解决此问题的方法是：利用计算出的尺度值K进行距离的反改化，限制投影变形值。利用此方法对上海和宁波地铁的数据进行自由网平差后，其中上海地铁共计3751个方向(距离)观测值，所有方向观测值的改正数均小于3″，距离观测值的改正数均小于2mm；其中宁波地铁共计3890个方向(距离)观测值，所有方向观测值的改正数均小于3″，距离观测值的改正数仅有3个超过2mm，分别为2.53mm、2.64mm、2.74mm，占比0.77‰。

根据上海和宁波地铁观测数据统计，例如：上海地铁观测数据共计3751个方向(距离)观测值，约束网平差后，与起算点联测的方向改正数均小于4.0″，距离改正数均小于4mm；任意设站控制网点联测的方向改正数均小于3.0″，距离改正数均小于2mm，方向观测中误差均小于1.8″，距离观测中误差均小于1mm。约束网平差后，共计算任意设站控制网点、测站点及洞内已有导线点共计1316个点，点位中误差小于或等于2mm的共1162个点，占比88.30%，大于2mm、小于或等于3mm的共153个点，占比11.63%，大于3mm的共1个，为3.08mm。约束网平差后，共有3864对任意设站控制网相邻点，其相对点位中误差全部小于或等于1mm。例如：宁波地铁观测数据共计3890个方向(距离)观测值，约束网平差后与起算点联测的方向改正数均小于4.0″，距离改正数均小于4mm；任意设站控制网点联测的方向改正数均小于3.0″，距离改正数仅有2个超过2mm，分别为2.39mm、2.71mm，占比0.51‰。方向观测中误差均小于1.8″,距离观测中误差均小于1mm。约束网平差后,共计算任意设站控制网点、测站点及洞内已有导线点共计1475个点,点位中误差小于等于2mm的共1401个点,占比94.98%,大于2mm、小于或等于3mm的共74个点,占比5.02%,无大于3mm者。约束网平差后,共有5094对任意设站控制网相邻点,其相对点位中误差小于或等于1mm的共计5084个,大于1mm的共计10个,占比1.97%。

(10)任意设站控制网平面网复测采用与原测相同网形,平面网复测要联测与原测相同的控制点,当控制点破坏或不满足联测精度要求时,可采用稳定的导线网点原测成果进行约束平差。

(11)地面任意设站控制网高程网若采用三角高程测量时,由于受气温及大气折光的影响,会出现某个点突变的不稳定情况,但地面上容易进行水准测量,因此规定地面任意设站控制网高程测量采用水准测量的方式。地下隧道由于任意设站控制网在未铺轨前点位布设距地面较高,洞内光线昏暗,水准测量非常困难,但隧道内温度不高且稳定,视线距离不长,适宜进行三角高程测量。采用三角高程测量时,相邻点至少在三个不同测站进行重复观测,并进行路线高差检核,因此保证了地下隧道中三角高程测量成果的精度和可靠性。

(12)依据上海和宁波地铁三角高程测量实践,制订相邻点高差互差的限差为3mm。其中上海地铁每对任意设站控制网相邻点都在三个不同的自由测站点进行同时观测,两相邻点有3个或4个高差值,共计754对导线网相邻点,其中相邻点的高差互差小于或等于2mm的有660个,占87.53%;大于2mm、小于或等于3mm的有42个,占5.57%;大于3mm的有52个,占6.90%。宁波地铁共计1474对CPⅢ相邻点,其中相邻点的高差互差小于或等于2mm的有1409个,占95.59%;大于2mm、小于或等于3mm的有50个,占3.39%;大于3mm的有15个,占1.02%。

因此规定导线网相邻点高差互差的限差为3mm。对超出限差的观测值予以删除或重测,并将满足限差要求的高差值取距离加权平均值作为最后的高差值。

实际工作中当复测与原测成果较差满足限差要求时,采用原测成果;当较差超限时,采用同精度扩展方式(即利用周边可靠的点约束平差求得超限点或新埋设点的成果)处理的复测成果。

4)铺轨施工测量

(1)如果铺轨基标或任意设站控制网建立时间与轨道铺设时间间隔较长,沉降变形对控制点有影响,且在各种设备安装时有可能遭到遮挡或破坏,为保证轨道铺设的准确性,铺轨施工前需要对铺轨基标或任意设站控制网进行复测和稳定性评价。

(2)轨道精调作业是保证轨道平顺性重要环节,只有在轨道锁定后(既钢轨焊接、应力放散、轨温锁定后)、控制基标恢复或任意导线网复测后方可进行,缺少任何一环节都有可能影响轨道精调效果。

(3)《地下铁道工程施工质量验收标准》(GB/T 50299—2018)中轨道位置调整一节对轨道的中心线偏差和轨顶面高程偏差及轨道的平顺性等有明确的要求。

(4)利用铺轨基标进行轨道的铺设,宜使用标称精度为Ⅰ级及以上的电子道尺,丁字尺横竖垂直且刻画清晰,工具需经检校且在有效期内。

(5)利用任意设站控制网进行全站仪的自由设站,指导轨道几何状态测量仪进行轨道的铺设和精调时,依据线路铺轨综合图中平纵断面数据及超高的数据,因此需事先把这些数据录入到测量系统中的控制计算机上。

(6)道岔区段的施工难度较大,为了保证较高的平顺性,更平滑的完成道岔与区间正线的过渡,故预留道岔两端大于100m作为道岔与区间正线的过渡段。

相邻道岔控制基标间距偏差是指相邻道岔控制基标沿线路纵向方向与该控制基标设计位置沿线路纵向方向间距之差,高差偏差是指相邻控制基高程差与设计高差的差值。制定这两项指标精度要求是为了提高相邻道岔轨道的平顺性。

调整原则是根据道岔调整的经验而制定,该原则既可保证精调质量,也可以保证精调的功效。轨枕埋入式道岔浇筑混凝土后,道岔整体或是局部的平面位置和高程会产生变化,为了更易于开展后续的道岔精调作业,减少道岔精调的工作量,保证道岔精调精度达到要求,而制定道岔施工的平面和高程精度要求。

(7)无砟轨道在钢轨焊接、应力放散、轨温锁定后,逐个采集扣件的数据,可以提供更细致的轨道精调的扣件更换方案,使扣件更换作业更易于操作。避免由于扣件复位工作不细致,造成杂物压放在钢轨下方,致使扣件数据采集不准确的问题。

11. 车辆基地施工测量

1)施工控制网测量

车辆段和停车场的控制点,受到施工环境的影响,比较容易发生丢失、破坏、通视条件改变等问题。因此,选点和埋点一定要认真踏勘,精心选址,并采取点位保护的措施,使控制点在整个施工期间能够正常发挥作用。

2)施工测量

(1)场区方格网的布设要根据车辆段的工程施工设计总平面图进行设计,设计中应考虑联测方案、精度、点位扩展等情况。对场地平整的方格网边长,可根据场地的起伏、坡度等具体情况决定,此处提出 20m × 20m 和 10m × 10m 两种规格,工作中可根据实际情况选用。

(2)建筑施工控制网是依附在场区平面控制网上的,其网形一般与建筑形状基本相同,其任务主要是为建筑施工服务。控制网技术要求是按照建筑结构情况,各等级建筑平面控制网对建筑的放样中误差分别为一级 ±3mm,二级 ±5mm 和三级 ±10mm;按其轴线最大间距 50m 估算,相对中误差分别为 1/17000、1/10000、1/5000。考虑到建筑平面控制网的误差影响,设控制网中误差为 $m_{控}$,又顾及建筑放样误差的影响,设放样中误差为 $m_{放}$,取 $m_{控} \leqslant m_{放}/\sqrt{2}$,则三个等级建筑控制网的边长相对中误差分别为 1/24000、1/15000、1/8000。同时按边角匹配的原则($m_{\beta} = \frac{m_s}{D}\rho$),则各级建筑控制网的测角中误差分别为 ±9″、±12″、±24″。

3)线路测量

车场线是一组形如扫把状的平行股道,其中线间距测量误差不得有较大的“负”误差,防止车辆进出场错车时,造成车辆间相互碰撞。

12. 磁悬浮和跨座式单轨交通工程施工测量

1)磁悬浮轨道交通工程施工测量

磁悬浮轨道交通工程地面和高架结构与一般城市轨道交通工程基本一致,这部分的施工测量方法和技术要求同本章条文说明 9. 高架结构施工测量相关内容。但是,轨道梁的架设精度要求很高,因此磁悬浮轨道交通工程施工测量重点从建立精调控制网、轨道梁放样、调整等方面制定标准,供广大测绘技术人员参照执行。由于我国磁悬浮轨道交通工程建设还处在起步阶段,施工测量经验还不丰富,磁悬浮轨道交通工程施工测量内容还有待于今后不断完善。

轨道梁精调的平面控制网的精度和稳定性对轨道梁安装精度的影响较大,因此在施工过程中应进行检测,通过检测掌握控制点的稳定状态,避免由于控制点发生变化影响轨道梁安装精度,特别在岩土条件不好的地区更应如此。施工过程中检测次数根据当地岩土条件对控制点的影响程度确定。所谓检测方法和精度与初测一致,是指检测时起算点的选择、控制网的网形、观测要求、精度指标以及数据处理要求等应与测设精调控制网时的要求一致。

2)跨座式单轨交通工程施工测量

(1)盖梁、支座、预埋件安装精度要求中,位置与设计值允许偏差技术指标采用了《跨座式单轨交通施工及验收规范》(GB 50614—2010)相关验收标准;根据工程测量要求,即测量误差应小于与设计值偏差要求的1/3,才能满足安装允许偏差的要求的基本原则,因此测量允许误差制定是根据该验收标准和测量实践,以1/6允许偏差为测量误差,以2倍的测量误差为测量允许误差。

(2)轨道梁线形精度要求中,位置与设计值允许偏差技术指标采用了《跨座式单轨交通施工及验收规范》(GB 50614—2010)相关验收标准。

(3)限界检查是单轨车辆上线在轨道梁上运行之前,利用限界检查专用设备,按照规定的方法和程序,检查工程是否满足限界设计要求。通过现状的限界检查,发现限界缺陷,提出整改要求,最终使限界满足单轨车辆上线运行的安全性、可靠性要求。

由于每节车厢不能够弯曲,为保证车辆安全运行,在曲线段半径小于500m时,建筑限界应根据曲线半径不同,加宽一定的数值(半径大于500m时可近似做直线处理),其线间距加宽量计算公式如下:

$$W = 34500/R - 69 + 3700 \cdot (1 - \cos\alpha) + H \cdot \tan\theta$$

式中:W——线间距加宽量;

R——曲线半径,m;

H——计算点建筑限界 Y 坐标值,mm;

α——曲线轨道梁超高角度,左右线超高不等时取大值;

θ——双线轨道梁超高角度差值,当内侧曲线超高小于外侧曲线超高时为正。

建筑限界和车辆限界示意图、轨道梁周围特殊限界示意图如说明图24-5和说明图24-6所示。

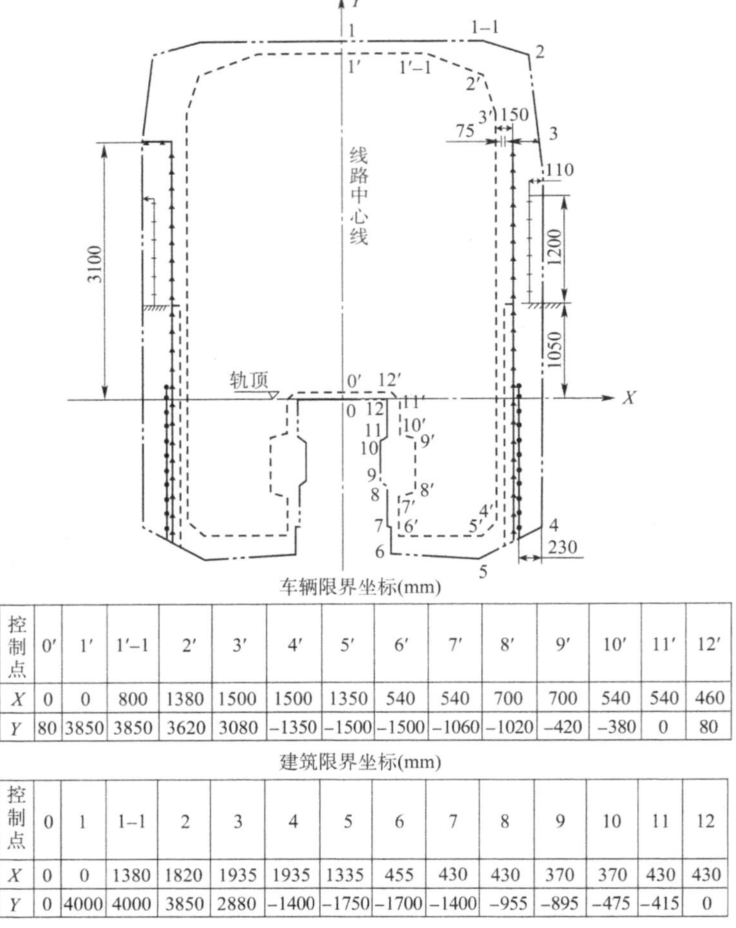

车辆限界坐标(mm)

控制点	0′	1′	1′–1	2′	3′	4′	5′	6′	7′	8′	9′	10′	11′	12′
X	0	0	800	1380	1500	1500	1350	540	540	700	700	540	540	460
Y	80	3850	3850	3620	3080	–1350	–1500	–1500	–1060	–1020	–420	–380	0	80

建筑限界坐标(mm)

控制点	0	1	1–1	2	3	4	5	6	7	8	9	10	11	12
X	0	0	1380	1820	1935	1935	1335	455	430	430	370	370	430	430
Y	0	4000	4000	3850	2880	–1400	–1750	–1700	–1400	–955	–895	–475	–415	0

说明图24-5 建筑限界和车辆限界示意图(尺寸单位:mm)

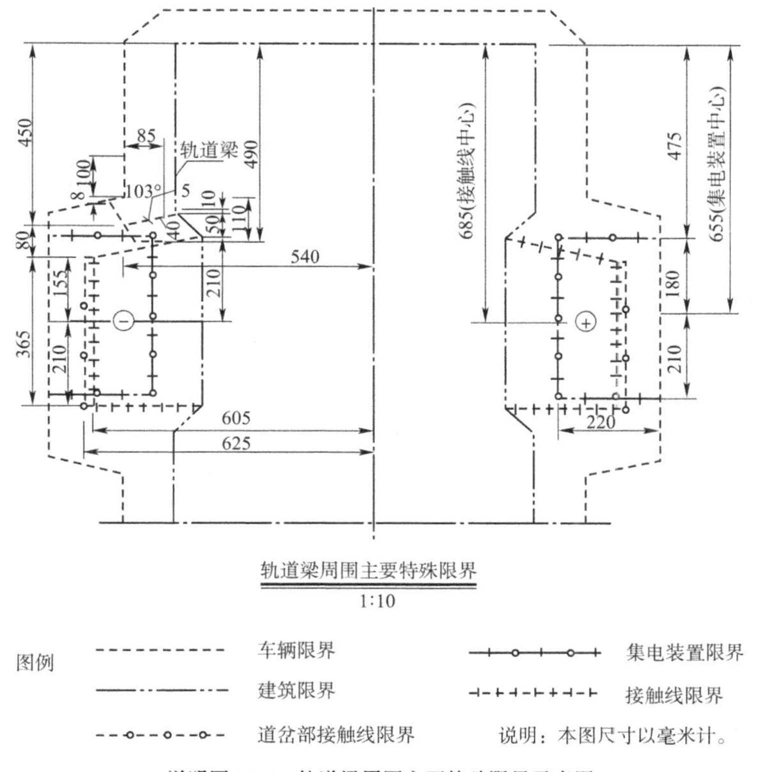

说明图 24-6　轨道梁周围主要特殊限界示意图

13. 设备安装测量

1）接触轨与架空接触网安装测量

接触轨通常设置在线路轨道左股钢轨的左侧，但当进入道岔区时，轨道的左右侧都设置接触轨，此时应根据道岔区的设计图纸进行测设，测量方法和限差与设备安装测量各条款相同。架空接触网的悬吊支架，一般都设置在隧道线路中线的拱顶上，但在车站、道岔区也有的设置在隧道的边墙上，此时支架的里程和高程的测定应按照设计图纸进行测设。测设的方法和限差与设备安装测量各条款基本相同。

2）行车信号与线路标志安装测量

城市轨道交通采用无缝轨道线路，在自动闭塞信号灯之间，轨道都没有接缝。无缝钢轨未锁之前，轨道随温度变化自由伸缩。在温度变化 1℃时，500m 的钢轨将伸缩 6mm，若变化 5℃、伸缩 30mm，则超过了在轨腰上标志的位置允许误差 ±5mm 的要求。因此，必须在无缝钢轨锁定之后测定标志。如果曲线元素标志正好位于锁定长轨的呼吸区钢轨的接缝附近，尽管呼吸区最大伸缩量为轨缝 1/2（即 4mm），同样能满足标志测定的误差要求。

14. 竣工测量

1）一般规定

（1）竣工测量的起始依据：地面应以控制测量的卫星定位控制点、精密导线点、二等水准点为依据；地下应以铺轨控制基标、任意设站控制网和地下高程控制点为依据。

（2）竣工测量记录了工程地面、地下建筑竣工后的实际位置、高程以及形体尺寸、材质等状况，是反映、评估施工测量的技术资料，应作为工程进行交接验收、管理维护、改建扩建的重要依据；作为建设及运营管理单位必须长期保存的技术文件；更是国家建设行政管理部门进行监督审查以及国有资产归档的主要技术档案。

竣工图的编制和测量，一般由各施工单位负责，按本章和相关技术规范要求执行。但对某些施工中变更较多、技术复杂、竣工测量繁重的项目,或涉及全线整体质量评估及行车安全的项目,应统一由建设单位主持、组织或委托勘测单位测绘。

竣工测量基本方法和精度要求,与施工测量基本相同,但程序相反。竣工测量应该选择竣工建筑的有关部位测量,并注记在原施工图上相应部位以便说明比较,如注记主轴线点坐标值、主要高程点、间距、方向以及重要的碎部点相关尺寸等。对一般施工中无变更的施工图,应在原图上加注竣工测量调查数据,经施工主管、工程监理审定后,作为竣工图。

对有变更的施工图,应将原图进行修改补充,注记说明,并附以设计变更通知单、竣工实测调查记录以及监理审核验收记录等,加工编制成正式竣工图。

(3)全国各个地方建设工程竣工测量与验收的标准和要求不完全相同,因此建设工程竣工测量成果资料除满足本规范要求外,尚应满足地方主管部门的要求。

2)控制网检测与控制点恢复测量

竣工测量前应对卫星定位控制网、精密导线网、水准网和铺轨控制网进行检测,目的是了解各级控制点的稳定状态和可靠程度,发现问题及时处理,防止因起算点不可靠出现测量错误。

3)轨道竣工测量

轨道竣工指对轨道的钢轨和道岔的扣件、接头夹板螺栓拧紧并涂油,且对无缝线路锁定轨温(既无缝线路钢轨温度应力为"零"时的轨温)。该项工作完成后轨道已经定型并稳定,在此情况下才能进行轨道竣工测量。

进行线路轨道竣工测量主要为编制线路平面和纵、横断(含净空)面的竣工图以及轨道(含道岔)铺设竣工图。

4)建筑结构竣工测量

根据限界设计的要求,净空横断面竣工测量主要是对影响行车安全的净空断面点进行检查测量。根据地面线、高架线和隧道内线路以及断面形状特点,由设计确定限界断面和限界断面上测量点位置,一般应选择结构限界的关键点,例如马蹄形断面,测量点设置在每侧边墙各3个、顶和地板线路中线处各1个,边墙上测点的位置分别高于右轨轨面0.400m、1.850m和3.250m处。

防淹门是设置在地铁车站或区间里,起到隔断作用的专用设备,其安装精度要求较高,净空限界严格,为保证高速运行车辆的安全,在长轨锁定之后,必须进行精确细致的竣工测量。对于竣工资料不但要归档,而且还要根据竣工测量数据判断隔断门的安装质量是否达到设计要求。

5)设备竣工测量

接触轨的受电方式是利用设在车厢左侧的受电器(电刷子),压紧在接触轨的顶面。受电器有固定长度、高度和弹簧压力。当接触轨与左轨的距离和高度满足设计要求,就可正常受电,因此,只需测出左轨和接触轨的距离和高差,以便衡量接触轨的安装质量。

架空接触网受电器是弓形的,它有固定的长度并压紧在接触网的输电线上,接触网弓形受电器只要压紧在满足设计高程的输电线上,就可正常受电。因此,只需测出右轨和接触网输电线的高差和与右轨的距离就可衡量接触网安装的质量。

15. 变形监测

1)一般规定

(1)城市轨道交通工程大都穿越城市繁华地区,埋深浅,地层岩土条件复杂,而且多数采用暗挖,即使在明挖段也是工作场地狭小,因此工程施工和运营期间对自身结构以及沿线环境稳定和安全的监测至关重要,同时也为今后城市轨道交通类似工程的设计、施工提供依据,所以在工程施工全过程和运营期阶段,进行变形监测是十分必要的。

(2)城市轨道交通建设中建设工程和建设环境产生变形的原因很多。例如在施工期间,由于深基坑工程对周围土体的扰动,加上地铁深基坑的施工,为确保施工安全,都采取降水措施,以避免造成深基坑侧面土体由于失水而导致其物理力学性状不可避免地发生变化的现象。施工中一方面基坑开挖引起围护结构的侧向位移和坑内基底隆起使得坑外地层沉降,导致周围环境也随之沉降;另一方面基坑开挖围护结构向基坑内的侧向水平位移导致相邻建筑结构发生挠曲变形。对于地下隧道开挖前岩体处于应力平衡状态,开挖后洞壁形成临空面,原始应力平衡状态被破坏,引起应力重新分布。在地下隧道开挖过程中,随着围岩应力的变化,始终伴随着围岩位移变化,并导致工程环境发生变化。又如地铁运营期间,地铁邻近的大面积建筑物,沿地铁隧道沿线排列,其建筑荷载产生的附加应力对地层沉降的影响是相当大的。地铁邻近基坑开挖、隧道近距离穿越、隧道上方增加地面荷载、隧道所处地层的水位变化、隧道下卧土层水土流失;加之我国的大多数大中城市的地面沉降问题都非常严重。当隧道穿越沉降漏斗区时,位于漏斗区内的那段隧道的沉降明显比漏斗区外隧道的沉降大;长期积累下去,就会产生严重的纵向不均匀变形等。

因此,编制变形监测方案时应考虑变形体埋深、结构特点、支护类型、开挖方式等以及岩土工程条件、建筑场地变形区内环境状况和施工设计等因素,同时还应考虑变形体和环境条件发生异常时,引起监测对象急剧发生变化所采取的应急变形监测方案。

(3)由于城市轨道交通线路分段招标,各标段由不同的单位施工,因此全线或各施工段开工时间、工程进度不同,由此工程受影响产生变形的时间不一样,所以应根据各个标段开工时间和可能引起变形的情况及时开展变形监测工作。

(4)测量单位可以根据监测的内容和对观测对象的精度要求,择优选择仪器设备和测量方法。

(5)变形监测控制网是变形测量的依据,变形监测一般布设专用控制网,布设时要考虑到整个变形观测时间内稳固可靠,而且便于使用。

(6)由于变形体现状各异,监测内容也不一样,因此,选择变形观测点的位置时要考虑变形监测点应能反映出变形特征、便于施测的部位,且标识要清楚埋设牢固,保证整个监测过程不易毁坏。

另外,工程施工降水和工程施工会引起地表和建设工程产生变形,因此在施工降水和结构施工前埋设监测点,并及时对监测点进行初始值观测,作为监测点变形参考基准值。

(7)变形点的点位中误差和高程中误差是相对于最近基准点而言。变形测量的等级划分和精度要求是根据建筑结构形式、结构性质所制定的变形限差,并依照 1971 年国际测量师联合会(FIG)第十三届会议中工程测量组提出的变形测量精度要求,以观测体容许变形值的 1/20 为原则,并结合现行标准相关要求而制定。

(8)如采用其他方法进行变形监测,其精度要求不变。

(9)为了减弱系统误差影响,提高观测精度,有条件时变形监测要求“五固定”,即固定仪器、固定观测者、固定观测路线、固定观测方法、固定观测时间。

由于工程建设和运营对工程结构和环境影响非常复杂,方案必须随变形体的变化和发展趋势及时进行修订,使之能适应变化的情况。

变形测量的初始值是整个变形观测的基础值,应提高观测精度,所以独立测量 2 次以保证精确可靠。

同一位置地上、地下不一定同步产生相同位移变化,往往地上滞后,进行变形测量是为了上、下对照,全面了解和掌握观测对象的变形状态。

观测记录要求包括对施工现状、荷载变化、岩土条件、气象等情况的简单描述,主要是考虑上述因素均是施工位移和变形的重要影响因素,记录这些因素有利于分析变形原因和追溯。

现场巡视检查是一项主要工作,必须选择有经验的工程师承担该项工作,才能细微了解施工现场岩土变化和工程状况,捕捉变形引起的蛛丝马迹。

定期对监测控制网和基准点、工作点进行检测,是保证这些基准稳定可靠的重要工作,气象条件、施工进度和施工环境等状况也是造成变形体变形的重要因素,定期分析非常必要。

2)变形监测控制网测量

(1)变形监测控制网测量是参照《工程测量规范》(GB 50026—2007)制定的。水平位移监测控制网一般为一次布设的独立网,由于控制范围较小,多为单三角形和大地四边形。如果布设成三角网,除了对水平位移监测控制网起始边相对中误差不低于1/200000,需用测距精度 $1\text{mm}+1\times10^{-6}D$ 测距仪施测外,其他等级水平位移监测控制网起始边均可用测距精度 $2\text{mm}+2\times10^{-6}D$ 测距仪测定,它们的起始边精度不难达到上一级最弱边相对中误差的要求。如果以此作为下一级起始边精度要求,并按上述技术要求布设水平位移监测控制网,经估算,只要加强图形强度,仔细操作,达到规定的精度指标是不成问题的。如采用卫星定位布设控制网,也应按此精度要求执行。

(2)变形监测控制网测量列出的技术要求,适用于一般方法布设的水平位移和垂直位移监测控制网,即采用全站仪和水准仪,以测角量边和直接观测高差为主要方法的监测控制网。除此之外,还有一些用其他方法布设的控制网,例如利用GNSS、静力水准仪、电水平尺等方法布设的监测控制网,以上是针对这些方法布设的控制网所作的技术规定。

3)施工期间变形监测

(1)必测项目为保证城市轨道交通工程自身结构和周边环境稳定及安全,同时反映建设对象在施工和运营中的状态而进行的日常监测项目。选测项目作为必测项目的补充项目,多为科研等特殊需要而增加的局部变形监测项目。

根据监测内容,除几何测量仪器外,所选择的主要物理仪器及其技术指标见说明表24-1(仪器厂家及仪器种类繁多,本表仅供参考)。

主要物理仪器及其技术指标 说明表24-1

测量内容	主要仪器设备	测量范围	测量精度
净空水平收敛	YSJ-2型收敛计	测量距离50m, 量程30~50m	系统误差0.003mm, 分辨率0.01mm
水平位移测量	SDW-2型位移计	测量深度30~50m	0.1mm
倾斜测量	CX-01伺服加速计数 显型测斜仪	0°~53°, 深度100m	±4mm,15m
围岩分层沉降	CT-1型电磁沉降仪	量程50m	±2mm
围岩压力测量	钢弦式土压力计	量程15000kPa	分辨率1%FS, 零漂±1%FS
应力测量	CHL-2型弦式 混凝土应力计	量程50MPa	分辨率0.15%FS

(2)断面间距应根据围岩类别、隧道埋深、断面尺寸等因素确定。

要及时采集变形数据,尽量减少变形量损失。观测点注记里程主要是便于对地面、地下的数据进行对照。

根据铁路隧道施工技术要求和《建筑基坑工程监测技术规范》(GB 50497—2009)规定以及盾构施工要求,可视围岩性质和其实际变形速度,根据说明表24-2和说明表24-3适当选择和调整测量频率。

暗挖隧道监测频率 说明表24-2

变形速度 W (mm/d)	监测频率	施工状况	
		喷锚暗挖法	盾构掘进法
$W>10$	2次/1d	距工作面1倍洞径	距盾尾1倍洞径
$5<W\leqslant10$	1次/1d	距工作面1~2倍洞径	距盾尾1~2倍洞径
$1<W\leqslant5$	1次/2d	距工作面2~5倍洞径	距盾尾2~5倍洞径
$W\leqslant1$	1次>7d	距工作面>5倍洞径	距盾尾>5倍洞径

基坑施工监测频率

说明表 24-3

施工进程		基坑设计深度(m)				
		≤5	5~10	10~15	15~20	>20
开挖深度(m)	≤5	1次/1d	1次/2d	1次/2d	1次/2d	1次/3d
	5~10		1次/1d	1次/1d	1次/1d	1次/2d
	10~15			2次/1d	2次/1d	2次/1d
	15~20				2次/1d	2次/1d
	>20					2次/1d

(3)线路地表的沉降观测点要埋实,沉降观测点若埋设在路面等容易破坏的地方要加设保护设施,如可在点上砌筑像地下管线手孔状的设施并加上保护盖。

对于不便在管线上设置观测点的管线,如燃气、锈蚀严重的管线等可观测其周围土体的变形,如埋设压力盒和位移计等间接测量变形体的变形状况。

对地铁地表线路中线两侧变形区内建筑等实际上都需要进行监测。但是由于经济原因,可进行重点建筑的变形监测。另外,有些建筑装修档次较高,为不破坏其内、外装修效果,变形观测点的式样设计和埋设应和观测对象外观协调。

根据工程经验,一般距开挖工作面前方 $H+h$(H 为隧道埋深,h 为隧道高度)的范围内,施工对穿越物体和其周围土体产生影响,因此应对其进行变形监测,并及时提供监测结论,确保工程安全。

4)建成后线路变形监测

建成后线路变形监测条件主要分为三个方面:一是由于城市轨道交通线路岩土条件差,二是城市工程建设对既有线路造成影响,三是城市轨道交通线路建设对邻近环境造成影响。这三个方面及其互相影响造成的变形是非常显著的,安全危害很大,因此应该对此足够重视。各个城市可以根据自身的岩土条件细化运营阶段监测具体内容,例如:一些城市根据自身特点划定了安全保护区,在保护区内进行施工活动可能影响到城市轨道交通的结构安全,因此需要加强影响区段对城市轨道交通结构在施工期间的监测。在上海、南京等软弱地层分布广泛的地区,地方轨道交通管理条例、地方轨道交通安全保护区暂行管理规定明确规定了轨道交通安全保护区范围。如上海划定的轨道交通保护区:地下车站与隧道外边线外侧 50m 内;地面车站和高架车站以及线路轨道外边线外侧 30m 内;出入口、通风亭、变电站等建筑物、构筑物外边线外侧 10m 内等。

5)变形监测资料整理与信息反馈

(1)回归分析要有足够的数据,可选择如下类型回归函数:

$$U=A\times\lg(1+t)$$
$$U=A\times e^{Bt}$$
$$U=t/(A+Bt)$$
$$U=A(1-e^{-Bt})$$
$$U=A+B/\lg(1+t)$$
$$U=A\{1-[1/(1+Bt)]^2\}$$

式中:U——位移值,mm;

A、B——回归系数;

t——测点埋设后的时间,d。

(2)变形监测工作中,预警值的设置是一个复杂的问题,要根据风险的大小、损失的可承受程度、结构和周边环境的变形极限等综合考虑。全国各个城市岩土条件差异很大,具体到每一个工程设计和施工工法以及工程周边环境不同,因此没有也不可能制定统一标准。实践中很多地方是采用三级预警制度,即黄色预警,橙色预警和红色预警来区分预警的严重程度并采取不同的响应措施。

16. 第三方测量和第三方监测

1)一般规定

(1)为加强建设工程安全、质量全面管理,确保建设工程的测量和变形监测信息可靠,减少建设工程可能出现的安全、质量隐患,20 世纪 90 年代,北京、广州、上海等一些城市,为了加强城市轨道交通工程建设安全质量管理,在城市轨道交通工程建设中,就实行了第三方测量制度。到 2010 年 1 月 8 日,住房和城乡建设部颁布了《城市轨道交通工程安全质量管理暂行办法》,明确要求在我国城市轨道交通工程建设中,实行了第三方测量和第三方监测工作。实践证明引入第三方测量和第三方监测工作对于控制施工测量、监测质量,规范测量、监测工作管理,真实了解和掌握建设工程位置信息和建设工程与周边环境变形状态、控制建设工程施工质量和安全风险隐患,并对促进信息化施工工作的开展发挥了非常重要的作用。针对城市轨道交通工程开展第三方测量和第三方监测制度已经得到国家相关部门和地方政府及主管部门的重视,并纳入相关管理法规,但缺乏具体操作要求的情况,本章对第三方测量和第三方监测工作,统一制订了技术要求。

(2)第三方测量和第三方监测是一种专业性较强,且需要多学科协同工作,加上城市轨道交通建设地点人口和市政设施密集,安全责任重大。因此,承担第三方测量和第三方监测工作的单位,应具备相应的资质和从事城市轨道交通或类似工程的工程监测业绩,配备满足工程需要的高精度的专业设备,并具备相关工程经验和知识基础的专业技术人才,以满足工程需要。

(3)轨道交通工程测量工作参与方众多,工作涉及建设单位、设计、施工、监理等参与各方,工作接口多,工作繁杂而且贯穿工程建设全过程,建设单位只有建立起科学有效的第三方测量和第三方监测管理体系和管理制度,才能避免不必要的混乱、扯皮、推诿等现象,保证建设工程顺利开展。

(4)第三方测量和第三方监测由建设单位直接招标,承担测量和监测的质量管理工作。为保证管理的有效性,第三方测量和第三方监测单位独立开展工作,尽管与施工方有关工作内容相同,但应有自己的测量方法和较高的测量精度。

2)第三方测量

(1)城市轨道交通工程建设周期较长,建设过程中,控制网桩点因城市地面沉降、车辆碾压、城市建设等原因会发生沉降位移以及通视情况的改变,从而影响使用,因此定期对控制网进行复测检核十分必要。控制网检测完成后,第三方测量单位必须对检测成果进行综合分析,判断控制网的稳定性并明确控制网成果的取值,如果判断控制点确实发生了沉降位移,还应会同施工单位一起查明控制点变形对已经完成施工的结构所造成的影响并及时采取相应对策。

(2)测量内容工作量很大,因此要细化第三方测量内容,测量内容应覆盖控制测量、关键工序和重要设备的各个施工测量环节,测量部位应具有代表性,并尽量均匀分布,重点部位不能遗漏。

(3)此处规定掘进过程中对邻近工作面的隧道结构需进行第三方测量。特别在盾构隧道法施工掘进中,由于盾构掘进时盾构机姿态控制受地质条件、操作水平、注浆工艺等影响,因此精度控制难度较大,造成环片出现偏差,有时出现贯通测量精度合格但隧道掘进过程中部分结构侵限的情况,所以加强掘进中对环片的检测,可以及早发现问题,及早采取措施,防止重大质量事故的发生。

(4)第三方测量单位是独立的测量服务机构,具有独立的第三方责任。第三方测量单位的测量成果只是反映施工测量质量,并不指导施工,也不对施工质量负责。施工质量责任主体是施工单位,因此在施工过程中施工单位应采用自己的测量成果指导施工,不能盲目使用他人成果,避免出现施工质量事故。

3)第三方监测

(1)第三方监测方案的质量,直接关系到对现场风险的了解程度。制订高质量的施工方案,需要收集水文气象资料、岩土工程勘察报告、周边环境调查报告、安全风险评估报告等基础资料,并结合现场踏勘情况,充分研读设计文件和施工方案,综合判断关键监测部位,确定监测重点阶段和重点关注问题,从而为后期监测提供重要的指导。

(2)监测点作为监测工作的特征点,埋设质量好坏直接关系后期监测数据是否真实可靠。第三方监测单位作为专业单位,需在开工前,向施工、监理单位就监测点埋设方式、埋设时间要求进行技术交底。为保证施工监测质量,通过技术交底,对施工单位的监测精度提出要求。

(3)为了便于监测成果互相检核,施工监测与第三方监测应在同一时段分别独立获取监测点初始值。获取初始值时,应采用相同的路线施测,同样的水准基点平差,以便于双方统一高程基准。监测过程中,应分别独立进行全过程现场监测,以便于发挥各自的监测作用。

(4)为了更好地促使建设单位、施工、监理以及设计单位了解工程安全状态,第三方监测单位应将监测成果及时收集、整理、分析并进行有效反馈。因参建各方众多,为了增加信息发布的广度,并提高信息发布效率,宜由建设单位组织建立信息化平台,将监测成果以及现场巡查资料、施工工况信息等内容在信息化平台进行发布,供参建各方参考。第三方监测在进行电子信息报送的同时,为了便于资料归档以及成果综合分析的需求,应按合同要求定期通过正式文件上报阶段成果报告和总结报告。

17.质量检查与验收

1)一般规定

(1)城市轨道交通工程测量成果资料的正确无误,要依靠完善的质量管理体系来实现,两级检查、一级验收是多年来形成的行之有效的质量保证制度,在测绘技术管理中广泛应用。

(2)工程测量的时效性决定了测量过程的不可完全重复,因此作业现场应进行自查,作业单位的一级检查、二级检查都要及时。当质量检验出现不合格项时,应及时分析原因,立即通过现场复测、重测来纠正。纠正后的成果应重新进行质量检验,直至符合要求。

2)质量检查

城市轨道交通工程测量周期较长,通常要逐期或分期提交阶段性成果。对这些成果内业应进行100%的检查,内业检查中发现的问题应到现场对其进行针对性检查。

3)质量验收

抽样核查是指从测量成果中抽取一定数量的样本进行核查。各期测量成果抽取不少于期数的10%作为样本进行100%的内业核查,内业核查中发现的问题需要实地查看判定。

本章附件

附件1　地面平面控制测量

1. 控制点标石埋设

(1)卫星定位控制点基本标石埋设如附图24-1所示。

(2)卫星定位控制点岩石标石埋设如附图24-2所示。

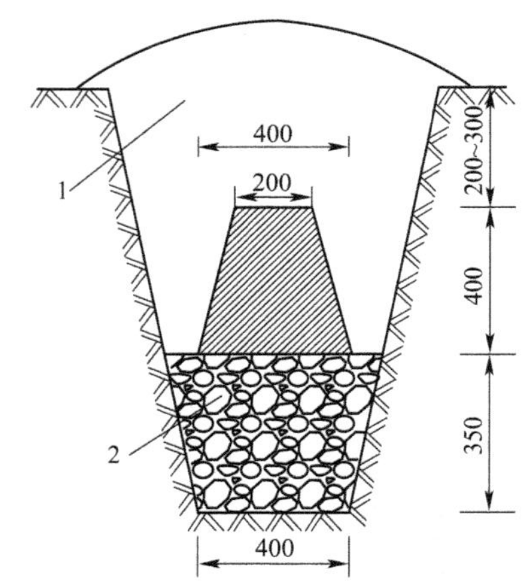

附图24-1　卫星定位控制点基本标石埋设
(尺寸单位:mm)
1-土;2-捣固之土石层

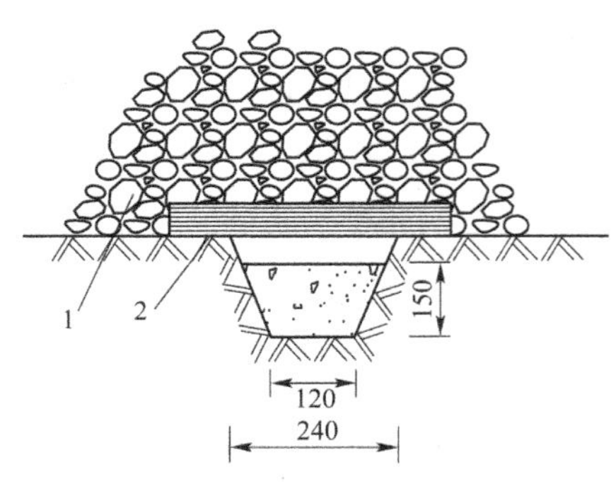

附图24-2　卫星定位控制点岩石标石埋设
(尺寸单位:mm)
1-石块;2-保护盖

(3)卫星定位或精密导线楼顶控制点标石埋设如附图24-3所示。

(4)二等精密导线点标石埋设如附图24-4所示。

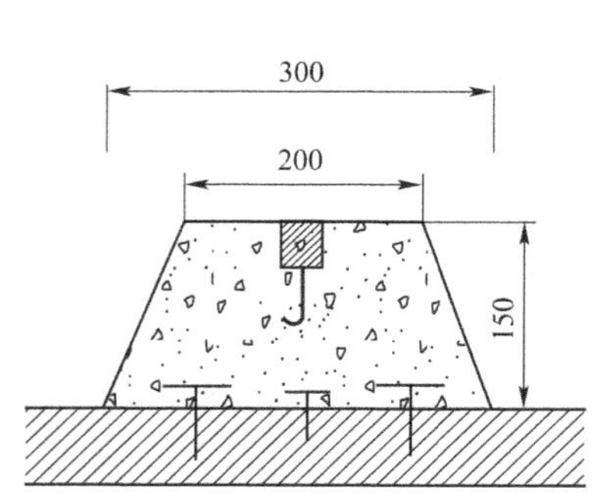

附图24-3　卫星定位或精密导线楼顶控制点标石埋设
(尺寸单位:mm)

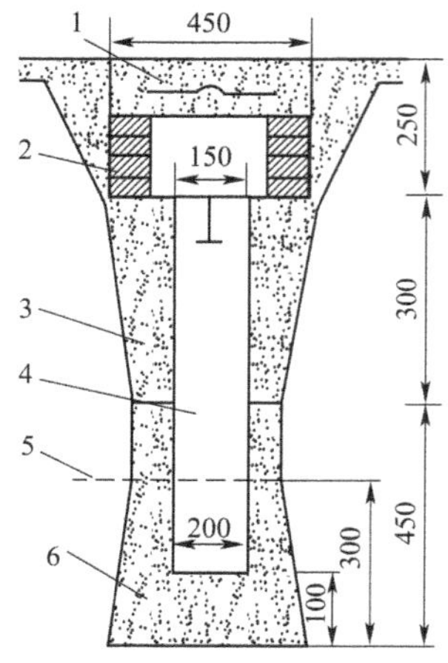

附图24-4　二等精密导线点标石埋设(尺寸单位:mm)
1-盖;2-砖;3-素土;4-标石;5-冻土线;6-混凝土

2. 卫星定位外业观测手簿

卫星定位外业观测手簿宜符合的要求见附表24-1。

卫星定位外业观测手簿　　附表 24-1

<table>
<tr><td colspan="4">观测者：　　　　日期：　　年　　月　　日</td></tr>
<tr><td colspan="4">测站名：　　　　测站号：　　　　时段号：</td></tr>
<tr><td colspan="4">天气状况：</td></tr>
<tr><td>本测站为：</td><td>已知点□</td><td>特定点□</td><td></td></tr>
<tr><td>记录时间：</td><td>北京时间□</td><td>UTC□</td><td>区时□</td></tr>
<tr><td colspan="4">开机时间：　　　　结束时间：</td></tr>
<tr><td colspan="4">接收机号：　　　　天线号：</td></tr>
<tr><td colspan="4">天线高：1.　　　2.　　　3.　　　平均值：</td></tr>
<tr><td colspan="4">备注：</td></tr>
</table>

3. 卫星定位控制点点之记

卫星定位控制点点之记宜符合的要求见附表 24-2。

卫星定位控制点点之记　　附表 24-2

<table>
<tr><td>等级</td><td></td><td>点名</td><td></td><td>点号</td><td></td><td>所在图幅</td><td></td></tr>
<tr><td>概略经度</td><td></td><td>概略纬度</td><td></td><td>概略高程</td><td colspan="3"></td></tr>
<tr><td>所在地</td><td colspan="7"></td></tr>
<tr><td>标石类型</td><td colspan="3"></td><td>标石质料</td><td colspan="3"></td></tr>
<tr><td colspan="4">详细位置图</td><td colspan="4">标石断面图</td></tr>
<tr><td>点位
详细说明</td><td colspan="7"></td></tr>
<tr><td colspan="4">交通线路图</td><td colspan="4">交通情况</td></tr>
<tr><td>托管单位</td><td colspan="4"></td><td>保管人</td><td colspan="2"></td></tr>
<tr><td>选点者</td><td colspan="2"></td><td>埋石者</td><td></td><td>绘图者</td><td colspan="2"></td></tr>
<tr><td>选点日期</td><td colspan="2"></td><td>埋石日期</td><td></td><td>绘图日期</td><td colspan="2"></td></tr>
<tr><td>备注</td><td colspan="7"></td></tr>
</table>

4. 全站仪的分级标准

全站仪的分级标准宜符合的要求见附表 24-3。

全站仪的分级标准 附表 24-3

级　别	测角中误差(″)	测距中误差(mm)
Ⅰ	≤ ±1	$1+1\times10^{-6}\times D$
Ⅱ	≤ ±2	$3+2\times10^{-6}\times D$
Ⅲ	≤ ±6	$5+5\times10^{-6}\times D$

注：D 是测距边长，以 km 为单位。

附件 2　地面高程控制点标石埋设

(1)混凝土水准点标石埋设如附图 24-5 所示。

(2)墙上水准点标石埋设如附图 24-6 所示。

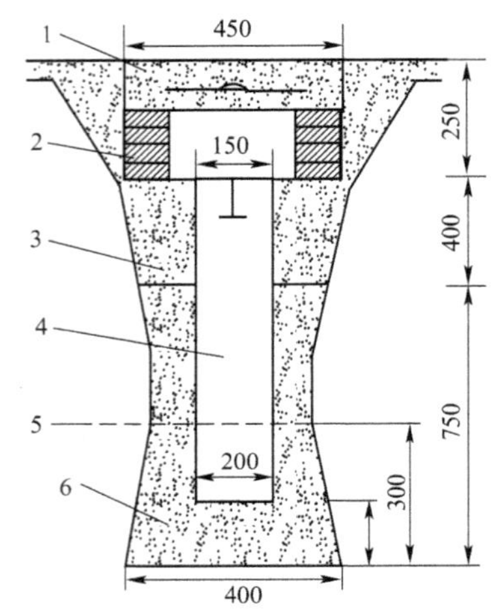

附图 24-5　混凝土水准点标石埋设(尺寸单位：mm)

1-盖；2-砖；3-素土；4-标石；5-冻土线；6-混凝土

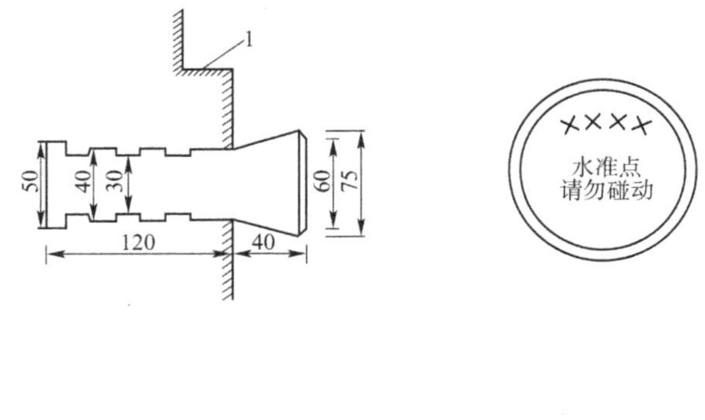

附图 24-6　墙上水准点标石埋设(尺寸单位：mm)

1-墙面

(3)岩石水准点标石埋设如附图 24-7 所示。

(4)深桩水准点标石埋设如附图 24-8 所示。

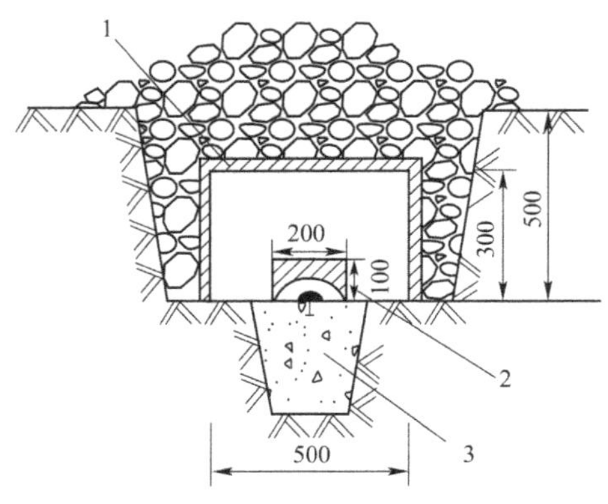

图 24-7　岩石水准点标石埋设(尺寸单位：mm)

1-混凝土盖板；2-混凝土盖板；3-混凝土

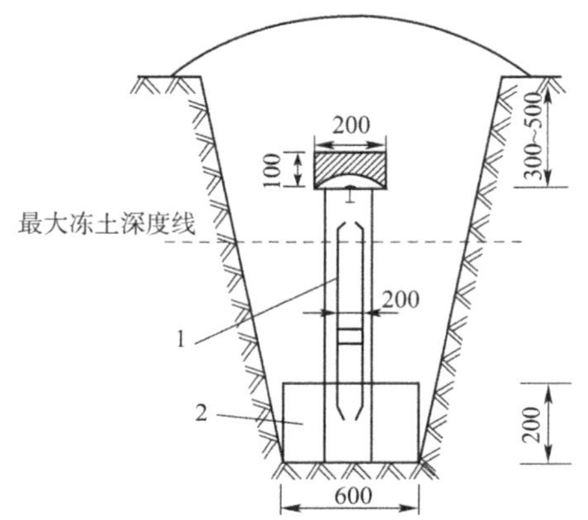

附图 24-8　深桩水准点标石埋设(尺寸单位：mm)

1-混凝土桩；2-混凝土桩座

附件3 联系测量

(1)一井定向如附图24-9所示。

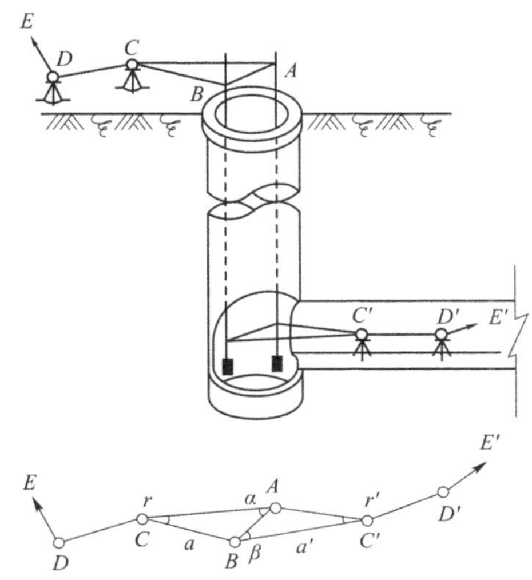

附图24-9 一井定向

(2)悬挂三根钢丝的一井定向如附图24-10所示。

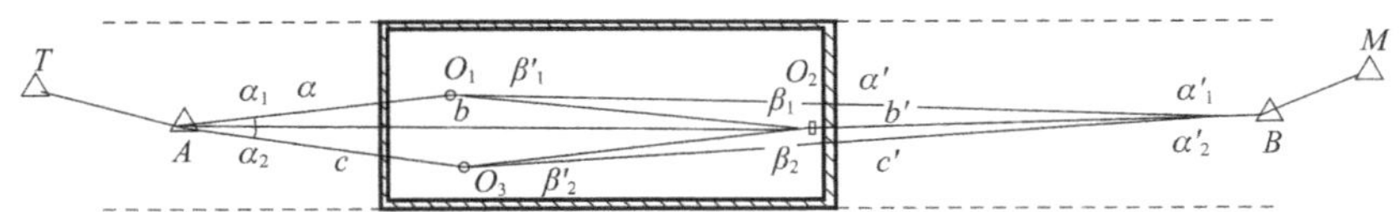

附图24-10 悬挂三根钢丝的一井定向

(3)两井定向如附图24-11所示。

(4)陀螺全站仪+铅垂仪组合定向如附图24-12所示。

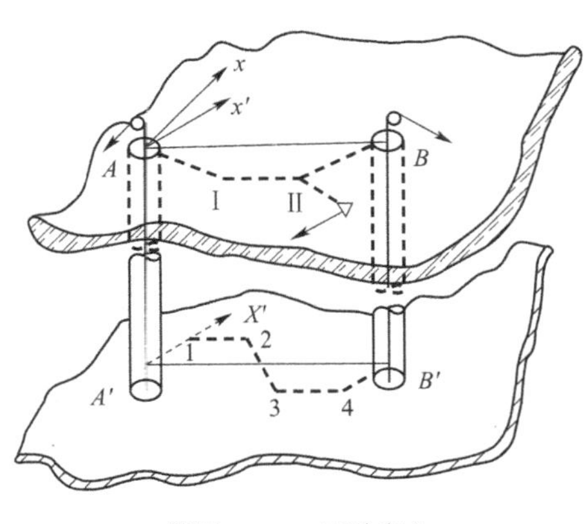

附图24-11 两井定向

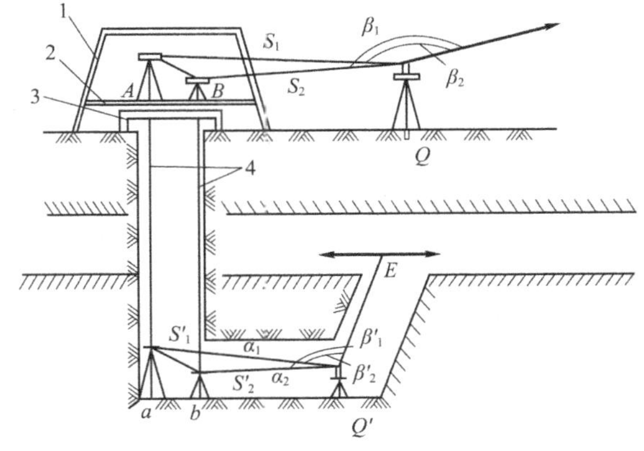

附图24-12 陀螺全站仪+铅垂仪组合定向

1-井架;2-仪器台;3-井台;4-视线

Q-地面近井点;Q'-地下近井点;A、B-铅垂仪位置;a、b-井底测量点位;β_1、β_2-地面观测角度;β_1'、β_2'-地下观测角度;S_1、S_2-地面测量距离;S_1'、S_2'-地下测量距离;α_1、α_2-陀螺方位角;$Q'E$-地下方位角起算边

附件4　地下平面和高程控制点

(1)隧道底板上施工控制导线点或线路中线点钢板标志如附图24-13所示。

(2)隧道拱顶施工控制导线“吊篮”标志如附图24-14所示。

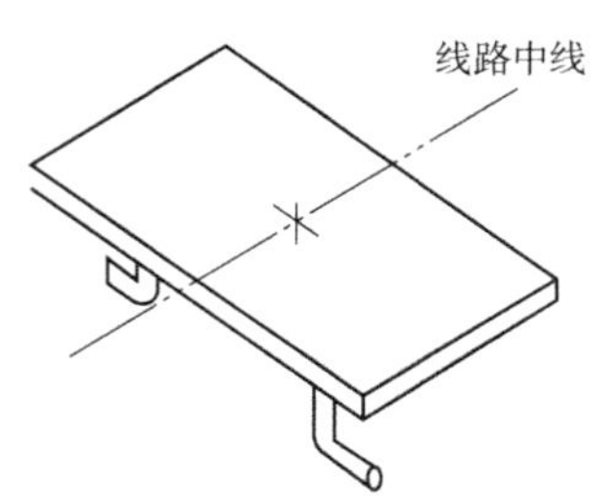

附图24-13　隧道底板上施工控制导线点或线路中线点钢板标志

注：标志以200mm×100mm×10mm钢板和钢筋焊接而成，与底板钢筋焊接后，浇筑在底板混凝土中，点位经归化后，应在点位上钻ϕ2mm、深5mm的小孔并镶以黄铜丝。

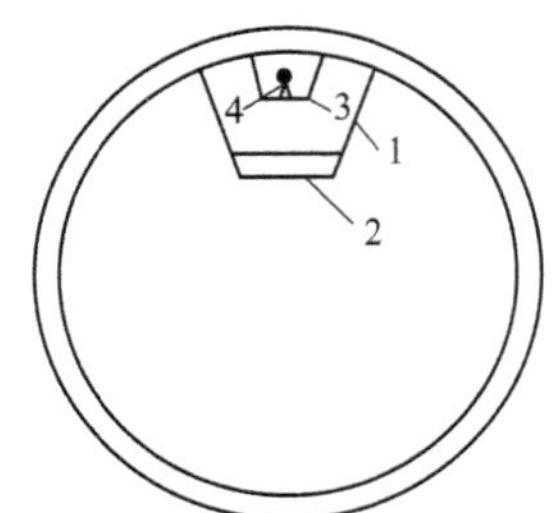

附图24-14　隧道拱顶施工控制导线“吊篮”标志

1-护栏；2-观测站台；3-仪器架设平台；4-仪器

(3)隧道边墙施工控制导线点固定标志如附图24-15所示。

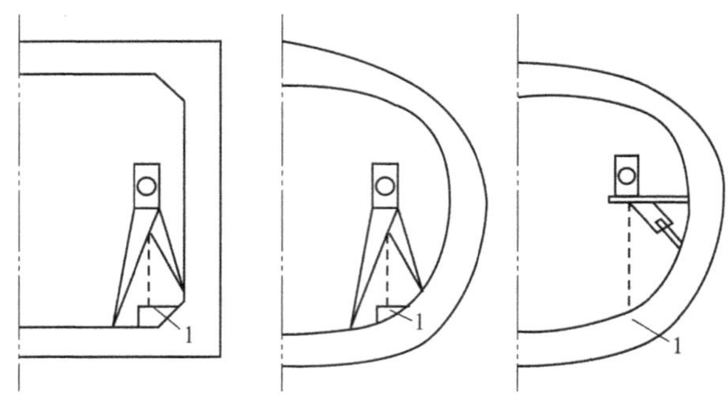

附图24-15　隧道边墙施工控制导线点固定标志

1-标志点

(4)隧道内施工导线点标志如附图24-16所示。

(5)隧道内施工控制水准点位置如附图24-17所示。

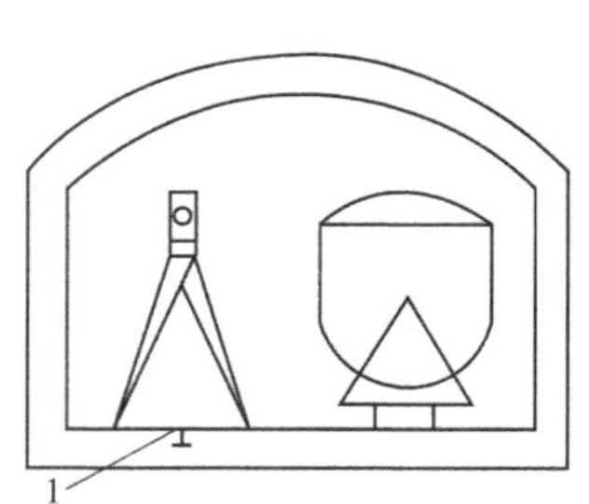

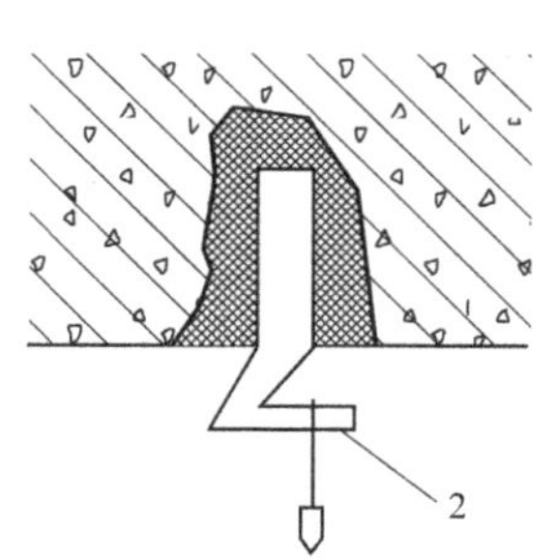

附图24-16　隧道内施工导线点标志

1-底板标志；2-顶板标志

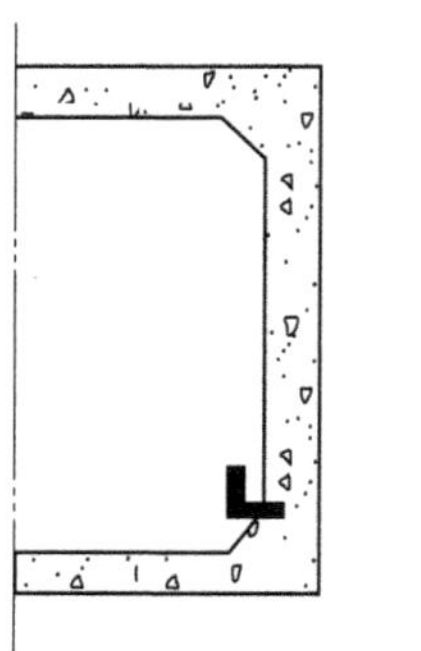

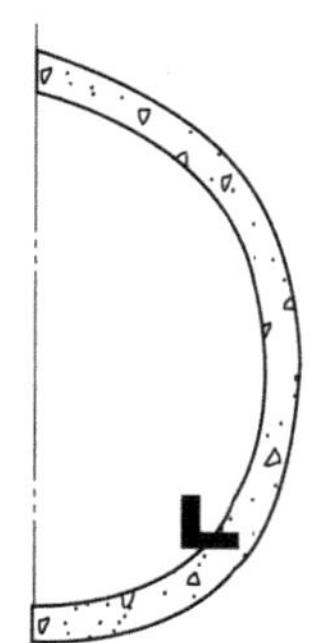

附图24-17　隧道内施工控制水准点位置

附件5 高架线路施工测量

(1)墩顶帽测量标志位置如附图24-18所示。

(2)墩顶帽高程传递测量如附图24-19所示。

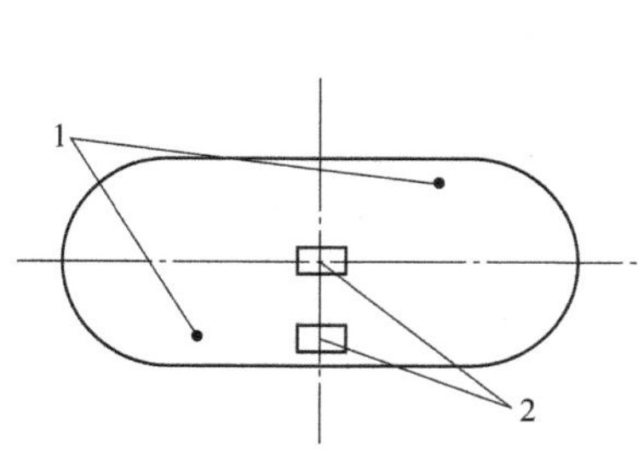

附图24-18 墩顶帽测量标志位置
1-水准点;2-钢板标志

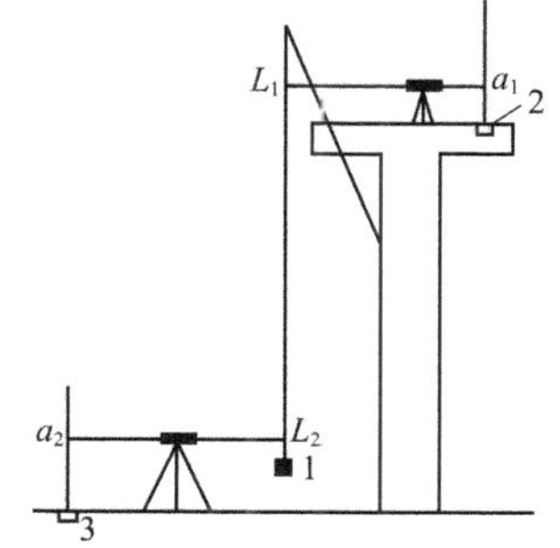

附图24-19 墩顶帽高程传递测量
1-重锤;2、3-水准点

附件6 铺轨基标测量

1.铺轨基标标志图

(1)矩形或直墙拱铺轨基标标志如附图24-20所示。

(2)马蹄形或圆形隧道铺轨基标标志如附图24-21所示。

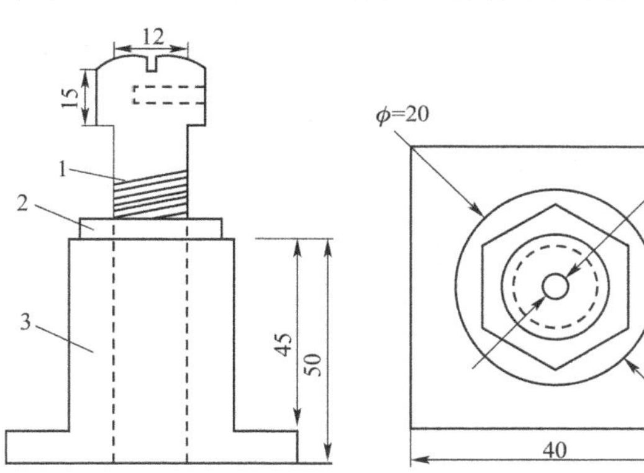

附图24-20 矩形或直墙拱铺轨基标标志(尺寸单位:mm)
1-M10×1.5螺栓;2-螺母;3-基座

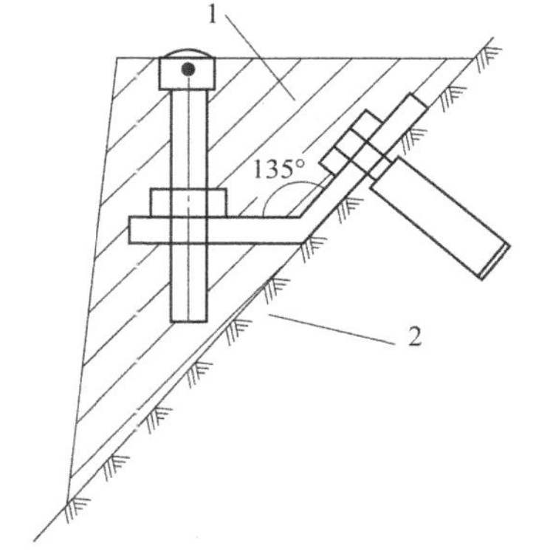

附图24-21 马蹄形或圆形隧道铺轨基标标志
1-混凝土;2-隧道结构

(3)单开道岔铺轨基标如附图24-22所示。

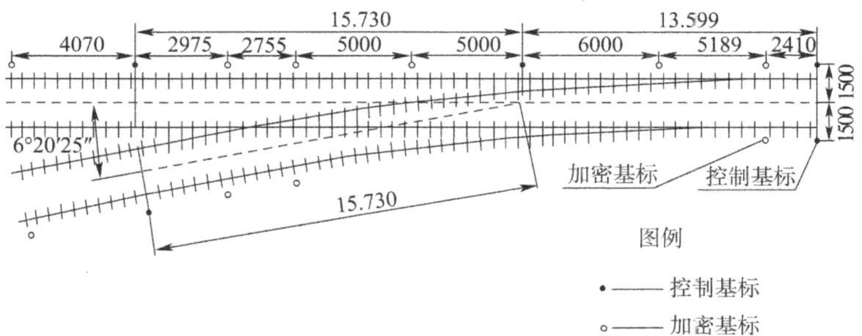

附图24-22 单开道岔铺轨基标

注:控制基标间距单位为m,加密基标间距单位为mm。

(4)复式交分道岔铺轨基标如附图24-23所示。

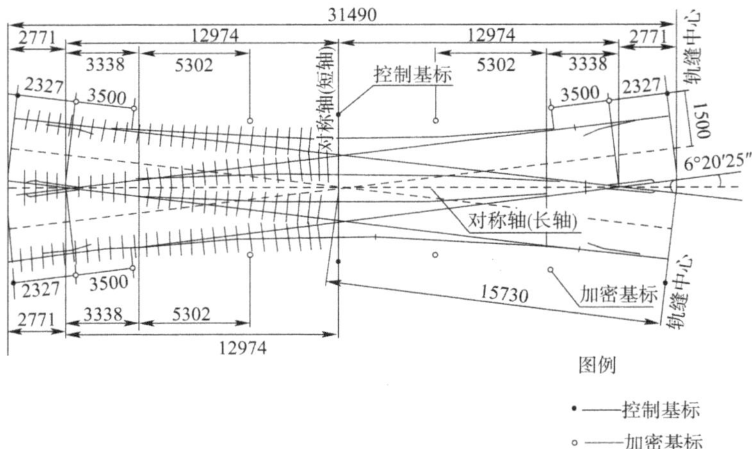

附图24-23 复式交分道岔铺轨基标(尺寸单位:mm)

2. 基标成果表

(1)控制基标成果宜符合的要求见附表24-4。

控制基标成果表 附表24-4

线名:________________________ ______年____月____日

里程	折角(° ′ ″)		X坐标(m)		Y坐标(m)		高程	
	设计值	差值	设计值	差值	设计值	差值	轨面高(m)	差值
	实测值	(′)	检测值	(mm)	检测值	(mm)	基高程(m)	(mm)

制表:__________ 检核:__________

(2)加密基标成果宜符合的要求见附表24-5。

加密基标成果表 附表24-5

线名:________________________ ______年____月____日

里程	设计轨面高程(m)	实测基高程程(m)	差值(mm)	里程	设计轨面高程(m)	实测基高程程(m)	差值(mm)
备注							

制表:__________ 检核:__________

附件7 任意设站控制网测量

(1)任意设站控制网平面网布设形式如附图24-24所示。

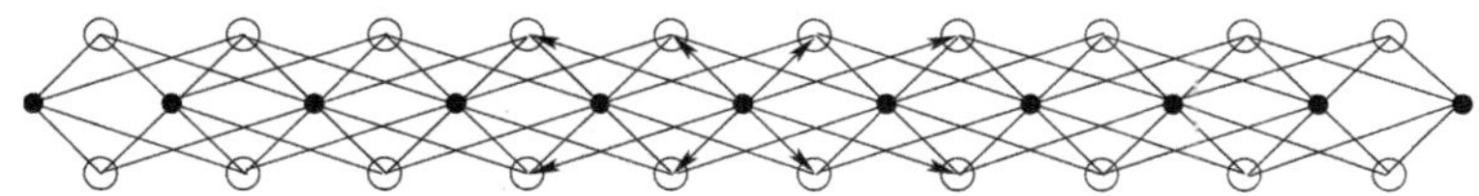

附图24-24 任意设站控制网平面网布设形式

(2)任意设站控制网联测高等级线路控制网形式如附图24-25所示。

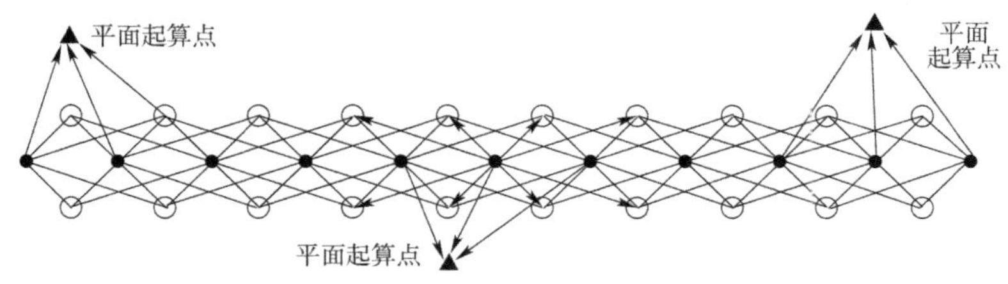

附图24-25 任意设站控制网联测高等级线路控制网形式

(3)任意设站控制网高程测量的水准路线形式。

在高架区间或敞开段,任意设站控制网点水准测量宜采用附图24-26所示的水准路线形式。测量时,左边第一个闭合环的4个高差应该由两个测站完成,其他闭合环的三个高差可由一个测站按后—前—前—后或前—后—后—前的顺序进行单程观测。单程观测所形成的闭合环如附图24-26和附图24-27所示。

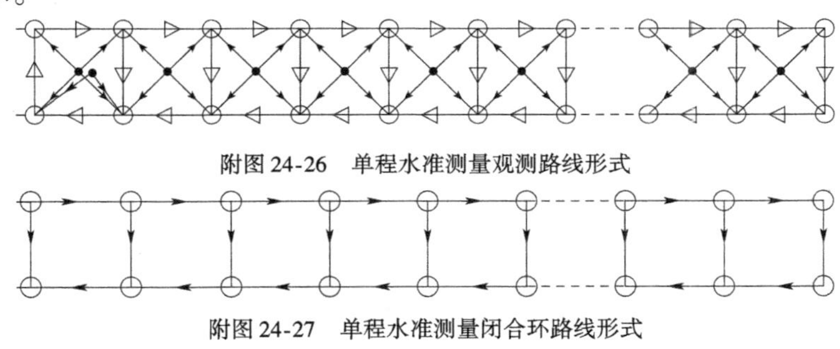

附图24-26 单程水准测量观测路线形式

附图24-27 单程水准测量闭合环路线形式

附件8 任意设站控制网控制点布设位置

1.高架桥梁控制点布设位置

在高架U形梁段,任意设站控制网点应布设在U形梁两侧上翼缘侧面,且点位位置距离上翼缘顶面不宜小于100mm,如附图24-28所示。在普通桥梁地段,任意设站控制网点应布设在挡砟墙或防撞墙上。

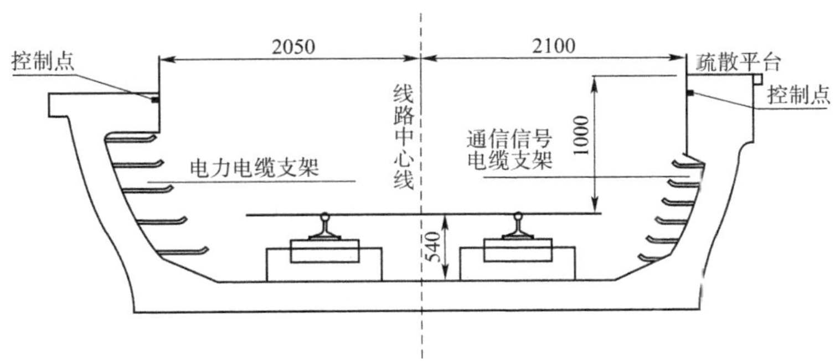

附图24-28 高架U形梁区间段任意设站控制网点布设位置(尺寸单位:mm)

2. 地下隧道段控制点布设位置

在地下隧道区间段，任意设站控制网点应埋设在隧道侧墙上。控制点布设时应根据限界图中应急平台、消防水管、电缆支架的设计位置进行综合比选，选择结构稳定、高度合适、便于控制网测量的位置进行布点。地下单线圆形隧道段任意设站控制网控制点布设位置如附图 24-29 所示，地下矩形隧道段任意设站控制网控制点布设位置如附图 24-30 所示。

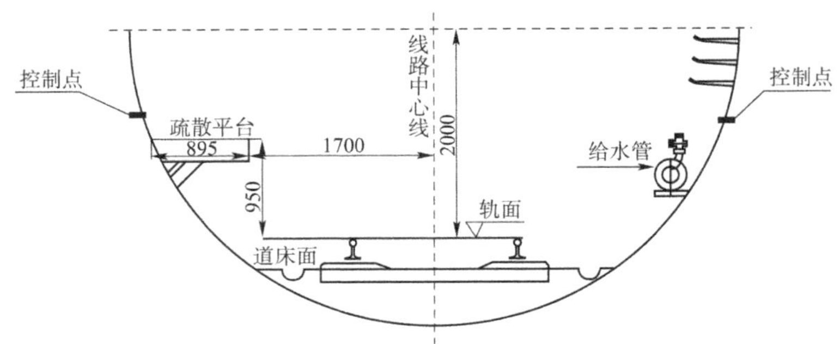

附图 24-29　地下单线圆形隧道段任意设站控制网控制点布设位置(尺寸单位:mm)

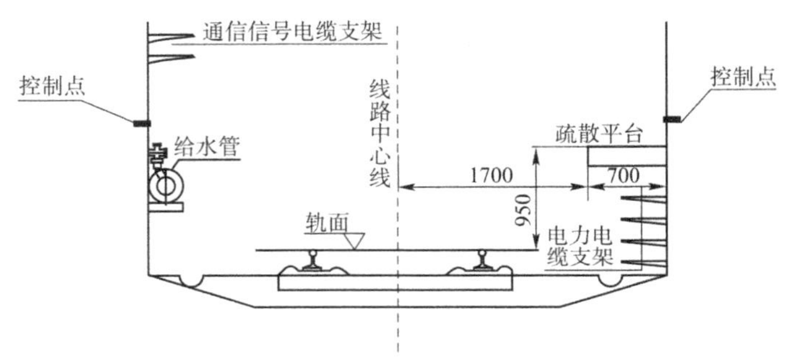

附图 24-30　地下矩形隧道段任意设站控制网控制点布设位置(尺寸单位:mm)

3. 车站控制点布设位置

在地下岛式或侧式车站，站台一侧控制点应埋设在站台廊檐侧面，且应避开屏蔽门及塞拉门位置，点位埋设位置距离站台顶面不宜小于 100mm，确保后续橡胶条安装不破坏任意设站控制网控制点，另一侧控制点应对应埋设在隧道侧墙上且高于电缆支架 50mm 左右的位置，如附图 24-31 所示。

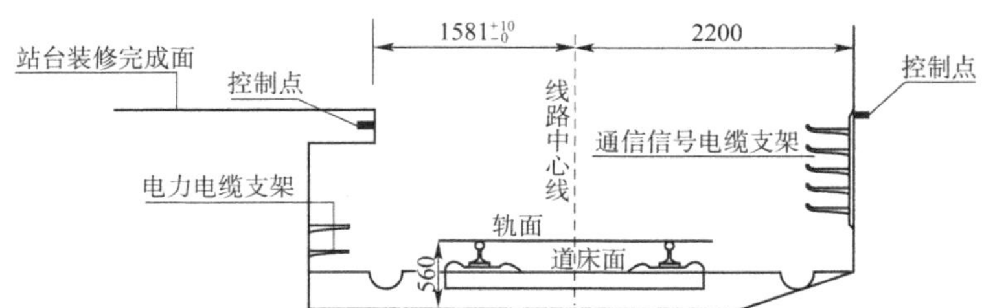

附图 24-31　地下岛式或侧式车站任意设站控制网控制点布设位置(尺寸单位:mm)

4. 地面线路区间段控制点布设位置

地面线路区间段，任意设站控制网控制点应成对布设在接触网杆内侧高于轨面 0.3m 左右的位置，且应高于消防水管。

附件9 不量仪器高和棱镜高的电磁波测距三角高程测量

(1)中间设站的电磁波测距三角高程测量方法如附图24-32所示。

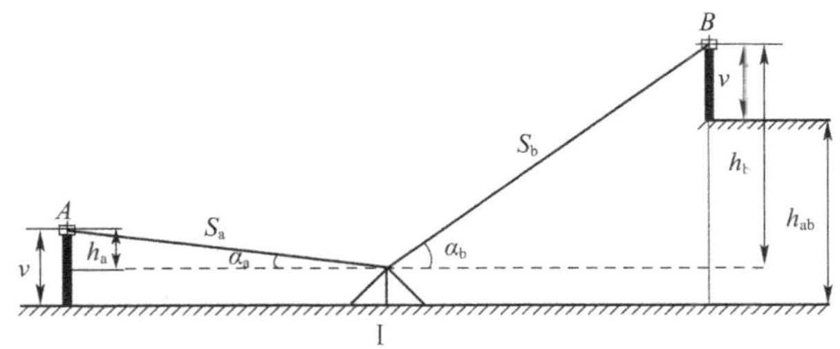

附图24-32 中间设站的电磁波测距三角高程测量方法

(2)观测点在同一侧的电磁波测距三角高程测量方法如附图24-33所示。

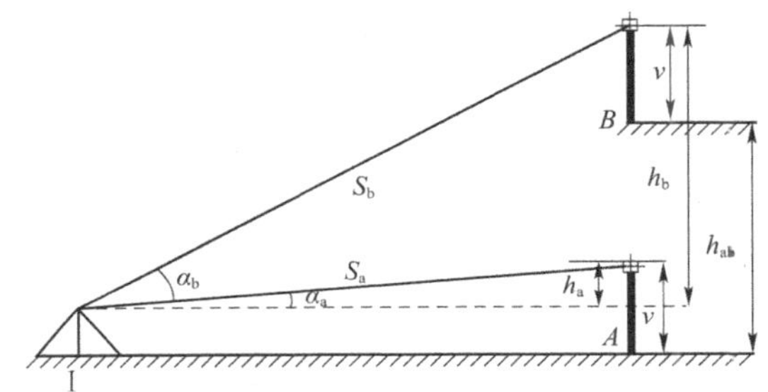

附图24-33 观测点在同一侧的电磁波测距三角高程测量方法

附件10 变形监测标石埋设

(1)深层测温钢管高程控制点标石埋设形式如附图24-34所示。

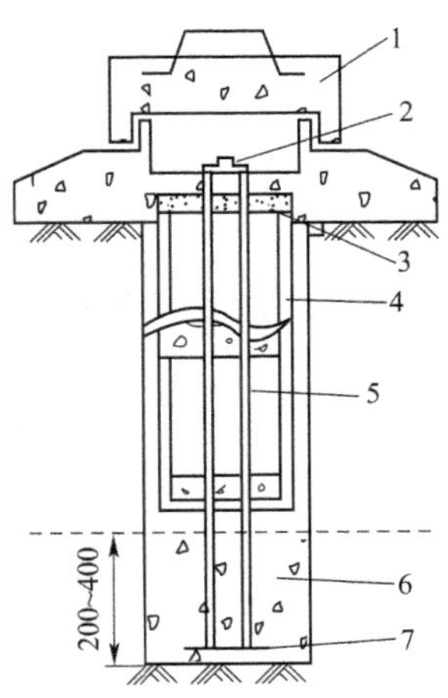

附图24-34 深层测温钢管高程控制点标石埋设形式(尺寸单位:mm)

1-标志盖;2-标心(有测温孔);3-橡皮环;4-保护管;5-钢管;6-混凝土;7-封底钢板

(2)建筑变形观测点标志类型和埋设形式如附图24-35所示。

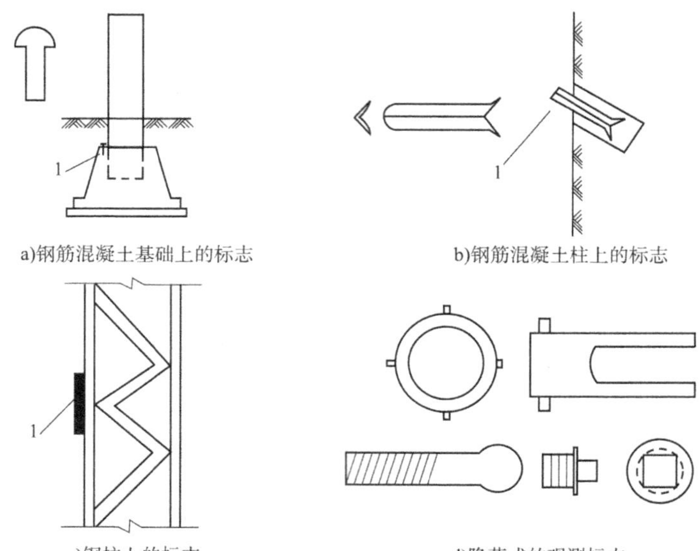

a)钢筋混凝土基础上的标志　b)钢筋混凝土柱上的标志

c)钢柱上的标志　d)隐蔽式的观测标志

附图 24-35　建筑变形观测点标志类型和埋设形式(尺寸单位:mm)

1-标志

(3)隧道净空水平收敛、拱顶下沉和地表沉降观测点布设图如附图 24-36 所示。

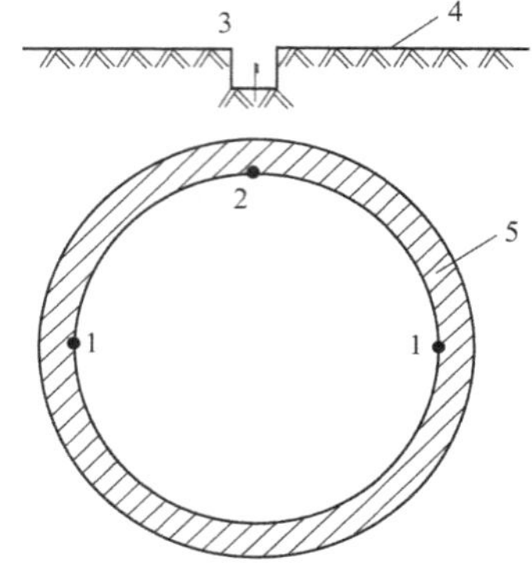

附图 24-36　隧道净空水平收敛、拱顶下沉和地表沉降观测点布设图

1-净空水平收敛观测点;2-拱顶下沉观测点;3-地表沉降观测点;4-地表;5-隧道结构

附件 11　质量检查记录表

测量成果质量检查记录见附表 24-6。

测量成果质量检查记录表　　附表 24-6

项目名称:

检查内容	检查结果	备　注
执行技术标准、技术设计、政策法规情况		
使用的仪器设备及其检定情况		
记录、计算以及所用软件系统情况		
控制点布设位置及埋设的标石、标志情况		
控制点使用前对其稳定性检测与分析情况		
外业记录的完整、准确性及记录项目的齐全性		
观测情况,包括观测限差、数据各项改正、观测方法和操作程序的正确性等		

续上表

检查内容	检查结果	备　注
数据处理的正确性		
资料整理的完整性		
测量成果精度统计和质量评定的合理性		
成果的可靠性、完整性及符合性情况		
技术报告内容的完整性、统计数据的准确性、结论的可靠性		
体例的规范性，成果签署的完整性和符合性情况		

检查阶段：　　　　　　　　□一级检查　　　　　　　　□二级检查

质量等级：　　　　　　　　□合格　　　　　　　　　　□不合格

检查人：　　　　　　　　　　　　　　　　检查日期：　　　年　　月　　日

第二十五章 试 验

引 言

本章是针对杭海城际铁路的特点,参照《铁路建设项目工程试验室管理标准》(Q/CR 9204—2015),在吸收杭海城际铁路及周边区域城际轨道交通工程实践经验的基础上编制而成。本章适用于区域城际轨道交通工程的试验室管理,凡在本章中未做规定的,均按国家、行业及地方现行的有关强制性标准执行。

本章主要内容包括:总则、术语和定义、编制依据、工地试验室建设、工地试验室管理等。

主编单位:浙江杭海城际铁路有限公司

参编单位:中铁大桥局集团有限公司、天津城建集团有限公司、上海华铁工程咨询有限公司、上海地铁咨询监理科技有限公司、浙江江南工程管理股份有限公司、铁四院(湖北)工程监理咨询有限公司、广东铁路建设监理有限公司、西安铁一院工程咨询监理有限责任公司

主要执笔人:金立、史婷、杨莉、查本怡、文成海、杜林林、袁昊、陈洋

主要审查人:张高锋、徐薇、叶志雄、卢春林、马彪、郑海生

1 总 则

1.0.1 为有效发挥试验检测在控制工程质量和指导城际铁路轨道交通工程建设中的重要作用,进一步提升工程管理水平,特编制本章。

1.0.2 本章参照《铁路建设项目工程试验室管理标准》(Q/CR 9204—2015)和《公路工程工地试验室标准化指南》以及实际经验编制。本章包含了建工地试验室的自检和部分外委情况,以及不建工地试验室的全部外委情况。

1.0.3 工地试验室的管理内涵是硬件建设标准化、检测工作规范化、质量管理精细化、数据报告信息化。

1.0.4 工地试验室建设坚持因地制宜、务求实效、经济适用的工作原则,根据工程项目建设内容和规模进行设置,既要满足工程质量控制需要,又要满足布局合理、安全环保、环境整洁的要求。

1.0.5 工地试验室应建立健全质量体系,确保试验检测数据真实、准确。

2 术语和定义

下列术语和定义适用于本章。

2.1 等级试验检测机构

等级试验检测机构是指按照《公路水运工程试验检测管理办法》(交通部令2005年第12号)要

求，取得"公路水运工程工程试验检测机构等级证书"的机构。也可以指依法成立，依据相关标准或者技术规范，利用仪器设备、环境设施等技术条件和专业技能，对产品或者法律法规规定的特定对象进行检验检测的专业技术组织。

2.2　工地试验室

工地试验室是指工程建设过程中为控制质量由等级试验检测机构在工程现场设立的试验室。

2.3　母体试验室

母体试验室是指在工程现场设立工地试验室的等级试验检测机构。

2.4　标准化

标准化是指为了在一定范围内获得最佳秩序，对现实问题或潜在问题制定共同使用和重复使用的条款的活动。

2.5　工地试验室标准化

工地试验室标准化是指为实现工地试验室检测数据客观性和准确性的目标，根据工程建设特点和施工现场实际情况，按照因地制宜、务求实效、经济适用的工作原则，通过硬件建设标准化、检测工作规范法、质量管理精细化、数据报告信息化等活动，实现工地试验室工作标准化、规范化、精细化。

2.6　计量

计量是实现单位统一、量值准确可靠的活动。

2.7　量值

量值是指全称量的值，简称值。用数和参照对象一起表示的量的大小。

2.8　量值溯源

量值溯源是指通过一条具有规定不确定度的不间断的比较链，使测量结果或测量标准的值能够与规定的参考标准（通常是国家计量基准或国际计量基准）联系起来的特性。

2.9　检定

检定或计量检定是"测量仪器的检定、计量器具的检定"的简称。它是查明和确认测量仪器符合法定要求的活动，包括检查、加标记和/或出具检定证书。

2.10　校准

校准是指在规定条件下的一组操作，其第一步是确定由测量标准提供的量值与相应示值之间的关系，第二步则是用此信息确定由示值获得测量结果的关系，这里测量标准提供的量值与相应示值都具有测量不确定度。

2.11　计量确认

计量确认是指为确保测量设备处于满足预期使用要求的状态所需要的一组操作。

2.12　期间核查

期间核查是指根据规定程序，为了确定计量标准、标准物质或其他测量仪器是否保持其原有状态而进行的操作。

2.13 参考标准

参考标准是参考测量标准的简称,指在给定组织或给定地区内指定用于校准或检定同类量其他测量标准的测量标准。

2.14 标准物质

标准物质是指具有足够均匀和稳定特定特性的物质,其特性被证实适用于测量中或标称特性检查中的预期用途。

2.15 有证标准物质

有证标准物质是指附有由权威机构发布的文件,提供使用有效程序获得的具有不确定度和溯源性的一个或多个特性量值的标准物质。

2.16 测量不确定度

测量不确定度是指根据所用到的信息,表征赋予被测量量值的分散性的非负参数。

3 编制依据

本章在编写过程中主要依据和参考以下文件、标准和指南:

(1)《铁路建设项目工程试验室管理标准》(Q/CR 9204—2015);

(2)《公路工程工地试验室标准化指南》;

(3)《公路水运工程试验检测管理办法》(交通部令 2005 年第 12 号);

(4)《检验检测机构资质认定能力评价检验检测机构通用要求》(RB/T 214—2017)。

4 工地试验室建设

城际铁路轨道交通的试验检测离不开工地试验室,工地试验室建设根据建设单位和施工需要,有三种建设方式。第一种是不建试验室:只建标准养护室,将制作好的混凝土试件放入标准养护室养护到一定龄期后外委检测抗压强度,其他所有需检测的原材料、半成品、成品全部外委检测。第二种是建简易试验室:有标准养护室、压力室,有的还有拉力室,能够压试块、拉钢筋。第三种是建常规检测工地试验室:能做大部分常规试验,少数常规试验和非常规试验外委检测。本章主要针对第三种工地试验室的建设。

4.1 选址

为保证试验检测工作的独立性,为试验检测人员创造良好的工作环境,工地试验室应有相对独立的活动场所,在选址时应充分考虑安全、环保、交通便利及工程质量管理要求等因素。

4.1.1 安全要求。

(1)避开山体崩塌、滑坡、泥石流、地面塌陷、地裂缝、地面沉降等地段。对台风、暴雨(雪)、寒潮、大风(沙尘暴)、低温、高温、雷电、冰雹自然灾害威胁,应有相应防范措施。

(2)与高压线路、通信线路和管线应保持一定的安全距离,与易燃、易爆品生产及储存区之间应保持一定的安全距离,并应有相应的消防安全保障条件及措施。

(3)不宜建在油库、有交通安全隐患的区域和地段。

4.1.2　环境要求。

(1)不宜建在污染企业、垃圾处理厂等易产生干扰的地段和区域。

(2)避开产生噪声、振动、电磁干扰、尘烟、液体、固体废物等有污染源的地段。

(3)对试验工作自身产生的上述危害,应采取相应的环境保护措施,防止造成对周围环境的影响。

4.1.3　管理要求。

(1)交通便利,具有水源、能源、信息交换和协作条件,通信畅通,满足信息化办公需求。

(2)宜设置在项目部驻地或其周边场所、交通通道均应硬化,排水设施应完善、合理。拌合场内或附近,便于项目集中管理,同时可减少往返交通成本。

(3)按合同段划分单独设立。工地试验室的设置应满足行业监管部门及建设单位的相关规定。一般设置原则:铁路工程项目管理跨度超过50km范围时宜增设试验分室,试验分室管理跨度在25km内。预制梁、轨枕(板)场应单独设置试验室;公路工程项目管理跨度超过15km范围时应增设试验分室,试验分室管理跨度在10km以内;其他工程类别的项目试验室设置应遵照有关规定执行。

(4)实行施工总承包的项目,宜按内部施工段落划分原则,分别设立独立的工地试验室。为适应实际管理的需要,也可按合同约定或经建设单位批准,全线按一定路线跨度设立一个或多个工地试验室。当线路跨度较大或交通不便时,应按第4.1.3条第(3)款规定执行。

4.2　规划

工地试验室应根据工作、生活、院落及周围所需面积,合理利用原有地形、地貌、地物、水面和空间以及现有的设施等,并按照以下原则进行合理规划,规划方案应满足试验检测工作需要和标准化建设有关规定,经项目建设单位有关部门审核后开始实施。

4.2.1　基本原则。

(1)分区设置原则

工地试验室应将工作区和生活区分开设置,工作区总体上可分为功能室、办公室和资料室(以下简称为“各工作室”)。各功能室应独立设置,并根据不同的试验检测项目配置满足要求的基础设施和环境条件。

(2)布局合理原则

工地试验室应按照试验检测流程和工作相关性进行合理布局,符合“操作便利、动静分离、干湿分离”的原则,保证样品流转顺畅,方便操作。如水泥混凝土室、力学室和标准养护室,沥青室和沥青混合料室,样品室、办公室和资料室等宜相邻设置。

(3)互不干扰原则

工地试验室应对造成相互干扰和影响的工作区域进行隔离设置,如有振动源的土工室与需要精密称量的化学室,相对湿度大于95%的标养室与资料室、办公室等不宜相邻设置。

(4)经济适用原则

工地试验室标准化建设坚持因地制宜、务求实效和经济适用的工作原则,目标是保证试验检测数据的客观性和准确性,而不是盲目过分加大投入,片面追求表面效应。

4.2.2　功能室设置。

(1)工地试验室功能室的设置应根据工程内容、工程量和所开展的试验检测项目等确定。

(2)功能室应根据工程内容和特点选择设置,一般分为土工室、集料室、石料室、胶凝材料室、混凝土室、力学室、标准养护室、沥青室、沥青混合料室、化学室、现场检测检室、样品室、留样室、储藏室等。具体设置模式可参照表25-1。

工地试验室功能室设置模式一览表　　表 25-1

工程类别 / 功能室名称	路基工程	桥梁工程	隧道工程	路面工程
土工室	√	—	—	√
集料室	√	√	√	√
石料室(加工)	—	—	√	—
胶凝材料室	√	√	√	√
混凝土室	√	√	√	√
力学室	√	√	√	√
标准养护室	√	√	√	√
沥青室	—	—	—	√
沥青混合料室	—	—	—	√
化学室	—	—	—	√
现场检测检室	√	√	√	√
样品室	√	√	√	√
留样室	√	√	√	√
储藏室	√	√	√	√

注:"√"表示需要设置,"—"表示视需要设置。

(3)房建、交通安全设施、机电等附属工程如需设立工地试验室,可以结合实际情况和工作内容参照以上模式设置。

4.2.3　面积及空间。

(1)工地试验室在建设前,应提前规划各功能室的基础设施(包括操作台、上下水等)、仪器设备的摆放位置、人员操作和行动通道、门窗位置等绘图计算实际需要的使用面积及所需的空间。

(2)各工作室的使用面积要合理设置(参考表 25-2,可根据实际情况灵活掌握和调整),满足试验检测工作需要和环境条件要求,同时注意长、宽比例协调,保证整体布局合理,美观大方。

工地试验室各工作室使用面积推荐表　　表 25-2

名称	土工室	集料室	石料室	胶凝材料室	混凝土室
面积	≥20m^2	≥15m^2	≥20m^2	≥20m^2	≥25m^2
名称	力学室	沥青室	沥青混合料室	化学室	样品室
面积	≥25m^2	≥20m^2	≥25m^2	≥12m^2	≥15m^2
名称	留样室	现场检测室	储藏室	办公室	资料室
面积	≥12m^2	≥15m^2	≥12m^2	≥6m^2/人	≥15m^2
名称	标准养护室				
面积	1. 根据高峰期试件养护的最大数量、样品架的容量及占用面积、室内共用面积、温湿度控制仪的功率确定,一般不小于 30m^2。 2. 为降低运行成本、节约能耗,可考虑设置两个标准养护室(单个面积应≥20m^2)				

(3)有温度、湿度要求的功能室净高超过 3m 时应采用吊顶或其他合理方式压缩高度,以便保温、保湿且节约能耗。

(4)房屋净高一般不低于 2.6m(有温度、湿度要求的不超过 3m),宽度不小于 1.2m;室内地面高度宜高于室外 0.15m。

4.3 房屋建设

工地试验室用房可新建或租用现有房屋。新建房屋应综合考虑极端气候和自然灾害的影响,必要时采取加固处理措施,保证其在使用周期内的安全性。租用房屋应安全、坚固,其空间、面积、通风、采光和保温等条件应满足使用要求。

4.3.1 新建房屋。

(1)房屋结构设计应综合考虑空间跨度以及暴风雪等极端气候的影响,必要时采取加固处理,保证其使用周期内安全可靠;为保证良好的气象条件,一般宜为南北朝向。

(2)房屋地基基础应进行夯实,周边场地应做硬化处理,院内及门口可适当绿化,同时考虑防排水、环保等因素。

(3)房屋建筑应选择坚固、安全、环保和保温的材料,如建筑用金属面绝热夹芯板等,但不得使用帐篷、石膏板房等不能保证安全和环境条件的简易用房。

(4)房屋净高一般不低于2.6m,房屋外面应设置挑檐或雨搭,宽度不小于1.2m;房屋周围地面铺满散水,宽度不小于1m。两排房屋之间应保留不小于4m的消防通道净宽。

(5)房屋室内地面高度宜高于室外0.15m,表面应平整、坚固、耐磨、防水、防滑,可铺设统一规格的硬质材料如混凝土砂浆、浅色防滑瓷砖、水磨石等。标准养护室的地面可采用水泥混凝土浇筑、防水砂浆抹面,设置蓄水沉淀池且安装顶盖;地面应设有一定坡度的放射状水槽或环形水槽,水槽端面尺寸和数量满足防止地面积水、形成养护水回流且不影响养护架摆放,水槽应与蓄水沉淀池相通。

(6)房屋宜前后开窗,采用天然的侧面采光,窗地面积比建议不小于1:6,且宜设不小于窗面积1/3的可开启窗扇;标准养护室不设置窗户。

(7)房屋门洞口的尺寸一般为高×宽=2.1m×1m,对于有超宽超高设备的功能室,尺寸可适当调整或设置双开门,保证人员、设备进出方便,同时采取防潮、防虫、防啮齿动物损伤等防护措施。标准养护室的门应采用密封性好且防潮的材料制作,不宜直接对外,宜设置过渡间;化学间、沥青室、沥青混合料室等宜发生火灾、爆炸、化学品伤害等事故的功能室的门宜向外开(便于发生危险情况逃生);样品室(料棚)可采用卷闸门(方便样品出入)。

(8)对于用彩钢板搭建的标准养护室,可紧贴彩钢板内侧,且住空心砖墙,并用防水砂浆抹面或粘贴PVC防水板,房顶加保温层吊顶。

4.3.2 租用房屋。

(1)工地试验室如租用既有房屋,应在租用前对其房屋的结构、设施、周边环境等进行考察:

①房屋场地是否集中,交通便利、信息畅通。

②房屋面积、空间及室内设施(水、电、暖、通风、采光、安全等)是否符合或改造后符合工地试验室标准化建设要求。

③出租方是否同意进行适当地改造,改造成本应与新建房进行比较。

④如果确定租用,租用期应满足工期需要。

(2)对于租用的既有房屋,如需隔断,应采用空心砖或不小于10cm厚的彩钢板通告阻隔,有温度湿度要求的功能室进行隔断时接缝处要进行密封处理。

4.4 环境建设

4.4.1 给水、排水。

各功能室给、排水设计应满足试验检测工作需要,并符合安全、卫生、经济、适用等要求,同时便于管理、维修。

(1)给水系统选择应根据生产、生活及消防各项用水对水质、水温、水压和水量的要求,并结合室外给水系统等因素,经技术经济比较后确定。

(2)各功能室均应设置上下水,室内水池、水龙头宜设置在操作台边部且与操作台体结合在一起,排水口应有过滤和水封装置,下水连接管采用硬质管,设弯头并保证通畅。

(3)排水系统选择应根据污水的性质、流量、排放规律并结合室外排水条件确定。排水管要有一定的坡度,转弯要少,排水管直接排水总管。在年降雨量较大的地区可采用明沟排水。

4.4.2 通风、采光。

(1)各工作室应有与室外空气直接流通的窗口,通风开口面积不宜小于房间地板面积的1/20。

(2)试验过程中使用或产生有毒有害物质的功能室如化学室、沥青室、沥青混合料室等,应根据试验项目、污染程度、范围、工作量的大小,采用合理有效的通风设施,如采用通风罩、强排气扇等局部机械通风设施。

(3)储存危险化学品的功能室宜安装通排风设施,并注意设备的防护设施;通排风设施应设有导出静电的接地装置;通风管应采用不燃材料制作;通风管道不宜穿过防火墙等防火分隔物,如必须穿过是应用不燃材料分隔。

(4)各工作室如果自然采光不足,可增加照明设施;如果光线过强,可挂窗帘遮阳;标准养护室应配置一定数量的防水灯具,保证采光满足工作需求。

4.4.3 供电。

工地试验室使用的电气设备和临时用电设施的安装应符合《供配电系统设计规范》(GB 50052—2009)、《施工现场临时用电安全技术规范》(JGJ 46—2005)等有关规定,保证用电安全。

(1)根据各工作室的用电设备计算出整个工作区的用电量即总功率,采用独立的专用线集中配电保障供电需求,用电设备及部位按照三级负荷供电。线路敷设、开关、插座应在仪器设备安装就位后,根据实际使用需求布置安装。

(2)为保证养护、必须在规定时间开展的试验项目、必要的办公等设施正常运行,宜配备自备电源(发电设备),电源功率宜大于或等于整个工作区总功率的1.25倍,一般按不小于15kW考虑。

(3)在变压器或发电机上应设置工作接地,有金属外壳的仪器设备应设置保护接地等安全保护措施。

(4)电源进线处应设置明显切断装置(电力总闸),各功能室的工作用电不应与照明用电共用线路。宜采用铜芯导线(电缆)铺设专用电路。

(5)电路布设统一采用白色线槽明敷,不同电压或频率的线路应分别单独敷设,不得在同一管内敷设。线槽应采用难燃材料,便于安装、拆卸和维修维护,严禁线路乱拉、乱搭和乱接。

(6)插座规格型号应与仪器设备的插头相匹配,采用效率高、能耗低、安全接地、有漏电保护措施的性能先进的集中配电箱,且每个功能室应设置一个电路总开关。

(7)插座安装高度距地面或操作台面不小于0.3m,防止冲洗时进水漏电,并且不影响仪器设备的放置和操作。插座应有开关控制和保险设备,确保人身安全。

(8)电气开关安装高度距地面高1.3~1.5m,拉线开关安装高度距地面高2~3m,距门口150~200mm,且拉线的出口应向下。扳把开关或跷板开关安装距地面高1.4m,距门口150~200m,开关不得置于单扇门后。多尘、潮湿场所和户外应选用防水瓷制拉线开关或加装保护箱。

(9)计算机和微机控制的精密仪器对供电电压和频率有一定要求。为防止电压瞬变、瞬时停电、电压不足等影响仪器设备工作,应选用不间断电源。

(10)烘箱、高温炉、空调、加湿器等电热设备应采用专用插座、开关及熔断器,较大负荷用电器应单独设回路,并安装相应的自动保护开关。

(11)标准养护室的电路及灯具应采用相应防护等级的防水灯具或带防水灯头的开敞式灯具。

4.4.4 温度、湿度。

(1)对环境温度、湿度有要求的功能室,应根据室内面积和空间大小,在不影响试验检测结果的位置安装相应功率的空调、加湿器等温度、湿度控制设备。室内应悬挂经过检定/校准的温湿度计,对于空间较大的功能室及标准养护室应在室内不同区域悬挂不少于2个温湿度计。

(2)对温度没有特殊要求的功能室,工作期间温度一般应控制为:夏季不高于30℃,冬季不低于10℃。

4.4.5 安全。

(1)工地试验室的工作区应有必要的防火、防盗等安全措施,包括:试验室外窗应安装防盗网;每个试验室应备有不少于0.5m^3消防砂和足够数量的消防桶、消防锹等消防工具,办公区域和各功能室均应配置灭火器。

(2)现场取样和现场试验检测工作中如存在安全隐患,试验检测人员应佩戴安全帽等防护用品;在进行高温加热操作、使用危险化学品、维修电器设备等过程中,试验检测人员应佩戴相应的劳动防护用品。

(3)对限制人员进入的工作区或室应在其明显部位或门上设置提醒标志。

(4)如果工地试验室为独立院落,应设置大门,并加强安保工作。

4.4.6 环保。

(1)工地试验室应保持室内外环境干净、整洁,日常清扫及检查工作应落实到人。

(2)工地试验室产生的废水、废气、废渣应安全排放。试验废水应经沉淀后方能排放,化学废液应进行中和处理后方能排放。试验固体废弃物应集中存放,定期清理到指定位置,不得随意摆放、丢弃。

(3)凡含有毒和有害物质的污水,均应进行必要的处理,符合国家排放标准后,方可排放;酸、碱污水应进行中和处理,对于较纯的溶剂废液或贵重试剂,宜在技术经济比较后回收利用。

4.5 其他设施

4.5.1 主要仪器设备安装方案。

(1)工地试验室应对造成相互干扰和影响的工作区域进行隔离设置,如有振动源的土工室、水泥室、集料室、混凝土室与需要精密称量的化学室,相对湿度大于95%的标准养护室与资料室、办公室不宜相邻。

(2)设备按照设备使用说明书或试验规程相关要求进行安装。对万能试验机、压力机、击实仪、摇筛机等基础有要求的设备浇筑混凝土基础,在工地试验室建设时根据布局预留基座,基座顶面保持水平,设备就位调平后采用地脚螺栓与基座固定。水泥胶砂试件成型振实台基座由高度约为400mm、体积约为0.25m^3、质量约为600kg的水泥混凝土浇筑而成。胶砂流动度测定仪基座用长和宽约为400mm、高度约为690mm,密度至少为2240kg/m^3的重水泥混凝土浇筑而成。为防外部振实效果,可在整个水泥混凝土基座下放一层厚约5mm的天然橡胶性衬垫,然后将仪器用地脚钉固定在基座上,安装后设备成水平状态,仪器底座与基座之间要铺一层砂浆以保证其完全接触。

(3)沸煮箱隔离放置,避免影响环境温湿度,用外箱罩住,外箱上接入直径为10cm的塑料管通向室外。

(4)对各功能室配置空调,水泥室需配备加湿装置,化学室设置排风扇。各功能室配备至少一个温湿度表,按规定记录仪器使用(运行)和温湿度记录,加强对环境条件的监控。对于空间较大的养护室,在不同区域对角处悬挂不少于两个温湿度表。

(5)标准养护室采用密封性好且防潮材料的门,并设置过渡间。室内采用防水灯照明,配置全自动温湿设备,室内设置两个温湿度表,悬挂于室内感应器位置旁边,地面上设置环形水槽将水排向室外。

4.5.2 样品架。

样品架(留样、样品)、储存架、筛架、冷弯冲头架购买自行拼装组合架,满足承重刚度要求,冷弯冲头架上面要粘贴冲头尺寸标签,以便冷弯冲头按标签标注的顺序排放。试块样品架不直接接触墙壁,数量应满足工程建设高峰期试件养护最大数量需求。标准养护室内设置的试件养护架,采用5×5的角钢焊接而成,喷涂防锈漆,分层搁架镂空处理,保证试块养护效果,每个养护架用阿拉伯数字编号,每层用大写英文字母标记。

4.5.3 操作台。

操作台高度应控制在70~90cm之间,台面宽度为60~80cm之间,台面宜采用光洁、耐磨、耐腐蚀的材料。台下可根据操作台结构设置储物隔柜,储物隔柜立面应采用统一材料遮挡,保持美观。

4.6 标牌、标志

(1)工地试验室申报完成后制作专用铭牌悬挂于醒目处,铭牌内容与工地试验室印章内容一致,采用金底黑字,尺寸为宽×高=80cm×60cm,悬挂位置为底边距离地面160cm。

(2)工地试验室办公室及功能室门框上方张贴有统一规格的门牌标识,尺寸为宽×高=30cm×15cm,宜固定在门或门侧墙的上方。

(3)工地试验室办公室应在醒目位置,悬挂工地试验室备案证书、授权委托书、组织机构框图、试验人员公示牌、试验人员职责、试验流程图等标牌,功能室应悬挂主要仪器设备的操作规程等图框,尺寸一般为宽×高=60cm×90cm。图框可根据实际内容适当对宽度进行调整,图框底边距离地面高度为150cm,布局协调、美观。

(4)工地试验室办公室应在墙体合适位置张贴工地晴雨表、人员考勤表、人员去向表等图表,在靠近门口处统一安装金属挂钩用于悬挂安全帽。

(5)功能室内主要设备旁边墙体上应悬挂统一规格的规章制度、仪器设备操作规程,并加盖“受控”章;仪器设备校准报告必须上墙并经审核签字确认。

(6)仪器设备的管理标识(仪器设备管理卡),内容包括设备名称、设备编号、规格型号、出厂编号、生产厂家、购置日期、管理人员(与仪器设备管理档案中的信息应一致),尺寸为宽×高=85mm×55mm,管理卡采用普通纸张塑封制作,不易变形且可重复利用,固定在仪器设备上;对于小型仪器做成小吊牌系在仪器设备上。

4.7 人员配备

工地试验室应综合考虑工程特点、工程量大小及工程复杂程度、工期要求等因素,科学合理地确定试验检测人员数量,确保试验检测工作正常开展。

(1)试验人员应具备相应资格,持证上岗,专业配置合理,能涵盖工程涉及专业范围和内容。人员配置情况应满足合同、标准要求及现场施工需要。

(2)工地试验室人员岗位设置的一般要求:

设置主任、技术负责人、质量负责人、信息化管理员、试验人员、辅助人员等岗位。中心试验室持岗位资格证书的人员不少于8人,且具有工程师及以上技术职称的不应少于2人;试验分室持岗位资格证书的人员不宜少于6人,且具有工程师及以上技术职称的不应少于1人;铁路预制箱梁场试验室持岗位资格证书的人员不少于8人,铁路预制T梁场不少于6人,铁路预制板场不少于5人,且具有工程师及以上技术职称的不应少于1人。

(3)试验检测人员(含外聘人员)应在母体试验机构登记备案。

(4)试验检测人员不得同时受聘于两家或两家以上的工地试验室。

(5)工地试验室不得聘用信用很差的试验检测人员从事试验检测工作。

(6)工地试验室应按一人一档要求建立试验人员档案,基本档案材料包括:个人简历,人员资格证书、学历证书、职称证书、身份证影印件,培训和考核记录等。

(7)试验检测报告批准人应是母体试验室资质认定的授权签字人。

(8)人员应保持稳定,主要人员变更应经母体试验室确认,并报建设单位审批。

(9)工地试验室应编制人员学习培训计划,在试验室筹建初期应对所有试验检测人员进行母体试验室管理体系文件、各种试验管理制度进行宣贯培训。在仪器更新后或投入使用前、新标准或新方法实施前,应组织试验检测人员集中进行业务学习、讨论。定期对各岗位专业人员进行考核。

4.8　设备配置

(1)工地试验室应按照合同要求和母体检测机构授权范围内的试验检测项目及参数配备相应的仪器设备和辅助工具,使用频率高的仪器设备在数量上应能满足周转需要。仪器设备的功能、准确度和技术指标均应符合现行规范、规程要求。

(2)对使用频率低且价格昂贵的试验仪器设备,经验收单位审核同意后可不配备,相关试验项目委外。

(3)试验仪器设备的管理编号可分类编号,类别号规定:1 为万能机、2 为压力机、3 为水泥设备、4 为混凝土设备、5 为土工设备、6 为高铁设备、7 为计量设备、8 为其他设备。

(4)工地试验室应按照母体试验室的管理体系文件要求建立仪器设备档案(设备档案卷内目录清单)。基本档案材料应包括:设备履历表、设备说明书、出厂合格证、历年历次检校证书或记录、检校合格确认表、维修维护记录、运行记录等。

(5)工地试验室应编制试验检测仪器设备管理台账,制订周期检定/校准/校验计划,定期检定/校准/校验和维护仪器设备。对可自行校验的仪器设备,工地必配备符合量值溯源要求的专用计量器具,有与其从事检测和/或校准活动相适应的专业技术人员,按照相关试验检测仪器校验方法进行校验。

(6)工地试验室所有仪器设备均应建立仪器设备管理卡(图 25-1),并张贴在仪器设备的适当位置;所有仪器设备均实行标识管理,应用“三色标识”表明其受控及检定或校准状态,并将标识粘贴在仪器设备醒目处。

<table>
<tr><td colspan="4">单位名称</td></tr>
<tr><td>仪器设备名称</td><td colspan="3"></td></tr>
<tr><td>管理编号</td><td></td><td>规格型号</td><td></td></tr>
<tr><td>出厂编号</td><td></td><td>生产厂家</td><td></td></tr>
<tr><td>购置日期</td><td></td><td>管理人员</td><td></td></tr>
</table>

图 25-1　仪器设备管理卡图例

(7)对于小型且不易粘贴标识的仪器设备,可采用微型编号进行标识,如环刀、玻璃量具、温度计、各类试模等。

(8)仪器设备应按照优化试验检测工作流程、整体布局合理、同步作业不形成相互干扰的原则进行布置。

(9)仪器设备应严格按照试验检测规程和使用说明书中相关要求进行安装与调试,设备离墙至少保持 50cm 距离。

(10)功能室内主要设备旁边墙面上应悬挂统一规格的仪器设备操作规程。

(11)压力机、万能材料试验机等力学设备应设置金属防护罩或安全防护网,防护网网眼尺寸不大于 1cm×1cm,防护网应保证安全、方便操作、美观大方。

(12)工地试验室应加强仪器设备期间核查管理,制订期间核查计划,开展有效的期间核查,填写“试验检测仪器设备期间核查情况登记表”。

4.9 办公设施

工地试验室应配备必要的办公设施,办公环境应保持整洁、干净、舒适、通风和采光良好。

(1)办公室宜设计成单间式或半开放式办公室,保证授权负责人有独立的办公区域,试验检测人员每人使用面积不小于 $6m^2$。

(2)办公室应配备办公桌椅、文件柜、计算机、打印机、复印机、扫描仪、空调等办公设备,具备网络通信条件,为试验检测人员提供良好的工作环境。

(3)资料室应配备一定数量的金属文件柜,布置摆放整齐,并采取防火、防盗、防潮、防蛀等措施。

(4)有条件的工地试验室可设立小型会议室,配备会议桌椅、多媒体放映等办公设施。

4.10 交通工具

工地试验室应根据合同要求、工作内容和距离配备一定数量的、性能较好的专用车辆,保证现场取样、外业检测和外委试验检测等工作顺利开展。

4.11 体系与文化建设

(1)工地试验室由于组织机构、工作流程相对简单,可按照母体试验室的质量管理体系,结合工程特点,将工地试验室涉及的必要管理要求、技术要求建立各项管理制度和作业指导书,形成工地试验室质量管理体系文件。

(2)管理制度一般包括试验室工作职责、主要岗位人员职责、试验检测工作制度、人员管理制度、仪器设备管理制度、样品管理制度、档案资料管理制度、安全生产管理制度、工作环境管理制度等。

(3)工地试验室应加强质量体系文件和各项管理制度的宣贯工作,并予以记录。

(4)工地试验室应积极营造“诚实守信、科学规范”的工地检测文化氛围,将“科学、客观、严谨、公正”的理念,融入具体试验检测工作中。

5 工地试验室管理

5.1 职责范围

工地试验室按照规定到项目质监机构登记备案后,在母体试验室授权的业务范围内,为工程建设现场提供试验检测服务并出具试验检测报告,不得对外承揽试验检测业务,不得对社会出具试验检测报告。

5.2 组织机构

工地试验室应建立完善的组织机构,通过组织机构框图和岗位职责描述表明各部门、各岗位的职责和相互关系。

5.2.1 组织机构框图。

(1)为表明工地试验室的隶属关系和各工作室之间的关系,绘制内部和外部组织机构框图。用方框图表示各管理单位、岗位或相应的工作室,箭头表示管理的指向,通过箭头将个框图连接,明确各管理单位、岗位或相应的工作室在组织机构中的地位及相互之间的组织结构关系。

(2)内部组织机构框图内容根据工地试验室的特点、大小和职责等因素确定,包括工地试验室名称、授权负责人、各工作室等相互之间的组织结构关系。

(3)外部组织机构框图内容表示工地试验室的地位和外部关系,实线表明与母体试验室等直接管理部门的关系,虚线表示与项目建设单位、质监机构等间接管理部门的关系。

5.2.2 岗位职责。

(1)工地试验室实行授权负责人责任制,授权负责人对工地试验室运行管理工作和试验检测活动全面负责,主要由以下职责:

①审定和管理工地试验室资源配置,确保工地试验室人员、设备、环境等满足试验检测工作需要。签发工地试验室出具的试验检测报告,对试验检测数据及报告的真实性、准确性负责。对违规人员有权辞退。

②建立完善的工地试验室质量保证体系和管理制度,包括人员、设备、环境以及试验检测流程、样品管理、操作规程、不合格品处理等各项制度,并监督各项制度的有效执行。

③严格按照国家和行业标准、规范、规程以及合同的约定独立开展试验检测工作。有权拒绝影响试验检测活动公正性、独立性的外部干扰,保证试验检测数据客观、公正、准确。

④实行不合格品报告制度,对于签发的涉及结构安全的产品或试验检测项目不合格报告,工地试验室授权负责人应在2个工作日之内报送项目建设单位,抄送项目质量监督机构,并建立不合格试验检测项目台账。

(2)制定各工作室和关键人员岗位职责,以试验检测为主线,把整个试验检测过程的职责落实到各工作室和各关键岗位,做到全覆盖、不空缺、不重叠,界定清楚、职责明确。

(3)工地试验室的各工作室和关键人员岗位应包括各工作室负责人、仪器设备管理员、样品管理员、资料管理员和试验检测人员等。

(4)明确各工作室和各关键岗位人员应具备的基本素质、专业知识和工作经验等,对试验检测人员进行能力考核和确认,确定其相应的工作岗位。

5.3 人员

(1)工地试验室应加强试验检测人员考勤管理,确保日常工作有效开展。

(2)工地试验室应保持试验检测人员相对稳定,因特殊情况确需变动的,应由母体检测机构报经建设单位同意,并向项目质监机构备案。

(3)工地试验室应将试验检测人员的姓名、岗位、照片等信息予以公开。试验检测人员进行作业时应统一着装并挂牌上岗。

(4)工地试验室应重视试验检测人员劳动保护工作。试验检测人员在进行有毒、有腐蚀性、有强噪声等试验操作时,必须按要求佩戴相应的防护用具。

(5)工地试验室应制订全员学习培训计划,定期或不定期地组织学习有关政策、质量体系文件、标准、规范、规程以及试验检测操作技能、职业素养等知识,不断提高试验检测人员综合能力和水平。

(6)工地试验室应按照规定及时对试验检测人员进行年度信用评价。

5.4 仪器设备

工地试验室应建立试验检测仪器设备管理制度,按照本章第4.8小节内容在仪器设备配置和安装调试结束后,填写相关仪器设备台账,并从仪器设备检定/校准、使用、维护、维修、期间核查、移动、闲置与报废和档案管理环节加强管理。

(1)仪器设备到货后,指定专人开箱验收并尽快安装调试,并填写“开箱验收记录单”。若存在质量问题,应及时与生产厂家联系包修或退货。

(2)接收新仪器设备后,若是固定资产,则应在一个月内按财务规定组资,建立固资卡片台账等,做到账物相符;若为低值易耗品,则应登账。

(3)新购或调遣和维修的试验仪器必须按试验仪器周检计划,进行检定或校验。检定应根据就近、就地的原则选择有资质的计量检定单位实施计量检定。校验应由取得铁道部门产品质量检验中心颁发的试验上岗证书且有10年以上的同岗位工作经验的试验人员进行,并按《工程试验专用仪器校验方法》进行校验。

(4)试验仪器设备的性能状态标志管理:

所有检测配置的仪器、设备、量具应具有唯一性编码标识,并实施"绿、黄、红"三色标志管理,绿、黄、红三色标志的使用及定义如下:

①绿色标志:经验收后检定/校准/验证后达到使用量值和功能要求的仪器设备、量具。

②黄色标志:某一功能或某一指标达不到仪器本身要求,但又可以限制使用的。

③红色标志:仪器设备损坏,经检定/校准/验证技术指标达不到使用要求的、超过检定/校准/验证周期的、怀疑仪器设备有失准问题的、封存备用的。

(5)项目工地试验室须建立试验仪器设备台账、档案,档案内容包括履历书、开箱验收记录、使用维护记录,仪器说明书及出厂合格证,检定证书、校准报告。

(6)对主要仪器设备应根据仪器说明书及有关试验检测方法制定仪器操作规程及注意事项,经试验室主任审核后,规范制作,张贴上墙。

(7)试验仪器设备由专人保管,试验仪器保管员应对所保管的仪器负责,保管人变动时须办理移交手续,一式三份,保管人、接收人、试验室各存一份,以便以后出现问题时可追查。

(8)使用贵重、大型、精密进口仪器设备的人员均应通过有关业务部门培训,考核合格者方准使用。

(9)建立仪器检定周期计划表,仪器设备的检定、校验周期期满时,不论在此期限内是否使用或次数多少均应进行周检。经检定、校验合格后方准继续使用。

(10)仪器设备除周期检定、校验外,保管人还应会同使用及修理人员不定期地进行检修以确保其功能正常、性能完好、精度满足检测工作的要求。

(11)定期对试验仪器设备进行保养及维护,并形成维护记录。对于不经常使用的设备要定期通电,开机运转,防止锈坏,并填写仪器维护记录。

(12)仪器设备在使用时如发生故障或有异常情况时应立即停止使用并及时通知维修人员检修。检修完毕,调试正常经检定合格后,方准恢复使用。

(13)使用仪器设备前,使用人员必须检查仪器设备是否完好,运转是否正常。使用完毕后应清扫干净,并做好使用记录。

(14)精密、贵重、大型仪器设备的安放位置不得随意变动,如需变动,事先应报告试验室主任获得同意,安装后应重新进行检定或校验。

(15)各工地现场试验组应服从并协助项目经理部内的试验仪器的调配,试验仪器在调拨时,双方办理调拨手续并签字。已损坏设备的维修费用由原使用方承担。

(16)检测仪器设备不得挪作他用,对于长期不用的电子仪器设备,每月应通电运转一次,每次不少于30min,并做好记录。

(17)仪器的外借应经试验室主任批准。借出与退还都应仔细检查设备的功能是否正常,附件是否齐全,并办理交接手续。

(18)检测仪器设备技术性能降低时,应由检定校验或维修人员根据检定、校验和检修结果,提出使用范围建议,经母体试验室主任批准后,实施降级使用处理。降级使用情况应存入仪器设备档案。

(19)试验仪器一般情况下应达到规定的使用年限,主要试验仪器的使用年限一般为10年;确因仪器设备老化、淘汰,经维修后其技术性能仍无法满足要求的,应由试验室室负责人提出报废建议,填写固资拆除、报废申请表一式五份,并指定专人组成鉴定小组进行技术鉴定,签注报废意见后逐级上报,办理报废手续。

5.5 参考标准和有证标准物质

工地试验室应建立参考标准和有证标准物质管理制度,参考标准和有证标准物质应由专人保管,并对使用维护进行记录。参考标准和有证标准物质除应满足以上对仪器设备的相关要求外,还应注意以下事项:

(1)参考标准是具有量值传递功能的试验室最高计量标准,应由法定的计量检定机构进行检定。工地试验室可以采用的参考标准一般有标准砝码、标准温度计、天平、尺、百分表、秒表、钢砧等。参考标准作为试验室内部的最高标准器具一般用于自校验、期间核查工作,不得将其作为工作计量器具使用,不得借出其他试验室使用。

(2)工地试验室可能使用到的有证标准物质一般有水泥细度(比表面积)标准粉、邻苯二甲酸(混合磷酸盐、硼砂)pH标准物质、水泥胶砂流动度标准样等,应妥善保存有证标准物质的技术文件,建立统一的有证标准物质档案,便于查询和使用。技术文件应包含标准物质名称和编号、研制单位和生产单位名称、地址及联系方式、包装、储存和运输方式、特性量值及测量方法、标准物质的不确定度、均匀性和稳定性的说明、有效期、使用中注意事项及必要的参考文献和CMC标记等信息。工地试验室使用到的标准砂、基准水泥等可按照消耗材料进行严格管理。

(3)使用人员应严格按照程序使用参考标准和有证标准物质,定期对其进行检查,检查标识、有效期、合格证、使用功能等,一旦发现异常,应及时上报并通过重新检定合格与否来判定是否可以继续使用。不合格的参考标准和超期失效的标准物质应报废或销毁。

(4)母体试验室应对参考标准和有证标准物质的购置、处置、运输、储存和使用等环节进行指导和监督检查,保证其存放与使用符合国家有关规定。

5.6 样品

工地试验室应建立样品管理制度,对样品的取样、运输、标识、流转、留样与处置等全过程实施严格控制与管理。

5.6.1 取样与运输。

(1)施工单位工地试验室在收到项目材料物资部门材料进货通知后,监理单位工地试验室在收到施工单位项目部相关材料报验单后应及时对材料进行取样。

(2)取样方法应符合规范、规程要求,具有代表性。取样数量应满足试验过程需要,同时考虑留样数量要求。

(3)取样应有取样记录。取样记录中应包含取样时间、地点、取样样品标的规格型号、材料部门核定的进场(代表)数量、样品自编号等基本信息。取样人应在取样记录中签字,如有见证人也应在记录中签字。取样记录的格式可由项目建设单位统一制订。

(4)当取样作为检测工作的一部分,即在现场抽样试验时,可将抽样记录直接记录在原始记录上,如与环境存在关联,还应有环境记录。

(5)取样应建立台账,取样台账、取样记录应与试验原始记录、报告一并存档。

(6)在运输过程中应保证样品不受损、不丢失,保证不会影响样品的完整性和试验结果的准确性。

5.6.2　标识与流转

(1)为确保每个样品在流转过程中不会发生混淆并具有可追溯性,应对样品进行唯一性标识,内容包括样品名称、样品编号、规格型号、取样日期、流转状态等信息。样品标识牌如图25-2所示。

工程名称				
样品名称				
取样部位				
状态描述				
样品数量		取样日期		
样品编号		代表数量		
规格型号		批号		
进场日期		生产厂家		
取样人员		见证人员		
检测状态	待检◇	在检◇	已检◇	留样◇

图25-2　样品标识牌

(2)样品应有专人负责管理。

(3)工地试验室应建立统一的样品编号规则并按规则对取样样品进行编号。

(4)试验室对样品应进行识别管理。识别信息应含样品名称、规格型号、样品编号及样品状态(待检/在检/已检/留存)。样品识别标识应清晰、准确,与样品或样品包装包裹物接触牢固、紧密。桶装和瓶装样品宜直接正面粘贴,袋装样品宜直接粘贴在相同尺寸的硬板上,然后用细铁丝绑扎于袋口处;混凝土试件标识宜在最后一次抹面后用铁丝或钢钉刻在试件表面,其内容为构造物名称(可用字母代号)、构件部位、强度等级和制作日期。

5.6.3　留样、处置与销毁。

(1)对于水泥等样品,试验室应取封存样。在对样品进行有效密封后编号标识、贴上封条,封条上应进行识别标识。

(2)样品存储环境应符合相关要求。有毒、有害及易燃物品应设专区存放。

(3)试验样品在试验完成后、留样样品在规定留样时间到期后应按环境管理要求进行处置。

(4)监理单位抽检的水泥混凝土试件样品成型后可在施工单位工地试验室标准养护室进行养护保存,但存放时间不得超过10d,监理单位应在样品上认真标识并督促施工单位进行妥善保管。

(5)试验室应建立样品台账(含留样台账)、样品出入库登记台账。

(6)水泥、外加剂、沥青等原材料的样品保留期限一般不少于90d。

(7)其他样品根据建设单位、监理及工程实际需要确定留存时间。

(8)所有不合格样品应长期保留,直到处理意见闭合,相关单位批准后方可处置。

(9)样品的处置与销毁应符合安全和环保要求,一般样品经试验检测合格后即可自行处理,水泥等样品应至留样期限满无异议后自行处理,水泥混凝土等试件残体应堆放整齐,按建筑垃圾集中处理。

5.7　化学品(试剂)及其他耗材

工地试验室应建立化学品(试剂)管理制度,从购买、存放、领用、使用及处置等环节加强管理;化学品(试剂)可通过包装上标签的内容确定是否属于危险化学品,应严格按照《危险化学品安全管理条例》等有关规定进行管理。

5.7.1 购买。

化学品(试剂)应即买即用,不得大量长期储存;购买时应以最小包装为购买单元;对购买的化学品(试剂)、蒸馏水等应进行验收,确认其包装、标识、成分、有效期等是否满足要求,建立验收记录,填写"化学品(试剂)购置情况登记表"。不得使用超出有效期的化学品(试剂)。

5.7.2 存放。

一般化学品(试剂)应分类存放于柜内,室温保持在5~30℃之间且避光通风,并对其进行定期查看,保证化学品(试剂)密封性良好,并在保质期内;如果属于危险化学品应分区分类用金属专柜存放,并张贴危险警示标志。

5.7.3 领用。

(1)化学品(试剂)应有专人保管,用多少领多少,谁用谁领谁签字,填写"化学品(试剂)领用记录",做到账务相符。

(2)危险化学品实行双人双锁管理,当天领取当天使用并把余量交回,专人用专人领,谁用谁领谁签字谁负责。

5.7.4 使用及处置。

(1)使用化学品(试剂)的人员应接受专业培训,具备相应能力,熟练掌握化学品(试剂)的性质,使用和操作规范。

(2)使用危险化学品时,要采用有效的防护和应急处理措施;应有专业人员在场监督,以防操作失误、发生危险、造成伤害;一旦发生危险或事故能够共同积极采取措施,防止事态扩大,迅速报告或报警。

(3)标准溶液应严格按照试验规程进行配制,填写"标准溶液配制记录",配制好的溶液应进行标识,内容包括溶液名称、溶液浓度、介质、配制日期、有效期限、配制人等信息。标准溶液的标定按照《化学试剂 标准滴定溶液的制备》(GB/T 601—2016)进行。

(4)注意化学品(试剂)的存放期限,一些化学品(试剂)在存放过程中会逐渐变质,甚至形成危害。

(5)化学品(试剂)柜和试剂溶液均应避免阳光直晒及靠近暖气等热源。要求避光的试剂应装于棕色瓶中或用黑色或黑布包好存放于暗处。

(6)发现化学品(试剂)包装(瓶)上标签将要掉落时应立即贴好标签。无标签或标签无法辨认的化学品(试剂)要当成危险物品重新鉴别后小心处理,不可随便乱扔,以免引起严重后果。

(7)化学品(试剂)定位放好,用后复位、节约使用。但多余的化学品(试剂)不准倒回原瓶。

(8)对废弃的化学品(试剂)及试验检测过程中产生的废液严禁随意处置,应做到分类放置、妥善处置,符合安全环保要求。

5.7.5 其他耗材。

(1)ISO标准砂。

①标准砂应通过定点销售单位购买,购买时应检查包装统一,密封完好,袋内有生产厂家产品合格证,严禁使用不合格产品或无合格证产品。

②在搬运和堆码过程中应轻拿轻放,防止包装袋的破损,同时杜绝与尖刺物品接触。做到入室储存,堆码现场应干燥、通风、干净。原则上不直接与地面接触,用木托盘或防雨布隔开。堆码极限不得超500kg,室内防止阳光直晒。应定期对标准砂的保管进行检查。

(2)基准水泥。

①基准水泥为混凝土外加剂检测专用(由中国建筑材料科学研究总院研制),应符合《混凝土外加剂》(GB 8076—2008)附录A质量要求。基准水泥采用塑料袋密封包装,净质量(25kg±0.5kg)/袋。

②基准水泥应置于阴凉干燥处储存,避免阳光直射,冬季防止霜冻。每次使用后,注意封口。正常保存条件下,基准水泥的有效储存期为半年。

5.8 环境控制

工地试验室应建立环境管理制度,对各功能室的采光、卫生、温度、湿度、噪声、振动、污染等进行严格管理和控制。

(1)水泥检测室温度控制在20℃ ±2℃,相对湿度不小于50%;水泥试件标准养护箱温度控制为20℃ ±1℃,相对湿度控制在90%以上;混凝土标准养护室温度控制为20℃ ±2℃,相对湿度控制在95%以上,使用温湿度自动控制设备;水泥砂浆及混合砂浆标准养护室温度控制为20℃ ±3℃,相对湿度在90%以上。

(2)试验员每天定时对环境监控设施进行查看,并如实填写环境温湿度监测记录。标准养护室每天应进行两次以上记录;水泥室、化验室等则在工作前、工作中、工作后进行环境监控并作记录,不工作时无须监测。

(3)若建立化验室时,工作时应打开通风设施。

(4)外来人员未经允许不得擅自进入试验检测区域。

(5)养护室取完试件后,应随手关门。

(6)各操作室面积应满足工作需要,清洁整齐,不应存放与检测工作无关的物品。

(7)各操作室采光充足,水、电、线路布置整齐,利于检测工作的进行。

5.9 标准、方法

(1)工地试验室应建立标准、文件管理制度,按照母体试验室授权开展的试验检测项目和参数,配备齐全相应的标准、规范、规程和设计文件等技术资料,并进行确认和受控管理,填写“标准规范一览表”,便于查阅和管理。

(2)对使用的标准、方法可通过标准查新机构或网站等有效可靠的途径进行不间断的跟踪确认和更新,确保在用的标准、方法现行有效。

(3)如果标准、方法更新,工地试验室应根据变更情况,执行有关变更程序,及时采用新标准且受控,并在过期标准、规范和规程及清单上标注“作废”字样。

(4)当行业标准独立于国家标准时,优选采用行业标准;当行业标准引自于国家标准时,优选采用最新标准;根据判定标准选择试验方法。

5.10 记录、报告

试验资料一律使用建设单位或监理单位统一下发的表格,按要求用电脑打印或手写,用碳素墨水签字。试验委托单或测试任务通知单一式二份,试验报告一式三份。项目试验室应自行保管所有试验资料与相关文件。

5.10.1 原始记录填写、保管、检查与修约处理规定。

(1)原始记录填写、保管与检查制度。

①原始记录是指包括抽样与检测时填写的最初记录,它是反映被检产品质量的第一手资料,是试验检测结果的如实记载,不允许随意更改,不许删减。

②原始记录必须按规定格式填写(不得使用铅笔),内容完整,其主要应包括产品名称、型号、规格、产品编号、生产单位;抽样地点、检测项目、检测编号、检测地点、环境温度与湿度等条件;主要检测仪器名称、型号、管理编号;数据处理结果;检测人、复核(校核)人员签名等;做到记录中提供的信息量能在一定准确度内重复所做的检测工作,以便在必要时能够判断检测工作在哪个环节可能出现差错。

③原始记录数据不许随意涂改,确需更改时,应将作废数据“画两条水平线”,将正确数据填写在此“上方”并且加盖更改人名章。

④填写原始记录应做到字迹工整,所列栏目填写齐全,检测中不检验的项目在相应的空栏目内打一横线或加以说明。

⑤原始记录必须有试验、计算与校核人员的签字(校核者必须在试验检测记录和报告中签字以示负责),各试验员在提出检测报告的同时,应将原始记录一同上交审核,原始记录审核正确无误后,由资料保管员统一编号,集中保管。

(2)试验数字修约处理。

按照《数值修约规则与极限数值的表示和判定》(GB/T 8170—2008)规定进行。

5.10.2 试验检测报告整理、审核及批准制度。

(1)试验检测报告是检验机构检验质量优劣的集中反映,也反映了检测工作的水平,必须保证质量,采用统一格式,应填写完整,签名齐全,文字简洁,字迹清晰,数据明确,结论正确,不得擅自取舍,如有无须填写的栏目,应在空格内打一横线或加以说明。

(2)试验人员在完成检测任务后,必须在24h内将资料交给技术负责人审核(如发现数据有问题,必须立即分析原因并进行复验),确认无误后由资料员立即打印出检测报告交试验室主任审阅。

(3)试验检测报告需经试验室主任或技术负责人审查签字并加盖试验室印章,方可分类整理并发出报告。

(4)试验检测报告待检测数据全部到齐,应在2d内发出正式报告,对有特殊需求的可提前发出。

(5)检测报告发出时应登记,并由对方签字,随后将资料整理归档;若发出报告发现错误时,应重新发一份正确报告代替,同时将原检测报告收回处理。

(6)未经试验室主任许可,送检单位不得查阅原始记录。

5.10.3 资料文件的管理及保密制度。

(1)试验室应指定专职人员负责管理资料,并按照文件资料性质分类、编目、设卡存放。

(2)试验室各类试验资料分柜、分类立卷,并编制卷内目录,以便必要时进行查找使用。

(3)试验室的内部资料应按母体授权检测机构《程序文件》要求做好管理。

(4)有关保密资料按密级要求设置专柜。

(5)保密资料一概不能外借,特殊情况需要借阅时需办理借阅手续。

(6)工作外出时一般不得携带保密资料,必须携带时应采取安全措施。

(7)职工调离时不得将有关的保密资料带走。

(8)经常对工作人员进行保密教育。

(9)不遵守保密制度,造成泄密的要按事故处理,并追究其责任。

5.10.4 试验台账。

(1)必须建立的台账有各种试验检测台账(如水泥试验台账、钢筋试验台账、粗集料试验台账、细集料试验台账、混凝土配合比试验台账、混凝土试件抗压试验台账、砂浆试件抗压试验台账、土工标准试验台账、委托试验台账,防水材料试验台账、水质分析台账、外加剂/掺和料试验台账、压实质量检测台账等),见证取样台账、样品接收/发放登记台账、不合格试验台账、试验资料发送登记台账,试验仪器设备台账,试验人员台账等。

(2)台账必须如实及时填写,必须与试验报告、试验原始记录、仪器设备使用维护记录相一致。

(3)当天完成工作必须当日记入台账。

(4)试验各类台账由各试验检测组试验员或试验工程师记录,资料员统一保管,保管至一定期限后,装订成册,统一交管理组归档保存。

5.10.5　试验报表。

(1)定时向监理、建设单位上报各种报表。

(2)试验检测季报及各种分析汇总资料。项目试验室按时定期向母体中心试验室上报,包括人员动态情况,试验仪器台账、检定周期表,路基填土质量季度分析报表,混凝土工程质量季度分析报表,配合比统计汇总表等。

(3)报表必须如实填写,不得编造。

(4)报表签字齐全,加盖公章,签字人要对报表的真实性和准确性负责。

5.10.6　文件控制。

(1)文件资料的管理由项目试验室资料员专人负责。

(2)资料员应收集并保存以下技术资料:

①国家、地区、部门有关产品质量检验工作的政策、法令、文件、法规和规定。

②与试验检测和工程施工有关的标准、规范、规程、细则和方法。

③工程设计文件。

④试验检测人员台账、档案(基本资料、简历、各种证书复印件等)。

⑤试验仪器设备台账、档案(仪器说明书、检定证书和记录,仪器设备的验收、维修、使用、降级和报废记录等)。

(3)应建立、审批、公布试验室在用有效文件清单,并及时对法律法规、规范标准等文件进行识别、获取与更新。

(4)须对试验室危险源、环境因素识别、评价,确定重要环境因素、重大危险源,制订管理方案,并形成记录。

(5)来文、发文应进行登记,并分类归档。

(6)各类检验原始记录、试验报告规范整理,交资料员归档保存,至工程竣工时交与档案局验收。试验委托单或测试任务通知单、试验台账、试验报告发放登记本应保管至工程竣工或更长时间,以备查对。

(7)凡试验室人员参加有关学术会议、技术鉴定会等所得资料,或以试验室名义向有关单位索取的,以及公款购买的各种资料(规程、规范、标准、方法)均应交资料员统一管理。

(8)所有文件资料均应盖章编号,登记立卷。以上资料应建立清单或台账,分类别地收集、整理、保存,并填写技术资料目录,对卷内资料进行编号,交资料员保管。

(9)检验所用的标准、规范、试验方法等工具书籍,由资料员集中分专业管理保存一套,条件许可时,各种工具书应对口配备,或人手一册,但检验时应妥善保管。

(10)资料管理人员应随时注意新颁发、新出版的试验检测规范、标准动向,及时收集充新标准规范,失效文件应及时从所有发放和使用场所撤回,或采取其他措施防止误用。

(11)如需要借阅资料,应办理借阅手续。对借阅人必须保持资料整洁,不得涂改,复印散发,更不得遗失、拆卸,调换,转借及污损。丢失检验资料应视质量事故处理。

(12)超过保管期的资料应分门别类造册登记,经试验室主任批准才能销毁。

(13)严守保密制度,与试验无关人员不得查阅试验报告和原始记录;不得泄露原始记录信息,原始记录不允许复制,试验报告的复印须经试验室主任批准。机密文件不得借阅。

5.11　试验检测工作管理(含记录、报告、检测过程)

工地试验室应建立试验检测工作程序及质量管理制度,保证试验室在运行和实际工作中满足相关标准要求和有关规定,确保试验检测工作质量。

(1)试验检测人员应按照试验室岗位和专业配置划分,从事与自己专业和能力相适应的试验检测项目和参数操作。

(2)试验检测工作前,应按照相关标准要求,提前做好与所开展试验检测项目和参数相关的功能室环境条件和仪器设备预热要求等准备工作,并进行性能检查,做好仪器设备使用前的记录。

(3)试验检测过程应严格按照相关标准、方法规范操作,不得随意简化或调整操作程序,并同步做好试验检测原始记录。

(4)进行仪器设备(包括危险化学品、化学试剂、溶液配制、玻璃器皿)操作时,应严格按操作规程执行,做好安全防护,注意试验室和人身安全。

(5)现场进行试验检测时,应注意风、寒、湿、热等环境对试验检测结果的影响。

(6)试验检测工作结束后,应填写仪器设备使用记录,认真做好现场清理工作,关闭水电。

5.12 外委试验管理

(1)工地试验室应加强外委试验管理,超出母体检测机构授权范围的试验检测项目和参数应进行外委,外委试验应向项目建设单位报备。

(2)接受外委试验的检测机构应取得“公路水运工程试验检测机构等级证书”(含相应参数)、通过计量认证(含相应参数)且上年度信用等级为B级及以上。工地试验室应将接受外委试验的检测机构的有关证书复印件存档备查。

(3)外委试验取样、送样过程应进行见证。工地试验室应对外委试验结果进行确认。

(4)工程建设项目的同一合同段中的施工、监理单位和检测机构不得将外委试验委托给同一家检测机构。

5.13 试验检测资料管理

(1)工程建设任务结束后,工地试验室应将试验检测记录和报告等资料按照档案管理和项目建设要求整理、归档,及时移交项目建设单位档案管理部门;将其他试验检测资料整理、归档,移交母体试验室保管,作为母体试验室资质华政复核的试验检测业绩。

(2)属于工地或母体试验室保存的资料,应按照有关规定,确定记录保存的期限,记录的保存期一般不得低于产品的寿命期或责任期;有永久保存价值的记录,应整理成档案,长期保管,同时做好防蛀虫、防潮、防盗等安全保护措施。

5.14 信息化管理

(1)工地试验室应建立信息管理系统,系统应能实现试验结果自动计算及判定,重要试验数据自动采集和实时传输,具有提醒、分析、统计和监控等功能。

(2)信息管理系统应接入工程建设信息管理平台。系统分为行业监管单位、建设单位两级管理平台,监理、施工单位两级应用平台。管理平台由行业监管单位统一布置,施工单位根据其发布的统一接口要求自行建立。

(3)工地试验室应设专人负责工地试验室信息化管理工作,信息化管理人员应具有大专以上文化程度、三年以上试验检测工作经历、熟练操作信息管理系统的技能。试验人员应接受由建设单位统一组织的软件应用培训,取得由软件厂商颁发的合格证书。

(4)工地试验室应确定信息化管理人员职责,编制信息化管理工作流程,及时准确做好数据录入、分析和管理工作,每周组织对系统的运行和数据录入工作进行检查。

(5)自动采集的数据,应实时上传至信息化管理系统,需手动录入的数据应在工作结束24h内完成录入。

(6)工地试验室信息化管理系统的功能及工作内容:

①监控工地试验室检测项目,确保在授权范围内开展试验检测工作。

②自动计算试验数据,判定试验结果,自动生成试验报告。

③实时采集及上传混凝土、钢筋力学等试验检测数据。

④对不合格试验数据进行报警和短信通知。

⑤管理工地试验室人员和仪器设备台账。

⑥统计分析试验检测数据。

⑦对到期应做的试验进行提醒,对试验频率不足的进行报警。

5.15 母体授权管理

(1)工地试验室作为母体试验室的派出机构,承担授权范围内的试验检测业务,同时作为项目部的独立职能部门履行规定的管理职责,需接受母体试验室的管理和每年至少一次的监督检查。

(2)工地试验室按照建设单位或者项目部要求的时间组建完成后,项目工地试验室向母体试验室提交试验室授权申请(表25-3),经母体试验室验收,确认满足试验室工作条件后(表25-4),即在母体等级证书核定业务范围内对工地试验室进行授权。

工地试验室授权申请书 表25-3

<table>
<tr><td colspan="2">工程项目全称</td><td colspan="4"></td></tr>
<tr><td colspan="2">授权试验室全称</td><td colspan="4"></td></tr>
<tr><td colspan="2">详细地址</td><td colspan="4"></td></tr>
<tr><td colspan="2">联系人</td><td colspan="2"></td><td>联系电话</td><td></td></tr>
<tr><td colspan="2">邮政编码</td><td colspan="2"></td><td>电子邮箱</td><td></td></tr>
<tr><td colspan="2">试验室房屋面积(m²)</td><td colspan="2"></td><td>控温面积(m²)</td><td></td></tr>
<tr><td colspan="2">主要仪器设备数量(台)</td><td colspan="2"></td><td>价值(万元)</td><td></td></tr>
<tr><td colspan="2">试验室技术人员数量</td><td colspan="2"></td><td>试验室总人数</td><td></td></tr>
<tr><td colspan="2">试验室是否为独立职能部门</td><td colspan="2"></td><td>最近一次授权时间</td><td></td></tr>
<tr><td colspan="6">授权试验室拟任行政、技术、质量负责人简要情况</td></tr>
<tr><td>姓名</td><td>年龄</td><td>性别</td><td>职务、职称</td><td>所学专业</td><td>从事试验工作年限</td></tr>
<tr><td></td><td></td><td></td><td></td><td></td><td></td></tr>
<tr><td colspan="6">工程项目情况简介:</td></tr>
<tr><td colspan="6">需要申请授权的参数:</td></tr>
<tr><td colspan="6">需要母体试验室提供的材料:</td></tr>
<tr><td colspan="3">申请成立授权试验室原因:</td><td colspan="3">申请单位意见:

(单位公章) 年 月 日</td></tr>
<tr><td colspan="6">母体试验室意见:</td></tr>
</table>

注:须附建设、监理单位要求以母体检测资质开展试验、检测工作相关规定的复印件。

试验室工作条件确认项目和结论

表 25-4

序号	评价项目及标准	工作条件确认情况
主控项目		
1	是否有母体试验室对工地试验室组建的批文	
2	母体试验室资质(有效期、参数等)是否符合要求	
3	主任、技术负责人、质量负责人、报告签发人资格是否满足要求	
4	人员数量、资格、证书等是否符合招标文件要求、投标承诺或工作需要	
5	仪器设备是否满足检测参数要求,是否在检定或校准的有效期内	
6	环境条件是否满足标准的要求	
7	委外检测机构是否具备相应的能力	
8	主要试验和管理人员现场考核是否合格	
9	是否按要求接入信息化管理系统	
一般项目		
1	试验室布局是否合理和满足工作需要	
2	本试验室职责是否详细、明确和规范	
3	试验室人员分工及其岗位职责是否详细、明确和规范	
4	试验室管理制度是否详细、明确和规范,是否具有操作性	
5	使用的标准、规范和规程目录清单是否全面、是否有效	
6	试验室仪器设备是否符合现场检测工作需要	
7	质量手册等体系文件是否齐全	
8	试验室工作环境、试验设备工作环境是否符合要求	
9	供电、排水、消防、环保设施是否齐全和有效	
10	办公座椅、计算机等设施是否满足工作和信息化管理需要	
11	各种记录用表是否准备齐全和符合要求	
12	各种岗位人员是否进行专业培训并掌握基本知识	
13	试验设备标识是否正确、一致,管理是否规范	
审定意见	工作条件确认结论:	

(3)工地试验室经母体试验室验收合格并授权后,应向监理单位和建设单位提出书面验收申请。申请材料组成应包括以下内容:

①机构成立文件及授权文件;

②母体试验室资质及参数表;

③人员台账、职称证书、岗位资格证书、身份证、毕业证等;

④仪器设备台账、检定或校准证书等;

⑤环境条件、平面布置图;

⑥管理制度及办法;

⑦检测能力;

⑧外委试验机构的资质能力;

⑨申请表。

(4)工地试验室在通过监理、建设单位或项目质监机构验收及登记备案后方可投入使用。

(5)工地试验室只能承担本项目的试验检测工作,不得对外承揽试验检测业务。

(6)项目部负责组织协调项目试验室的组建、验收、迎检、运行以及内外关系等工作。

本章附件

附件1 试验检测人员

试验检测人员一览表见附表25-1。

试验检测人员一览表

附表25-1

试验室名称：

第 页共 页

序　号	姓　名	性　别	出生年月	学历和专业	职　称	从事试验检测年限	试验检测证书编号	是否在母体注册	变更情况

填表：　　　　审核：　　　　日期：　　年　　月　　日

注：1. “工作岗位”一栏填写“授权负责人、试验检测工程师、试验检测员、设备管理员、样品管理员、档案管理员”，对于兼职的人员可以填写多项内容。

2. 人员一览表应注意动态更新，对于变更的人员应在“变更情况”一栏填写有关变更信息。

附件2　试验检测人员培训情况

试验检测人员培训情况登记表见附表25-2。

试验检测人员培训情况登记表

附表25-2

试验室名称：　　　　　　　　　　　　　　　　　　　　　　　　　　　　　　第　页共　页

序　号	培训内容	培训类型	培训日期	培训地点	授课单位	参加培训人员	培训效果	备　注

填表：　　　　　　　　　　　　　　审核：　　　　　　　　　　　　　　日期：　　年　　月　　日

注：1.“培训类型”一栏填写“标准规范、行业管理办法、继续教育、专业培训、其他”。

2.“培训效果”一栏填写“良好、较好、一般、较差”，或填写取得的实际效果。

附件3 试验检测仪器设备

试验检测仪器设备(参考标准、有证标准物质)一览表见附表25-3。

试验检测仪器设备(参考标准、有证标准物质)一览表

附表25-3

试验室名称：　　　　第　页共　页

序号	设备名称	设备编号	规格型号	生产厂家	出厂日期	出厂编号	购置日期	测量范围	准确度	检定/校准周期	备注

填表：　　　　审核：　　　　日期：　　年　月　日

注：1. 参考标准、有证标准物质应在一览表的最后位置集中填写，并在“备注”一栏做标识。

2. “准确度”一栏按照“准确度等级、最大允许误差、不确定度”三类填写。

附件4 试验检测设备计量管理情况

试验检测仪器设备计量管理情况登记表见附表25-4。

试验检测仪器设备计量管理情况登记表

附表25-4

试验室名称： 第 页共 页

序号	设备名称	设备编号	规格型号	计量管理方式	检定/校准周期	检定/校准单位	检定/校准日期	有效日期	是否需要期间核查	备注

填表： 审核： 日期： 年 月 日

注："计量管理方式"一栏填写"Ⅰ、Ⅱ、Ⅲ类"(依据《公路工程试验检测仪器设备检定/校准指导手册》)。

附件5 试验检测仪器设备使用情况

试验检测仪器设备使用记录见附表25-5。

试验检测仪器设备使用记录

附表25-5

试验室名称： 第 页共 页

设备名称： 设备编号：

使用日期	起止时间	样品名称	样品编写	设备状况		使用人	备注
				使用前	使用后		

填表： 审核： 日期： 年 月 日

附件6 试验检测仪器设备维护

试验检测仪器设备维护记录见附表25-6。

试验检测仪器设备维护记录

附表25-6

试验室名称： 第 页共 页

设备名称	设备编号	规格型号	维护时间	维护内容	维护人	备注

填表： 审核： 日期： 年 月 日

附件7 试验检测仪器设备期间核查情况

试验检测仪器设备期间核查情况登记表见附表25-7。

附表25-7

试验检测仪器设备期间核查情况登记表

试验室名称： 第 页共 页

序号	设备名称	设备编号	规格型号	检定/校准周期	检定/校准日期	核查方式	核查人员	核查日期	核查结果	备注

填表： 审核： 日期： 年 月 日

注："核查方式"一栏填写"比对、验证、比较、测定、其他"。

附件 8 样品取样单

样品取样单见附表 25-8。

样 品 取 样 单 附表 25-8

样品名称	
规格型号	
批号/编号	
生产厂家/产地/取样地点	
取样数量	
代表数量	
工地部位/用途	
进场日期	
取样日期	
取样人/见证人	
备注	

附件 9　样品取样登记

样品取样登记表见附表 25-9。

样品取样登记表

附表 25-9

试验室名称：　　　　第　页共　页

序号	样品名称	规格型号	批号/编号	生产厂家/产地/取样地点	代表数量	工程部位/用途	进场日期	取样日期	取样人	样品编号	备注

填表：　　　　审核：　　　　日期：　　年　　月　　日

附件 10　标准养护室(箱)试件出入登记

标准养护室(箱)试件出入登记表见附表 25-10。

标准养护室(箱)试件出入登记表

附表 25-10

试验室名称:　　　　第　页共　页

序号	样品名称	样品编号	成型时间	样品数量	入室(箱)时间	存放位置	存放人	计划试验日期	备注

填表:　　　　审核:　　　　日期:　　年　　月　　日

注:1. 为减少填写工作量,样品编号一栏可以填写同一天入室(箱)的同类样品多个样品编号采用。

2. 存放位置是指标准养护室的标准养护架编码,编码规则为每个样品架横向采用 1、2、3……顺序编码,每个层位竖向采用 A、B、C……顺序编码。

附件11　样品留样登记

样品留样登记表见附表25-11。

样品留样登记表

附表25-11

第　页共　页

试验室名称：

序号	样品名称	样品编号	品种规格	批号/编号	生产厂家/产地/取样地点	代表数量	取样日期	留样日期	留样期限	处理情况	备注

填表：　　　　审核：　　　　日期：　　年　　月　　日

附件12　化学品(试剂)购置情况

化学品(试剂)购置情况登记表见附表25-12。

附表25-12

化学品(试剂)购置情况登记表

试验室名称：　　　　　　　　　　　　　　　　　　　　　第　页共　页

序号	化学品(试剂)名称	化学品(试剂)分类	生产厂家	规格	购置总量	购置日期	有效日期	纯度	保管人	备注
1										

填表：　　　　　　　　　　审核：　　　　　　　　　　日期：　　年　　月　　日

注："化学品(试剂)分类"一栏填写"一般化学品、危险化学品"。

附件 13　化学品（试剂）领用记录

化学品（试剂）领用记录见附表 25-13。

化学品（试剂）领用记录

附表 25-13

试验室名称：　　第　页共　页

领用日期	化学品（试剂）名称	领用数量	用途	领用人	剩余数量	保管人	备注

填表：　　审核：　　日期：　年　月　日

附件14　标准溶液配制记录

标准溶液配制记录见附表25-14。

标准溶液配制记录

附表25-14

试验室名称：　　　　　　　　　　　　第　页共　页

溶液名称	溶液浓度	介　质	配制依据	用　途	配制日期/有效期限	配制数量	配制人	备　注

填表：　　　　　　审核：　　　　　　日期：　　年　　月　　日

附件 15　标准养护室(箱)温度、湿度监控记录

标准养护室(箱)温度、湿度监控记录见附表 25-15。

标准养护室(箱)温度、湿度监控记录

附表 25-15

试验室名称：

第　页共　页

检查日期	检查时间	温度(℃)	相对湿度(%)	记录人	检查日期	检查时间	温度(℃)	相对湿度(%)	记录人
					备注：每天一般检查三次				

填表：　　　　审核：　　　　日期：　　年　　月　　日

附件16 标准(规范、规程)

标准(规范、规程)一览表见附表25-16。

标准(规范、规程)一览表

附表25-16

试验室名称：

第　页共　页

序号	标准代号	标准名称	份数	受控编号	发布日期	实施日期	备注
1							

填表：　　　　审核：　　　　日期：　　年　　月　　日

注：如果标准作废，在备注栏进行标注。

附件 17　试验检测结果报告台账

试验检测结果报告台账见附表 25-17。

试验检测结果报告台账

附表 25-17

第　页共　页

试验室名称：

序　号	样品编号	规格型号	生产厂家/产地/取样地点	报告日期	报告编号	试验检测参数	检测结论	备　注

填表：　　　　审核：　　　　日期：　　年　　月　　日

附件18　不合格试验检测结果报告台账

不合格试验检测结果报告台账见附表25-18。

不合格试验检测结果报告台账

附表25-18

试验室名称：

第　页共　页

序　号	样品名称	样品编号	规格型号	生产厂家/产地/取样地点	报告日期	不合格参数及结果	处理情况	试验人	备　注
1									

填表：　　　　审核：　　　　日期：　　年　　月　　日

附件 19　外委试验管理台账

外委试验管理台账见附表 25-19。

外委试验管理台账

附表 25-19

试验室名称：　　　　　　　　　　　　　　　　　　　　　　　　第　页共　页

序号	样品名称	样品编号	规格型号	生产厂家/产地/取样地点	样品数量	委托日期	接受委托单位	接受委托单位资质（等级）证书编号	备注
1									

填表：　　　　　　　　　　　　审核：　　　　　　　　　　　　日期：　　年　　月　　日

注：为减少填写工作量，样品编号一栏可以填写同一次外委的同类样品多个样品编号。

参考文献

[1] 中国铁路总公司企业标准. Q/CR 9651—2017 客货共线铁路路基工程施工技术规程[S]. 北京:中国铁道出版社,2017.

[2] 中华人民共和国行业标准. JGJ 79—2012 建筑地基处理技术规范[S]. 北京:中国建筑工业出版社,2013.

[3] 中华人民共和国行业标准. JGJ/T 210—2010 刚-柔性桩复合地基技术规程[S]. 北京:中国建筑工业出版社,2010.

[4] 中华人民共和国行业标准. TB 10302—2009 铁路路基工程施工安全技术规程[S]. 北京:中国铁道出版社,2009.

[5] 中国铁路总公司企业标准. Q/CR 9603—2015 高速铁路桥涵工程施工技术规程[S]. 北京:中国铁道出版社,2015.

[6] 中华人民共和国行业标准. 铁建设〔2010〕241 号 铁路混凝土工程施工技术指南[S]. 北京:中国铁道出版社,2011.

[7] 中华人民共和国行业标准. TB 10110—2011 铁路混凝土梁支架法现浇施工技术规程[S]. 北京:中国铁道出版社,2011.

[8] 中华人民共和国行业标准. TZ 324—2010 铁路预应力混凝土连续梁(刚构)悬臂浇筑施工技术指南[S]. 北京:中国铁道出版社,2010.

[9] 中国铁路总公司企业标准. Q/CR 9213—2017 铁路架桥机架梁技术规程[S]. 北京:中国铁道出版社,2017.

[10] 中华人民共和国行业标准. TB 10303—2009 铁路桥涵工程施工安全技术规程[S]. 北京:中国铁道出版社,2009.

[11] 中国铁路总公司企业标准. Q/CR 9230—2016 铁路工程沉降变形观测与评估技术规程[S]. 北京:中国铁道出版社,2016.

[12] 中华人民共和国行业标准. TB 10218—2019 铁路工程基桩检测技术规程[S]. 北京:中国铁道出版社,2019.

[13] 中华人民共和国行业标准. JGJ 106—2014 建筑基桩检测技术规范[S]. 北京:中国建筑工业出版社,2014.

[14] 中华人民共和国行业标准. JT/T 738—2009 基桩静载试验 自平衡法[S]. 北京:人民交通出版社,2009.

[15] 中国铁路总公司企业标准. Q/CR 9653—2017 客货共线铁路隧道工程施工技术规程[S]. 北京:中国铁道出版社,2017.

[16] 中华人民共和国行业标准. 铁建设〔2007〕106 号 铁路隧道全断面岩石掘进机法技术指南[S]. 北京:中国铁道出版社,2007.

[17] 中华人民共和国国家标准. GB 50446—2017 盾构法隧道施工及验收规范[S]. 北京:中国建筑工业出版社,2017.

[18] 中华人民共和国行业标准. TZ 331—2009 铁路隧道防排水施工技术指南[S]. 北京:中国铁道

出版社,2009.

[19] 中华人民共和国行业标准. TB 10304—2009　铁路隧道工程施工安全技术规程[S]. 北京:中国铁道出版社,2009.

[20] 中华人民共和国国家标准. GB 50911—2013　城市轨道交通工程监测技术规范[S]. 北京:中国建筑工业出版社,2014.

[21] 中华人民共和国行业标准. JGJ 311—2013　建筑深基坑工程施工安全技术规范[S]. 北京:中国建筑工业出版社,2014.

[22] 中华人民共和国国家标准. GB 50497—2009　建筑基坑工程监测技术规范[S]. 北京:中国计划出版社,2009.

[23] 中国铁路总公司企业标准. Q/CR 9654—2017　客货共线铁路轨道工程施工技术规程[S]. 北京:中国铁道出版社,2017.

[24] 中华人民共和国行业标准. TB 10305—2009　铁路轨道工程施工安全技术规程[S]. 北京:中国铁道出版社,2009.

[25] 赵资钦. 房屋建筑工程施工技术指南[M]. 北京:中国建筑工业出版社,2005.

[26] 中华人民共和国行业标准. JGJ 107—2016　钢筋机械连接技术规程[S]. 北京:中国建筑工业出版社,2016.

[27] 中华人民共和国国家标准. GB 50666—2011　混凝土结构工程施工规范[S]. 北京:中国建筑工业出版社,2012.

[28] 中华人民共和国国家标准. GB/T 50308—2017　城市轨道交通工程测量规范[S]. 北京:中国建筑工业出版社,2017.

[29] 中国铁路总公司企业标准. Q/CR 9204—2015　铁路建设项目工程试验室管理标准[S]. 北京:中国铁道出版社,2015.